JN446677

뇌기반 교육상담 프로그램의 이해와 실제

신재한 · 이용락 · 이은정 · 신근식 · 이규수 · 김은정
김동건 · 이윤진 · 임운나 · 유행복 · 이은정 · 신승훈

박영story

머리말

최근 뇌과학, 인지과학, 신경과학이 발달함에 따라 교육, 코칭, 상담, 심리치료가 융합적인 접근으로 시도되고 있다. 이러한 융합적인 접근은 기존의 교육, 코칭, 상담, 심리치료 등의 장점을 강화하고 단점을 보완하기 위한 시도로서, 미래지향적이고 대안적인 뇌기반 교육, 상담, 심리치료 프로그램의 필요성이 대두되고 있다.

특히, 현재 전 세계는 인공지능이 중심이 되는 '4차 산업혁명 시대'를 맞아 정치, 경제, 사회, 문화 등 다양한 분야에서 변화의 움직임이 대두되고 있다. 4차 산업혁명 시대는 과학기술 간의 경계, 실재와 가상현실의 경계, 기계와 생명의 경계가 희미해지는 시대로서, 이전의 그 어떤 혁명보다도 가장 큰 변화를 가져올 것으로 예상할 수 있다. 이러한 변화하는 시대에는 교육, 코칭, 상담, 심리치료 방법도 변화할 필요가 있다.

특히, 두뇌 구조 및 기능, 뇌파, 신경전달물질 등 두뇌의 특성 및 발달 단계를 고려한 교육, 코칭, 상담, 심리치료 프로그램 설계뿐만 아니라, 두뇌 유형별 맞춤형 교육, 코칭, 상담, 심리치료 프로그램을 적용할 필요가 있다.

이에 본 저서는 1부 뇌기반 교육상담 프로그램의 이해, 2부 뇌기반 신체 역량 향상 프로그램, 3부 뇌기반 정서 역량 향상 프로그램, 4부 뇌기반 인지 역량 향상 프로그램, 5부 뇌기반 인성 역량 향상 프로그램, 6부 뇌기반 학습 역량 향상 프로그램, 7부 뇌기반 심리상담 프로그램 등 크게 7부로 구성되어 있다. 1부는 교수설계의 기초, 요구분석, 프로그램의 목표 설정, 과제 분석, 학습자 및 상황 분석, 수행목표 진술, 교수전략 개발, 교육상담 프로그램 개발, 형성평가 및 총괄평가 설계 및 실시 등으로 구성되어 있고, 2부는 뇌교육 기반 요가프로그램, 뇌기반 놀이프로그램, 뇌기반 뉴스포츠 프로그램으로 구성되어 있으며 3부에서는 뇌교육 기반 단식프로그램, 뇌교육 기반 행복교육 프로그램, 뇌교육 기반 명상을 활용한 스트레스 관리 프로그램을 제시하고 있다. 또한, 4부는 뇌교육 기반 집중력 향상 프로그램, 뇌기반 치매예방 프로그램으로 구성되어 있

머리말

고, 5부는 뇌교육 기반 자신감 향상 프로그램, 뇌교육 기반 인성놀이 프로그램, 뇌기반 리더십 향상 프로그램으로 구성되어 있으며, 6부는 뇌기반 학습부진 향상 프로그램, 두뇌 유형별 자기주도적학습 프로그램으로 구성, 7부는 뇌교육 기반 음악치료 프로그램, 뇌교육 기반 문학치료 프로그램, PTSD 증상 치료 프로그램으로 구성되어 있다.

본 저서는 기존의 교육, 상담, 심리치료 프로그램이 가진 한계점을 극복하고 미래 지향적이고 대안적인 뇌기반 교육, 상담, 심리치료 프로그램을 개발하고 적용할 수 있는 이론과 실제적인 내용으로 구성하였으므로, 교사, 상담가, 심리치료사 등에게 매우 유용할 뿐만 아니라, 실제 사례를 중심으로 구성되어 있어 누구든지 쉽게 이해할 수 있다. 아무쪼록 본 저서가 뇌기반 교육상담 프로그램의 이해와 개발 및 적용할 수 있는 역량을 향상하는 데 기초가 되는 기본 지침서가 되기를 바라는 마음이다. 끝으로 본서 출판에 도움을 주신 박영스토리 가족 여러분께 감사를 드린다.

2022년 3월

신재한

차례

제 1 부 뇌기반 교육상담 프로그램의 이해

제 2 부 뇌기반 신체 역량 향상 프로그램

차례

제 3 부 뇌기반 정서 역량 향상 프로그램

제 4 부 뇌기반 인지 역량 향상 프로그램

제 5 부 뇌기반 인성 역량 향상 프로그램

제 6 부 뇌기반 학습 역량 향상 프로그램

제 7 부 뇌기반 심리상담 프로그램

제 1 부

뇌기반 교육상담 프로그램의 이해

제1장

교수설계의 기초

1. 교수설계의 개념

교수설계의 역사적인 배경을 살펴보면, 첫째, 교육, 군대, 산업계에서 연구된 개별 학습 기구, Pressy의 교수기계, Crowder의 분지형 프로그램, 컴퓨터의 수업 적용 등이 있으며, 둘째, 행동주의 이론과 학습이론의 발달, 즉 Skinner의 강화이론과 교수기계의 출현 등이 있고, 셋째, 공학의 발달로 인쇄매체를 보조하는 시청각 기자재, 영화, TV, 비디오테이프 등의 발달 등이 있다(Briggs, 1977).

특히, 교수설계는 수업의 효과를 증진시킬 수 있는 최적의 교수방법을 처방해 주는 조직적인 절차로서, 바람직한 교수방법을 필요로 하는 다양한 교육 즉, 학교교육, 기업교육, 평생교육, 원격교육 및 성인교육에 효과적으로 적용될 수 있다(Reigeluth, 1983). 즉, 교수설계는 교과과정을 개선하기 위해 학습에 관한 이론이나 지식을 활용하는 연결과학이라 할 수 있다(Branson & Grow, 1987; Reigeluth, 1983). 이러한 교수설계는 교수활동에 대한 창의적인 아이디어를 갖추고 있어야 하며, 개발될 프로그램이 실현 가능성이 있어야 하고, 프로그램 계획에서 논리적인 체계성과 합리성을 갖추어야 한다(백영균 외, 2006).

따라서, 교수설계는 교육실무자와 교수개발자에 의해 수행되는 전문적인 활동으로서 교수방법들을 이해하고 개선하고 적용하는 것이고, 특정 학습내용이나 학습집단에 대해 학습자의 지식과 기능 면에서 기대되는 변화를 가져오기 위해 필요한 최적의 교수방법이 무엇인지를 결정하는 과정으로, 이 과정의 최종 산출물은 학습을 위한 교수계획표(교수명세서)를 작성하는 것이다(변영계 외, 2000).

한편, 교수설계는 거시적 수준의 교수설계와 미시적 수준의 교수설계로 구분하여 <표 1-1>과 같이 비교할 수 있다.

〈표 1-1〉 **거시적 수준과 미시적 수준의 교수설계 비교**

거시적 수준	미시적 수준
무엇을 가르칠 것인가?	어떻게 가르칠 것인가?
가르칠 내용의 선정에 관심	최적의 교수방법이 무엇인지 결정
교육과 학습문제를 해결하기 위해 체계적인 방법을 통해 교육, 교수체제를 개발하는 과정, 즉 교수체제개발(ISD)	특정의 학습내용과 특정의 학습자가 주어졌을 때, 학습자의 요구에 적합한 학습내용을 체계화하고 설정된 교수목표를 성취하는 방법을 계획하고 개발하는 과정

자료: Richey, R.(1995). Trends in instructional design: Emerging theory-based models. Performance Improvement Quarterly, 8(3), 96-110, 재구성.

2. 교수설계의 접근 방법

체계는 논리적인 구조, 절차적인 과정 등에 의해서 순서대로 일을 수행하는 것을 의미한다. 이와 달리, 체제는 설정된 목적을 달성하기 위해서 투입(input), 과정(process), 산출(output), 피드백(feedback) 등의 4가지 구성요소가 총체적으로 협동하는 것을 의미한다(<표 1-2> 참조). <표 1-2>에서도 알 수 있듯이, 체제는 목적에 도달했는지 평가한 후, 목적을 달성하지 못했을 경우에는 그 결과를 피드백한다. 이러한 과정 속에서 4가지 구성요소는 자율적으로 조절하고 수정 및 보완하여 소기의 목적을 달성할 때까지 지속적으로 순환·반복한다. 즉, 4가지 구성요소는 서로 상호작용하기 때문에, 어떤 한 요소에 변화가 일어난다면 다른 요소에까지 영향을 미쳐 전반적인 체제 변화까지도 일어날 수 있다.

따라서, 교육은 단방향성 1회적인 과정을 거치는 체계적인 관점보다는 소기의 목적을 달성할 때까지 지속적으로 수정 및 보완하는 일련의 순환적이고도 총체적·체제적인 관점에서 바라보아야 한다.

〈표 1-2〉 체제의 구성요소

구분	예시
투입(input)	• 음식 먹기
과정(process)	• 먹은 음식 소화시키기
산출(output)	• 소화된 음식 에너지로 전환되어 힘 주기 • 체외로 배설시키기
피드백(feedback)	• 필요한 열량에 도달하지 못할 경우 몸이 음식을 더 달라고 배고프다는 신호 보내기

교수설계가 교수의 과정을 최적화하기 위한 활동이라는 측면에서 교수설계는 체제이론에 바탕을 둔 체제적 설계의 관점을 따르고 있다(이화여자대학교 교육공학과, 2001). 이러한 체제적 설계는 학습과정에서 영향을 줄 수 있는 상황의 여러 국면을 농시에, 창의적으로 고려하는 일을 의미한다(Seels & Richey, 1994).

결국, 체제적 설계는 체제접근에 의한 활동으로서 한 단계의 결과인 산출물이 다음 단계의 투입자료가 되어 처리되고, 이에 대한 피드백을 통해 단계들이 보완·수정되고 각 요소들은 최종 목표인 효과적인 교수를 창출하는데, 상호보완적인 관계 속에서 기능을 해낸다는 것이다(이화여자대학교 교육공학과, 2001). 즉, 체제 내의 구성요소는 상호 투입과 산출의 관계에 있게 되며, 목표에 도달하였는지를 판단하기 위해 전체 체제에 피드백을 하게 된다(백영균 외, 2006).

따라서, 교수설계는 교육에 관련된 요구 및 문제점을 파악하고 이를 토대로 목표에서 내용, 방법, 평가에 이르기까지 교수 체제의 전 과정을 계획하고 개발하기 위한 체제적 접근을 의미한다(박숙희, 염명숙, 2007).

특히, 체제적 접근은 체제의 조화로운 통합 또는 전 일체성을 유지하는 것으로 체제를 구성하고 있는 각 요소들의 기능을 독립적으로 최대한 발휘하도록 하면서 동시에 각 기능이 상호보완적 관계에 놓이노록 하여 전체적으로 기능의 극대화를 이루도록 하려는 것이다(이화여자대학교 교육공학과, 2001). 이러한 체제적 접근을 교수설계에서 사용하는 이유는 첫째, 체제적 접근은 구성 요소가 추구하는 공동의 목표에 초점을 두는데 교수설계 역시 교육목표의 달성에 초점을 두기 때문이며, 둘째, 체제적 접근은 체제 구성 요소 간의 상호관계를 다루는데, 교수설계에서도 교수목표 달성을 위한 교육 프로그램 운영과 관련된 다양한 구성 요소 하나하나가 중요한 역할을 하기 때문이고, 셋째, 교수 프로그램은 일회적으로 끝나는 것이 아니라, 프로그램상 문제가 되는 요소를 계속적으로 수정·보완하여 기대되는 교육적인 성과를 달성할 수 있는 교육 프로그램으로 개발함으로써 많은 학생에게 지속적으로 사용되도록 하는 데 교수설계의 목적이 있기 때문이다(백영균 외, 2006).

또한, Briggs, Gustafson & Tillman(1991)은 교수설계에 있어서 체제적 접근의 장점으로 효과성, 효율성, 매력성, 관련성, 일관성으로 제시하고 있다(<표 1-3> 참조).

〈표 1-3〉 체제적 접근의 장점

장점	특징
효과성	• 많은 학생들이 학습목표를 성취하게 하는 것
효율성	• 학습에 소요되는 시간이 단축되고 경제적으로 적은 비용이 들고, 투입하는 노력의 양도 절감하면서 기대되는 목표 성취
매력성	• 학습자의 흥미를 유발시켜 주고 유지시켜 주는 것
관련성	• 학습자들이 획득하기를 원하거나 반드시 획득해야 되는 필수적인 지식이나 기능 등을 획득하도록 하는 것
일관성	• 기대하는 목표수준을 성취하는 최적의 교수-학습과정이 이루어지도록 교수목적, 교수방법, 교수평가 등이 일관성을 맺고 수업이 전개되도록 하는 것

한편, 체제적 접근의 접근은 비선형적·비순차적·역동적·상호작용적 접근을 특징으로 하는데, 단계적·순차적·직선적 접근을 특징으로 하는 체계적 접근과 구별된다([그림 1-1], [그림 1-2] 참조).

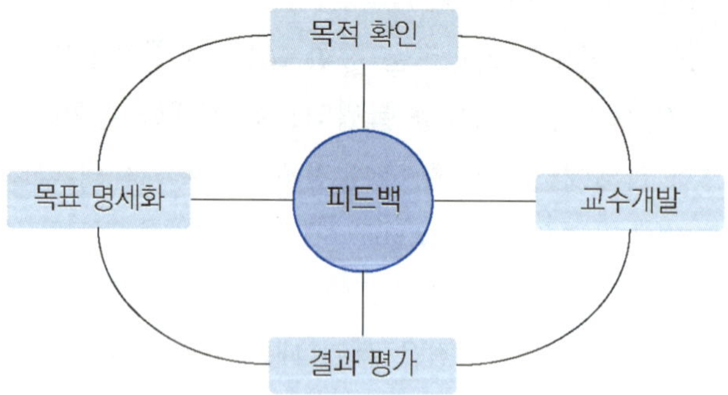

[그림 1-1] 체제적 접근 모형(상호작용적 접근)

자료: 백영균 외(2006). 유비쿼터스 시대의 교육방법 및 교육공학. 학지사.

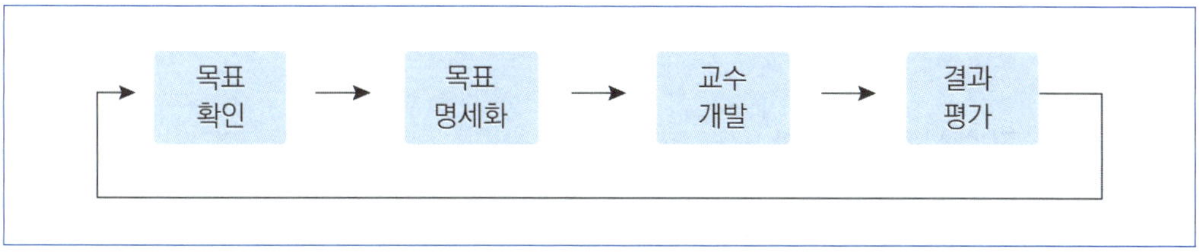

[그림 1-2] 체계적 접근 모형(직선적 접근)

자료: 백영균 외(2006). 유비쿼터스 시대의 교육방법 및 교육공학. 학지사.

[그림 1-1], [그림 1-2]에서 살펴본 체계적 접근과 체제적 접근을 좀 더 구체적으로 비교해 보면 <표 1-4>와 같이 요약할 수 있다.

〈표 1-4〉 체계적 접근과 체제적 접근의 비교

구분	체계적 접근 (systematic approach)	체제적 접근 (systemic approach)
개념	• 순서, 절차, 간격	• 조직화된 전체
설계 절차	• 단계적, 순차적	• 역동적, 비순차적, 순환적
설계 방법	• 사전에 명세화된 절차	• 상황적 맥락 변인을 동시에 고려
설계 목적	• 목표의 효과적, 효율적 달성을 위해 수업 활동 설계	• 상황적인 특성을 고려하여 융통성 있게 설계

자료: 박숙희 · 염명숙(2007). 교수-학습과 교육공학(2판). 학지사, 재구성.

3. 교수설계의 모형

가. 일반적 교수설계의 모형

일반적 교수설계의 대표적인 모형인 ADDIE 모형은 분석(Analysis), 설계(Design), 개발(Development), 실행(Implementation), 평가(Evaluation) 단계로서, 어느 한 사람이나 소수의 학자에 의해 개발되고 정교화된 것이 아니라, 오랜 시간에 걸쳐 이루어진 것이다(한정선, 2004). 이러한 ADDIE 모형의 각 단계는 [그림 1－3]과 같이 도식화할 수 있다.

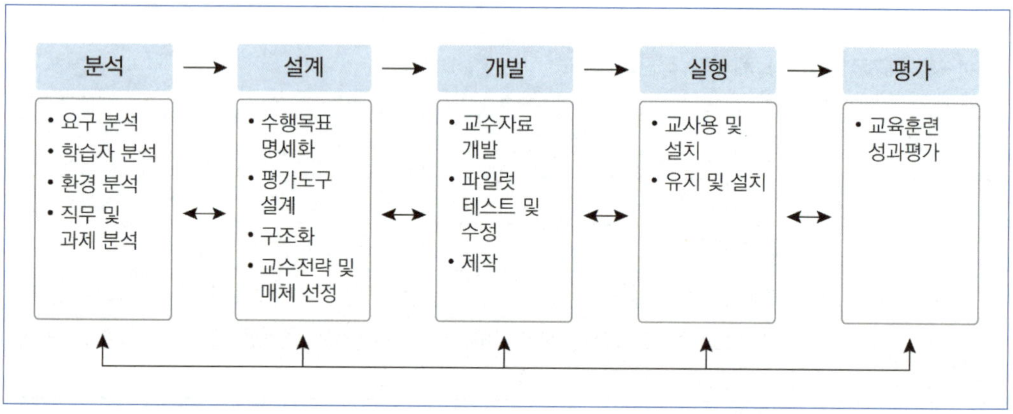

[그림 1-3] ADDIE 모형

자료: 조규락 · 김선연(2006). 교육방법 및 교육공학 -교육공학의 3차원적 이해-. 학지사.

[그림 1−3]에서 살펴본 ADDIE 모형의 각 단계를 좀 더 구체적으로 살펴보면 <표 1−5>와 같이 정리할 수 있다.

〈표 1−5〉 ADDIE 모형의 개요

단계		특징
분석	요구 분석	• 어떤 바람직한 상태와 현재 상태간의 차이를 밝히는 것 • 학습자가 필요로 하는 지식, 기능, 태도 등을 요구 파악
	학습자 분석	• 학습자 특성 파악 • 지적 특성: 지능, 적성, 선수학습 능력 • 정의적 특성: 동기, 자아개념, 불안, 태도
	과제 분석	• 교육 목적을 성공적으로 수행하기 위해 필요한 지식, 기능, 태도 등을 파악하고 이들 간의 계열성 구명
	학습환경 분석	• 설계 과정에 영향을 미치는 제반 환경과 교수 목적을 달성하기 위해 필요한 학습환경에 대한 분석
설계	목표 명세화	• 교수설계의 방향을 제시하는 목표 진술 • 목표는 성취행동, 행동이 나타날 수 있는 조건, 성공적인 성취 행동으로 판단할 준거를 포함
	평가도구 개발	• 목표의 성취도 여부를 측정 • 준거지향검사 • 사전검사, 사후검사, 진도확인검사
	교수전략 결정	• 교수목표에 진술된 학습자의 성취행동 유형과 수준, 교과영역, 학습자의 장점과 선호도, 학습이론과 연구에서 유출된 정보, 경험에서 나온 통찰력, 시간과 자원의 제한점 등을 근거로 교수전략 선정
	교수매체 선정	• 학습내용, 학습자 특성, 교수방법 및 전략에 의해 결정
개발	교수자료 제작	• 실제로 사용할 교수 프로그램이나 수업에 사용할 교수자료 제작
	형성평가	• 개발된 교수자료의 효과성과 효율성을 증진시키기 위해 반드시 형성평가 실시 • 일대일평가, 소집단평가, 현장평가
	교수자료 수정	• 형성평가 결과는 교수 프로그램이나 교수자료 자체를 수정하고, 교수목표, 과제분석, 학습자 특성 파악 등 설계의 모든 과정에 대해 검토하고 수정할 기회 제공
실행	교수자료 활용 및 관리	• 개발된 교수 프로그램이나 교수자료를 실제 교육현장에 활용 및 관리
평가	총괄평가	• 개발된 교수 프로그램의 선택에 관련된 사항을 결정하기 위해 실시

자료: 박숙희 · 염명숙(2007). 교수−학습과 교육공학(2판). 학지사, 재구성.

4. 프로그램 개발 단계 사례

학부모용 부모-자녀관계 개선 프로그램 개발 모형을 소개하면 [그림 1-4]와 같이 정리할 수 있다(이미경, 2013).

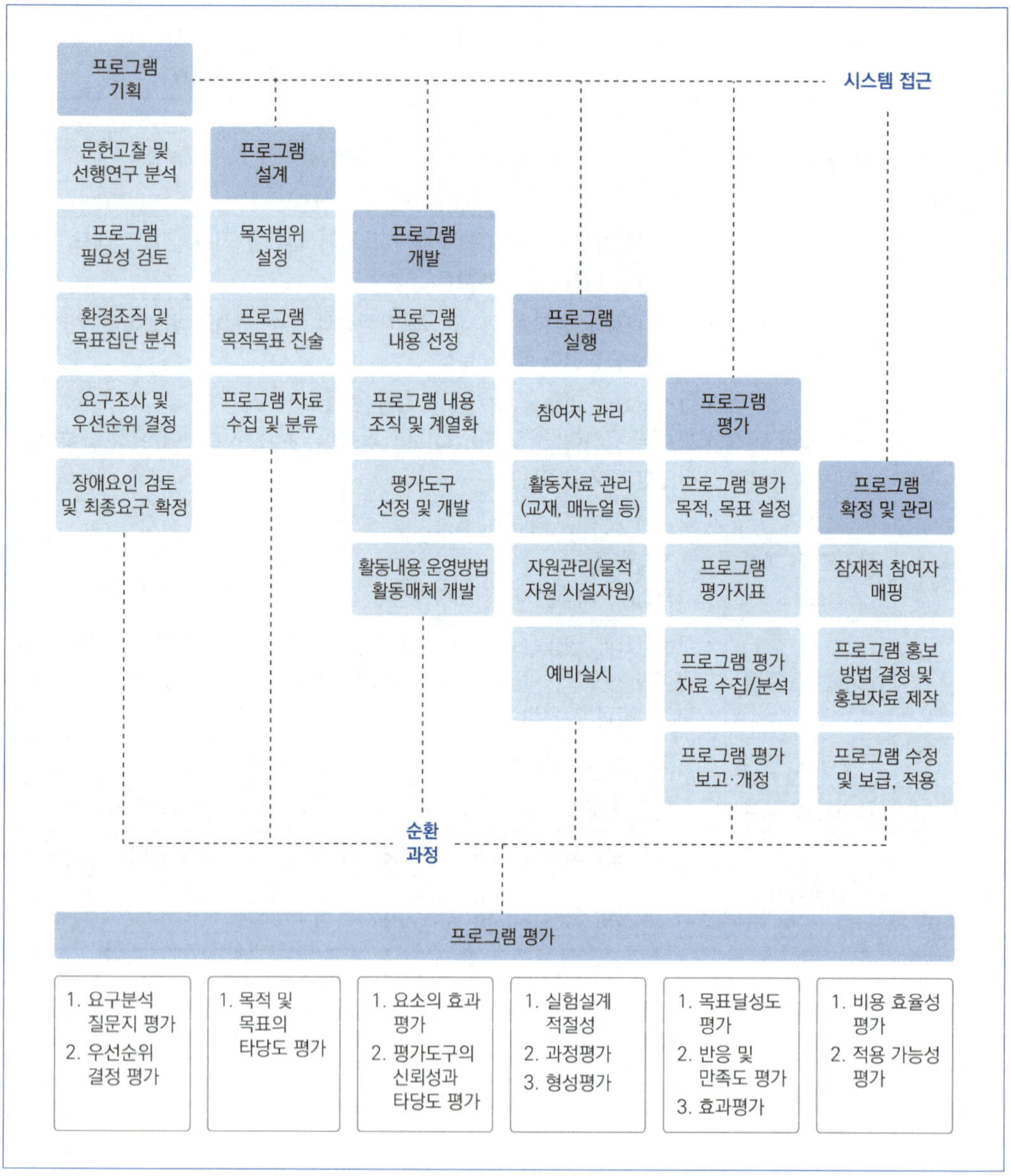

[그림 1-4] 부모-자녀관계 개선 프로그램 개발 모형 (예시)

또한, 대학생용 자기성장 프로그램 개발 모형을 소개하면 [그림 1-5]와 같이 정리할 수 있다(이혜진, 2013).

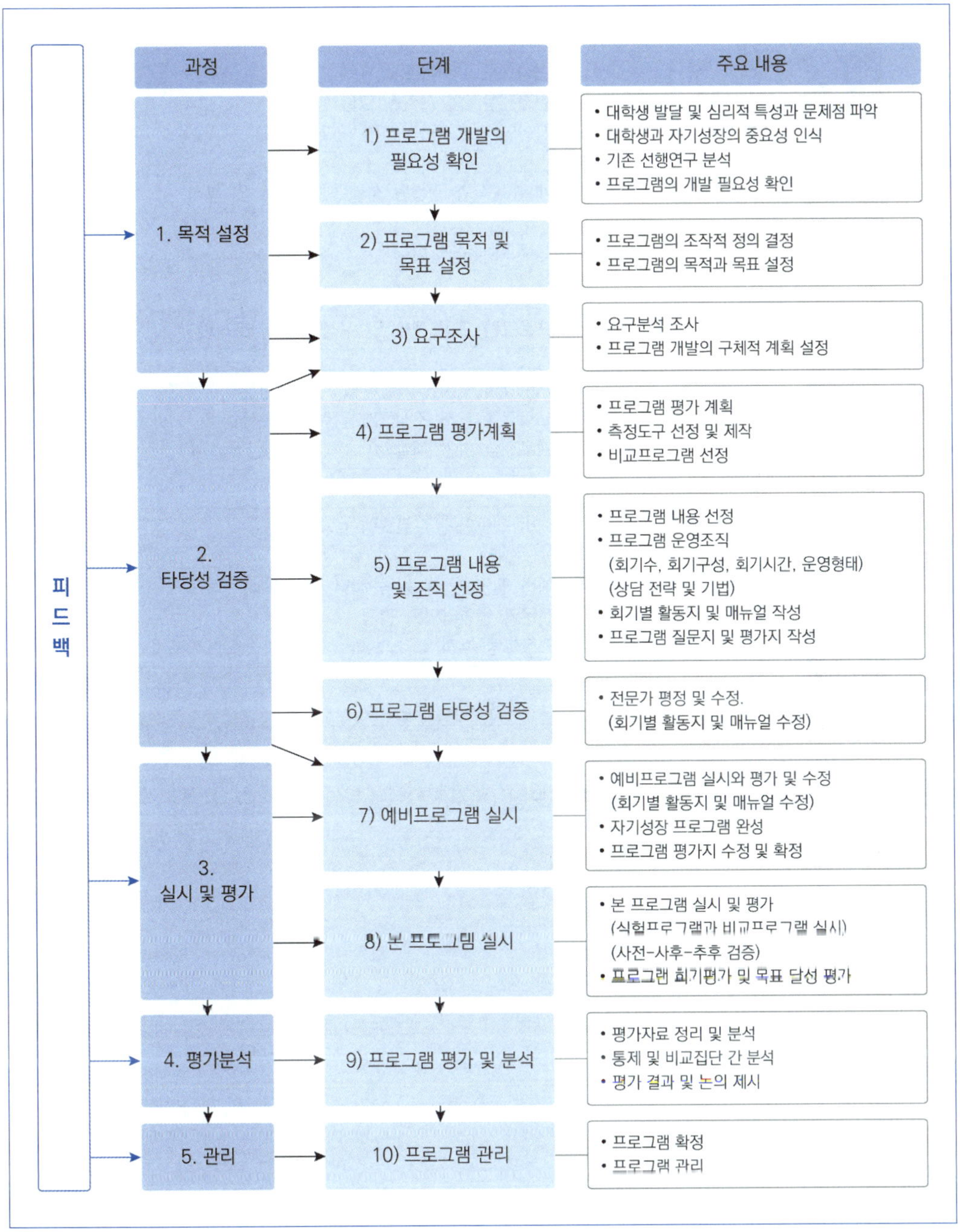

[그림 1-5] 자기성장 프로그램 개발 모형 (예시)

특히, 자살행동 치료 프로그램 개발 모형을 소개하면 [그림 1-6]과 같이 정리할 수 있다(함경애, 2013).

단계	절차	내용
기획	요구분석	• 현장요구도 설문조사 • 현장전문가의 포커스 그룹 인터뷰 • 자살행동 청소년의 심층 면담(연구1)
	문헌연구	• 개발 목적과 관련된 성행 연구 검토 및 분석
	목표 설정	• 프로그램 목표 설정
구성	모형 개발	• 프로그램 모형 개발 및 구성 요소의 도식화
	내용 구성	• 프로그램 구성원리의 추출 • 프로그램 요소 조직 및 활동 내용 구성 • 프로그램 초안 개발
실행 및 평가	예비 연구	• 예비 집단에게 프로그램 실시
	평가 및 수정 보완	• 예비 집단원들의 반응 점검 및 피드백 • 전문가 안면타당도 평가 • 프로그램 수정
	최종 프로그램 개발	• 프로그램 최종 개발

[그림 1-6] 자살행동 치료 프로그램 개발 모형 (예시)

제2장

요구 분석

1. 요구 분석의 개념

요구 분석은 학습자 및 환경적 요구를 분석함으로써 교육을 해야 하는 이유를 분석하는 것이다. 즉, 현재 무엇이 무엇인지, 어떤 것이 부족한지, 무엇을 기대하는지 등을 밝히는 것이 바로 요구 분석이다. 이러한 요구 분석을 통해서 교육목적을 도출할 수 있다. 만약 요구 분석을 실시한 결과, 교육 프로그램을 개발해야 할 타당성이 없으면 과제 분석, 설계, 개발, 실행, 평가 등 다음 교수설계 과정을 거칠 필요가 없고 요구 분석에서 종료한다. 따라서, 요구 분석은 교육 프로그램을 설계하고 개발하는 데 있어서 가장 중요하고 필수적인 과정이고 요구를 정확히 분석하여 프로그램을 개발하는 작업은 프로그램 개발자의 핵심적인 역량이다.

요구 분석의 개념을 이해하기 위해서는 우선 요구의 개념부터 이해해야 한다. 요구(Needs)는 현재 상태(What it is)와 바람직한 상태(What should be) 간의 격차를 의미한다(Witkin & Altschuld, 1995). 따라서, 요구는 현재 상태를 점검하고 미래 더 나은 상태나 조건과 비교해 봄으로써 도출되기 때문에, '문제'와 같은 의미로 사용될 수 있다.

요구(Needs) = 바람직한 상태 − 현재 상태

2. 요구 분석의 단계

일반적으로 요구 분석은 상황 분석, 목적 결정, 정보의 출처 확인, 도구 선정, 실행 계획 수립, 실행, 결과 분석 및 보고 등 6단계의 과정을 거친다.

가. 상황 분석

먼저 요구 분석이 필요한 상황을 이해하고 요구 분석에서 필요한 정보를 분석해야 한다. 즉, 요구 분석을 왜 실시해야 하는지, 요구 분석을 통해서 어떤 결과를 얻을 수 있는지, 요구 분석 시 어떤 사항을 고려해야 하는지, 요구 분석을 통해서 어떤 정보를 얻을 수 있는지 등의 정보를 확인하는 단계이다.

이러한 요구 분석을 수행하는 상황은 크게 업무 수행상의 문제, 새로운 체제나 기술 도입, 자동적 및 습관적 교육 관행 등 <표 1-6>과 같이 세 가지로 분류할 수 있다(Rossett, 1987). 이러한 요구 분석 상황 유형 중에서 현재 자신이 분석하고자 하는 요구 분석의 상태가 어떤 유형에 해당하는지에 따라 추구해야 하는 정보의 종류와 목적 등도 달라질 수 있으므로, 요구 분석 상황을 정확하게 분석할 필요가 있다.

또한, 상황 분석 단계에서는 어떤 요구 분석에 해당하는지 상황을 분석하는 것도 중요하지만, 요구 분석 수행에 영향을 미치는 환경을 분석하는 일도 매우 중요하다. 즉, 누가 문제 해결에 관심이 있는지, 누구에게서 정보를 얻을 수 있는지, 시간 및 자원의 제약은 어떠한지 등 다양한 정보를 획득해야 요구 분석을 효과적으로 실시할 수 있다.

〈표 1-6〉 **요구 분석이 필요한 상황의 유형**

구분	특징
업무 수행상의 문제	• 업무 수행의 문제를 해결하기 위해 교육적 접근이 필요할 경우 • 교수 · 학습 방법의 문제로 인해 학생들의 불만이 많은 경우
새로운 체제 및 기술 도입	• 새로운 기계 및 기술이 도입될 때 새로운 정보와 관련된 교육의 필요성이 강조되는 경우 • 스마트기기, App, 디지털교과서 등 스마트교육이 새로 도입될 경우
자동적 및 습관적 교육 관행	• 과거에 실시했던 기존의 교육 목표, 교육 내용, 교육 방법, 교육 평가 등이 그대로 실시되는 경우 • 작년의 교감 자격 연수 프로그램이나 올해 교감 자격 연수 프로그램이 동일할 경우

나. 목적 결정

요구 분석을 필요로 하는 상황에 대한 분석이 종료된 후, 요구 분석을 통해서 얻고자 하는 것이 무엇인가에 대한 해결 방안을 탐색하는 요구 분석의 목적을 결정해야 한다. 즉, 요구 분석의 목적은 불확실한 문제의 본질을 밝혀서 그 문제를 해결하는 가장 적절한 방안을 제안하는 것으로서, 요구 분석을 통해 찾아내고자 하는 정보가 무엇인가를 결정하는 단계이다. 이러한 요구 분석을 통해서 추구해야 할 목적은 최적(optimals), 실제(actuals), 느낌(feelings), 원인(causes), 해결방안(solutions) 등 <표 1-7>과 같이 다섯 가지 유형으로 구분할 수 있다(Rossett, 1987).

〈표 1-7〉 **요구 분석을 통해서 추구해야 할 목적**

구분	특징
최적	• 업무 수행의 바람직한 상태 또는 최적의 상태 • 최저 정보를 정확하게 파악해야 문제 진단 가능
실제	• 현재 직무가 수행되고 있는 상태 • 직무 담당자가 알고 있는 지식, 할 수 있는 기능에 대한 정보
느낌	• 문제 및 업무 또는 관련된 능력에 대한 의견 수렴 및 탐색
원인	• 문제를 발생시키는 원인에 대한 정보 • 최적(optimals)과 실제(actuals)를 통해 문제가 진단되면 문제를 일으키는 원인 파악
해결방안	• 문제 원인이 파악되면 해결 방안 제시 • 요구 분석을 통해 얻고자 하는 최종 정보

다. 정보 출처 확인

요구 분석이 상황 및 목적이 결정되면 누가 필요한 정보를 가지고 있는지 정보 출처를 확인할 필요가 있다. 즉, 정보가 있는 장소, 정보를 얻는 과정에서의 장애 요인, 요구 분석 과정을 인지할 사람 등에 관한 사항을 결정해야 한다.

특히, 정보 출처는 요구 분석 상황에 따라 달라질 수 있다. 학습부진을 해결하기 위해 관련된 정보 출처를 확인하기 위해서는 학습부진과 관련된 교육청 담당 부서는 어디인지, 학습부진 관련 정보를 얻기 위해 장애가 되는 요인은 무엇인지, 누구를 대상으로 학습부진 관련 정보를 얻을 수 있는지 등 정보 출처를 확인하고 계획을 수립해야 한다.

라. 도구 선정

요구 분석 상황 및 목적이 결정되면 그 목적을 달성하기 위해 현존자료 분석, 면담, 관찰, 그룹회의, 설문조사, 결정적 사태 분석 등 <표 1-8>과 같이 어떤 도구 및 방법을 사용할지를 결정해야 한다(최정임, 2002).

〈표 1-8〉 요구 분석을 위한 도구 및 방법 선정

구분	특징
현존자료 분석	• 기존 자료, 보고서, 통계자료, 선행연구, 지표 등 자료를 통해서 정보 수집
면담	• 직접 찾아가 대화 및 인터뷰를 통해서 필요한 정보 수집 • 가장 광범위하게 사용
관찰	• 업무 환경 및 장소를 방문하여 업무 관찰 • 현존 자료 분석 및 설문, 면담 등 의견 분석을 통해 도출된 간접적인 자료를 직접 확인
그룹회의	• 여러 명의 전문가들이 회의를 통해 관련된 정보를 얻는 활동 • 비용 효과적인 측면에서 손쉽게 정보 획득 • 최적의 정보 도출 및 우선 순위 결정에 유용
설문조사	• 많은 사람의 의견을 대량으로 정보 수집 가능 • 가장 널리 사용되는 방법
결정적 사태 분석	• 업무 수행상의 문제를 좀 더 구체적인 세부 사항의 정보 수집 가능 • 면담, 그룹회의, 설문조사 등 개인적 경험의 풍부함과 다양한 세부 정보를 유도하는 방법 • 성공 사례 및 실패 사례를 추적하는 방법

제3장

프로그램의 목표 설정

1. 교육목표와 수업목표의 개념

가. 교육목적 및 교육목표의 개념

교육이념은 교육목적이나 교육목표의 원천이 되는 이상적 관념이다. 교육목적을 설정하기 위한 가치적, 철학적, 이론적인 기반이 되는 사회의 모든 면과 관련이 되는 상위 차원의 목적의식이다. 이러한 교육이념을 나타내는 표현으로는 홍익인간, 근대화, 민주주의 신장, 남북통일 등과 같은 예를 들 수 있다. 교육학 용어 사전에는 목적이 목표보다 넓고 포괄적으로 사용되기 때문에, 교육목적은 다분히 추상적인 성격을 띠는 것임에 반하여, 교육목표는 목적을 이루기 위한 구체적 내용을 이루게 되는 것으로 정의하고 있다.

특히, 교육목적은 가르치려는 행동 특성이 타당한 것인지에 상관없이 교육의 목적이 있는 교육적 활동을 의미한다. 또한, 교육목적은 학습경험 또는 학습과정을 통해서 학생들에게 이루고자 하는 행동의 변화를 의미한다.

따라서, 교육목적은 교육활동의 방향을 제시해 주고 교육이념과 교육목표를 포함하고 있다. 즉, 교육목적은 추상적이며 융통성을 가지며 먼 장래를 전망하는 것으로 인간의 행동적 변화를 가져오게 하는 데에 목적이 있으며, 교육활동의 방향을 제시해 주고 나아가 교육적인 이념과 교육목표가 포함되어 있다.

그리고, 교육목적은 교육목표의 상위 개념으로 교육에서 그 적용 대상이 광범위하고 전체적인 경우의 방향 제시를 의미하여, 보다 포괄적이며, 추상적 이념적·장기적인 것으로 국가나 사회적인 측면에서 타당하고 바람직한 가치·규범적인 개념이다. 이러한 교육목적을 나타내는 표현으로는 민주인 예능인·과학인·생활인 등과 같은 예를 들 수 있다.

그러나, 교육목표는 교육목적보다 하위 차원의 개념으로 현실적·기술적 입장으로 목적 달성에 도달하기 위한 수단을 강조하는 것으로 학습경험을 통한 학생들의 행동 변화를 지칭한다. 즉, 교육목표는 보다 세부적이고 특수적이고 단기적인 것으로 교육현장에서의 학습자가 성취해야 할 미래의 도달점이라는 점에서는 교육목적과 공통된 개념이다. 교육목표를 나타내는 표현으로는 책임감, 계산 능력의 배양, 과학적 태도의 함양 등과 같은 예를 들 수 있다. 이러한 교육목표의 의미는 교육 자료를 선정하고 내용을 결정하고 평가문제를 준비하는 기준이 되고 학습경험의 선정과 조직 및 학습지도의 기본적인 수단이 된다.

좀 더 구체적으로 교육목적과 교육목표를 비교하면 첫째, 교육목표는 국가적 수준의 의사 결정으로 설정된 교육목적을 달성하는 데 필요한 구체적인 교육방법에 상응할 수 있고 둘째, 그 진술 형식은 교육목적보다는 좀 더 구체적인 용어로 사용되며 셋째, 교육목적과 수업목표의 중간 위치에서 양쪽의 관계를 상호 관련 내지 연결시켜 주는 역할을 하며 넷째, 교육목표를 정의하는 견해에 따르면 추상적 수준에서 구체적 수준까지를 모두 포함하고 있어서 경우에 따라서는 교육목적과 혼용되고 또 다른 경우는 수업목표와 동일시되는 경우도 있다(박인식, 1978).

교육목표는 어떤 프로그램의 목표를 의미하는 프로그램 목표, 단원목표를 의미 하는 중간목표, 교사와 학생이 단위 시간에 교실에서 무엇을 할 것인가에 대하여 구체적으로 명시한 교수목표로 나누기도 하고, 세분 정도에 따라 일반목표(general education objectives), 정보목표(informational objectives), 계획목표(planning objectives)로 분류하기도 하며 교육의 일반목표, 교과목표, 수업목표로 분류하기도 한다.

교육이념, 교육목적, 교육목표 등의 위계 수준을 살펴보면 [그림 1-7]과 같이 도식화할 수 있다(최호성, 2008).

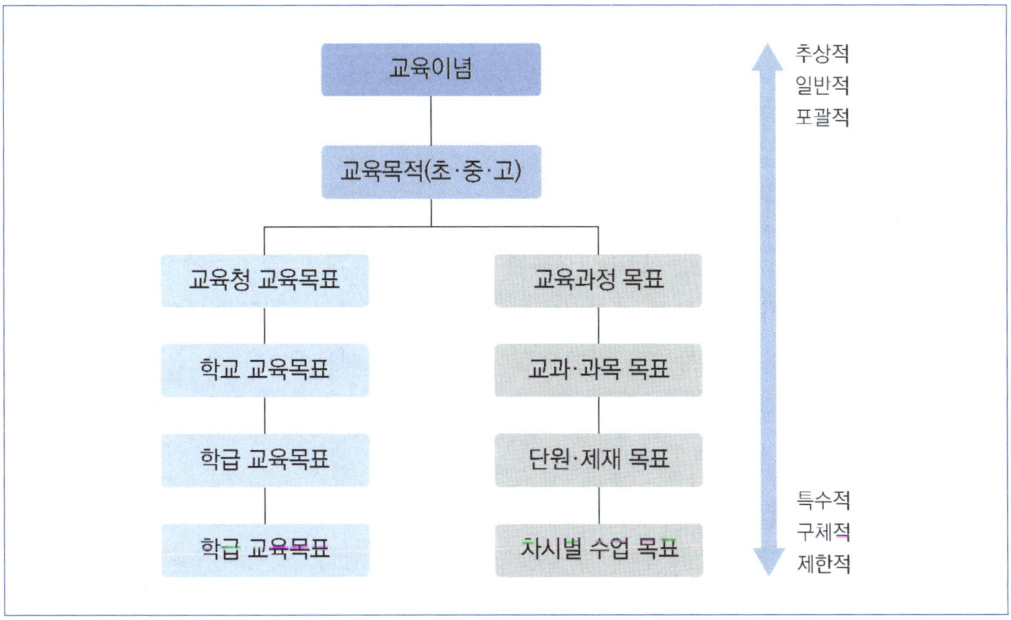

[그림 1-7] **교육이념, 교육목적, 교육목표의 위계**

나. 수업목표의 개념

교과목표는 실제 교육활동이 이루어지는 내용을 교과별로 나눈 교육활동의 핵심적인 목표이다.

따라서, 교과교육의 목적은 교과교육을 해야 하는 이유와 당위성과 관련이 있고, 교과교육의 목표는 교과교육을 통해 달성해야 하는 구체적인 내용과 범위에 관련이 있다.

특히, 교과목표는 교과의 일반목표, 학교급별 교과목표, 학년 수준별 교과목표 등 세 가지 수준으로 구분할 수 있는데 위계성을 지니고 있으며 하위의 목표일수록 세분화되어 있다. 이러한 교과목표를 달성하기 위해서는 수업 수준의 목표가 필요하다.

일반적으로 수업 수준의 목표는 10시간 내외가 소요되는 1개 단원 전개를 위한 단원목표와 1·2교시의 수업목표로 구분할 수 있다. 단원목표는 비교적 포괄적인 개념으로 진술되지만, 수업목표는 세분화된 행동적인 용어로 진술되어야 한다. 이러한 수업목표는 수업의 방향을 이끌어 줌은 물론, 수업내용의 선정과 조직에 구체적인 방향을 제공하며 수업결과를 평가하는 기준이 되기도 한다.

특히, 수업목표는 교사와 학생이 교육현장에서 가르치고 배우는 과정을 이끌어 주기 위한 가장 구체적인 목표로서, 교사 개개인의 결정권이 크게 작용될 수 있다. 또한, 학교

교육 활동의 핵심을 이루는 것이 수업활동이므로, 일반적인 교육목표나 학교수준의 목표도 궁극적으로는 수업목표로 번역될 때 비로소 그 진가를 나타내게 되는 것이다.

한편, 수업목표의 설정을 위한 기본적 자료는 교육과정과 교과서이다. 그러나 교과서는 일종의 자료에 지나지 않으며 그것은 한 학습단원의 주요 수업목표를 직접적으로 제시해 주지는 않는다. 따라서, 교과서에 실린 학습단원의 내용 분석을 통하여 다루어야 할 학습내용 요소를 추출하는 한편, 교육과정 분석을 통하여 강조해야 할 수업목표의 지침이 어디에 있는지를 충분히 참고하면서 중요 수업목표를 설정해야 할 것이다. 수업목표는 수업활동과 관련된 특정한 방향으로 집중시키기 때문에 학습에 효과적이고 개인이 노력을 하도록 학습기회를 마련하여 주며 인식된 수업목표는 수업의 방향을 결정해주는 결정적인 요소가 된다.

이와 같이 교사는 교수–학습 활동 시에 수업목표를 분명히 제시해야 하며 학습자는 제시된 수업목표를 분명히 알고 수업활동에 임해야 한다. 학습자가 수업 전 수업목표를 분명히 알면 학습방향이 분명해지고 그 시간에 이해해야 할 학습내용을 효과적으로 학습하게 된다. 교사의 입장에서는 교사가 분명하게 수업목표를 제시하고 수업을 했을 때는 그 수업이 어떠한 순서로 학습활동을 시켜서 수업을 전개할 것인가를 짐작하게 된다.

학습자가 수업목표를 명확하게 알게 되면 학습자 자신이 자기의 수업계획을 세워서 학습하게 되므로 학습이 효과를 더 높일 수 있을 것이다. 교사가 수업을 시작하는 단계에서 학습자에게 명확한 수업목표를 제시했을 경우에는 학습자들이 해야 할 일이 무엇인지 잘 알게 되지만 명확한 수업목표가 제시되지 못했을 때에는 학습자는 무엇을 어떻게 해야 하는지, 무엇부터 먼저 해야 하는지 방황할 가능성이 많기 때문에, 각 교과의 특성에 알맞은 수업목표를 설정하고 진술하는 일은 교사의 역할 중 무엇보다 중요하다.

지금까지 살펴본 바와 같이, 수업목표는 교수·학습 활동을 계획하고 전개하기 때문에, 학습결과를 평가하기 위해서는 먼저 수업목표를 확인·진술·분류해야 하고 교육목적을 달성하기 위해서는 구체적인 수업목표를 선정해야 한다(권순황, 2006).

2. 교육목적과 수업목표의 설정

교육목표는 학습자, 사회, 교과의 세 가지 자원으로부터 잠정적인 교육목표를 설정하고 교육철학과 교육심리학을 통해 걸러냄으로써 최종 수업목표를 설정하게 된다. 이러한 교육목표 설정 과정을 그림으로 도식화화면 [그림 1-8]과 같다.

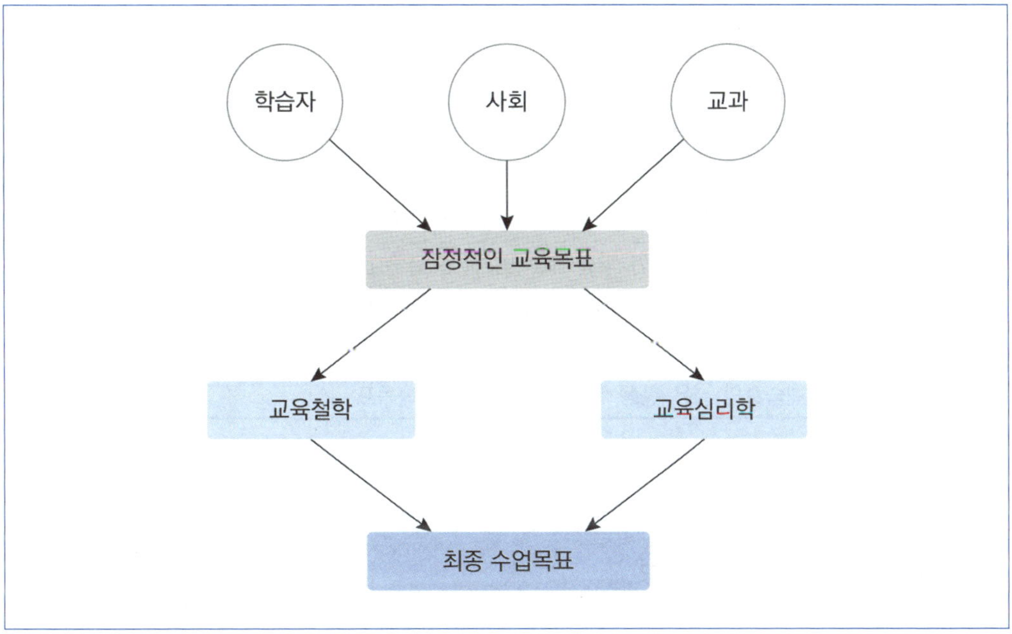

[그림 1-8] 교육목적 및 교육목표 설정 과정

특히, 교육목적 및 교육목표의 설정하기 위해서는 객관적이고 합리적인 방식의 조사 및 탐색, 옳바르게 균형 있는 정치적 방식의 선택, 포괄성·적절성·균형성·체계성·달성 가능성을 갖춘 교육목적 및 교육목표 설정을 고려해야 한다. 또한, 성봉구와 이종성(1994)은 교육목적 및 교육목표 설정의 원리를 다음과 같이 구체적으로 제시하고 있다. 첫째, 교육목적 및 교육목표는 교육을 받을 개인의 내재적 능력과 요구를 토대로 하여 세워져야 한다. 둘째, 교육목적 및 교육목표는 바람직한 교육철학을 바탕으로 설정되어야 한다. 셋째, 교육목적 및 교육목표는 문화유산·지역성·시대성·현실성·사회적 요구에 적합해야 한다. 넷째, 교육목적 및 교육목표는 학습경험을 선택할 근거를 마련해 주고 학습자의 발달 수준에 적합해야 한다. 다섯째, 하나의 교육목적 및 교육목표가 달성되면 그 결과에 따라 새로운 교육목적 및 교육목표가 설정되어야 한다. 여섯째, 교육목적 및 교육목표는 교육평가의 근원이고 척도기준이어야 한다. 일곱째, 교육목적 및 교육목표는 융통성 및 신축성이 있고, 경우에 따라 수정될 수 있어야 한다.

한편, 교육목적 및 교육목표 설정의 준거로 일관성, 달성 가능성, 적합성, 타당성, 명세성, 포괄성 등 <표 1-9>와 같이 요약할 수 있다.

〈표 1-9〉 **교육목적 및 교육목표 설정의 준거**

구분	특징
일관성	• 교육목표들 간 상충되지 않고 철학적 교육적 일관성을 지니도록 설정
달성 가능성	• 학습자들이 달성 가능한 교육목표 설정
적합성	• 학습자의 요구, 필요, 사회적 적합성을 가지는 교육목표 설정
타당성	• 중요한 교육목표가 누락되지 않도록 교육목표 설정
명세성	• 교육내용 또는 학습경험 선정에 명확한 시사를 줄 수 있는 구체성과 명료성을 지닌 교육목표 설정
포괄성	• 학습자의 넓은 행동 특성을 포괄하는 교육목표

3. 수업목표의 분류와 기능

가. 수업목표의 분류

수업목표는 학습 성과를 명시적으로 진술하는 정도에 따라 일반목표와 명세목표로 구분된다. 일반목표는 추상적이고 포괄적으로 진술한 목표로 직접 관찰하기 어려운 내재적 행동으로 진술되기 때문에 내재적 목표라고도 한다. 반면 명세목표는 진술 내용과 표현이 구체적이고 명시적, 관찰 가능한 행동으로 진술되기 때문에 행동목표라고 부르기도 한다.

특히, 행동목표의 장점을 살펴보면 다음과 같다. 첫째, 수업을 통하여 달성하려고 하는 도착점행동을 명료하게 제시해 줌으로써 교사, 학생 모두에게 수업의 방향을 정확히 제시해 준다. 둘째, 학생의 학습 성과에 대한 평가 기준을 분명히 제시해 줄 수 있다.

그러나, 행동목표의 문제점으로 측정 가능하고 관찰 가능한 행동을 강조하다 보면 자칫 사고기능과 같은 고차적인 사고 및 기능을 소홀하기 쉽고 정의적 영역 등 일부 목표는 행동 용어로 진술하기 곤란하며 수업 과정 중에 기대하지 않았던 창의력, 독창성, 신기성 등이 학습될 가능성을 무시하고 있다는 점이다.

나. 수업목표의 기능

수업목표의 기능을 살펴보면 다음과 같다. 첫째, 수업의 방향을 부여하고 수업을 규제하는 역할을 한다. 즉, 교사는 수업목표를 명심함으로 해서 수업이 초점에서 벗어나는 것을 피할 수 있고, 학생 역시 전체 수업 중에서 중요한 부분에 선택적으로 주의를 집중할 수 있다. 둘째, 수업목표에 따라 적합한 수업 전략과 교수-학습 자료가 달라질 수 있기 때문에, 수업 전략 선정과 교수-학습 자료의 개발 및 선정에 지침을 제공해 준다. 셋째, 수업목표는 수업을 하기 전에 학습자의 출발점행동을 점검하고, 수업이 진행되고 있을 때는 교수·학습이 제대로 진행되고 있는가에 대한 정보를 수집하여 수업방법을 개선하며, 수업 활동을 통해 수업목표가 어느 정도 달성되었는가를 확인하는 평가준거로 사용된다.

4. 프로그램 목표 사례

여인숙(2006)의 노년기 자아통합감 증진을 위한 이야기치료 회상집단 프로그램 개발 및 효과 논문에서 제시한 프로그램의 목적과 목표는 다음과 같다.

목적

노년기 자아통합을 위한 회상집단 프로그램은 기초연구와 문헌연구를 기초로 하여 과거와 현재의 삶을 수용할 수 있고 삶에 대해 긍정적인 태도를 갖도록 하여 노년기 발달과업인 자아통합을 이루도록 하는 것을 목적으로 한다.
본 프로그램의 구체적인 하위 목표는 다음과 같다.

목표

첫째, 자신의 경험에 대해 긍정적인 의미를 부여함으로써 자기가치감을 지니도록 한다.
둘째, 각 발달단계의 경험을 조망하고 재구성하여 스스로 의미있는 존재임을 자각하도록 한다.
셋째, 노화와 죽음을 편안하게 수용할 수 있도록 한다.
넷째, 미해결과제로 인한 회한과 갈등을 재구성하여 과거와 현재의 삶을 수용할 수 있도록 한다.

다섯째, 난관을 극복해 온 지혜로움과 용기를 자각하여 미래의 삶에 대처방식으로 활용할 수 있도록 한다.

또한, 김남연과 조형숙(2012)의 미술과 통합한 유아과학교육 프로그램의 개발 및 적용 효과 논문에서도 알 수 있듯이, 교육목적 및 목표는 [그림 1-9]와 같이 도식화할 수 있다.

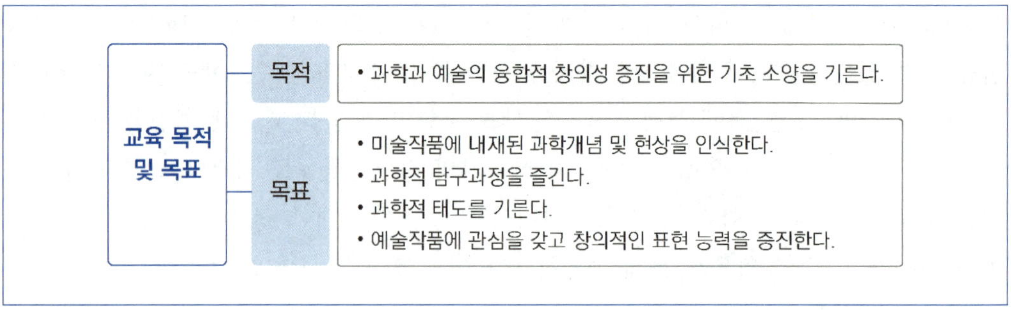

[그림 1-9] 교육목적 및 목표

제4장

과제 분석

1. 과제 분석

목표 분석과 하위 기능 분석 등 과제 분석을 도식화하면 [그림 1-10]과 같이 성리할 수 있다.

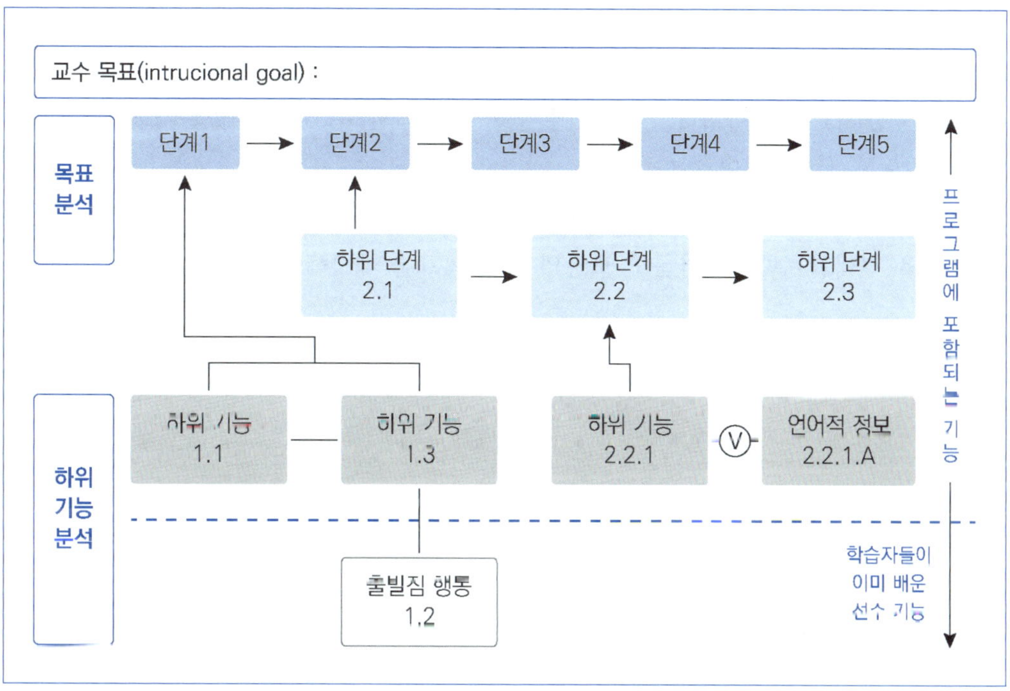

[그림 1-10] 과제 분석 단계

2. 목표 분석

목표 분석은 학습자가 목표를 수행하게 되었을 때 정확하게 무엇을 할 수 있게 될 것인가를 단계별로 기술하는 과정이다. 다시 말해, 목표 분석은 교수목표를 수행할 때 학습자가 실행해야 할 구체적인 단계로서, 사각형 모양으로 시각적 표현을 하는 과정이다([그림 1-11] 참조). [그림 1-11]에서도 알 수 있듯이, 1단계의 목표를 달성하였을 경우에 해당하는 단계를 수행할 줄 알게 되어 2단계, 3단계, 4단계, 5단계의 과정을 거칠 수 있다. 5단계의 모든 과정을 도달하면 교수목표를 달성하게 될 뿐만 아니라, 프로그램의 최종 목표도 성취할 수 있게 된다.

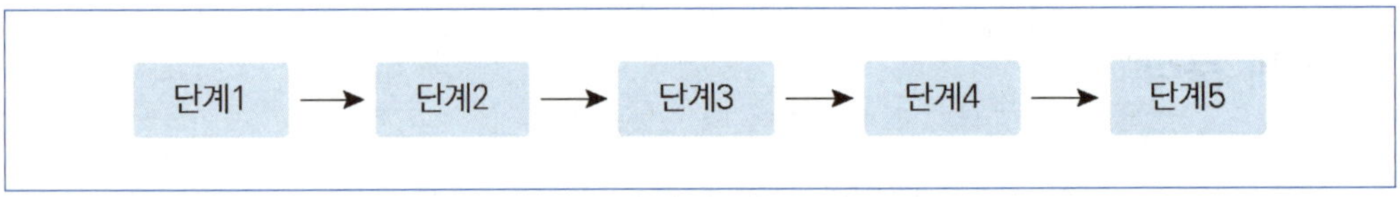

[그림 1-11] 일반적인 목표 분석 과정

특히, 각 단계의 목표는 관찰할 수 있는 행동을 묘사하는 동사를 포함하여 기술해야 한다. 여기서 관찰할 수 있는 행동은 육안으로 관찰할 수 있는 가시적인 행동(신체 행동, 인지 행동 등) 뿐만 아니라, 각 단계별 목표를 학습할 수 있게 되었는가를 평가(확인)할 수 있도록 진술되어야 한다.

또한, 각 단계별 목표에서 의사 결정에 대한 행동이 포함되어 있을 경우에는 의사결정 과정을 선택할 수 있는 마름모 모양의 단계 목표를 제시해야 한다([그림 1-12] 참조).

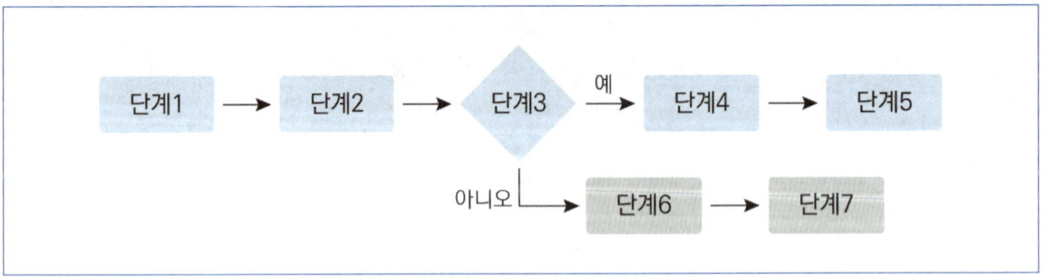

[그림 1-12] 의사결정 과정을 포함하는 목표 분석 과정

한편, 목표 분석은 각 단계 안에 얼마나 많은 내용을 포함하는 단계를 분석해야 하는지 고려해 볼 필요가 있다. 일반적으로 각 단계별로 1－2시간 정도 학습할 정도의 분량으로서, 최소 5단계 이상 15단계 미만의 목표 분석 단계를 결정할 필요가 있다(김동식·강명희·설양환, 2009). 만약 5단계 미만으로 목표를 분석하였을 경우 충분하게 자세히 분석하지 않았고 15단계 이상으로 분석하였을 경우, 목표 단계를 너무 지나치게 상세히 분석하였다는 것을 시사한다.

3. 하위 기능 분석

교수 목표를 분석하게 되면, 그 다음으로 교수 목표에 포함된 각 단계별로 하위 기능 등을 규명하는 하위 기능을 분석해야 한다. 이러한 하위 기능의 분석은 지적 기능이나 운동 기능 영역을 분석하는 위계적 분석 또는 절차적 분석, 언어적 정보 영역을 분석하는 군십 분석, 태도 영역을 분석하는 통합적 분석 등으로 구분할 수 있다.

가. 위계적 분석

위계적 분석은 최상의 교육목적을 달성하기 위해 학습자가 실행해야 할 일련의 하위과제들을 밝히는 작업으로서, 개념이해, 원리 발견, 문제해결 등 인지적 활동과 관련된 지적 기능 영역에서 많이 활용한다. 위계적 분석은 교육목적을 달성하기 위해 위에서 아래로 분석하여 점점 나아가는 상의하달식(top－down)방법이다. 이러한 위계적 분석은 가장 기초적인 수준까지 내려가서 계속해서 분석한 후, 출발점 행동이 나오면 종료된다. 즉, 출발점 행동 기능은 학습자가 이미 숙달하고 있어야 하는 기능으로서, 교육 프로그램을 학습하기 전에 이미 알고 있어야 하거나 할 수 있어야 하는 기능을 의미한다.

특히, 지적 기능을 강조하는 대표적인 Gagne의 의하면 문제해결을 하기 위해서는 원리나 규칙을 이해하고 하고, 원리나 규칙을 이해하기 위해서는 개념을 알아야 하며, 개념을 알기 위해서는 변별할 줄 알아야 한다고 주장한다. 이러한 지적 기능을 위계적 분석으로 도식하해 보면 [그림 1－13]과 같다.

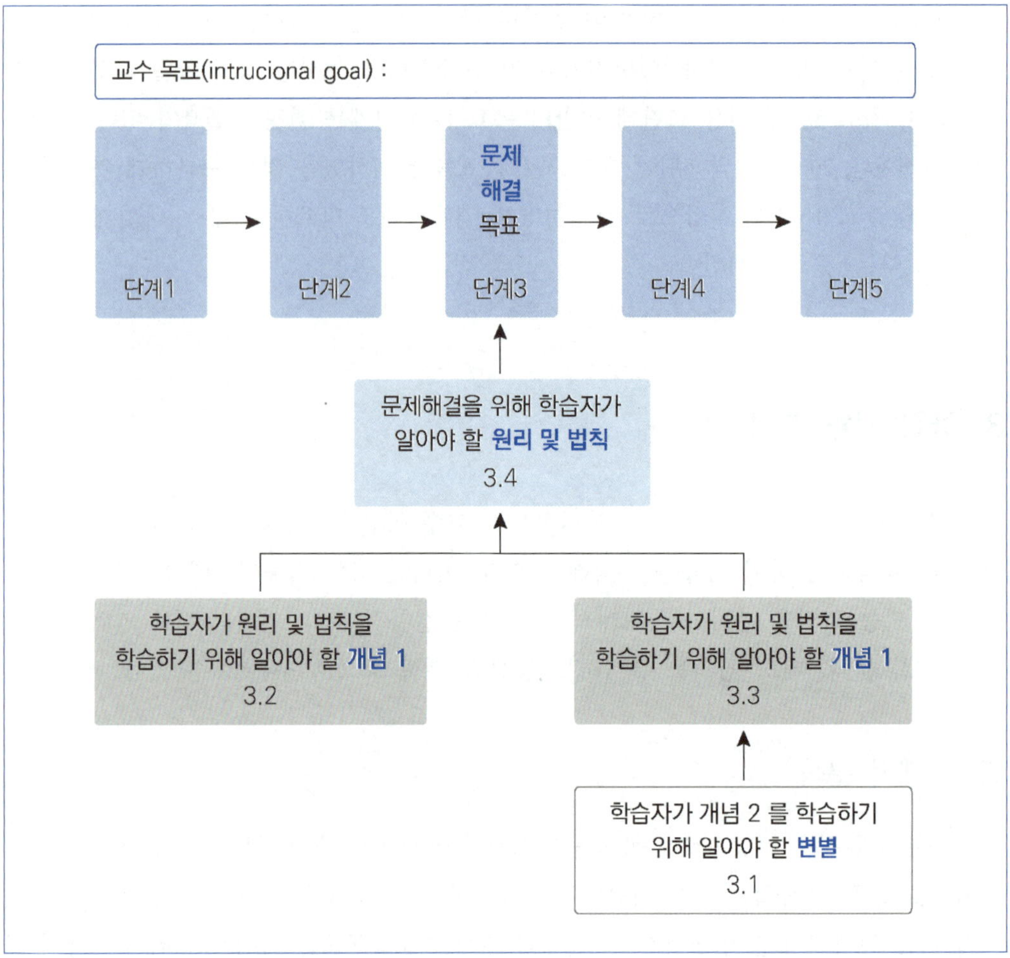

[그림 1-13] Gagne의 지적 기능에 대한 위계적 분석

[그림 1-13]에서도 알 수 있듯이, 위계적 구성 방법은 인과관계(결과, 원인), 과제 간의 복잡성(복잡, 간단), 친근성(친숙한 것, 낯선 것) 등으로 구분할 수 있다. 위계적 분석은 위에서 아래로 진행되지만, 실제 수업이나 학습은 아래에서 위로 진행되기 때문에, 각각의 하위 과제는 상위 단계들을 학습하기 전에 반드시 학습되어야만 하는 선수 지식 또는 선수 기능이라고 할 수 있다. 이러한 위계적 분석은 교육 현장에서 프로그램을 개발할 경우 가장 많이 활용한다.

나. 절차적 분석

절차적 분석은 학습자가 일련의 단계들을 따라가면 습득이 되는 심체적 능력, 시간적인 순서가 있는 지적 능력을 분석할 때 주로 활용한다. 이러한 절차적 분석은 각 순서가 명확하게 드러나기 때문에, 학습자의 정신적 과정과 신체적 활동 과정 등의 구체적인 단계를 밝혀서 순서적이고 직선적으로 나열한다.

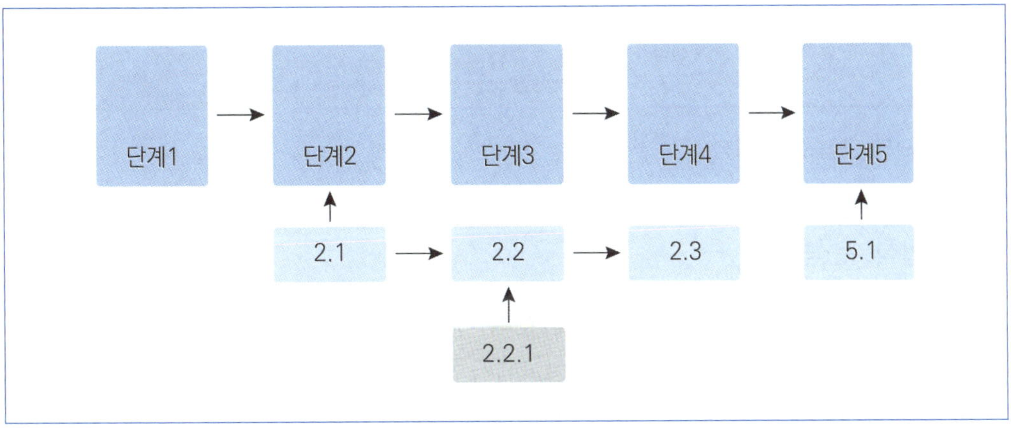

[그림 1-14] 절차적 분석 과정

다. 군집 분석

군집 분석은 교육목적을 달성하는데 단계적이거나 논리적인 순서가 중요하지 않은 정보를 분류하는 경우, 언어적인 정보 능력을 목표로 하는 과제 분석을 하는 경우에 활용한다. 이를 분류하는 기준은 같은 소그룹에 속한 요소들 간에 동질성을 띠며 강한 관련성을 갖는 질적 기준이나 동일한 범위, 규모 등을 표현하는 양적 기준 등으로 구분할 수 있다. 이러한 군집 분석은 상의하달식 방법과 하의상달식 방법 모두 가능하다. '인간 신체 부위 이름 알기'라는 언어 정보에 대한 군집 분석의 예시는 [그림 1-15]와 같다.

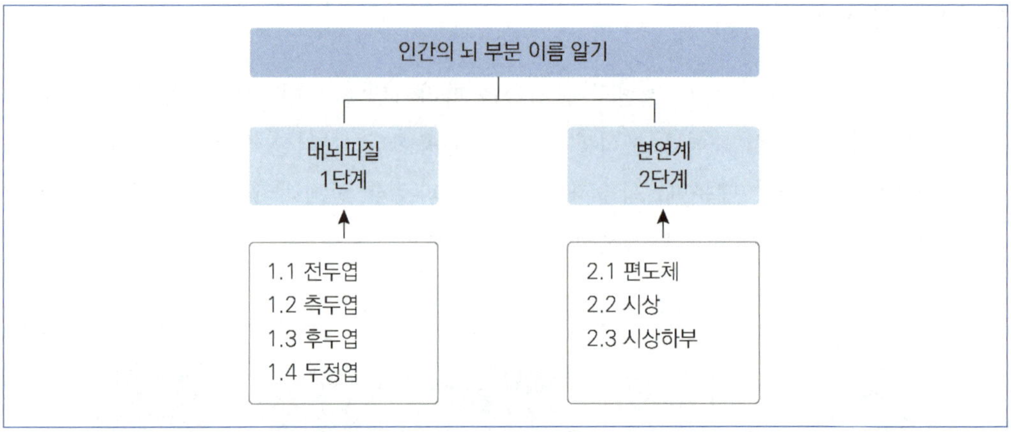

[그림 1-15] 군집 분석 과정

라. 통합적 분석

통합적 분석은 위계적 분석, 절차적 분석, 군집 분석 등을 혼합하여 적용하는 분석 방법이다. 이러한 통합적 분석은 태도 영역에서 많이 활용할 수 있다. 먼저 학습자가 특정 태도를 보여주기 위해서 실행해야 하는 행동은 지적 기능이나 운동 기능에 해당하기 때문에, 위계적인 분석을 실시할 수 있고, 학습자가 특정 태도를 가져야 하는 이유를 밝히는 것은 언어적 정보에 해당하기 때문에, 군집 분석 등을 할 수 있다. 즉, 태도 영역을 나타내기 위해서는 운동 기능이나 지적 기능 옆의 사각형에 간단히 태도 목표를 기술할 수 있다([그림 1-16] 참조). 또한, 지적 기능 또는 운동 기능 옆에 필요한 언어적 정보를 기술할 경우에는 [그림 1-17]과 같이 도식화할 수 있다.

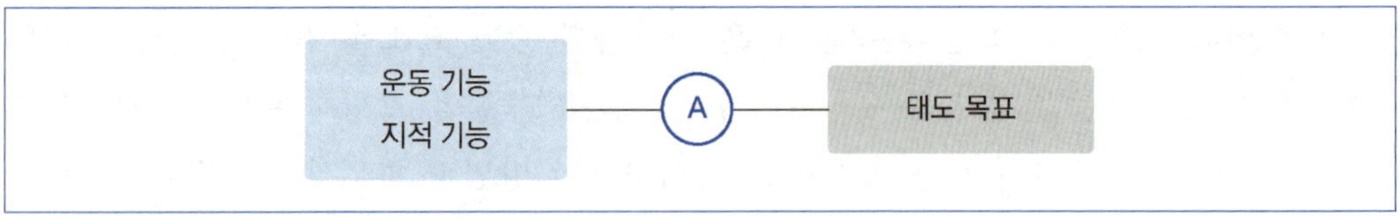

[그림 1-16] 운동(지적) 기능에 태도 목표 과제 분석 방법

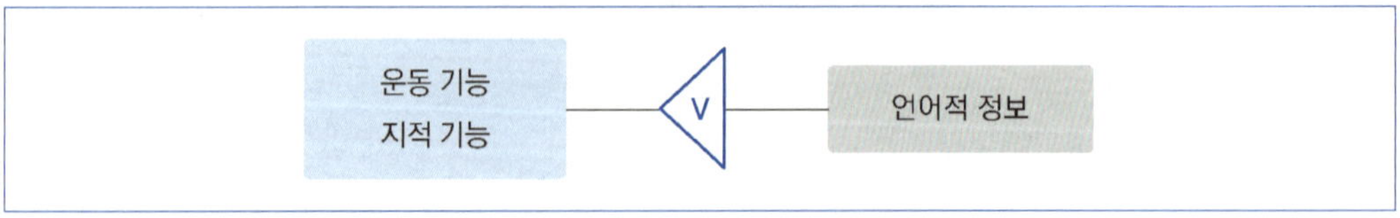

[그림 1-17] 운동(지적) 기능에 언어적 정보 과제 분석 방법

4. 과제 분석 사례

마상욱(2012)의 청소년 역량 증진을 위한 자기주도학습 프로그램 개발 연구에서 제시한 과제 분석 사례는 [그림 1-18]과 같이 정리할 수 있다.

[그림 1-18] 과제분석 예시1

정제동(2008)의 초등학생용 성공지능 향상 프로그램의 개발과 적용 연구에서 제시한 과제 분석 사례는 [그림 1-19]와 같이 정리할 수 있다.

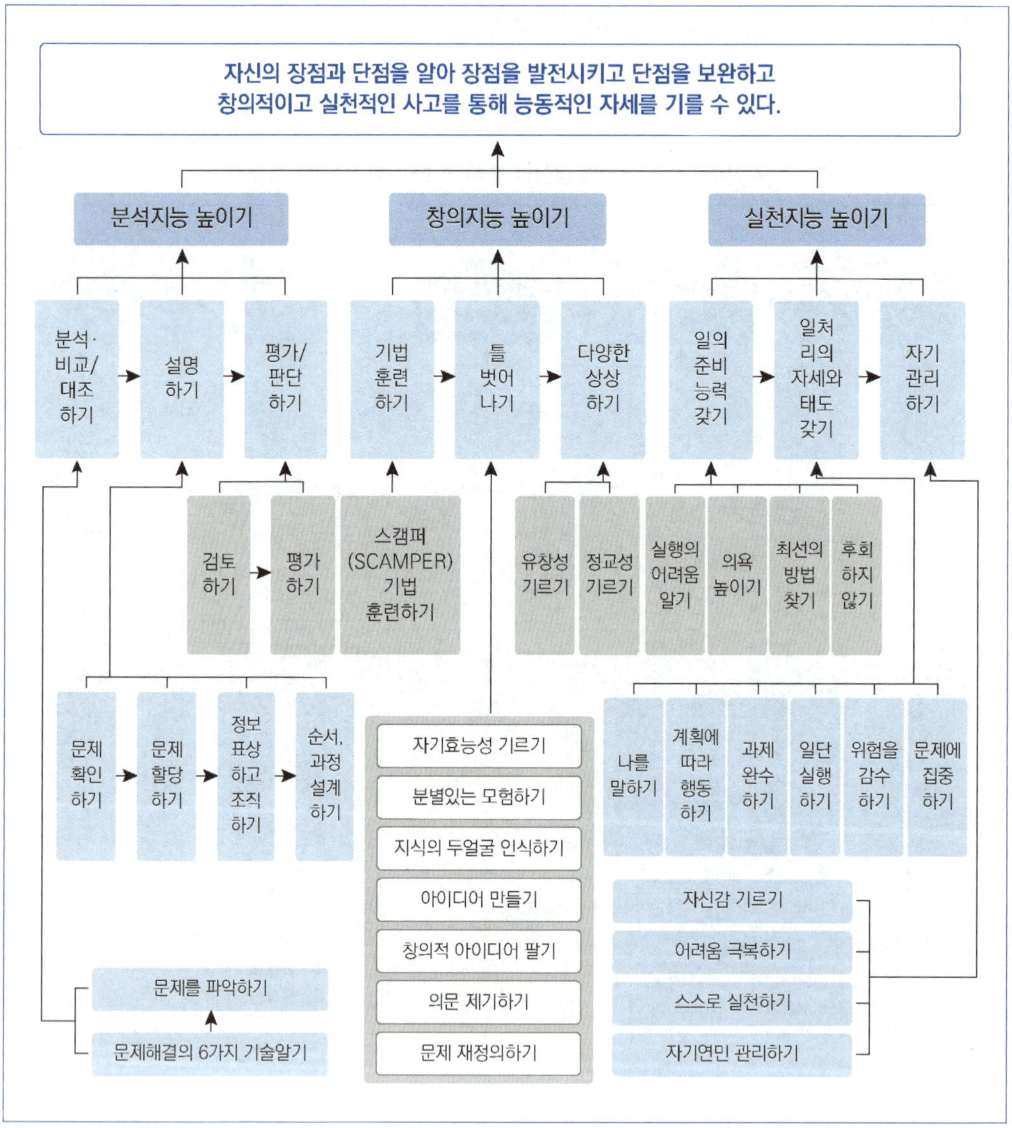

[그림 1-19] 과제분석 예시2

제5장

학습자 및 상황 분석

1. 학습자 분석

학습자 분석은 출발점 행동 분석, 학습자의 일반적인 특성 등으로 구분될 수 있다.

가. 출발점 행동 분석

출발점 행동은 학습내용과 관련하여 학습자가 이미 알고 있는 행동으로서, 학습자가 이미 갖고 있는 지식, 기술 등은 교육 프로그램에서 제외시킬 수 있다. 그러나, 필수적인 사전 지식이 부족한 경우에는 보충수업 등을 거쳐서 반드시 선수 지식 및 기능을 학습한 후 교육 프로그램을 실시해야 한다.

특히, 출발점 행동을 파악하는 방법은 교수 분석을 통해 나타난 목표와 하위 기능의 현재 수준을 설문조사를 통해서 파악하는 방법, 1 대 1 인터뷰, 면담 등을 통해서 현재 수행 정도를 파악하는 방법 등이 있다.

나. 일반적인 특성

일반적인 학습자 특성은 학습자 연령, 성별, 학습 능력, 성격, 다중 지능 등으로 구분할 수 있다.

2. 상황 분석

교수－학습 방법 선택 기준을 일반적으로 학습자, 학습내용, 교육환경, 교사의 교육관 등 <표 1－10>과 같이 네 가지 기준을 고려해야 한다.

〈표 1–10〉 **교수–학습 방법 선택 기준**

선택 기준	내용
학습자	학습자의 학습성향: 수동성, 능동성, 논리성, 실용성
	학습자의 학습경험 정도
	학습자의 인원 수
	학습자의 요구 및 흥미
학습내용	학습내용의 유형: 지적 · 정의적 · 심체적 영역
	학습 목적 수준: 암기 · 이해 · 종합 · 분석 · 문제해결
교육환경	활용할 수 있는 교수 매체의 종류
	교실 공간 크기
	학습자간의 관계
	교수자와 학습자간의 심리적 관계
	교수자료 개발 가능성: 인적 지원, 개발환경 구축
교수자의 교육관	교육 철학: 객관주의적 · 구성주의적 입장
	교수–학습 방법에 대한 지식
	교수 매체에 대한 선호도

특히, 교수－학습 방법 선택에 영향을 주는 요인 중에서 교수－학습 상황에 따라 선택 가능한 교수－학습 방법을 살펴보면 <표 1－11>과 같이 정리할 수 있다.

〈표 1–11〉 **교수–학습 상황에 따른 교수–학습 방법의 선택**

교수–학습 상황	교수–학습 방법
• 50명 이상의 학습 집단 • 전형적인 교실 공간 • 개념, 원리 학습 • 새로운 지식 습득 중심	설명식 강의법 팀티칭

교수-학습 상황	교수-학습 방법
• 20명 이하 학습 집단 • 전형적인 교실 공간 • 태도 영역 • 이미 습득한 지식 이해 강화	역할극 모의 실험 게임 토론법
• 20명 이하 학습 집단 • 융통성 있는 교실 공간 • 개념, 원리 학습 • 새로운 지식 습득 중심	발견학습 탐구학습
• 30-40명 정도 학습 집단 • 융통성 있는 학습 공간 • 심체적 영역 • 새로운 지식의 습득 및 숙달	동료교수법 시범-실습
• 30-40명 정도 학습 집단: 소집단 형성 가능 • 융통성 있는 학습 공간 • 인지적 영역 • 새로운 지식 창출	소집단 협동학습 문제중심학습 사례기반 학습
• 개별 학습 가능 • 융통성 있는 학습 공간 • 개념, 원리, 절차 학습 • 새로운 지식 습득 중심	CAI WBI 개인교수법

이 외에도 행동 목표 유형에 따른 교수법을 살펴보면 <표 1-12>와 같이 요약할 수 있다.

〈표 1-12〉 교수-학습 방법 선정시 고려되어야 할 요인

행동목표 유형 / 교수법	인지적		정의적		심동적	
	시식, 이해, 적용	분석, 종합, 평가	수용, 반응	가치화, 조직력, 개별성	모방화, 조직력	정확, 분석, 이입
강의	○	○			○	
개인교수	○	○	○		○	
시범	○					
집단토의		○	○	○		
가정교사		○	○	○	○	○
사례연구		○	○	○		

교수법 \ 행동목표 유형	인지적		정의적		심동적	
	지식, 이해, 적용	분석, 종합, 평가	수용, 반응	가치화, 조직력, 개별성	모방화, 조작력	정확, 분석, 이입
실험지도					○	○
세미나		○	○	○		
프로그램학습	○	○	○			
자습		○	○	○	○	○
연찬회			○	○		
문제해결			○			○
프로젝트		○		○		○
게임 및 시뮬레이션		○				○

이 외에도 교수-학습 방법 선택에 영향을 주는 요인으로는 개인적 성향, 교육적 경험, 교수-학습 상황 등<표 1-13>과 같이 요약할 수 있다(Cruickshank, et al, 1995).

〈표 1-13〉 **교수-학습 방법 선택에 영향을 주는 요인**

요인	하위 요인
개인적 성향	성별
	나이와 경험
	성격
교육적 경험	교육적 지식
	교과 학습의 경험
	인상 깊었던 교수 방법
	경험했던 교수-학습 방법
교수-학습 상황	학습자의 다양한 특성
	학습 인원수와 교실공간 크기
	교육자료 사용
	시간의 적절성
	학습내용 본질
	좋은 교수에 대한 일반적 관점

3. 학습자 및 상황 분석 사례

김진희(2007)의 뇌교육 웃음프로그램 개발에 관한 기초연구 논문에서 제시한 학습자 분석 예시는 <표 1-14>와 같이 정리할 수 있다.

〈표 1-14〉 학습자 분석 (예시1)

발달 영역	발달 특성
뇌 발달	• 시냅스의 극적인 가치치기가 아동 중기에 시작 • 대뇌의 피질부위에서는 시냅스 제거가 극적으로 이루어지기도 함 • 변연계와 신피질의 상호연결이 증강하고 다양화 • 공간 지각력을 담당하는 두정엽과 언어를 담당하는 측두엽의 시냅스가 활발하게 형성되기 시작 • 9-12세 무렵에는 양반구의 전문화 • 전두엽의 조절통로가 발달하면서 한 과제에 선택적 주의집중 가능 • 다양하고 풍요로운 경험을 통해 두뇌를 활성화할수록, 수초와 수상돌기 가지가 많아지고 뇌량이 두꺼워짐
정서 발달	• 초등학교 입학 무렵 정서조절 능력이 급속도로 발달하기 시작 • 공감능력 발달 • 자신의 약점을 과장되게 인식하기도 함 • 초등학교 고학년 무렵 성인의 피드백 없이도 자긍심이나 죄책감 등의 정서가 자연스럽게 표출 • 동시에 두 가지 정서를 느낄 수 있는 상황을 이해
인지 발달	• 보존개념 획득 • 유목에 의해 분류조작이 가능 • 두 개 이상의 요인을 동시에 비교 통합하는 서열조작이 발달 • 개념들을 관련짓는 위계망 구조 발달 • 기억현상에 관한 지식과 기억과정을 통제하는 상위기억능력이 발달

염혁주(2012)의 스포츠품성교육프로그램의 개발 및 효과 검증 연구에서 제시한 학습자 분석 예시는 <표 1-15>와 같이 정리할 수 있다.

〈표 1-15〉 학습자 분석 (예시2)

발달 영역	발달 특성
신체발달	• 체격의 발달 • 운동능력의 급격한 발달
정서발달	• 자아개념의 발달 • 자아존중감의 발달(학교 생활 적응과 밀접한 관련)
인지발달	• 지각능력 발달 • 언어능력 발달(대상참조적(對象參照的) 의사소통기능이 발달) • 보존 개념의 발달
사회발달	• 성역할의 정체감 형성 • 또래관계의 발달(또래 관계를 통한 인지, 언어, 정서적 발달) • 또래집단의 수용과 동조성

제6장

수행목표 진술

1. 수업 목표 진술 방법

가. Tylor의 수업목표의 진술

Tyler는 수업목표 속에는 다루어야 할 내용 영역과 추구해야 할 행동 영역이 동시에 기술되어야 한다고 주장하였다. 즉 수업목표를 진술할 경우는 학생 속에 길러져야 할 행동의 유형과 그러한 행동이 나타나야 할 내용 또는 생활영역 모두가 진술되어야 한다는 것이다.

Tyler는 행동적 수업목표를 진술하는 데 세 가지 특징을 제시하였다.

첫째, 수업목표 진술은 학생의 행동으로 진술해야 된다는 것이다. 교육에서 관심을 갖는 것은 학생의 행동 변화 즉 학생의 행동이 교육이 시작되기 전, 더 좁게는 교수 학습이 시작되기 전과 그 후에 어떤 영향으로 어떤 수준까지 변화되었나를 보는 것이고 그것을 평가하는 것이 교육평가이다. 그러므로 목표 진술은 그것을 가르치는 교사의 행동으로 진술될 것이 아니라 학생의 행동이라는 차원에서 진술되어야 한다는 것이다.

둘째, 학생의 행동만을 진술할 것이 아니라 그 행동이 나타내어지는 내용도 함께 진술되어야 한다.

셋째, 학생의 기대되는 행동은 충분히 세분화되어야 한다. 수업목표 진술에서 학생에게 기대되어지는 행동을 충분하게 세분화시키지 않는다던가 학습 과제의 내용구조를 구체적으로 세분화시켜 진술하지 않으면 실제 수업이 막연한 것이 되기 쉽고 평가하여야 할 때도 구체적으로 무엇을 평가하여야 할지 모르게 된다.

〈표 1-16〉 Tyler의 수업목표 진술 방법

내용	행동
지도에서 축적의 의미를	이해할 수 있다.
우리 고장의 그림 지도를	그릴 수 있다.
세계 4대 문명 발상지를	열거할 수 있다.

수업목표는 교사가 수행해야 할 일을 나타내는 교사의 활동 형태로 진술되거나, 주제, 이념, 법칙에 대해서 진술되거나 일반적인 행동형으로 진술되어서는 안 된다고 했다. 왜냐하면, 수업목표는 학습자가 수행해야할 행동을 나타내는 형태로 진출되어야 하는데 이 세 가지는 학생의 행동을 표현하지 않기 때문이라는 것이다. 이러한 수업목표들은 행동과 내용이라는 2가지 요소를 포함하고 있으므로 Tyler식 수업목표 진술방식이라고 할 수 있다.

이와 같은 수업목표의 진술방식은 내용과 행동의 결합이 교육목표를 도달시키는 지표가 된다. 즉, 무엇을 가르칠 것인가에 대한 Tyler의 대답은, 내용에 대한 원리의 이치를 가르친다. 즉 내용에 관한 원리를 가르친다는 것이다. 여기에서 원리는 내용을 의미하며 이해한다는 것은 행동을 말한다. 이것들은 교육목표로써 의미를 가지고 있고, 그 내용은 행동과 함께 학교가 달성하고자 하는 교육목표가 된다.

이런 수업목표 진출을 내용과 행동으로 규정하고 있는데 내용과 행동으로 규정한 가장 중요한 이유는 그것이 평가되어야 한다는 것을 염두에 두었기 때문이고 평가를 염두에 둔다면 교육목표는 반드시 교육과정과 수업의 결과로 학생들에게 행동의 변화가 있어야 한다. 즉, 교사가 가르치는 동안에 교사가 무슨 일을 해야 하는가를 자세히 밝히기 위해서는 그가 가르치는 내용을 자세하게 구성하는 것이 아니라 최종적으로 평가될 학생의 행동을 자세하게 규제하는 것이다. 예를 보면 수업목표가 Newton의 3법칙을 열거하기로 되어 있다면 Newton의 3가지 법척은 내용에 해당하고 열거하기는 행동에 해당된다. 만약이 Newton의 3가지 법칙인 수업목표의 내용만 제시되었다면 어떤 수업목표인지를 짐작할 수가 없으며, 행동만 진술해 놓으면 수업목표가 무엇인지를 알 수 없다. 그래서 수업목표 진술방식은 수업목표의 내용과 행동이 동시에 진술되어야 한다고 주장하고 있다.

나. Mager의 수업목표 진술

최근에는 내용과 행동이라고 하는 2가지 요소만을 포함하는 수업목표보다는 더욱 상세하게 진술한 목표가 유용하다는 주장이 대두되고 있다. 이런 주장은 대체로 프로그램 학습이나 전자 계산기에 의한 학습문제를 연구하는 교육공학적 접근에서 많이 나타나고 있는데 이런 접근 방법 중에 대표적인 수업목표 진술 방식이 Mager의 진술 방식이다.

Mager는 그의 저서 수업목표의 작성(Preparing Instructional Objectives)에서 수업목표의 설정 과정과 진술 양식을 상세하게 체계화하여 제시하고 있다.

모든 목표는 명시형으로 진술되어야 한다는 것이다. 즉 Mager에 의하면 일반적으로 어떤 동사가 명시적인지 또는 암시적인지를 구별하는 기준은 그 목표의 진술에 사용된 동사의 성질에 달려 있다. 이처럼 수업목표는 행동적 용어로 진술됨으로써 대안적 가능성을 제거하여 모든 사람들이 하나의 목표를 동일하게 해석할 수 있게 하자는 것이다.

Mager는 이런 점을 강조하여 모든 목표를 관찰 가능한 외현적 행동을 나타내는 용어로 진술할 것을 제안하고 있다. 또한 수업목표는 수업의 성과로서의 최종적인 성취행위가 분명히 진술되어야 한다. 여기서 최종적인 성취 행위란 어떤 수업에서 기대하는 의도한 성과라고 할 수 있으며, 학습의 결과로서 나타내야 한다.

따라서, 수업목표는 수업이 끝났을 때 학습자가 무엇을 할 수 있는지를 제 삼자가 볼 수 있도록 성취적인 용어로 진술해야 한다.

그러나 이런 기대되는 성취행위가 분명히 표시되었다고 해서 완벽한 수업목표가 진술되는 것은 아니다.

수업목표에서는 기대되는 성취행위가 나타날 수 있는 조건도 아울러 진술되어야 한다. 즉 어떤 조건하에서 그러한 행동이 나타나야 할 것인가를 밝혀야 한다면, 학생은 평균, 표준편차와 같은 통계 값을 정확하게 계산할 수 있나 라는 목표에는 단지 성취행위만이 표시되어 있다.

그러나, 이보다 학생은 공책과 참고서 도움 없이 평균, 표준편차와 같은 통계 값을 계산할 수 있다. 라고 진술하면 보다 명료한 목표가 된다. 이처럼 성취행위의 조건에는 학습 교재 및 도구의 도움이나 제한점이 포함된다.

수업에서 시청각 기구를 가끔 사용할 수 있는데 이러한 교재나 기구의 사용이 수업목표의 진술 방식으로 포함될 때 유력한 교수 안내가 된다. 그는 수업목표 진술에는 학습자의 도착점행동(terminal behavior)과 그 도착점행동이 일어나는 상황(situation) 및 조건(condition), 그리고 그 도착점행동이 어느 정도로 숙련되어야 하는지를 밝혀 놓은 준거(criteria)가 명시되어야 할 것을 주장하고 있다.

이와 같은 Mager의 주장을 요약해 보면 다음과 같다.

첫째, 수업목표는 수업의 절차나 방법의 요약을 기술하는 것이 아니라 의도한 결과를 진술해야 한다.

둘째, 수업목표는 성취적인 용어로 진술되어야 하며, 학생의 학습이 끝난 후 제3자에게 무엇을 할 수 있는지를 보일 수 있도록 진술되어야 한다.

셋째, 수업목표에는 기대되는 성취행동이 나타나는 조건도 함께 진술되어야 한다. 즉 어떤 조건 밑에서 그러한 행동이 나타날 것인지를 진술한다. 이 조건에는 제한점이나 시청각적 기자재의 도움 같은 것을 포함한다. 예를 들면 '1차 방정식을 참고서나, 수표, 계산기구를 사용함이 없이 풀 수 있다'와 같은 예에서 '참고서나, 수표나, 계산기구를 사용함이 없이'와 같은 것이 성취행동을 규정짓는 조건이다.

넷째, 수업목표는 수락기준이 포함되어야 한다. '100m를 뛸 수 있다'라는 목표에는 수락기준이 없다. 즉 100m를 몇 초 이내에 뛸 수 있느냐 하는 것이 진술되어야 한다. 조건은 어떤 땅에서 뛰느냐 하는 것이다. 이를 올바른 목표로 진술하면 다음과 같이 되어야 할 것이다.

'평지에서 100m 거리를 15초 이내에 뛸 수 있다.'
(조건) (수락기준) (행동)

이와 같은 Mager의 수업목표 진술 방법은 Tyler의 행동과 내용의 2차원적 표시 방법보다 훨씬 더 정밀하다.

그러나, Mager의 방법에 따라서 교과의 수업목표를 남김없이 구체화할 수 있는가? 라고 하는 현실적인 어려움이 있다. 이 방법의 특유한 강점을 또한 경시할 수는 없을 것이다.

2. 신교육목표 분류

Bloom의 분류학의 6개 범주 중 3개의 범주는 그대로 유지하고 2개는 순서가 교차되었으며 지식은 동사 형태로 바꾸었다. 즉, knowledge(지식)은 remember(기억하다)로, comprehension(이해)은 understand(이해하다)로, synthsis(종합)은 create(창안하다)로, evaluation(평가)은 evaluate(평가하다)로 수정하였다(Anderson et al, 2001).

특히, 일차원적이고 나선적인 구조를 지닌 Bloom 분류학에 비해 개정된 신 교육목표분류학 표는 <표 1-17>과 같이 수업목표가 명사로 이루어진 지식 차원과 동사로 이루어진 인지과정 차원으로 구성된 이차원적 구조를 이룬다(강현석 외, 2005).

〈표 1-17〉 신 교육목표분류학 표

지식차원 \ 인지과정 차원	기억하다	이해하다	적용하다	분석하다	평가하다	창안하다
A. 사실적 지식						
B. 개념적 지식						
C. 절차적 지식						
D. 메타인지 지식						

3. 수행목표 사례

정하나(2015)의 극화놀이를 통한 유아공감능력 증진 프로그램 개발 및 효과 연구에서 제시한 수행목표 예시는 <표 1-18>과 같이 도시화할 수 있다.

〈표 1-18〉 **수행목표 진술 예시1**

<table>
<tr><th colspan="3">교수-학습 단계</th><th>교육내용범주</th><th>목표</th><th>내용</th></tr>
<tr><td rowspan="3">1단계</td><td rowspan="3">자아공감인식</td><td rowspan="3">동화 듣고 이야기 나누기를 통한 자아공감 도입하기</td><td>인지적 공감</td><td>• 자신의 생각과 느낌을 인식하고 공감한다.</td><td>• 교사가 들려주는 동화 속 이야기 듣기
• 동화를 듣고 이야기 내용과 관련하여 자신의 생각을 인식하며 이에 대해 공감하기</td></tr>
<tr><td>정서적 공감</td><td>• 자신의 생각과 감정을 수용하고 공감한다.</td><td>• 동화 속 상황, 역할, 등장인물에 대한 감정과 느낌을 받아들이고 스스로 공감하기</td></tr>
<tr><td>소통적 공감</td><td>• 자신의 생각과 느낌을 다양한 방법으로 표현하고 공감한다.</td><td>• 동화 속 이야기, 상황 등장인물, 역할에 대한 자신의 생각과 느낌에 대해 교사와 이야기나누기를 통해 소통적 공감 경험하기</td></tr>
<tr><td rowspan="3">2단계</td><td rowspan="3">대인공감조망</td><td rowspan="3">공감적 이야기 나누기를 통한 대인공감 강화하기</td><td>인지적 공감</td><td>• 동화 이야기 상황과 내용을 인지하고 문제 상황을 이해하며 추론해보고 인지적으로 공감한다.</td><td>• 동화의 줄거리를 회상하여 이야기나누기
• 등장인물이 처한 문제 상황을 파악하고 이해하기
• 문제 상황의 원인과 결과를 추론하고 순차 처리하기
• 줄거리를 그림으로 표상하고 인지적 공감 강화하기</td></tr>
<tr><td>정서적 공감</td><td>• 동화 속 등장인물의 입장, 역할의 감정을 느끼고 정서적으로 공감한다.</td><td>• 등장인물의 역할과 상황에 대해 다양한 감정을 느끼고 이를 감정으로 이입해보기
• 등장인물이 느끼는 감정(희, 노, 애, 락)을 춤, 노래, 음악 등으로 표현하면서 정서적 공감 강화하기</td></tr>
<tr><td>소통적 공감</td><td>• 등장인물의 역할 상황에서 공감되는 부분을 또래와 공유해 본다.
• 동화 속 이야기에 대한 생각과 느낌을 상호 호혜적으로 표현하면서 소통하고 공감한다.</td><td>• 두 명씩 짝을 지어 동화 속에서 공감되는 부분을 공유하기
• 등장인물이 처한 상황에서 할 수 있는 말과 행동을 짝과 함께 표현하고 소통하기
• 대집단이 두 개의 원으로 마주보고서서 돌아가며 공감한 것을 표현하면서 소통적 공감 경험하기
• 동화 속 등장인물의 역할과 상황에 대한 생각과 느낌을 반복적으로 상호 호혜적으로 표현하도록 함으로 소통적 공감 강화하기</td></tr>
</table>

장유정(2015)의 초등학생의 생태학적 자기결정력 신장 프로그램 개발 및 효과 연구에서 제시한 수행목표 예시는 <표 1-19>와 같이 도식화할 수 있다.

〈표 1-19〉 수행목표 진술 예시2

영역	구체적인 수행목표	과제 분석 번호
자기 이해	1. 자신의 성격 유형의 특성과 장단점을 알 수 있다.	1-1, 1-2
	2. 성격 유형별 차이점을 이해하고 자기 이해와 타인에 대한 이해를 높인다.	1-3, 1-4
	3. 자신이 가진 욕구와 자신의 가치관을 통해 자신을 이해한다.	2-1, 2-2, 2-3, 2-4
	4. 자신의 강점, 약점을 알고 이해한다.	3-1, 3-2, 3-3, 3-4
	5. 주변 사람들의 영향을 받았음을 이해하고 이를 통해 자신에 대한 이해를 높인다.	4-1, 4-2, 4-3
환경 이해	1. 나를 구성하고 있는 환경의 영역과 영향에 대해 알 수 있다.	5-1, 5-2
	2. 나를 둘러싸고 있는 환경의 중요성을 알 수 있다.	5-3, 5-4
	3. 다양한 관점을 이해할 수 있다.	6-1, 6-2, 6-3
	4. 자기표현 방법을 알고, 일상생활에서 자기표현을 할 수 있다.	7-1, 7-2, 7-3
	5. 자기표현 방법을 알고, 일상생활에서 자기표현을 할 수 있다.	7-4
목표설정 및 실행	1. 시간 관리 방법을 알고 목표 설정 및 실행할 때 적용할 수 있다.	8-1, 8-2, 8-3, 8-4
	2. 우선순위 방법을 알고 목표 설정 및 실행할 때 적용할 수 있다.	9-1, 9-2, 9-3, 9-4
	3. 자신이 원하는 삶을 알고, 목표를 설정할 수 있다.	10-1, 10-2, 10-3, 10-4
	4. 문제해결 상황을 방법에 적용하여 문제를 해결할 수 있다.	11-1, 11-2, 11-3
	5. 의사결정 방법을 알고 의사결정 할 수 있다.	12-1, 12-2, 12-3, 12-4

제7장

평가 도구 개발

1. 프로그램 타당도 검증

프로그램 목표에 적합한 내용과 활동 그리고 진행방법을 선정하고 차시를 구성한다. 그리고 세부활동 내용의 효과를 높이기 위한 회기별 교수학습 활동자료를 개발하고 예비 프로그램을 실시한 후 전문가의 검토를 통한 수정과정이 포함되어 있다. 이러한 프로그램의 회기별 목표 및 활동내용과 교수학습과정안의 타당성을 확보하기 위하여 내용전문가 5인에게 내용 타당도(content validity)검증을 받았다. 타당화 과정은 프로그램의 각 활동 안에 대한 간략한 설명을 제시한 후 필요성, 타당성, 효과성 등의 항목에 대하여 5점 Likert 척도로 평정하였다. 평정과정의 형식은 면대면 토의 형태를 거치면서 평가와 피드백을 받았다. 프로그램 내용에 대한 전문가 타당도 검증 결과는 <표 1－20>과 같다.

〈표 1-20〉 **프로그램 내용에 관한 전문가 타당도 검증 결과(N=5)**

평가항목	문항	M	SD	CVR
필요성	이 프로그램을 통하여 자기성찰지능을 향상시키는 것은 매우 필요하다	4.7	.49	1.0
타당도	이 프로그램은 자기성찰지능 향상에 적절한 활동으로 구성되었다	4.8	.45	0.8
효과성	이 프로그램은 자기성찰지능을 향상시키는 데 매우 효과적이다	4.7	.51	0.6
보편성	이 프로그램은 다른 학습자들에게도 적용이 가능하다	4.2	.44	1.0
유용성	본 프로그램은 자기성찰지능을 향상시키는 프로그램 목적에 맞게 유의미하게 사용될 수 있다	4.4	.31	0.8

전문가 집단의 설문 응답에 대한 내용타당도는 Lawshe(1975)가 개발한 내용타당도 비율(CVR: Content Validity Ratio) 공식을 사용하였다. 여기서 CVR은 도출된 내용이 타당하다고 응답한 패널의 수가 50% 이상일 때 양수가 되며, 그 문항은 내용타당도를 어느 정도 가지고 있다고 판단된다. 또한, 타당하다고 응답한 패널의 수가 50%보다 적을 때는 음수가 되며, 50%일 때는 0, 100%일 때 1이 된다. 이에 따라 내용이 타당하다고 응답한 패널의 수가 50~100% 사이에 있을 때, CVR 값은 0과 1 사이에 위치한다. CVR의 계산 방법은 아래와 같다.

$$\text{내용타당도비율 (content validity ratio)} = \frac{Ne - N/2}{N/2}$$

* Ne: 특정문항을 필수적이라고 평가한 패널의 수, N: 전체 패널수
여기서 Ne는 특정 문항이 내용 영역을 잘 측정한다고 평가한 사람의 수(5점 리커트 척도에서 '높다 4', '매우 높다 5'에 응답한 사람의 수)를, N은 전체 평가자 수를 뜻한다(탁진국, 2007).

특히, 전문가 패널의 수에 따라 최소값이 결정된다. 즉 유의도 0.05 수준에서 전문가 패널 수에 따른 최소값 이상의 CVR 값을 가진 항목들만이 내용타당도가 있다고 판단할 수 있다. Lawshe(1975)는 델파이 전문가 참여자의 수에 따른 내용타당도 비율의 최소값을 다음 <표 1-21>과 같이 제시하였다.

〈표 1-21〉 **전문가 수에 따른 내용타당도 비율의 최소값**

전문가 수(명)	CVR 최소값
5-7	.99
8	.78
9	.75
10	.62
11	.59
12	.56
13	.54
14	.51
15	.49
20	.42

2. 프로그램 효과성 검증

효과성 검증을 위해서 다음과 같이 두가지 방법을 활용할 수 있다. 먼저 기존에 개발한 검사도구를 활용하여 효과성을 검증할 수 있다(<표 1-22> 참조). 또한, 기존에 없는 검사도구는 새로 검사도구를 개발하는 요구 분석을 실시할 수 있다(<표 1-23> 참조).

〈표 1-22〉 기존의 검사도구를 활용한 효과성 검증

하위영역	문항번호	문항 수
인지적 자아	1, 6, 11, 16, 21, 26, 31, 36	8
사회적 자아	2, 7, 12, 17, 22, 27, 32, 37	8
신체적 자아	3, 8, 13, 18, 23, 28, 33, 38	8
가족 수용 자아	4, 9, 14, 19, 24, 29, 34, 39	8
정서적 자아	5, 10, 15, 20, 25, 30, 35, 40	8
전체		40

〈표 1-23〉 요인 분석을 통한 검사도구 개발

문항번호/요인	목표설정 및 실행	자기이해	환경이해	자기점검
A85	.856			
A31	.800			
A12	.796			
A25	.790			
A37	.785			
A3	.784			
A41	.778			
A29	.756			
A19	.787			
A42	.785			
A32	.732			
A16	.729			
A26	.718			
A28	.596			
A9	.595			

문항번호/요인	목표설정 및 실행	자기이해	환경이해	자기점검
A18		.763		
A1		.763		
A11		.704		
A34		.685		
A27		.678		
A6		.676		
A49		.675		
A2		.671		
A4		.661		
A10		.661		
A7		.658		
A50		.645		
A33		.643		
A13		.635		
A30		.622		
A14			.798	
A54			.781	
A20			.757	
A48			.741	
A57			.721	
A52			.701	
A36			.691	
A38			.687	
A55			.656	
A56			.655	
A53			.655	
A44				.790
A23				.743
A43				.724
A39				.704
A17				.703
A5				.683
A47				.671
A46				.666
A45				.630
고유값	14.115	7.385	5.765	4.009
분산비율(%)	28.230	14.770	11.530	8.017
누적분산(%)	28.230	43.000	54.530	62.547

3. 프로그램 만족도

프로그램 회기별 만족도, 전체만족도, 교육내용 만족도 등으로 다음과 같이 구분하여 개발할 수 있다.

회기별 만족도 검사도구 예시

1. 이번 교육을 받고 난 후의 느낌은 어떻습니까?
   ① 매우 좋다 ② 좋은 편이다 ③ 보통이다
   ④ 아니다 ⑤ 매우 아니다

2. 프로그램 내용에 대한 이해 정도는 어떻습니까?
   ① 매우 좋다 ② 좋은 편이다 ③ 보통이다
   ④ 아니다 ⑤ 매우 아니다

3. 프로그램에 대한 만족도는 어떻습니까?

회기	내용		매우 불만족	대체로 불만족	보통	대체로 만족	매우 만족
1	도입		①	②	③	④	⑤
			①	②	③	④	⑤
			①	②	③	④	⑤
			①	②	③	④	⑤
2	전개		①	②	③	④	⑤
3	정리		①	②	③	④	⑤
			①	②	③	④	⑤
			①	②	③	④	⑤
			①	②	③	④	⑤
4	전반전인 만족도		①	②	③	④	⑤

전체 프로그램 만족도 검사도구 예시

문항	전혀 그렇지 않다	그렇지 않다	보통 이다	그렇다	매우 그렇다
1. 전체 프로그램은 전반적으로 만족스러웠다.	①	②	③	④	⑤
2. 프로그램 횟수(10회)는 적당했다.	①	②	③	④	⑤
3. 프로그램 참가인원수는 적당했다.	①	②	③	④	⑤
4. 프로그램 소요시간(120분)은 적당했다.	①	②	③	④	⑤
5. 프로그램 장소한 편안한 환경이었다.	①	②	③	④	⑤
6. 강사는 프로그램을 잘 진행하였다.	①	②	③	④	⑤

제8장

교수 전략 개발

1. 수업 모형

정하나(2015)의 극화놀이를 통한 유아공감능력 증진 프로그램 개발 논문에서 교수 학습 모형을 소개하면 [그림 1-20]과 같다.

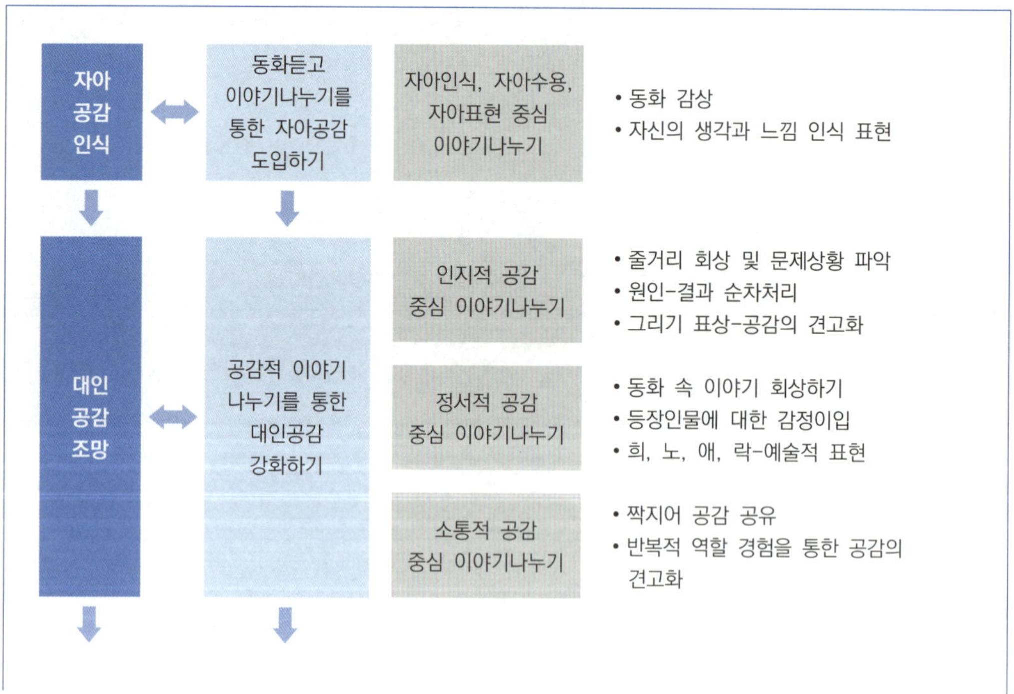

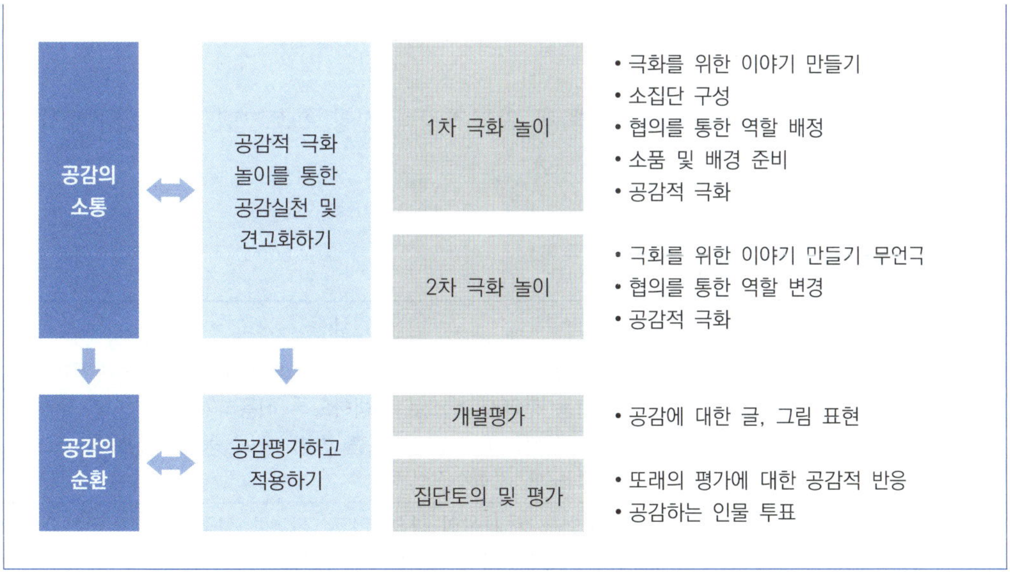

[그림 1-20] **교수학습모형 예시**

2. 교수학습 전략

장유정(2015)의 초등학생의 생태학적 자기결정력 신장 프로그램 개발 연구에서 교수학습 전략을 소개하면 <표 1－24>와 같다.

〈표 1-24〉 **교수학습 전략 예시**

전략		내용
자율성 증진 전략	선택권 제공하기	• 여러 학습 활동이 같은 학습목표에 부응할 때, 학생들이 여러 학습 활동 중에서 스스로 선택하도록 허용하기 • 활동 과제를 하는 방법, 표현 방법, 순서 등을 학생들이 스스로 결정하도록 기회주기
	자율성지지 태도 보이기	• 학생 스스로 자신의 관점, 목표, 선호를 적극적으로 발견하고 탐색할 수 있도록 격려하는 의사소통하기 • 학생에 대한 진실한 존중 전달하고, 심리적으로 안정된 환경 만들어주기 • 내적 동기가 있는 학생은 그대로 두고, 내면화가 필요한 학생에게 활동을 하도록 격려하기
	스스로 목표 설정하도록 격려하기	• 학습목표에 대해 명확히 이해시키고, 학생이 숙달 목표를 설정하도록 격려하기 • 학습목표가 교사의 목표가 아닌 자신의 목표로 스스로 결정했을 때 수업에 대한 느낌이 다름을 경험할 수 있도록 하기
	책임감 부여하기	• 과제를 수행하는 단계를 제시해주어 교사에게 덜 의존하도록 하기 • 채점 기준을 학생 스스로 작성하여 스스로 채점하고 진전 정도 평가하도록 하기
유능성 증진 전략	긍정적이고 정보 제공적 피드백하기	• 활동 중 피드백은 즉각적으로 제공하고, 긍정적이면서 적절한 수준으로 제공하기 • 부족한 부분에 대한 피드백은 개인적, 정보제공적, 격려를 포함하도록 하기 • 친구들과의 피드백을 주고받는 방법에 대해 지도하기
	명확한 기대 전달하기 구체적인 가이드라인 제공하기	• 학생의 활동 결과물에 대한 교사의 명확한 기대를 언어로 전달하기 • 기대를 충족시킬 수 있는 구체적인 가이드라인 제공하기

3. 교수학습 방법

정하나(2015)의 극화놀이를 통한 유아공감능력 증진 프로그램 개발 논문에서 교수학습 방법을 소개하면 [그림 1-21]과 같다.

단계	활동	내용	방법
자아공감 인식	동화 듣고 이야기나누기를 통한 자아공감 도입하기	• 동화 감상하기 • 자신의 생각과 느낌 인식 수용 표현하기	자기표현 촉진하기
대인공감 조망	공감적 이야기나누기를 통한 대인공감 경험하기	• 줄거리 회상 및 문제 상황 인식하기 • 원인과 결과를 순차처리하기 • 공감한 것을 그림으로 표상하기 • 동화 속 이야기 회상하기 • 등장인물에 대해 감정이입하고 예술적으로 표현하기 • 짝지어 공감을 공유하기 • 반복적으로 역할 경험하기	자기표현 촉진하기 모델링 설명하기
공감의 소통	공감적 극화놀이를 통한 공감실천 및 견고화하기	• 극화를 위한 이야기 만들기 • 소집단 구성하기 • 협의를 통해 역할 배정하기 • 소품 및 배경 준비하기 • 1차 공감적 극화 • 극화를 위한 이야기 만들기 • 협의를 통해 역할변경하기 • 2차 공감적 극화	토의하기 협동학습하기 모델링 설명하기
공감의 순환	공감 평가하고 적용하기	• 공감한 것을 글과 그림으로 표현하기 • 또래의 평가에 대해 공감적 반응하기 • 공감하는 인물 투표하기	자기표현 촉진하기 모델링

[그림 1-21] 교수학습 방법 예시

4. 교수학습 매체

정하나(2015)의 극화놀이를 통한 유아공감능력 증진 프로그램 개발 논문에서 교수학습 매체를 소개하면 [그림 1-22]와 같다.

동화자료	
동화책 동화 배경판 등장인물 막대인형 주요장면 그림카드	• 극화놀이의 핵심 주제와 내용을 전달하기 위해 동화책 사용하기 • 동화의 줄거리를 파악하고 각 상황을 인식하기 위해 동화 배경판과 등장인물 인형 사용하기 • 각 문제상황에 대한 원인 결과를 순차처리하기 위해 주요장면 그림카드 사용하기

예술적 표현자료	
미술표상자료 미술표상자료 음향자료 멀티미디어자료 실물 모형	• 공감한 것을 표상하기 위해 미술도구와 재료 사용하기 • 공감한 것을 공유하기 위해 멀티미디어 자료 사용하기 • 공감적 극화놀이를 위해 음향, 실물, 모형 사용하기

[그림 1-22] 교수학습 매체 예시

제9장

교육상담 프로그램 개발

1. 프로그램 운영 모형

장유정(2015)의 초등학생의 생태학적 자기결정력 신장 프로그램 개발에서 프로그램 운영 모형을 소개하면 [그림 1-23]과 같이 도식화할 수 있다.

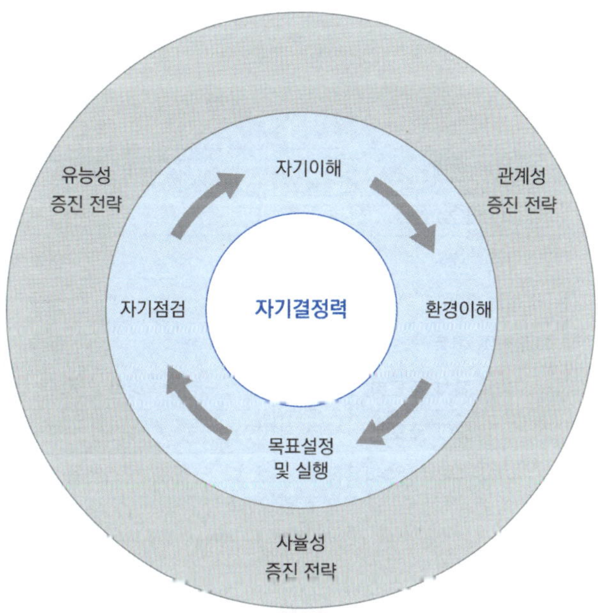

[그림 1-23] 프로그램 운영 모형

2. 프로그램 전체 구조

김형재(2013)의 유아교사의 내용교수지식(PCK)에 기초한 유아 과학교육 프로그램 개발에서 제시한 프로그램 전체 구조는 [그림 1-24]와 같이 도식화할 수 있다.

교육목표	과학적 지식		과학적 탐구기능		과학적 탐구태도
교육 내용	과학 주제		학습과제 유형	과학적 탐구기능	과학적 탐구태도
	여러 가지 물체	전기	사실학습	관찰하기	호기심
	여러 가지 물질	공기	개념학습	분류하기	합리성
	색깔	소리	원리학습	측정하기	객관성
	자석	나의 몸	절차학습	의사소통하기	판단유보
	열	자연물	관계이해학습	예견하기	비판성
	기계	동물	문제해결력	추론하기	개방성
	도구	식물	창의적 사고	일반화하기	정직성
	물	낮과 밤			겸손과 회의
	빛	계절의 변화			협동심
					정확성
					실패에 대한 긍정적 수용

교육·학습 방법	활동형태			과학활동을 위한 환경
	집단화 전략	대집단 활동		기본시설
		소집단 활동	동질집단	식물
		소집단 활동	이질집단	동물
		자유선택 활동		곤충
	접근방법	교사 주도형		여러 가지 물체와 물질
		유아 주도형		일반적인 도구 및 기계
		교사-유아 상호작용형		측정을 위한 도구
				안전을 위한 도구

교육·학습 방법

과학활동의 접근방법
발견적 접근 방법
물리적 지식 활동 접근 방법
표상 및 토의 중심 접근 방법
문학적 접근 방법
멀티미디어 접근 방법
자연탐구 중심 접근 방법

과학활동의 시간 계획	
시간계획준거	활동내용에 따라
	유아의 연령에 따라
	유아의 수준에 따라
	활동의 시기에 따라
활동소요시간	10~20분
	21~30분
	31~40분

사전활동	본 활동과 관련성 여부

	도입	전개: 질문기법	전개: 재반응 기법	마무리
본활동	사전활동 회상	인지-기억적 질문	단순 긍정 또는 부정	활동목표 확인
	수수께끼	수렴적 질문	명료화 요구	재활동 안내
	자료 설명	확산적 질문	증거 요구	다양한 표상활동
	자료 탐색	평가적 질문	대답을 확장 설명	
	활동과 관련된 노래		다른 유아에게 질문	
	활동관련 동화·동시			

확장활동	본시활동 통합에 도움 되는 활동	문제해결력 증진 과학활동	창의적 사고력 증진 과학활동

평가	언어적 상호작용	관찰	활동지 분석	작품 분석

[그림 1-24] **프로그램 전체 구조**

3. 프로그램 세부 내용

프로그램을 개발한 예시는 <표 1-25>와 같이 정리할 수 있다.

〈표 1-25〉 **프로그램 개발 예시1**

회기	활동명	목표	활동내용	핵심요소	단계
1	만나서 반가워요	• 인사와 자기소개 • 마음 열기 레크레이션 • 약속 만들기	• 인간 보물 찾기 • 사랑합니다 인사 • 꿈 띄우기	• 친구를 알아가기 • 전체와 하나되기	뇌 감각 깨우기
2	건강 밸런스란?	• 자신의 뇌에 관심을 갖고 자신의 몸과 뇌의 현재 상태를 스스로 점검할 수 있다. • 신나는 두뇌체조를 통해 스트레스가 해소됨을 경험할 수 있다.	• 내 몸 점검하기 • 몸과 뇌의 관계 • 내 몸과의 대화 • 두뇌체조 • 에너지 집중명상	• 3가지 차원의 건강 이해 • 내 몸 느끼기	뇌 감각 깨우기
3	뇌가 중요해요	• 뇌에 대한 이해와 뇌의 소중함을 안다. • 뇌를 표현하는 활동을 통해 뇌와 친숙하게 한다.	• 뇌를 표현해보기 • 뇌에게 편지쓰기 • 신나는 두뇌체조 • 두뇌체조 활용한 게임 • 에너지 집중명상	• 브레인의 3종류 이해 • 뇌의 3층 구조 이해	뇌 감각 깨우기
4	나의 몸, 나의 뇌	• 활기찬 몸의 상태를 만드는 것이 뇌를 건강하게 할 수 있는 기초임을 알 수 있다. • 뇌와 우리 몸의 연결 관계를 알 수 있다.	• 몸이 활기차야 뇌가 행복하다. • 내 몸의 파워스위치 만들기 • 에너지 집중명상	• 내 몸과 뇌의 상관관계 이해	뇌 감각 깨우기
5	내 뇌가 힘을 쓰는 방법	• 오링테스트를 통해 뇌는 정보로 움직인다는 원리를 이해할 수 있다. • 말과 행동에는 에너지가 담겨있음을 이해하고 사랑을 전할 수 있다.	• 과일먹는 상상, 오링테스트 • 정보와 뇌의 상호작용 학습 • 말에 담긴 에너지 • 사랑주기	• 뇌 활용법칙 2단계 이해	뇌 감각 깨우기

회기	활동명	목표	활동내용	핵심요소	단계
6	지금 나의 뇌 속은?	• 내 뇌 속에 담긴 정보들을 살펴 보며, 유익한 정보와 그렇지 않은 정보를 구별한다. • 순수뇌파 상태를 만들어 주는 뇌파조절 명상법을 배우고 체험할 수 있다.	• 내가 자주 쓰는 말은? • 굿 뉴스를 선택해요 • 뇌파조절 명상	• 뇌 활용 법칙 2단계 경험하기	뇌 감각 깨우기
7	굿브레인 이렇게 만들어요	• 행복을 키우는 긍정적인 관점에 대해 이해할 수 있다. • 긍정적인 관점을 갖기 위한 장점을 키우는 훈련을 할 수 있다.	• 실수OK문화 • 뇌가 듣고 싶은 말 • 페트병을 활용한 자기 칭찬 • 자신의 강점 목록 • 행복을 키우는 긍정 훈련 • 에너지 집중명상	• 뇌 활용 법칙 2단계 습관화 하기	뇌 감각 깨우기

장유정(2015)의 초등학생의 생태학적 자기결정력 신장 프로그램 개발에서 프로그램 전체 개요를 소개하면 <표 1-26>과 같다.

〈표 1-26〉 **프로그램 개발 예시2**

차시	활동 주제	활동 목표	활동 내용	차시(분)	교수전략	내용요소
1	프로그램 안내	프로그램 목적	• 프로그램 목적 소개 • 집단 규칙 정하기	1 (40)		
2-3	난 누구일까?	자신의 성격 유형 특성 알기	• 성격 유형 검사하기 • 모둠 토론을 통해 자신의 성격 이해하기	2-3 (80)	자율성 유능성 관계성 증진 전략	자기이해
4-5	나와 우리	자기 이해와 타인에 대한 이해	• 성격 유형 검사하기 • 자신과 타인에 대한 이해 높이기	4-5 (80)		
6	자기 내면 파악하기	자신의 욕구, 가치관 이해	• 자신의 욕구에 대해 파악하기 • 자신의 가치관에 대해 파악하기	6 (40)		
7	다양한 시각의 나	자신을 다양한 시각으로	• 자신이 보는 강점과 약점, 친구들이 보는 강점과 약점을 비교해보기	7 (40)		

차시	활동 주제	활동 목표	활동 내용	차시(분)	교수전략	내용요소
		이해	• 자신에 대해 다양한 시각에서 바라보기			
8	나와 주변사람들	자신을 폭넓게 이해	• 자신을 아끼고 사랑해주었던 사람들을 기억하며 자신에게 어떤 영향을 주었는지 적어보기	8 (40)		
9	나를 둘러싼 것들	나를 구성하고 있는 환경 이해	• 자신을 구성하고 있는 환경의 영역에 대해 알기 • 환경을 이해하는 것의 중요성 알기	9(40)	자율성 유능성 관계성 증진 전략	환경 이해
10	다양한 관점들	다양한 관점에 대한 이해	• 다양한 관점을 갖게 되는 이유 알고, 이해하기	10(40)		
11	자기표현	자기표현의 의미 이해하기	• 자기표현, 소극적, 공격적 표현을 구분해서 알기 • 자기표현, 소극적, 공격적 표현 연습하기	11(40)		
12	자기표현 연습	자기표현 방법을 알고 연습하기	• 자기표현 하는 방법을 알고, 실생활에 적용하여 표현해보기	12(40)		
13	자기표현은 언제?	자기표현을 하는 시기 알기	• 자기표현을 해야 할 시기와 하지 말아야 하는 시기 구분하기	13(40)		
14	정중한 요청과 거절	요청과 거절하는 방법 알기	• 정중한 요청과 거절 방법 알고 실생활에 적용해보기	14(40)		
15	시간 관리	시간 관리 방법 알기	• 시간 관리의 뜻과 중요성 알기 • 자신의 시간사용을 점검하고 방법 알기	15(40)	자율성 유능성 관계성 증진 전략	목표 설정 및 실행
16	우선순위	우선순위 알기	• 우선순위의 의미를 알고 방법 활용하기	16(40)		
17	목표 설정	목표 설정하기	• 목표 설정의 중요성 알기 • 내가 원하는 미래를 위한 목표 설정하기	17(40)		
18	문제해결	문제	• 자신의 문제 상황 정확히	18(40)		

차시	활동 주제	활동 목표	활동 내용	차시(분)	교수전략	내용요소
	이렇게	해결하기	파악하기 • 문제해결을 위한 목표 설정, 방법 및 대안 찾기			
19	의사결정 방법	의사결정 방법에 의해 의사 결정하기	• 의사결정방법 5단계 이해하기 • 주어진 상황에서 의사결정하기	19(40)		
20	합리적으로 생각해요	합리적 사고하기	• 합리적 사고와 비합리적 사고 구분하기 • 비합리적 사고의 이유 알기	20(40)		
21	내 인생은 나의 것	자신의 주체성 확립하기	• 나를 지배하고 있는 것들 발견하기 • 비주체적인 행동의 원인을 찾아 주체성 확립하기	21(40)	자율성 유능성 관계성 증진 전략	자기 점검
22	결과 평가하기	결과 평가 방법 알기	• 자기 평가하는 방법 알고 평가해보기	22(40)		
23	스스로 칭찬하기	자기 칭찬 방법 알기	• 자기 칭찬의 중요성 알기 • 자기 칭찬 방법 알아보기	23(40)		
24	마무리	프로그램 평가 및 마무리	• 활동을 되돌아보며 경험 정리하기 • 변화된 자신의 모습 살펴보기	24(40)		

4. 교수학습과정안

장유정(2015)의 초등학생의 생태학적 자기결정력 신장 프로그램개발에서 교수학습 과정안을 소개하면 <표 1-27>과 같다.

〈표 1-27〉 교수학습과정안 예시1

<table>
<tr><td>차시</td><td>2-3</td><td>주제</td><td>난 누구일까?</td></tr>
<tr><td>활동목표</td><td colspan="3">자신의 성격 유형의 특성과 장단점을 안다.
4가지 성격 유형의 특성과 장단점을 이해한다.</td></tr>
<tr><td>준비물</td><td colspan="3">활동지, 필기도구</td></tr>
<tr><td>활동절차</td><td colspan="2">활동과정</td><td>교수전략</td></tr>
<tr><td>도입</td><td colspan="2">▸ 간단한 게임으로 분위기 조성
▸ 이 차시의 활동 목표 및 내용을 설명하고, 자기 스스로 목표를 세우도록 한다.</td><td>자율성-개인별 목표 설정하기</td></tr>
<tr><td>활동</td><td colspan="2">▸ 성격 유형 검사하기
• 성격유형 검사지를 나누어 주고, 실시방법 및 유의사항을 설명한 뒤 검사를 실시하게 한다.
• 성격 유형 분석지를 나누어 주고, 작성방법을 설명한 뒤 검사지의 숫자를 표에 옮겨 쓰게 한다.
• 항목별로 소계를 내어 분석지에 그리게 한다.

▸ 자기탐색을 위한 모둠 토론하기
• 성격 유형별로 한 모둠씩 모두 4개 모둠으로 나누어 각 모둠별로 원형으로 마주 앉게 한다.
• 사회자와 기록자를 한명씩 뽑게 한 뒤, 유형별 모둠 토론 주제를 1장식 나누어 준다.
• 사회자의 진행에 다라 솔직하게 발표와 토론을 하고, 기록자는 문항별로 토론 내용을 기록하게 한다.

▸ 유형별 모둠 토론 결과 발표하기
• 각 유형별로 토론 결과를 발표하게 한다.
• 교사는 각 모둠의 발표가 끝날 때마다 긍정적 피드백을 주며, 그 성격 유형의 특성에 대해 보충 설명한 뒤 장점을 부각시켜 준다.</td><td>자율성-선택권 제공하기, 학생 스스로 자신에 대해 발견하고 탐색할 수 있도록 격려하기

유능성-구체적인 가이드라인 제공하기, 긍정적 피드백 제공하기

관계성-모둠활동, 관심 기울이기, 학생의 생각, 감정 존중하기</td></tr>
<tr><td>정리</td><td colspan="2">▸ 느낀 점 나누기
• 오늘 활동에서 느낀 점, 재미있는 점 이야기하기
• 이 차시의 목적과 필요성을 정리한다.
• 자신이 세운 목표에 따른 달성정도를 스스로 평가하도록 한다.</td><td>자율성, 유능성-자기 평가, 긍정적이고 정보제공적 피드백 제공</td></tr>
<tr><td>유의점</td><td colspan="3">• 설문지에 솔직하게 응답하도록 분위기를 편안하게 이끈다.
• 특정 성격 유형이 좋거나 나쁜 것이 아니라는 점을 강조한다.</td></tr>
</table>

이 외에도 뇌교육 기반 프로그램 개발에서 교수학습과정안을 소개하면 <표 1-28>과 같다.

〈표 1-28〉 교수학습과정안 예시2

<table>
<tr><td>주제</td><td colspan="3">에너지 느끼기</td></tr>
<tr><td>활동
목표</td><td colspan="3">늘이기와 돌리기로 몸의 감각을 깨울 수 있다.
에너지 집중 대상을 통해 자신의 몸에 집중하는 감각을 익힌다.</td></tr>
<tr><td>지도
단계</td><td>활동내용</td><td>시간</td><td>자료(·) 및
유의점(*)</td></tr>
<tr><td>들어
가기</td><td>■ 한마음 박수 치기</td><td>2’</td><td></td></tr>
<tr><td>뇌 체조</td><td>■ 뇌체조를 통해 몸과 마음의 긴장을 풀어준다.
1) 목 돌리기
• 숨을 들이마시고 오른쪽 귀가 어깨에 닿을 정도로 지그시 숙여준다.
• 숨을 내쉬면서 원위치하고 왼쪽으로도 해준다.
• 목에 힘을 빼고 고개를 왼쪽, 오른쪽으로 네 번씩 돌린다.

2) 어깨 돌리기
• 어깨 관절을 느끼며 양쪽 어깨를 안에서 바깥으로 가볍게 5번 돌린다.
• 어깨 관절을 느끼며 양쪽 어깨를 바깥에서 안에서 가볍게 5번 돌린다.

3) 기지개 켜서 상체 늘이기
• 양손을 깍지를 끼고 하늘 위로 쭉 뻗어 올린다.
• 숨을 들이마시면서 왼쪽으로 상체를 기울이고 잠시 멈춘다.
• 옆구리가 당기는 느낌에 집중한다.
• 숨을 내쉬며 원위치로 돌아온다.
• 같은 요령으로 오른쪽으로도 숙여준다. 좌우 4회씩 반복한다.

4) 허리를 돌려 의자 잡기
• 숨을 들이마시며 허리를 왼쪽으로 돌려 의자의 등받이를 잡고 잠시 멈춘다.
• 숨을 내쉬며 원위치로 돌아온다.
• 같은 요령으로 오른쪽으로도 숙여준다. 좌우 2회씩 반복한다.

5) 깍지 끼고 아래로 밀기
• 의자에 앉아 다리를 45도 정도 편다.
• 숨을 들이마시며 허리를 숙여 손을 발목에 닿도록 쭉 뻗는다.
• 숨을 내쉬며 상체를 편다. 5회 반복한다.</td><td>3’</td><td>• 가벼운 음악
* 동작을 할 때 의식은 당기는 부위에 집중하게 하고, 호흡은 편안하게 쉬도록 한다.</td></tr>
</table>

명상	■ 에너지 집중 대상 • 손을 가슴 높이로 들어 가볍게 흔들어준다. • 자세를 바르게 하고 두 손을 양 손바닥이 마주 보도록 가슴 앞으로 올린다. • 눈을 감고 숨을 들이마시면서 천천히 양 손바닥을 벌리고, 내쉬면서 자연스럽게 두 손을 오므린다. • 마음을 두 손바닥 사이의 느낌에 집중한다. 자력이 당기는 듯한 느낌, 뭔가 뭉클거리는 느낌 등 손바닥을 느낌 사람을 고개를 끄덕인다. • 박수 10번 빠르게 치고, 손바닥을 비벼 눈에 대고 눈동자를 굴려준다. • 박수 10번 치고 얼굴과 몸을 가볍게 쓸어준다.	5’	• 명상음악 * 다양한 표현이나 반응을 다 수용하고 긍정해준다.
마무리	■ 뇌체조와 명상을 하고 난 후 느낌 이야기하기 ■ 워크북에 간단히 기록하기	5’	워크북

제10장

형성평가 및 총괄평가 설계 및 실시

1. 프로그램 효과성 검증

가. 프로그램 적용 대상

실험집단	비교집단
극화놀이를 통한 유아공감능력 증진 프로그램	스토리 만들기를 통한 유아공감능력 증진프로그램

구분	내용
목적	유아의 공감능력 증진을 통한 사회성 발달
목표	• 긍정적 자아개념을 형성하고 자아존중감을 증진한다. • 자신과 타인의 마음현상을 이해하고 조망하는 능력을 증진한다. • 타인의 입장에 공감하며 표현하고 소통하는 능력을 증진한다.
교육내용	인지적 공감, 정서적 공감, 소통적 공감

자아공감 인식 통화 듣고 이야기나누기를 통한 자아공감 도입하기 **대인공감 조망** 공감적 이야기나누기를 통한 대인공감 경험하기 **공감의 소통** 공감적 극화놀이를 통한 공감 실천 및 견고화하기 **공감의 순환** 공감 평가하고 적용하기	교수 학습 단계	통화 읽기 이야기나누기 공감적 이야기나누기 공감적 스토리 만들기 공감 공유 · 공감적 스토리 재구성 그리기 표상을 통한 공감 견고화
토의하기, 협동학습 하기, 자기표현 촉진하기, 모델링, 설명하기	교수 전략	협동학습하기, 모델링, 자기표현 촉진하기, 설명하기
공감적 지지자, 역동적 환경 조성자, 소통적 참여자, 마음표현 촉진자, 간주관성 형성 촉진자	교사의 역할	안내자, 확산적 발문자, 제공자, 격려자, 촉진자
• 유아평가: 회상하기, 관찰기록, 포트폴리오 • 교사평가: 활동계획안, 반성적 저널, 활동관찰 자료 분석	평가	• 유아평가: 회상하기, 관찰기록, 포트폴리오 • 교사평가: 활동계획안, 반성적 저널

나. 프로그램 양적 분석 결과

구분	집단구분	N	평균	표준편차	t
사전 자아존중감 총점	실험집단 비교집단	25 26	134.08 138.88	14.01 10.55	1.387
인지적 자아	실험집단 비교집단	26 26	26.88 27.58	3.37 3.24	.753
사회적 자아	실험집단 비교집단	25 26	26.96 27.85	3.14 3.75	.913
신체적 자아	실험집단 비교집단	25 26	26.48 28.19	3.36 2.55	2.058*
가족 수용 자아	실험집단 비교집단	25 26	26.96 28.08	4.15 3.45	1.047
정서적 자아	실험집단 비교집단	25 26	26.80 27.19	2.80 2.56	.523

$*p < .05$

집단 \ 시기	사전(A)	사후(B)	추후(C)	F	p	사후분석 (측정시기)
	M(SD)	M(SD)	M(SD)			
실험	3.34(0.38)	4.30(0.36)	4.08(0.50)	12.348	.000***	B, C〉A
비교	3.30(0.41)	3.75(0.43)	3.65(0.41)	5.743	.002**	B〉A
통제	3.45(0.32)	3.47(0.41)	3.41(0.30)	0.336	.716	

$***p < .001$, $**p < .01$, $*p < .05$ 註) 시기 A는 사전, B는 사후, C는 추후

다. 프로그램 질적 분석 결과

예시

1. 프로그램 실시 이후에 변화된 점이 있다면, 어떠한 변화가 있었는지 구체적으로 석어주세요.

2. 프로그램의 어떤 내용이 도움이 되었나요?

3. 프로그램에 참여하면서 좋았던 점은 무엇인가요?

4. 프로그램에 참여하면서 아쉬웠던 점은 무엇인가요?

심층면담 내용

나의 감정의 이해하고 감정의 조절 방법을 알게 되어서 기뻐요. 내 감정을 어떻게 관찰은 해야 하는 것인지를 알게 되었고 의미를 아니까 내가 가지고 있는 관념으로 판단하는 것으로부터 감정이 생긴다는 것을 깨달았았어요 그리고 감정은 내가 아니라 내 것이다 라는 것을 알게 되었고 사실을 있는 그대로 보자 감정이라는 것 중 나쁜 감정을 연소시키고 좋은 긍정의 에너지를 만들고 나의 감정에 공감하기를 할 거라는 결심을 하게 되었고 사실과 감정으로 구분해서 생각하는 것이 큰 도움이 되었어요. 신나게 웃고 나니 가슴이 시원해지고 몸이 한결 가벼워졌어요 그리고감정과 생각을 분리해서 보는 것이 처음에는 잘 되지 않겠지만 지금은 신나요.

(5회치 수업을 미친 후, 김보영, 2015. 4. 23.)

2. 프로그램 만족도

프로그램 회기별 만족도, 전체만족도, 교육내용 만족도 등으로 구분하여 개발할 수 있다. 예를 들면 프로그램 회기별 만족도는 <표 1-29>와 같이 제시할 수 있고, 프로그램 전체 만족도는 <표 1-30>과 같다.

〈표 1-29〉 **프로그램 회기별 만족도**

구분	1 회기	2 회기	3 회기	4 회기	5 회기	6 회기	7 회기	8 회기	9 회기	10회기
평균	4.6	4.6	4.8	4.7	4.7	4.9	4.7	4.6	4.6	4.9
표준편차	.50	.49	.51	.47	.45	.27	.45	.49	.49	.42

〈표 1-30〉 **프로그램 전체 만족도 결과**

구분	질문 내용	M
만족도	1. 프로그램 1회 교육당 배분된 시간(120분)에 대해 만족한다	4.5
	2. 프로그램 교육시 강사에 대해 만족한다	4.6
	3. 프로그램 교육방법에 대해 만족한다.	4.3
	4. 프로그램 회기(10차시)가 적당하다	4.0
	5. 프로그램 1회 교육당 규모에 대해 만족한다.	4.7

제2부

뇌기반 신체 역량 향상 프로그램

제 1 장

뇌교육 기반 요가프로그램1)

1. 프로그램 개발 목적

2011년 통계청 조사에 따르면, 노인 인구 증가에 따른 남녀 노인 인구 비율은 남성이 9.3%, 여성이 13.4%로 여성 노인이 더 많으며, 평균수명도 남성이 76.5세, 여성이 83.3세로 여성 노인이 더 오래 사는 것으로 나타났다. 고령화의 진행에 따른 여성 노인의 수는 앞으로 더 증가할 것으로 보이며, 이는 현대사회의 노인 문제가 주로 여성 노인의 문제가 될 수 있음을 시사하고 있다(김향아, 2011). 이처럼 여성 노인의 평균수명은 증가하였지만, 여성 노인의 신체적 · 심리적 건강은 남성 노인에 비해 매우 취약한 것으로 보이며, 여성 노인의 일상생활 수행능력의 저하는 의존적 욕구를 커지게 해 우울에 노출될 위험은 더 증가하게 된다(김향아, 2011).

우울증은 일상생활을 살아가는 데 있어서 수행능력이 떨어질 때 더욱더 심각해지는데, Ryan과 Patterson(1987)은 노인의 일상생활 수행능력과 관계가 있는 신체적인 요인들이 노인들의 사회접촉 기회, 우울증 그리고 고독감 및 노화 과정 등에 지대한 영향을 미친다고 밝혔다. 삶의 만족을 위한 향상에 있어서 신체적 건강이 중요성은 절대적이며 행복하고 바람직한 삶을 유지하며 살아가기 위한 가장 기본적이고 필수적인 요소이다. 따라서 고령화되어가고 있는 현실 속에서 여성 노인의 스트레스, 불안 및 우울 등 정신적인 문제와 신체기능의 쇠퇴를 감소시키고 예방 · 치유하며, 스스로 자신의 건강을 지킬 수 있는 운동프로그램을 다양하게 제공해야 할 것으로 보인다(황희정, 2010).

1) 이은정(2021)의 석사학위 논문을 요약 정리하였음.

특히, 우울은 인간이 보편적으로 가진 다양한 감정 중의 하나로, 생물학적·심리적·사회적 요인이 복합적으로 작용하는 것으로 알려져 있으며, 노인건강을 평가하는 유용한 지표로 제시된다(Newman, Struck, Wright & Rice, 1990). 우울은 뉴런 사이의 소통을 촉진하는 세로토닌, 노르에피네프린 같은 특정 신경전달물질 작용에 의해서 발생하는 것으로 알려져 있으며, 또한 두뇌 영역의 활성화 이상, 두뇌 영역 간의 정보교환 이상, 좌뇌와 우뇌의 불균형 등과 관련이 있는 것으로 나타났다(김유미, 2005). 이처럼 우울은 뇌 구조 기능 이상과도 관련이 있으며, 뇌는 몸의 감각 자극을 통해서만 변화시킬 수 있다. 운동과 우울 개선에 관련된 연구를 살펴보면, 신체 활동은 시상하부－뇌하수체－부신 축의 조절에 관여하여 스트레스에 대한 반응을 줄어들게 함으로써 우울증에 대한 방어 효과가 있고(Zschucke et al., 2015), 아세틸콜린과 같은 신경전달 물질의 농도를 높여줌으로써 항우울제와 같은 효과를 가진다(Dao et al., 2013; Hamer & Chida, 2009)는 연구 결과가 있다.

최근 고령화와 함께 여성 노인의 수가 점차 증가하고, 그에 따른 사회적 문제들이 야기되면서 여성 노인과 관련된 많은 연구들이 이루어지고 있으며, 노년기 신체적 건강의 중요성이 대두되면서 여성 노인의 심신 건강증진을 위한 일환으로 요가에 대한 관심이 증가하고 있다. 또한, 선진국에서는 대체의학으로 자연치유법을 포함한 보완·대체요법에 대한 관심이 높아지고 있으며(김명숙, 2001), 최근 요가에 대한 관심이 높아지면서 요가의 치료적 적용에 관한 요구도 증가하고 있다(조옥경, 2015).

요가는 다양한 신체 동작을 통해 근력, 지구력, 유연성 그리고 균형감각을 향상시켜 기의 흐름을 원활하게 하고 신체와 정신의 균형을 찾아주는 수련법으로, 긴장된 신체를 이완시키고 내적 평온의 상태를 이루어 진정한 자기 모습을 볼 수 있게 한다(남희정, 2015). 즉 규칙적이고 지속적인 요가수련은 근육·뼈·내부 장기뿐만 아니라 신경계통과 호르몬 분비 등을 바른 위치·바른 기능으로 환원시켜 주고, 또한 체지방량을 감소시키면서 제지방량, 기초대사량, 체력을 증대시키고, 감정의 기복 및 불안감 등을 감소시켜 긍정적인 사고를 갖게 하며(최동실, 2016) 스트레스 및 우울을 예방한다. 따라서 요가수련은 몸과 마음의 수련에 효과적이며 특히 여성 노인의 건강을 통합적으로 관리하는 좋은 접근법이라고 할 수 있다(이지현, 2011).

여성 노인 대상 요가프로그램과 관련된 선행연구를 살펴보면, 요가운동 프로그램이 노인 여성의 하지 근력, 근수축 특성 및 동맥 경직도에 미치는 영향(김보경, 2016), 요가프로그램이 여성 노인의 낙상 두려움과 체력에 미치는 영향(강선영, 2010), 여성 노인 요가참여자의 자신감이 생활 만족에 미치는 영향(유미정, 2013), 요가수련 참여가 노인 여성의 사회심리 상태와 우울 기분에 미치는 영향(송지혜, 2007) 등 많은 연구에서 요가가 여성 노인의 신체적·정신적 건강에 긍정적 영향을 미치는 것으로 보고되고 있다. 하지만 이러한 요가프로그램의 긍정적 효과에도 불구하고 신체적·심리적으로 미약하게나마 불편을 겪고 있는 일부 여성 노인들의 경우 규칙적인 운동참여에 부담감을 가지고 있는 실정이다. 또한, 우울 성향을 가진 여성 노인은 신체적으로 미약하고 저항력이 낮아 일반 성인들을 대상으로 하는 운동을 시행하기에 어려움이 있으며, 오히려 자신감을 떨어뜨리고 우울감을 더 느낄 수 있다.

한편, 뇌교육은 '무엇이든 자기 안에서 찾으라'는 고대로부터의 메시지를 현대 뇌과학을 바탕으로 재현한 것으로서, 뇌를 바로 알고 활용함으로써 삶을 변화·성장시킬 수 있으며 더 나아가 삶의 가치를 높이고자 한다(안체윤, 2016). 이에 감정과 생각에 반응하며 살고 있는 자신에 대한 반성적 자각을 통해 자신을 타인, 그리고 사회와 연결시키는 의식의 확장을 중요하게 생각한다(이승헌, 2006). 또한, 뇌교육은 몸과 뇌가 분리된 것이 아님을 자각하고, 신체와 정신을 통합하는 일련의 활동을 통해 신경계의 발달을 최적화하며, 뇌의 실제적인 변화를 도모하는 체험 중심적인 교육이다(이승헌, 2006). 즉, 뇌교육은 몸과 뇌가 잘 소통하게 하는 것에서부터 시작하며, 몸을 활용한 운동요법을 통해 뇌에 운동 신호 자극을 보내고 뇌가 여기에 반응하게 함으로써 변화를 유도하는 등 다양한 활동을 통해 뇌파를 조절하는 감각을 키움으로써(이승헌, 2010) 우울을 예방하고 치료할 수 있다.

따라서 기존의 요가프로그램보다는 몸이 작용하는 원리, 뇌가 작용하는 원리, 몸과 뇌가 통합하는 원리 등에 근거한 뇌교육(이승헌, 2010) 기반 요가프로그램을 실시하면 형식에 크게 얽매이지 않는 다양한 동적 명상과 사람·조직·자연과의 관계 맺기(상호교류), 긍정을 선택하는 습관 등의 뇌교육 방법을 통해서 여성 노인의 우울 성향 개선에 도움을 줄 것으로 보인다. 그중에서도 뇌교육의 명상법은 기 에너지를 느끼고 교류하는 에너지 집중명상인 정적 명상과 기를 통해 내면을 정화하고 자아를 발견하는 자아 성찰 명상인 동적 명상으로 분류할 수 있는데, 동적 명상인 자아 성찰 명상은 구성된 프로그램에 맞추어 집단적으로 대화하고, 다양하고 적극적인 행위를 통해 이루어지는 명상법이다(안진경, 2011). 또한, 명상은 일상적이고 습관적인 자극 외에 의식적으로 뇌에 긍정적인 자극을 주는 행위로, 명상하는 감각이 생기면 일상적이고 습관적으로 해온 일들도 명상이 된다(이승헌, 신희섭, 2006). 웃고 칭찬하고 타인과 마음을 나누는 등 명상의 자세와 절차에 얽매이지 않는 다양한 동적 명상은 여성 노인들이 부담 없이 흥미롭게 접근하여 뇌에 긍정적 자극을 줌으로써 우울감 개선에 도움을 줄 것으로 보인다.

특히, 우울한 사람들은 자기를 비난하고 불행을 과장하며 자신의 무능함과 무가치함에 대한 믿음을 가지는 등 부정적인 사고 패턴을 가지고 있고(김일식, 2017) 자신과 사회, 장래에 대한 부정적인 입장을 취하는 경향이 많다(박원명, 민경준, 2012; 남현주, 이현지, 2005). 이러한 부정적인 사고 패턴을 개선하기 위해서는 뇌교육에서 강조하는 실수 OK, 칭찬 단전 두드리기 등 인지 활동을 통해서 부정적인 정보를 제거하고 긍정적인 정보를 선택함으로써 행복을 창조하는 것은 물론, 나눔, 사랑 나누기 등 타인과의 교류 활동을 통해서 배려와 공감 능력을 향상함으로써 우울 성향도 감소할 수 있다(이승헌, 신희섭. 2006).

이에 본 연구에서는 우울을 특징짓는 행동, 사고, 정서가 뇌기능과 밀접하게 연결되어 있고, 뇌는 몸을 통해서 변화시킬 수 있다는 점 등을 고려해, 몸과 뇌의 소통을 중요하게 생각하는 뇌교육 기반 요가프로그램을 개발할 필요가 있다. 이러한 뇌교육 기반 요가프로그램은 요가에 대한 바른 이해를 바탕으로, 뇌과학에 근거한 뇌체조, 호흡, 다양한 명상, 상호교류, 기 에너지 등을 활용하여 몸과 뇌의 감각을 깨우고, 자신과 타인에 대한 홍익을 실천함으로써 삶을 변화·성장시키고 삶의 가치를 높이는 수련 프로그램으로서, 여성 노인의 우울 성향을 개선하는 데 효과적일 수 있다.

따라서 본 연구는 여성 노인을 대상으로 우울 성향을 개선하기 위해 뇌교육 기반 요가프로그램을 개발하고 적용함으로써 효과성을 검증하는 데 연구의 목적이 있다. 향후 뇌교육 기반 요가프로그램을 통해서 여성 노인의 삶의 질을 향상하고 건강한 노후 및 아름다운 노년을 살아갈 수 있기를 기대할 수 있다.

2. 프로그램 개발을 위한 이론적 기초

가. 요가의 개념 및 특징

요가는 5천 년 이상 인도에서 발전되어 온 고대 인도 문명의 초석으로 인간의 자아해탈에 이르는 의식에 관한 포괄적 명칭이며(김형준, 2008), 오랜 세월 명상을 통하여 깨달음을 얻은 성자들에 의하여 전해져 내려왔다. 현대적 의미로 요가는 마음을 위한 몸의 훈련법이지만, 요가는 몸과 마음을 동시에 치유하여 자신의 신성을 깨우치게 하기 위한 수련으로, 인간의 육체와 정신, 영혼을 발달시키는 수행체계이다(이승아, 2009).

요가는 원래 산스크리트어로 '말에다 멍에를 메다'라는 뜻을 지니고 있으며, 말에다 멍에를 멘다는 것은 심신의 결합, 진리와의 결합, 완전함을 의미하는 말이다(송방호, 2009). 또한 '우파니샤드(Upanisad; 스승 가까이에 다가앉는다는 뜻의 산스크리트어)'라는 고대 인도의 철학적 문헌에서는 요가를 몸과 마음을 다스려 속박으로부터 벗어나게 하는 수행법이라고 했다(이승아, 2009). 고대 요기(요가 수행자)들은 몸은 수레와 같고, 마음은 이것을 이끄는 운전사와 같으며, 영혼은 인간의 진정한 자아라고 했다. 몸을 이끄는 수레는 지혜(知), 감정(情), 의지(意)의 세 가지 힘에 의하여 움직이는 것으로 보았으며, 몸과 마음의 이러한 상관관계를 고려하여 아사나, 호흡법, 명상이라는 조화로운 요가 수행법을 발전시켰다(시바난다 요가 베단타 센터, 2003).

요가의 시작은 기원전 2000~3000년경으로 추측되는데, 이때의 요가는 음식, 수면, 욕망을 억제하고 호흡을 조절하여 의식을 한곳에 집중하는 고행적인 행법이었다고 한다(박선경, 2008). 그러나 기원전 500년경부터는 고행과 구별되는 요가 고유의 행법과 철학 체계를 갖추게 되었고, 기원전 200년경에는 명상적인 실천뿐만이 아니라 철학적 사색, 윤리적 실천, 종교적 헌신 등이 모두 요가의 범주에 속하게 되었다(서유정, 2009). 이렇듯 포괄적인 의미를 지닌 요가가 다른 사상과 구별되는 철학을 갖추게 된 것은 기원후 4~5세기경 요가 경전인 요가수트라(Yoga-sutra)가 성립되면서부터이다(이승아, 2009). 이러한 요가 체계는 이론적인 형이상학과 불교 심리학을 혼합한 것으로 수행체계는 윤리적인 계율(금계, 권계), 육체조절(좌법, 조식, 제감), 의식집중(응념, 정려, 삼매)의 단계로 되어 있다. 일반적으로 정통 바라문 철학에서 말하는 요가 철학은 곧 이 요가 사상을 뜻하며, 이 요가 경전이 성립된 후에는 이 경전에 대한 주석적인 연구와 함께 일원론에 근거한 요가 사상도 나타난다(강옥희, 2009). 13~17세기에는 육체적, 생리적인 면을 중요시하는 하타요가 또는 쿤달리니 요가가 크게 발달하였고, 더불어 에로티시즘 요소가 포함되어 있는 탄트라 요가도 이 시기에 발달하였다(최동실, 2016). 이러한 발달과정에서 이론이나 실천행법을 달리하는 여러 유파의 요가가 형성되었다(이태영, 2002).

일반적으로 요가를 아사나, 호흡, 명상으로 구분하지만 실제로는 함께 이루어진다. 즉 요가 수행의 목표는 아사나, 호흡, 명상의 삼위일체를 통해서 몸, 마음, 영혼의 삼위일체를 이룩하여, 참다운 자신을 발견하고 마음의 자유와 행복을 누리는 것으로(안의태, 안병준, 주민정, 2005), 전인적 차원에서 개인의 완성을 통해 깨달음(해탈)에 이르는 것이 궁극적 목적이다. 요가는 완전한 삶의 과학이며 인간의 육체, 정신, 영혼을 발달시키는 완벽한 수행체계로, 정신의 성화와 신체적 훈련을 통해서 인간이 타고난 능력을 개발하고 우주적 현상을 파악하여 이에 순응하려는 실천철학이다(이태영, 2003).

나. 여성 노인의 우울 특징

여성 노인은 여성만이 갖는 생리학적, 심리학적 특성으로 인해 남성 노인보다 노성자각이 빠르다. 중년기의 폐경으로 인해 신체적인 변화를 겪게 되고, 시모나 조모의 위치에 있으면서 책임감이 더 커지고, 여기에 가정 살림의 주도권을 양도하게 되면서, 그리고 탈 부모기의 감정에 대한 변화 등을 겪으면서 여성 노인의 노성자각이 더 촉진된다(유미정, 2013). 또한, 사회문화 사상 및 가치관에 따른 폄하 정신 그리고 각별한 모성애 등으로 인해, 여성 노인은 스스로의 건강관리에 소홀하여 많은 질병을 안고 살아가고 있으며, 문제가 발생하여도 참고 견디며, 인내하면서 자신보다 가족을 먼저 배려하고 보살피며 살아가고 있다(유미정, 2013). 따라서 남성 노인보다 건강문제 유발 확률이 더 높지만 이를 무시하고 살아가고 있으며, 게다가 여성 노인의 주관적 건강의식 수준은 남성 노인보다 상대적으로 낮아 평균 13.3년을 건강하지 않은 상태로 지내게 된다(백선숙, 2005).

또한, Troll(1975)의 보고에 따르면 여성 노인은 자신의 신체에 대한 자신감이 다른 기준보다 변화된 외모에 의하여 좌우되는 경향을 보이는데, 이는 여성 노인들이 민감하게 느끼는 신체적 변화의 특징은 겉으로 나타나는 외모에 대한 노화 현상이며 아무리 나이가 많아도 여성으로서 아름다움을 유지하려는 본능을 가지고 있음(유미정, 2013)을 시사한다. 여성 노인은 젊었을 때와 다른 모습을 보면서 심리적인 위축감을 느끼기 쉽기 때문에 나이가 들수록 자기 자신에게 자신감을 가지고 행동하거나, 타인에게 호의적으로 보이는 것이 중요해지며, 젊고 아름다워지고 싶은 욕구가 커진다(홍병숙, 조유현, 2006).

따라서 여성 노인의 신체적 건강은 사회적 관계망, 여가활동, 자녀와의 유대관계, 경제적 활동 등 여러 생활 영역에서 여성 노인의 자아존중감 및 삶의 만족도에 영향을 미쳐(유미정, 2013) 삶의 질을 높이는 중요한 요인으로 작용하며, 장애를 느끼지 않을 정도의 신체적 건강을 유지하는 것은 여성 노인으로 하여금 삶의 의욕을 갖게 한다(배덕전, 2009).

한편, 여성 노인에게 있어 신체기능의 쇠퇴는 활동성을 감소시키고 타인과의 상호작용이 더욱더 어려워지며 스스로도 외부적 감각 자극을 제대로 받아들이지 못하게 되면서 심리적인 위축을 초래하여(김미옥, 1985) 우울을 가져올 수 있다. 우울증은 일상생활을 살아가는 데 있어서 수행능력이 떨어질 때 더욱더 심각해지는데(유미정, 2013), 특히 여성 노인은 남성 노인에 비하여 우울감을 더 많이 느끼며, 또 우울 정도에 따라 건강상태에 많은 영향을 받는 것으로 보인다(정영미, 2007). 일반적으로 여성 노인은 남성 노인보다 수명이 길고, 고령에 혼자 살면서 크고 작은 노동에 의존하여 살아가야 하기 때문에 노화에 의한 만성질환과 더불어 건강문제가 더욱더 심각해지고 있다(최종천, 김윤정 2009). 또한, 여성 노인은 다산과 과중한 가사노동으로 인한 신체적인 스트레스가 높고(이신숙, 이경주, 2002), 평생 가족관계 및 돌봄자로서 역할을 하다가 노인이 되면서 변화된 상황에 의해 스트레스를 더 많이 받고 있는 것으로 보이며(김수옥, 박영주, 2001), 이러한 신체적·정서적·심리적 취약성은 여성 노인의 삶에 부정적 영향을 미치고 있다(최종천, 김윤정, 2009).

다. 우울의 뇌과학적 이해

우울은 인간이 보편적으로 가진 다양한 감정 중의 하나로, 마음의 감기, 정신과의 감기 등으로 불리며 현대인에게 매우 흔한 질병이다(박상규, 2006). 또한, 우울은 노인건강을 평가하는 기준 중 가장 유용한 지표로 제시되며(Newman et al., 1990), 육체적·정신적으로 개인의 삶의 질을 저하시킬 뿐만 아니라 자살 위험인자로도 알려져 있다(Ellis & Yong, 1997). 보통 우울은 쇠약함, 피곤함, 슬픔 그리고 희망이 없음 등을 느끼는 것이고, 우울증은 심리적 탈진, 의기소침, 외로움, 의욕상실, 불안감 등을 느끼는 것으로 하루 이틀간의 슬픔으로 기분이 침체되어 우울을 수반하고 모든 활동에 2주 이상 즐거움과 흥미를 잃은 상태(Goldberg, 2000)를 말하지만, 우울은 정상적인 기분 변화로부터 병적인 상태에 이르는 연속 선상에 있기 때문에 우울증과 구분하지 않고 사용하는 것이 일반적이다(김정유, 최유석, 2015).

우울증은 단극성우울증, 기분부전증, 양극성우울증(조울증), 계절성우울증(계절성 정동장애) 그리고 가면우울증 등 종류가 다양하며, 우울증을 앓던 연예인들의 잇따른 자살 소식에서 알 수 있듯이 심할 경우 자살로 이어진다는 것이 가장 심각한 문제이다(백설하, 2010). 우울증은 생물학적·심리적·사회적 요인이 복합적으로 작용하는 것으로 알려져 있으며, 심리적 요인은 스트레스를 쉽게 받는 성격이거나 그러한 인식체계를 가지고 있는 경우, 사회적 요인은 사회적 지지의 결여 그리고 생물학적 요인은 유전적 요인, 신경전달 물질의 이상이나 내분비계통의 장애, 뇌구조 기능의 이상 등 생리적으로 타인과의 의사소통 공감 능력을 향상시켜 스트레스를 해소하고 정서적 안정과 행복감을 주는 도파민, 세로토닌, 노르에피네프린(노르아드레날린) 같은 호르몬 작용의 저하 상태가 원인(백설하, 2010)인 것으로 알려져 있다.

그러나 최근 신경과학에서는 뉴런 사이의 소통을 촉진하는 특정 신경전달물질(세로토닌, 노르에피네프린 등)의 수치가 낮으면 우울장애가 발생한다는 견해에 이의를 제기했다. John Horgan(1999)에 의하면 세로토닌과 같은 신경전달물질은 뇌뿐만 아니라 신체를 통해서도 흔하게 생성되며 그 기능도 다양하기 때문에 신경전달 물질이 우울에 영향을 미친다는 견해는 적절하지 않다는 것이다(Arden & Linford, 2008).

한편 몇몇 연구에 의하면 우울은 두뇌 영역의 활성화 이상, 두뇌 영역 간의 정보교환 이상 그리고 좌뇌와 우뇌의 불균형과 관련이 있는 것으로 보인다. 우울한 사람의 두뇌는 문제해결, 자기조절, 계획수립 등 고차원적 기능을 담당하는 전두엽(frontal lobes)이 활성화되지 않기 때문에, 자기 의지에 의한 행동을 하고 그런 행동에 따른 책임을 지는 데 어려움이 있고, 또 외부 정보에 주의를 기울이는 두정엽(parietal lobes)과 상부 측두엽(upper temporal lobes)이 활성화되지 않아 외부 자극에 반응 적이지 못하고 자신의 문제에만 얽매여 있다(김유미, 2005). 반면 슬픈 일을 기억할 때 활성화되는 외측 전전두엽(lateral prefrontal lobe), 부정적인 정서를 담당하는 편도체(amygdala), 편도체를 자극하는 시상(thalamus), 두뇌에서 인출된 것을 저장할 때 활성화되는 전 대상 피질(anterior cingulate) 등의 영역이 지나치게 활성화되어 있으며(carter, 2013; posner & raichle, 1995), 이 4개의 두뇌 영역 중 하나가 활성화되면 다른 영역을 자극하는 방식으로 신경 통로에 의해 서로 연결되어 우울 증상이 나타나게 된다(김유미, 2005).

또한, 전전두피질과 변연계의 활성·조화의 이상으로 우울장애가 발생하기도 한다(Anand et al, 2005; Brody et al., 2001). 시상하부－뇌하수체－부신 축 사이의 비정상적인 상호작용으로 인해 스트레스를 경험하면 부신에서 코르티솔의 분비가 증가하고, 이때 해마 뉴런의 수상돌기와 축삭 돌기가 줄어들거나 해마 부피가 작아지는 등 기억과 정서 반응 처리를 하는 해마를 손상시켜 우울장애를 경험할 수 있다(Deuschle et al., 1997; Sheline et al., 1996). 특히 뇌 유래 신경영양 인자는 새로운 수상돌기의 성장을 자극하고 기존 뉴런의 재생산 능력을 촉진하여 새로운 뉴런을 생성하는 신경 촉진제의 일종으로(Arden & Linford, 2008), 자살한 사람들은 해마 영역과 전전두엽 영역의 뇌 유래 신경영양인자 수치가 매우 낮은 것으로 밝혀졌으며(Dwivedi et al., 2003), 이를 통해 우울의 유전 가능성도 예측할 수 있다(Arden & Linford, 2008). 이처럼 우울 기간 동안 코르티솔 수치가 급격하게 상승하면 해마와 전전두엽에 문제가 발생하고(brown, rush, & mcewn, 1999), 이는 인지 결함, 작업 기억의 손상, 실행능력 약화 같은 증상으로 나타나(Arden & Linford, 2008), 치매에 걸릴 확률도 높아진다. 또한, 우울한 사람은 심층 변연계가 과도하게 활성화되어 감정 기복이 심하고 죄의식을 느끼며(박원명, 민경준, 2012), 활기가 없

고 자존감이 낮다(Amen & Routh, 2003)

또 몇몇 뇌영상 연구에서는 우울 증상이 우측 전두엽의 과잉 활성화 및 좌측 전두엽의 억제와 관련이 있음을 제시했는데(Baxter et al., 1989), 이는 좌뇌의 전두엽 활성화는 긍정적·적극적인 감정과, 우뇌의 전두엽 활성화는 부정적·소극적인 감정과 연관이 있음(Davidon & Irwin, 1993)을 시사하고 있다. 노인의 경우 나이가 들어감에 따라 뇌세포를 포함한 신경세포의 퇴화와 인시기능의 감퇴로 60세 이후부터 알파파의 진동수가 감소하는데(구영회, 2015), 우울한 사람은 전전두엽의 좌반구에서 알파파가 우세한 활동을 보여(Henriques & Davidson, 1991) 좌반구의 활동성이 저하되었음을 알 수 있고, 뇌파 비대칭성에서 정상인과 차이를 보인다(Henriques & Davidson, 1989).

또한, 우울한 사람은 침울한 정서와 기분의 강렬한 힘에 대한 경험 때문에 해석 능력을 제대로 발휘하지 못하고, 세부사항을 고려하기보다는 광범위한 부정적 관점으로 상황을 바라보는 경향이 있는데(Damasio, 1999), 이는 우울한 사람들의 전 대상 피질 활동이 급격히 저하되기 때문에 세부사항 처리를 어려워하는(Lane, 1998) 것으로 보인다. 또한, 슬픔을 느낄 때 복 내측 전전두피질은 더욱 활성화된다(Damasio, 1999). 우울한 사람의 경우 타인의 얼굴 표정을 의미 있고 흥미롭게 받아들일 수 있도록 기능하는 우반구로 흐르는 혈류가 제한되어 있어, 다른 사람들에 대한 관심이 줄어들고, 슬픔이나 비관적인 생각을 조절하려는 사람들을 제대로 도와주지 못하면서, 자신의 정서 상태 조절에도 어려움을 겪는다(Arden & Linford, 2008). 이상 우울의 특징과 관련된 뇌 체계를 간단히 정리하면 <표 2-1>과 같다.

〈표 2-1〉 우울의 특징과 뇌과학적 근거

우울의 특징	뇌과학적 근거
부정적 정서, 해석능력 저하, 세부사항 처리 어려움	전대상피질 활동 저하
슬픔을 자주 느낌	복내측 전전두피질 활성화
부정적, 소극적	우측 전두엽 활성화
낮은 자존감, 심한 감정기복, 죄의식	심층 변연계 과활성화
인지결함, 작업 기억 손상, 실행능력 약화, 자살 충동	해마와 전전두엽 이상
외부자극에 무반응, 자신 안에 갇혀 있음	두정엽, 상부 측누엽 비활성화

라. 뇌교육 기반 요가

몸과 뇌 그리고 타인과의 소통을 통해 뇌기능을 활성화하고 변화를 이끌어 내는 뇌교육적 요소를 활용하여, 우울 성향을 가진 여성 노인들이 부담 없이 적극적으로 참여하여 스스로 우울 성향을 개선하고 삶의 질을 향상할 수 있도록 하기 위하여 뇌교육 기반 요가프로그램을 개발하였다. 뇌교육 기반 요가프로그램은 '요가에 대한 바른 이해'를 바탕으로, 뇌과학에 근거한 뇌체조, 호흡, 다양한 명상, 상호교류, 기에너지 등을 활용하여 몸과 뇌의 감각을 깨우고, 자신과 더 나아가 타인에 대한 홍익을 실천함으로써 삶을 변화·성장시키고 삶의 가치를 높이는 수련법이다. 뇌교육 기반 요가프로그램의 특징은 다음과 같이 정리할 수 있다.

첫째, 몸과 뇌의 소통원리에 대한 정보제공이다. 우리 몸은 뇌에 직접적인 영향을 미치는 정교한 신경계로 몸 쓰는 원리를 알고 그에 따라 사용하면 몸의 기능 효율이 좋아지고, 뇌기능도 향상된다(이승헌, 2010). 이러한 뇌과학에 근거한 몸과 뇌의 소통원리에 대한 정보제공으로 무기력한 노인들에게 신뢰감을 주고, 동기를 부여하여 자기 자신에게 집중할 수 있도록 도움을 주고자 했다.

둘째, 쉽고 단순하고 반복적인 뇌체조의 활용이다. 대중화된 요가에 대한 오해는 노인들에게 '나는 요가를 할 수 없다'라는 부담감으로 작용하고 있는 실정이다. 신체기능 및 인지기능이 다소 떨어지는 노인들이 쉽게 기억하고 접근할 수 있는 뇌체조, 즉 발끝부딪히기, 단전두드리기, 임맥풀기, 온몸두드리기 등의 활용은 생활 속 실천으로 이어지고, 나아가 신체 활용능력이 향상되면서 자신감을 회복하게 된다.

셋째, 적극적으로 참여할 수 있는 기회의 제공이다. 뇌의 주인이 된다는 것은 자신의 뇌를 이해하고 잘 활용하는 능력을 갖는 것이다(이승헌, 2010). 시종일관 지시에 따라 수동적으로 움직이기보다 구령을 같이하는 것에서부터 나눔을 통해 마음을 표현하는 것까지 능동적으로 참여함으로써 자신의 존재를 느끼고, 감사하며, 삶의 주인으로 살아가는 방법을 체험할 수 있는 기회를 가지도록 했다.

넷째, 다양한 명상법의 활용이다. 우울 성향이 있는 여성 노인들의 신체적·정신적 특성을 고려하여 정적 명상 외에 동적 명상을 고려했다. 다양한 명상의 활용은 뇌파를 안정시켜 심신에 활력을 주고 균형을 유지하여 행복을 창조하는 삶이 될 수 있을 것이라 기대한다. 또한, 몸과 마음이 편안해지는 체험을 통해 스스로 뇌파를 조절할 수 있음을 인식하게 되고, 나아가 우울 개선에 도움이 될 것으로 보인다.

다섯째, 상호교류를 통한 긍정적 관계 맺기이다. 우울한 사람들은 자신의 무능함과 무가치함에 대한 믿음을 가지고 있으며, 이러한 믿음이 역기능적으로 작용하여 현실을 왜곡하고, 우울 증상을 더 악화·지속시킨다(김일식, 2017). 칭찬 단전치기, 사랑주기, 에너지 교류 명상, 나눔 등 타인과 함께하는 경험을 통해 세상과 소통하고, 나와 타인이 서로 연결된 존재임을 자각함으로써 행복을 창조하는 체험을 하게 된다.

여섯째, 우리의 정서에 맞는 수련법이다. 기존의 요가는 인도에서 일본이나 서양을 거쳐 우리나라에 들어와 대중화되고 상품화되면서 왜곡·변형된 것으로, 우울 성향이 있는 노인들이 접근하기에 다소 부담감이 있다. 뇌교육 기반 요가프로그램은 우리 정신문화인 홍익인간 정신의 전통 속에서 찾아낸 뇌의 핵심 운영 원리를 현대적으로 체계화한 뇌교육을 기반으로 하여, 몸의 감각을 조절함으로써 뇌 기능을 활성화하고 신경계에 긍정적 변화를 일으켜 노인의 우울 성향을 개선하고, 삶의 질 향상에 도움이 되는 수련법이다.

〈표 2-2〉 요가와 뇌교육 기반 요가의 비교

구분		요가	뇌교육 기반 요가
공통점		• 체조, 호흡, 명상을 통해 신체적·정신적 건강 증진 • 호흡, 의식 집중과 함께 깨어있는 의식으로 동작 유지 • 몸과 마음이 하나라는 인식으로 신체활동 중요시함	
차이점	개념	몸과 마음을 동시에 치유하여 자신의 신성을 깨우치게 하기 위한 수련으로, 인간의 육체, 정신, 영혼을 발달시키는 수행법	몸과 뇌의 감각을 깨우고 나와 타인에 대한 홍익을 실천함으로써 삶을 변화·성장시키고 삶의 가치를 높이는 수련법
	중심소재	척추	뇌
	방법	아사나(자세), 호흡, 명상	뇌체조, 호흡, 동적명상활용, 기에너지 활용, 상호교류
	목표	개인의 완성	개인의 완성, 전체의 완성(홍익)을 통한 삶의 질 향상

뇌교육 기반 요가프로그램은 몸과 뇌의 감각을 깨우고 나와 타인에 대한 홍익을 체험하고 실천함으로써 삶을 변화·성장시키고 삶의 가치를 높이는 수련법이다. 본 연구에서는 우울이 신체 능력 외에 뇌기능과도 밀접하게 연결되어 있다는 뇌과학적 고찰을 바탕으로, 여성 노인의 우울 성향을 개선하고자 뇌의 활용적 측면을 강조하는 뇌교육을 기반으로 프로그램을 개발하였다. 뇌교육 기반 요가프로그램은 요가의 동작, 호흡, 명상을 바탕으로 우울 성향을 가진 여성 노인의 특성을 고려하여 동적 명상, 기에너지, 상호교류 등을 활용하였으며, 프로그램을 통해 자신뿐만 아니라 타인과 소통하면서 행복을 창조하고 이를 통해 삶의 질을 향상하고자 하였다.

3. 프로그램 개발 내용

뇌교육 기반 요가프로그램의 최종 목적 및 목표는 <표 2-3>과 같다.

〈표 2-3〉 **뇌교육 기반 요가프로그램 최종 목적 및 목표**

구분	내용
목적	우울 성향 감소를 통한 삶의 질 향상
목표	• 신체와 뇌 감각의 교류를 활성화한다 • 긍정 정보를 선택하는 힘을 기른다 • 원하는 삶을 위한 목표를 세우고 실천하게 한다

뇌교육 기반 요가프로그램의 최종 목적은 우울 성향 감소를 통한 삶의 질 향상이다. 여성 노인의 우울 성향 감소를 위해 먼저 신체 활동을 통해 신체와 뇌 감각의 교류를 활성화하여 활기찬 몸을 만들고, 부정적 마음을 정화하는 활동과 명상을 통해 긍정 정보를 선택하는 힘을 기른다. 또한, 원하는 삶을 위한 목표를 스스로 세우고 실천함으로써 삶의 주인으로 살아갈 수 있게 한다.

뇌교육 기반 요가프로그램은 환기찬 삶, 즐거운 삶, 행복한 삶 등 세 가지 영역으로 운영할 수 있다.

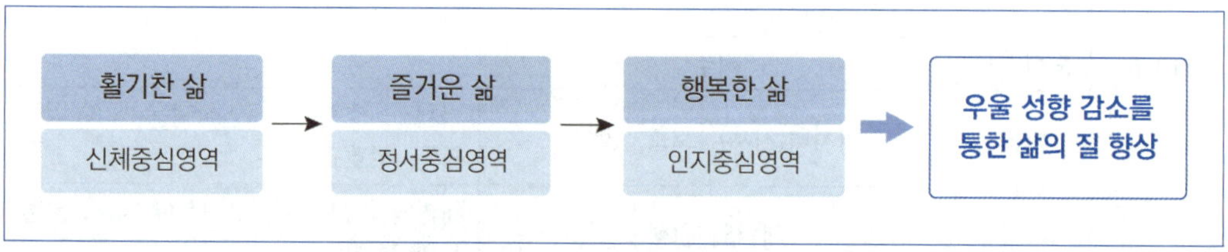

[그림 2-1] **뇌교육 기반 요가프로그램 최종 운영모형**

〈표 2-4〉 **뇌교육 기반 요가프로그램 최종 운영모형의 영역별 세부 특징**

영역	영역별 세부 특징
신체 중심 (활기찬 삶)	몸과 뇌의 교류 감각을 깨우는 신체 활동을 통해 전신의 활력을 키운다.
정서 중심 (즐거운 삶)	내면의 감정을 바라보고 표현하는 활동을 통해 감정을 조절하고, 긍정 정보를 선택하는 힘을 키우며 정서를 안정시킨다
인지 중심 (행복한 삶)	지금 여기에 집중하는 훈련을 함으로써 존재에 대한 감사함으로 행복한 마음을 갖는다

특히, 우울에 대한 뇌과학적 고찰, 뇌교육과 요가의 관계 등을 토대로 원리 및 전략, 방법을 도출하였다.

[그림 2-2] 뇌교육 기반 요가프로그램의 원리 추출

뇌교육 기반 요가프로그램의 최종 원리, 전략, 방법은 <표 2-5>와 같다.

〈표 2-5〉 **뇌교육 기반 요가프로그램 최종 원리, 전략, 방법**

<table>
<tr><th>원리</th><th>전략</th><th>방법</th><th>특징</th></tr>
<tr><td rowspan="4">몸과 뇌 소통의 원리</td><td rowspan="2">두뇌 기능 활성화하기</td><td>뇌체조 체험하기</td><td>신체를 다양하게 활용하여 몸과 뇌의 감각을 깨우는 활동</td></tr>
<tr><td>두뇌활성화 율동하기</td><td>노래에 맞춰 손유희, 인사하기 등 신나는 활동을 함으로써 몸, 마음, 뇌를 이완하는 활동</td></tr>
<tr><td rowspan="2">감각 통합을 통한 현재 상태 인식하기</td><td>감각이완하기</td><td>다양한 활동을 통해 몸, 마음, 뇌를 이완함으로써 심신의 편안함을 느끼는 활동</td></tr>
<tr><td>에너지 집중명상</td><td>손바닥 사이의 느낌에 집중함으로써 뇌파를 안정시키고 내면에 집중하는 힘을 기르는 활동</td></tr>
<tr><td rowspan="4">두뇌 균형의 원리</td><td rowspan="2">명상을 통한 정서 조절하기</td><td>호흡바라보기</td><td>스트레스에 대한 자신의 호흡을 바라봄으로써 자신의 신체, 감정 등이 이에 반응하는 패턴을 인지하고 대처할 수 있는 활동</td></tr>
<tr><td>이완명상</td><td>충분한 휴식과 심신의 이완으로 에너지를 충전함으로써 스트레스 해소 및 자기조절능력을 향상시키는 활동</td></tr>
<tr><td rowspan="2">삶의 활력 높이기</td><td>온몸두드리기</td><td>전신을 두드려 에너지의 흐름을 원활하게 함으로써 심신의 긴장을 풀고 온몸에 활기를 주는 활동</td></tr>
<tr><td>브레인댄스</td><td>신나는 음악과 함께하는 몸의 움직임을 통해 자유로운 자신을 느껴봄으로써 삶의 활력을 느낄 수 있는 활동</td></tr>
<tr><td rowspan="4">치유와 내면화의 원리</td><td rowspan="2">알아차림 훈련을 통한 마음 근육 키우기</td><td>자기바라보기명상</td><td>자신의 내면에서 일어나고 있는 상황을 그저 바라봄으로써 객관화 할 수 있는 힘을 기르는 활동</td></tr>
<tr><td>미용감사명상</td><td>부정적 감정과 고정관념에서 벗어나 자신을 있는 그대로 이해 · 수용 · 사랑하고, 나아가 타인에 대한 인식의 변화를 느낄 수 있는 활동</td></tr>
<tr><td rowspan="2">상처치유를 통한 자기사랑하기</td><td>신문지정화하기</td><td>자신 안에 있는 부정적 감정이나 기억을 신문지에 모두 표출하고 찢는 활동을 통해 내면화된 부정적 감정을 정화하는 활동</td></tr>
<tr><td>자기사랑하기 명상</td><td>자신의 감정에 대한 객관적인 관찰과 자각을 통해 스스로를 긍정적으로 여기고 자신을 수용 · 사랑할 수 있는 활동</td></tr>
<tr><td rowspan="2">가치관 확립의 원리</td><td rowspan="2">문제해결안 실행하기</td><td>격려하기</td><td>격려하는 메시지를 스스로 반복해서 말해줌으로써 두뇌의 힘을 키우고 마인드를 향상시키는 활동</td></tr>
<tr><td>한계극복훈련하기</td><td>목표를 정하고 집중해서 끝까지 해보는 경험을 통해 자신을 신뢰하고 자기 통제력을 향상시키는 활동</td></tr>
</table>

원리	전략	방법	특징
	긍정적 감정 수용하기	칭찬하기	칭찬단전치기 등의 활동을 통해 자신감을 기르고 긍정 정서를 향상시키는 활동
		웃음명상	웃음명상을 통해 부정적 감정과 자신의 인식을 분리시키고, 부정적 감정을 긍정적 감정으로 전환시키는 활동
소통과 공감의 원리	일상 속에서 훈련하기	쉬운 뇌체조 반복하기	단순하고 쉬운 동작을 지속적으로 반복 · 훈련함으로써 일상에서 스스로 활용할 수 있는 활동
		과제수행하기	과제를 매일 꾸준히 실천함으로써 신체의 움직임을 습관화 하고, 스스로 자신을 치유할 수 있는 힘을 기르는 활동
	함께하는 기쁨 만들기	사랑나누기	사랑과 정성을 다해 다른 사람의 신체를 풀어주는 활동을 통해 마음을 전하고 나누면서 서로 공감하고 신뢰를 형성하는 활동
		공유하기	나눔 등을 통해 자신의 문제와 타인의 문제가 서로 다르지 않음을 자각하고, 상대를 격려하고 배려하는 활동
행복 창조의 원리	행복한 습관 만들기	1일 1선 실천하기	자신이나 타인을 위해 하루 한 가지 좋은 일을 함으로써 행복한 환경을 조성하는 활동
		행복명상	행복명상을 통해 마음을 긍정적으로 전환시키고, 행복을 창조하는 활동
	감사함으로 살아가기	감사한 일 말해보기	자신의 장점이나 긍정적 상황을 감사함으로 표현함으로써 자신의 존재와 삶의 소중함을 느끼는 활동
		호흡감사명상	있는 그대로의 존재에 대한 감사함을 느끼고, 자신과 주변 세상을 되돌아 볼 수 있는 활동

뇌교육 기반 요가프로그램의 최종 원리는 몸과 뇌 소통의 원리, 두뇌 균형의 원리, 치유와 내면화의 원리, 가치관 확립의 원리, 소통과 공감의 원리, 행복 창조의 원리로 총 6개이다. 전략은 두뇌 기능 활성화하기, 감각 통합을 통한 현재 상태 인식하기, 명상을 통한 정서 조절하기, 삶의 활력 높이기, 알아차림 훈련을 통한 마음 근육 키우기, 상처 치유를 통한 자기사랑하기, 문제해결안 실행하기, 긍정적 감정 수용하기, 일상 속에서 훈련하기, 함께하는 기쁨 만들기, 행복한 습관 만들기, 감사함으로 살아가기 등 원리에 따라 각각 2개씩 12개의 전략을 세웠다. 또한, 하나의 전략에 목표 달성을 위한 2개의 방법을 구성하였으며, 총 24개의 방법을 프로그램 개발에 적용하였다. 뇌교육 기반 요가프로그램의 구성 체계는 [그림 2-3]과 같이 정리할 수 있다.

목적 ➡ 우울 성향 감소를 통한 삶의 질 향상

목표 ➡
- 신체와 두뇌 감각을 활성화한다
- 긍정 정보를 선택하는 힘을 기른다
- 원하는 삶을 위한 목표를 세우고 실천하게 한다

내용 ➡
- 몸과 뇌의 소통원리에 대해 알기
- 신체 움직임을 통한 이완 체험하기
- 감정을 조절하는 방법 배우고 해보기
- 긍정을 선택하는 힘 기르기
- 지금 여기에 집중해 보기
- 행복한 꿈 찾기
- 삶의 주인으로 살아가기

방법 ➡ 뇌체조, 호흡, 동적 명상 활용, 기 에너지 활용, 상호교류 등

원리 및 전략 ➡

몸과 뇌 소통의 원리	두뇌 균형의 원리	치유와 내면화의 원리	가치관 확립의 원리	소통과 공감의 원리	행복 창조의 원리
• 두뇌기능 활성화하기 • 감각통합을 통한 현재 상태 인식하기	• 명상을 통한 정서 조절하기 • 삶의 활력 높이기	• 알아차림 훈련을 통한 마음 근육키우기 • 상처 치유를 통한 자기 사랑하기	• 문제해결안 실행하기 • 긍정적 감정 수용하기	• 일상 속에서 훈련하기 • 함께하는 기쁨 만들기	• 행복한 습관 만들기 • 감사함으로 살아가기

평가 ➡ 우울척도 설문조사, 소감문, 만족도 설문, 심층면담, 관찰일지

[그림 2-3] **뇌교육 기반 요가프로그램 구성 체계**

뇌교육 기반 요가프로그램의 최종 내용은 <표 2-6>과 같다.

〈표 2-6〉 뇌교육 기반 요가프로그램 차시별 목표 및 내용 최종안

구분	차시	활동명	활동 목표	활동내용 및 방법	원리	전략
활기찬 삶	1	몸과 마음 활짝 열기	신나는 분위기를 조성하여 마음을 열고 동기를 유발한다	• 프로그램 소개 및 동기부여 • 사전 설문지 • 마음열기 활동 • 기본자세로 몸 점검하기 • 사랑주기(활공) 배우기 • 과제전달 및 나눔(다과)	몸과 뇌 소통의 원리	두뇌 기능 활성화 하기
	2	뇌체조로 몸 이완하기	몸과 두뇌감각을 깨우고 몸을 이완한다	• 마음열기 활동 • 몸과 뇌의 관계 이해하기 • 뇌체조 • 호흡해보기, 이완명상 • 사랑주기(활공) • 과제전달 및 나눔	몸과 뇌 소통의 원리	두뇌 기능 활성화 하기
	3	스트레스 털어내기	스트레스를 해소하고 편안함을 느껴본다	• 마음열기 활동 • 스트레스와 뇌, 몸과의 관계 • 뇌체조 • 온몸두드리기 및 브레인 댄스 • 이완명상 • 사랑주기(활공) • 과제전달 및 나눔	두뇌 균형의 원리	삶의 활력 높이기 명상을 통한 정서 조절하기
	4	내 마음 느끼기	자신의 몸과 마음을 느끼고 집중할 수 있다	• 마음열기 활동 • 몸과 마음의 관계 이해 하기 • 뇌체조 • 가슴두드리기 • 바디스캔 • 에너지집중명상 • 사랑주기(활공) • 과제전달 및 나눔	몸과 뇌 소통의 원리	감각 통합을 통한 현재 상태 인식하기
즐거운 삶	5	내 마음 청소하기	부정적인 마음을 정화할 수 있다	• 마음열기 활동 • 뇌체조 • 신문지 정화하기 • 자기 바라보기명상 • 사랑주기(활공) • 과제전달 및 나눔	치유와 내면화의 원리	상처 치유를 통한 자기 사랑하기
	6	내 마음 안아주기	마음의 상처를 치유하고 자신과 타인을	• 마음열기 활동 • 뇌체조 • 미용감사명상	치유와 내면화의 원리	상처 치유를 통한 자기 사랑하기

구분	차시	활동명	활동 목표	활동내용 및 방법	원리	전략
			수용할 수 있어요	• 사랑주기 (활공) • 과제전달 및 나눔		
	7	나 사랑하기	자신의 존재를 느끼고 이해하며 사랑할 수 있다	• 마음열기 활동 • 뇌체조 • 자기 사랑하기 명상 • 사랑주기(활공) • 과제전달 및 나눔	치유와 내면화의 원리	알아차림 훈련을 통한 마음 근육 키우기
	8	긍정 선택하기	긍정을 선택하는 방법을 알고 힘을 기를 수 있다	• 마음열기 활동 • 뇌체조 • 한계극복 훈련하기 • 웃음명상 • 사랑주기(활공) • 과제전달 및 나눔	가치관 확립의 원리	문제해결안 실행하기 긍정적 감정 수용하기
행복한 삶	9	나와 우리 칭찬하기	칭찬을 통해 기쁨을 창조하고 타인과의 유대감을 형성한다	• 마음열기 활동 • 칭찬 단전치기 • 뇌체조 • 칭찬명상 • 사랑주기(활공) • 과제전달 및 나눔	가치관 확립의 원리 소통과 공감의 원리	긍정적감정 수용하기 함께하는 기쁨 만들기
	10	감사한 삶 만들기	존재에 대한 감사함을 알고 지금 여기에 집중할 수 있다	• 마음열기 활동 • 뇌체조 • 호흡감사명상 • 감사한일 3가지 말해보기 • 사랑주기 (활공) • 과제전달 및 나눔	행복 창조의 원리 소통과 공감의 원리	감사함으로 살아가기 일상 속에서 훈련하기
	11	행복한 꿈 찾기	홍익의 의미를 알고 행복한 꿈(비전)을 찾아본다	• 마음열기 활동 • 뇌체조 • 행복명상 체험하기 • 홍익의 의미에 대한 이해 • 사랑주기(활공) • 과제전달 및 나눔	행복 창조의 원리	행복한 습관 만들기
	12	삶의 주인으로 살아가기	원하는 삶을 위한 목표를 스스로 세우고 실천 의지를 다진다	• 마음열기 활동 • 뇌체조 • 행복명상 • 원하는 삶을 위한 목표 세우고 실천의지 다지기 • 사랑주기(활공) • 나눔 및 다과, 사후 설문	행복 창조의 원리	행복한 습관 만들기

4. 프로그램 적용 사례

<table>
<tr><th colspan="5">뇌교육 기반 요가프로그램 1차시</th></tr>
<tr><td>활동명</td><td colspan="4">몸과 마음 활짝 열기</td></tr>
<tr><td>차시 목표</td><td colspan="4">1. 마음열기 활동을 통해 학습동기를 유발한다.
2. 신나는 분위기를 조성한다.</td></tr>
<tr><td>준비물</td><td colspan="4">간편한 복장, 음악, 매트, 연구 참여 동의서, 사전 설문지, 필기도구, 약간의 간식</td></tr>
<tr><td>단계</td><td>프로그램 내용</td><td>원리</td><td>세부전략</td><td>시간</td></tr>
<tr><td>도입</td><td>• 오리엔테이션
- 출석체크 및 자기소개 하며 인사나누기
• 프로그램 소개 및 동기부여
- 뇌교육 기반 요가에 대해 알아본다
(몸, 마음, 뇌의 관계 이해하기)
- 우울과 관련된 기대효과 제시
• 연구참여 동의서 및 사전 설문지 작성
• 마음열기
- 건강박수, 온몸 두드리기</td><td>몸과 뇌
소통의 원리</td><td>• 선상박수,
온몸 두드리기</td><td>25분</td></tr>
<tr><td>전개</td><td>• 몸 점검하기
- 목, 어깨, 허리, 하체 순환운동
- 양팔 비틀기
- 전굴 자세
- 나비자세
- 박쥐자세
- 반달자세
- 선 전굴 자세
- 산자세로 균형잡기
- 누워서 악어자세
- 누워서 상체 비틀기
- 송장자세(호흡하며 이완)
(전 과정에서 필요에 따라 반복한다)
• 사랑나누기(활공) 배우기</td><td>몸과 뇌
소통의 원리</td><td>• 뇌체조
• 활공 배우기</td><td>25분</td></tr>
<tr><td>마무리</td><td>• 과제 제시
- 간단한 동작으로 하체 단련하기
(발끝부딪히기 등 소개)
• 체험에 대한 나눔 및 다과</td><td>소통과
공감의 원리</td><td>• 나눔</td><td>10분</td></tr>
</table>

<table>
<tr><th colspan="5">뇌교육 기반 요가프로그램 2차시</th></tr>
<tr><td>활동명</td><td colspan="4">뇌체조로 몸 이완하기</td></tr>
<tr><td>차시 목표</td><td colspan="4">1. 뇌체조를 통해 몸과 두뇌 감각을 깨운다.
2. 호흡으로 몸을 이완한다.</td></tr>
<tr><td>준비물</td><td colspan="4">간편한 복장, 음악, 매트</td></tr>
<tr><th>단계</th><th>프로그램 내용</th><th>원리</th><th>세부전략</th><th>시간</th></tr>
<tr><td>도입</td><td>• 마음열기
- 파트너와 함께 율동체조하며 신나는 분위기 조성(율동체조 후 서로 안아주며 ‘사랑합니다’ 표현하기)
• 몸과 뇌의 관계
- 몸과 뇌의 작용원리 알아보기
- 신체운동이 뇌와 마음에 미치는 영향
• 신체활동 시 주의사항 안내</td><td>소통과 공감의 원리</td><td>• 율동체조 배우기</td><td>10분</td></tr>
<tr><td>전개</td><td>• 뇌체조
- 목, 어깨, 허리, 하체 순환운동
- 나비자세
- 변형박쥐자세 연결동작
- 변형전굴 자세
- 상체 비틀기
- 반달자세 - 산자세
- 악어자세 - 온몸 비틀기
- 바람빼기자세
- 엉덩방아찧기
- 모관운동
- 송장자세
• 호흡 점검하기
• 이완명상</td><td>몸과 뇌 소통의 원리</td><td>• 뇌체조
• 호흡점검
• 이완명상</td><td>35분</td></tr>
<tr><td>마무리</td><td>• 활공(사랑주기)
- 한줄기차로 앉아서 등 두드리고, 긁어주고, 쓸어주기, 백허그로 ‘사랑합니다’ 표현하기
• 마무리 인사 율동 배우기
• 과제 제시(발끝 부딪히기 등)
- 간단한 동작으로 하체 단련하기
• 체험에 대한 나눔</td><td>소통과 공감의 원리</td><td>• 활공
• 나눔</td><td>15분</td></tr>
</table>

<table>
<tr><th colspan="5">뇌교육 기반 요가프로그램 3차시</th></tr>
<tr><td>활동명</td><td colspan="4">스트레스 털어내기</td></tr>
<tr><td>차시 목표</td><td colspan="4">1. 신나는 체조를 통해 스트레스를 해소한다.
2. 이완명상으로 편안함을 느끼게 한다.</td></tr>
<tr><td>준비물</td><td colspan="4">간편한 복장, 음악, 매트</td></tr>
<tr><td>단계</td><td>프로그램 내용</td><td>원리</td><td>세부전략</td><td>시간</td></tr>
<tr><td>도입</td><td>• 마음열기
- 파트너와 함께 율동체조하며 신나는 분위기 조성(율동체조 후 서로 안아주며 ‘사랑합니다’ 표현하기)
• 단전두드리기
• 신체활동 시 주의사항 안내</td><td>소통과 공감의 원리</td><td>• 율동체조
• 단전두드리기 배우기</td><td>10분</td></tr>
<tr><td>전개</td><td>• 뇌체조
- 목, 어깨, 허리, 하체 순환운동
- 나비자세
- 변형박쥐자세 연결동작
- 변형전굴자세 - 상체비틀기
- 반달자세 - 산 자세
- 악어자세 - 온몸 비틀기
- 바람빼기자세 - 엉덩방아찧기
- 모관운동
- 송장자세
• 스트레스 이해하기
- 스트레스와 뇌, 몸과의 관계
- 온몸 두드리기
- 브레인 댄스
• 이완 명상</td><td>두뇌 균형의 원리</td><td>• 뇌체조
• 온몸 두드리기
• 브레인 댄스</td><td>35분</td></tr>
<tr><td>마무리</td><td>• 활공(사랑주기)
- 한줄기차로 앉아서 등 두드리고, 긁어 주고, 쓸이주기, 백허그로 ‘시랑합니다’ 표현하기
• 과제 제시(발끝 부딪히기 등)
- 간단한 동작으로 하체 단련하기
• 체험에 대한 나눔
• 마무리 인사 율동체조</td><td>소통과 공감의 원리</td><td>• 활공
• 나눔</td><td>15분</td></tr>
</table>

<table>
<tr><th colspan="5">뇌교육 기반 요가프로그램 4차시</th></tr>
<tr><td>활동명</td><td colspan="4">내 마음 느끼기</td></tr>
<tr><td>차시 목표</td><td colspan="4">1. 바디스캔으로 자신의 몸을 느낄 수 있다.
2. 명상을 통해 자신에게 집중할 수 있다.</td></tr>
<tr><td>준비물</td><td colspan="4">간편한 복장, 음악, 매트</td></tr>
<tr><th>단계</th><th>프로그램 내용</th><th>원리</th><th>세부전략</th><th>시간</th></tr>
<tr><td>도입</td><td>• 마음열기
- 파트너와 함께 율동체조하며 신나는 분위기 조성(율동체조 후 서로 안아주며 '사랑합니다' 표현하기)
• 단전두드리기
• 신체활동 시 주의사항 안내</td><td>소통과 공감의 원리</td><td>• 율동체조
• 단전두드리기</td><td>10분</td></tr>
<tr><td>전개</td><td>• 뇌체조
- 목, 어깨, 허리, 하체 순환운동
- 나비자세
- 변형박쥐자세 연결동작
- 변형전굴자세 - 상체비틀기
- 반달자세 - 산자세
- 수벽치기
- 악어자세 - 온몸비틀기
- 바람빼기자세 - 엉덩방아찧기
- 모관운동
- 송장자세
• 가슴 두드리며 소리 지르기
• 바디스캔으로 이완하기
• 에너지집중명상</td><td>몸과 뇌 소통의 원리</td><td>• 뇌체조
• 바디스캔
• 에너지집중 명상</td><td>35분</td></tr>
<tr><td>마무리</td><td>• 활공(사랑주기)
- 한줄기차로 앉아서 등 두드리고, 긁어주고, 쓸어주기, 백허그로 '사랑합니다' 표현하기
• 과제 제시(발끝 부딪히기 등)
- 간단한 동작으로 하체 단련하기
• 체험에 대한 나눔
• 마무리 인사 율동체조</td><td>소통과 공감의 원리</td><td>• 활공
• 나눔</td><td>15분</td></tr>
</table>

<table>
<tr><th colspan="5">뇌교육 기반 요가프로그램 5차시</th></tr>
<tr><td>활동명</td><td colspan="4">내 마음 청소하기</td></tr>
<tr><td>차시 목표</td><td colspan="4">1. 편도체에 감정의 기억이 저장되어 있음을 알 수 있다.
2. 부정적인 마음을 정화할 수 있다.</td></tr>
<tr><td>준비물</td><td colspan="4">간편한 복장, 음악, 매트</td></tr>
<tr><td>단계</td><td>프로그램 내용</td><td>원리</td><td>세부전략</td><td>시간</td></tr>
<tr><td>도입</td><td>• 마음열기
- 파트너와 함께 율동체조하며 신나는 분위기 조성(율동체조 후 서로 안아주며 '사랑합니다' 표현하기)
• 단전두드리기
• 신체활동 시 주의사항 안내</td><td>소통과 공감의 원리</td><td>• 율동체조
• 단전두드리기</td><td>10분</td></tr>
<tr><td>전개</td><td>• 뇌체조
- 목, 어깨, 허리, 하체 순환운동
- 나비자세
- 변형박쥐자세 연결동작
- 변형전굴자세 - 상체 비틀기
- 반달자세 - 산 자세
- 수벽치기
- 악어자세 - 온몸 비틀기
- 바람빼기자세 - 엉덩방아 찧기
- 모관운동
- 송장자세
• 단전호흡
• 신문지 정화하기
• 자기 바라보기 명상</td><td>치유와 내면화의 원리</td><td>• 뇌체조
• 신문지 정화하기
• 자기바라보기 명상</td><td>35분</td></tr>
<tr><td>마무리</td><td>• 활공(사랑주기)
- 한줄기차로 앉아서 등 두드리고, 긁어주고, 쓸어주기, 백허그로 '사랑합니다' 표현하기
• 과제 제시
- 발끝 부딪히기, 단전호흡 등
• 체험에 대한 나눔
• 마무리 인사 율동체조</td><td>소통과 공감의 원리</td><td>• 활공
• 나눔</td><td>15분</td></tr>
</table>

<table>
<tr><th colspan="5">뇌교육 기반 요가프로그램 6차시</th></tr>
<tr><td>활동명</td><td colspan="4">내 마음 안아주기</td></tr>
<tr><td>차시 목표</td><td colspan="4">1. 미,용,감,사를 통해 마음의 상처를 바라보고 치유할 수 있다.
2. 자신에 대한 집중과 인식의 변화를 경험한다.</td></tr>
<tr><td>준비물</td><td colspan="4">간편한 복장, 음악, 매트</td></tr>
<tr><td>단계</td><td>프로그램 내용</td><td>원리</td><td>세부전략</td><td>시간</td></tr>
<tr><td>도입</td><td>• 마음열기
- 파트너와 함께 율동체조하며 신나는 분위기 조성(율동체조 후 서로 안아주며 '사랑합니다' 표현하기)
• 단전두드리기
• 신체활동 시 주의사항 안내</td><td>소통과 공감의 원리</td><td>• 율동체조
• 단전두드리기</td><td>10분</td></tr>
<tr><td>전개</td><td>• 뇌체조
- 목, 어깨, 허리, 하체 순환운동
- 나비자세
- 변형박쥐자세 연결동작
- 박쥐자세
- 변형전굴자세 - 굴자세
- 반달자세 - 산자세
- 온몸 두드리기
- 변형 바람빼기자세 연결동작
- 온몸 비틀기 - 엉덩방아찧기
- 모관운동
- 송장자세
• 미용감사 명상</td><td>치유와 내면화의 원리</td><td>• 뇌체조
• 미용감사명상</td><td>35분</td></tr>
<tr><td>마무리</td><td>• 활공(사랑주기)
- 한줄기차로 앉아서 등 두드리고, 긁어주고, 쓸어주기, 백허그로 '사랑합니다' 표현하기
• 과제 제시
- 발끝 부딪히기, 단전호흡 등
• 체험에 대한 나눔
• 마무리 인사 율동체조</td><td>소통과 공감의 원리</td><td>• 활공
• 나눔</td><td>15분</td></tr>
</table>

뇌교육 기반 요가프로그램 7차시				
활동명	나 사랑하기			
차시 목표	1. 자신의 소중함을 느끼게 한다. 2. 자기사랑하기 명상을 체험한다.			
준비물	간편한 복장, 음악, 매트			
단계	프로그램 내용	원리	세부전략	시간
도입	• 마음열기 - 파트너와 함께 율동체조하며 신나는 분위기 조성(율동체조 후 서로 안아주며 '사랑합니다' 표현하기) • 단전두드리기 • 신체활동 시 주의사항 안내	소통과 공감의 원리	• 율동체조 • 단전두드리기	10분
전개	• 뇌체조 - 목, 어깨, 허리, 하체 순환운동 - 나비자세 - 변형박쥐자세 연결동작 - 박쥐자세 - 변형전굴자세 - 전굴자세 - 반달자세 - 나무자세 - 온몸 두드리기 - 악어자세 - 온몸비틀기 - 엉덩방아 찧기 - 모관운동 - 송장자세 • 자기사랑하기 명상	치유와 내면화의 원리	• 뇌체조 • 자기사랑하기 명상	35분
마무리	• 활공(사랑주기) - 한줄기차로 앉아서 등 두드리고, 긁어주고, 쓸어주기, 백허그로 '사랑합니다' 표현하기 • 과제 제시 - 발끝 부딪히기, 단전호흡 등 • 체험에 대한 나눔 • 마무리 인사 율동체조	소통과 공감의 원리	• 활공 • 나눔	15분

<table>
<tr><th colspan="5">뇌교육 기반 요가프로그램 8차시</th></tr>
<tr><td>활동명</td><td colspan="4">긍정 선택하기</td></tr>
<tr><td>차시 목표</td><td colspan="4">1. 긍정의 정보를 선택할 수 있다.
2. 웃음수련으로 릴리스를 경험한다.</td></tr>
<tr><td>준비물</td><td colspan="4">간편한 복장, 음악, 매트</td></tr>
<tr><th>단계</th><th>프로그램 내용</th><th>원리</th><th>세부전략</th><th>시간</th></tr>
<tr><td>도입</td><td>• 마음열기
– 파트너와 함께 율동체조하며 신나는 분위기 조성(율동체조 후 서로 안아주며 ‘사랑합니다’ 표현하기)
• 단전두드리기
• 신체활동 시 주의사항 안내</td><td>소통과 공감의 원리</td><td>• 율동체조
• 단전두드리기</td><td>10분</td></tr>
<tr><td>전개</td><td>• 뇌체조
– 목, 어깨, 허리, 하체 순환운동
– 나비자세
– 변형박쥐자세 연결동작
– 박쥐자세
– 변형전굴자세 – 전굴자세
– 반달자세 – 나무자세
– 온몸 두드리기
– 악어자세 – 온몸비틀기
– 바람빼기자세 – 엉덩방아찧기
– 모관운동
– 송장자세
• 한계극복 훈련하기
• 웃음명상</td><td>가치관 확립의 원리</td><td>• 뇌체조
• 한계극복 훈련하기
• 웃음명상</td><td>35분</td></tr>
<tr><td>마무리</td><td>• 활공(사랑주기)
– 한줄기차로 앉아서 등 두드리고, 긁어주고, 쓸어주기, 백허그로 ‘사랑합니다’ 표현하기
• 과제 제시
– 발끝 부딪히기, 단전호흡 등
• 체험에 대한 나눔
• 마무리 인사 율동체조</td><td>소통과 공감의 원리</td><td>• 활공
• 나눔</td><td>15분</td></tr>
</table>

<table>
<tr><th colspan="5">뇌교육 기반 요가프로그램 9차시</th></tr>
<tr><td>활동명</td><td colspan="4">나와 우리 칭찬하기</td></tr>
<tr><td>차시 목표</td><td colspan="4">1. 칭찬 활동으로 긍정의 힘을 기를 수 있다.
2. 칭찬을 통해 기쁨을 창조하고 타인과의 유대감을 형성한다.</td></tr>
<tr><td>준비물</td><td colspan="4">간편한 복장, 음악, 매트</td></tr>
<tr><th>단계</th><th>프로그램 내용</th><th>원리</th><th>세부전략</th><th>시간</th></tr>
<tr><td>도입</td><td>• 마음열기
- 파트너와 함께 율동체조하며 신나는 분위기 조성(율동체조 후 서로 안아주며 ‘사랑합니다’ 표현하기)
• 임맥풀기
• 신체활동 시 주의사항 안내</td><td>소통과 공감의 원리</td><td>• 율동체조
• 임맥풀기</td><td>10분</td></tr>
<tr><td>전개</td><td>• 뇌체조
- 목, 어깨, 허리, 하체 순환운동
- 나비자세(전굴,후굴)
- 현자세
- 변형박쥐자세 연결동작
- 박쥐자세
- 전굴자세
- 반달자세(변형) - 나무자세
- 온몸두드리기
- 악어자세 - 몸비틀기
- 바람빼기자세 - 엉덩방아찧기
- 모관운동
- 송장자세
• 칭찬 단전두드리기(자기칭찬, 파트너 칭찬)
• 칭찬명상</td><td>가치관 확립의 원리 소통과 공감의 원리</td><td>• 뇌체조
• 칭찬 단전두드리기
• 칭찬 명상</td><td>35분</td></tr>
<tr><td>마무리</td><td>• 활공(사랑주기)
- 한줄기차로 앉아서 등 두드리고, 긁어주고, 쓸어주기, 백허그로 ‘사랑합니다’ 표현하기
• 과제 제시
- 발끝 부딪히기, 단전 두드리기 등
• 체험에 대한 나눔
• 마무리 인사 율동체조</td><td>소통과 공감의 원리</td><td>• 활공
• 나눔</td><td>15분</td></tr>
</table>

<table>
<tr><th colspan="5">뇌교육 기반 요가프로그램 10차시</th></tr>
<tr><td>활동명</td><td colspan="4">감사한 삶 만들기</td></tr>
<tr><td>차시 목표</td><td colspan="4">1. 반복훈련을 통해 자기조절 역량을 향상한다.
2. 일상생활에서 감사한 일을 찾을 수 있다.</td></tr>
<tr><td>준비물</td><td colspan="4">간편한 복장, 음악, 매트</td></tr>
<tr><td>단계</td><td>프로그램 내용</td><td>원리</td><td>세부전략</td><td>시간</td></tr>
<tr><td>도입</td><td>• 마음열기
- 파트너와 함께 율동체조하며 신나는 분위기 조성(율동체조 후 서로 안아주며 ‘사랑합니다’ 표현하기)
• 단전두드리기, 임맥풀기
• 신체활동 시 주의사항 안내</td><td>소통과 공감의 원리</td><td>• 율동체조
• 단전두드리기</td><td>10분</td></tr>
<tr><td>전개</td><td>• 뇌체조
- 목, 어깨, 허리, 하체 순환운동
- 나비자세(전굴,후굴)
- 현자세
- 변형박쥐자세 연결동작
- 박쥐자세
- 전굴자세
- 반달자세(변형) - 나무자세
- 온몸두드리기
- 등구르기
- 악어자세 - 온몸비틀기
- 바람빼기자세 - 엉덩방아찧기
- 모관운동
- 송장자세
• 호흡감사명상
• 감사한 일 표현하기</td><td>행복 창조의 원리
소통과 공감의 원리</td><td>• 뇌체조
• 호흡감사명상
• 감사한 일 말해보기</td><td>35분</td></tr>
<tr><td>마무리</td><td>• 활공(사랑주기)
- 한줄기차로 앉아서 등 두드리고, 긁어주고, 쓸어주기, 백허그로 ‘사랑합니다’ 표현하기
• 과제 제시
- 발끝 부딪히기, 단전 두드리기 등
• 체험에 대한 나눔
• 마무리 인사 율동체조</td><td>소통과 공감의 원리</td><td>• 활공
• 나눔</td><td>15분</td></tr>
</table>

<table>
<tr><th colspan="5">뇌교육 기반 요가프로그램 11차시</th></tr>
<tr><td>활동명</td><td colspan="4">행복한 꿈 찾기</td></tr>
<tr><td>차시 목표</td><td colspan="4">1. 홍익의 의미를 이해한다.
2. 행복한 꿈을 찾아본다.</td></tr>
<tr><td>준비물</td><td colspan="4">간편한 복장, 음악, 매트</td></tr>
<tr><th>단계</th><th>프로그램 내용</th><th>원리</th><th>세부전략</th><th>시간</th></tr>
<tr><td>도입</td><td>• 마음열기
– 파트너와 함께 율동체조하며 신나는 분위기 조성(율동체조 후 서로 안아주며 ‘사랑합니다’표현하기)
• 단전두드리기, 임맥풀기
• 신체활동 시 주의사항 안내</td><td>소통과 공감의 원리</td><td>• 율동체조
• 단전두드리기</td><td>10분</td></tr>
<tr><td>전개</td><td>• 뇌체조
– 목, 어깨, 허리, 하체 순환운동
– 나비자세(전굴,후굴)
– 현자세
– 변형박쥐자세 연결동작
– 박쥐자세
– 전굴자세(전굴,후굴)
– 반달자세 – 나무자세
– 온몸 두드리기
– 등구르기
– 악어자세 – 온몸비틀기
– 코부라자세
– 바람빼기자세 – 엉덩방아찧기
– 모관운동
– 송장자세
• 행복명상 체험하기
• 홍익의 의미 이해하기
– 나와 타인에 대한 홍익</td><td>행복 창조의 원리</td><td>• 뇌체조
• 행복명상
• 홍익의 의미 이해하기</td><td>35분</td></tr>
<tr><td>마무리</td><td>• 활공(사랑주기)
– 한줄기차로 앉아서 등 두드리고, 긁어주고, 쓸어주기, 백허그로 ‘사랑합니다’ 표현하기
• 과제 제시
– 발끝 부딪히기, 단전 두드리기 등
• 체험에 대한 나눔
• 마무리 인사 율동체조</td><td>소통과 공감의 원리</td><td>• 활공
• 나눔</td><td>15분</td></tr>
</table>

뇌교육 기반 요가프로그램 12차시				
활동명	삶의 주인으로 살아가기			
차시 목표	1. 원하는 삶을 위한 목표를 세울 수 있다. 2. 실천의지를 다진다.			
준비물	간편한 복장, 음악, 매트, 사후 설문지, 약간의 간식			
단계	프로그램 내용	원리	세부전략	시간
도입	• 마음열기 - 파트너와 함께 율동체조하며 신나는 분위기 조성(율동체조 후 서로 안아주며 '사랑합니다' 표현하기) • 단전두드리기, 임맥풀기 • 신체활동 시 주의사항 안내	소통과 공감의 원리	• 율동체조 • 단전두드리기	10분
전개	• 뇌체조 - 목, 어깨, 허리, 하체 순환운동 - 나비자세(전굴,후굴) - 변형박쥐자세 연결동작 - 박쥐자세 - 전굴자세(전굴, 후굴) - 반달자세 - 나무자세 - 등구르기 - 악어자세 - 온몸비틀기 - 코부라자세 - 바람빼기자세 - 엉덩방아찧기 - 모관운동 - 송장자세 • 행복명상 • 원하는 삶을 위한 목표를 세우고 실천의지를 다진다	행복 창조의 원리	• 뇌체조 • 행복명상 • 1일1선 실천 의지 다지기	35분
마무리	• 활공(사랑주기) - 한줄기차로 앉아서 등 두드리고, 긁어주고, 쓸어주기, 백허그로 '사랑합니다' 표현하기 • 마무리 인사 율동체조 • 변화에 대한 소감 나눔 • 사후 설문지 작성	소통과 공감의 원리	• 활공 • 나눔	15분

제2장

뇌기반 놀이프로그램[2)]

1. 프로그램 개발 목적

최근 뇌과학은 사회 전반에 걸쳐 영향을 미치고 있으며, 특히 인지과학과 신경과학이 연결되면서 교육과의 접목을 위한 시도가 증가하고 있다(김연봉, 윤선아, 2011; 박수원, 2016; 양수영, 2012; 이은정, 2018). 이러한 분위기 속에 뇌 발달 원리에 기초하여 뇌의 학습기제와 작용에 적합하게 가르치고 배우는 포괄적인 대표 교육방식으로(Jensen, 1998b), 뇌기반 교육이 21세기에 들어와 교육 분야의 새로운 대안으로 대두되고 있다(이은정, 2018). 이러한 뇌기반 교육의 학습은 정보나 사실을 기억하는 차원에서 탈피하여 정보를 의미 있게 패턴화 및 조직화하여 기존의 정보와 연결하는 것이다(김연봉, 윤선아, 2011). 즉, 활동을 하는 과정에서 뇌과학적 지식을 이해하게 되면 지식을 의미 있는 방향으로 탐색할 수 있으며, 나아가 일상에서도 활용할 수 있다.

본 연구의 대상인 아동기는 다양한 경험을 통해 두뇌를 계발할 수 있는 중요한 시기이다. 아동기는 뇌량, 대뇌변연계, 대뇌피질 등 주요 두뇌의 영역이 발달하는 중요한 시기로 각 영역은 상호작용하며, 통합적인 처리로 경험을 형성하기 때문에(이지현, 박정은, 2014), 세부 두뇌 영역의 계발뿐만 아니라 두뇌의 통합적인 발달 또한 중요하다.

한편, 전국적으로 교육현장과 가정 및 지역사회에서 놀이 문화 확산을 위한 움직임이 활발하다. D광역시교육청은 2019년 1월 아동들의 적극적인 수업 참여 유발과 다양한 놀이를 통해 학생이 주도하는 미래역량 교육을 실현하기 위해 '초등학교 놀이 학년 · 학기제'라는 운영 방침을 내놓았다. 또한, 최근 우리나라의 한 어린이재단은 놀이의

2) 신승훈(2021)의 석사학위 논문을 요약 정리하였음.

가치를 재평가하고, 아동들의 놀 권리를 보장하기 위해 가정, 학교, 지역사회가 함께 변화할 수 있도록 인식 개선 캠페인을 진행하는 동시에 놀거리의 개발과 놀이 공간의 확보를 위한 다양한 활동을 활발하게 전개하고 있다(김도형, 2020). 이러한 놀이는 아동에게 자신의 감정을 표현하고 자기성취를 하도록 해주는 비언어적인 매개체 역할을 하며, 아동은 놀이를 통해 관계를 탐색하거나 자신의 감정과 자신이 이해한 것을 표현하고, 자신의 욕구를 충족시킨다(이정은, 2012). 또한, 놀이는 창의적이고 자발적인 활동에 관여하여 뇌에 새로운 신경 연결을 유발하고(van den Berg, Hol, Van Ree, Spruijt, Everts, & Koolhaas, 1999), 감정을 조절할 수 있게 한다.

특히, 놀이를 하는 데 있어 보드게임을 활용하면 교육적, 사회적, 문제 해결 및 갈등해소의 효과를 기대할 수 있다. 보드게임을 통해 학습에 대한 흥미를 유도할 수 있고(김태일, 2016), 사회 구성원 간의 상호작용 및 의사소통을 활성화할 수 있다(김요섭, 2014; 이영윤, 2016). 따라서 미래 교육의 대안으로 뇌기반 교육이 주목받고 있으며, 두뇌의 계발에 있어 중요한 시기에 있는 아동들이 다양한 경험을 할 수 있도록 놀이 문화 확산이 전국적으로 활발한 점을 미루어 볼 때, 뇌과학 및 뇌기반 교육의 관점과 놀이를 연계한 연구가 필요하다.

뇌기반 교육의 관점과 놀이와 관련된 선행연구를 분석하면, 신체 관련 연구(김혜실, 2016; 손미조, 2009; 손성민, 2010), 정서 관련 연구(강인애, 2012; 안경숙, 2013; 이송미, 2013; 이유선, 2014; 정미라, 이미나, 강수경, 2018), 인지 관련 연구(권택환, 신재한, 2018; 유지은, 2017; 이유선, 2019), 그리고 신체, 정서, 인지를 포괄하는 통합적 연구(양수영, 2014; 오형석, 2014; 정미라, 강수경, 김민정, 2016)가 있었다. 이러한 많은 연구들에도 불구하고 대부분의 연구가 두뇌의 인지 능력 향상에 초점을 맞추고 있었다. 또한, 신체적 측면의 연구는 부족하였으며, 정서적 측면의 연구의 경우 대부분 치료에 목적을 두고 있어 아동들의 두뇌를 실질적으로 계발할 수 있는 연구가 부족함을 알 수 있다.

한편, 뇌간, 변연계, 대뇌피질의 세 층으로 구성된 두뇌는 신체, 정서, 인지와 관련된 과제에 대해 각종 사고와 행동을 주도하며(문승호, 2004), 필요에 따라 각 영역이 상호작용을 하며, 통합적인 처리로 경험을 형성한다(이지현, 박정은, 2014). 또한, 다양한 경험을 할 때, 간단한 뇌과학적 지식을 이해하면 두뇌 계발과 학업에 대한 학생들의 긍정적 태도 인식 및 수행능력 향상 등 긍정적인 효과가 있다(박수원, 2016).

이에 본 연구에서는 두뇌에 관한 뇌과학적 지식을 자연스럽게 습득하면서도 두뇌 기능과 관련된 두뇌 영역별 계발은 물론, 두뇌의 통합적 발달을 촉진할 수 있는 놀이프로그램을 개발할 필요가 있다. 또한, 보드게임은 필연적으로 호기심을 자극하여 동기를 유발하고 아동들의 심리학적, 사회적, 지적 발달 측면에 있어 자발적 활동으로 유용하기 때문에(Rieber, 1996) 뇌기반 놀이프로그램을 개발할 때 보드게임을 활용하면 효과적일 수 있다.

따라서 본 연구는 아동을 대상으로 보드게임을 활용하여 자연스럽게 두뇌 영역을 계발하고 나아가 두뇌의 통합적 발달을 촉진할 수 있는 놀이프로그램을 개발하고 적용하는 데 그 연구의 목적이 있다. 향후 본 연구에서 개발한 뇌기반 놀이프로그램을 통해서 미래사회에 필요한 정보처리 역량, 공동체 의식 역량, 심미적 감성 역량 등의 핵심역량을 증진시킬 수 있다는 점에서 의의가 있다.

2. 프로그램 개발을 위한 이론적 기초

가. 뇌기반 교육의 개념 및 특징

뇌기반 교육은 뇌 기능 특성을 제한적으로 적용한 교수-학습 방법이 아닌 뇌의 학습기제를 이해하고, 그 시사점을 교육현장에 적용하려는 실천적 교수학습과정이다(김영진, 2004). 또한, 교육학과 뇌과학 두 학문 간의 융합된 성격을 가지고 있으며, 교육신경과학(educational neuroscience)으로도 불린다(Jensen, 2007). 뇌기반 교육은 신경과학(뇌과학), 교육학, 인지심리학 등의 학제적 접근과 연구 결과를 바탕으로 하며(이은정, 2018; 한국뇌기반교육연구소, 2013; Carew & Magsamen, 2010), 뇌과학 연구를 중심으로 인지 및 신경과학이 연결, 접목되면서 교육에 적용하려는 노력이다(김유미, 2004; 우미라, 2007). 또한, 뇌기반 교육은 학습자의 잠재력을 일깨우고 두뇌의 기능이 효과적으로 작용할 수 있도록 가르치고 배우는 가속학습과 전뇌학습의 원리에 기반을 둔 교육이다(정종진, 2004).

뇌기반 교육은 '모든 학습은 뇌에서 이루어진다.'는 대전제 아래 뇌의 기능 및 구조에 대한 과학적 이해를 바탕으로 도출된 교육적 원리와 전략을 통해 학습자의 뇌를 효율적으로 활용할 수 있는 적절한 교수·학습 환경을 설계하는 데 목표를 둔 새로운 교육 패러다임이다(김연봉, 윤선아, 2011; 서영실, 2009; 이은정, 2018; Jensen, 2007).

결국, 뇌기반 교육은 최근 연구가 활발히 진행되고 있는 뇌과학을 통해 도출된 뇌의 학습 원리 및 방식을 바탕으로 학습 환경에서 뇌 기능이 효과적으로 작용할 수 있도록 교육 및 심리학과 융합된 새로운 분야다. 이러한 뇌기반 교육은 21세기에 새로운 교육 분야로 대두되고 있다(이은정, 2018). 또한, 뇌가 어떻게 학습하는가에 대한 이해를 바탕으로 학습자가 효과적으로 학습할 수 있고, 21세기에 적합한 인재 양성과 학습 역량을 높이는 데 적합한 것으로 주목받고 있다(권택환, 2014). 뇌기반 교육의 개념을 각 연구자별로 정리하면 <표 2-7>과 같다.

〈표 2-7〉 뇌기반 교육의 개념

연구자	개념
김유미(2004) 우미라(2007)	뇌과학 연구를 중심으로 인지 및 신경과학이 연결, 접목되면서 교육에 적용하려는 노력
김연봉, 윤선아(2011) 이은정(2018) 한국뇌기반교육연구소(2013)	신경과학(뇌과학), 교육학, 인지심리학 등의 학제적 접근과 연구 결과를 바탕으로 만들어진 학문 분야
김영진(2004)	뇌의 학습 기제를 이해하고 그 시사점을 교육현장에 적용하려는 실천적 교수학습과정
김연봉, 윤선아(2011) 서영실(2009) 이은정(2018) Jensen(2007)	'모든 학습은 뇌에서 이루어진다.'는 대전제 아래 뇌의 인지기능 및 구조에 대한 과학적 이해를 바탕으로 학습자의 뇌를 효율적으로 활용할 수 있는 적절한 교수 · 학습 환경을 설계하는 데 목표를 둔 새로운 교육 패러다임
정종진(2004)	뇌 기능이 효과적으로 작용할 수 있도록 가르치고 배우는 가속학습과 전뇌학습의 원리에 기반을 둔 교육
한국뇌기반교육연구소(2013)	신경과학 연구에서 밝혀낸 정보를 바탕으로 두뇌가 학습하는 원리를 탐색하고 학습자와 학습 환경에 대해 총체적으로 바라보는 학문
Caine & Caine(1994)	뇌의 학습기제와 작용에 적합하게 가르치고 배우는 것
Jensen(1998b)	학습자의 뇌가 학습하는 방식에 기반을 둔 포괄적 접근으로, 뇌가 어떻게 작용하는지에 대한 원리들을 기반으로 가르치고 배우는 것

나. 뇌기반 교육의 원리

뇌기반 교육은 구성주의 학습과 유사하지만 뇌과학의 연구 결과에 기반을 두고 보다 과학적인 근거를 제공한다(김성일, 2006; Caine & Caine, 1994; Jensen, 1998a, 1998b; Kovalik, 1994; Sylwester, 1998). 이러한 뇌과학적 근거는 뇌기반 교육에서의 다양한 원리를 설명할 수 있는 기본 바탕이 된다.

뇌기반 교육에 대한 다양한 논의 속에서 여러 학자들에 의해 교육적 요소 및 원리가 제시되었다(유윤미, 2016). 한편, 연구자들이 제시한 뇌기반 교육의 원리 및 요소를 두뇌 및 학습의 차원에서 정리하면 <표 2-8>과 같다.

〈표 2-8〉 **연구자별 뇌기반 교육의 원리 및 요소**

연구자	원리 및 요소
Caine & Caine (1994)	(두뇌) • 뇌는 병렬처리체로 부분과 전체를 동시에 인지 및 처리 • 뇌의 체계: 공간기억 체계, 기계적 학습 체계 • 의미 탐색은 뇌의 선천적 속성이며, 패턴 형성을 통해 발생 • 개인의 뇌는 독특하고 다양 (학습) • 학습은 생리 상태와 관련 • 학습은 주의집중과 주변 지각 모두 수반 / 의식적, 무의식적 과정 포함 • 학습은 위협에 의해 억제되고, 도전에 의해 향상 • 학습에 있어 정서는 패턴 형성에 중요
Jane (2001)	(두뇌 및 학습) • 뇌는 학습자에게 의미 있는 것을 가장 잘 기억 • 정서는 학습에 중요 • 지능은 경험의 작용
Jensen (2007)	(두뇌) • 개인의 뇌는 독특하고 다양 • 뇌는 의미를 추구하며 학습 • 뇌는 의식적, 무의식적으로 학습 • 뇌는 사회적 • 뇌는 개인의 경험에 따라 환경에 적응 (학습) • 위협과 과도한 스트레스는 학습에 부정적 • 뇌의 발달 단계에 따라 학습 진행 • 풍부한 학습 환경은 학습을 촉진 • 정서는 학습에 절대적 • 학습은 신체와 정신의 결합으로 진행 • 패턴화를 통해 학습 진행
Kovalik (1994)	(학습) • 학습에 영향을 미치는 요소: 긍정적 감정 상태, 유의미한 내용, 숙달 및 적용, 즉각적 피드백, 적절한 시간 및 풍요로운 환경, 협동 등
Prigge (2002)	(두뇌) • 두뇌의 휴식을 위해 적절한 수면과 영양 섭취 필요 • 두뇌친화적인 환경 조성: 긍정적인 분위기, 상호작용적인 환경 (학습) • 다양한 학습 자료: 음악 등 시청각 자료, 움직임, 특별한 회상 기법 • 개별 맞춤형 학습 구성 • 창조적인 반복 활용 • 학습에 있어 처음과 마지막의 중요성 기억 • 새롭고 강력한 정서와 학습의 통합 • 외적 동기와 내적 동기 활용
Roberts (2002)	(두뇌 및 학습) • 병렬처리체로서의 뇌 • 패턴과 의미 형성 • 적절한 긴장과 정서 활용

뇌기반 교육의 원리 및 요소는 정서, 동기, 풍부한 경험 등을 강조하는 특성이 있다(김성일, 2006). 이들의 논의는 수준이나 용어상에 다소 차이가 있으나 대표적으로 뇌의 다양성에 바탕을 둔 학습자 맞춤형 학습, 학생들의 정서를 고려한 학습, 학습에서의 의미 탐색과 패턴 형성의 강조, 학습자의 생리 상태를 고려한 학습 환경의 제공 등으로 나눌 수 있다(김유미, 2002a; 유윤미, 2016). 연구자들의 논의에서 전반적으로 강조되는 원리 및 요소를 정리하면 다음과 같다.

① 개인마다 뇌의 구조가 다르다(Jensen, 2007).
② 뇌는 병렬처리체다(Caine & Caine, 1994; Roberts, 2002).
③ 뇌는 다양한 방식의 기억 체계가 있다(Jensen, 2007; Prigge, 2002).
④ 뇌는 의식적, 무의식적으로 학습한다(Caine & Caine, 1994).
⑤ 뇌는 선천적으로 의미를 추구한다(Jane, 2001; Jensen, 2007; Kovalik, 1994).
⑥ 뇌는 패턴화를 통해 학습한다(Roberts, 2002).
⑦ 뇌는 사회적이다(Jensen, 2007; Kovalik, 1994).
⑧ 학습은 신체와 정신의 결합으로 이루어진다(Prigge, 2002).
⑨ 학습은 주의집중과 주변 지각 모두와 관련된다(Caine & Caine, 1994).
⑩ 정서는 학습에 중요하다(Jane, 2001; Jensen, 2007; Prigge, 2002).

뇌기반 교육의 원리에 대한 여러 연구자들의 논의를 종합하면 <표 Ⅱ－10>과 같다(이지현, 박정은, 2014). 뇌기반 교육에 있어 각각의 원리는 뇌과학적 근거를 기반으로 하며, 학습과정에 전반적으로 영향을 미친다. 따라서 본 연구에서는 학습자의 잠재력을 일깨우고(정종진, 2004), 학습자가 뇌를 효율적으로 활용하기 위해(김연봉, 윤선아, 2011; 서영실, 2009; 이은정, 2018; Jensen, 2007) 뇌기반 교육의 원리를 바탕으로 프로그램을 개발 및 적용하였다.

〈표 2-9〉 **뇌기반 교육의 원리**

뇌기반 교육의 원리	특징
유연한 뇌의 원리	• 뇌는 다양한 경험, 자극 등에 따라 구조 및 기능 변화
정서적 뇌의 원리	• 긍정적인 감정은 동기, 주의집중, 기억, 학업 성취에 긍정적 • 부정적인 감정은 고차원적 사고 등 인지기능에 부정적
생태적 뇌의 원리	• 생태적 자극(비언어적 메시지, 색깔, 온도, 조명, 습도, 음악, 영양분 등)은 뇌 기능에 영향 • 뇌는 생물학적 발달 단계(호르몬 균형, 전두엽 발달 등)에 따라 민감하게 기능
제한적 뇌의 원리	• 뇌의 에너지가 생존 혹은 정서 처리에 집중하면 인지 기능을 위한 에너지는 제한적 • 뇌는 처리할 수 있는 주의집중 시간과 정보량에 제한
통합적 뇌의 원리	• 뇌의 각 영역은 상호작용하며, 신체, 정서, 인지가 통합적으로 기능 • 기억은 처리될 때 뇌의 여러 영역이 관여하여 내용, 정서, 일화 등이 통합되어 저장 • 사회적 상호작용은 뇌가 통합적으로 기능하기 위한 경험 제공

다. 두뇌의 주요 기능

두뇌의 각 영역은 상호작용을 하며, 통합적인 처리로 경험을 형성하지만(이지현, 박정은, 2014), 주요 기능에 따라 영역을 분류할 수 있다. 한편, 교육과 관련하여 뇌를 기능적인 측면으로 동기뇌, 정서뇌, 인지뇌, 실행뇌, 사회뇌로 나눌 수 있으며, 각 기능별 특징은 <표 2-10>과 같다(정종진, 2010).

〈표 2-10〉 **교육과 관련된 두뇌의 주요 기능**

구분	특징
동기뇌 (Motivational Brain)	• 참여 과제 또는 활동 자체가 지니는 가치 • 수행이나 보상에 대한 기대 • 목표 설정과 같은 속성
정서뇌 (Affective Brain)	• 동기뇌와 밀접한 관련 • 인지뇌와 상호작용을 하는 인지-정서뇌 • 동기뇌와 상호작용을 하는 동기-정서뇌
인지뇌 (Cognitive Brain)	• 외부 환경으로부터 입력되는 정보 처리 및 의미 구성 • 주의, 언어, 이해, 추론, 판단, 의사결정 등의 과정 담당

구분	특징
실행뇌 (Executive Brain)	• 상위 인지적 기능 • 정서뇌, 동기뇌 및 인지뇌로부터의 정보 수합 및 정보처리 • 자기 조절(self-regulation) 기능 • 계획, 모니터링, 평가 등을 수행
사회뇌 (Social Brain)	• '관계'에 대한 기초 • 상호작용에 의한 관계를 통해 자신과 타인의 개념 형성 • 정서뇌 및 동기뇌와 아주 밀접한 상호 관계

특히, 사회뇌는 뇌의 주요 특성 중 하나인 뇌의 사회성과 관련이 있다. 이 특성으로 인해 인간의 뇌는 사회 속에서 의미를 발견하고 성장한다(최지영, 2006). 또한, 사회뇌는 두뇌의 주요 기능과 관련하여 전반적으로 활동하는 과정에서 내, 외부적으로 모든 영역 간 또는 외부 환경과의 끊임없는 상호작용을 통해 현재의 신경망을 형성한다(임채성, 1997). 따라서 사회뇌는 두뇌의 주요 기능을 전반적으로 포괄하고 있어 특정 두뇌 영역으로 제한하기에는 한계가 있기 때문에, 본 연구에서는 사회뇌를 제외하였다.

한편, 신체 움직임은 뇌의 서로 다른 영역을 통합하고, 전체적으로 뇌를 더욱 효율적으로 기능하게 한다(Hansen, 2016). 또한, 아동기의 규칙적인 신체 움직임은 아동의 뇌가소성을 강화하여 뇌의 구조 및 기능의 변화를 촉진할 수 있다(김성연, 2012). 따라서 두뇌 계발에 있어 신체 움직임은 중요한 요소이며, 전두엽의 1차 운동피질, 소뇌, 뇌간, 기저핵 등 두뇌의 다양한 영역이 관여하기 때문에 두뇌의 주요 기능에 신체뇌를 추가하였다.

따라서 본 연구에서는 두뇌의 주요 기능에 관여하는 두뇌 영역을 동기뇌, 정서뇌, 신체뇌, 인지뇌, 실행뇌로 재분류하였다.

1) 동기뇌

두뇌 영역 중 같은 행동을 반복하게 하는 쾌락의 감정과 관련된 영역을 '보상중추'라 하며, 이 영역은 정서와 관련하여 만족감을 높여 행동을 시작 및 유지하게 하는 동기를 유발한다(이유진, 2017). 특히, 내재적 동기는 학습자로 하여금 학습 그 자체를 목적으로 하여 과제에 참여하게 한다(임혜인, 2019). 이러한 동기는 활동의 수행을 조절할 뿐 아니라 스스로 인지를 점검해 나감으로써 학습 전 과정에 영향을 미친다(김보람, 2018).

동기 유발과 관련된 두뇌 영역에는 편도체, 해마, 전전두피질, 시상하부, 전대상, 측좌핵 등이 있다(김유미, 2005). 동기를 유발하는 뇌의 보상 체계는 주로 대뇌변연계에 기반을 두고 있는데, 변연계는 다양한 감정과 욕구, 쾌락의 중추이다(임혜인, 2019).

2) 정서뇌

동기는 정서를 바탕으로 형성되며, 정서적 시스템이 동기를 만들어낸다(Hinton, Miyamoto, & Della-Chiesa, 2008). 즉, 동기와 정서는 밀접하게 연관되어 있기 때문에 성공적인 학습이 일어나기 위해서 학습자의 정서를 통해 동기를 강화하는 것이 필수적이다(OECD, 2007).

정서와 관련된 두뇌 영역에는 편도체, 해마, 시상, 시상하부, 대상회, 안와전두피질, 기저핵 등이 있으며(김여희, 2010; 김유미, 2007), 이 외에도 호르몬 체계가 정서에 큰 영향을 미친다(김유미, 2003). 일반적으로 대뇌변연계는 다양한 정서에 대해 중추적 역할을 담당하지만(김보람, 2018), 인지를 담당하는 부위와 상호작용을 하기 때문에 인지와도 밀접하게 연관되어 있다(김유미, 2002b). 즉, 학습자의 정서는 동기 유발뿐만 아니라 인지 능력 향상을 위해 중요하다.

3) 신체뇌

적절한 신체활동은 혈액순환을 촉진하는 뇌 모세관의 수를 늘리고, 이를 통해 혈액 안의 산소량을 증가시켜 뇌를 활성화한다(남효순, 2013). 또한, 뇌의 구조적 변화를 일으키고(Kontra, Albert, & Beilock, 2012), 신체적 건강을 보장하는 동시에 뇌의 기능적 재조직화 반응을 유발하여(Hill & Schneider, 2006) 학습 기억 향상(이규일, 2012; 조욱상, 김재원, 2012) 등 뇌의 인지 기능에 영향을 미친다.

근육 움직임의 통제를 포함한 신체의 움직임과 관련된 두뇌 영역에는 소뇌, 뇌간, 기저핵, 1차 운동피질 등이 있다. 한편, 뇌간은 신체의 호흡과 심장 운동, 체온, 소화 등을 조절하는 기능을 하여(김두정, 2010; 김현진, 2018; 이지현, 박정은, 2014) 신체의 내적 움직임을 유도한다.

4) 인지뇌

인간은 인지를 통해 주위의 환경을 이해하고 적응할 수 있다(유정인, 2012). 일반적으로 인지는 인간이 일상생활에서 각종 대상을 주의 및 인식, 기억 및 학습, 언어적 표현, 사고 및 문제 해결 등 다양한 고차원적 행위와 관련되어 있다(최유진, 2013). 이러한 인지의 범주는 크게 주의, 기억, 언어, 계획 및 추리, 수 계산과 숫자 비교 등으로 나눌 수 있다. 인지 기능과 관련된 두뇌 영역에는 두정엽, 전두엽 등이 있다.

5) 실행뇌

전두엽은 인간이 고차 인지기능을 수행하는 데 있어 핵심 역할을 하며, 전두엽의 실행기능은 목표 지향적 행동을 가능하게 하는 능력이다(김형철, 2020). 대표적인 실행기능으로는 판단력, 통찰력, 억제력, 인지적 유연성, 추상적 사고, 계획력 등이 있으며(Hodges, 1994), 하버드대 교육대학원에서는 실행기능을 계획하기, 조직화하기, 우선순위 정하기, 단기 기억력, 점검하기, 사고전환 능력으로 정리하였다(노규식, 2016).

특히, 전두엽의 전전두피질(prefrontal cortex)이 실행기능과 밀접하게 관련되어 있으며(김형철, 2020), 전운동피질 및 운동피질을 제외한 거의 모든 영역이 인간의 인지 과정에서 매우 중요한 역할을 한다(이유선, 2019). 배외측 영역은 작업기억 능력, 행동의 계획 및 조직화, 개념 형성 능력에 관여하고, 복내측 영역은 자동화된 반응의 억제, 새로운 학습을 위한 반응의 선택 등에 관여하며, 안와전두 영역은 정서적 의사결정 및 충동조절 등을 담당한다(Sokol, Muller, Carpendale, Young, & Iarocci, 2010). 즉, 실행기능은 전두엽 간의 상호 연결을 통해 이루어진다(양옥승, 김정림, 양유진, 2017).

동기뇌, 정서뇌, 신체뇌, 인지뇌, 실행뇌에 대한 뇌과학적 고찰을 토대로 각각의 개념 및 특징을 정리하면 <표 2-11>과 같다.

〈표 2-11〉 두뇌의 주요 기능 관련 영역별 개념 및 특징

구분	개념	특징
동기뇌	목적의식과 비전을 토대로 동기 유발, 유지, 강화 등과 관련된 두뇌 영역	• 대뇌변연계에 기반 • 동기 유발, 유지 및 강화
정서뇌	정서 인식, 조절, 관리 등과 관련된 두뇌 영역	• 대뇌변연계에 기반 • 정서 인식, 조절 및 관리 등 • 동기뇌의 기능에 직, 간접적으로 영향
신체뇌	내, 외적 움직임을 통해 신체의 직, 간접적 운동을 수행, 표현, 유지 및 조절하는 두뇌 영역	• 소뇌 및 뇌간에 기반 • 신체의 직, 간접적 운동 수행 및 표현 • 근육 움직임 유지 및 조절
인지뇌	주의, 언어, 계획 및 추리, 문제 해결 등 인지 기능을 수행하는 두뇌 영역	• 대뇌피질에 기반 • 다양한 인지 기능 수행 • 대부분의 두뇌 영역이 직, 간접적으로 관여
실행뇌	고차원적 사고를 토대로 문제를 최종적으로 해결하는 실행기능에 관여하는 두뇌 영역	• 전두엽의 전전두피질에서 중요한 역할 수행 • 고차원적 사고 및 행동 • 계획, 평가, 모니터링 등 최종적으로 문제를 해결하는 실행기능

라. 아동기 두뇌의 특징

두뇌 발달에 있어 아동기는 신경성장의 가속화가 진행되어 다른 시기에 비해 가소성 관리가 더욱 중요하다(김성연, 2012). 또한, 아동기는 다양한 경험과 학습 등 환경 자극에 따른 반응에 의해 뇌의 발달이 급속히 이루어진다(강혜선, 2011). 즉, 아동기는 일생 중에서 두뇌 발달이 가장 현저하여 지능발달의 결정적 시기이다(김성연, 2012).

아동기의 두뇌 발달 특징은 크게 네 가지로 정리할 수 있다.

첫째, 이 시기는 두정엽 및 측두엽의 발달 속도가 특히 현저하다(김창윤, 2007; 김현진, 2018; 이복임, 2001). 아동기에는 두정엽이 발달하면서 수학과 과학을 비롯한 여러 종류의 새로운 학습이 가능해지고 측두엽의 발달로 글쓰기와 같은 본격적인 언어 학습이 용이해진다(글로벌사이버대학교 평생교육원, 2017b).

둘째, 이 시기는 양반구의 전문화가 이루어진다(김창윤, 2007). 즉, 전두엽의 조절통로의 발달로 전두엽이 상당히 발달하며, 뇌량의 발달도 왕성하게 나타나 양반구간 처리속도가 빨라진다(글로벌사이버대학교 평생교육원, 2017b). 또한, 연령이 증가할수록, 아동은 중요한 과제에는 주의집중을 하고 사소하고 부적절한 것에는 주의를 기울이지 않게 된다(Diamond & Hopson, 1999).

셋째, 이 시기는 아이디어(idea)와 개념을 다루는 능력과 형식적 추리가 가능해진다(글로벌사이버대학교 평생교육원, 2017b). 아동은 다양한 자극과 경험을 통해 뇌에서의 뉴런 간 정보전달이 활발히 이루어지고(Goswami, 2004), 수초와 수상돌기 가지가 증가한다(Hannaford, 1995). 이처럼 통합과 신속한 연결을 통해 충분한 조작적 사고가 이루어져 아이디어와 개념을 다루는 능력이 생기고 형식적 추리가 가능해진다(김유미, 1998).

넷째, 이 시기는 대뇌변연계의 기능이 발달한다. 대뇌변연계와 대뇌피질의 상호연결이 증가하면서 정서 발달에서 질적 변화가 나타나게 되는데, 이러한 변화로 인하여 배려, 서운함, 부끄러움 등 다양한 2차 감정이 나타난다(글로벌사이버대학교 평생교육원, 2017b). 따라서 이 시기에는 다양한 감정을 인식하고 표현할 수 있는 경험이 필요하다. 특히, 또래 집단 간의 사회적 관계 경험이 매우 중요한데, 이를 가장 잘 경험하는 방법 중 하나는 놀이다(글로벌사이버대학교 평생교육원, 2017b). 즉, 놀이를 통해 사회적으로 다양한 경험을 하여 여러 감정을 느끼고 표출하게 되면 변연계의 발달이 촉진될 수 있다.

한편, 인간의 뇌는 시기에 따라 특징적으로 발달하는 영역이 있으며, 각 영역의 발달에 따라 사고와 행동이 질적으로 성장한다(장윤경, 2016). 아동기의 경우 크게 초등학교 저학년(8~9세), 중학년(10~11세), 고학년(12~13세)으로 나눌 수 있다. 개인별로 차이는 있지만, 일반적인 아동기의 연령별 두뇌 발달 특징을 장윤경(2016)의 연구를 토대로 정리하면 <표 2-12>와 같다.

〈표 2-12〉 아동기의 연령별 두뇌 발달 특징

구분	두뇌 발달 특징
저학년 (8~9세)	• 우뇌 및 좌뇌의 성장 고조기 • 두뇌의 크기와 기능상의 변화 • 두뇌의 성장 고조 및 인지기능의 변화를 포함한 발달 • 대뇌변연계와 대뇌피질의 상호연결 다양화 • 정서발달에 있어 질적 변화 발생 • 두정엽의 일부 발달로 인한 여러 종류의 새로운 학습(수학, 과학 등) 가능 • 측두엽의 일부 발달로 인한 외국어 학습 가능
중학년 (10~11세)	• 측두엽 및 두정엽의 본격적인 발달로 추론 및 내적사고능력 향상 • 측두엽의 지속적 발달로 외국어 및 쓰기 학습 용이 • 후두엽의 충분한 발달 • 중학년 후반에는 뇌 성장의 정체기로 새로운 능력의 학습보다는 모방을 통한 실습과 정교화를 통해 지금까지의 학습 체계화 필요 • 뇌량의 수초화 미완성 • 양반구의 정보처리가 겹쳐 우뇌 위주의 정보처리
고학년 (12~13세)	• 양반구의 전문화가 완전히 이루어지는 시기 • 전두엽의 왕성한 발달 • 뇌량의 현저한 발달 및 수초화 완성 • 양반구 전문화 및 좌뇌 위주의 정보처리

3. 프로그램 개발 내용

가. 보드게임 개발

보드게임은 교실 환경 내에서 상호작용을 촉진하며, 놀이의 자율성과 정해진 규칙에 동의하고 진행하는 즐거운 경쟁과정을 통해 아동이 성장하도록 도울 수 있기 때문에(김다영, 2018) 프로그램 진행 시 활용하기 위해 보드게임을 개발하였다. 특히, 보드게임 개발 시 반영할 게임 메커니즘의 주요 변수는 규칙, 목표, 경쟁, 의사결정, 보상, 학습용이성, 상호작용, 자발성이 있다(천연비, 2012). 보드게임 개발 과정에 있어 이러한 주요 변수를 반영하였다.

보드게임 구성요소는 <표 2-13>과 같다. 보드게임판은 게임의 진행 상황을 확인하고, 놀이카드를 놓을 수 있는 전체 보드게임판과 각 두뇌 나라별 보드게임판이 있다. 놀이카드의 경우 각 나라별로 상이한 색으로 구분하였으며, 앞면에는 활동 영역, 놀이 기법 등이 뒷면에는 진행 방법, 보상 등이 기재되어 있다. 특히, 워크북은 두뇌에 대한 간단한 설명이 제시되어 있으며, 보드게임 진행에 도움을 주기 위해 제공된다. 이 외에도 게임 말, 브레인 파워 칩, 주사위 등이 있다.

〈표 2-13〉 **보드게임 구성요소**

구분	특징
보드게임판	• 보드게임이 이루어지는 판으로 총 5개로 구성 • 전체 보드게임판: 진행 상황 확인 및 놀이카드 보관 공간 마련 • 각 두뇌 나라 보드게임판: 우뇌 및 좌뇌 나라, 소뇌 및 뇌간 나라, 대뇌변연계 나라, 대뇌피질 나라 판
게임 말	• 현재 위치를 확인할 수 있도록 판 위를 이동하는 마커(marker)
놀이카드	• 다양한 두뇌 영역과 관련하여 진행할 수 있는 다양한 미션 제시 • 카드 앞면: 활동하고 있는 두뇌 나라, 놀이 기법 등이 기재 • 카드 뒷면: 활동 두뇌 영역에 대한 간략한 소개, 진행 방법, 보상 등이 기재
워크북	• 보드게임을 진행에 도움을 주기 위해 게임 참여자에게 지급 • 두뇌 및 다양한 영역에 대한 간단한 설명 제공 • 미션, 보상 및 방법 등 보드게임을 진행하기 위해 알아야 할 기본적인 정보 제시 • 활동지를 활용하여 진행해야 하는 놀이의 경우 워크북을 통해 주어진 미션 완료
브레인 파워 칩	• 놀이를 완료한 후 보상으로 받을 수 있는 칩 • 각 나라별 상이한 색깔로 구분 • 놀이별 난이도에 따라 1, 2, 3 기재
주사위	• 1~6의 숫자로 구성되어 있는 일반적인 주사위 • 주사위를 던져 나온 수만큼 게임 말 이동

전체 보드게임판, 두뇌 나라 보드게임판, 그리고 놀이카드 최종안은 각각 [그림 2-4], [그림 2-5], [그림 2-6]과 같다.

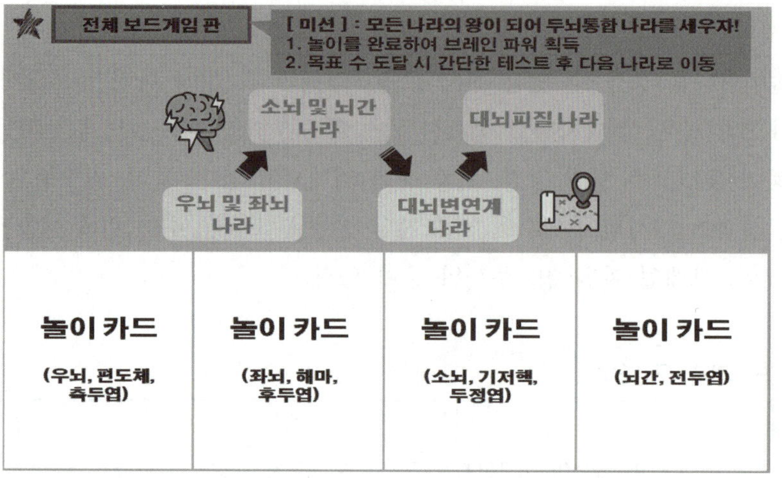

[그림 2-4] 전체 보드게임판 최종안

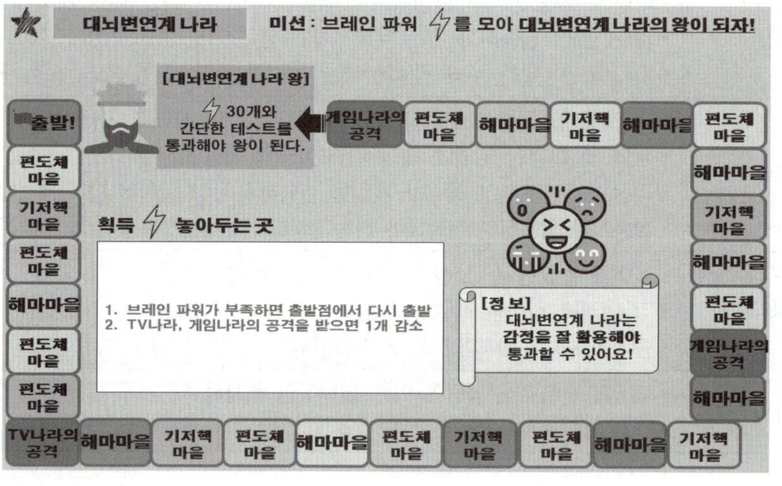

[그림 2-5] 두뇌 나라 보드게임판 최종안

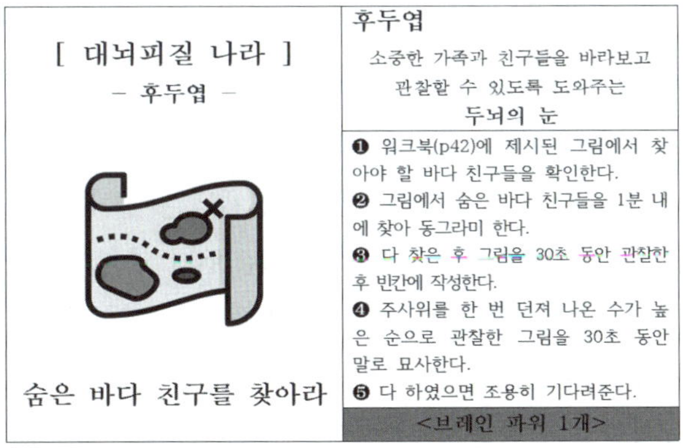

[그림 2-6] **놀이카드 최종안 (좌: 카드 앞면, 우: 카드 뒷면)**

전체 보드게임판을 통해 보드게임의 진행 단계를 쉽게 확인할 수 있고, 두뇌 영역별 놀이카드를 놓을 수 있다. 또한, 놀이카드를 놓는 공간 하단에는 혼란을 방지할 수 있도록 두뇌 영역을 표시하였다. 또한, 세부 두뇌 나라의 보드게임판은 놀이 개수 및 난이도를 조정하여 최종 목표를 어렵지 않게 완료할 수 있도록 하였으며, 놀이카드 앞면에 두뇌 영역을 작게 표시하였다.

나. 뇌기반 놀이프로그램 개발

프로그램의 원리에 대한 전문가 의견을 반영하여 두뇌의 주요 기능 관련 영역을 동기뇌, 정서뇌, 신체뇌, 인지뇌, 실행뇌로 나누고, 이를 토대로 관련 원리를 도출 및 추가하였다. 각 기능에 대해 특정 두뇌 영역뿐만 아니라 다양한 영역이 통합적으로 작용하지만, 해당 영역에 대해 주로 관여하는 영역을 고려하여 개발하였다.

첫째, 동기뇌 활성화의 원리를 통해 동기 유발 및 동기 강화를 위한 활동을 하여 동기와 관련된 두뇌 영역 계발을 촉진할 수 있다. 동기뇌는 학습자의 동기를 유발하여 특정 행동을 촉진하고 유지하며, 활동에 대한 자발적인 참여를 유도한다. 해당 기능을 수행하는 두뇌 영역에는 대뇌변연계, 전두엽의 전전두피질, 시상하부를 포함하여 여러 영역이 있지만 본 연구에서는 편도체, 해마, 기저핵으로 분류하였다.

둘째, 정서뇌 활성화의 원리를 통해 정서 관련 활동을 하여 정서와 관련된 두뇌 영역 계발을 촉진할 수 있다. 정서뇌는 긍정 정서 형성 및 조절, 인식 등의 기능을 하며,

동기뇌의 기능에 직, 간접적으로 영향을 미친다. 해당 기능을 수행하는 두뇌 영역에는 전두엽의 안와전두피질, 대상회를 포함하여 대뇌변연계 등 여러 영역이 있지만 본 연구에서는 편도체, 해마, 기저핵으로 분류하였다.

셋째, 신체뇌 활성화의 원리를 통해 적극적이고 끊임없는 신체 활동을 하여 신체 움직임 관련 두뇌 영역 계발을 촉진할 수 있다. 신체뇌는 신체의 내, 외부 움직임을 통해 직, 간접적 운동을 수행, 표현, 유지 및 조절하는 두뇌 영역이다. 해당 기능을 수행하는 두뇌 영역에는 소뇌, 전두엽의 운동피질, 기저핵 등이 있지만 본 연구에서는 소뇌, 뇌간, 기저핵으로 분류하였다.

넷째, 인지뇌 활성화의 원리를 통해 다양한 인지적 사고 활동을 하여 인지 관련 두뇌 영역 계발을 촉진할 수 있다. 인지뇌는 주의, 기억, 언어, 계획 및 추리 등 다양한 사고 과정을 담당하는 두뇌 영역이다. 인지 과정은 대뇌피질, 편도체, 해마, 소뇌, 뇌간 등 대부분의 두뇌 영역이 관여하지만 본 연구에서는 측두엽, 후두엽, 두정엽, 전두엽으로 분류하였다.

다섯째, 실행뇌 활성화의 원리를 통해 목표 지향적인 사고 및 행동으로 실행기능 관련 두뇌 영역 계발을 촉진할 수 있다. 실행기능은 목표지향적인 사고나 행동의 과정에서 나타나는 인지이며(김형철, 2020), 실행뇌는 활동 중 문제를 인식하고 다양한 인지적 사고를 토대로 실제로 판단 및 해결하는 단계에 관여하는 두뇌 영역이다. 실행 과정에서는 전두엽의 전전두피질이 중요한 역할을 수행한다.

〈표 2-14〉 프로그램의 원리 최종안

두뇌 영역	특징	뇌과학적 고찰		원리	비고
동기뇌	동기유발 / 동기강화	1. '보상 중추': 동기와 관련된 두뇌 영역 2. 동기 기능과 관련된 두뇌 영역: 편도체, 해마, 전전두피질, 기저핵 등	➡	동기뇌 활성화의 원리 동기 유발 및 강화를 통해 동기 관련 두뇌 영역 계발 촉진	정서
정서뇌	정서, 조절, 인식 및 이해	1. 동기는 정서를 바탕으로 형성 2. 정서를 통해 학습자의 동기 강화 3. 정서 기능과 관련된 두뇌 영역: 편도체, 해마, 안와전두피질, 기저핵 등	➡	정서뇌 활성화의 원리 긍정 정서 형성 및 조절, 인식 등을 통해 정서 관련 두뇌 영역 계발 촉진	정서
신체뇌	신체 움직임 / 근육	1. 적절한 신체운동은 두뇌 활성화 및 구조적 변화에 긍정적 2. 신체 기능과 관련된 두뇌 영역: 소뇌, 뇌간, 기저핵, 1차 운동피질 등	➡	신체뇌 활성화의 원리 적극적이고 끊임없는 신체 활동을 통해 움직임 관련 두뇌 영역 계발 촉진	신체 / 정서

두뇌 영역	특징	뇌과학적 고찰	원리	비고
	움직임 통제			
인지뇌	주의, 지각, 기억, 언어 등 인지적 처리	1. 인지 과정의 범주: 주의, 기억, 언어, 계획 및 추리, 숫자 계산 및 비교 등 2. 인지 과정에 대부분의 두뇌 영역이 직, 간접적으로 관여 3. 인지 기능과 관련된 두뇌 영역: 전두엽, 두정엽 등	인지뇌 활성화의 원리 다양한 인지적 사고를 통해 인지 관련 두뇌 영역 계발 촉진	신체 / 인지
실행뇌	실행기능 수행	1. 목표 지향적 사고 및 행동 2. 실행기능과 관련된 두뇌 영역: 전두엽의 전전두피질	실행뇌 활성화의 원리 목표지향적 사고 및 행동을 통해 실행기능 관련 두뇌 영역 계발 촉진	인지
우뇌	이미지, 리듬, 정서	1. 우뇌는 비언어적, 종합적, 감성적, 직관적 정보 처리 2. 신체의 좌측을 담당하며, 뇌량에 의해 좌뇌와 연결	감성 및 직관의 원리 감성적, 직관적인 사고를 할 수 있는 다양한 활동 제공	신체 / 정서
좌뇌	언어, 수리 논리 및 분석	1. 좌뇌는 언어적, 논리적, 분석적 정보 처리 2. 신체의 우측을 담당하며, 뇌량에 의해 우뇌와 연결	논리적 및 분석적 정보처리의 원리 다양한 문제를 통한 논리적 사고를 할 수 있는 기회 제공	인지
소뇌	움직임 / 균형	1. 아동기의 규칙적인 신체활동은 신경인지 기능과 학습능력에 긍정적인 영향 2. 소뇌는 평형, 자세와 균형의 보존, 근육 긴장 유지, 공간 운동 등을 조절하는 운동 중추	균형적 두뇌 발달 및 모니터링의 원리 두뇌의 균형적 발달을 위한 다양한 신체 움직임의 기회 제공	신체
뇌간	무의식 / 각성 및 주의 유지	1. 호흡, 체온 유지 등 무의식적인 생명 활동의 중추 2. 외부의 정보에 대해 의식 각성 및 주의 유지 기능	생명력 조절 및 각성 유지의 원리 생명력 조절 능력 및 외부에 대한 주의집중력 향상	신체 / 정서
편도체	감정 이해 및 안정 / 자신감 회복	1. 정보를 정서적으로 평가 2. '두려운, 위협, 공포'에 등 부정적 감정에 대한 민감한 반응	감정 인식 및 조절의 원리 자신과 타인의 감정 인식 및 감정 저항 극복을 통한 감정 조절능력 향상	신체 / 정서
해마	기억 인출 및 저장	1. 해마는 주요 기능은 단기기억을 장기기억으로 전환하고 여러 기억을 선별, 분류 및 저장 2. 행복하고 긍정적인 감정은 기억, 주의집중에 긍정적	기억 저장 및 인출의 원리 긍정적 기억 저장 및 기억 인출 능력 향상을 위한 훈련 기회 제공	정서 / 인지

두뇌 영역	특징	뇌과학적 고찰		원리	비고
기저핵	보상, 동기 / 움직임 조절	1. 기저핵의 선조체, 흑질 등의 구조에서 보상 신경전달물질인 도파민 분비 2. 도파민은 긍정적인 감정적 효과를 만들어 내적 동기 강화	➡	내적 강화 및 보상의 원리 다양한 활동으로 동기 유발을 통한 내적동기 강화	통합
측두엽	말하기, 청각	1. 아동기에는 언어의 이해 기능과 소리의 정보(청각)를 처리하는 측두엽 발달 2. 측두엽은 언어의 중추로 고도의 정신 작용에 중요한 역할 3. 언어를 표현하고 이해 및 해석 4. 소리를 듣는 과정에서 자극	➡	청각적 주의집중 및 소통의 원리 문제 해결을 위해 끊임없는 말하기, 듣기를 통한 의사소통 기회 제공	신체 / 인지
후두엽	시각	1. 후두엽은 시각 정보 분석 및 처리하는 기능 담당 2. 시각 정보를 처리하는 과정에서 후두엽 발달	➡	시각적 주의집중 및 관찰의 원리 문제를 해결하기 위해 대상에 관심을 가지고 주의 깊게 관찰하는 과정을 통한 자연스러운 시각적 활동 제공	신체 / 인지
두정엽	계산, 입체/ 공간적 사고	1. 아동기에는 공간과 주의를 지각하는 두정엽이 빠르게 발달 2. 두정엽은 수학적이고 물리적 사고를 담당하는 뇌로 공간 지각, 계산 등을 담당 3. 특히, 손을 활용한 다양한 공간적 활동을 통해 두정엽의 신경회로가 더욱 더 구조적으로 발달	➡	수학 및 공간 감각의 원리 다양한 수학적 계산과 입체 및 공간적 사고를 기를 수 있는 기회 제공	신체 / 인지
전두엽	계획, 사고, 추리, 문제 해결 및 판단	1. 아동기에는 전두엽이 상당히 발달 2. 전두엽은 고차원적인 지적 기능을 담당하며, 비판적 사고와 추리, 문제해결, 판단, 계획 등의 기능 담당 3. 새로운 사고를 할 수 있는 창의적인 활동을 할 때 발생하는 호기심은 전두엽 활성화 4. 대뇌변연계와 연결되어 이성적으로 감정을 인식, 조절 및 표현하는 기능 담당	➡	고차원적 사고 및 감정 조절의 원리 사고, 판단, 계획 등의 과정을 통해 고차원적 사고를 할 수 있고 메타인지를 통해 감정을 인식 및 조절하는 활동 제공	인지
두뇌 통합	수평 및 수직적 통합	1. 뇌는 크게 대뇌피질, 대뇌변연계, 뇌간으로 구성 2. 뇌는 과제에 따라 개별적으로 또는 협동적으로 관여 3. 대뇌피질이 정상적으로 작동하기 위해서는 신체적 욕구 충족 및 정서적 안정 필요 4. 기능을 수행하는 데 있어 각각의 영역들이 통합적으로 영향	➡	두뇌 통합의 원리 두뇌의 수평 및 수직적 통합을 통해 전뇌 발달 추구	통합

한편, 프로그램의 원리 최종안을 토대로 개발한 전략 및 방법 최종안은 <표 2-15>와 같다.

〈표 2-15〉 **프로그램의 전략 및 방법 최종안**

원리	특징	전략	방법	비고
1. 동기뇌 활성화의 원리	자발적인 행동 촉진을 위해 동기를 유발 및 강화하는 원리	1-① 동기 유발하기	1-①-❶ 반복적인 긍정적 성취 경험으로 동기 유발하기	정서
			1-①-❷ 형성된 긍정적 기억 나눔으로 동기 유발하기	
		1-② 동기 강화하기	1-②-❶ 목표 설정을 통해 동기 강화하기	
			1-②-❷ 특정 정보를 통해 동기 강화하기	
2. 정서뇌 활성화의 원리	정서 형성 및 조절, 인식 및 이해하는 원리	2-① 정서 활용하기	2-①-❶ 긍정적 경험으로 긍정 정서 형성하기	정서
			2-①-❷ 다양한 활동으로 정서 조절하기	
		2-② 정서 이해하기	2-②-❶ 자기 정서 인식을 통해 자기 정서 이해하기	
			2-②-❷ 타인 정서 인식을 통해 타인 정서 이해하기	
3. 신체뇌 활성화의 원리	신체의 직, 간접적 운동을 수행, 표현, 유지 및 조절하는 원리	3-① 내적 움직임 활성화하기	3-①-❶ 명상을 통해 호흡 조절하기	신체 / 정서
			3-①-❷ 손뼉 치기를 통해 체온 조절하기	
		3-② 외적 움직임 활성화하기	3-②-❶ 공간을 자유롭게 움직이기	
			3-②-❷ 활동을 통해 근육 긴장 유지 및 균형 잡기	
4. 인지뇌 활성화의 원리	주의, 언어, 계획 및 추리 등 인지 기능을 수행하는 원리	4-① 인지적 사고하기	4-①-❶ 미션에 대해 구체적으로 생각하고 표현하기	신체 / 인지
			4-①-❷ 미션을 이루기 위한 계획 세우기	
		4-② 구체화하기	4-②-❶ 오감을 통한 상상으로 미션 구체화하기	
			4-②-❷ 미션과 관련된 경험 기억 및 상상하기	
5. 실행뇌 활성화의 원리	목표지향적 사고 및 행동을 토대로 최종적으로 문제를 해결하는 원리	5-① 조직화하기	5-①-❶ 계획에 대해 마인드맵 그리기	인지
			5-①-❷ 계획의 우선순위 정하기	
		5-② 수정 및 보완하기	5-②-❶ 친구의 미션에 대한 계획 판단 및 피드백하기	
			5-②-❷ 친구의 피드백을 토대로 계획 수정하기	
6. 감성 및 직관의 원리	종합적, 비언어적, 감성적 차원의 활동을 하는 원리	6-① 상상하기	6-①-❶ 눈을 감고 미래 자신의 모습 상상하기	신체 / 정서
			6-①-❷ 눈을 감고 자연 공간 상상하기	
		6-② 표현하기	6-②-❶ 예술적 활동으로 표현하기	
			6-②-❷ 시각적 이미지를 통해 감각 공유하기	
		6-③ 정서 만들기	6-③-❶ 두뇌 우호적인 분위기 만들기	
			6-③-❷ 행복한 정서 만들기	

원리	특징	전략	방법	비고
7. 논리적 및 분석적 정보처리의 원리	논리적, 언어적, 분석적, 수리적 차원의 활동을 하는 원리	7-① 말하기	7-① -❶ 창의적인 사고를 통한 말하기	인지
			7-① -❷ 기존 지식을 활용한 말하기	
		7-② 계산하기	7-② -❶ 간단한 수학 문제 해결하기	
			7-② -❷ 협동을 통해 수학 문제 해결하기	
		7-③ 분석하기	7-③ -❶ 과거 자신의 경험에 대해 논리적으로 분석하기	
			7-③ -❷ 객관적인 대상에 대해 논리적으로 분석하기	
8. 균형적 두뇌 발달 및 모니터링의 원리	적극적인 움직임과 균형 잡기 등 신체 움직임을 활용하는 원리	8-① 움직이기	8-① -❶ 혼자 또는 상호작용을 통해 다양하게 움직이기	신체
			8-① -❷ 상상을 통해 다양하게 움직이기	
		8-② 균형 잡기	8-② -❶ 다양한 환경에서 균형 잡기	
			8-② -❷ 상상을 통해 균형 잡기	
9. 생명력 조절 및 각성 유지의 원리	생명력 조절 및 외부에 대한 주의집중력을 유지하는 원리	9-① 생명력 조절 능력 향상하기	9-① -❶ 호흡 인식 및 조절하기	신체 / 정서
			9-① -❷ 체온 인식 및 조절하기	
		9-② 외부에 주의집중하기	9-② -❶ 자신의 신체에 집중하기	
			9-② -❷ 외부 환경에 집중하기	
10. 감정 인식 및 조절의 원리	감정 인식 및 자신감 회복을 통해 감정을 조절하는 원리	10-① 감정 느끼기	10-① -❶ 자신의 감정 느끼고 이해하기	신체 / 정서
			10-① -❷ 타인의 감정 느끼고 이해하기	
		10-② 자신감 회복하기	10-② -❶ 자기감정 극복을 통해 자신감 회복하기	
			10-② -❷ 자기감정 조절하기	
11. 기억 저장 및 인출의 원리	다양한 기억 인출 및 긍정적 기억을 저장하는 원리	11-① 기억 인출하기	11-① -❶ 단기 기억하기	정서 / 인지
			11-① -❷ 장기 기억하기	
		11-② 기억 저장하기	11-② -❶ 활동으로 긍정적인 기억 심어주기	
			11-② -❷ 언어적 표현으로 긍정적인 기억 심어주기	
12. 내적 강화 및 보상의 원리	내적 동기 유발 또는 근육 움직임을 조절하는 원리	12-① 내적 동기 유발하기	12-① -❶ 자신의 미래에 대한 나눔을 통해 내적 동기 유발하기	통합
			12-① -❷ 자신의 미래에 대한 다양한 표현을 통해 내적 동기 유발하기	
		12-② 움직임 조절하기	12-② -❶ 혼자 또는 상호작용을 통해 움직임 조절하기	
			12-② -❷ 미세한 움직임 조절하기	
13. 청각적	의사소통을 통해 언어를 이해 및 표	13-① 말하기	13-① -❶ 소리 표현하기	신체 /

원리	특징	전략	방법	비고
주의집중 및 소통의 원리	현하는 원리		13-① -❷ 다양하게 말하고 설명하기	인지
		13-② 듣기	13-② -❶ 소리 듣기	
			13-② -❷ 집중하며 듣고 문제해결하기	
14. 시각적 주의집중 및 관찰의 원리	대상 바라보기 및 관찰을 통해 시각적 활동을 하는 원리	14-① 바라보기	14-① -❶ 시각적 문제 바라보고 그리기	신체/인지
			14-① -❷ 시각적 문제 바라보고 해결하기	
		14-② 관찰하기	14-② -❶ 친구 관찰하고 묘사하기	
			14-② -❷ 외부 환경 관찰하고 묘사하기	
15. 수학 및 공간 감각의 원리	다양한 방식의 수학적 계산 및 공간적 사고를 하는 원리	15-① 수학적으로 사고하기	15-① -❶ 수학문제 계산하기	신체/인지
			15-① -❷ 시간 내에 특정 대상의 개수 세기	
		15-② 공간적으로 사고하기	15-② -❶ 평면 공간적 문제 해결하기	
			15-② -❷ 입체 공간적 문제 해결하기	
16. 고차원적 사고 및 감정 조절의 원리	계획, 사고, 문제해결 등의 인지적 사고 및 이성을 통한 감정을 조절하는 원리	16-① 계획하기	16-① -❶ 자신의 단기적 미래 계획하기	정서/인지
			16-① -❷ 자신의 장기적 미래 계획하기	
		16-② 사고하기	16-② -❶ 자기 자신에 대해 다양한 관점에서 사고하기	
			16-② -❷ 특정 대상에 대해 다양한 관점에서 사고하기	
		16-③ 문제해결하기	16-③ -❶ 특정 갈등 상황 해결하기	
			16-③ -❷ 특정 상황에 대해 판단하기	
		16-④ 감정 인식 및 조절하기	16-④-❶ 메타인지를 통해 감정 인식하기	
			16-④-❷ 이성적인 사고와 토의를 통해 감정 조절하기	
17. 두뇌 통합의 원리	통합적 활동을 통해 두뇌의 수평적 및 수직적 발달을 촉진하는 원리	17-① 수평 통합하기	17-① -❶ 양손을 활용한 놀이를 통해 수평적으로 통합하기	통합
			17-① -❷ 좌, 우뇌 기능에 따른 활동을 통해 수평적으로 통합하기	
		17-② 수직 통합하기	17-② -❶ 주어진 상황에 대한 신체, 정서, 인지적 표현을 통해 수직적으로 통합하기	
			17-② -❷ 주어진 언어적 표현에 대한 신체, 정서, 인지적 표현을 통해 수직적으로 통합하기	

프로그램의 구성체계 최종안은 [그림 2-7]과 같다. 구성체계 최종안은 아동들의 주요 두뇌 영역 계발 및 두뇌의 통합적 발달을 위해 지식, 기능, 태도 측면으로 세부 목표를 나누어 기술하였고, 목표에 따른 교육 내용은 각 두뇌 영역별 놀이를 구체적, 체계적으로 구성하였으며, 교수 학습 방법은 프로그램의 원리에 기초하여 학습과정을 운영한다.

교육 목적	1. 다양한 활동을 통해 아동들의 두뇌 발달을 증진시킨다. 2. 두뇌를 통합적으로 발달시킨다.

교육 목표		
	지식	1. 아동기에 두뇌 발달을 위한 다양한 경험의 중요성을 안다. 2. 두뇌의 주요 기능과 두뇌 영역에 대한 뇌과학적 지식을 이해한다. 3. 두뇌 계발에 있어 뇌가소성의 개념과 그 중요성을 이해한다.
	기능	1. 두뇌 영역 관련 뇌과학 기반 다양한 활동을 경험한다. 2. 다양한 문제 해결을 통해 주요 두뇌 영역을 발달시킨다. 3. 수평적 및 수직적 두뇌 발달을 통해 통합적 발달을 도모한다.
	태도	1. 원활한 진행을 위해 보드게임의 규칙과 방법을 이해하고 준수한다. 2. 놀이프로그램에 관심을 가지고 능동적, 적극적으로 참여한다. 3. 모둠원들과 미션 수행을 위해 끊임없이 의사소통을 한다.

교육 내용	1. 두뇌의 통합적 측면과 두뇌의 주요 기능에 대한 이해 및 놀이 2. 주요 두뇌 영역의 구조와 기능에 대한 전반적인 이해 3. 상상, 오감 표현, 정서 활동 등의 우뇌 계발 놀이 4. 논리적 사고, 계산, 분석 등의 좌뇌 계발 놀이 5. 움직임, 균형 잡기 등의 소뇌 계발 놀이 6. 호흡, 체온 변화, 주의집중 등의 뇌간 계발 놀이 7. 감정 인식, 감정 조절 등의 편도체 계발 놀이 8. 기억 저장, 인출 등의 해마 계발 놀이 9. 동기 유발, 움직임 조절 등의 기저핵 계발 놀이 10. 말하기, 듣기 등의 측두엽 계발 놀이 11. 시각 정보 인식, 해결 등의 후두엽 계발 놀이 12. 수학적 사고, 공간적 사고 등의 두정엽 계발 놀이 13. 계획, 사고, 문제해결, 감정 조절 등의 전두엽 계발 놀이 14. 수평 통합, 수직 통합의 두뇌 통합 놀이

교수 학습 방법		
	교수학습 과정 및 운영	• 소집단으로 실시 (4인 1조) • 총 10회기 실시 (회기당 80분)
	뇌기반 놀이프로그램 원리	• 동기뇌/정서뇌/신체뇌/인지뇌/실행뇌 활성화의 원리 • 감성 및 직관의 원리 • 논리적 및 분석적 정보처리의 원리 • 균형적 두뇌 발달 및 모니터링의 원리 • 생명력 조절 및 각성 유지의 원리 • 감정 인식 및 조절의 원리 • 기억 저장 및 인출의 원리 • 내적 강화 및 보상의 원리 • 청각적 주의집중 및 소통의 원리 • 시각적 주의집중 및 관찰의 원리

		• 수학 및 공간 감각의 원리 • 고차원적 사고 및 감정 조절의 원리 • 두뇌 통합의 원리
	교수학습 매체	보드게임, 워크북, 시청각 자료
평가	➡	비형식적 심층면담 / 인터뷰 관찰일지 결과물 및 소감문

[그림 2-7] **프로그램 구성체계 최종안**

프로그램의 운영모형 최종안은 [그림 2-8]과 같다. 프로그램의 운영모형에 따라 프로그램은 크게 도입 마당, 진개 마당, 마무리 마당의 순으로 진행된다.

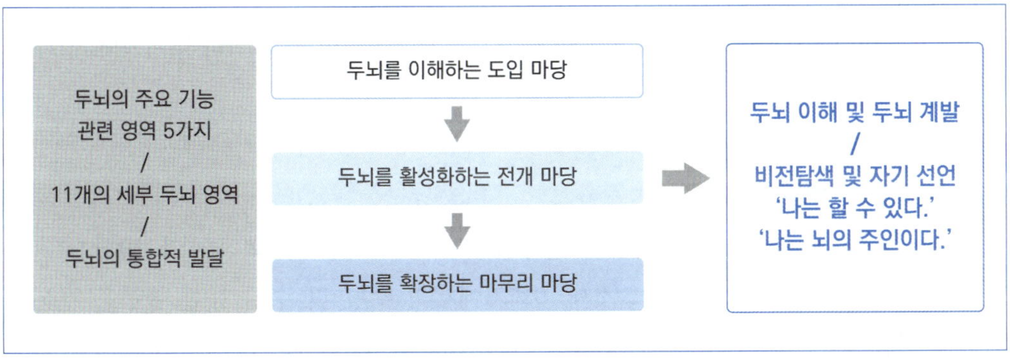

[그림 2-8] **프로그램 운영모형 최종안**

1) 도입 마당

도입 마당은 두뇌를 인식하고 두뇌의 주요 기능 관련 영역 5가지를 활성화하는 활동을 통해 두뇌를 이해 및 계발하는 단계이다. 또한, 일상생활에서 접할 수 있는 다양한 도구를 활용하여 두뇌에 대한 연구대상자의 흥미와 관심을 유도한다.

특히, 동기를 유발 및 강화하고, 긍정 정서 형성 및 유지를 위해 다양한 신체, 정서적 활동을 할 수 있으며, 미션 해결을 위한 계획, 사고, 상상, 판단 등을 통해 인지적 사고와 실행 기능을 활성화할 수 있다.

2) 전개 마당

전개 마당은 보드게임을 활용하여 세부적으로 다양한 활동을 경험함으로써 본격적으로 두뇌를 계발하는 단계이다. 본 단계에서는 신체, 정서, 인지 기능과 관련된 두뇌 영역에 대한 세부적인 활동을 체험할 수 있다. 즉, 우뇌와 좌뇌, 소뇌 및 뇌간, 대뇌변연계, 대뇌피질을 계발하기 위해 다양한 놀이가 전개된다.

특히, 두뇌 계발을 위한 활동은 크게 두뇌의 수평적 관점인 우뇌와 좌뇌, 수직적 관점인 소뇌 및 뇌간(신체뇌), 대뇌변연계(동기뇌, 정서뇌), 그리고 대뇌피질(인지뇌, 실행뇌) 순으로 진행된다.

3) 마무리 마당

마무리 마당은 통합적 및 확장적 활동을 경험함으로써 두뇌의 통합적 발달을 촉진하고, 두뇌를 확장하는 단계이다. 첫째, 9회기에서의 수평 및 수직 통합 활동은 우뇌와 좌뇌의 기능 관련 다양한 활동을 통해 두뇌의 수평 통합, 신체, 정서, 인지 기능을 활용한 다양한 활동을 통해 수직 통합을 촉진한다. 둘째, 10회기에서는 활동을 진행하면서 형성된 긍정적인 경험 및 기억을 공유하여 이를 강화하고, 인상 깊었던 두뇌 영역을 상기한다. 이를 토대로 미래 비전을 탐색하고, '나는 할 수 있다'라는 자기 다짐과 '나는 나의 뇌의 주인이다'라는 뇌 선언을 하여 뇌의 주인으로서 두뇌를 잘 활용할 수 있는 방법을 모색한다.

한편, 프로그램의 수업모형 최종안은 [그림 2-9]와 같다. 수업모형을 기반으로 하여 '두뇌 이완하기', '두뇌 이해하기', '두뇌 계발하기', '두뇌 확장하기'의 단계를 통해 모든 회기가 체계적으로 이루어진다.

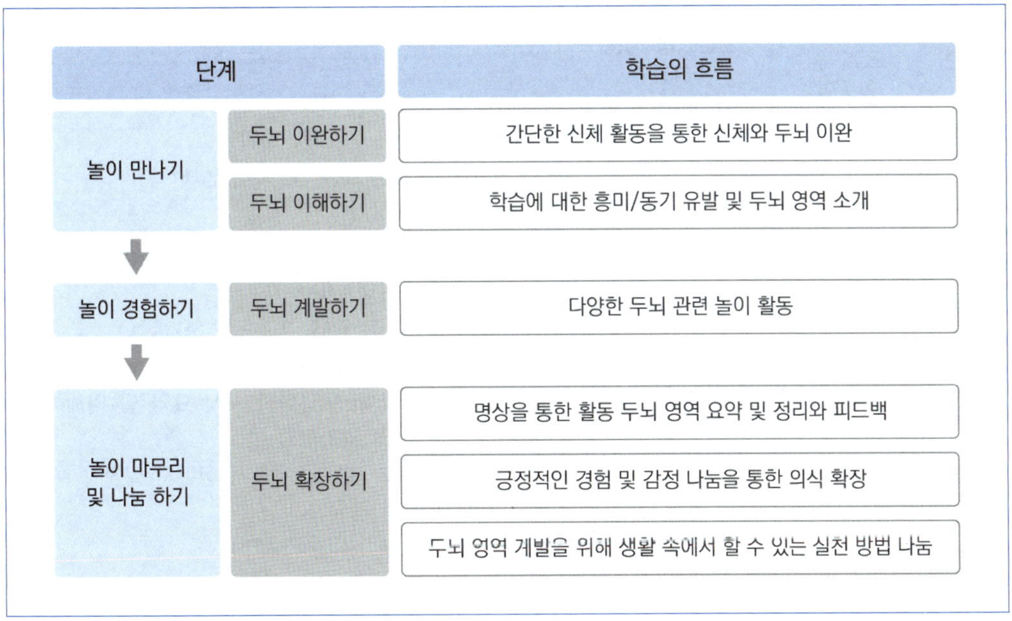

[그림 2-9] **프로그램 수업모형 최종안**

최종 프로그램은 10회기로 구성되어 있으며, 운영모형 및 수업모형에 의해 진행된다. 프로그램의 회기별 목표 및 내용 최종안은 <표 2-16>과 같다.

〈표 2-16〉 **프로그램의 회기별 목표 및 내용(최종안)**

구분	회기 및 프로그램 활동명	프로그램 활동 목표	프로그램 활동 내용
두뇌와의 첫 만남	1. 오리엔테이션 - 만남과 안내	• 프로그램 목적, 목표, 내용 및 과정 이해하기 • 두뇌에 대한 인식과 이해 및 아동기 두뇌 발달의 중요성 알기	• 간단한 신체 활동을 통해 신체와 두뇌 이완하기 • 전체 프로그램 목적, 목표, 내용, 과정 안내하기 • 회기 목표 및 내용 안내하기 • 두뇌 모형 관찰 및 감각 느끼기 / 핸드 모델(hand model)을 통해 두뇌 구조 익히기 / 실뭉치를 통해 하나로 연결된 두뇌 이해하기 • 프로그램에 대한 기대 및 참가 의지 나누기 • 주요 두뇌 영역별 간략 소개 및 활동하기 • '뇌'하면 떠오르는 이미지 나눔 하기 • 두뇌와 친해지기 위해 일상에서 실천할 수 있는 방법 탐색 및 공유하기 • 명상을 통해 1회기 되돌아보기

구분	회기 및 프로그램 활동명	프로그램 활동 목표	프로그램 활동 내용
			• 1회기 정리 및 느낌 나눔 하기 • 첫 번째 보드게임 소개 및 목적 안내하기 • 다음 회기 안내하기
꿈을 찾아 떠나는 여행	2. 두뇌의 긍정적인 원동력 - 동기.정서뇌	• 뇌의 기능 중 동기 및 정서 관련 두뇌 영역에 대한 뇌과학적 지식 이해하기 • 동기 및 정서 관련 두뇌 영역 통합적으로 계발하기	• 간단한 신체 활동을 통해 신체와 두뇌 이완하기 • 회기 목표 및 내용 안내하기 • 보드게임 목표, 구성 및 규칙 설명하기 • '나만의 미션' 놀이 경험하기 • 동기뇌 및 정서뇌의 뇌과학적 지식 요약 및 이해하기 • 보드게임 및 놀이 평가하기 • 동기뇌 및 정서뇌 발달을 위해 일상에서 실천할 수 있는 방법 탐색 및 공유하기 • 명상을 통해 2회기 되돌아보기 • 2회기 정리 및 느낌 나눔 하기 • 다음 회기 안내하기
	3. 두뇌의 엔진 - 신체뇌	• 뇌의 기능 중 신체 움직임 관련 두뇌 영역에 대한 뇌과학적 지식 이해하기 • 신체 움직임 관련 두뇌 영역 통합적으로 계발하기	• 간단한 신체 활동을 통해 신체와 두뇌 이완하기 • 회기 목표 및 내용 안내하기 • '나만의 미션' 놀이 경험하기 • 신체뇌의 뇌과학적 지식 요약 및 이해하기 • 보드게임 및 놀이 평가하기 • 신체뇌 발달을 위해 일상에서 실천할 수 있는 방법 탐색 및 공유하기 • 명상을 통해 3회기 되돌아보기 • 3회기 정리 및 느낌 나눔 하기 • 다음 회기 안내하기
	4. 두뇌의 CEO - 인지.실행뇌	• 뇌의 기능 중 인지 및 실행기능 관련 두뇌 영역에 대한 뇌과학적 지식 이해하기 • 인지 및 실행기능 관련 두뇌 영역 통합적으로 계발하기	• 간단한 신체 활동을 통해 신체와 두뇌 이완하기 • 회기 목표 및 내용 안내하기 • '나만의 미션' 놀이 경험하기 • 인지뇌 및 실행뇌의 뇌과학적 지식 요약 및 이해하기 • 보드게임 및 놀이 평가하기 • 인지뇌 및 실행뇌 발달을 위해 일상에서 실천할 수 있는 방법 탐색 및 공유하기 • 명상을 통해 4회기 되돌아보기 • 4회기 정리 및 느낌 나눔 하기 • 두 번째 보드게임 소개 및 목적 안내하기 • 다음 회기 안내하기
우뇌 및	5. 두뇌의 수평	• 우뇌와 좌뇌에 대한 뇌과학적 지식	• 간단한 신체 활동을 통해 신체와 두뇌 이완하기 • 회기 목표 및 내용 안내하기

구분	회기 및 프로그램 활동명	프로그램 활동 목표	프로그램 활동 내용
좌뇌 나라	나라 - 우뇌 및 좌뇌	이해하기 • 다양한 활동으로 우뇌 및 좌뇌 계발하기	• 보드게임 목표, 구성 및 규칙 설명하기 • 보드게임을 통해 다양한 놀이 경험하기 • 우뇌 및 좌뇌의 뇌과학적 지식 요약 및 이해하기 • 보드게임 및 놀이 평가하기 • 우뇌 및 좌뇌 발달을 위해 일상에서 실천할 수 있는 방법 탐색 및 공유하기 • 명상을 통해 5회기 되돌아보기 • 5회기 정리 및 느낌 나눔 하기 • 다음 회기 안내하기
소뇌 및 뇌간 나라	6. 두뇌의 움직임 나라 - 소뇌 및 뇌간	• 소뇌와 뇌간에 대한 뇌과학적 지식 이해하기 • 다양한 활동으로 소뇌 및 뇌간 계발하기	• 간단한 신체 활동을 통해 신체와 두뇌 이완하기 • 회기 목표 및 내용 안내하기 • 보드게임을 통해 다양한 놀이 경험하기 • 소뇌 및 뇌간의 뇌과학적 지식 요약 및 이해하기 • 보드게임 및 놀이 평가하기 • 소뇌 및 뇌간 발달을 위해 일상에서 실천할 수 있는 방법 탐색 및 공유하기 • 명상을 통해 6회기 되돌아보기 • 6회기 정리 및 느낌 나눔 하기 • 다음 회기 안내하기
대뇌변연계 나라	7. 두뇌의 감정 나라 - 대뇌변연계	• 대뇌변연계에 대한 뇌과학적 지식 이해하기 • 다양한 활동으로 대뇌변연계 계발하기	• 간단한 신체 활동을 통해 신체와 두뇌 이완하기 • 회기 목표 및 내용 안내하기 • 보드게임을 통해 다양한 놀이 경험하기 • 대뇌변연계의 뇌과학적 지식 요약 및 이해하기 • 보드게임 및 놀이 평가하기 • 대뇌변연계 발달을 위해 일상에서 실천할 수 있는 방법 탐색 및 공유하기 • 명상을 통해 7회기 되돌아보기 • 7회기 정리 및 느낌 나눔 하기 • 다음 회기 안내하기
대뇌피질 나라	8. 두뇌의 인지 나라 - 대뇌피질	• 대뇌피질에 대한 뇌과학적 지식 이해하기 • 다양한 활동으로 대뇌피질 계발하기	• 간단한 신체 활동을 통해 신체와 두뇌 이완하기 • 회기 목표 및 내용 안내하기 • 보드게임을 통해 다양한 놀이 경험하기 • 대뇌피질의 뇌과학적 지식 요약 및 이해하기 • 보드게임 및 놀이 평가하기 • 대뇌피질 발달을 위해 일상에서 실천할 수 있는 방법 탐색 및 공유하기 • 명상을 통해 8회기 되돌아보기

구분	회기 및 프로그램 활동명	프로그램 활동 목표	프로그램 활동 내용
			• 8회기 정리 및 느낌 나눔 하기 • 다음 회기 안내하기
두뇌 통합 나라	9. 두뇌의 통합 나라 - 수평 및 수직 통합	• 두뇌 통합에 대한 뇌과학적 지식 이해하기 • 두뇌 통합 활동으로 수평 및 수직 통합하기	• 간단한 신체 활동을 통해 신체와 두뇌 이완하기 • 회기 목표 및 내용 안내하기 • 다양한 놀이를 통해 수평 및 수직 통합 활동 경험하기 • 수평 및 수직 통합의 뇌과학적 지식 요약 및 이해하기 • 보드게임 및 놀이 평가하기 • 두뇌의 수평 및 수직 통합을 위해 일상에서 실천할 수 있는 방법 탐색 및 공유하기 • 명상을 통해 9회기 되돌아보기 • 9회기 정리 및 느낌 나눔 하기 • 다음 회기 안내하기
여행을 마치며	10. 두뇌의 활용 - 비전 탐색 및 자기 다짐	• 두뇌를 잘 활용하기 위한 방법 알기 • 자신의 미래 비전을 찾고 자기 다짐하기	• 간단한 신체 활동을 통해 신체와 두뇌 이완하기 • 회기 목표 및 내용 안내하기 • 두뇌 활용에 대한 개념 이해하기 • 보드게임을 통해 형성된 긍정적 경험 및 기억 공유하기 • 미래 비전 탐색 및 공유하기 • 자기 다짐하기(나는 할 수 있다, 나는 뇌의 주인이다) • 프로그램 참여 전후 두뇌에 대한 인식 변화 나누기 • 두뇌를 잘 활용하기 위해 일상에서 실천할 수 있는 방법 공유하기 • 비전 달성을 위해 일상에서 실천할 수 있는 방법 탐색 및 공유하기 • 명상을 통해 10회기 되돌아보기 • 10회기 정리 및 느낌 나눔 하기 • 전체 프로그램에 대한 소감 및 느낌 나누기 • 프로그램 마무리하기

4. 프로그램 적용 사례

1회기에서는 프로그램을 본격적으로 시작하기에 앞서 프로그램의 목적, 목표, 내용 등을 이해한다. 또한, 두뇌에 대해 인식 및 이해하고 아동기 두뇌 발달의 중요성에 대해 알 수 있는 활동을 한다. 2~4회기는 세부 두뇌 영역별 구체적인 놀이를 진행하기에 앞서 두뇌의 주요 기능에 따라 동기뇌, 정서뇌, 신체뇌, 인지뇌, 실행뇌에 대해 이해하고 각 기능과 관련된 활동을 할 수 있도록 구성하였다. 특히, 2~4회기에 진행되는 놀이를 통해 세부 두뇌 영역별로 놀이를 진행하기 전에 주어진 특정 문제를 해결하는 종합적인 과정을 통해 자연스럽게 동기뇌, 정서뇌, 신체뇌, 인지뇌, 실행뇌를 자극하고 활성화할 수 있다.

2회기에서는 놀이를 시작하기에 앞서 용기와 자신감이 필요한 여러 상황을 극복하는 활동을 통해 학생들에게 문제 해결을 위해 선택하고 도전하는 내재된 용기와 자신감이 있음을 알려주어 동기를 유발한다. 또한, 보드게임판에 제시된 미션이 적힌 질문 중 성취하고 싶은 자신만의 미션을 선택하고 서로의 미션에 관해 긍정적인 언어적 표현을 공유함으로써 긍정 정서를 형성할 수 있고, 다양한 활동을 통해 자신의 미션에 관한 부정적인 감정을 긍정적으로 조절할 수 있다.

3회기에서는 문제 해결을 위한 사고의 과정을 진행하기 전에 두뇌와 신체를 활성화하고, 자신감을 회복할 수 있는 신체 활동을 한다. 내적 움직임을 활성화하기 위해 호흡 및 체온 조절 등의 활동을 하며, 외적 움직임을 활성화하기 위해 다양한 신체 활동을 하거나 근육 긴장 및 균형 유지 등의 활동을 한다.

4회기에서는 왜 그 미션을 이루고 싶은지, 미션은 자신에게 어떤 의미가 있는지 등 미션에 대한 구체적인 사고를 할 수 있다. 또한, 오감과 다양한 상상을 통해 감각적 사고를 하고, 미션을 성취하기 위한 구체적인 계획을 세워 서로 공유한다. 이후 서로의 계획에 대한 피드백을 주고받아 이를 토대로 계획을 수정한다. 마지막으로 미션을 계획하고 수행하기 위해 다양한 두뇌 영역 계발의 필요성을 알려주어 자연스럽게 다음 회기로 이어질 수 있도록 한다.

5회기~10회기는 각 회기별로 세부 두뇌 영역별 놀이를 다양하고 반복적으로 경험할 수 있도록 구성하였으며, 11회기는 다양한 활동을 통해 활성화되고 계발된 두뇌의 수평 및 수직 통합을 위한 활동으로 구성하였다. 마지막 12회기에서는 두뇌의 활용에 대한 이해, 자신의 비전 탐색 및 공유 등을 포함하여 프로그램을 마무리한다.

핸드모델 (Hand's model) 손 안의 뇌

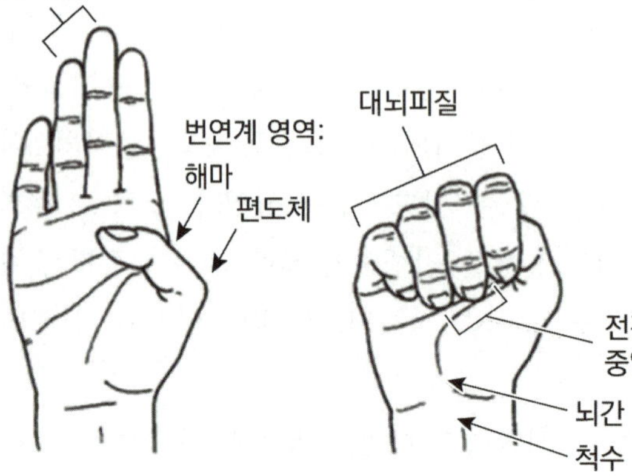

출처: 신재한, 신승훈, 임운나(2020). 신경과학 기반 상담의 이론과 실제, 교육과학사

내 손 안의 뇌를 보여주는 핸드모델!
나의 손을 통해 주요 두뇌 영역의 위치를 간단하게 알 수 있습니다.

왼쪽과 같이 손 모양을 하였을 때 엄지손가락 부분이 대뇌변연계입니다.
오른쪽과 같이 나머지 손가락으로 엄지손가락을 감싸면!
나머지 손가락의 윗부분이 대뇌피질이 되고 손목 쪽이 뇌간, 척수가 됩니다.

정리하면!
대뇌피질이 가장 위층, 대뇌변연계가 중간층, 뇌간과 척수가 가장 아래층에
위치하고 있는 거죠.
모두 같이 손으로 뇌를 살펴볼까요?

보드게임을 활용한 뇌기반 놀이프로그램
- 두뇌와의 만남 -

1. '뇌'하면 떠오르는 이미지는?

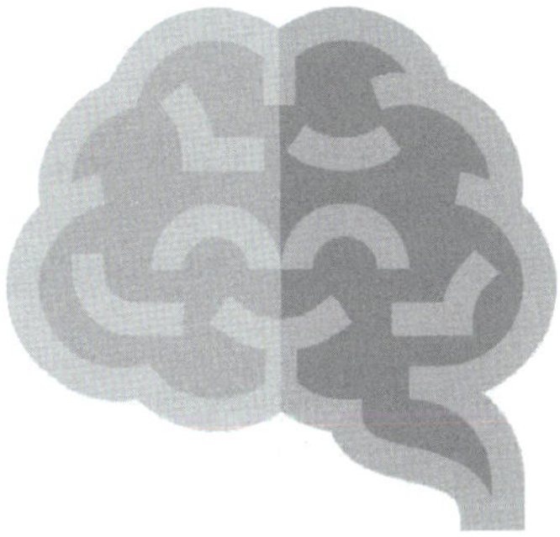

나에게 '뇌'는 ________________이다.

____

____

________________________이기 때문이다.

2. '뇌'와 친구가 될 수 있는 방법에 대해 자유롭게 적어보세요.

[우뇌 및 좌뇌 나라]

내가 만약 작가라면?

좌뇌

방학 계획을 세우거나 논리적으로
생각하고 말하게 해주는
두뇌의 이성

❶ 워크북(p23)에 제시된 4장의 사진을 확인한다.
❷ 4장의 사진을 통해 각각의 상황을 파악하고 1분 동안 짧은 이야기를 생각한다.
❸ 주사위를 두 번 던져 나온 두 수의 곱하기가 높은 순서대로 순서를 정한다.
❹ 정한 순서대로 자신이 생각한 짧은 이야기를 1분 동안 이야기한다.
❺ 내 안의 상상력과 창의력을 발휘한다.

〈브레인 파워 3개〉

내가 만약 작가라면? - 좌뇌

주어진 사진을 보고 짧은 이야기를 지어 친구들에게 이야기하세요.

1	2

3	4

나만의 미션

I CAN DO IT!

온갖 두려운 상황을 해결하라!

	1	2	3	4	5	6
1	다른 조에 가서 “사랑합니다” 3번 외치기	내가 만약 반장선거에 나간다면?	부모님이 없는 어두운 집에서 하루를 보내야한다면?	어려운 상황을 극복하기 위한 자신만의 구호 만들기	친구들에게 가장 도전하고 싶은 것과 이유 공유하기	어두운 깊은 바다 속을 모험한다면?
2	‘뇌’ 속을 자유롭게 여행할 수 있다면?	엄청 아픈 예방 주사를 맞아야 한다면?	사소한 것이라도 도전하여 성공한 경험 공유하기	권투선수로서 중요한 시합을 준비 중이라면?	중요한 시험을 앞두고 있다면?	내가 만약 번지점프를 한다면?
3	이순신 장군과 나와의 공통점 1가지 말하기	학교에서 중요한 발표를 한다면?	모르는 것을 누군가에게 질문한다면	내가 만약 세상을 구할 어벤져스라면?	좋아하는 이성친구에게 고백한다면?	새롭고 낯선 무언가를 공부한다면?
4	놀이동산에서 ‘귀신의 집’을 통과해야 한다면?	양 옆 친구에게 큰소리로 “오늘도 파이팅”이라고 외치기	사람들 앞에서 장기자랑을 해야 한다면?	전학간 학교에서 새로운 친구를 사귄다면?	존경하는 위인과 이유 공유하기	남들이 모르는 나만의 특기 공유하기
5	눈 감고 친구가 손에 상나 내는 물건 맞추기	치과에서 충치를 빼야 한다면?	정글을 통과해야 한다면?	조원들 앞에서 자기 소개 1분 하기	인생에서 엄청 중요한 결정을 앞두고 있다면?	어두운 동굴 속을 탐험해야 한다면?
6	자기자랑 3가지 하기	내가 만약 나라를 다스리는 왕이라면?	중요한 연주회를 앞두고 있다면?	우주선으로 우주를 탐험해야 한다면?	자신이 생각하는 ‘용기’와 ‘자신감’ 공유하기	무서운 롤러코스터를 탄다면?

보드게임을 활용한 뇌기반 놀이프로그램
- 나만의 미션 동기.정서뇌 -

★ 나의 미션은?

나의 미션은 ______________________________

____

____

______________________________이다.

2. **(동기.정서뇌)** 'I CAN DO IT' 놀이를 하고 느낀 점을 자유롭게 작성하세요.

3. **(동기.정서뇌)** 나의 미션 극복을 위해 자신에게 주는 긍정적 메시지를 포스트잇에 적어서 아래 빈칸에 자유롭게 붙여주세요.

★ 나의 미션은?

1. **(인지.실행뇌)** 내가 선택한 미션을 소개할게요!
(미션을 극복하고 싶은 이유, 미션이 나에게 주는 의미 등 자유롭게 작성)

2. **(인지.실행뇌)** 미션과 관련된 과거 경험을 알려줄게요!
(경험이 없다면 오감을 활용한 상상으로 자유롭게 작성)

3. **(인지.실행뇌)** 미션을 극복하기 위한 계획을 세울게요!
(계획을 세워 5문장으로 구체적으로 작성)

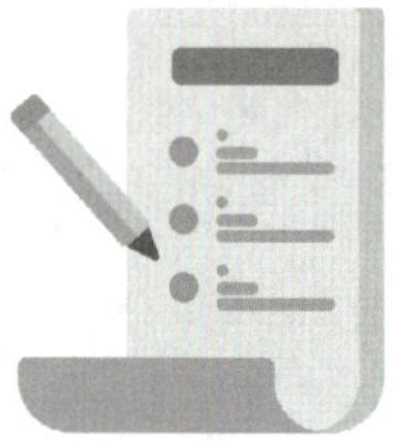	1. 2. 3. 4. 5.

4. **(인지.실행뇌)** 세운 계획 중 가장 먼저 할 계획을 알려줄게요!
(4번의 계획 중 우선순위를 정하여 작성)

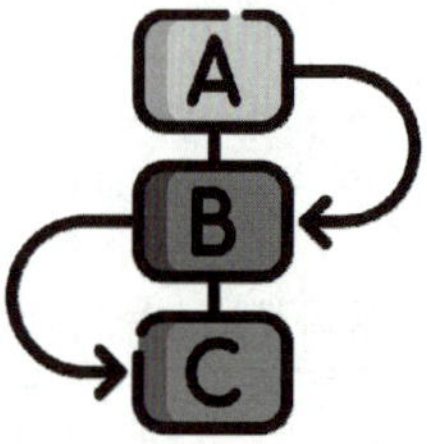	

5. **(인지.실행뇌)** 친구들과 상의하여 3번의 나의 계획을 수정할게요!
(친구와 서로의 계획에 대해 피드백을 주고받아 나의 계획 수정)

	1. 2. 3. 4. 5.

[대뇌피질 나라]

점을 따라서

후두엽
소중한 가족과 친구들을 바라보고 관찰할 수 있도록 도와주는 **점을 따라서**
❶ 워크북(p41)에 제시된 연결해야 할 점들과 제시된 조건을 확인한다. ❷ 눈으로 점들의 배치를 확인한다. ❸ 제시된 조건에 따라 점들을 하나의 선으로 연결한다. ❹ 연결을 다 한 후 친구들과 비교한다. ❺ 선을 끊기지 않게 점들을 연결한다.
〈브레인 파워 1개〉

점을 따라서 - 후두엽

주어진 문제를 읽고 조건에 따라 점을 연결하세요.

조건: ‘ㄱ→ㄴ→ㄷ 순서대로’

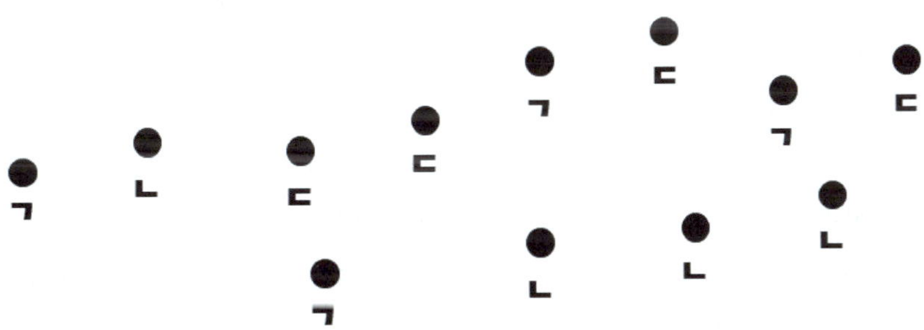

제3장

뇌기반 뉴스포츠 프로그램3)

1. 프로그램 개발 목적

체육은 지, 덕, 체를 골고루 갖춘 균형된 인간을 양성한다는 교육목적을 가지고 있으며 체육 수업을 통해서 단순히 기능만을 습득하는 것이 아니라 기능에 대한 복합적인 지식과 적용할 때 지켜야 할 태도를 동시에 함양해야 한다(문호준, 1998; 안양옥, 2004; 이주희, 2009). 그러나 초등학교 체육수업의 현장에서는 체육 교과를 '기능 중심 교과'라고 지칭하면서 체육 교육의 목표와 내용은 물론이고 평가방법에 이르는 대부분의 영역에서 운동 기능을 중심으로 지도하고 평가하는 경향이 많았다(전윤재, 2014).

특히, 초등학교 체육 수업은 전통적인 수업방식의 고정화, 체육수업의 획일화 운동장의 축소화, 교사들의 체육수업 기피, 체육수업 참여도 저하 등의 많은 문제점을 가지고 있으며 이러한 원인은 체육 교과가 지, 덕, 체의 균형적인 인간 양성을 목표로 하지만, 실제 체육 수업에서는 운동 기능 중심으로 이루어졌기 때문이다(유지혜, 2010). 이러한 운동 기능 중심의 전통적인 체육수업의 대안으로 활동가치 중심의 정의적 영역을 강조하는 뉴스포츠 활동이 2007, 2009 개정 체육과교육과정의 내용 중 많은 부분을 차지하게 되었다. 뉴스포츠는 과거 생활스포츠의 개념으로 1934년 영국의 사회사업회의에서 실업자에 대한 신체훈련 프로그램으로 시작되어 1960년대에 일본레크리에션 대회에서 뉴스포츠라는 용어가 탄생되었다(임우택, 2001). 원래, 뉴스포츠는 국제적으로 통일된 스포츠와는 달리, 규칙의 유연성과 게임의 간이성 등을 특징으로 하는 참가자 중심의 스포츠를 총칭하는 것이다(한국여가레크리에이션협회, 2000).

3) 이용락(2018)의 박사학위 논문을 요약 정리하였음.

이러한 특징들에서도 알 수 있듯이, 기존의 운동 기능 위주 체육 수업의 한계를 극복하였다는 점에서 뉴스포츠는 점차 활용 범위가 확대되고 있다(서상욱, 2000; 류태호, 2006).

기존의 뉴스포츠 프로그램의 효과성과 관련된 선행 연구 동향을 분석해 보면, 창의성, 의사결정능력, 학업성취도와 관련된 인지 능력 향상 연구(이근오, 2007; 박성문, 2013; 장지우, 2014; 황현준, 김경래, 한용식, 2015), 체력, 건강 등과 관련된 신체 능력 향상 연구(박민섭, 2011; 안익수, 2012; 김대한, 2014; 나석진, 2015), 사회성, 자기효능감, 학교생활 만족도 등과 관련된 정서 능력 향상 연구(김영대, 2008; 오하니, 2016; 임지영, 2016)로 크게 세 가지 유형으로 구분될 수 있다. 이러한 많은 효과성에도 불구하고 뉴스포츠의 특성상 게임 도중에 발생하는 다양한 게임 전략을 수립하는 사고력과 다양한 게임 상황을 해결해 나가는 문제해결 능력 등 두뇌를 잘 활용하는 측면과 관련된 연구는 없는 현실이다.

한편, 최근 개인의 두뇌는 구조와 성장속도가 다르다는 개인차를 전제한 인간의 뇌 발달, 운동이 뇌 발달에 미치는 영향에 대한 연구가 활발히 진행되고 있다. 그중에서도 신체활동, 게임활동 등 다양한 운동을 통해서 뇌가소성, 인지기능 개선 등 두뇌 발달에 영향을 미친다고 보고한 많은 연구가 있다(김유미, 2000; 김은심, 2015; 황지선, 2016, Colcombe & Kramer, 2003; Sibley, Etnier, 2003: Hillman, 2005).

그 중에서도 뉴스포츠는 체육 교육과정 중에서 게임 영역에 해당하며, 게임 영역이 전체 체육 교육과정에서 차지하는 비중은 약 30% 정도로 매우 중요하다. 이러한 게임 활동은 특성상 상대편을 이기기 위한 구체적인 게임 전략을 수립하는 것이 중요하고, 이를 위해 개인 또는 집단 간의 두뇌 활용 능력이 요구된다. 뉴스포츠 수업은 게임 도중에 일어나는 다양한 상황에 필요한 전략을 잘 설계하고 수행해야만 상대 팀을 이길 수 있기 때문에, 두뇌를 효과적이고 효율적으로 활용할 수 있는 능력과 전략의 성공적인 수행을 위해 상한 체력을 필요로 한다.

따라서, 뉴스포츠 수업을 통해서 학생의 체력과 운동 기능 향상은 물론, 다양한 게임 상황에서 만나는 문제를 해결할 수 있는 두뇌활용능력을 향상시킬 수 있다. 즉, 이는 공 운동의 기술적 향상을 위한 3가지 형태인 Body balance(체력), Ball control(기능), Brain(두뇌 활용) 등 '3B' 를 강조한 최동식(2006)의 주장에서도 알 수 있다. 초등학생 시기는 다양한 경험을 통해서 뇌세포의 작은 가지들이 왕성하게 활동하는 과잉생산 상태이기 때문에 초등학생에게 주어지는 다양한 경험이 두뇌를 변화시킬 수 있다. 즉 초등학생 시기에 어떠한 경험을 하느냐에 따라 두뇌를 효율적으로 활용할 수 능력을 결정할 수 있는 것이다.

이에 뉴스포츠 수업의 한계를 극복할 수 있는 대안으로써, 초등학생의 체력 향상은 물론, 두뇌를 활용하는 능력을 향상시킬 수 있는 프로그램이 필요성을 갖는다. 따라서 본 연구는 뉴스포츠와 두뇌활용능력과의 관계를 분석하고 뇌기반 뉴스포츠 원리와 전략을 탐색한 결과를 토대로 초등학생 대상 뇌기반 뉴스포츠 수업 프로그램을 개발 및 적용하고 그에 따른 효과성을 검증하는 데 목적이 있다.

2. 프로그램 개발을 위한 이론적 기초

가. 뉴스포츠

우리나라에서 뉴스포츠라는 용어는 뉴스포츠 활성화 방안(서상욱, 2000; 국민생활체육회, 2012)에 처음으로 등장하였다. 서상욱은 "국제적으로 규칙이 통일된 기존의 스포츠와는 달리, 룰의 유연성과 게임의 간이성 등을 특징으로 하는 참가자 지향의 스포츠를 총칭하는 것"으로 뉴스포츠를 정의하고 있다.

이 개념은 세 가지의 중요한 의미를 담고 있는데 첫째, 국제적으로 규칙이 통일된 기존의 스포츠와는 달리 근대스포츠와의 차별성을 드러낸다. 둘째, 룰의 유연성과 게임의 간이성으로 운동형식이 근대스포츠에 비해 간소화되었음을 내포하고 있다(류태호, 2006). 셋째, "참가자 지향의 스포츠를 총칭하는 것"에서는 참여자의 의도와 목적, 능력에 맞는 스포츠 활동이 뉴스포츠의 지향점이라는 것을 드러내고 있다(류태호, 이병준, 2006). 뉴스포츠란 국제적으로 규칙이 통일된 스포츠와는 달리 규칙의 유연성과 게임의 간이성 등을 특징으로 하는 참가자 지향의 스포츠를 총칭하는 것이다(국민생활체육회, 2012).

이상을 종합해 볼 때 뉴스포츠는 참여대상에 대한 포용성, 제한된 경쟁성, 규칙의 유연성, 내재적으로 동기화된 새로운 스포츠로 정의할 수 있으며 그 특징은 기술습득이 용이하고 참여 접근성이 높으며 규칙이 단순하고 상대를 파트너로 인식하는 참여우선을 지향하는 특징을 지닌 것으로 설명할 수 있다.

한편, 2007 · 2009 개정 체육교육과정에 뉴스포츠 활동이 소개 되고 있으며 학년별 영역별 세부 종목은 <표 2-17>, <표 2-18>과 같다. 2개 학년이 하나의 학년군으로 묶여진 2009 개정 교육과정에서는 이보다 훨씬 많은 신체활동의 예시를 소개하고 있으며, 다양한 뉴스포츠 활동 중에서 교사가 학습자들의 여건과 교육환경, 교사의 능력에 맞추어 뉴스포츠 종목을 선택하여 가르치게 하고 있다. 뿐만 아니라 선택활동 예시에 제시되지 않았어도 신체활동 영역의 가치를 체득하는데 도움이 되는 활동이라면 이 또한 종목으로서 활용이 가능하므로 뉴스포츠의 영역이 굉장히 넓다 하겠다.

〈표 2-17〉 2007 개정 체육과 교육과정과 뉴스포츠

학년	영 역	신체 활동 예시	관련 뉴스포츠 활동
3	경쟁활동	피구형, 태그형 게임	피구공, 플래그태그 게임
	여가활동	자전거 타기	자전거 타기
4	도전활동	표적 맞추기	다트, 플라잉 디스크
	경쟁활동	축구형, 농구형, 하키형 게임	풋살, 넷볼, 플로어볼 등

〈표 2-18〉 2009 체육과 교육과정과 뉴스포츠

학년군	영역	관련 뉴스포츠 활동
3-4	여가활동	야구, 축구, 스키, 인라인 롤러, 자전거 타기, 줄넘기, 조깅, 캐치볼, 플라잉 디스크, 플로어볼, 배드민턴, 볼링 등
5-6	도전활동	다트, 간이골프, 간이볼링 등
	경쟁활동	야구형, 크리켓형, 티볼형, 킨볼형, 배구형, 족구형, 배드민턴형, 플링고형, 플레이스쿠프형 등
	여가활동	인라인 스케이트, 플라잉디스크, 부메랑, 요가, 에어로빅, 댄스 스포츠, 음악줄넘기, 등산, 캠핑 등

나. 뇌기반 뉴스포츠

최근 운동이 뇌 발달과 관련이 있음을 밝히는 연구는 뇌파 측정과 분석 방법을 통해 활발하게 진행되고 있고, 뇌파는 뇌의 기능적 변화를 나타내는데 현재 대뇌의 기능을 평가하는 가장 권위 있는 방법이며, 간단하게 대뇌 기능을 평가할 수 있다고 하였다(김대식, 최장욱, 2001). 최근 연구들은 운동이 뇌를 활성화 시켜서 뇌파에 변화를 가져온다는 결과들을 연이어 발표하고 있다(김용진, 장남기, 2001; 김성주, 2005; 정소라 외, 2006; 정진욱 외, 2012). 규칙적인 아침 걷기 운동이 뇌의 전전두엽, 전두엽 부위의 Alpha파를 활성화 시켜준다고 하였으며(이성기 외, 2013), 고강도 복합운동이 모든 영역의 뇌파를 활성화하며 집중력과 학습능력을 높인다고 하였다(정진욱 외, 2012).

특히, 심리·생리학적인 연구에 있어서 뇌파는 전기적 유발, 부수적인 변화, 심박수 등 주로 주의집중과 수행에 대한 관계를 연구하는 데 이용되어져 중추신경계통의 이러한 역할은 뇌파를 통해 알아 볼 수 있는데, 운동 전과 운동 후의 뇌파 변화는 운동 후에 알파파의 활성이 증가되었다고 보고하였다(구민재, 2012). 또한, 고강도 운동군 학습능력에서는 인지강도, 집중력, 학습종합능력, 작업 부하도에서 유의한 차이를 보여 고강도 운동은 뇌파를 활성화시키고 학습능력을 향상시키는 것으로 생각된다(이동규 외, 2016).

유산소 운동이 초등학생의 뇌 활성화에 긍정적으로 작용하여 특정 부위에 특정 뇌파의 활성화 양상을 나타내는데 특히, 일상생활 중 나타나 활성뇌파라고 불리는 베타파는 전두엽에서 잘 기록되는데 주의집중과 관련된 SMR파가 집중과제 수행 시 전두엽과 후두엽 부위에서 통계적으로 유의한 차이를 나타낸 것으로 보아 유산소 운동이 초등학생의 집중력을 향상시켜 학력향상에 긍정적인 영향을 미치는 의미 있는 결과라 할 수 있고 학습에 몰두할 때 발현되는 M−Beta파 또한 안정 시 전두엽 부위와 후두엽 부위에서 통계적으로 유의한 차이를 나타낸 것도 의미 있는 결과라고 한다(김정주, 2015). 또한, Khrizman 은 2−3세 아동에게 보다 복잡한 시각과제를 수행(연속적인 손가락 두드리기 과제와 색깔에 따라 가로로 체스 말을 배열하는 것)하게 한 후 뇌파를 측정하였는데, 뇌파는 전두엽, 운동피질, 두정엽, 측두엽, 그리고 후두엽 영역에서 기록되었으며, 손가락 두드리기 과제에서는 두정엽 영역에서 높은 상관은 눈과 손을 각기 담당하는 대뇌 영역의 협응을 시사한다(남효순, 2013 재인용). 중강도와 고강도 유산소운동에 따른 델타 값의 변화는 변화의 폭이 일관되지 않았고 운동 강도가 셀수록 각성상태가 되어 델타 값이 크게 줄어들 것이라는 예상과 달리, 고강도 유산소운동 후의 델타 값이 중강도 유산소운동 후보다 적게 감소한 부분이 많았다(인주상, 2016).

이상의 연구결과는 유산소 운동이 뇌활성화에 영향을 미치고 있으며 운동을 통하여 건강한 신체를 유지하면서 두뇌를 활성화시킬 수 있음을 증명하고 있다.

한편, 인간이 타인과 신체움직임(운동)을 매개로 관계를 형성하는 형태를 놀이, 게임, 스포츠라고 할 수 있다. 일부는 스포츠 개념의 발달 순서라고도 하며 여러 가지 차이점을 열거하면서 개념을 구분하기도 한다. 그 중 하나로 규칙을 예로 들면 놀이는 규칙보다는 흥미에 역점을 두고, 게임은 당사자 간 일정한 규칙이 있으며 스포츠는 세계적으로 통일된 규격이나 규칙이 있다. 놀이와 게임을 엄격하게 구분하기는 모호한 부분이 많으나 스포츠와는 구분이 분명하다. 그러나 인간의 신체움직임을 매개로 한다는 점과 상호관계 속에서 두뇌활용과 체력의 필요성이 많이 요구된다는 점에서 공통점이 있다.

놀이의 효과로 소뇌와 대뇌피질을 활성화, 공간적이고 총체적으로 의미를 파악하는 우뇌의 활성화. 감각경험에 의한 뇌 발달, 스트레스 감소로 주의력 향상을 주장하고 있으며 걷거나 뛰는 등의 유산소 운동은 하지근력 및 심폐능력을 향상 시키는 건 물론 뇌의 발달을 촉진시킨다고 한다(유경아, 2004). 인간의 신체 중 가장 큰 근육인 대퇴사두근의 신경은 뇌간과 연결되어 있어 걷게 되면 근육에서 나온 신호가 뇌로 전달되고, 이 신호가 뇌를 자극하여 움직임을 활발하게 만들어 평소 1분간 약 5리터의 혈액을 흘려보내던 것을 걷는 동안에는 10배 가까이 더 흘려보내게 되는데 이런 작용은 뇌에 산소와 영양소를 충분히 공급해 뇌 활동을 활발하게 하고 유산소 운동이 학업이나 학교생활, 교우관계로 인한 스트레스 해소, 우울증 예방 및 뇌기능과 학습능력의 향상을 도와 다른 일을 더욱 능률적으로 할 수 있게 한다(신정혁, 2013). 2007년 독일 학자들이 인간을 대상으로 실시한 연구 결과에 따르면 운동을 하면 학습속도가 운동 전에 비해 20%나 빨라지며 학습속도는 신경세포 성장인자의 수치와 비례한다고 하였다(이상헌, 2010; 송지환, 2012 재인용).

또한, 학생이 몸을 움직일 경우에 신경세포막이 생성되고 신경세포막이 증가할 수록 두뇌에서 이루어지는 지적과정은 더욱 고도화되며 움직임은 학습내용을 신경망에 내면화하고 공고화하며, 뇌의 작용을 자극하는데 기여할 뿐 아니라, 초등학교 시기는 물론이고 평생 동안 인지기능 발달에 기여한다(김유미, 2002). 결국 움직임은 학생들에게 감각적 인식의 통합을 가져올 수 있으며, 이러한 신체활동은 뇌의 기능과 학습을 향상시킨다(김화숙, 2011).

더욱이, 고려대학교 연구팀의 연구결과 어렸을 때부터 운동을 해온 농구 선수들의 소뇌 일부분이 평균 14% 더 큰 것으로 나타났으며 크기가 커진 부위는 눈과 손의 협동능력을 판정하는 것으로 글씨를 쓰거나 그림을 그릴 때 중요한 역할을 하는 부위로 운동을 하게 되면 대뇌의 운동 영역이나 기저핵 소뇌들이 서로 영향을 주고받으며 운동을 수행하게 되고 따라서 다양한 운동을 하게 되면 뇌의 전반적인 활성을 도모하는 효과도 가지게 되므로 신체활동은 뇌의 크기, 뇌 혈류, 그리고 뇌 성장요소의 사용성을 증가시켜 뇌기능과 인지능력 발달에 중요한 역할을 한다(Ratey & Loehr, 2001). 이와 유사한 동물실험의 사례에서도 신체활동이 뇌 혈류를 증가시키며(Endres, 2003; Swain , 2003), 인지발달에 중요한 뇌구조를 변화시킨다(Van Praag, 2008)는 증거를 찾을 수 있다.

뇌기반 뉴스포츠와 일반 뉴스포츠를 비교해 보면 <표 2-19>와 같다.

〈표 2-19〉 **뉴스포츠와 뇌기반 뉴스포츠의 적용방법 비교**

	뉴스포츠	뇌기반 뉴스포츠
목표	참여, 도전 모험, 낮은 경쟁	두뇌활용 능력 및 체력향상
대상	양성중심	구성원 전체
내용	여가, 도전, 경쟁활동	여가, 경쟁활동
방법	간이성, 다양성	단계형, 의사소통, 완성형

다. 뇌기반 뉴스포츠 프로그램 원리 및 전략

뇌기반 뉴스포츠 프로그램 원리를 도출하면 <표 2-20>과 같다.

〈표 2-20〉 **뇌기반 뉴스포츠 프로그램 원리**

구분	특징	관련된 뇌기반 교육 원리	비고
안정성의 원리	안전한 환경과 편안한 분위기 조성	위협의 제거, 학습자 정서 고려	정서
동기유발의 원리	친근한 경험을 소재로 동기부여	일상생활경험 관련 동기부여	정서
감각활용 원리	감각으로 도구를 느끼고 친밀감을 형성하는 경험 제공	효과적인 감각경험 제공	정서 신체
개별화의 원리	학생의 개인차를 고려한 신체활동 경험 제공	개인차 고려	신체 인지
반복연습의 원리	다양한 방법의 적용으로 성공과 실패의 경험에서 문제해결의 단서 찾기	의미 창조 기회제공	신체
리듬활용의 원리	리듬감(음악) 부여한 신체활동 적극 활용	리듬을 바탕한 신체활동 활용	신체
경험확대의 원리	친구, 가족, 이웃 간 상호작용 기회 제공	사회적 환경과 맥락을 고려	신체 정서
활동수용의 원리	신체활동의 성공 및 실패의 경험 속에서 교사나 친구의 경험 모방 기회 제공	모델링 및 모방을 통한 사회적 학습기회 제공	인지 신체
활동통합의 원리	분습법과 전습법을 병행하면서 목표지향적인 활동	전체를 알고 부분을 연습하는 기회제공	인지 신체

첫째, 안전한 환경, 허용적 수업분위기에서 학생 상호간 긍정적 피드백 주고받기로 전두엽 발달을 돕는 '안전성의 원리', 둘째, 생활경험과 연결한 의미 있는 정보를 통해 적극적인 참여를 유도하기 위한 '동기유발 원리', 셋째, 감각으로 활용할 도구를 미리 탐색해보는 '감각활용의 원리', 넷째, 학생들의 개인차를 적극 반영하여 개별적인 요구와 흥미 및 발달 수준을 고려한 '개별화의 원리', 다섯째, 다양한 방법의 신체활동을 통한 경험에서 문제해결의 단서를 찾는 '반복연습의 원리', 여섯째, 학습은 신체와 정신의 결합으로 이루어지며, 리듬감을 동반한 신체활동이 뇌 발달에 중요하다는 '리듬활용의 원리', 일곱째, 교사 및 동료들과 상호작용으로 익힌 기능을 과외 시간에 친구, 가족, 이웃의 경험으로 확대해나가는 '경험확대의 원리', 여덟째, 교사의 시범, 친구의 성공경험을 따라하면서 자세나 방법을 익히는 '활동 수용의 원리', 아홉째, 전습법과 분습법의 병행으로 최종 목표를 알고 부분을 익히는 '활동 통합의 원리'이다.

뇌기반 뉴스포츠 활동의 원리를 적용한 뇌기반 뉴스포츠 교수학습 전략은 다음과 같이 제시할 수 있다. 뇌기반 뉴스포츠 활동의 특징을 반영하여 뇌기반 뉴스포츠 교수·학습 전략을 추출 하였으며 초등학생의 두뇌활동을 자극할 수 있도록 세부전략을 제시하였다.

첫째, 안정성 원리의 전략은 안전한 환경과 편안한 학습 분위기 제공하기이다. 긍정적인 분위기와 안전한 환경에서 스스로 도전하며 즐겁게 참여할 수 있도록 하는 전략이다.

둘째, 동기유발 원리의 전략은 흥미와 경험으로 발상, 연상하기와 이미지화이다. 뇌는 의미 있는 경험을 중요시하는 경향이 있으므로 뉴스포츠와 관련된 경험을 연상해보고 활동과 관련된 동작을 재생해봄으로써 생각의 범위를 넓히고 및 활동에 동기를 부여하는 전략이다.

셋째, 감각활용 원리의 전략은 탐색하기와 활용하기이다. 두뇌는 감각을 활용할 때 통합적 판단이 이루어진다. 따라서 감각으로 활용할 도구를 탐색해보고 다양하게 활용하는 과정을 통해 초등학생의 뇌 발달을 증진시킬 수 있다.

넷째, 개별화 원리의 전략은 계획, 실행하기이다. 이는 초등학생의 뇌구조와 뇌 발달 특성상 개인차가 뚜렷하기에 뇌기반 뉴스포츠 활동 시 자신이 알고 있는 사전 경험이나 자신의 신체적 구조에 맞는 방법으로 연습해 볼 수 있는 전략이다.

다섯째, 반복연습 원리의 전략은 다양한 방법으로의 연습을 통해 성공의 경험을 지속하는 패턴형성이다. 여러 가지 방법으로의 연습에서 성공과 실패의 경험을 반복하면서 실패는 줄이고 성공 경험을 오래 지속하는 패턴을 찾아 고정화 하는 전략이다.

여섯째, 리듬활용 원리는 리듬이 운동과 뇌 발달의 기초가 되므로 신체활동에 리듬감을 부여하여 뇌와 몸의 상호작용을 돕고 신체활동을 극대화할 수 있도록 수업시간을 구조화하는 전략이다.

일곱째, 경험확대 원리의 전략은 연습하기와 실천하기이다. 뇌기반 뉴스포츠 활동을 친구들과의 긍정적 상호작용을 통해 기능을 익히고 과외시간에 친구, 가족, 이웃과의 경험으로 확대해나가는 전략이다.

여덟째, 활동 수용 원리의 전략은 모방하기와 완성하기이다. 교사의 시범이나 친구의 성공적인 모습을 따라하면서 성공의 경험을 갖게 하는 전략이다.

아홉째, 활동 통합 원리의 전략은 분습법과 전습법, 기능의 통합이다. 전습법과 분습법을 병행하면서 목표를 확인하고 전체적인 맥락 속에서 기능의 완성을 돕는 전략이다.

뇌기반 뉴스포츠 수업 전략과 특징을 <표 2-21>과 같이 정리할 수 있다.

〈표 2-21〉 **뇌기반 뉴스포츠 프로그램의 전략**

뇌기반 뉴스포츠 수업 원리	뇌기반 뉴스포츠 수업 전략	특징	비고
안정성의 원리	안전한 환경 마련하기	물리적 안전한 환경	정서
	편안한 분위기 조성하기	즐겁게 참여	
동기유발의 원리	발상, 연상하기	관련 경험연상	정서
	이미지화하기	관련 동작재생	
감각활용 원리	탐색하기	도구탐색	정서 신체
	기구 활용하기	활용법체득	
개별화의 원리	계획하기	맞춤형 방법 찾기	신체 인지
	실행하기	맞춤형 연습	
반복연습의 원리	경험하기	반복연습	신체
	패턴형성하기	성공경험 지속	
리듬활용의 원리	리듬감 있는 활동하기	뇌와 몸의 상호작용	신체
	활동량 극대화하기	신체활동시간 확보	
경험확대의 원리	연습하기	상호작용	신체 정서
	실천하기	운동의 생활화	
활동수용의 원리	모방하기	타인의 성공경험	인지 신체
	완성하기	자신의 성취	
활동통합의 원리	전습법과 분습법	맥락기능 확인	인지 신체
	기능의 통합	맥락기능 완성	

3. 프로그램 개발 내용

프로그램을 구성하기 위해 과제 분석을 실시한 결과 [그림 2-10]과 같다.

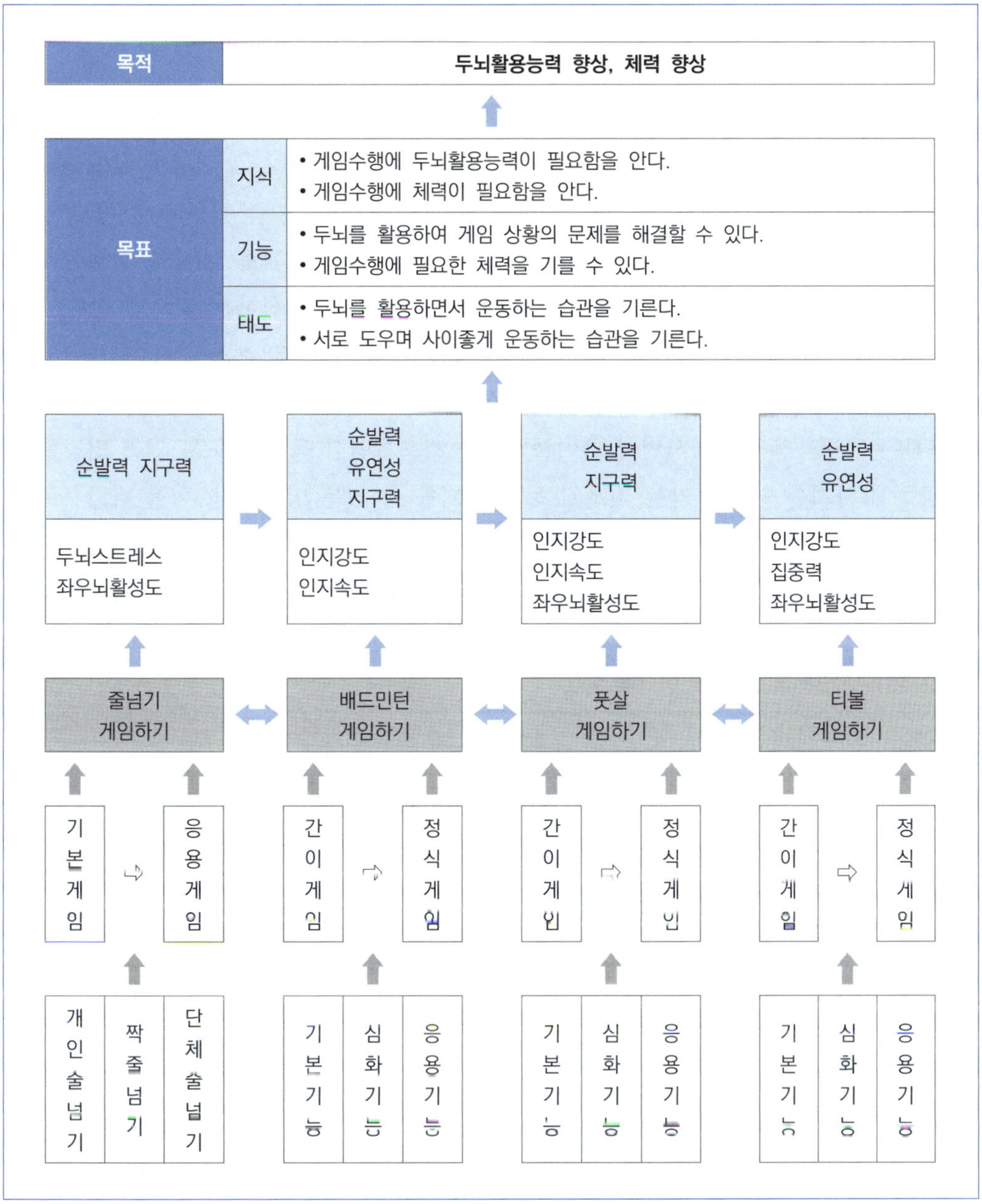

[그림 2-10] **프로그램의 구성요소 과제 분석**

[그림 2-10]에서 보는 바와 같이 본 연구에서 과제 분석은 위계적, 절차적 분석방법을 함께 사용하여 개인적인 것에서 집단적인 것, 쉬운 것부터 점차 어려운 것으로, 단순한 것에서부터 점진적으로 복잡한 것과 같이 위계적으로 정하여 학습자들이 해야 할 일을 분명하게 분석하는 것이다. 즉 과제는 뉴스포츠의 특성과 구성요인을 통해 과제를 추출하고, 프로그램의 구조와 순서 등은 뇌기반 교육의 구성 체계에 대한 분석을 통해 이루어지도록 하였다.

본 프로그램의 목적은 학생들이 뇌기반 뉴스포츠 활동을 통하여 ① 건강하고 즐거운 운동 수행에 두뇌활용능력과 체력이 필요함을 알고 ② 활기차고 건강한 삶에 필요한 체력을 기르고 ③ 다양한 문제 상황의 극복을 통해 두뇌활용능력 기르고 ④ 공동의 문제해결에 적극 참여하여 의사소통능력과 소속감을 기르고 ⑤ 배운 내용을 실생활에 실천하는 습관을 길러 체육과의 통합목표(지식, 기능, 태도)를 달성하는 것으로 한다.

뇌기반 뉴스포츠 수업프로그램의 영역별 목표는 <표 2-22>와 같다. 초등학교 체육에서 경쟁 영역은 다양한 경쟁 상황과 방식의 신체활동을 통해 집단 내 공동의 목표를 추구하는 경쟁과정을 경험하면서 페어플레이와 스포츠맨십 등의 태도를 길러 건강한 미래 공동체 사회를 만들어 가는 기초적 능력을 기를 수 있는 영역이다. 이를 바탕으로 실제 수업에서 길러야 할 수행목표를 지식과 기능영역은 두뇌활용능력과 체력향상에 중점을 두었고 태도영역은 긍정적 상호작용과 운동의 생활화에 초점을 맞추어 기술하였다.

〈표 2-22〉 뇌기반 뉴스포츠의 영역별 목표

구분	영역	수행목표
줄넘기	지식	• 줄넘기 운동의 다양한 방법과 운동에 필요한 리듬을 안다. • 줄넘기 운동에 순발력과 지구력이 필요함을 안다.
	기능	• 줄넘기 운동에 필요한 리듬 및 방법을 탐구하여 개인 줄넘기, 짝 줄넘기, 긴 줄넘기 운동을 할 수 있다. • 줄넘기로 순발력, 지구력을 기를 수 있다.
	태도	• 줄넘기 운동에 즐겁게 참여하는 습관을 기른다. • 친구들과 협동하여 사이좋게 운동하는 태도를 기른다.
배드민턴	지식	• 경기 상황에 맞는 기술의 종류와 상대에 따른 전략의 필요성을 안다. • 배드민턴 운동에 유연성, 순발력, 지구력이 필요함을 안다.
	기능	• 상황에 맞는 다양한 기술과 상대에 따른 전략을 찾아 경기상황의 문제를 극복할 수 있다. • 운동수행에 필요한 유연성, 순발력, 지구력을 기를 수 있다.
	태도	• 배드민턴 운동에 즐겁게 참여하는 습관을 기른다. • 친구들과 협동하여 사이좋게 운동하는 태도를 기른다.

구분	영역	수행목표
풋살	지식	• 경기 상황에 맞는 기술의 종류와 상대에 따른 전략의 필요성을 안다. • 풋살 운동에 순발력, 지구력이 필요함을 안다.
	기능	• 우리 팀과 상대팀의 강점 및 약점을 분석하여 우리 팀이 이길 수 있는 기술과 전략을 구사할 수 있다. • 전략수행에 필요한 유연성, 순발력, 지구력을 기를 수 있다.
	태도	• 풋살 운동에 즐겁게 참여하는 습관을 기른다. • 친구들과 협동하여 사이좋게 운동하는 태도를 기른다.
티볼	지식	• 상황에 맞는 기술의 종류와 상대에 따른 전략의 필요성을 안다. • 티볼 운동에 유연성, 순발력이 필요함을 안다.
	기능	• 상황과 상대에 따른 공격과 수비 전략을 수립하고 수비는 짧게, 공격은 오래하는 게임을 할 수 있다. • 운동수행에 필요한 유연성, 순발력을 기를 수 있다.
	태도	• 티볼 운동에 즐겁게 참여하는 습관을 기른다. • 친구들과 협동하여 사이좋게 운동하는 태도를 기른다.

[그림 2-11]에서 보는 바와 같이 뇌기반 뉴스포츠 수업은 게임영역에서 필요로 하는 기능, 체력, 두뇌활용능력을 체계적으로 향상시킬 수 있도록 구안된 프로그램 운영 모형에 따라 진행되었다. 기능은 개인기능, 복합기능, 응용기능으로 구분하였고 익히는 과정은 단순에서 복합 및 응용으로 계열성 있게 순서화하였고 수업제재는 체력과 두뇌활용능력 요소를 다 같이 필요로 하지만 게임 전개상황에 체력요소에서 점차 두뇌활용능력이 많이 요구되는 순으로 배열하였다.

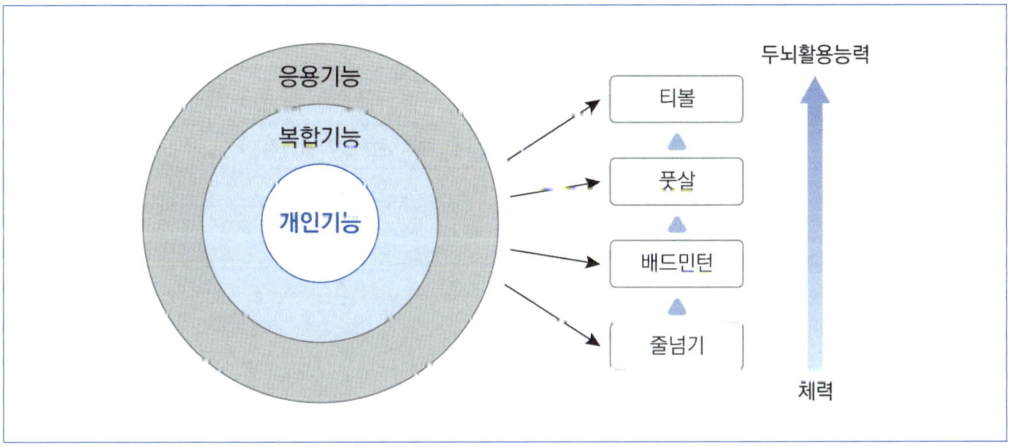

[그림 2-11] 뇌기반 뉴스포츠 수업 프로그램 운영 모형

뇌기반 교육의 원리 및 전략을 기반으로 뇌기반 뉴스포츠 수업 프로그램 구성 체제를 [그림 2-12]와 같이 구성하였다. 뇌기반 수업 프로그램 구성체계는 두뇌활용능력과 체력향상을 위한 세부목표를 지식, 기능, 태도의 영역으로 나누어 기술하였고 목표에 따라 수업내용을 구체화하였으며 교수방법은 뇌기반 뉴스포츠 수업원리와 전략을 적용한 후 그 효과를 평가하도록 구성하였다.

목적	**두뇌활용능력, 체력향상**		
목표	지식	• 게임수행에 두뇌활용능력이 필요함을 안다. • 게임수행에 체력이 필요함을 안다.	
	기능	• 두뇌활용으로 게임 상황의 문제를 해결할 수 있다. • 게임수행에 필요한 체력을 기를 수 있다.	
	태도	• 두뇌를 활용하면서 운동하는 습관을 기른다. • 서로 도우며 사이좋게 운동하는 습관을 기른다.	
내용	• 게임 상황의 문제해결에 두뇌활용능력이 필요성 알기 • 게임수행에 체력의 필요성 알기	• 게임 상황에 맞는 기술 사용하기 • 게임에 필요한 전략 수립 및 수행하기 • 게임을 수행하면서 체력 기르기	• 운동에 즐겁게 참여하는 습관가지기 • 친구들과의 긍정적 경험확대의 중요성 알기 • 의사결정 과정에 적극 참여하여 소속감 및 자존감 높이기 • 운동을 생활화 하는 실천 의지 갖기
교수 방법	연상, 탐색	이미지, 탐구, 리듬활용, 패턴형성, 실천	모방하기, 경험확대
평가	뇌파, 두뇌활용능력, 체력 검사, 자기평가		

[그림 2-12] 뇌기반 뉴스포츠 프로그램 구성 체계

뇌기반 뉴스포츠 프로그램의 세부 내용은 <표 2-23>과 같다.

〈표 2-23〉 **뇌기반 뉴스포츠 수업 프로그램 세부 내용**

<table>
<tr><th rowspan="2">차시</th><th rowspan="2">종목</th><th rowspan="2">프로그램 주제</th><th rowspan="2">목표</th><th rowspan="2">활동내용 및 방법</th><th colspan="2">뇌기반 뉴스포츠 수업</th></tr>
<tr><th>원리</th><th>전략</th></tr>
<tr><td rowspan="2">1</td><td rowspan="10">줄넘기</td><td rowspan="2">개인 줄넘기</td><td rowspan="2">개인 줄넘기에 알맞은 리듬으로 즐겁게 운동할 수 있다.</td><td rowspan="2">• 다양한 개인 줄넘기 방법 및 알맞은 리듬 찾기
• 줄넘기 운동으로 체력 기르기</td><td>안정성</td><td>편안한 분위기 조성하기</td></tr>
<tr><td>리듬활용</td><td>활동량 극대화하기</td></tr>
<tr><td rowspan="2">2</td><td rowspan="2">짝 줄넘기</td><td rowspan="2">짝 줄넘기 하면서 체력을 기를 수 있다.</td><td rowspan="2">• 다양한 짝 줄넘기 방법 및 알맞은 리듬 찾기
• 줄넘기 운동으로 체력 기르기</td><td>리듬활용</td><td>리듬감 있는 활동하기</td></tr>
<tr><td>활동수용</td><td>모방하기 완성하기</td></tr>
<tr><td rowspan="2">3</td><td rowspan="2">긴 줄넘기 리듬 찾기</td><td rowspan="2">긴 줄넘기에 알맞은 리듬을 찾고 즐겁게 운동할 수 있다.</td><td rowspan="2">• 알맞은 리듬을 긴 줄넘기하기
• 긴 줄넘기 운동으로 체력 기르기</td><td>활동수용</td><td>모방하기 완성하기</td></tr>
<tr><td>반복연습</td><td>패턴형성</td></tr>
<tr><td rowspan="2">4</td><td rowspan="2">긴 줄넘기 기본 게임</td><td rowspan="2">긴 줄넘기 게임의 전략을 찾을 수 있다.</td><td rowspan="2">• 단체 긴 줄넘기를 잘 할 수 있는 전략 찾기
• 긴 줄넘기 운동으로 체력 기르기</td><td>활동수용</td><td>모방하기 완성하기</td></tr>
<tr><td>경험확대</td><td>실천하기</td></tr>
<tr><td rowspan="2">5</td><td rowspan="2">긴 줄넘기 응용 게임</td><td rowspan="2">팀에 맞는 전략으로 즐겁게 긴 줄넘기 게임을 할 수 있다.</td><td rowspan="2">• 팀에 맞는 긴 줄넘기 전략 확인하고 긴 줄넘기 게임하기
• 긴 줄넘기 운동으로 체력 기르기</td><td>활동수용</td><td>모방하기 완성하기</td></tr>
<tr><td>경험확대</td><td>실천하기</td></tr>
<tr><td rowspan="2">6</td><td rowspan="4">배드민턴</td><td rowspan="2">포핸드 스트로크</td><td rowspan="2">다양한 상황의 포핸드 스트로크를 즐겁게 익힐 수 있다.</td><td rowspan="2">• 포핸드 기술이 사용되는 상황 탐색
• 다양한 방법으로 포핸드 기술 익히기
• 배드민턴 운동으로 체력 기르기</td><td>안정성</td><td>안전한 환경 조성하기</td></tr>
<tr><td>감각활용</td><td>탐색하기 활용하기</td></tr>
<tr><td rowspan="2">7</td><td rowspan="2">백핸드 스트로크</td><td rowspan="2">상황에 맞는 백핸드 스트로크를 익히며 체력을 기를 수 있다.</td><td rowspan="2">• 백핸드 기술이 사용되는 상황 탐색하기
• 다양한 방법으로 백핸드 기술 익히기
• 배드민턴 운동으로 체력 기르기</td><td>반복연습</td><td>경험, 패턴형성 하기</td></tr>
<tr><td>활동수용</td><td>모방하기 완성하기</td></tr>
</table>

차시	종목	프로그램 주제	목표	활동내용 및 방법	뇌기반 뉴스포츠 수업	
					원리	전략
8		서브와 리시브	다양한 서브와 상황에 맞는 리시브 기능을 익힐 수 있다.	• 다양한 서브와 리시브 방법 탐색하기 • 서브에 따른 리시브 기술 익히기 • 배드민턴 운동으로 체력 기르기	개별화	계획하기 실행하기
					반복연습	경험, 패턴형성하기
9		간이 게임하기	배드민턴 게임의 전략을 찾을 수 있다.	• 게임을 잘 할 수 있는 팀 전략 찾아 연습하기 • 배드민턴 운동으로 체력 기르기	활동수용	모방하기 완성하기
					경험확대	연습하기 실천하기
10		정식 게임하기	팀에 맞는 전략으로 즐겁게 배드민턴 게임을 할 수 있다.	• 우리 팀에 맞는 게임 전략 확인하고 게임하기 • 배드민턴 운동으로 체력 기르기	활동수용	모방하기 완성하기
					경험확대	연습하기 실천하기
11	풋살	볼컨트롤, 드리블 연습하기	다양한 상황의 볼컨트롤과 드리블을 즐겁게 익힐 수 있다.	• 볼 컨트롤, 드리블이 필요한 상황 탐색하고 볼 컨트롤, 드리블 연습하기 • 풋살 운동으로 체력 기르기	안정성	안전한 환경 조성하기
					감각활용	탐색하기 활용하기
12		패스, 가로채기 연습하기	패스와 가로채기 게임을 하면서 체력을 기를 수 있다.	• 패스와 가로채기가 필요한 상황 탐색하고 다양한 방법으로 패스와 가로채기 연습하기 • 풋살 운동으로 체력 기르기	감각활용	탐색하기 활용하기
					반복연습	패턴 형성하기
13		패스와 슈팅, 드리블과 슈팅	패스와 슈팅, 드리블과 슈팅 게임을 하면서 체력을 기를 수 있다.	• 패스와 슈팅, 드리블과 슈팅이 필요한 상황 탐색하고 패스와 슈팅, 드리블과 슈팅 연습하기 • 풋살 운동으로 체력 기르기	개별화	계획하기 실행하기
					반복연습	경험, 패턴형성하기
14		간이 풋살 게임	풋살 게임의 전략을 찾을 수 있다.	• 게임을 잘 할 수 있는 팀 전략 찾아 연습하기 • 풋살 운동으로 체력 기르기	활동수용	모방하기 완성하기
					경험확대	기능 익히기
15		정식 풋살 게임	팀에 맞는 전략으로 즐겁게 풋살 게임을 할 수	• 우리 팀에 맞는 게임 전략 확인하고 게임하기 • 풋살 운동으로 체력 기르기	활동수용	모방하기 완성하기

<table>
<tr><th rowspan="2">차시</th><th rowspan="2">종목</th><th rowspan="2">프로그램 주제</th><th rowspan="2">목표</th><th rowspan="2">활동내용 및 방법</th><th colspan="2">뇌기반 뉴스포츠 수업</th></tr>
<tr><th>원리</th><th>전략</th></tr>
<tr><td></td><td></td><td></td><td>있다.</td><td></td><td>경험확대</td><td>연습하기
실천하기</td></tr>
<tr><td rowspan="2">16</td><td rowspan="11">티볼</td><td rowspan="2">수비의 기초기능 탐색 및 해결</td><td rowspan="2">다양한 수비의 기초기능을 즐겁게 익힐 수 있다.</td><td rowspan="2">• 다양한 상황의 공 잡고 던지기 방법 탐색하고 공 잡고 던지기 기술 익히기
• 티볼 운동으로 체력 기르기</td><td>안정성</td><td>안전한 환경</td></tr>
<tr><td>감각활용</td><td>탐색하기
활용하기</td></tr>
<tr><td rowspan="2">17</td><td rowspan="2">타격과 수비 게임</td><td rowspan="2">타격와 수비게임을 하면서 체력을 기를 수 있다.</td><td rowspan="2">• 다양한 타격과 타격상황에 따른 수비 방법 탐색하고 기술 익히기
• 티볼 운동으로 체력 기르기</td><td>감각활용</td><td>탐색하기
활용하기</td></tr>
<tr><td>반복연습</td><td>경험,
패턴형성
하기</td></tr>
<tr><td rowspan="2">18</td><td rowspan="2">복합 기능 연습 하기</td><td rowspan="2">다양한 공격과 수비 게임을 하면서 체력을 기를 수 있다.</td><td rowspan="2">• 다양한 공격과 수비, 주루플레이 방법 탐색하고 기술 익히기
• 티볼 운동으로 체력 기르기</td><td>개별화</td><td>계획하기
실행하기</td></tr>
<tr><td>반복연습</td><td>경험,
패턴형성
하기</td></tr>
<tr><td rowspan="2">19</td><td rowspan="2">간이 티볼 게임</td><td rowspan="2">티볼 게임의 전략을 찾을 수 있다.</td><td rowspan="2">• 게임을 잘할 수 있는 팀 전략 찾아 연습하기
• 티볼 운동으로 체력 기르기</td><td>활동수용</td><td>모방하기
완성하기</td></tr>
<tr><td>경험확대</td><td>연습하기
실천하기</td></tr>
<tr><td rowspan="2">20</td><td rowspan="2">정식 티볼 게임</td><td rowspan="2">팀에 맞는 전략으로 즐겁게 티볼 게임을 할 수 있다.</td><td rowspan="2">• 우리 팀에 맞는 게임 전략 확인하고 게임하기
• 티볼 운동으로 체력 기르기</td><td>활동수용</td><td>모방하기
완성하기</td></tr>
<tr><td>경험확대</td><td>연습하기
실천하기</td></tr>
</table>

뇌기반 뉴스포츠 프로그램의 수업 모형은 <표 2-24>와 같다.

〈표 2-24〉 **뇌기반 뉴스포츠 최종 수업 모형**

단계	교수-학습 활동	뇌기반 뉴스포츠 수업 원리	뇌기반 뉴스포츠 수업 전략
뇌친화적 환경 만들기	• 안전한 물리적 환경 • 허용적인 분위기 조성	• 안정성	• 편안한 분위기조성
학습문제 파악하기	• 요양호 학생 확인 • 사전지식, 경험 상기 • 학습목표 찾기	• 안정성 • 동기유발	• 관련경험연상 • 맥락기능 확인
게임 전략 및 방법 탐색하기	• 안전한 학습활동 안내 • 학습방법 찾기(게임이해) • 명상, 이미지 트레이닝 • 뇌체조(준비운동) • 게임 실행1(사전지식, 경험) • 전략수정: 의사소통 (문제점, 해결방안 찾기) • 완성게임 실행(심화)	• 안정성 • 개별화 • 감각활용 • 리듬활용 • 경험확대 • 활동수용	• 안전한 학습 환경 • 도구탐색 • 맞춤형 연습 • 실행 및 상호작용 • 뇌와 몸의 상호작용 • 성공경험지속 • 맥락기능 완성
피드백 및 격려하기	• 자기평가, 보충 • 만족감 향상, 실천의지 • 뇌체조(정리운동) • 차시 내용 확인	• 경험확대 • 활동수용	• 상호작용 • 자신의 성취 • 운동의 생활화

4. 프로그램 적용 사례

<table>
<tr><td colspan="2">학습주제</td><td colspan="2">줄넘기 이해, 개인줄넘기</td><td>차시   1/20</td></tr>
<tr><td colspan="2">학습목표</td><td colspan="3">줄넘기 운동을 알고 개인줄넘기를 할 수 있다.</td></tr>
<tr><td>학습
과정</td><td>내용</td><td>교수 · 학습 활동</td><td>시간
(′)</td><td>뇌기반원리(♣)
전략(♥)
학습자료(-),
유의점(*)</td></tr>
<tr><td rowspan="3">학습
문제
파악
하기</td><td>사전
경험

학습
문제
확인</td><td>◉ 요양호 학생 확인
• 지정된 장소에서 관찰, 기록하기
◉ 학습관련 경험 상기하기
• 줄넘기 경험 이야기
• 줄넘기 운동의 종류 이야기
◉ 학습 문제 제시

줄넘기 운동을 알고 개인 줄넘기를 해보자</td><td>3
(3)</td><td>- 휘슬, 줄넘기, 관찰 기록표
♣ 동기유발, 긍정 정서
♥ 환경, 분위기 조성</td></tr>
<tr><td rowspan="2">내용
이해</td><td>◉ 학습 활동 순서 안내
〈활동1〉 줄넘기 운동의 특징과 장점 알기
〈활동2〉 개인줄넘기의 종류알기
〈활동3〉 줄넘기 운동의 기본자세 알기
〈활동4〉 줄넘기 운동 맛보기
〈활동4〉 수준에 맞는 줄넘기하기</td><td rowspan="2">7
(10)</td><td>- 이동 칠판
- 수업 전 교실에서 동영상 자료 시청</td></tr>
<tr><td>〈활동1〉 줄넘기 운동의 특징과 장점 알기
• 언제, 어디서나 쉽게 혼자 할 수 있는 운동이다.
• 발바닥으로 뛰는 특수한 상하운동이다.
• 온몸을 흔들어 온 몸의 건강을 돕는다.
• 체력이 길러진다, 다이어트에 좋다.

〈활동2〉 개인 줄넘기 종류 알기
• 양발 모아 앞(뒤로)뛰기, 한발씩 뛰기, 한발씩 번갈이 뛰기, 좌우(앞뒤로)로 벌렸다 모아 뛰기, 양팔 엇걸었다 풀며 뛰기, 2단 뛰기

〈활동3〉 줄넘기 운동의 기본자세 알기
• 줄 가운데를 밟고 섰을 때 줄을 몸과 일치시켜 명치와 나란히 할 수 있는 길이가 좋다.
• 몸을 많이 앞으로 굽히거나 뒤로 젖히지 않고 턱을 가볍게 앞으로 당기듯이 얼굴은 정면을 향한다.</td><td>* 따라 할 수 있는 장면을 떠올려 수업의 집중도를 높이도록 한다.

* 바른 자세의 운동이 효과가 있으며 기능 향상이 빠르게 됨을 알게 한다.

♣ 안정성, 경험확대, 개별화
♥ 탐색, 활용하기</td></tr>
</table>

<table>
<tr>
<td rowspan="2">게임
전략
및
방법
탐색
하기</td>
<td rowspan="2">게임
실행</td>
<td>〈활동4〉 시범 보며 줄넘기 운동 맛보기
◉ 준비운동
• 뇌체조로 몸을 이완하기
◉ 명상 및 이미지 트레이닝
• 명상으로 마음을 가라앉히고, 눈을 감고 줄넘기를 하는 모습 떠올리기
• 줄넘기 감각 느끼기
• 개인 줄넘기 운동 8종을 종류별로 시범을 보면서 해보기
• 한 종목 당 30초씩 해보기</td>
<td>10
(20)</td>
<td>* 늘이기, 돌리기, 흔들기, 털기 등

- 개인 줄넘기
♥ 실천, 모방하기</td>
</tr>
<tr>
<td>〈활동 5〉 수준에 맞는 줄넘기 게임
• 남, 여 혼성으로 5인 3팀 편성하기
• 각 모둠에서 8종 중 5종을 선택하여 연습
• 처음 선택한 종목을 변경해서 연습 가능 (칭찬, 격려로 즐겁게 연습)
• 5종을 통과 한 팀은 선택놀이</td>
<td>15
(35)</td>
<td>* 친구들과 함께 목표도달이 쉬운 종목을 선택하도록 한다.
♣ 개별화, 리듬활용
♥ 기능의 통합</td>
</tr>
<tr>
<td>피드
백
및
격려
하기</td>
<td>정리
및
평가</td>
<td>◉ 게임 평가 및 정리운동
• 친구와 나의 잘한 점 칭찬하기
• 정리 운동을 통해 온몸을 풀어주기
◉ 학습 정리하기, 실천의지
• 평소에 하던 줄넘기보다 다양한 종목의 줄넘기를 알게 되었다.
• 양발 교대로 빠르게 넘는 것이 재미있었지만 힘이 들었다.
• 처음 하는 종목을 친구와 선생님의 도움으로 재미있게 할 수 있었다.
• 쉬는 시간, 점심시간 연습계획 세우기
◉ 차시예고
• 패스와 뻿기 연습</td>
<td>5
(40)</td>
<td>* 늘이기, 돌리기, 흔들기, 털기 등

* 잘된 점을 중심으로 발표하도록 한다.

♣ 경험확대, 활동 수용
♥ 모방, 완성, 실천 하기</td>
</tr>
</table>

<table>
<tr><td colspan="2">학습주제</td><td>짝 줄넘기</td><td>차시</td><td>2/20</td></tr>
<tr><td colspan="2">학습목표</td><td colspan="3">짝과 함께 여러 가지 줄넘기를 할 수 있다.</td></tr>
<tr><td>학습
과정</td><td>내용</td><td>교수 · 학습 활동</td><td>시간
(′)</td><td>뇌기반원리(♣)
전략(♥)
학습자료(-),
유의점(*)</td></tr>
<tr><td rowspan="3">학습
문제
파악
하기</td><td>사전
경험

학습
문제
확인</td><td>◉ 요양호 학생 확인
• 지정된 장소에서 관찰하기
◉ 학습관련 경험 상기하기
• 지난시간 배운 줄넘기 이야기
• 짝과 함께 줄넘기 한 경험 이야기
◉ 학습 문제 제시
짝과 함께 여러 가지 줄넘기를 해보자</td><td>3
(3)</td><td>- 휘슬, 줄넘기, 관찰 기록표
♣ 동기유발, 긍정 정서
♥ 환경, 분위기 조성</td></tr>
<tr><td rowspan="2">내용
이해</td><td>◉ 학습 활동 순서 안내
〈활동1〉 짝과 함께 하는 줄넘기 알아보기
〈활동2〉 지난 시간 배운 줄넘기 복습하기
〈활동3〉 짝 줄넘기 탐색
〈활동4〉 짝 줄넘기 연습</td><td rowspan="2">5
(8)</td><td rowspan="2">- 이동 칠판</td></tr>
<tr><td>〈활동1〉 짝과 함께 하는 줄넘기 알아보기
• 앞뒤로, 마주 서서 넘기
• 옆으로 나란히 넘기
• 옆으로 나란히 서서 번갈아 넘기
• 수평 넘기</td></tr>
<tr><td>게임
전략
및
방법
탐색
하기</td><td>게임
실행</td><td>◉ 준비 운동
• 뇌체조로 몸을 이완하기
◉ 명상 및 이미지 트레이닝
• 명상 후, 눈을 감고 줄넘기 동작을 연상하기
◉ 게임 실행
〈활동 2〉 지난시간 배운 줄넘기 복습하기
• 줄넘기 감각 느끼기
• 팀별로 전 시간 연습한 5종의 줄넘기 연습
〈활동3〉 짝 줄넘기 탐색
• 시범을 보면서 짝 줄넘기 방법 탐색
• 두 명이 같은 방향으로 서서 뒷사람이 줄을 잡고 돌리면서 같이 뛰기
• 두 명이 마주보고 서서 한사람이 돌리면서 같이 뛰기
• 두 명이 옆으로 나란히 서서 한 팔씩 동시에 돌리면서 뛰기</td><td>12
(20)</td><td>* 늘이기, 돌리기, 흔들기, 털기 등
- 개인 줄넘기
♥ 탐색, 활용하기
♣ 경험확대, 리듬 활용, 활동수용
♥ 실천, 모방하기</td></tr>
</table>

<table>
<tr><td>게임
전략
및
방법
탐색
하기</td><td></td><td>• 두 명이 옆으로 나란히 서서 한 명씩 교대로 넘기
• 줄을 반으로 접어 한명은 앉아서 좌우로 왕복운동 하고 한명은 줄에 피해 수직으로 뛰기(팀 활동으로도 가능)

〈활동4〉 짝 줄넘기 연습
• 남, 여 혼성으로 5인 3팀 편성하기
• 연습 순서를 정해서 연습하기
• 체력 안배를 위해서 한 명씩 교대로 휴식
• 칭찬, 격려로 연습
• 과제 해결에 관한 의견 나누기
• 통과한 팀은 선택 놀이</td><td>5
(25)</td><td>* 친구의 의견을 끝까지 듣고 자신의 의견을 말하도록 한다.

♣ 경험확대, 리듬 활용, 안정성, 활동수용
♥ 기능의 통합</td></tr>
<tr><td>피드
백
및
격려
하기</td><td>정리
및
평가</td><td>◉ 게임 평가 및 정리운동
• 친구와 나의 잘한 점 칭찬하기
• 정리 운동을 통해 온몸을 풀어주기
◉ 학습 정리하기, 실천의지
• 혼자 하는 것보다 힘들었지만 짝과 함께하니 지루하지 않아서 좋았다.
• 과제를 하나씩 해결해 가는 과정이 재미있었고 친구와 같이 문제를 해결하니 더 친해졌다.
• 나란히 서서 번갈아 넘기가 재미있었다.
• 쉬는 시간, 점심시간 연습계획 세우기
◉ 차시예고
• 긴 줄넘기</td><td>5
(40)</td><td>* 늘이기, 돌리기, 흔들기, 털기 등

* 잘된 점을 중심으로 발표하도록 한다.

♣ 경험확대, 활동 수용
♥ 모방, 완성, 실천하기</td></tr>
</table>

<table>
<tr><td>학습주제</td><td colspan="3">한 방향 긴 줄넘기 리듬 찾기</td><td>차시 3/20</td></tr>
<tr><td>학습목표</td><td colspan="4">팀으로 여러 가지 긴 줄넘기를 할 수 있다.</td></tr>
<tr><td>학습
과정</td><td>내용</td><td>교수 · 학습 활동</td><td>시간
(′)</td><td>뇌기반원리(♣)
전략(♥)
학습자료(-),
유의점(*)</td></tr>
<tr><td rowspan="3">학습
문제
파악
하기</td><td>사전
경험

학습
문제
확인</td><td>◉ 요약호 학생 확인
• 지정된 장소에서 관찰, 기록하기
◉ 학습관련 경험 상기하기
• 지난시간 배운 줄넘기 이야기
• 긴 줄넘기 한 경험 이야기
◉ 학습 문제 제시
팀으로 여러 가지 긴 줄넘기를 해보자</td><td>3
(3)</td><td>- 휘슬, 줄넘기, 관찰 기록표
♣ 동기유발, 긍정 정서
♥ 환경, 분위기 조성</td></tr>
<tr><td rowspan="2">내용
이해</td><td>◉ 학습 활동 순서 안내
〈활동1〉 팀으로 함께 할 수 있는 긴 줄넘기 알아보기
〈활동2〉 지난 시간 배운 짝 줄넘기 복습하기
〈활동3〉 긴 줄넘기 탐색
〈활동4〉 긴 줄넘기 연습</td><td rowspan="2">5
(8)</td><td rowspan="2">- 이동 칠판</td></tr>
<tr><td>〈활동1〉 팀으로 함께 할 수 있는 줄넘기 알아보기
• 팀원이 동시에 15회 뛰기
• 한명씩 들어가서 3번 뛰기
• 차례로 들어가고 다 들어가면 차례로 나오기</td></tr>
<tr><td>게임
전략
및
방법
탐색
하기</td><td>게임
실행</td><td>◉ 준비 운동
• 뇌체조로 몸을 이완하기
◉ 명상 및 이미지 트레이닝
• 명상 후, 눈을 감고 줄넘기 동작 연상하기
◉ 게임 실행
〈활동 2〉 지난시간 배운 줄넘기 복습하기
• 줄넘기 감각 느끼기
• 팀별로 지난 시간 연습한 줄넘기 연습
〈활동3〉 긴 줄넘기 탐색
• 시범을 보면서 긴 줄넘기 방법 탐색
• 전원이 긴줄에 1열로 서서 줄을 돌리면 동시에 15회 뛰기
• 돌아가는 긴줄에 한 명씨 들어가서 3번 뛰고 나오기긴
• 돌아가는 줄에 1명씩 차례로 들어가 다 들어오면 들어간 순서대로 차례로 빠져 나오기</td><td>12
(20)</td><td>* 늘이기, 돌리기, 흔들기, 털기 등
* 돌리는 사람 교대해서 모두가 과제를 통과하도록 한다.
* 먼저 들어간 사람은 뒤 사람의 자리 확보를 위해 양끝으로 옮기도록 한다.
- 줄넘기, 팀 조끼

♣ 경험확대, 리듬 활용, 활동수용
♥ 탐색, 활용하기</td></tr>
</table>

게임 전략 및 방법 탐색 하기		〈활동4〉 긴 줄넘기 연습 • 남, 여 혼성으로 5인 3팀 편성하기 • 연습 순서를 정해서 연습하기 • 체력 안배를 위해서 한 명씩 교대로 휴식 • 칭찬, 격려로 연습하기 • 과제 해결에 관한 의견 나누기 • 통과한 팀은 선택 놀이하기	15 (35)	* 친구의 의견을 끝까지 듣고 의견을 말하도록 한다. ♣ 경험확대, 리듬 활용, 안정성, 활동수용 ♥ 기능의 통합
피드백 및 격려 하기	정리 및 평가	◉ 게임 평가 및 정리운동 • 친구와 나의 잘한 점 칭찬하기 • 정리 운동을 통해 온몸을 풀어주기 ◉ 학습 정리하기, 실천의지 • 협동하지 않으면 과제해결이 어려웠다. • 같이 연구해서 문제를 하나씩 해결하니 기분이 좋았다. • 차례로 연속해서 들어갔다가 다시 나오는 운동이 재미있었다. • 계속해서 뛰니까 체력이 부족했다. • 쉬는 시간, 점심시간 연습계획 세우기 ◉ 차시예고 • 팀으로 긴 줄넘기 하기	5 (40)	* 늘이기, 돌리기, 흔들기, 털기 등 * 잘된 점을 중심으로 발표하도록 한다. ♣ 경험확대, 활동수용 ♥ 모방, 완성, 실천하기

학습주제	양 방향 긴 줄넘기 리듬 찾기			차시	4/20
학습목표	팀으로 여러 가지 긴 줄넘기를 할 수 있다.				
학습 과정	내용	교수 · 학습 활동	시간 (′)	뇌기반원리(♣) 전략(♥) 학습자료(-), 유의점(*)	
학습 문제 파악 하기	사전 경험 학습 문제 확인	◉ 요양호 학생 확인 • 지정된 장소에서 관찰, 길고하기 ◉ 학습관련 경험 상기하기 • 지난시간 배운 줄넘기 이야기 • 긴 줄넘기 한 경험 이야기 ◉ 학습 문제 제시 팀으로 여러 가지 긴 줄넘기를 해보자	3 (3)	- 휘슬, 줄넘기, 관찰 기록표 ♣ 동기유발, 긍정 정서 ♥ 환경, 분위기 조성	
	내용 이해	◉ 학습 활동 순서 안내 〈활동1〉 팀이 함께 할 수 있는 긴 줄넘기 알아보기 〈활동2〉 양방향 긴 줄넘기 탐색 〈활동3〉 양방향 긴 줄넘기 연습	5 (8)	- 이동 칠판	
		〈활동1〉 팀으로 할 수 있는 긴 줄넘기 알아보기 • 팀별로 한명씩 들어가 다 들어가면 전원이 3번 뛰고 한명씩 빠져나오기 • 줄을 마주 보고서서 양 방향에서 한명씩 들어오기 • 줄을 마주 보고서서 양 방향에서 두 명씩 동시에 들어오기			
게임 전략 및 방법 탐색 하기	게임 실행	◉ 준비 운동 • 뇌체조로 몸을 이완하기 ◉ 명상 및 이미지 트레이닝 • 명상 후, 눈 감고 줄넘기 동작 연상하기 ◉ 게임 실행 〈활동 2〉 양 방향 긴 줄넘기 탐색 • 줄넘기 감각 느끼기 • 시범을 보면서 긴 줄넘기 방법 탐색 • 팀별로 한명씩 차례로 들어가고 마지막 선수가 들어가서 외치면 전원이 3번 뛰고 한명씩 빠져나오기 • 돌아가는 줄의 반대편에서 마주 보고서서 한명씩 교내로 들어오기 • 돌아가는 줄의 반대편에서 마주 보고서서 두 명씩 동시에 들어오기	12 (20)	* 늘이기, 돌리기, 흔들기, 털기 등 * 돌리는 사람 교대해 시 모두기 괴제를 통과하도록 한다. ♥ 탐색, 활용하기 - 긴 줄넘기, 팀 조끼 ♣ 경험확대, 리듬 활용, 활동수용 ♥ 실천, 모방하기	

게임 전략 및 방법 탐색 하기		〈활동3〉 양 방향 긴 줄넘기 연습 • 남, 여 혼성으로 7-8명씩 2팀 편성하기 • 연습 순서를 정해서 연습하기 • 체력 안배를 위해서 두 명씩 교대로 줄 돌리면서 휴식하기 • 칭찬, 격려로 연습하기 • 과제 해결에 관한 의견 나누기 • 통과한 팀은 선택 놀이하기	15 (35)	* 먼저 들어간 친구는 뒤 사람이 들어올 자리 확보를 위해 앞으로 당긴다. ♣ 경험확대, 리듬 활용, 안정성, 활동수용 ♥ 기능의 통합
피드백 및 격려 하기	정리 및 평가	◉ 게임 평가 및 정리운동 • 친구와 나의 잘한 점 칭찬하기 • 정리 운동을 통해 온몸을 풀어주기 ◉ 학습 정리하기, 실천의지 • 기능이 부족한 친구들이 잘 할 수 있도록 도와주는 것이 중요했다. • 줄에 들어가는 것이 무서웠는데 친구가 손을 잡고 들어가 줘서 자신감이 생겨 혼자서도 들어갈 수 있게 됐다. • 양쪽에서 동시에 들어갔다가 나오는 운동이 재미있었다. • 계속해서 뛰기 위해선 체력이 필요했다. • 쉬는 시간, 점심시간 연습계획 세우기 ◉ 차시예고 • 긴 줄넘기 놀이	5 (40)	* 늘이기, 돌리기, 흔들기, 털기 등 * 잘된 점을 중심으로 발표하도록 한다. ♣ 경험확대, 활동 수용 ♥ 모방, 완성, 실천하기

<table>
<tr><td>학습주제</td><td colspan="2">긴 줄넘기 게임</td><td>차시</td><td>5/20</td></tr>
<tr><td>학습목표</td><td colspan="4">긴 줄넘기에서 여러 가지 놀이를 할 수 있다.</td></tr>
<tr><td>학습
과정</td><td>내용</td><td>교수 · 학습 활동</td><td>시간
(′)</td><td>뇌기반원리(♣)
전략(♥)
학습자료(-),
유의점(*)</td></tr>
<tr><td rowspan="3">학습
문제
파악
하기</td><td>사전
경험

학습
문제
확인</td><td>◉ 요양호 학생 확인
• 지정된 장소에서 관찰, 기록하기
◉ 학습관련 경험 상기하기
• 지난시간 배운 줄넘기 이야기하기
• 긴 줄넘기 한 경험 이야기하기
◉ 학습 문제 제시
긴 줄넘기에서 여러 가지 놀이를 해보자</td><td>3
(3)</td><td>- 휘슬, 줄넘기, 관찰 기록표
♣ 동기유발, 긍정 정서
♥환경, 분위기 조성</td></tr>
<tr><td rowspan="2">내용
이해</td><td>◉ 학습 활동 순서 안내
〈활동1〉 긴 줄넘기 놀이 종류 탐색하기
〈활동2〉 긴 줄넘기 놀이 방법 탐색하기
〈활동3〉 긴 줄넘기 놀이 연습하기
〈활동4〉 긴 줄넘기 게임하기</td><td rowspan="2">5
(8)</td><td rowspan="2">- 이동 칠판</td></tr>
<tr><td>〈활동1〉 긴 줄넘기에서 놀이 종류 탐색
• 긴 줄에 들어가서 가위, 바위, 보 놀이하기
• 긴 줄에 들어가서 동요에 맞추어 율동하기
• 동요와 가위, 바위, 보 연결 게임하기</td></tr>
<tr><td>게임
전략
및
방법
탐색
하기</td><td>게임
실행</td><td>◉ 준비 운동
• 뇌체조로 몸을 이완하기
◉ 명상 및 이미지 트레이닝
• 명상 후, 눈 감고 줄넘기 동작 연상하기
◉ 게임 실행
〈활동 2〉 긴 줄넘기 놀이 방법 탐색하기
• 줄넘기 감각 느끼기
• 시범을 보면서 긴 줄넘기 방법 탐색하기
• 두 명이 돌아가는 긴 줄을 마주보고 서 있다가 동시에 들어가 가위, 바위, 보 게임하기
• 돌아가는 긴 줄에 한 사람씩 들어가 동요에 맞춘 동작하기(꼬마야, 꼬마야)

〈활동3〉 긴 줄넘기 놀이 연습하기
• 돌아가는 긴 줄에 둘씩 들어가 동요에 맞춘 동작(꼬마야, 꼬마야)하고 가위, 바위, 보게임</td><td>15
(23)</td><td>* 늘이기, 돌리기, 흔들기, 털기 등

* 돌리는 사람 교대해서 모두가 과제를 통과하도록 한다.
♥ 탐색, 활용하기
- 긴 줄넘기, 팀 조끼

♣ 경험확대, 리듬 활용, 활동수용
♥ 실천, 모방하기</td></tr>
</table>

게임 전략 및 방법 탐색 하기		〈활동4〉 긴 줄넘기 게임 • 남, 여 혼성으로 5인 3팀 편성하기 • 1↔3, 2↔3, 1↔2 순으로 게임하기 • 체력 안배를 위해서 두 명씩 교대로 줄 돌리면서 휴식하기 • 칭찬, 격려, 응원하기 • 과제 해결에 관한 의견 나누기 • 쉬는 팀은 심판 및 경기 운영을 책임진다.	12 (35)	* 동요의 가사에 맞는 동작을 정확하게 한 후 게임에 참여하도록 한다. ♣ 경험확대, 리듬 활용, 안정성, 활동수용 ♥ 기능의 통합
피드백 및 격려 하기	정리 및 평가	◉ 게임 평가 및 정리운동 • 친구와 나의 잘한 점 칭찬하기 • 정리 운동을 통해 온몸을 풀어주기 ◉ 학습 정리하기, 실천의지 • 기능이 부족한 친구가 없어 이길 수 있었다. • 첨에는 줄에 들어가는 것이 무서웠는데 이제는 너무 재미있어 자꾸 하고 싶다. • 줄넘기에 이런 재미있는 게임이 있는 줄 처음 배웠다. • 줄넘기 운동에도 많은 체력이 필요함을 알았다. • 줄넘기 운동을 많이 해서 체력을 기르겠다. • 쉬는 시간, 점심시간 연습계획 세우기 ◉ 차시예고 • 배드민턴 포핸드 스트로크	5 (40)	* 늘이기, 돌리기, 흔들기, 털기 등 * 잘된 점을 중심으로 발표하도록 한다. ♣ 경험확대, 활동수용 ♥ 모방, 완성, 실천하기

제3부

뇌기반 정서 역량 향상 프로그램

제 1 장

뇌교육 기반 단식프로그램1)

1. 프로그램 개발 목적

현대인들은 과거에 비해 고된 노동으로부터 자유로와졌으며 더 영양가 있는 식품의 섭취와 더불어 첨단화 된 의료혜택을 누리고 있다. 그럼에도 불구하고 특별한 원인을 알 수 없는 각종 질병에 시달리고 있는데 이러한 현상은 스트레스가 주된 원인이다(표용하, 2003). 그리고 빠르게 변하고 있는 도시화와 정보화로 인해 복잡하고 긴장된 생활이 계속될 뿐만 아니라 개인이 속하고 있는 조직사회, 학교, 가정, 국내외에서 발생하고 있는 여러 가지 충격적인 사건 사고 등이 스트레스가 되어 신체적, 정신적으로 위협한 지 오래되었다. 한국인의 스트레스는 전 생애에 걸쳐서 경험하게 되는데 특히 성인들은 취업난, 결혼과 출산, 사회적 체면으로 인하여 부담하게 되는 품위유지비용과 과중한 업무, 노후불안 등이 스트레스의 주된 원인이다(국민건강 보험공단, 2012: 경기개발연구원, 2012: 김희연 외: 매경이코노미, 2012: 김희연 외). Brenner(1978)는 현대인들이 겪고 있는 질병 중 약 50-70%가 스트레스와 관련되어 있다고 주장하였는데 최근 미국 의학전문가들은 75~90%의 의사 진료가 스트레스와 관련이 있다고 평가하면서 스트레스의 심각성을 지적하였다(Heidi Hanna, 2013). 현대인들은 스트레스로 인해 순환기 질환, 근골격계 질환, 관상동맥 질환, 요통, 생리적 이상 등의 신체 증상을 경험하게 된다(Zhou, Wege, Gu, Shang, Li, & Siegrist, 2010). 그리고 우울, 불안 및 걱정 등의 정신적 증상과 혈압상승, 수면부족으로 인한 면역기능의 저하와 호르몬의 불균형으로 질병에 노출되기 쉽다(이복임, 2009: 김득란, 1998). 또한 이들 질병을 치료하기 위한 의료비 지출이 클 뿐

1) 유행복(2017)의 석사학위 논문을 요약 정리하였음.

만 아니라 주로 약물에 의존하고 있으며 그에 따른 부작용을 경험하는 경우가 많고 치료가 완치되지 않는 만성질환자로 이어지기도 한다. 이런 이유로 선진국에서는 대체의학으로 자연 치유법을 포함한 보완대체요법에 대한 관심이 높아지고 있다(김명숙, 2001). 보완대체요법에는 단식, 절식이 포함되어 있으며 단식의 효과로는 체질개선, 정력 강화, 치매예방과 두뇌개발(활성화), 질병치유 및 비만개선, 영성개발, 의지력 및 자신감 회복(김동극, 1999)이 있다. 대부분의 현대인들이 생각하는 단식은 굶어서 살을 빼는 것이라는 인식이 지배적(박은영, 2011)이지만 통합 의학 분야에서 자연치유력과 항상성(恒常性 Homeostasis)은 단식이 가장 뛰어나다고 하면서 단식의 중요성을 강조하였고(임평모, 1996), 인체 스스로가 질병을 치유하고 회복할 수 있도록 도와주는 자연의학 분야에서도 단식의 효과를 강조하였다(김수영, 2005). 단식은 삶의 깊은 휴식이자 건강하게 살기 위한 준비 작업이며(권경애, 2008), 몸의 정화와 함께 심리적으로 편안함과 영적 감수성까지 얻게 된다(권옥분, 2014). 또한 단식은 인간의 정신력을 단련하고 수양하는 데 좋은 계기가 되고, 스트레스로 인한 정신적인 반응을 쉬게 하여 저항력을 증대시키고 정신적인 불안과 긴장의 악순환이 사라지고 자아통합력이 강화된다고 하였다(김지원, 2006).

이러한 관점에서 연구자는 현대인들이 건강을 유지하고 풍요로운 삶을 누리는 데 장애가 되는 요소 중의 하나가 과도한 스트레스의 경험이고, 스트레스라는 요인이 삶의 질에 미치는 영향이 상당히 크다는 점(윤정미, 2006)을 감안하여 스트레스를 조절·해소하는 방법으로써 신체적·정신적인 효과가 공존해 있는 단식의 활용이 좋은 방안이 될 수 있을 것이라고 판단하였다.

현재까지 수행된 단식 연구들을 살펴보면 신체적인 효과 측면, 정신적 효과 측면, 신체와 정신의 통합 효과 측면 등 세 가지 측면으로 분류해 볼 수 있다.

첫째, 신체적인 효과 측면으로는 질병치유와 임상적용에 관한 연구, 다이어트 효과성을 포함한 신체조성에 관한 연구, 생활태도에 관한 연구로 분류된다.

질병치유와 임상적용에 관한 연구는 갱년기 유도백서에서 간헐적 단식이 치매와 관절염에 미치는 영향과 질병들의 상호작용(신배근, 2016), 절식보조음료 감로수(甘露水) 개발을 위한 선행연구: 증례보고(오달석 등, 2015), 사상처방과 단식요법을 활용한 건선 치험 2례(한수진, 송정모, 2010), 성기능 장애에 미치는 영향(김수영, 2005)이 있다. 다이어트 효과성을 포함한 신체조성에 관한 연구로는 저항성 운동과 간헐적 단식프로그램이 신체조성에 미치는 영향(김진우, 2014), 간헐적 단식이 신체조성과 체력, 면역력에 미치는 영향(조용준, 2014), 과채즙 단식의 인식 및 실태와 만족도(김지현, 2014), 단식요법이 비만감소 및 체성분 변화에 미치는 영향 분석(손태영, 2011), 효소단식과 요가수련이 비만해소에 미치는 영향(류현민, 2011), 단식요법 후 체질식이가 비만 개선에 미치는 영향(주인학, 2010), 절식요법을 시행한 입원 환자의 후향적 연구(정순관, 2007), 생식단식에서 마그밀 복용법과 커피관장의 효과 비교 연구(김지원, 2006), 커피관장을 겸한 절식요법 치험 1례(차윤엽 등, 2006), 야채효소단식과 생수단식의 효과 비교연구(황의형, 김정연, 2004), 절식요법의 체중감량 효과와 체성분 변화에 대한 관찰(신승우 등 2003), 절식요법을 시행한 비만 환자의 체성분 변화에 관한 임상적 고찰(문성원, 2001)이 있다. 생활태도 변화의 검증에 관한 연구로는 단식이 생활습관 변화에 미치는 영향(김승주, 2014)이 있다.

둘째, 정신적 효과 측면으로는 절식법으로 치료한 갱년기 우울증 1례에 대한 임상보고(전미연, 정인철, 이상룡, 2009), 절식요법 전후의 심박변이도 변화에 관한 연구(이한성 등, 2006)가 있다.

셋째, 신체와 정신의 통합 효과 측면으로는 과채즙 단식의 인식 및 실태와 만족도(김지현, 2014), 아유르베딕 체질 구분에 따른 단식체험에 대한 현상학적 연구(박은영, 2011), 아유르베딕 단식프로그램 개발(권경애, 2008), 단식요법이 비만 및 자아존중감에 미치는 영향(박은미, 2006), 운동이 포함된 절식프로그램이 심신건강에 미치는 영향(허요하, 손애리, 서경현, 2006)이 있다.

이상의 단식에 관한 기존의 선행연구를 보면 타 연구들에 비해 단식에 관한 연구사례가 적을 뿐만 아니라 그중 대부분이 신체비만과 관련된 연구로 편중되어 있어 상대적으로 정신적인 효과 측면의 연구는 매우 적은 편이다. 또한 체계적인 단식 프로그램에 관한 연구는 전무하였고, 현대인의 삶을 위협하는 큰 요소 중의 하나인 스트레스와 단식에 관한 연구는 절식요법 전후의 심박변이도 변화에 관한 연구(이한성 등, 2006) 단한 편으로 현대인들이 느끼고 체험하는 스트레스에 관한 연구는 거의 없는 실정이었다.

이에 본 연구자는 단식이 스트레스에 미치는 효과에 관한 연구 필요성과 함께 단식은 신체적·정신적인 건강을 이루는 데 좋은 효과를 발휘하지만 무분별하게 시행된 단식으로 건강에 악영향을 주거나 단식 과정 중에 나타날 수 있는 신체적 고통과 정신적 부담감, 배고픔, 단식 후의 요요현상 등 관리를 위해서 체계적인 교육 프로그램 개발이 필요하다고 판단되었다. 임평모(2005)와 김동극(1999)는 단식의 효과 증대와 내면의 자신감 강화를 위해서는 명상과 이완법, 호흡법 등의 정신수양법이 병행이 되면 더 좋은 단식이 될 수 있을 것이라고 주장하였지만 선행연구의 결과를 보면 단식프로그램에 명상이 활용된 예로는 손태영(2011)의 연구 한 편으로 매우 저조하였다.

이런 문제점을 해결하기 위해 선행 연구에서 부족한 부분이었던 명상, 호흡, 이완

등 정신수양 방법을 잘 활용하고 적절한 신체적 활동을 통해서 단식 수행으로 인한 스트레스를 감소시키면서 단식효과는 증대시키기 위하여 뇌교육(brain education)'을 기반으로 하였다.

뇌교육은 우리나라 전통 선도문화에서 출발한 심신수련법이며 뇌를 바로 알고 뇌를 활용함으로써 삶을 변화 시키고 성장시킬 수 있다고 본다. 더 나아가 삶의 가치를 높이는 것을 목적으로 하면서 감정과 생각에 반응하며 살고 있는 자신에 대한 반성적 자각을 통해 자신을 타인 그리고 사회와 연결시키는 의식의 확장을 중요하게 생각하고 있다(이승헌, 2006). 뇌교육은 뇌체조, 명상, 호흡, 상호교류 등을 활용하여 몸의 오감을 통한 감각을 예민하게 하고, 예민하게 된 감각을 통해 뇌 속에 있는 정보들까지 인식할 수 있는 수준에 이르게 하여, 궁극적으로는 뇌 속의 정보를 잘 관찰할 수 있는 능력을 개발하여 이들 정보를 선택·조절함으로써 인지적 구조를 개인이 의도하는 바대로 재구성하는 것을 목표로 한다(오미경, 2011). 뇌교육은 신체와 정신을 통합하는 내향적인 활동을 통해 신경계의 발달을 최적화하는 체험중심적인 교육이라는 것이라고 정의되고, 따라서 뇌교육은 뇌와 몸이 분리된 것이 아님을 자각하고 뇌의 실제적 변화를 위한 체험중심적인 교육방법이다(이승헌, 2006).

스트레스는 개인의 내적 또는 외적 요구가 개인의 가용한 대처자원의 수준을 초과할 경우에 스트레스를 경험하게 된다는 것으로(하정희, 조한익, 2006), 스트레스 인자 자체가 스트레스를 유발하는 것이 아니라 개인이 그 인자를 자신에게 위협적이라고 지각하거나 적절히 대처 할 수 없다고 판단할 때 스트레스가 발생한다는 것이다.

이런 관점에서 볼 때 뇌교육은 심신건강법이며 뇌 속의 정보를 인식, 관찰, 조절할 수 있는 점과 자신과 타인 그리고 사회로의 의식의 확장을 일으키는 체험 중심적 교육방법이라는 점(안채윤, 2016), 또한 자신이 원하는 대로 목표를 이룰 수 있는 생산적인 뇌, 기존의 패턴을 답습하지 않고 새로운 가치를 창조할 수 있는 뇌, 그리고 자신 안의 내면의 평화를 체험하고 그 평화를 실현할 수 있는 힘이 있는 뇌로 체험, 훈련하는 것(이승헌, 2006)이 스트레스를 조절·해소하기에 적합하다고 판단되어 단식에 활용하였다.

뇌교육 기반 단식프로그램은 자신과 타인을 포함한 환경을 이해함으로써 스트레스를 조절, 해소하고 자신이 원하는 방향으로 주도적으로 미래를 설계하고 삶의 가치를 향상시키는데 활용될 수 있을 것이다.

본 연구는 성인을 대상으로 뇌교육에 기반 한 단식프로그램을 적용하여 스트레스 반응과 하위 반응, 신체 증상과 하위 증상에 미치는 효과 검증과 심층면담분석을 통하여 몸, 마음, 의식의 변화와 성장에 미치는 효과를 연구하는 데 목적을 두었다.

2. 프로그램 개발을 위한 이론적 기초

가. 뇌교육 기반 단식

1) 개념

현대사회는 과학의 발달로 인간의 삶을 보다 편리하게 변화시켰을 뿐만 아니라 생활여건의 개선과 삶의 질은 향상 되었지만 한편으로는 사회가 복잡해지고 빠르게 변화함에 따라 그로 인한 스트레스로 인해 많은 신체적·정신적 고통을 겪으면서 살아가고 있다. 단식의 효과는 체질개선, 질병치유 및 비만개선, 정력 강화, 치매예방과 두뇌개발(활성화), 영성계발과 정신건강 회복이 있으며, 이런 단식의 효과는 스트레스로 인한 심신의 건강회복에 많은 도움을 주었다. 선행연구를 살펴보면 단식으로 체중감소, 비만이 해소되어 자아 존중감이 상승되었고, 불안과 갱년기 우울증에 좋은 효과가 나타났으며 심전도 검사에서 스트레스에 대한 저항력이 커졌다. 그러나 단식은 굶어야 한다는 부담감이 크기 때문에 자주 접근하기 힘는 분야이고, 또한 단식을 시행하면 결과적으로는 신체적 건강과 정신적 안정에 많은 도움을 주지만 단식 수행 과정에서 오는 스트레스도 간과해서는 안 된다. 단식 초기의 음식생각과 명현현상으로 인한 전신몸살, 구토, 두통 등은 단식을 포기하게 만들 만큼 힘들게 느껴지기도 하고 단식을 진행하면서 겪게 되는 지루함, 단식 후의 요요현상, 무분별한 단식 시행으로 인한 건강의 악화도 단식과 관련된 스트레스임은 틀림없는 사실이다. 단식의 선행연구를 보면 단식 중의 힘듬을 완화시켜 줄 수 있는 프로그램 없이 단지 굶기만 한 경우와 자연건강요법과 운동요법 중의 일부분만 한정적으로 시행 한 경우가 대부분이었고 의식을 성장시켜 스트레스를 조절·해소할 수 있는 프로그램에 관한 연구는 한 편도 없었다. 단식을 체험하면서 얻게 되는 효과중의 하나로 기존의 습관을 바꾸고 의식을 변화시키는 효과도 있다. 그러나 교육으로 의식의 변화가 일어나지 않으면 일회성의 효과에 그치거나 정신적 효과중의 하나인 편안한 느낌만으로 한정되어, 삶을 변화시키는 깨달음이나 자각으로 연결되지 않을 수 있기에 교육의 필요성을 절감하게 되었다. 김동극(1999)은 단식으로 정신수양, 인격수련, 깨달음의 고차원적인 목적을 위해 단식을 시행하지만 이런 고차원의 효과는 한두 번의 단식으로 눈에 뜨일 정도로 나타나는 것은 아니니 반복되는 단식으로 조금씩 달라지게 된다고 하였다. 그러나 본 연구자는 한 번의 단식 경험으로도 단식의 효과는 극대화시키면서 단식 수행 중 고통을 줄여주고 단식 후의 식습관 개선에 도움을 주는 내용뿐만 아니라 의식의 성장 변화를 이끌어 낼 수 있는 교육 프로그램이 필요하다고 판단되었다. 뇌교육 기반 단식프로그램은 단식의 자연치유력과 정화력을 바탕으로 뇌교육의 철학과 방법을 활용하여 타인, 환경으로 의식의 확장을 유도하고 자신이 원하는 방향으로 스트레스를 조절·해소하여 삶의 가치를 높이는 프로그램이다.

2) 특징

단식 선행연구를 살펴보면 프로그램을 개발·적용하여 효과를 검증한 경우가 없으므로 비교는 할 수 없지만 문헌과 기존 선행연구를 토대로 뇌교육 기반 단식프로그램의 특징을 살펴보기로 하다.

첫째, 뇌교육 기반 단식프로그램은 문헌과 선행연구를 참조하여 요법들을 최대한 적용하였다. 문헌연구에서 언급하거나 강조하였지만 선행연구에서는 사용되지 않는 요법 즉, 다양한 명상과 체조, 25분 냉욕을 사용하였다.

둘째, 뇌교육 기반 단식프로그램은 단식중의 명현현상 해소에 상당한 도움을 준다. 뇌교육 기반 단식에 사용된 여러 가지 요법들은 명현현상의 강도를 줄여주고 기간도 짧게 해주어 단식을 수행함에 있어 스트레스를 줄여준다.

셋째, 뇌교육 기반 단식프로그램은 다양한 요법을 사용하였다. 기존 연구에서는 자연건강요법과 운동요법 중 일부분 적용이 대부분이었지만 뇌교육 기반 단식에서는 내면요법과 강의요법이라는 이름을 처음으로 사용하여 추가하였고 각 세부 항목을 다양하게 적용하여 참여자들의 단식 중의 지루함과 음식 생각을 감소시켜 주었다.

넷째, 뇌교육 기반 단식프로그램에서는 운동요법, 자연건강요법, 내면요법, 강의요법을 사용하여 이들 요법들이 서로 상호작용을 일으켜 내면정화에 도움을 주어 새롭게 자신의 삶을 되돌아보게 하여 자신의 참모습을 찾는데 도움을 주었다.

다섯째, 뇌교육 기반 단식프로그램은 스트레스로 인해 상처 받은 마음을 자연스럽게 표현하게 하여 심리치료의 효과를 갖게 하였다.

여섯째, 뇌교육 기반 단식프로그램은 나, 국가, 우리로 의식이 확대되게 구성하였다. 자기의 내면을 정화하고 홍익철학으로 국가에 대한 인식을 바꾸고, 그 후 사람과 하나 됨과 감사함으로 구성하여 의식을 확장시켰다.

일곱째, 뇌교육 기반 단식프로그램을 끝까지 해냄으로써 뇌 속에 성공의 기억을 주어 자신에 대한 긍정적인 평가로 자신감이 향상되는 결과를 얻게 된다.

여덟째, 단식을 완주하는 것도 목표이지만 그 완주하는 과정에 여러 가지 요법들, 예를 들어 냉온수욕, 25분 냉욕, 산행 등을 수행하면서 작은 성공의 반복적인 경험으로 자신감을 회복하게 된다.

아홉째, 뇌교육 기반 단식프로그램은 자기 내면을 정화하여 타인으로 의식을 확대하여 타인을 새롭게 평가하도록 하였고 인간관계로부터 받은 스트레스를 해결하는 데 도움을 주고자 했다.

열 번째, 뇌교육 기반 단식프로그램은 집단 속에서 함께 하는 활동이 많다. 집단 속에서의 상호교류를 통해 심리적 안정과 친밀감, 신뢰감을 빠르게 형성하고 참여자의 유대관계에 긍정적인 영향으로 자신을 쉽게 개방할 수 있도록 하였고, 참여자들과의 피드백을 통해 자신만이 가진 문제가 아니라는 깨달음과 공감하고 위로를 나누는 시간을 내어 대인관계와 사회성이 향상되도록 하였다.

열한 번째, 뇌교육 기반 단식프로그램은 단식을 통해 앞으로의 삶을 건강하게 살아갈 수 있도록 스스로 새로운 길을 찾고 창조해 나가도록 하였다. 새로운 삶의 주인이 되게 비전을 세우고 새로운 정신과 새로운 식습관을 가지도록 하였다.

열두 번째, 뇌교육 기반 단식프로그램은 기존의 단식 프로그램과는 달리 신체, 정신, 의식의 각 측면을 고려하여 어느 한 쪽에도 치우치지 않는 통합적인 접근법을 시도하였다.

열세 번째, 뇌교육 기반 단식프로그램은 체계적인 절차에 따라 구성된 프로그램이다.

3) 방법

앞에서 살펴 본 단식의 효과는 단식자체의 효과도 있지만, 김동극(1999)은 단식 중 내면의 자신감을 기르기 위해 명상을 강조하였고, 임평모(1996)는 단식의 효과를 증가시키기 위해서는 심신이완법과 호흡을 고르게 하는 호흡법과 질병치유와 건강한 모습을 상상하는 이미지법의 필요성에 대해 말하였다. 박은영(2011)은 아유르베딕 체질구분에 따른 단식 체험에 대한 현상학적 연구에서 단식 중 호흡법, 명상법 등의 정신수행방법의 필요성을 강조하였다. 그래서 기존 단식프로그램의 부족한 내면요법을 뇌교육의 교육방법을 활용하였다. 본 연구에서는 신체 움직임, 명상, 호흡, 상호교류, 자기반성, 강의의 요소를 적용하였는데 뇌체조를 포함한 신체 움직임은 운동요법으로, 호흡, 명상, 강의, 자기반성, 상호교류를 단식의 내면요법으로, 강의와 시청각 교육은 강의요법으로 추가 하였고, 뇌교육의 철학을 접목하여 뇌교육 기반 단식을 구성하였다. 뇌교육 기반 단식프로그램은 <표 3-1>와 같다.

〈표 3-1〉 뇌교육 기반 단식프로그램 각 요법

요법	세부 나누기	상세 항목
자연건강요법	자연건강법	25분 냉욕, 냉온수욕, 풍욕, 관장, 된장찜질
운동요법	체조	뇌체조, 절체조
	걷기	산책, 산행
내면 요법	뇌교육 명상	에너지집중명상. 미용감사명상, 칭찬명상, 산치유명상, 호흡감사명상, 아침명상, 비전명상, 음식명상
	호흡	가슴호흡
	상호교류	사랑주기, 나눔, 안아주기, 편지쓰기
	자기반성	일지, 나를 위한 시간
강의요법	강의	강의, 시청각 교육(동영상 시청)
기타		감잎차 음용

① 25분 냉욕

25분 냉욕은 몸속의 당분이나 알코올을 제거하는 자연건강요법으로 14－18°C의 찬 물에 20분간 들어갔다가 그 뒤 5분간 온탕에서 몸속이 냉기를 제거하고 그 후 8－10회의 냉온수욕을 하는 것이다. 이 요법을 시행할 때 몸이 떨리는 증상이 나타날 수도 있는데 이것은 몸속의 알코올, 당분을 태우는 것으로 이런 것을 많이 먹은 사람일수록 많이 떨리며, 한 달에 한번, 계절이 바뀔 때 한번 씩 하면 효과가 좋고(김재춘, 2014), 감기에도 잘 걸리지 않는 건강한 몸이 된다. 25분 냉욕 후에는 보온에 주의해야 한다.

② 뇌체조

뇌체조란 미국의 교육전문가인 폴 데니슨 박사가 창안한 것으로 뇌기능을 전체적으로 활성화하기 위해 고안된 단순하고 재미있는 몸동작들로서 이론적 근거는 학습, 사고창조 등의 정신활동이 뇌만의 작용이 아니라 몸 전체의 작용이므로 뇌의 기능을 일깨우기 위해서는 무엇보다 신체의 움직임이 중요하다는 데서 출발한다고 한다(강명옥, 2010). 뇌교육의 뇌체조는 몸의 움직임인 동작, 호흡, 의식과 집중이 중요한 요소로서 기본적으로 단순히 몸을 움직이는 것이 아닌 에너지와 호흡을 느끼면서 집중하는 동작과 자연스런 호흡 조절 그리고 의식적 집중이 결합되면서 움직인다(김순하, 2013: 정명수, 심준영, 2001). 그래서 뇌교육의 뇌체조와 데니슨의 뇌체조의 차이점은 동작에 있다기보다 호흡과 의식에 있으며 데니슨 뇌체조는 동작과 뇌의 영향에 관심이 있다면 뇌교육의 뇌체조는 동작에 따른 호흡과 의식 그리고 뇌의 영향에 관심이 있고, 깨어있는 의식으로 동작을 하는 것이다(김순하, 2013). 방법으로는 머리, 목 마사지와 두드리기, 어깨운동, 팔 벌려 가슴 펴기, 손털기, 손뼉치기, 손바닥 비비기, 온몸 두드리기, 장운동, 단전치기, 온몸 털기 등 여러 종류가 있다(정명수, 심준영, 2001). 뇌교육에서는 '뇌체조'라고 하는 신체적 움직임을 매우 중요하게 생각하는데 배꼽 주위의 아랫배를 의도적으로 강하게 두드려주는 단전치기 및 장운동으로 단전을 강화하고 온몸을 비틀고, 두드리고, 당기고 늘리고, 용을 쓰는 다양한 방법을 활용하여 근육과 관절과 신경을 이완시킨다(오미경, 2011). 뇌체조의 깊은 호흡과 집중이 부교감신경의 활성을 유도하여 근육과 신경계를 이완시키고 안정된 정서 상태를 유발함으로써 공격성 감소에 영향을 준다(심준영, 2014). 또한 장운동과 단전치기 체조를 통해 장에서 90% 이상 분비되는 행복 호르몬인 세로토닌의 분비를 촉진하여 긴장된 기분이 이완되면서 행복감을 느끼고 되고 경쟁과 긴장 등 외부에 있는 현대인의 의식을 신체적 움직임 통해 몸에 집중시키고, 몸의 느낌을 느끼게 하면 자연스럽게 생각이 멈춰지면서 그로 인해 감정도 이완이 되어 전체적인 몸의 감각도 깨어나고 자연치유력도 회복시킬 수 있다(오미경, 2011). 그리고 단식 시 뇌체조를 꾸준히 해주게 되면 저강도의 운동이 체지방분해에도 도움을 줄 뿐만 아니라 식이요법 시에도 운동의 습관이 유지되어 단식 후 가장 큰 문제점인 요요현상을 예방하는 데 도움을 주게 된다.

③ 뇌교육 명상과 호흡

뇌교육은 한민족 고유의 전통적 심신수련법인 단학의 철학과 기본원리를 바탕으로 한국적 명상을 체계화한 방법이다(박순녀, 2014). 뇌교육 창시자인 이승헌은 명상을 '우리의 마음 혹은 의식을 지금 여기(now and here)에 주의 집중시켜 잡념이 없는 상태' 나아가 본성을 깨닫는 상태에 이르는 것이라 하였다(김진이, 2015). 미국의 국립 대체의학센터(NCCAM)와 미국심리학회(APA)에서는 명상(Meditation)을 심신수련법(mind－body intervention)의 일종이며 '비분석적 방법으로 자신의 마음에 주의집중하고, 이완을 통해 잡념을 없애고, 궁극적으로 생각이 없는 상태에 이르게 하는 기법'(Kotecki et al., 2014)이라고 하였고, 이승호(2015)는 위의 개념들을 정리하여 '명상은 우리의 마음을 지금 이곳에 집중시키는 기법' 또는 '주의 집중된 상태'라고 하였다.

명상의 범주에는 마음챙김 명상, 만트라 명상, 요가, 태극권(Tai Chi), 기공(Gigong, Chigong), 선도명상인 한국식 명상 등이 포함되어 있고, 한국식 명상은 '뇌파진동'과 '에너지 집중명상'과 같은 뇌교육 명상에 해당된다(김진이, 2015). 뇌교육 명상이 기존 명상과 가장 차별화되는 특성은 '기(氣) 에너지'를 활용하여 명상을 한다는 점에 있다. 대개 명상을 시작해서 잡념이 없어지고, 우리 몸에 에너지 변화가 일어나려면 어느 정도 시간이 걸린다. 그래서 제일 쉬운 명상은 자신의 에너지를 느끼는 것으로 명상을 하려면 잡념을 없애고 집중해야 하는데, 에너지를 느끼는 순간 자연스럽게 집중되기 때문이다(이승헌, 2013). 기(氣)에너지를 느끼게 되면 이것을 모으고 조절하는 과정에서 모든 사람과 사물이 하나로 연결되어 있다는 사실을 체험하게 되는데, 신체라는 경계를 근거로 '나'와 '남'을 구분했던 자신의 인식이 얼마나 제한적인지 한계성을 깨닫게 되면서 자신과 세상을 새로운 관점에서 이해하려고 노력하게 되고 타인에 대한 이해와 세상에 대한 안목을 키우게 된다(김정애, 2007). 구체적인 방법으로는 뇌교육에서는 에너지 집중명상, 뇌파진동명상, 옴 진동명상, 내관, 에너지 느끼기, 단무 등이 사용되고 있다.

뇌교육의 전신(前身)인 현대단학의 명상법을 크게 두 가지로 분류하면, 하나는 기에너지를 느끼고 교류하는 지감명상인 정적명상과 다른 하나는 기를 통해 내면을 정화하고 자아를 발견하는 자아성찰명상으로 분류하였고, 자아성찰명상은 구성된 프로그램에 맞추어 집단적으로 대화하고, 다양하고 적극적인 행위를 통해 이루어지는 동적인 명상법이다(안진경, 2011). 본 연구에서는 안진경(2011)의 명상분류법을 이용하여 정적명상에는 아침명상, 에너지 집중명상, 호흡감사명상을 활용하였고 자아성찰명상으로는 미용감사명상, 산치유명상, 칭찬명상, 음식명상, 비전명상을 활용하였다.

아침명상은 하루를 시작하는 아침에 시행한다. 절 체조 형태의 체조를 21번 천천히 시행하여 굳어 있는 몸을 풀어준다. 절 명상은 호흡에 대한 집중을 중요시하고 한번 할 때마다 날숨과 들숨을 한 번씩 하도록 하는 동적명상(정환석, 2013)과는 다르게 아침명상에서의 절은 몸의 근육을 골고루 쓰도록 해서 몸과 마음을 단련하는 운동요법으로 사용되는 전신체조이다. 팔을 뒤로 돌려서 앞으로 넘어올 때 귀에 닿을 때까지 최대한 뻗어서 스트레스로 인해 긴장되고 굳어진 어깨 근육을 풀어준다. 하루 중에서 아침은 특히 몸의 무거움, 나른함 등의 명현현상이 더 크게 나타나므로 동작을 천천히 하며 개수도 각자의 몸에 맞게 조절 시행한다. 그리고는 앉아서 호흡에 집중한다. 호흡하기 힘든 분은 장운동을 천천히 시킨다. 그리고 명상 끝에는 단식 후 변화 된 자신의 모습을 떠올리는 이미지요법도 사용한다. 단식 일수가 지날수록 뇌가 안정되면서 생각이 사라지므로 명상상태로의 몰입이 쉬워진다.

에너지 집중명상은 지감(止感)명상이라고도 하며, 지감(止感)은 느낌을 그치는 뜻으로 오감, 생각, 감정으로부터 오는 정보의 자극을 초월하여 정신통일의 상태에 이르는 것으로 지감에 이르기 위해 외부로 향한 의식을 내면으로 돌려서 생각과 감정에 동요되지 않는 모든 과정을 지감이라고 하였고(이승헌, 2005), 의도적 노력 없이 자연스럽게 생각과 감정이 멈춘 상태에 이르게 되는 개인적인 기감(氣感)에 의존하는 정적인 명상법이다(안진경, 2011). 기 에너지에 집중하면 뇌파가 α 파 이하로 떨어지게 되고 α 파 이하의 뇌파에서는 외부의식을 벗어나기 때문에 잡념이나 감정에서 벗어나게 된다는 것이다(이승헌, 1998). 하는 방법은 양 손바닥을 5~10cm 벌린 상태에서 오므렸다 벌렸다하며 모든 의식을 손바닥의 느낌부터 시작하여 손과 손사이의 어떤 느낌에 집중하면 생각이 그치고, 뇌파가 알파파가 되며 세로토닌이 분비되어 집중력이 좋아지고, 마음이 편안해 지는 효과가 있다(추정인, 2014).

산치유 명상은 본 연구에서는 산행, 산에서 자연 느끼기, 나무와 교감하기를 다 포함했다. 산을 오르는 과정에서도 참여자들 간의 격려가 많이 필요하고 극기하는 마음도 경험하게 되면서 자신감을 가지게 된다. 산에 있으면 몸이 가벼워지고 정화가 되고 정신이 맑아지는 것을 느끼게 되는데 이것은 피톤치드(phytoncide) 때문이다. 피톤치드는 수목이 생산해 내는 휘발성 물질이고 그 성분은 테르펜(terpene)이라는 유기화학물질이다. 피톤치드가 휘산되는 나무숲에서의 삼림욕은 스트레스를 감소시키며 심신이 안정되고 머리가 맑아지는데 피톤치드가 뇌의 알파파(α)를 증가시키기 때문이다(이종찬, 2004). 숲의 심리적 치유효과로는 울창한 나무, 다양한 곤충, 새, 동물들이 내는 소리, 물소리 등 숲속의 생명체들은 우리의 오감을 깨워 감성지수(EQ)를 향상시켜 주며, 생리적 치유효과로는 모든 장기의 기능이 좋아지고 하체가 단련되며, 적당량의 햇볕을 받게 해서 우울증이 감소된다(안광민, 2016). 나무와 교감하기는 마음에 드는 나무가 있으면 그 나무를 눈을 감고 꼭 껴안아본다. 숨을 들이 마시고 내쉬는 호흡에 나무의 생명력과 교감을 하고 마음의 고민을 나무에게 이야기 해보고 해답도 들어본다. 힘들면 나무에 기대고 앉아서 눈을 감고 산에서 나는 소리를 가만히 들어 보면서 자연과 하나가 되는 느낌을 가져 본다.

미용감사명상은 지금의 내 모습을 있는 그대로 이해하고 수용하고 사랑하면서 본래의 참 모습을 발견하고 자각하는 것과 타인에 대한 인식의 변화가 그 목적이다. 살다보면 주변사항이나 사건으로부터 주어진 스트레스나 주관적 고통이 객관적 실제 수준을 넘어서기도 하고 모욕감, 창피함을 경험할 때 분노가 치밀게 되며, 외모, 생각, 행동 등 타인과 끊임없는 비교에서 오는 평가로 우울, 억제, 모멸감등 부정적 감정을 많이 경험하게 된다(Whelton & Greenberg, 2005). 하지만 현대인들은 스트레스를 받아도 풀 수 있는 방법을 모르거나 또는 그때그때 표출하기보다는 꾹 참고 있는 경우가 많아서 가슴에 화(火)가 쌓이게 되고 화병(火病) 또는 울화병이 되기도 한다. 화병(火病)은 우리나라의 독특한 문화가 반영 되어 나타나는 질환으로 생활상에서 겪게 되는 강한 스트레스에 대한 분노 반응이며 분노를 직접적으로 표현하지 않고 무의식적으로 억압한 결과로 나타나고, 화병(火病)은 억눌린 감정을 제대로 표현하지 못한 채 오랫동안 지속되어 신체적 증상으로 표현되어 가슴의 답답함이나 이물감 등을 호소하는 질병이다(이영주, 2005) 화병의 원인은 스트레스와 매우 밀접한 관련이 있고, 정서적 스트레스가 화병의 발생과 진행에 가장 핵심요인으로 나타나고 있다(전겸구 등, 1997). 화병이 치밀어 오르면 항상 가슴이 꽉 막혀 답답해서 숨을 몰아쉬는 경우도 생기고, 몸살 혹은 두통이 오고, 각종 공황장애나 불안, 우울함, 불면증, 소화 장애 등 심인성 질환이 함께 찾아오는 경우가 많은데 실제 진료를 받아보면 장기(臟器)에는 이상이 없는 경우가 나오기도 한다. 미용감사명상을 하는 방법은 눈을 감고 가슴에 집중하면서 호흡을 한다. 그리고 가슴에 집중해서 큰소리로 '아' 소리를 내는 것으로 시작해서 계속 가슴으로의 집중을 유도하면서 소리를 내게 되면 점차 의식이 내부의식으로 들어가게 되는 동적 명상법이다. 어린아이가 소변보기 힘들 때 어른들이 쉬~소리를 내면 소변배출이 쉬워지는데, 이 '쉬' 소리가 신장과 방광을 자극하기 때문이다. 이와 마찬가지로 '아' 소리는 가슴을 자극 하는 소리로서 가슴에 집중해서 아~ 소리를 내게 되면 소리의 진동이 가슴부위를 울리고 가슴에 있던 화(火)에너지가 제거되면서 가슴이 시원해지고 편안해지고 차분해지면서(추정인, 2014) 스트레스가 해소가 된다. 미용감사명상은 단순히 화를 배출해서 가슴의 시원함을 느끼는 것에 그치는 것이 아니라 우리 본래의 모습과 만나게 되는 명상법이다. 타인과 비교한 자기 자신에게 '미안합니다. 용서하세요. 감사합니다. 사랑합니다'를 반복해서 말을 걸어 주는 것이다. 미용감사명상으로 양심위에 덧씌워진 분노, 미움, 원망 등의 부정적 감정과 고정관념을 제거하여 내면의 순수성이 회복되기 시작하면, 나 자신을 타인과 비교하는 것을 멈추고, 있는 그대로 수용하고, 나에게 상처를 준 사람과 환경을 이해하고 용서하는 마음이 생기기 시작한다. 미용감사명상은 '자기 사랑하기'를 포함하는데 자기 사랑과 유사한 말로 전통적 불교 심리학에서 유래된 핵심 단어로 '자비'라는 말이 있다. 자비는 타인의 고통에 마음이 움직이며 타인의 아픔에 대해 피하거나 모른 체 하지 않고 마음을 열고 알아차리는 것을 의미하고 이러한 자비를 스스로에게 행하는 것이 자기자비(Self-compassion)이다(김경의 등, 2008). 자기자비는 자신이 가진 받아들이기 힘든 측면에 대해 수용적인 자세를 취하는 것을 나타내는데 개인이 고통감, 부적절감, 실패를 경험할 때 자기를 비난하거나 판단하지 않고 자신에게 친절함을 유지하는 것으로 고통이나 실패가 인간 공통적 경험의 하나이며 그러한 경험을 피하기보다는 자신의 감정에 대한 균형 잡힌 관찰과 자각을 행하는 것을 의미한다(Neff, 2003). 명상을 통해서 자신의 문제나 고통이 통제 불능이라는 절망적인 관점으로부터 있는 그대로 수용하고, 이를 통제 가능한 방향으로 바꾸어 놓을 수 있다는 낙천적 견해로 바뀌게 되고, 자신이 갖고 있는 문제나 고통을 과거와 다른 시각으로 보게 되고, 문제에 대한 관점이 바뀌게 되면서 신체적 증후가 감소되거나 신체조건이 동시에 개선된다(장현갑, 2004). 또한 자기자비 수준이 높을수록 스트레스나 우울, 불안, 등 심리적 증상들이 감소하는 한편 안녕감의 증가 및 심리적 건강과 강하게 관련되어 있다(Neff et al., 2007). 미용감사명상은 외모, 학벌, 직입, 경제력 등 타인과의 비교에서 시작되는 마음인 이기심, 자만심, 피해의식은 본래의 모습이 아니라 살아오면서 만들어진 모습일 뿐이고, 내 참 모습은 양심, 신성임을 자각하게 되어 자신에 대한 인식의 전환과 함께 자기가치와 자존감을 높이게 된다. 미용감사명상은 자기 내면의 정화가 일어나면 타인으로 의식을 돌리게 되는데 상대방의 입장에서 생각하게 되고 용서의 힘도 발휘하게 되는 인식의 전환과 상대방을 수용할 수 있는 의식의 확장을 가져오게 한다.

칭찬명상은 자기도 모르게 학습된 인간에 대한 평가기준을 내려놓고 외모, 직업, 재력, 성별, 학벌, 나이, 인종, 종교를 초월하여 분별없이 타인을 포용함으로서 의식을 확장하는 명상이다. 앞에서 뇌교육의 목적은 한 개인의 뇌에서 출발하여 내적인 의식의 확장을 통해 개인의 차원과 전체의식을 연결하고(하태민, 2008), 경쟁을 통해 상대를 누르고 혼자 잘 사는 데 있지 않고, 만인이 함께 공동체의 길을 모색하는데 있으며, 고통을 주는 사회가 아닌 서로 치유하는 사회(healing society)를 건설(오미경, 2010)하는 것이라 하였다. 하는 방법은 단식 참여자들은 서로의 감사한 마음과 칭찬을 종이에 미리 적어 놓는다. 원을 만들어 앉은 후, 원 안에 있는 사람을 위해 먼저 에너지로 감사의 마음을 전한다. 손에 감사한 마음을 담아서 쓸어주는데 이때 쓸어줄 때 몸에 손이 닿지 않게 주의한다. 쓸어내리다 보면 에너지 집중 명상할 때 느낄 수 있는 손의 에너지의 느낌을 타인의 몸과 내 손에서도 느낄 수 있다. 그다음 말로 감사의 마음을 전하는데 마주 앉은 사람에게 종이에 적은 내용을 읽어준다. 마지막 부분은 단식과정을 함께 한 모든 사람을 한사람씩 안아준다. 안아줄 때 다른 성별일 때 일어나는 어색함과 거부감 등 내 안에 느껴지는 사람에 대한 분별심을 내려놓고 인간 대 인간으로, 순수한 영혼과 영혼이 만나게 서로 안아준다. 이 명상은 칭찬을 주고받음으로써 기분을 좋게 하는 정도에서 머무는 것이 아니다. 사람에 대한 좋고 싫음의 평가 기준을 내려놓고, 내면의 순수한 사랑을 있는 그대로 표현해 보고 받아 보면서 서로가 귀한 존재로, 분리된 존재가 아닌 연결되어 있음을 알게 되는 것이다. 또한 타인을 고정된 관점에서의 평가가 아닌 다양한 관점에서 평가해 봄으로써 서로 존중감을 느끼게 되고, 자신을 포함한 인간관계에 대한 개선점도 스스로 알게 되어 대인관계에 긍정적 영향을 미치게 된다.

명상을 통해 치유가 일어나는 것은 곧 삶을 보는 견해가 근본적으로 달라진 것과도 관련이 있다고 하면서 명상을 통해 자기 자신을 전체에서 떨어져 나와 있는 개별적 존재라는 생각으로부터 자신이 전체적 세계와 서로 연결되어 있다는 전체 속의 한 존재라는 관점으로 바뀌게 되면 치유가 일어난다고 하였다(장현갑, 2004).

호흡감사명상은 명상의 효과중의 하나는 자기 내면을 깊고 맑게 바라보는 시간을 경험하고 자연과 사람, 사물과의 진정한 관계를 체험해 보는 시간을 갖게 함으로써 자기 자신과 주변 세상을 되돌아보게 한다. 우리가 감사하게 여기는 것들에 대해 생각하면 삶에서 좋은 일들과 연결될 뿐만 아니라 두뇌를 논리적이고 분석적인 작업 상태에서 치유하고 진정시키는 상태로 바꿔놓으면서 뇌 속에 엔돌핀 분비를 촉진한다(Heidi Hanna, 2013). 하는 방법은 먼저 호흡을 편안하게 한다. 눈을 감고 자연스럽게 숨을 들이쉬고 내쉬면서 느껴지는 몸의 느낌에 집중한다. 호흡을 할 때마다 가슴과 복부의 움직임을 가만히 관찰하면 이완이 되면서 서서히 고요해지면서 숨을 들이마시면서 대자연의 산소를 들이마시고 내쉴 때 내 가슴의 답답함을 밖으로 내 보낸다. 사랑하는 가족과 동료를 떠올리면서 숨을 들이 마시고 내쉴 때 감사의 마음을 전한다. 나에게 상처를 준 사람도 떠올려본다. 그 순간에는 마음의 상처를 받았지만 그로 인해 인생 공부가 된 것이 있으니 호흡과 함께 감사의 마음을 전한다. 그 외 떠오르는 모든 사람에게 감사의 마음을 전한다. 이 명상으로 나와 타인 그리고 환경에 대한 자기 치유를 증진하고 전반적인 관계회복과 수용이 일어나게 되어 스트레스 해소를 하는 데 도움을 준다.

음식명상은 단식이 끝나고 보식할 때의 식사요령이지만 감식 때부터 시행을 하면 좋다. 음식이 오기까지의 많은 사람들의 손길을 거친 음식이니 감사하는 기도를 잠시 올린다. 그리고 죽 한 수저를 입에 넣고 맛을 느끼고 씹는데 집중한다. 깨어 있는 마음으로 음식이 온 곳과 음식이 갈 곳을 생각하며 천천히 마음을 다해 감사하는 마음으로 먹는다(송방호, 2005).

비전명상은 '브레인 스크린 명상'이라고도 하며, 자신이 세운 비전을 이미지 명상을 통해 뇌간에 확실히 심고 뇌간의 창조적 에너지와 아이디어를 얻을 수 있는 명상법이다(이승헌, 2007). '브레인 스크린'은 뇌 속에서 생각하고 느끼고 상상한 모든 것을 떠올릴 수 있는 화면(오숙희, 윤선아, 2010)을 말하며, 오감으로 이미지화함과 동시에 에너지, 느낌까지 이미지에 통합시키는 프로그램으로써 정보처리 매커니즘을 기반으로 하고 있다(오명희, 2004). 우리 뇌는 목적지향적 복합계이며, 일정한 방향성을 가질려면 반드시 비전이 필요하다고 하였다(박문호, 2008). 비행기를 예로 들어보면 비행기 안은 조종사, 승무원, 승객, 기계적인 시스템 등 다양하게 구성되고, 서로 관련성 없이 따로 움직이는 것처럼 보이는 복잡한 시스템이지만, 비행기 바깥에서 보면 목적지를 향해서 한 방향으로 나아가고 있다. 마찬가지로 우리 뇌도 수많은 세포와 신경회로들이 따로 존재하고 활동하는 것 같지만, 뇌를 구성하고 있는 모든 세포들과 조직들이 모두 한 방향으로 움직이고 나아가게 만드는 것이 비전이라고 하였고, 뇌도 그 비전을 이루고 싶은 방향으로 움직이는데 이를 목적 지향적 복합계(박문호, 2008)라고 한다. 뇌교육 기반 단식프로그램을 수행하면서 느꼈던 자신과 타인에 대한 이해를 바탕으로 계획을 세우고, 어떻게 실행할 것인가를 고민하게 되는데, 나는 어떤 사람으로 변하고 싶은가? 타인과 사회에 어떤 사람으로 기억되고 행동하고 싶은가?(박순녀, 2014) 세상에 유익한 존재로서 홍익을 실천하는 방향으로 비전을 세우면 목적 지향적 복합계로서의 뇌를 움직이게 하는 중심가치가 되는 것이다. 단식 중에는 잡념, 불안, 정신적인 갈등이 없어지고 영감이 발달하게 되는데, 이때 자신이 원하는 모습이나 이루고 싶은 비전을 떠올리고 상상하면 뇌 작용인 의심과 두려움을 넘어서 이룰 수 있는 확신, 자심감과 행동으로 표현할 수 있는 실천력이 커지게 된다.

호흡은 단순하게 생리학적으로 생각하면 숨을 들이마실 때 산소를 받아들이고, 내쉴 때 이산화탄소를 배출해서 생명활동을 영위하게 하는 행위이다. 하지만 동서양의 여러 가지 이완 방법인 가슴호흡, 요가, 뇌체조 등은 호흡에 초점을 두거나 호흡을 포함하고 있다(안채윤, 2016). 마음에서 일어나는 모든 활동은 호흡에 영향을 미치는데 우리가 흥분상태에 있으면 호흡이 빠르고 얕아지며, 충분히 이완할 때는 호흡도 같이 깊어지고 조용해지니 마음을 조절함으로서 호흡에 영향을 미칠 수 있으며, 반대로 호흡을 조절함으로써 마음의 활동을 통제할 수 있다(오미경, 2011). 그러나 장기간 초조, 불안 등 스트레스로 인해 어깨와 목이 긴장되어 있으면 편안하고 고요한 호흡을 하기 힘들고 오히려 더 가슴이 답답해지고 호흡자체가 힘들어지는 경우가 있다. 이런 경우에는 가슴호흡이 도움이 되는데 가슴에 집중해서 숨을 들이마시고 입을 살짝 벌려 숨은 끝까지 내쉰다. 처음에는 한숨을 쉬듯이 몇 번 하다가 숨을 끝까지 내쉬어 본다. 이 가슴호흡은 긴장과 스트레스 에너지인 가슴의 울화를 호흡을 통해서 밖으로 배출하는 데 도움이 된다. 호흡은 온몸의 이완을 유도하는데 특히 신체 중 많이 긴장 되어 있는 어깨와 목을 이완시키고 뇌파를 내려 마음을 한곳에 모으기 쉽게 해주므로 호흡이 편안해지면 아랫배 단전에 집중하는 단전호흡을 시도하는 것이 좋다. 항상 호흡할 때는 자신의 몸에 맞는 편안한 호흡을 해야 한다. 올바르고 건강한 호흡법을 익히는 것은 신체적인 건강뿐만 아니라 심리적인 건강을 향상시킬 수 있는데(오미경, 2011), 명상과 호흡을 함께 실시하면 산소 섭취의 현저한 증가, 스트레스 호르몬 분비의 현저한 감소, 혈중 백혈구 생성을 포함하는 면역체의 기능항진, 안정된 뇌파활동이 특징적으로 일어난다(Benfon, 1985: 장현갑, 장주영, 김대곤(역), 2003). 이러한 생물학적 변화에 따라 건강이 개선되고 마음의 장벽을 극복하여 창의성을 발휘할 수 있게 하는 등 전반적으로 스트레스를 감소시켜 내적인 평화와 정서적 균형을 이루는 데 도움을 준다(장현갑, 허동균, 안상섭, 2008: 김정호, 1996: Benson, 1985).

④ **상호교류하기**

인간이 생존하기 위해서는 사회적 상호교제가 필요하며 이때 서로 교환되는 기본 요소가 교류라고 하였고, 여기서 교류란 대화, 의사소통을 의미하는 것으로, 상호교류는 타인 교류에 대하여 자신의 성격 경향에서 오는 행동심리의 패턴을 이해하고, 상대방과 자신의 자아개념을 판단하여, 상대방이나 상황에 맞는 메시지 교환을 훈련함으로써 대인관계를 개선하고 신뢰관계를 수립하는 자기 통제의 효과를 가진다(최윤경, 2004). 이를 통하여 상호교류에 문제가 된 상황에서 기능적인 의사소통을 가능하게 한다(김경화, 2003). 단순히 표면상의 말의 교환뿐만 아니라 마음속 깊이 전해지는 미묘한 의미, 정교한 의도, 숨겨진 느낌 등 여러 측면을 포함한 깊은 수준의 커뮤니케이션을 의미하는 것이다(최윤경, 2004,). 본 연구에서는 상호교류를 위해 나눔(소감 말하기), 사랑주기(활공), 감사편지 쓰기 등을 활용하였으며, 이들 방법들은 서로 마음을 열고 나누고 공감할 수 있는 힘을 커지게 한다.

나눔은 눈에 보이는 사물을 주고받는 것이 아니라 말로써 마음을 나누는 것이다. 그러나 나눔은 말을 주고받는 대화와는 다르다. 나눔은 어떤 주제에 대해 이야기 하는데, 상대방이 이야기 할 때 눈을 바라보면서 중간에 질문하거나 말을 자르거나 훈계, 충고 등을 하지 않고 끝까지 들어주는 것이다. 상대방의 입장을 전적으로 수용하고 이해한다는 의미로 중간 중간 고개를 끄덕여 주면 상대방이 받은 상처와 고통, 그리고 타인에게 준 상처와 고통에 대해 용기를 내어 이야기하게 됨으로써 심리적 치유를 가져오게 되고, 문제의 해법을 스스로 발견하게 된다. 또한 듣는 사람은 상대방의 입장에서 이해하고 포용하는 마음이 커질 뿐만 아니라, 상대방의 이야기를 바탕으로 나의 삶을 돌아보고 반성하는 마음으로 삶의 자각이 일어날 수 있는 기회로 삼을 수 있다. 나눔을 할 때 방어하거나 포장하지 않고 진솔하게 말을 하게 되는데 뇌교육 명상을 받은 후 시행을 하면 훨씬 깊게 자신의 마음을 열 수 있게 되고 또한 상대방을 말을 받아들일 수 있게 된다.

사랑주기는 무한한 사랑으로 상대방의 몸을 누르고 만지는 방식으로 혈을 자극하여 내면에 잠재되어 있는 자연치유력을 이끌어주는 방법(이승헌, 2005)이다. 내손은 약손이니 상대방이 건강하고 행복하고 평화로워지기를 바라는 마음으로 아픈 곳이나 불편한 곳을 주물러 주고 부드럽게 쓸어주면 통증완화의 효과도 있지만 대가와 조건 없이 누군가에게 순수한 마음을 표현해 봄으로써 정서적인 안정감과 긍정적인 인간관계, 타인 존중감 향상에 도움을 준다.

감사편지쓰기는 자신과 타인에게 감사의 마음을 담아 편지를 써보는 것으로 먼저 단식의 힘든 고비를 잘 넘긴 자기 자신에게 쓴다. 자신에게서 용기와 자신감을 새로이 발견하게 되고, 지금보다 더 나은 미래를 설계할 수 있는 희망을 준다. 타인에게 쓰는 편지는 부모, 배우자, 친구 등 감사한 마음을 전하거나 마음의 상처를 준 사람과의 해원(解冤)에도 사용되기도 한다.

안아주기는 누군가를 안아줄 때 옥시토신이 방출되는데 옥시토신은 신경호르몬으로 사람과 친밀한 관계를 강화하도록 하고 가족이나 친구들과 신체접촉을 하고 싶도록 만들며 공감능력을 강화시키고 기꺼이 돕고 지지하도록 만들며 스트레스로부터 더 빠르게 회복된다(Kelly McGonigal, 2013). 칭찬명상을 마친 후 타인을 안아주기를 실시함으로써 인간에 대한 분별을 넘어 가슴과 가슴이 공명이 되면서 하나임을 체험하게 된다.

⑤ 강의와 시청각 교육

강의란 '학문이나 기술 따위를 언어적 설명으로 가르치는 행위' 또는 '교수자의 설명으로 이루어지는 교수학습방법'을 지칭하는 용어이다(양은희, 2010).

본 연구에서는 단식에 대한 설명과 각 프로그램을 시행하기 전, 홍익 정신의 이해를 돕기 위해, 식이요법 시 음식에 대한 정보를 주기 위해 강의와 시청각 자료를 사용하였다.

단식 첫날 참여자들은 단식에 대한 두려움과 긴장을 나타내는데 이때 행해지는 단식에 대한 전반적인 설명은 참여자들에게 안정감과 확신을 주게 되고, 각 프로그램을 시행하기 전에도 미리 설명을 해주면 훨씬 더 능동적으로 참여하게 된다.

홍익정신 알기시간은 우리나라의 정신인 홍익정신에 대해 알아보는 시간으로 나에게서 국가로 의식의 확장이 일어나게 된다. 홍익정신은 뇌교육의 핵심적인 뿌리가 되는 정신으로, 인간 뇌의 근본 가치에 대한 발견과 그 활용법을 홍익인간 정신을 바탕으로 한 뇌철학과 체험식 교육방법론을 결합하여 삶의 가치를 알게 해주는 방법이다(이승헌, 2007). 어느 민족, 어느 나라나 건국이념과 철학을 가지고 있는데, 우리나라의 건국이념은 교육부의 교육이념과 같은 널리 세상을 이롭게 한다는 '홍익인간(弘益人間)'정신이다.

홍익인간 정신은 인간의 자기실현과 완성을 이루고 평화로운 세상을 구현하려는 목적 지향적인 사상이며(신동선, 2013), 홍익인간은 우리민족의 정수이며, 기독교의 박애정신, 유교의 인(仁), 그리고 불교의 자비심과도 상통하고 모든 이념과 종교와 계층을 초월한 평화와 조화의 철학이며 전 인류의 이상이다(이승헌, 2007). 이 교육으로 외래 사상과 종교가 들어오기 이전에 이미 우리나라는 하늘과 땅과 인간, 즉, 세상을 향한 보편적인 사랑과 평화를 나타내는 정신이 있음을 알게 되어 나라에 대한 수치심과 피해의식을 제거하고 자긍심을 가지게 된다. 더불어 인간은 좁게는 한 가족의 구성원으로서 자신의 뿌리에 대한 자각에서부터 나아가 민족과 국가의 문화와 역사, 철학, 정신에 대한 제대로 된 자각이 필요한데, 이 시간은 한민족의 철학과 정신을 정립하고 튼튼하게 뿌리 내리게 할 수 있는 중요한 의미를 갖는다(이승헌, 2002).

⑥ 자기 반성

자기반성이란 국어사전에서의 정의는 바른 행동을 기준으로 삼아 자신의 생각과 행동이 그 기준에 미치지 못하는지, 잘못이 없는지, 부족한 점이 없는지 돌아보는 행위로, 자기의 언행에 대하여 잘못이나 부족함이 없는지 스스로 돌이켜 보는 것이다. 지나간 자신의 경험들을 뒤돌아보고 반성하는 것이 과거에 대한 뉘우침뿐만 아니라 더 나은 미래를 위한 방향성도 함께 포함되는 개념이라 할 수 있다(안채윤, 2016). 본 연구에서는 일지쓰기와 나를 위한 시간이 해당이 된다. 나를 위한 시간은 오로지 자신만을 생각하며 자신을 더욱 사랑하고 소중하게 생각하는 시간으로 가족 또는 직장에 헌신하고 살았지만 자신을 위한 시간에는 인색했던 날들을 되돌아보며 자신에게 필요한 것은 무엇인지 내가 진정으로 원하는 삶은 무엇인지 생각해보는 시간이다.

나. 뇌교육 기반 단식과 스트레스의 관련성

스트레스가 미치는 영향을 보면 스트레스로 인한 심신의 불편감에만 국한되지 않고 의사결정의 효율성이라든지, 대인관계의 유지와 같은 인간관계 문제 등이 부정적 영향을 끼친다(윤정미, 2006)고 하였다. 인간은 혼자서는 살 수 없는 존재이며 인간은 성장의 과정에서부터 타인의 영향을 받으며 발전해 나간다. 스트레스 상황을 개선하는 일은 무엇보다도 가족, 동료, 친구와의 인간관계를 개선하는 일이며, 민성길(1989)은 화병연구에서 여성은 주로 남편과의 갈등, 학대와 폭행, 시댁과의 갈등, 자녀문제 등에 주로 원인이 있으며, 남성은 승진에서의 누락, 직장동료로부터의 부당한 대우에서 오는 갈등,

가족과 사회로부터 받은 부당한 손해에 대한 억울함과 분함이 주로 사회적 인간관계에서 원인이 발생된다고 하였다. 위의 원인들을 살펴보면 스트레스와 인간관계는 아주 밀접하다고 할 수 있다.

미국정신위생위원회(National Committee for Mental Hygiene)에 의하면 정신건강이란 '정신적 질병에 걸려 있지 않은 상태만이 아닌 만족스러운 인간관계와 그것을 유지해 나갈 수 있는 능력'으로 성의하였고, 이는 단지 질병이 없는 상태가 아니라 개인이 최선의 기능을 발휘하여 자기실현을 이루는 이상적인 상태인 것으로(박성현, 박세영, 2016), 자기 존중감, 자기수용, 긍정적인 대인관계, 정서적 안녕, 삶의 질 향상 등이 고려되고 있다(Seligman, Ernst, Gillham, Reivich, & Linkins, 2009: Brown & Ryan, 2003; Ryan & Deci, 2001).

스트레스는 사람들의 일상생활에서 느끼는 압력을 가리키는 의미로 사용되고 있으며, 긴장과 불안에 의해 조성된 마음의 불안정한 상태로 역할수행을 방해하지만, distress와 eustress의 양면성을 가지고 있고(김지현, 2016), 스트레스 없이는 개인과 조직이 발전 할 수 없는 것은 분명하다. 뇌교육으로 우리가 경험하는 감정, 생각, 느낌 등을 뇌의 현상으로 인식하고, 그 기능을 이해하고 다루는 법을 익힘으로써 이러한 기능과 현상들을 선택할 수 있고 원하는 방향으로 활용할 수 있다. 뇌교육은 만족스러운 인간관계의 요소인 심리적 안녕감, 삶의 만족도, 자아존중, 자아성찰태도, 심리적 안녕감 등에 관한 연구에서도 좋은 영향을 미친다고 보고되었다(김소영, 2016: 안채윤, 2016: 원수라, 2015: 김주남, 2014: 추정인, 2014: 강명숙, 2012: 조연비, 2010: 김혜성, 2009: 하태민, 2009: 김영정, 2008: 오흥미, 2007). 또한 뇌교육은 스트레스에 대한 해석을 부정적인 것에서 긍정적인 것으로 재해석하는 것뿐만 아니라 기존에 프로그램화된 부정적인 정보를 긍정적인 정보로 바꾸는 것도 포함(오미경, 2015)이 되어 스트레스를 올바른 방향으로 끌어가게 된다면 업무수행 능력의 증가뿐 아니라 자기 자신의 성장에도 큰 도움이 될 것이다. 뇌교육 기반 단식프로그램은 자기의식에 국한하여 인간과 환경을 평가해온 고정된 습관에서 벗어나 새로운 관점과 폭 넓고 다양한 방면으로의 해석을 가능하게 하며, 스트레스 상황으로 인해 발생 될 수 있는 신체적 불편감, 불안, 우울 등 정신적 고통과 인간관계에 좋은 영향을 미칠 것으로 예상이 된다.

다. 뇌교육 기반 단식과 신체화 증상의 관련성

뇌교육 기반 단식과 신체화 증상과의 관련성은 통합의학의 한 분야인 심신 의학적 관점에서 살펴보겠다. 신체 증상을 심신증(心身症, psychosomatic symptom)이라고 하는데 심인성 신체 증상, 정신 신체 장애라고 하며 한의원에서는 화병(火病)이라는 병명으로 불리기도 한다(신현균, 1998). 심신의학은 심리적 스트레스가 신체적 질병을 유발한다는 관점으로 정신과 신체는 서로 밀접한 관계가 있어 어느 하나에 이상이 생기면 그로 인해 건강이 나빠진다고 본다. 마음에 이상이 생기면 몸에도 이상이 생기고, 몸에 이상이 생기면 마음에도 이상이 생긴다는 것으로 즉, 몸과 마음이 서로 연결되어 있다(전정봉, 2010)고 본다. 마음을 다스려 몸의 질병을 예방하고 치료하는 의학에 대한 부분이고, 영어로는 Mind－Body Medicine 또는 Psychosometic Medicine이라고 불린다. 심신의학의 기본개념은 몸과 마음은 분리 될 수 없는 하나의 단위로 보고, 마음의 상태 즉, 의지, 신념, 상상 기대와 같은 의식이나 분노, 근심, 걱정, 적개심, 비관, 우울 등과 같은 감정도 몸과 연결되어 있다고 본다. 신체의 질병이 마음의 상태와 긴밀하게 연결되어 있으므로 마음의 상태를 다스림으로써 질병으로부터 벗어나 건강을 유지할 수 있다고 보는데 '마음과 몸은 하나'라는 동양 사상을 기반으로 하고 있는 통합의학의 한 분야이다(진영수, 2010). 심신 의학적 관점에서 Chopra는 만병의 근원인 스트레스가 면역체계를 약화시켜서 암을 비롯한 각종 질병에 대한 노출을 증가시키고, 스트레스를 포함한 '마음'과 '신체'와의 관계를 통해 건강과 질병은 모두 마음에 달려 있으며 사고패턴의 변화가 뇌와 몸속 세포에 있는 호르몬과 화학물질에 직접적인 변화를 일으킨다고 하면서 명상을 통해 마음과 몸의 건강관리를 주장(Chopra, 1987: 도솔, 2009)하고 있으며, 심신 의학의 중재 요법들로는 이완요법, 명상, 심상유도법, 바이오 피드백 등이 있다. 뇌교육의 방법에도 뇌체조, 이완과 여러 종류의 명상법 등을 포함하고 있는데, 뇌교육에서는 몸과 마음과 정신의 상호관련이라는 특성을 이용하여, 가장 효과적으로 움직일 수 있는 신체를 먼저 움직여 인지와 정서를 향상시킬 수 있다(추정인, 2014). 뇌체조와 같은 신체적 움직임이 우울을 예방하는 방법이며(Leppamaki, Partonen,& Lonnqvist, 2002), 불안을 예방(Salomon, 2001) 해 준다고 보고하였다. 적절한 신체적 움직임이 기분을 개선시키는 이유는 첫째, 신체적 활동을 통해 스트레스의 실제적 원인을 잊어버릴 수 있다. 둘째, 몸을 움직이는 것은 전체적인 건강을 개선시키게 되는데, 신체적인 건강이 좋은 사람들은 스트레스 상황에서 긴장이나 자동적인 각성이 덜 일어나며(Crews & Landers, 1987), 셋째, 신체활동 이후에는 엔돌핀 신경전달물질이 더욱 활성화

(Thoren, Floras, H offman, & Seals, 1990)되는데 이러한 화학물질은 마음을 진정시키고 기분을 개선시키는 효과가 있다.

뇌교육의 효과가 신체 증상에 미치는 영향에 대한 연구를 보면 뇌체조, 호흡, 명상 훈련을 통해 α파로의 안정과 스트레스 호르몬과 면역기능과 만성질환, 수면, 당뇨에 긍정적 영향을 미쳤음을 알 수 있다(최재호, 2016: 김종현, 2010: 조동진, 심준영, 2003: 박상규 등, 1999). 불안, 우울, 두통, 근육긴장, 피로, 고혈압 등의 정신 생리적 증상이 있는 사람들에게 치료적 효과와(추정인, 2014: 이평숙, 1997: Davis et al., 1988), 뇌파의 안정, 정신력과 자기조절능력 향상, 집중력향상, 우울상태 개선 및 자율신경계에 도움을 주었다(김일식, 2016: 고병진, 2010: 김은주, 심준영, 2010: 심준영, 성인제, 2009: 심준영, 2007: 심준영, 김용호, 2006: 김영림, 2005; 심준영, 2002). 직장인들의 스트레스 인지 및 대처, 멘탈 헬스에 관한 연구에서도 뇌교육이 긍정적 영향을 미쳤다(박순녀, 2014: 윤정미, 2006: 심준영, 2004). 그리고 스트레스와 신체 증상은 밀접한 관련이 있는데 스트레스를 많이 경험하는 사람들은 신체 증상을 많이 호소하므로 위의 결과들은 스트레스에 좋은 효과를 나타내므로 신체 증상에도 좋은 영향을 미침을 예측할 수 있다.

라. 뇌교육 기반 단식의 원리 및 전략

뇌교육 기반 단식프로그램의 원리와 전략을 도출하기 기존의 단식, 뇌교육, 스트레스 관련 문헌연구, 선행연구를 분석한 결과 다음과 같은 설계방향이 도출되었다.

첫째, 진행자, 참여자, 참여자 상호간 어울릴 수 있는 분위기가 중요하다. 진행자는 단식초기에 참여자들의 몸과 마음이 예민한 시기이므로 적응이 될 때까지 세심한 주의와 관찰을 요한다. 특히 명현현상을 경험하는 시기는 단식과정을 수행하는 것은 힘들 수 있으므로 세심한 관심과 격려가 필요하다. 그리고 단식을 잘 해나가겠다는 결심을 하지만 막상 시행을 하면 힘든 일이므로 단식 참여자들 상호간에 단결력과 결속력을 주고자 해야 한다.

둘째, 다양한 경험을 하게 한다. 단식의 지루함과 무료함, 중도 포기 등 단식 과정 중의 스트레스를 최대한 줄이면서 단식의 효과를 증대하기 위해서 참여자들에게 다양한 경험을 제공해야 한다.

셋째, 단식과 뇌교육의 방법들을 조화롭게 구성한다. 단식 전체의 구성으로 볼 때 처음 1-3일은 단식 명현현상으로 인한 힘듦을 줄이기 위해 뇌체조, 에너지 집중명상 등 가벼운 명상으로 구성하고 단식 중반 넘어서는 학습에 좋은 영향을 미치는 α파의 출현과 신경전달물질의 배출이 커지는 시기이므로 뇌교육의 철학과 깊은 명상으로 구성하여 학습의 효율성을 증폭시킨다.

넷째, 내면으로의 집중이 필요하다. 단순히 굶기만 하는 단식이 아니라 자신을 반성할 수 있는 성찰의 시간을 가지도록 한다. 자신의 삶과 타인의 삶을 통찰 할 수 있게 하여 나를 힘들게 한 스트레스의 원인과 대처에 대해 생각할 수 있게 된다.

다섯째, 자연스럽게 의식이 확장되게 구성한다. 단식은 시간이 지날수록 내면으로의 집중이 쉬워지고, 생각이 거의 일어나지 않는 뇌 백지화현상이 일어나게 되면서 거부감 없이 학습의 내용을 수용하게 된다. 단식과 뇌교육의 철학과 깊은 명상들을 접목하여 나와 타인을 포용하는 의식의 확장이 일어나게 구성한다.

여섯째, 새로운 나에 대한 변화가능성을 제시한다. 뇌교육 기반 단식프로그램을 계기로 우리의 삶이 변하도록 비전을 제시 하게 한다. 단식원에서의 경험이 일회성이 아닌 삶으로의 연결이 되어 새로운 나에 대한 변화를 가능하도록 구성한다.

뇌교육 기반 단식프로그램은 문헌과 선행연구의 결과를 근거로 하여 구성하였고, 이를 바탕으로 도출한 원리를 다음과 같다.

첫째, 적극적 움직임의 원리이다. 단식은 굶는 작업이므로 움직임보다는 가만히 있고자 하는 마음이 일어나게 되는데 단식 때 움직이지 않고 가만히 누워만 있으면 더 힘이 빠지고 우울해지는 등의 무기력 현상을 경험하게 된다. 신체 움직임은 기분의 전환과 함께 지방의 소모가 일어나며 단식 후 요요현상도 방지할 수 있는 습관 형성에 유리하므로 적극적인 움직임을 강조한 원리이다.

둘째, 다양한 경험의 원리이다. 단식을 할 때 가장 힘든 것 중의 하나가 무료함과 지루함이다. 명현현상이나 음식생각, 공복감은 일정시간 지나면 사라지지만 무료함과 지루함은 처음부터 끝까지 남아서 단식에 대한 재미를 반감시켜 중도포기를 초래하게 되므로(송방호, 2005) 단식을 끝까지 완수하고 단식의 효과를 극대화하기 위한 다양한 경험이 필요하다는 원리이다.

셋째, 내면정화의 원리이다. 뇌교육 기반 단식프로그램에서 핵심이 되는 원리이다. 단식은 과거 수천 년 동안에 걸쳐 육체적인 건강이나 질병치료를 위한 낮은 차원으로부터 정신력과 영성을 개발하여 자기완성, 자기실현을 촉진하기 위한 고차원의 수행방법으로 활용되어 왔으며(김동극, 1999), 단식을 하면 새로운 의식 상태가 발달될 수 있도록 자기 정화와 의식의 확장이 일어나게 된다고 하였다(권경애, 2008). 단식과 뇌교육의 관련성으로 살펴 볼 때 뇌교육의 목적은 한 개인의 뇌에서 출발하여 내적인 의식의 확장을 통해 개인의 차원과 전체의식을 연결하는 것(하태민, 2008)이라 하였는데 이는 단식의 영성개발과 상통하는 부분이다. 단식 초기가 지나면 생각이 없어지면서 맑아지고 명석해지는 시기가 오는데 이때 뇌교육의 철학과 명상들을 이용하면 내면정화와 의식 확장을 훨씬 쉽게 증폭할 수 있다는 원리이다.

넷째, 마음 나누기의 원리이다. 단식 초기에는 명현현상으로 신체적 고통과 심적 고통을 겪는다. 특히 단식원에 입소하는 첫날은 낯선 환경에 대한 예민함, 불안, 단식에 대한 두려움, 기대감 등의 여러 가지 감정들을 표현하게 되고 때로는 예민하게 반응하므로 진행자는 참여자의 신체·정서적 상태를 잘 고려하여 편안하고 안정된 분위기 연출을 해야 한다. 그리고 참여자들은 함께 단식에 참여한 서로를 보면서 많은 용기를 내게 되고 상대방에 대한 배려, 신뢰하는 마음, 친밀감을 경험하게 한다. 참여자들 간에 깊은 정서적, 사회적 공감대가 형성되어 단식과정을 수행하기에 도움이 된다는 원리이다.

다섯째, 새로운 나 창조의 원리이다. 단식의 효과는 체질개선, 정력 강화, 치매예방과 두뇌개발(활성화), 질병치유 및 비만개선, 영성개발, 의지력 및 자신감 회복이다. 단식과정을 수행함으로서 체험한 효과를 유지하고 건강을 지키기 위해서는 전과는 다른 습관과 마음가짐으로 바뀌어야 한다는 원리이다.

이상에서 살펴본 뇌교육 기반 단식프로그램의 원리들은 개별적이거나 독립된 역할과 기능을 발휘하는 것이 아니라, 서로 통합적이고 상호보완적으로 작용한다.

〈표 3-2〉 **뇌교육 기반 단식프로그램의 원리 및 전략**

뇌교육기반 단식 원리	특징	전략 (요법)	세부전략	상세 항목
1. 적극적 움직임의 원리	• 신체움직임을 통해 스트레스를 해소. • 하루 일과 프로그램에 신체 움직임을 매일 적용함.	운동요법	체조, 걷기	뇌체조, 절체조, 산행, 산책
2. 다양한 경험의 원리	• 단식의 지루함, 무기력, 음식 생각을 해소함 • 뇌교육의 다양한 전략 구성으로 새로운 시냅스 형성. • 프로그램을 세밀하게 구성함.	자연건강 요법	자연건강법	25분 냉욕, 냉온수욕, 뇐상씸실, 관장, 풍욕
3. 내면정화 원리	• 뇌교육 기반 단식의 핵심 원리. • 내면의 참모습을 발견. • 타인으로 의식확장의 계기가 됨. • 단식교육에 대한 긍정적인 기대감을 가지게 함.	내면요법	뇌교육명상, 상호교류, 자기반성	호흡, 아침명상, 에너지집중명상, 미용김사명싱, 칭찬명상, 호흡감사명상, 일지

뇌교육기반 단식 원리	특징	전략(요법)	세부전략	상세 항목
4. 마음 나누기의 원리	• 서로의 마음을 열어서 타인과 공감대를 형성과 교훈을 얻음 • 참여자들은 체험한 내용을 공유하여 경험을 내면화함. • 사회성, 대인관계 회복	내면요법	상호교류	나눔, 사랑주기, 안아주기, 감사편지쓰기
5. 새로운 나 창조의 원리	• 어떻게 변하고 싶은가와 삶의 현장에서 어떻게 적용할 것인가? 비전세우기.	내면요법 강의요법	뇌교육명상, 강의	음식명상, 비전명상. 강의, 시청각 교육, 나를 위한시간

뇌교육 기반 단식프로그램의 원리를 통해 도출된 뇌교육 기반 단식의 전략으로는 첫째, 적극적 움직임의 원리 전략은 뇌와 몸의 상호작용 및 긍정적 정서 유발로 즐겁게 단식에 참여 할 수 있게 하는 전략이다. 주로 운동요법이 여기에 해당되며 일차별 활동 목표에 신체움직임을 포함한 운동요법을 구성한다. 세부 전략은 걷기, 산책, 산치유 명상, 뇌체조 등의 신체움직임이다. 운동을 포함한 신체움직임은 단식중의 근육소모보다 지방을 소모시키는 데 많은 도움을 주면서 보식 등 식이요법 시에도 자연스럽게 운동을 선택하게 하여 요요현상을 방지하는 데 도움을 준다. 그리고 신체의 움직임은 단식중의 신체에 활력을 줄 뿐만 아니라 세로토닌, BDNF의 수준을 높여주어 우울한 기분의 전환과 함께 학습효과를 높이게 된다. BDNF를 '뇌에 기적을 주는 전달자'라고 부르며 뇌의 능력을 키우는 모든 활동에 에너지를 제공한다고 하였다(양종구, 2008). 또한 신체움직임은 '천연의 항우울제'로 불리는 엔돌핀을 대량 분비(Small, 2002)하며, 기분과 기억력을 즉시 나아지게 하며 뇌에 혈액과 산소의 공급을 증진시켜 학습하는 동안의 뇌가 활발하게 활동하는 데 도움을 줄 뿐만 아니라 몸에 쌓인 스트레스를 배출하는 데도 도움이 된다. 축적된 스트레스 호르몬은 뇌의 사고 작용보다는 육체의 근육운동을 통해 소비된다(조주연, 이병승, 2001).

둘째, 다양한 경험의 원리 전략은 뇌교육 기반 단식프로그램에서는 기존의 단식 연구에서는 다루지 않았던 전략들을 다양하게 구성하였다. 운동요법, 자연건강요법, 내면요법, 강의요법 등 다양한 전략들을 구성하였는데 이 요법들은 참여자들의 흥미와 호기심을 유발, 단식의 효과 극대화, 단식을 끝까지 잘 마칠 수 있게 심적 도움을 주게 된다. 단식의 여러 가지 전략들은 참여자가 쉽게 접하는 방법들이 아니므로 이런 낯선 경험들이 뇌에 새로운 자극이 되고, 새로운 자극은 새로운 시냅스를 형성하게 되어 생각의 유연해지고 고정관념을 놓게 되면서 스트레스 해소에 도움을 주게 된다고 판단이 된다. 또한 모든 뇌는 독특하고 다양하기 때문에 일괄된 수업 방식보다 다양한 방식의 모색(Jensen, 2007)과 실행은 참여자들의 통합적 뇌 발달에 분명한 도움을 주게 된다. 전략을 구성할 때 네 가지 요법들이 모두 잘 배치되게 세밀하게 구성을 한다.

셋째, 내면 정화의 원리 전략은 단식 자체가 정화력이 뛰어나며 모든 요법이 의식 확장에 도움을 주는데 미용감사명상, 아침명상, 칭찬명상, 호흡감사명상, 일지 쓰기 등 내면요법의 비중이 크다. 이 전략들은 인식의 전환을 가져오는 시간으로 자기와의 대화를 하면서 내면을 깊게 통찰하는 시간이다. 자신도 모르게 숨겨져 있던 상처와 관념들을 보면서 감정표현을 하게 되고, 그동안 쌓였던 스트레스 호르몬이 배출되면서 평안한 마음이 들고 자신의 문제도 객관적으로 보게 된다. 내면정화가 되면 나의 인간관계의 문제점은 무엇인가를 타인의 입장에서 평가 하는 등 자신과 환경에 대한 재평가를 하여 새로운 의미를 부여하는 의식 확장으로 가게 되며 이 과정에서 참여자들은 단식 과정에 긍정적인 기대감을 가지게 한다. 이렇게 경험한 긍정적이고 안정적인 정서는 뇌의 혈류가 충분히 공급되어 고차적 사고를 할 수 있도록 하며 이때 도파민, 세로토닌 등의 호르몬이 분비되면서 기억과 학습에 긍정적인 영향을 준다(Fischer et al., 2000).

넷째, 마음나누기의 원리 전략은 처음에는 말로 표현 하는 것으로 시작하지만 시간이 지날수록 서로의 마음 나누기로 진행이 되며 깊은 유대감이 형성이 된다. 이런 정신적·사회적 지원들은 서로를 보호하게 되고 기쁨과 걱정을 함께 나누게 되면서 스트레스 호르몬의 수치가 뚜렷하게 감소되고, 정신적 건강에 도움을 주고 자신감을 상승시키고 인지적 활동의 효율성을 높이는데 큰 역할을 한다(이지연, 2008). 일방적인 강의를 통해 정보를 전달하는 방법보다 참여자들끼리 서로 정보를 교환하고 공유할 때 뇌에서 더 많은 자극이 발생하며 각자의 느낌을 나누고 공유하면서 상호작용이 이루어질 수 있다. 이런 원리에 근거하여 참여자 자신들의 경험을 말로 표현함으로서 개인적인 의미를 발견 할 수 있고 서로의 생각을 다양하게 표현해 봄으로써 서로가 서로에게 배우고 가르치는 기회를 자연스럽게 제공한다. 학습에 대한 소감은 각자가 다르므로 생각의 폭을 넓힐 수 있는 기회가 되며, 특히 미용감사명상, 칭찬명상 후의 나눔은 체험공유의 시간으로 울고 웃는 등 감정교류가 발생하여 서로의 마음을 나누는 계기가 되면서 유대감과 공감력이 커지게 된다. 세부전략으로는 나눔, 사랑주기, 안아주기 등 상호교류이지만 체험과 활동을 같이 하는 모든 곳에서 마음 나누기는 계속 이어진다.

다섯째, 새로운 나 창조의 원리전략은 단식 전의 좋지 못한 정신과 식습관을 교정하고 단식에 사용된 여러 가지 방법들을 익혀서 실생활에 적용하는 것이다. 단식을 계기로 삶의 질을 향상시키며 새로운 나 창조는 실생활에서 연결·발전시킬 때 단식은 더 의미 있는 과정이 된다. 김동극(1999)은 단식은 자기 개혁의 수단이며 단식을 계기로 자신을 재창조해 나가기 위한 기회로 삼아 새로운 정신생활과 식생활을 바로잡기를 주장하였다. 새로운 정신생활은 자기 인생에 대해 책임질 줄 알며, 자신의 건강을 돌볼 줄 알며, 역경을 슬기롭게 극복할 줄 알며, 감사할 줄 알고 베풀 줄 아는 생활을 이야기하였다. 그리고 정신, 성격, 행동까지 지배하는 식생활은 단식후의 바른 먹거리로 습관화되지 않으면 단식 후에 갑자기 건강이 나빠지거나 단식 전의 병적 상태로 되돌아 갈 수밖에 없음을 경고 하였다. 전략으로는 음식명상, 비전명상, 강의, 시청각 교육이 있다. 나는 어떤 삶을 추구하는가에 대한 질문으로 바른 정신생활에 대한 새로운 가능성을 제시하고, 바른 식생활은 시청각 교육과 강의에서 정보를 제공한다. 삶속에서 부딪히는 스트레스 상황을 조절·해소하기 위해 5박 6일 동안 풍욕, 냉온수욕, 사랑주기, 뇌체조와 명상을 반복적으로 경험하게 하였다. 반복경험은 단식으로 인해 새롭게 형성된 뇌 신경회로의 구조가 사라지지 않고 강하고 뿌리내리기 위함이고 실제 삶과 관련지을 때 학습으로의 욕구를 불러일으킬 수 있어 뇌 활동을 보다 활성화할 수 있고(Sousa, 2009), 뇌가 분명한 목표를 가지고 주체적으로 선택할 수 있을 경우 스트레스를 더 적게 받는다(Csikszentmihalyi, 1998).

3. 프로그램 개발 내용

최종 프로그램의 목적과 목표를 제시하면 다음 [그림 3-1]과 같다.

교육 목적

- 뇌교육 기반 단식프로그램을 체험하여 자신이 원하는 방향으로 스트레스를 조절하고 해소하여 삶의 가치를 높인다.

↑

하위 목표 ➡

- 프로그램 진행에 관한 전반적인 내용을 이해한다.
- 각 요법들을 경험하여 프로그램의 목적을 안다.
- 자기를 이해하고 사랑한다.
- 홍익정신에 대해 안다.
- 타인으로 의식을 확장한다.
- 원하는 삶을 설계해 본다.

↑

내용 ➡

- 자연건강요법(관장, 풍욕, 냉온수욕, 찜질)을 체험해보기
- 단식 중 뇌체조, 산행, 산책과 같은 운동요법을 해보기
- 미용감사명상으로 자기를 이해, 수용, 사랑하기
- 홍익정신에 대해 알아보기
- 칭찬명상으로 타인을 존중해보기
- 보식과 관련된 동영상 시청, 보식을 해보기
- 모든 것에 감사하기
- 자신의 삶을 설계하기

방법 ➡

<table>
<tr><td>과정</td><td colspan="4">효소 단식으로 5박 6일 집단으로 진행한다.</td></tr>
<tr><td>원리</td><td colspan="4">• 적극적 움직임의 원리
• 다양한 경험의 원리
• 내면정화의 원리
• 마음 나누기의 원리
• 새로운 나 창조의 원리</td></tr>
<tr><td rowspan="2">선략</td><td>자연건강요법</td><td>운동요법</td><td>내면요법</td><td>강의요법</td></tr>
<tr><td>풍욕, 관장,
된장찜질,
냉온수욕,
25분 냉욕</td><td>뇌체조,
절체조,
산치유명상,
산책 등
신체 움직임</td><td>• 명상: 에너지집중명상, 아침명상, 미용감사명상, 칭찬명상, 음식명상, 호흡감사명상, 비전명상
• 호흡: 이완, 가슴호흡,
• 상호교류: 나눔, 사랑주기, 안아주기, 감사편지쓰기
• 자기반성: 일지쓰기, 나를 위한 시간</td><td>강의: 강의,
시청각 교육</td></tr>
</table>

평가 ➡

- 스트레스 반응, 신체 증상 척도 평가, 심층면담 연구 평가, 만족도 평가

[그림 3-1] **뇌교육 기반 단식의 구성 체계**

가. 교육 목적 및 목표

본 연구의 개발 방향인 목적은 단식, 스트레스, 뇌교육의 선행연구 결과를 통해 뇌교육 기반 단식프로그램을 개발하고 체험하여 자신이 원하는 방향으로 스트레스를 조절·해소하여 삶의 가치를 높이고자 함이다.

이와 같은 목적을 달성하기 위한 목표로는 단식을 끝까지 해낼 수 있게 여러 가지 프로그램을 적용하여 나에 대한 이해와 홍익정신을 바탕으로 타인을 포용하는 마음을 기르며, 변화된 마음으로 자신이 주도적으로 삶을 계획함으로써 건강한 삶을 창조하는 것이다.

나. 교육 내용

기존의 선행연구에서 사용된 프로그램을 분석하여 보니 주로 운동요법에서는 걷기와 모관운동, 합장합척운동, 등배운동, 붕어운동 등의 단순한 움직임에 한정이 되어 있었으며 명상과 일지는 1건에 불과하였다. 단식의 지루함 해소와 명현현상의 극복과 정신력을 증진시키기에 부족함을 느껴 연구의 목적을 뇌체조, 절체조 등을 포함한 운동요법과 자연건강요법, 뇌명상과 상호교류 등의 방법을 사용한 내면요법, 강의요법 등을 구성하여 단식의 신체적·정신적 건강과 의식성장에 도움을 주고자 했다.

다. 교육 방법

뇌교육 기반 단식프로그램의 교육방법은 단식과 뇌교육의 문헌과 선행연구를 분석하여 뇌교육 기반 단식의 원리를 도출하였고 그 원리를 적용한 방법으로 접근하고자 하였다.

첫째, 적극적 움직임의 원리는 가만히 누워 있은 것이 아니라 적극적으로 신체를 움직이는 것을 계획하였다. 이 움직임은 단식과정의 심신의 무기력을 해소하고 스트레스의 호르몬 배출에 많은 도움을 준다.

둘째, 다양한 경험의 원리는 단식 과정중의 스트레스는 무료함과 지루함이다. 이를 해결하기 위해 다양한 요법들을 구성하여 체험하게 하였다.

셋째, 내면 정화의 원리는 단식 과정 중 일정시간이 지나면 심신이 이완이 되면서 자기 내면으로 집중이 보다 쉬워진다. 뇌교육의 미용감사명상, 칭찬명상을 이용하여 자신의 내면을 정화하여 타인으로의 의식을 확장을 유도하였다.

넷째, 마음 나누기의 원리는 단식은 혼자 하기 힘든 만큼 참여자들의 상호 지지가 중요하다. 나눔과 대화를 이용하여 자신의 경험을 나누고 다른 사람의 의견도 들으면서 대인관계의 자신감을 회복하도록 하였다.

다섯째, 새로운 나 창조의 원리는 뇌교육 기반 단식으로 건강한 심신을 유지하기 위해 실생활에서 실천 계획을 세우는 것이다.

뇌교육 기반 단식프로그램의 전략은 단식 원리에 따라서 자연건강요법, 운동요법, 내면요법, 강의요법으로 나누어 실시하였다. 그리고 하루 일과는 몸정화, 마음정화, 의식정화로 구성하였다.

라. 평가

평가는 양적연구와 심층면담분석, 만족도 평가를 평가하였다. 양적연구로는 스트레스 반응, 신체 증상 척도 평가를 실시하였고 심층면담분석은 질적 연구 방법을 활용하여 몸 정화, 마음 정화, 의식의 변화 및 성장 과정을 연구하였으며, 프로그램 선체 만족도 평가를 실시하였다.

특히, 프로그램에 대한 문헌과 선행연구, 참여자, 전문가의 평가를 토대로 최종 프로그램을 확정하였다. 일차별 목표 및 활동내용은 <표 3-3>과 같다.

〈표 3-3〉 확정된 뇌교육 기반 단식프로그램의 일차별 목표 및 활동내용

일차	활동명	목 표	내용	방법
1일차	오리엔테이션과 나를 찾는 여행	진행에 관한 전반적인 내용을 이해한다.	• 마음나누기와 오리엔테이션을 한다.	• 효소(식이섬유 포함)를 음용한다. (한끼 200cc, 3회) • 자기소개를 한다. • 냉온수욕을 한다. • 단식과 뇌교육에 관한 전반적인 내용을 듣고 일부 체험해 본다. • 일지를 쓴다.
2일차	새로운 경험과 나에게로의 집중	각 요법들을 경험하여 프로그램의 목적을 안다.	• 자연건강요법, 운동요법, 내면요법을 경험 해 본다.	• 효소(식이섬유 포함)를 음용한다.(한끼 200cc, 3회) • 풍욕, 된장찜질, 관장, 냉온수욕 • 뇌체조와 에너지 집중명상을 체험한다. • 야외산책과 명상을 해 본다. • 사랑주기를 해 본다. • 나눔을 한다. • 일지를 쓴다.

일차	활동명	목 표	내용	방법
3일차	나에 대한 탐구	자기를 이해하고 사랑 한다.	• 자연건강요법, 운동요법, 내면요법을 한다. • 미용감사명상으로 자기에 대해 깊이 자각한다.	• 효소(식이섬유 포함)를 음용한다.(한끼 200cc, 3회) • 아침명상을 한다. • 자연건강요법(풍욕, 관장, 냉온수욕)을 잘 수행 한다. • 뇌체조와 뇌명상을 체험한다. • 산치유 명상을 체험한다. • 사랑주기를 해 본다. • 미용감사명상을 해본다. • 나눔을 한다. • 일지를 쓴다.
4일차	뇌교육과 홍익정신	홍익정신에 대해 안다.	• 자연건강요법, 운동요법, 내면요법을 한다. • 홍익철학에 대한 강의요법을 시행한다.	• 효소(식이섬유 포함)를 음용한다.(한끼 200cc, 3회) • 아침명상을 한다. • 자연건강요법(풍욕, 관장, 25분 냉욕)을 잘 수행 한다. • 가벼운 뇌체조 실시 후 명상을 한다. • 뇌교육의 근간(根幹)인 홍익정신에 대해 강의, 동영상을 시청한다. • 나눔을 한다. • 일지를 쓴다.
5일차	타인과 하나되기	타인으로 의식을 확장하다.	• 자연건강요법을 한다. • 칭찬명상으로 사람에 대한 고정관념을 넘어서 수용하고 하나 됨을 체험 한다.	• 효소(식이섬유 포함)를 음용한다.(한끼 200cc, 3회) • 자연건강요법(풍욕, 된장찜질, 관장, 냉온수욕)을 잘 수행한다. • 나를 위한 시간을 갖는다. • 칭찬 명상을 한다. • 감사편지를 적는다. • 보식설명을 듣는다. • 음식 명상을 한다. • 보식에 관련된 동영상을 시청 한다. • 전체 나눔을 한다. • 일지를 쓴다.
6일차	새로운 세상을 향해서	원하는 삶을 설계 해 본다.	• 모든 것에 대한 감사와 새로운 변화에 대한 실천 계획을 세운다.	• 아침산책을 한다. • 냉온수욕을 한다. • 호흡감사명상을 한다 • 비전명상을 한다. • 음식 명상을 한다. • 평가지와 소감문을 작성한다.

4. 프로그램 적용 사례

뇌교육 기반 단식프로그램 1일차				
활동명	오리엔테이션과 나를 찾는 여행			
프로그램 목표	뇌교육 기반 단식프로그램 진행에 관한 전반적인 내용을 이해한다.			
장소 자료	장소: 음악, 칠판이 준비된 강의실, 샤워실 자료: 효소(식이섬유 포함), 이름표, 볼펜, 단식일지			
단계	프로그램 내용	원리	세부전략	시간
몸정화	• 이름표를 받고 효소를 음용한다. • 자기소개를 한다.	마음 나누기	나눔	20분
	• 냉온수욕을 실시한다.	다양한 경험	냉온수욕	60분
마음정화	• 단식의 효과, 주의사항을 설명한다. • 뇌체조, 장유동, 단전치기를 해 본다.	적극적 움직임	강의 체조	150분
의식정화	• 단식노트에 일지를 쓴다. - 오늘 하루 단식원 오기까지의 마음과 단식에 참가 한 후의 마음과 각오를 표현해 본다.	내면정화	자기반성	20분

뇌교육 기반 단식프로그램 2일차				
활동명	새로운 경험과 나에게로의 집중			
프로그램 목표	뇌교육 기반 단식프로그램의 각 요법들을 경험하여 프로그램의 목적을 안다.			
장소 자료	장소: 야외, 음악, 칠판이 준비된 강의실, 샤워실 자료: 효소, 관장준비물(관장액, 관장기, 관장컵), 야외수련준비물(돗자리, 방석)볼펜, 단식일지			
단계	프로그램 내용	원리	세부전략	시간
몸정화	• 기상 후 풍욕을 한다. - 효소를 마신다. • 된장찜질을 한다. • 관장을 한다. • 냉온수욕을 한다.	다양한 경험	풍욕	420분
마음정화	• 뇌체조와 에너지집중명상을 한다. - 뇌체조를 포함한 운동의 중요성을 강조한다. - 에너지 집중명상에 대한 정의, 방법들을 설명한다.	적극적 움직임	뇌체조 명상	120분

	• 자연산책과 명상을 한다. - 야외에서 에너지 집중명상을 해본다.	다양한 경험	명상	150분
	• 사랑주기를 한다. - 장을 서로 풀어준다.	마음나누기	사랑주기	40분
의식정화	• 나눔을 한다.	다양한 경험	상호교류	40분
	• 일지를 쓴다.	내면정화	자기반성	20분

뇌교육 기반 단식프로그램 3일차				
활동명	나에 대한 탐구			
프로그램 목표	자기를 이해하고 사랑한다.			
장소 자료	장소: 야외, 조명, 음악과 칠판이 준비된 강의실, 샤워실 자료: 효소, 관장준비물(관장액, 관장기, 관장컵), 야외수련준비물(돗자리, 방석), 볼펜, 단식일지			
단계	프로그램 내용	원리	세부전략	시간
몸정화	• 기상 후 풍욕을 시행한다. - 효소를 마신다. • 아침명상을 한다. - 동작시범을 보여준다. - 명상을 한다.	내면정화	풍욕관장 냉온수욕	90분
	• 관장을 시행한다. • 냉온수욕을 시행한다.	다양한경험	절체조 명상	120분
마음정화	• 뇌체조와 에너지 집중명상을 한다.	적극적 움직임	뇌체조	90분
	• 산치유 명상을 한다.	내면정화	산행	180분
	• 사랑주기를 한다. - 서로의 다리를 풀어준다.	마음 나누기	상호교류	40분
의식정화	• 미용감사명상을 한다. - 나의 마음상태를 느껴보도록 한다. - 상처 준 사람의 입장에서 생각해 본다. - 자신의 이름을 부르면서 소리 내어 사랑한다고 이야기 해본다.	내면정화	뇌교육명상	120분
	• 나눔을 한다. - 진솔한 나눔을 한다.	마음나누기	상호교류	20분
	• 일지를 쓴다.	내면정화	자기반성	20분

뇌교육 기반 단식프로그램 4일차				
활동명	홍익정신에 대한 이해			
프로그램 목표	홍익정신을 알게 된다			
장소 자료	장소: 야외, 조명, 음악과 칠판이 준비된 강의실, 샤워실, 자료: 효소, 관장준비물(관장액, 관장기, 관장컵), 단식일지, 홍익정신자료			
단계	프로그램 내용	원리	세부전략	시간
몸정화	• 기상 후 풍욕을 시행한다. - 효소를 마신다. • 아침명상을 한다.	내면정화	풍욕 절체조	90분
	• 관장을 시행한다. • 25분 냉욕을 한다. - 한기를 느끼면 체온 보온을 해 주어야 한다. - 체력저하가 있을 수 있으므로 휴식시간을 충분히 준다.	다양한경험	25분 냉욕	180분
마음정화	• 뇌체조와 에너지 집중명상을 한다. - 앉아서 또는 누워서 할 수 있는 뇌체조와 명상으로 구성한다.	적극적 움직임	뇌체조 명상	60분
의식정화	• 홍익정신에 관한 내용을 듣는다.	내면정화	시청각	60분
	• 나눔을 한다.	마음나누기	상호교류	20분
	• 일지를 쓴다.	내면정화	자기반성	20분

뇌교육 기반 단식프로그램 5일차				
활동명	타인에 대한 이해와 존중			
프로그램 목표	타인으로 의식을 확장한다.			
장소 자료	장소: 야외, 조명, 음악과 칠판이 준비된 강의실, 샤워실 자료: 효소, 관장준비물(관장액, 관장기, 관장컵), 볼펜, 단식일지,			
단계	수련 내용	원리	세부전략	시간
몸정화	• 기상 후 풍욕을 시행한다. - 효소를 마신다.	다양한 경험	풍욕	60분
	• 된장찜질을 시행한다. • 관장을 시행한다. • 냉온수욕을 시행한다.	적극적 움직임	된장찜질 관장 냉온수욕	300분

마음정화	• 나를 위한 시간을 갖는다. - 자유롭게 걷기와 명상을 한다. - 나에게 필요한 것은 무엇인가?	새로운 나 창조	자기반성	60분
의식정화	• 칭찬명상을 한다. • 감사편지를 쓴다.	내면정화	뇌교육명상	180분
	• 보식 설명을 한다. • 식습관 개선에 도움을 주는 동영상을 시청한다. • 음식 명상을 한다.	새로운 나 창조	시청각교육	150분
	• 5일간의 총 나눔을 한다.	마음나누기	상호교류	20분
	• 일지를 쓴다.	내면정화	자기반성	20분

뇌교육 기반 단식프로그램 6일차				
활동명	새로운 세상을 향해서			
프로그램 목표	원하는 삶을 설계해 본다.			
장소 자료	장소: 조명, 음악과 칠판이 준비된 강의실, 샤워실 자료: 볼펜, 용지, 설문지			
단계	수련 내용	원리	세부요법	시간
몸정화	• 기상 후 아침산책을 한다. • 냉온수욕을 시행한다.	적극적 움직임	산책 냉온수욕	120분
마음정화	• 호흡감사명상을 한다. - 자연, 나, 타인 등 모든 것에 대한 감사함을 주고 받는다. - 나눔을 한다.	마음나누기	상호교류	60분
의식정화	• 비전명상을 한다. - 7일, 한달 동안의 계획을 적어본다. • 음식 명상을 한다. • 5일간의 단식프로그램에 대한 평가지를 작성한다.	새로운 나 창조	뇌교육 명상	120분

제2장

뇌교육 기반 행복교육 프로그램[2)]

1. 프로그램 개발 목직

가. 학습 - 정서 불균형이 심삭한 교육현실

우리나라 교육현실은 학업성취도는 높지만, 정서적 불균형이 심각한 것으로 나타나고 있다. 국제학업성취도평가에서는 최상위를 기록하고 있지만 2011년 OECD 청소년 행복지수 조사에서 한국은 3년 연속 최하위를 기록했다. 2009년 국제교육협의회에서 조사한 타인에 대한 배려, 공동체의식을 묻는 '사회적 상호작용 역량' 지표에서도 최하위 수준으로 나타났다.

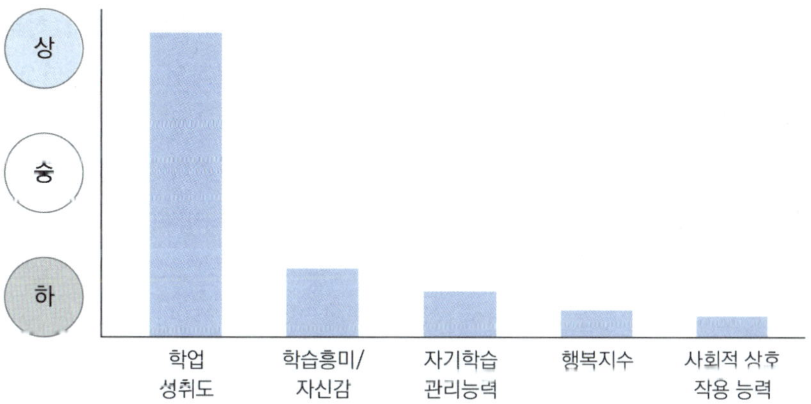

2) 뇌교육인성아카데미(2014)의 프로그램을 재구성하였음.

청소년 4명 중 1명은 정서장애, 행동장애를 겪어 청소년 정신건강이 심각한 수준이다. 학교폭력이 만연해지면서 그 심각성은 날로 더해지고 있다. 특히 학교폭력을 사소한 장난으로 인하여 죄책감 없이 이루어지고 이를 방관하는 학생들로 인해 학생들의 신체적, 심리적 피해가 증가하고 있다. 학교폭력으로 인해 자살을 생각해 본 적이 있다는 학생비율이 매년 증가하고 있고 실제로 청소년 사망원인의 1위가 자살이다.

나. 학업문제, 학교폭력 등 인성의 문제, 두뇌 관리 교육 필요

요즘 학생들은 예전에 비해 체격은 커졌지만 체력이 약하고, 어려움을 극복하는 의지와 끈기가 부족한 편이다. 밤늦게까지 공부에 매달려야 하는 학업스트레스가 심한 환경에서 더욱 청소년들의 정서는 억압되고 있다. 뇌에서 정서가 억압되면 폭발이 된다. 억압된 정서는 우울증, 공격성 등을 초래하게 된다.

학업스트레스, 정서행동 장애, 학교폭력 등 학업과 인성의 문제들은 뇌를 중심으로 교육을 바라볼 때 해결이 가능하다. 신체, 정서, 인지 등 통합적인 두뇌발달을 촉진시켜주는 교육적 접근이 필요하다.

다. 프로그램 개발 방향

1) 우리는 모두 행복하기를 바란다. 우리가 매순간 느끼는 감정은 뇌에서 분비되는 호르몬의 작용이다. 뇌에는 누구나 선택하면 이루어지는 힘이 있다. 그 힘을 잘 활용하면 건강, 행복, 평화로울 수 있고 자신이 세운 목표를 이루어낼 수 있다. 선택하면 이루어진다. 행복한 나를 만들기 위해서 행복한 선택을 하라.
2) 우리 뇌파는 에너지 파동이다. 긍정 뇌파에서는 긍정적인 생각이 떠오르고 부정 뇌파에서는 부정적인 생각이 주로 떠오른다. 뇌파를 긍정 뇌파로 바꿔줘야 한다. 긍정뇌파를 만들려면 몸부터 활기차게 만들어주어야 한다. 몸에 에너지가 채워질 때 의욕이 생기고 긍정적이 되고 감정을 조절하는 바탕이 된다. 몸이 활기차고 건강할 때 행복하다.
3) 두뇌우호적인 환경을 만들어야 한다. 우리 뇌파는 주변 에너지에 동조화된다. 밝은 분위기 속에서는 마음 열기가 쉽고 서로 교류가 잘 된다. 그러나 뭔가 거칠고 차가운 분위기 속에서는 마음이 닫히고 교류가 잘 되지 않는다. 밝고 따뜻한 두뇌우호적인 환경을 만드는 것이 효과적이고 지속적인 인성교육이다.

4) 긍정적이고 자신감이 있을 때 행복하다. 긍정이 무엇인지 이해하고, 다양한 상황 속에서 긍정을 훈련하여 긍정정보를 선택할 수 있게 해준다. 자신감은 생각만으로 할 수 있다는 차원이 아니라 자신의 한계를 넘는 체험과 훈련을 통해서 진정한 자신감이 생긴다. 쉬운 것부터, 하고 싶은 것부터 시작해서 목표를 높여서 자기 한계를 극복해 보게 한다.

5) 마음을 서로 나눌 때 행복해진다. 배려, 사랑, 소통, 신뢰, 홍익실천 등 따뜻한 마음을 쓰는 훈련을 통해서 내가 더욱 행복해질 수 있음을 알게 한다. 그리고 행복은 나만의 행복이 아니라 모두 같이 행복할 수 있어야 하고, 그런 선택을 할 수 있게 한다.

6) 꿈이 있을 때 행복하다. 인간에게는 누구에게나 홍익의 본능, 밝은 양심이 있다는 것을 알게 한다. 나보다 전체를 이롭게 하는 홍익을 선택할 때 뇌의 파워가 강해지고 해피브레인이 된다. 행복한 홍익의 꿈을 그릴 수 있도록 한다.

라. 개발 목적

1) 행복의 의미를 일깨우고, 행복한 삶을 가꾸어 나갈 수 있게 한다.
2) 뇌를 잘 쓰는 원리를 이해하고, 행복을 선택하는 힘을 키운다.
3) 분노조절, 감정정화 자기극복의 체험을 통해 긍정적인 자기 정체성을 회복한다.
4) 예절바르고, 양심이 밝고, 정직, 성실, 책임감 있는 삶의 태도를 길러준다.
5) 자기 자신과의 소통, 친구와의 소통, 가족 간의 소통하는 능력을 향상시킨다.

마. 기대효과

1) 긍정적인 자아정체성이 회복되고 자신을 소중하게 대하게 된다.
2) 정서가 안정되고, 자기성찰력, 감정조절력이 커진다.
3) 인간관계가 원만해지고 서로 존중하고 배려하는 마음을 갖게 한다.
4) 행복한 나, 행복한 친구관계, 행복한 학교생활을 할 수 있게 된다.
5) 삶에 대한 긍정적 인식을 갖게 하고, 행복습관을 갖게 된다.

2. 프로그램 개발 내용

가. 운영 모형

① 해피브레인 인성프로그램은 마음열기, 마음다루기, 마음나누기, 마음의 중심세우기 4단계로 구성되어 있다.

② 마음열기 단계는 행복과 뇌의 관계와 두뇌우호적인 수업 분위기를 조성할 수 있도록 놀이, 체조, 명상, 사랑주기, 긍정하기 등의 뇌교육 기법을 배우고 익히도록 하였다. 이를 통해 몸과 뇌의 감각을 깨우고, 사랑, 긍정, 홍익실천 등 행복습관을 체험하고 습관화해 나갈 수 있게 하였다.

③ 마음다루기 단계는 감정과 뇌의 관계를 이해하고 감정을 조절하는 힘을 키워갈 수 있게 하였다. 한계에 도전하는 활동을 통해 자신감을 갖고 적극적으로 행복을 창조하는 선택의 힘을 키우고 있다. 특히 원래 우리 모두의 마음은 밝은 양심이 있음을 알려주고 남과 비교하지 않는 자신의 가치에 대하여 인식할 수 있게 하였다.

④ 마음나누기 단계는 우리 안에 양심을 밝히는 홍익의 선택을 키우고 행복습관을 만드는 단계이다. 신뢰, 정직, 감사, 홍익을 체험하고 생활 속에 실천하면서 친구, 가족, 주위 사람들과 소통하고 교류하는 경험을 많이 하도록 하였다. 그 속에서 생각과 말과 행동까지 변화되고 습관화 될 수 있게 하였다.

⑤ 마음의 중심세우기 단계는 작은 나에서 큰 나로 의식을 확장시켜 나의 이익과 안전에 머무는 행복이 아니라 나라와 민족, 나아가 인류, 지구 전체가 모두 행복해질 수 있는 차원으로 행복의 가치를 정립해 보게 하였다. 이를 통해 큰 꿈을 갖고 자기 뇌의 주인으로서 행복한 삶을 창조하는 선택을 할 수 있게 하였다.

나. 수업 모형

단계	중점사항	내용	시간
도입	기본프로그램	• 인사 • 수업 집중모드 만들기 • 수업의 규칙 상기 • 학습목표 제시	20분
전개	핵심원리 및 체험	• 핵심 원리 학습 • 행복증진을 위한 실전, 체험활동 • 행복습관을 만드는 뇌명상	20분
정리	수업마무리 및 내면화	• 워크북에 활동체험, 느낌 적기 • 뇌 선언하기	5분

① 기본 프로그램

• 인사는 '사랑합니다.' 인사 문화를 조성하여 자신을 사랑하고 서로 존중하는 분위기, 예절바른 태도를 기를 수 있게 한다.
• 수업의 규칙은 자연스럽게 학습이 되어 스스로 지키는 분위기가 되도록 한다.
• 수업 집중모드 만들기는 뇌에 인성수업에 대한 준비를 할 수 있게 한다. 간단한 뇌체조, 단전치기 300번, 호흡명상을 하고 뇌에 수업준비 정보를 준다.
• 학습목표를 제시하여 목적의식, 참여 동기를 줄 수 있도록 진행한다.
• 레크레이션, 손유희는 수업차시에 따라서 적절히 조절하여 사용한다.
• 기본 프로그램은 전 차시에서 배운 것을 복습하여 점층적으로 반복학습이 되는 구조로 진행한다. 특히, 뇌체조, 호흡명상, 에너지집중명상, 뇌파진동명상 등 기본 뇌교육 프로그램은 반복하여 익숙해질 수 있도록 한다.

② 핵심원리 및 체험

• 행복을 증진시키는 뇌교육 인성의 핵심원리를 학습한다. 원리이해를 돕는 사진, 예화, 동영상 등의 자료를 활용하여 효과적으로 전달하도록 한다.
• 원리를 체득하기 위한 체험활동을 하고, 적절한 음악을 활용하여 체험활동에 집중과 몰입을 유도한다.
• 행복 습관을 만드는 뇌명상을 통해 생활 속에서 행복을 실천할 수 있는 선택의 힘을 키우고 행복 훈련을 이미지화해 본다.
• 활동지(워크북)를 활용하여 체험에 대한인지가 될 수 있게 하고, 자기주도적으로 참여하는 수업이 되도록 한다.

③ 마무리

• 워크북 활동으로 스스로 배운 것을 정리하고 내면화하게 한다.
• 뇌선언하기로 핵심정보를 뇌에 한 번 더 내면화한다.

다. 차시별 수업의 특징

① 1차시는 45분 수업시간을 기준으로 구성하였다.

※ 학교 수업 시간은 초등 40분, 중등 45분, 고등 50분이다. 학교에서 수업시간 배정에 따라서 2시간 연속해서 80분, 100분으로 진행될 수도 있다. 학교에서 수업이 개설 진행되는 시간에 맞게 차시 진행안(교수학습안)을 재구성

하여 수업진행을 하도록 한다.

② 수업의 준비모드 만들기는 단전치기 300번, 이완호흡, 뇌에 수업준비 메시지 주기를 똑같이 하도록 하였다. 이는 뇌파를 조절하여 뇌교육 인성에 대한 깊은 체험이 일어날 수 있게 하고, 핵심 원리를 내면화하는데 효과적이기 때문이다. 수업 집중력이 좋아지고 뇌를 잘 쓰는 원리가 체험적으로 내면화될 수 있다.

③ 매시간 체험을 통해서 행복한 나를 만드는 원리를 익히고, 체조, 뇌파진동, 에너지집중명상, HSP Gym 등 뇌교육 방법을 활용해 체화되도록 구성하였다.

④ 매 차시 기본 수업 PT로 진행하며, 동영상 등의 적절한 자료를 제시하여 뇌교육에 관한 정보처리가 효과적으로 되도록 하였다.

⑤ 워크북 활동으로 수업 내용을 정리하고 자신의 체험을 내면화 할 수 있도록 구성하였다. 워크북은 수업중 활동에 연결해서 사용하는 것이 좋다.

3. 프로그램 적용 사례

단계	차시	차시명	내용
I 마음 열기	1	행복을 만드는 뇌 이야기	• 행복한 뇌 이야기 • 뇌가 행복해야 행복하다 • 행복뇌 만들기
	2	마음을 여는 소통놀이	• 인간보물찾기 • 마음을 담는 인사법
	3	건강한 나, 행복한 나	• 뇌와 몸, 마음의 관계 • 내 몸과의 대화 (이완 명상) • 내 몸의 파워스위치 만들기
	4	사랑으로 교류하기	• 에너지집중명상 • '사랑합니다.' 말에 담긴 에너지 • 사랑주기: 친구, 가족에서 사랑 전하기
	5	긍정으로 소통하기	• 실수OK 문화 • 뇌가 듣고 싶은 말 • 행복을 키우는 긍정훈련

단계	차시	차시명	내용
II 마음 다루기	6	유연한 뇌 만들기	• 뇌구조 익히기 • 좌우뇌를 깨우는 신체놀이 • 우뇌를 깨우는 뇌파진동 명상
	7	감정은 다룰 수 있어요	• 감정이 생기는 이유 • 내 감정 돌아보기 • 명상을 통한 감정조절
	8	웃으면 뇌가 좋아해요	• 웃음이 좋은 이유 • 웃음과 행복을 끌어당기는 시크릿 • 내가 선택하는 행복, 웃음창조
	9	밝고 강한 나	• 남과 비교하지 않는 기쁨 • 자신감 키우기 • 나의 본래 마음
III 마음 나누기	10	신뢰를 쌓자	• 나의 신뢰도 • 내가 믿음이 가는 사람 • 나의 신뢰 원칙 정하기
	11	있는 그대로 정직하게	• 정직에 대하여 (동영상, 예화) • 정직쪽지: 나는 ~한 적이 있다. • 정직실천 의지 키우기
	12	소중한 우리	• 내가 감사한 것들 • 감사를 통한 공감 이끌기 • 감사를 통한 진실한 마음의 소통
	13	모두 같이 행복한 세상	• 모두 같이 행복하기 위한 원칙 • 양심사전 만들기 • 내가 먼저 기쁘게 하기
IV 마음의 중심 세우기	14	생활 습관 바꾸기	• 나의 습관 돌아보기 • 내가 고쳐야 할 습관 • 습관 바꾸기 계획세우기
	15	나라 사랑하는 마음 키우기	• 세계 속의 대한민국 • 우리말, 우리 얼 • 작은 나에서 큰 나로 의식 키우기
	16	지구가 아파해요	• 지구와 나와의 관계 • 지구 환경의 문제 • 지구를 행복하게 하는 나의 실천
	17	내 인생에는 꿈이 있다	• 꿈이 있는 사람 • 어떤 꿈을 가질 것인가 • 꿈의 자기선언

나라 사랑하는 마음 키우기	년 월 일 이름:
홍익 실천	

나 자신이 나라 발전을 위해 실천할 수 있는 것은 무엇이 있을까요?
일상생활에서 실천할 수 있는 방법을 계획하고 적어보세요. 일주일간 실천했는지 확인해 주고,
실천하며 나는 어땠는지 돌아보기에 적어주세요.

실천 할 일	♡1. ♡2. ♡3.						
날짜	/	/	/	/	/	/	/
확인							
돌아 보기							

오늘 수업에서 배운 점, 도움이 된 점, 느낀 점 등을 적어보세요.

오늘의 뇌선언	

<table>
<tr><td colspan="3">지구가 아파해요</td><td colspan="5">년 월 일 이름:</td></tr>
<tr><td>홍익
실천</td><td colspan="7"></td></tr>
<tr><td colspan="8">나 자신이 지구 환경을 위해 실천할 수 있는 것은 무엇이 있을까 생각해보고
일상생활에서 실천할 수 있는 방법을 계획하여 적어주세요.
일주일간 실천해보고 자신의 마음과 행동 등에 대해 돌아보기해 주세요.</td></tr>
<tr><td>실천
할 일</td><td colspan="7">♡1.

♡2.

♡3.</td></tr>
<tr><td>날짜</td><td>/</td><td>/</td><td>/</td><td>/</td><td>/</td><td>/</td><td>/</td></tr>
<tr><td>확인</td><td></td><td></td><td></td><td></td><td></td><td></td><td></td></tr>
<tr><td>돌아
보기</td><td colspan="7"></td></tr>
<tr><td colspan="8">오늘 수업에서 배운 점, 도움이 된 점, 느낀 점 등을 적어보세요.</td></tr>
</table>

오늘의 뇌선언	

내 인생에 꿈이 있다.	년 월 일 이름:
홍익 실천	

꿈의 자기 선언문

예〉

나는 이러한 마음과 실천을 하는 사람이 될 것입니다.	+	내가 하고 싶은 일
(사람들의 마음을 치유해주는)		(심리치료사)

→ 나는 사람들의 마음을 치유해주는 심리치료사가 될 김홍익입니다.

오늘 수업에서 배운 점, 도움이 된 점, 느낀 점 등을 적어보세요.

오늘의 뇌선언	

제3장

뇌교육 기반 명상을 활용한 스트레스 관리 프로그램3)

1. 프로그램 개발 목적

OECD가 발표한 자료에 따르면 한국 근로자의 노동시간은 연평균 2,113시간으로 2위에 올랐으며 일과 삶의 균형 부분에서는 36위에 머물렀다(Jones, 2016). 이로 인해 대한민국 직장인 중 87.8%가 스트레스로 인한 무기력증, 소화기질환 등의 이상을 경험하고 있으며, '회사 우울증'을 경험한 직장인은 74.4%에 이르고 있다(이승철 외, 2012).

특히, 스트레스는 심혈관 질환, 수면장애에서 암까지도 관련이 있어 개인에게 영향을 미칠 뿐 아니라 기업과 국가적 차원에서도 부정적인 영향을 미친다. 이에 직장인들의 정신건강 관리의 필요성이 점점 증가하고 있어 기업뿐 아니라 국가 차원에서도 직장인들의 스트레스 관리에 나서고 있다. 근로 복지 기본법에는 '사업주는 근로자의 업무수행 또는 일상생활에서 발생하는 스트레스, 개인의 고충 등 업무저해요인의 해결을 지원하여 근로자를 보호하고 생산성 향상을 위한 전문가 상담 등 일련의 서비스를 제공하는 근로자 지원 프로그램(EAP)을 시행하도록 노력하여야 한다'고 권고하고 있다(왕은자·전빈아·홍희정, 2016). 그러나 직무 스트레스 관련 논문 분석에 의하면 92.1%가 현황을 파악하는 연구였으며, 스트레스 중재에 관한 연구는 단 5.9%에 불과했다(김정희, 2007). 이는 유럽이나 미국 등을 중심으로 많은 직무 스트레스 중재 연구들이 수행되어 그 결과들이 발표되고 있고, 개별 중재 방법들이 조직이나 개인 근로자에게 미치는 영향과 효과 크기 등이 분석되어 실무적으로 그 결과를 재적용하고 있는 상황과는 대조적이나 (Cahill, Landsbergis & Schnall, 1995; 박춘자, 2015).

3) 신근식(2019)의 박사학위 논문을 요약 정리하였음.

직장인의 스트레스 관리에 관한 문제는 비단 일반 기업뿐 아니라 공공 기관에서 근무하는 공무원에게도 비슷한 실정이다. 국민의 삶의 질 향상과 국가경쟁력 제고를 위해 중앙정부에서는 일선 행정기관들에게 친절·봉사나 주민 만족, 행정서비스 품질 제고를 강조하고 있으며, 이는 지방정부에서 행정서비스 전달자인 민원 담당 공무원들의 고충과 업무 스트레스를 증가시키고 있다(성영태, 2013). 그뿐 아니라 승진적체와 개인 및 조직의 업무성과 평가 등으로 심리적 스트레스가 누적되는 모습을 보이고 있으며, 이와 같은 문제점이 꾸준히 제기되고 있으나 체계적인 교육프로그램은 물론 심리적 조절, 정서적 안정을 위한 노력과 대책은 부족한 실정이다(이희태, 2014). 2000년대에 들어 공무원의 직무 스트레스와 직무 만족 관련에 대한 연구는 많이 되어 왔으나(이환범 · 이수창, 2003; 박기관, 2008; 배점모, 2011; 김구 · 한기민, 2012; 엄태순 · 김현실, 2013), 이러한 연구들은 직무 스트레스와 직무 만족에 대한 단순한 관련성만을 연구한 경향이 있다(윤상화, 2016).

대한민국 공무원의 연령 수준이 높게 형성되어 있기 때문에 그만큼 스트레스 비율도 높을 것으로 추측되고 있으나 현재까지 스트레스 관련 선행연구는 주로 소방, 경찰, 교사 등과 같은 특정직 공무원에 대한 연구가 대부분이며 일반직 공무원을 대상으로 한 연구는 미미한 실정이다(김태우 · 김규상 · 안연순, 2010). 지방자치단체 공무원을 대상으로 하는 스트레스 관련 선행논문 중 스트레스 관리 프로그램 관련 논문은 21편(학술 9편, 학위 12편)인데, 그중 17편의 논문이 경찰이나 소방공무원에게 치중해 있고 일반직 공무원들의 스트레스 관리 프로그램은 단 4편에 불과하다. 위험성이나 노동 강도를 볼 때 경찰이나 소방공무원의 스트레스 중재에 대한 연구가 많은 것이 당연하지만 지방자치단체 공무원 중 85,3%(258,820명)를 차지하며, 지방정부의 중추적인 업무를 수행하고 있는 일반직 공무원에 대한 스트레스 중재 연구 역시 필요한 부분이다.

요즘 이러한 추세에 따라 현대인의 정신건강을 위해 미국이나 일본, 그리고 중국 등을 중심으로 마음챙김명상, 기공, 참선, 요가 등의 다양한 형태의 명상을 이용한 수련 활동이 폭발적으로 증가하고 있다(심준영, 2001). 국내에서는 장현갑(2010)이 명상을 스트레스 관련 질병 치료에 적용한 연구가 있고, 명상을 기반으로 하는 인지행동 프로그램이 우울 성향 감소에 긍정적이었다는 연구 결과가 보고되고 있다(박정원 · 김유미, 2009). 또한 뇌과학의 발달에 따라 명상과 뇌의 관련성에 대한 과학적인 접근이 이루어지고 있으며, 이에 따라 뇌를 훈련 대상으로 보고, 뇌과학과 교육학이 융합된 뇌교육이 정신 건강 증진에 영향을 미친다고 보고한 많은 연구 결과들이 있다.

뇌교육은 대한민국의 건국이념인 홍익인간의 철학을 바탕으로 호흡과 이완 그리고 몸 전체에 흐르는 기(氣)를 느끼고 그것을 통해 뇌 속을 자극하고 뇌기능을 활성화하는 명상법(이승헌, 2001)이며, 뇌과학과 교육의 원리를 접목한 간학문적 성격을 띠고 있는 실용학문으로, 뇌기반 교육 또는 뇌기반 학습에 비해 뇌 발달에 영향을 미칠 수 있는 직접적 요인이나 활동을 연구한다는 특징이 있다(곽윤정, 2006; 김유미, 2006). 또한 뇌교육을 활용한 명상 프로그램들이 스트레스 호르몬이나 기분 상태, 그리고 자기조절능력과 정서 지능에 긍정적인 영향을 미친다는 결과들이 보고되고 있다(심준영·오미경·안승찬·이승헌, 2003; 김유미, 2007).

직장인들의 스트레스 관리를 위한 뇌교육 관련 선행 연구로는 윤정미(2006)의 '뇌호흡 수련'연구와 이승호 외(2017)의 '벨리버튼 명상(BBM)'연구가 있긴 하지만 뇌교육 기반 명상 프로그램은 박순녀(2014)의 "직장인의 멘탈헬스 증진을 위한 '고객맞춤식 뇌교육 기반 명상프로그램'개발과 효과연구:K사 생산직을 대상으로"가 유일하다. 그러나 박순녀의 논문은 K사의 생산직을 대상으로 한 맞춤식 프로그램이라 일반화하기에는 무리가 있고, 종속변수를 조직성과에 영향을 미치는 멘탈헬스 핵심요인인 '긍정심리자본'과 '심리적 웰빙', '삶의 만족도'로 한 것은 스트레스 관리에 대한 직접적인 접근이라고 보기 어렵다. 또한 1박2일의 단기성 프로그램이라 스트레스 관리라는 측면에서 한계성을 보인다. 지금까지 뇌교육 기반 명상을 활용한 스트레스 관리에 ADDIE 교수체제 설계모형을 적용한 예는 없으며, 특히 공무원을 대상으로 8주간 진행된 것은 본 연구가 처음이다. 그러므로 공무원 대상 뇌교육 기반 명상을 활용한 스트레스 관리 프로그램을 개발하는 것은 의미 있는 시도가 될 것이다.

스트레스의 관리라는 측면에서 볼 때 타 명상법에 비해 뇌교육 기반 명상만의 특징이 있는데, 이는 명상 수련외에 뇌교육만의 철학이 있고 그 철학의 실천법과 체계적으로 실천하기 위한 비전설정이 있다는 것이다. 뇌교육 기반 명상에서는 '홍익인간'이라는 나와 남이 모두 행복해지고자 하는 철학과 더불어 실천법인 사랑주기(활공)가 있으며, 이를 실천하기 위해 비전을 설정하는 것을 중요하게 여긴다. 이는 뇌교육의 목적을 홍익인간을 양성하여 인류평화를 실현하는 것에 두고 있기 때문이다(이승헌, 2002). 대부분의 명상이 수행법에 근거하고 있지만 정작 사상과 철학이 과도하게 배제되었고 집중력과 창의력 등 실용성에 치중해 있다(이재형, 2018). 일반 명상수련이 자기 자신과 소통을 중요시 하는 것에 비해 뇌교육 기반 명상은 개인의 건강을 위한 심신수련법 차원에만 머무르지 않고, 세상과의 소통(홍익인간)을 중요하게 여긴다. 이처럼 이타적인(타인에게 베푸는) 과정에 관여하는 것은 스트레스에 강한 완충제가 될 수 있다(Pelletier, Frongillo, Schroeder, & Habicht, 1994).

그리고 이러한 이타적이라는 부분이 직장인 중에 특히 공무원의 역할과 상당 부분 관련성이 있다. 공무원 헌장에는 "공무원은 헌법이 지향하는 가치를 실현하며 국가에 헌신하고 국민에게 봉사한다. 우리는 국민의 안녕과 행복을 추구하고 조국의 평화 통일과 지속 가능한 발전에 기여한다"(인사혁신처, 2017)고 되어 있다. 공조직에서의 스트레스는 공무원 개인의 건강과 직무만족에 영향을 미치는 것은 물론이고 공직의 특성상 성공적인 정책집행의 결과와 대국민 서비스의 수준에 중요한 영향을 미치기 때문에 지방자치단체 공무원의 스트레스 관리는 더욱 중요하다고 할 수 있다.

본 연구의 목적은 지방자치단체 공무원을 대상으로 스트레스 관리를 위한 뇌교육 기반 명상 프로그램을 개발하고 그 효과를 검증하는 데 있다. 뇌체조와 호흡, 에너지집중명상을 기반으로 하는 뇌교육 기반 명상 프로그램은 공무원뿐 아니라 직장인들이 주도적으로 스트레스를 관리하는 데 기여할 수 있을 것이며, 대한민국 직장인들의 정신건강 문제로 인해 발생하는 비용의 절감 효과와 더불어 정부와 기업차원에서 실행하고 있는 정책 및 지원 사업의 실효성을 높이는데 기여할 수 있을 것이다.

2. 프로그램 개발을 위한 이론적 기초

가. 명상

아직까지 명상의 종류에 대해 명쾌한 정의는 없으나 다음과 같이 분류할 수 있다. 첫째, 인도전통에서 발전한 다양한 종류의 요가와 요가를 포함한 프로그램을 '요가명상'으로 분류하며, 이 요가명상 프로그램에는 요가명상, 벤슨의 이완반응, TM(만트라 명상)이 해당된다. 둘째, 불교 명상에서 발전한 마음챙김을 기반으로 하는 '마음챙김명상'으로 마음챙김기반 스트레스 감소프로그램(MBSR), 마음챙김기반 인지치료 프로그램(MBCT), 마음챙김기반 변증법적 행동치료(DBT), 마음챙김기반 수용전념치료(ACT)가 해당된다. 셋째, 동북아 지방의 수행법인 선도에서 발전된 '선도명상'으로 단학(뇌교육 명상, 국학기공, 벨리버튼명상), 국선도, 기공, 태극권이 해당된다. 넷째, 기타 명상프로그램과 미술, 색채, 대체의학, 통찰, 종교, 차, 소리, 음악, 호흡, 심리상담 프로그램이 결합된 '복합명상'으로 분류하고자 한다.

〈표 3-4〉 직장인 대상 명상을 활용한 스트레스 관리프로그램

구분	저자	명상 방법	대상	연구결과	시사점
요가 명상	김인홍 (1999)	이완 요법	사무직 근로자	심리적(기분상태), 생리적(ACTH, 코티솔, 카테콜아민, 심박수) 반응의 유의미한 변화	운동요법보다는 이완요법이 사무직 근로자들의 스트레스 대처에 효과가 있음
	조학순 (2004)	요가 명상	간호사	사회/심리적 건강 증진, 요통 정도감소, 자연살해세포증가	면역세포 변화정도가 실험군과 대조군의 유의한 차이가 없음
	김영삼 (2006)	요가 명상	직장 여성	신체변화 증가	직장인 요가 수련자들 사이의 비교연구
	최윤정 (2007)	요가 명상	직업 무용수	문제중심적대처, 정서중심적대처방법이 긍정적 반응	회피적대처와 초연적 대처에는 유의한 차가 나타나지 않음
	왕인순 (2009)	이완 요법	비정규 직여성 노동자	스트레스의 신체증상 및 하위척도의 유의미한 변화	요가호흡은 요가자세나 요가이완에 비해 스트레스의 신체증상과 스트레반응의 감소에 더 효과적이며, 요가이완은 요가 자세나 요가 호흡에 비해 피로의 감소에 더 효과적인 경향이 있음
	오희선 (2012)	요가 명상	전문직 종사자	스트레스반응감소	명상, 요가동작, 호흡명상으로 이어지도록 프로그램을 고안함
	김지은 (2013)	요가 명상	직장인	신체적, 심리적, 직무 스트레스감소, 심리적안녕감증가, 자기효능감 증가	요가자세와 호흡, 자애명상이 결합된 요가프로그램
	여청자 (2014)	만트라 명상	교사	스트레스 감소, 심리적 안녕감 증진	교사들을 위한 만트라명상법 개발
	이윤선 (2014)	요가 명상	사회 복지사	균형감향상, 직무 스트레스감소	질적연구와 양적연구를 병행한 혼합연구
	김승억 (2015)	요가 명상	요양보호사	신체구성 및 혈중지질 항목 중 체중, 비만도, 수축기혈압, 공복혈당 감소 효과	요양보호사를 대상으로 한 요가수련 프로그램의 개발과 효과 연구
	임순옥 (2016)	요가 명상	간호사	스트레스 및 우울 감소, 근골격계 통증 완화	설문지와 생리적 지표를 활용한 연구
	한미아 (2016)	요가 명상	간호사	건강체력증진, 스트레스 반응감소, 코티솔감소	설문지와 혈액분석을 병행하여 측정함
마음 챙김 명상	안상섭 (2007)	마음 챙김	근로자	우울, 불안 및 만성통증 감소, 생리적 현상의 긍정적 변화	사념처 명상수련이 수행순서에 맞추어 구성한 수행용 듣기 테이프와 강의 요점, 숙제장 등을 그대로 사용하였음

구분	저자	명상 방법	대상	연구결과	시사점
	김인구 (2008)	마음 챙김 (ACT)	직장인	심리적수용향상, 내면행위증가, 직무만족증진, 직무탈진저하	심리적 수용과 직무탈진과의 관계를 일반인 노동자를 대상으로 살펴봄
	김령아 이봉건 (2009)	마음 챙김	직장인	스트레스 반응 감소,긍정적인 사고전환, 적극적 대처행동 증진	EAP용 다중요소로서 명상치유요소와 인지행동 치료 요소를 조합함
	김정은 (2009)	마음 챙김	교사	자기효능감 증가, 두통의 강도와 스트레스감소	교사들의 심리적 적응을 도울 수 있고, 두통치료의 기법으로 활용 가능
	문임숙 (2010)	마음 챙김 (ACT)	간호사	업무스트레스 감소, 심리적안녕감, 사회심리적건강, 수용-행동향상에 유의미한 효과 있음	뇌파를 이용한 뉴로피드백의 활용, 제 3자 평정, 상담자 평정 등 다차원적인 효과 측정 도구 필요
	박남수 (2013)	마음 챙김	근로자	심신의 연결감, 평안감, 주의집중력 강화, 성찰과 자각의 증진, 마음챙김 향상	마음챙김 훈련에 의하여 치유적인 관계의 변화와 자아의 확장으로 인한 삶의 긍정적 변화의 과정을 밝힘
	한민희 (2013)	마음 챙김	직장인	직무 스트레스감소, 직무열의, 심리적 안녕감 증가	REBT와 마음챙김의 통합된 프로그램을 개발함
	이광우 (2014)	마음 챙김	교대근무 직장인	스트레스대처 능력 향상	설문지와 심박변이도 분석을 함께 활용함
	김정임 (2014)	마음 챙김	콜센터	정서조절전략, 주관적 웰빙 증가, 스트레스 반응 · 직무 스트레스 감소	콜센터 근로자들을 위한 마음챙김-긍정심리 프로그램을 개발함
	전민아 (2014)	마음 챙김 (ACT)	직장인	탈중심화와 직무열의향상	직장인 대상 상담프로그램 실시 후 효과 검증
	정영미 (2014)	마음 챙김	조선소 근로자	직무 스트레스 감소, 심리적 안녕감 증가	고긴장군인 조선소 사무직 근로자를 위한 마음챙김프로그램 개발
	김도연 (2016)	호흡 명상 (MBSR)	상담사	직무 스트레스감소	상담자나 출가수행자를 대상으로 상담전 · 후 비교측정
	김동성 (2016)	마음 챙김	직장인	스트레스 감소	알아차림 주의자각정도와 스트레스가 상호관계가 있음
	강혜림 (2016)	마음 챙김	보육 교사	심리적 안녕감향상	보육교사를 위한 무용/동작프로그램 개발
	백남길 (2016)	마음 챙김	외식 경영자	스트레스감소, 생활만족도증가	명상수련 과정의 변증법적 행동치료(DBT)프로그램을 이용하여 1일

구분	저자	명상 방법	대상	연구결과	시사점
		(DBT)			50분씩 총 150시간(30일) 이상 훈련을 함
	조승경 (2016)	마음챙김	경찰	직무트레스감소, 마음챙김주의 자각과 심리적안녕감 향상	경찰대상 KMBSR프로그램 프로그램을 개발함
	안미나 (2017)	마음챙김	간호사	스트레스반응 및 소진의 일부 하위항목 감소	행복감 승진에서는 유의미한 효과를 측정하지 못함
	김우정 (2017)	마음챙김 (인지치료)	직장인	업무스트레스감소, 소진척도감소, 자기효능감 증진	종합병원 정신건강의학과에 종사하는 직원대상 연구
선도명상	윤정미 (2006)	뇌교육 명상	직장인	스트레스인지, 스트레스대처에 긍정적인 영향	연구소 직원 대상으로 50분씩 24회 뇌호흡 프로그램을 진행함
	정용모 (2009)	태극권	직장인	스트레스감소와 웰빙에 긍정적인 효과	수련 빈도와 시간대, 수련기간, 수련시간, 수련강도별로 측정함
	이경호 (2013)	국신도 명상	콜센터	식부 스트레스의 신체적증상, 정신적증상에 긍정적 영향	콜센터직원 대상 주 2회 20분간 10주간 진행
	이승호 신재한 한지훈 장상철 신혜숙 (2017)	벨리 버튼 명상	직장인	스트레스반응 감소, 신체적 증상경감, 일몰입 증가	시간과 공간의 효율성을 고려하여 동영상으로 제작된 명상프로그램이라 직장인들에 유용함
복합명상	차정연 (2009)	절명상	직장 여성	스트레스수준감소, 집착정도감소, 심리적수용증가	절명상이 스트레스에 미치는 효과 탐색
	강효숙 (2012)	명상 긍정 심리	직장인	스트레스감소, 심인성질환에 긍정적 영향	면담과 명상프로그램을 접목함
	배영희 (2013)	명상 상담요법	사회 복지사	불안정서감소, 신체통증감소, 감정조절능력 및 대인관계 향상	질적 연구 분식
	김나영 (2014)	차 명상	중년 직장인	스트레스반응감소, 직무 스트레스감소, 불안·우울감소, 누적스트레스 감소	차명상 실습 5회기(설문지와 맥파기로 측정함)
	안보영 (2016)	표현명상	노인복지시설 종사자	직무 스트레스완화, 대처방식과 마음챙김에 긍정적 영향	표현, 예술치료프로그램에 명상을 결합함

나. 스트레스

스트레스라는 용어는 물체 혹은 인간에게 작용하는 힘이나 압력, 또는 강한 영향력을 가리키는 뜻으로 19세기부터 사용되기 시작했다. 말의 어원은 라틴어의 'Strenger'로, 그 의미는 '팽팽하게 죄다', '꽉 조이다'라는 말에서 유래되었는데 이후 'String', 'strise', 'Strest' 등으로 쓰이다가 오늘날 사용되고 있는 'Stress'가 되었다. 스트레스란 환경특성에 대한 개인의 반작용을 말하는데, 이는 욕구나 주어진 상황을 감당할 수 없는 환경과 개인 사이의 부작용을 말한다. 스트레스는 1925년 Cannon을 시작으로 개념과 이론이 발전하게 되었고, 1944년 캐나다의 생리학자인 Hans Selye가 발표한 자료를 통해 의학에 도입되어 19세기 후반부터 주관적 인식과 사회 행동 측면에서 다양하게 연구되어 왔다(김소야자 외, 2001). 지금까지 스트레스는 여러 가지 학문 분야에서 다양한 접근방법에 따라 연구되고 있지만, 스트레스에 관한 정의는 스트레스에 대해 자극이나 반응을 강조하는가 아니면 상호작용을 강조하는가에 따라서 대체로 세 가지 측면에서 이루어진다(차용준 · 원한식, 1997).

첫째, 스트레스를 하나의 자극(stress as a stimulus)이라는 관점에서 정의하는 것으로 스트레스를 개인에게 작용하는 힘이라고 보고 스트레스를 독립변수로 간주하여 스트레스라는 환경적 자극의 결과로 '긴장'이라는 반응이 나타난다고 설명하고 있다(박종주, 2015). 이 경우 직장과 관련된 스트레스는 '특정한 업무와 관련된 업무의 과잉, 역할갈등과 역할 모호성, 좋지 않은 작업조건과 같은 부정적인 환경 요인'이나 '조직구성원에게 위협을 주는 직무환경의 특성들'이라고 정의할 수 있다(오세진 외, 2010). 그러나 이 개념의 문제점은 반응을 일으키는 환경으로써 한 개인의 훈련된 근원(자극)은 다른 사람과 반드시 일치하지 않는다는 것이다. 동일한 자극이 모든 사람에게 같은 의미로 해석되지 않으며, 특정 개인에게 주는 의미가 달라질 수도 있다는 점이다(김정희, 1987).

둘째, 스트레스를 하나의 반응(stress as a response)의 관점에서 정의하는 것으로 스트레스를 종속변인으로 간주하고 외부환경의 자극에 대한 개인의 생리적 반응으로 설명하고 있다(박종주, 2015). 이 경우 직장과 관련된 스트레스는 개인의 심리적 · 신체적인 측면에서 역기능을 주는 자극에 대한 반응으로 '개인에게 위협을 주는 요소로 여겨지는 직무환경의 여러 가지 특성에 대한 개인의 반응', 또는 '작업장에서 지각된 조건이나 사건의 결과 때문에 특정 개인이 느끼는 역기능적인 감정이나 의식으로써 작업장에서 이탈하고자 하는 개인의 감정'으로 정의된다(Parker & Decotiis, 1983). 그런데 이러한 관점은 적응을 요구하는 모든 자극에 대한 반응이 스트레스라고 하였기에 스트레스에 대한 유기체반응의 생리적 측면에만 초점을 두고 이에 선행하는 심리 및 사회적인 측면을 소홀히 한다는 점에 한계가 있다(이보경, 2001).

셋째, 스트레스를 유기체와 환경 사이의 상호작용(stress as an organism－environment transaction)의 관점에서 정의하는 것으로, 이 견해는 자극반응정의라고도 하며 자극과 반응을 통합한 광의의 정의라고 할 수 있다(박영석 외, 2011). 이 경우 직면한 상황에서 얼마나 스트레스를 받을지는 개개인의 상태에 따라 다른데, 이것은 이 상황을 개개인이 스트레스로 지각하는지에 따라 결정된다. 즉 스트레스가 결정되는 과정에는 환경 자극 특성과 함께 그 환경에 대한 개인의 지각인지 및 대처능력 등과 같은 다양한 변인이 관련된다(오세진 외, 2010). 이 경우 직장에서의 스트레스는 '한 개인의 능력이 직무상 요구에 적합하지 못하거나 직무환경과 개인의 욕구가 부적합한 상태'로 정의할 수 있다. 즉 스트레스는 조직에서 개인이 직무상 요구되는 것을 충족시킬 수 있는 능력의 정도와 직무환경이 개인의 요구를 충족시켜 주는 정도로 나타낼 수 있다(French et al., 1974). 이와 같이 스트레스는 하나의 단일차원으로서의 개념이 아니라 원인 또는 자극으로서의 개념, 상호작용과정 또는 매개체로서의 개념 그리고 반응 또는 결과로서의 개념 등 다 차원적인 개념으로 볼 수 있다(박종주, 2015).

적정 수준의 스트레스는 긍정적 효과를 발휘하여 조직원으로 하여금 성장발전의 기회를 제공하게 되지만, 너무 낮거나 너무 높은 수준은 오히려 부정적이어서 조직에 손해를 끼치게 될 뿐만 아니라 개인적으로도 심리 및 신체에 악영향을 주어 무력감 또는 신체의 질병까지도 일으키게 하거나 심한 경우 죽음으로 까지도 발전할 수 있다고 한다(대한정신의학회, 1982). 점점 더 빠르게 변화하는 현대사회에서 스트레스는 개인의 건강이나 삶의 영역에 상당 부분을 차지하고 있다. 과도한 스트레스는 두통과 피로, 심장질환, 요통, 위궤양 등의 신체적 증상뿐 아니라 신경과민 불안, 초조, 기억상실과 같은 정신적 증상을 보인다. 또한 스트레스는 심혈관질환 발생에 주요한 영향을 미쳐 52개 나라 24,767명을 대상으로 한 연구에서 심장 사망률을 예측하는 단일 변수로 흡연 다음으로 버금가는 것이 만성 스트레스로 나타났다(Rosengren, Hawken, Ounpuu, Sliwa, Zubaid & Almahmeed, 2004). 이러한 이유로 스트레스가 관여하지 않는 병은 없다고 해도 과언이 아닌데, 김기석(1994)은 현대인들의 질병 중 대부분이 스트레스와 관련되어 있다고 할 만큼 현대인들이 겪고 있는 스트레스의 심각성을 지적하고 있다.

특히, 스트레스를 받았을 때 우리의 몸에서는 생리적, 심리적, 행동적 반응이 일어나는데 이를 '공격 또는 도피반응(Fight－or－Flight Response)'이라고 한다. 이것은 미국의 월터 캐논(Walter Cannon:1871－1945)이라는 생리학자가 처음으로 이름을 붙였는데,

위협적인 상황일 때 우리 몸에서 일어나는 반응을 말한다. Selye(1976)는 인체의 비특이적인 반응을 나타나게 하는 원인을 '스트레스 원'이라고 정의하면서, 우리 몸이 세 단계에 걸쳐 스트레스에 반응한다는 가설을 내놓았다. 스트레스 원에 대한 인체의 동일한 반응을 '일반적 적응 증후군'이라고 명명하고, '경고반응[4]', '저항단계[5]', '소진단계[6]'로 나누어 설명하였다. 첫 번째 경고반응 단계에서는 공격 또는 도피반응(Fight－or－Flight Response)과 비슷한 정보반응이 신체 전반에서 일어난다. 두 번째 저항단계에서는 우리 몸이 저항 하거나 항상성 회복을 추구하는 식으로 스트레스 요인에 적응한다. 스트레스 요인이 오래도록 지속되거나 아주 강력한 경우 우리 몸이 탈진해 버리는 세 번째 소진단계가 나타난다.

이런 반응에 주로 관여하는 부위는 시상하부, 뇌하수체, 부신피질로서 이를 통칭해서 HPA 축[7]이라 부른다. 뇌의 편도체에서 지각된 자극이나 위험신호는 시상하부의 뇌실방핵을 자극해 코르티코트로핀 방출 호르몬(CRH)[8]을 분비하도록 한다. CRH는 뇌하수체 줄기에 있는 문맥을 통해 뇌하수체 전엽으로 전달되며 여기에서 부신피질자극호르몬(ACTH)[9]이 분비되도록 유도한다(장현갑, 2010). 이 ACTH는 부신피질로 전달되며, 자극을 받은 부신피질은 코르티솔(Cortisol)을 합성해 혈류로 방출한다(Girdano et al., 2008). 코르티솔은 매우 중요한 스트레스 호르몬으로 뇌를 포함한 신체 전반에 작용해 스트레스 저항과 항상성 회복에 관여한다. 이 코르티솔은 인슐린 수용체의 활동을 방해하고 근육의 포도당 흡수를 저해하며 복부에 저장되는 지방을 높여 에너지 저장분을 보충한다. 그뿐 아니라 근육 단백질을 지방으로 전환하고, 뼈에 있는 미네랄 성분도 감소시킨다. 특히 칼슘을 빼앗아 골다공증을 유발하기도 한다. 무엇보다도 코르티솔은 면역계에 악영향을 미치는데 코르티솔 분비의 과다가 지속되면 면역기능이 억제되어 감염에 취약해진다(Fricchione et al., 2016). 혈중 코르티솔 양이 증가하거나 과도하게 생성되면 질병에 걸릴 가능성이 커진다(왕인순, 2009).

HPA 축의 활성화 반응을 제1회로라고 한다면 최근의 연구는 스트레스가 제2회로를 통해 면역계에 영향을 미친다는 사실을 밝혀주었다(변광호, 2005). 편도의 자극을 받은 시상하부가 뇌하수체를 활성화하면 뇌하수체는 콩팥 위에 있는 부신에 경고신호를

---

4) 경고반응(alarm reaction),
5) 저항단계(resistance)
6) 소진단계(exhaustion)
7) HPA축(Hypothalamic－Pituitary－Adrenal Axis)
8) 코르티코트로핀 방출호르몬(Corticotropin－Releasing Hormone: CRH)
9) 부신피질자극호르몬(AdrenoCorticoTropic Hormone: ACTH)

보낸다. 그에 따라 부신 수질은 에피네프린(아드레날린)이라는 카테콜아민을 다량으로 분비한다. 공격 또는 도피반응을 일으키는 것도 전달물질인 에피네프린인데 이 호르몬에 의해 근육과 폐에 유입되는 혈당과 산소가 증가하며 뇌의 각성상태가 촉진된다. 이러한 에너지는 신체가 겪는 스트레스와 싸우는 데 사용된다. 한 마디로 우리 몸은 환경에 반응하는 뇌의 작용을 반영한다(Fricchione et al., 2016).

이상의 스트레스에 대한 뇌과학적 고찰을 토대로 한 시사점은 다음과 같다.

첫째, 스트레스에 대한 인지가 필요하다. '자동적 사고'란 어떤 상황에 직면할 때 처음으로 떠오르는 생각들을 말하는데, 내가 의식하기도 전에 떠오르는 생각들이며 이것은 스트레스 환경에 반응하는 습관화된 방식을 반영한다. 이러한 자동적 사고는 너무나 빠르게 나타나기 때문에 흔히 부정적이며 부정확할 수 있다는 것이다. 이러한 부정확성 때문에 우리는 불필요한 고통의 겪을 수 있는데, 이것을 "인지적 오류"라고 한다(Antoni, Ironson & Schneiderman, 2007). 이러한 자동적 사고에 대한 신호를 잘 알아차린다면 스트레스를 조기에 인식하여 미연에 방지할 수 있는데 스트레스를 알아차리는 것이 스트레스 관리의 첫 단계라고 할 수 있다(Antoni et al., 2007)

둘째, 스트레스에 대한 다양한 대처 방법을 습득해야 한다. 스트레스 대처는 환경과 내적 요구 사이의 갈등을 다루기 위한 행동 혹은 인지적 노력이라 할 수 있다(Lazarus & Folkman, 1984). 스트레스에 대처하는 방법으로는 운동, 식습관 관리, 친구로부터의 도움, 숙면, 사회적 지지, 명상, 이완요법 등의 다양한 방법이 있다 (McEwen & Lasley, 2002).

셋째, 생활 속 실천으로 이어져야 한다. 진정한 대처는 상황을 완벽히 통제하는 것이 아니라 적절하게 관리하는 것을 말하며, 효율적인 전략을 구사하여 잘 대처할수록 스트레스 정도는 줄어들 수 있다(윤병수, 2018). 스트레스 대처의 다양한 기법들을 활용하여 평소 생활 속에서 실천한다면 건강하고 행복한 삶을 이어갈 수 있을 것이다.

다. 뇌교육 기반 명상

뇌교육은 우리 민족 고유의 심신수련법으로 1980년대 중반에 체계화되었으며 2006년 '뇌교육'으로 개칭되면서 '뇌호흡 명상'이란 용어는 거의 사용하지 않고 있으며 '뇌교육 명상'혹은 '뇌교육 기반 명상'으로 사용되어 오고 있다. 본 연구에서 사용된 절명상, 걷기명상, 바디스캔명상 등은 기존에 명상수련법으로 활용되고 있던 것이라 뇌교육 명상이라는 범주에 넣기에는 맞지 않다고 본다. 다만 기존에 있던 절명상, 걷기명상, 바디스캔명상에 뇌교육의 요소를 추가하여 새롭게 정립이 되었기에 '뇌교육 기반 명상'으로 정의하고자 한다.

박순녀(2016)는 "한민족 고유의 전통적 심신수련법인 단학의 철학과 기본원리를 바탕으로 만든 한국적 명상법"이라고 했고, 오미경(2010)은 "우리나라 전통 선도문화에서 출발한 심신수련법을 신경과학으로부터의 이해를 가지면서 현대화하고 체계화하여 명상의 원리와 마음–몸 수련(mind–body training)의 원리를 통합한 한국인의 체형에 잘 맞는 한국식 명상법"이라고 했고, 인간 특성의 세 가지 요소인 신체, 정서, 인지의 상호역동적인 과정을 강조하며 "건강, 행복, 평화를 창조하는 전인적인 인간의 성장을 목적으로 한다"고 했다. 또한 최문택(2011)은 "뇌과학, 인지신경과학, 인지심리학 등 여러 분야에서 뇌와 관련된 연구 결과들이 발표되고 있는 가운데, 뇌가 기능하는 방식을 고려하여 그에 맞게 만들어진 명상법"이라고 했다.

선행연구에서 공통적으로 나오는 개념은 '기 에너지를 느끼고 활용하는 것', '한국의 전통심신수련법', '뇌'이다. 이러한 부분을 종합해 보면 뇌교육 기반 명상은 한국의 전통 심신 수련법으로 기 에너지를 활용하여 뇌를 활성화하는 명상법이라 할 수 있다. 이에 본 연구에서는 뇌교육 기반 명상을 '선도명상'의 한 종류로서 "한국 전통심신수련에 기반 두며 두뇌 특성을 고려하여 그에 맞게 만들어진 명상법"으로 정의하였다.

뇌교육 기반 명상은 인간의 상상력과 집중력을 이용하여 뇌에 보다 많은 기를 불어넣음으로써 뇌를 운동시켜 주어 뇌를 건강하게 만들어주는 명상법으로 각종 뇌질환을 예방시켜 주고 정서적인 안정감을 증대시키는 데 효과가 있다(이승헌. 1999). 뇌교육에서는 인간의 뇌는 뇌의 3층 구조[10)]인 대뇌피질(신피질), 대뇌변연계(구피질), 뇌간의 수직통합과 좌·우뇌의 통합이 이루어질 때 뇌 운영시스템(Brain Operating System: BOS)이 정상 가동되어 뇌의 주인이 된다(이승헌, 2002)고 하며 세 가지 법칙을 중요시한다. 이는 '선택하면 이루어진다!', '굿뉴스(good news)가 굿브레인(good brain)을 만든다!', '항상 깨어있으라!'인데 뇌교육은 BOS의 3법칙을 활용하여 자신의 가치를 실현하는 창조적인 삶을 사는 것이라 하였다(이승헌, 2007). 뇌교육 기반 명상에는 이 세 가지의 법칙이 포함되어 있고 다양한 형태로 발전되어 왔는데, 뇌체조와 기공체조, 국학기공명상, 호흡명상, 에너지집중명상, 내관법(바디스캔), 뇌파진동, 절명상, 심상(이미지)명상, 사랑주기명상, 벨리버튼명상 등으로 구성되어 있다. 뇌교육 기반 명상의 특징은 다음과 같다.

---

10) 뇌의 3층 구조: Maclean(1990)이 제시한 뇌의 구조를 지칭하는 것으로 인간의 뇌는 표면에서부터 대뇌피질(신피질), 대뇌변연계(구피질), 뇌간의 3층 구조로 되어 있다는 것. 이 세 가지 층은 과제에 따라 개별적으로 작용하거나 상호적으로 작용한다고 본다(하태민, 2009; 박순녀, 2014).

첫째, '기(氣)에너지' 활용이다. 뇌교육 기반 명상이 기존의 명상과 가장 차별화되는 특성은 '기 에너지'를 활용하여 명상을 한다는 점에 있다(김진이, 2016). 뇌교육 기반 명상의 하나인 에너지집중명상은 뇌체조를 통해 몸의 감각을 깨워가다 보면 자신의 몸에 흐르는 미묘한 에너지를 느끼게 되는 과정인데, 이 단계에서 뇌 속의 생리적 변화를 감지하여 스스로 스트레스 반응속도를 조절하고 에너지의 방향을 유도하게 된다(심준영·김용호, 2006). 공무원들은 업무과정에서 수많은 정보의 홍수 속에서 생활하기에 외부 정보를 차단하고 내부의식으로 몰입하기가 쉽지 않은데, 기 에너지를 느끼는 에너지집중명상은 이런 부분을 쉽게 할 수 있도록 도와준다. 권동순(2011)은 "초등학생의 뇌교육 지감명상 프로그램 실행을 위한 기초연구"에서 지감명상(에너지집중명상)을 통해 알게 된 기를 통해 눈에 보이지 않는 세계에 대해 알게 되고, 스스로를 바라볼 수 있는 힘을 키울 수 있게 된다고 했다.

둘째, 뇌체조와 같은 신체 활동의 활용이다. 왕은자 외(2016)는 직장인 대상 스트레스 관리 프로그램의 효과를 연구하면서 프로그램의 구성논리에서 볼 때 상담이나 심리교육 보다는 대중적인 접근의 경우 효과 크기가 더 큰 것으로 보고하고 있다. 대중적 접근은 요가나 원예치료와 같은 신체적 활동 프로그램이기에 스트레스, 즉 신체에 가해진 요구들에 대한 반응인 몸의 긴장과 경직(Selye, 1976)을 푸는 데 감각적이고 신체적인 활동이 스트레스 관리에 효과적임을 보여준다고 해석할 수 있을 것이다. 뇌교육에서는 몸과 마음과 정신의 상호관련이라는 특성을 이용하여, 가장 효과적으로 움직일 수 있는 신체를 먼저 움직여 인지와 정서를 향상시킬 수 있다(추정인, 2014). 타 명상에서도 신체의 움직임을 활용하기도 하지만 뇌교육 기반 명상에서는 가장 먼저 뇌체조를 통해 몸을 이완한 후에 호흡이나 명상을 실시한다는 것이 차이점이라 할 수 있다. 이러한 뇌체조와 같은 신체적 활동은 책상과 컴퓨터 앞에서 대부분의 업무를 처리해야 하는 공무원들에게 굳어진 몸의 긴장을 풀어줌으로써 마음을 이완시켜 스트레스를 해소하는 효과가 있을 뿐만 아니라 정신을 집중하고 몰입을 유도하는 명상에도 큰 도움이 된다.

셋째, 음악의 활용이다. 타 명상법이 음악을 사용 하지 않거나 일부 사용하는 것에 비해 뇌교육 기반 명상은 거의 모든 부분에서 음악을 활용한다. 뇌체조와 이완, 에너지집중명상이나 뇌파진동명상 그리고 마무리 체조 시에 각각 다른 음악을 활용하여 더 쉽게 집중이 되도록 유도해준다. 음악은 명상을 위한 도구일 뿐 아니라 그 자체가 명상이라 할 수 있는데, Cannon(1993)은 음악은 우리의 뇌파를 느리게 하며 평준화시키고, 호흡, 심장박동, 심박수, 혈압, 체온에 영향을 미친다고 했다. 또한, 근육의 긴장을 낮추고 신체 움직임과 조정 능력을 높이며 엔돌핀을 증가시킬 뿐 아니라 면역 기능을 촉진하며 스트레스 관련 호르몬의 분비를 조절하고 인내심을 키우고 안정감과 행복감을 불러일으킨다고 하였다(인행선, 2018). 그리고 김은형(2005)의 연구에서는 신크로니스티 명상음악이 사무직 여성들의 스트레스 감소에 효과가 있었음을 밝혔다.

넷째, 한국 고유사상에 기반을 둔 철학을 가지고 있다는 것이다. 대부분 명상수련이 해탈과 개인의 깨달음에 목적을 두고 있는 데 반해서 뇌교육 기반 명상은 개인의 완성과 전체의 완성을 함께 추구한다는 특징이 있다. 그리고 타 명상법은 과학화 현대화하면서 철학 부분이 빠진 것에 비해서 뇌교육은 그 철학이 그대로 유지되고 있는 점이다. 뇌교육의 창시자 이승헌(2001)은 "뇌교육은 홍익인간의 철학을 바탕으로 뇌 속을 자극하고 뇌기능을 활성화하는 명상법"이라고 했다. '홍익인간[弘益人間]'이란 '널리 인간 세계를 이롭게 한다'는 뜻으로 우리나라 정치·경제·사회·문화의 최고 이념으로, 윤리의식과 사상적 전통의 바탕을 이루고 있다(성낙양, 2011).

라. 뇌교육 기반 명상의 원리 및 전략

뇌교육 기반 명상의 원리 및 전략을 도출하기 위해 기존의 직장인 스트레스 관리 관련 문헌연구, 스트레스, 공무원, 명상, 뇌교육에 대한 선행연구를 분석하여 다음과 같은 원리를 도출하였다.

첫째, "이완된 집중의 원리"이다. 과도한 업무와 만성적인 스트레스가 지속되면 뇌는 신경화학적 기능을 일으키는 자율신경 조절이 무너지게 된다. 이는 각종 두통, 심장의 이상, 만성 소화불량 등과 같은 신체적인 문제나 불면, 불안, 좌절, 절망감, 공황장애와 같은 정신적인 문제로 이어지게 되며, 심하면 정신적·신체적 피로로 인해 무기력해지는 증상을 뜻하는 '소진 증후군(Burn-out Syndrome)'으로 이어지게 된다(Freudenberger, 2008). 따라서 몸과 마음의 이완을 통해 긴장과 스트레스를 풀어주는 것이 필요하다. 뇌체조를 통한 몸의 이완과 명상을 통해 주의 집중이 이루어지면 우리 몸과 마음은 이완되는데, 이를 '이완된 집중'이라고 한다(이승헌, 2002).이완된 집중은 원거리의 신경망들을 연결해 주기 때문에 인지와 정서 처리기능을 향상시키며 알아차림과 보상회로 등을 강화시킨다(Tang et al., 2017).

둘째, "뇌통합의 원리"이다. Cane & Cane(1994)은 뇌는 병렬처리체이므로 집중적인 것과 주변적인 것, 부분과 전체를 동시에 처리해나가기 때문에 학습에서도 의미를 추구하는 방법과 분석중심의 학습이 병행되어야 한다고 했고, 김유미(2002)는 뇌 발달에 움직임이 중요하다고 했다. 뇌의 이러한 특성을 볼 때 명상에 대한 이해와 적절한 체험이 필요하다. 명상을 접해보지 않은 사람들은 명상에 대한 관념이나 선입견을 가지고 있다. 특별한 사람들만이 하는 것, 종교적인 것, 그리고 지루하다는 것에 대한 선입견을 가지고 있기 때문에 먼저 명상에 대한 정확한 이해가 필요하고, 그것에 적합한 체험을 통해서 명상에 대한 선입견을 없애야 할 필요가 있다. 그러기 위해서는 원리에 대한 이해와 체험의 적절한 통합이 중요하다.

셋째, "다양성의 원리"이다. 학습자는 모두 서로 다른 두뇌구조와 뇌의 크기를 가지고 있으며, 뉴런이 연결되어 있는 방식 역시 다르다(Cane & Cane, 1994; Jensen, 2000). 따라서 교육자는 하나의 학습방식을 선정하여 학습자에게 똑같이 가르치는 일제식 수업이 아니라 학습자들이 자신의 뇌 상태에 가장 잘 받아들일 수 있는 형태로 다양한 학습 자료와 활동을 구성하여 제공하여야 할 것이다(박기범, 2011). 오감을 자극하는 다양한 활동을 통해 변연계의 각성을 완화할 수 있으며(임채성, 2005), 뇌는 같은 일을 반복하는 지루함을 싫어하기에 다양한 명상의 경험을 통해 지루함을 없애는 것이 필요하다. 명상 자체가 정적인 부분이 많기 때문에 자칫 지루함을 유발할 수 있다. 특히 많은 정보에 노출되어 있는 현대인들과 초보자들은 한 가지 동작을 계속하는 것을 힘들어하는 경향이 있기에, 다양한 프로그램의 경험을 통해 자신에게 맞는 명상법을 찾는 것이 필요하다.

넷째, "자기 성장의 원리"이다. 스트레스에 대한 근본적인 대처를 위해 의식의 성장이 필요하다. 긍정적 자아개념이 높을수록 스트레스는 낮아지며 스스로를 어떻게 느끼는지에 따라 스트레스 정도는 달라진다고 하였다(윤수진, 2005). 스트레스 관리를 위해서는 단순히 스트레칭이나 휴식을 통한 해소 차원이 아닌 근원적인 대처가 필요하다. 스트레스는 동전의 양면과 같아서 힘든 부분도 있지만, 나의 성장을 위해 필요한 부분이라는 인식을 가져야 한다. 스트레스는 대뇌피질의 인식력을 떨어뜨려 합리적인 반응을 어렵게 하기 때문에(McEwen & Lasley, 2002), 자신의 삶의 목적과 업에 대한 깊은 성찰이 필요하다.

다섯째, "소통의 원리"이다. 스트레스 관리법을 체화하기 위해서는 배운 것의 실행이 필요하다. 다른 사람에게 사랑의 마음을 나누어 주며 세상과 소통할 때 오히려 내가 행복해 질 수 있다는 것이다. 봉사하는 사람은 다른 사람에 비해 더 행복감을 느낀다. 뇌의 능력을 100% 활용하기 위해서는 개인의 안일과 행복만을 구하는 것이 아니라 온 세상을 널리 이롭게 하고자 하는 비전을 가져야 한다고 했다(이승헌, 2002). 사랑주기와 같은 신체적 접촉을 통해 생성되는 옥시토신 호르몬은 스트레스를 무효화하고 진정효과를 가져온다(Girdano et al., 2008). 다른 사람에게 사랑을 나누어주고, 그 사람의 이야기를 경청하고 배려할 때의 기쁨을 체험해 보는 것이 필요하다.

한편, 뇌교육 기반 명상을 활용한 스트레스 관리 프로그램의 전략은 뇌교육 기반 명상의 원리를 바탕으로 구성되었으며 구체적인 전략과 내용은 아래와 같다.

〈표 3-5〉 **뇌교육 기반 명상을 활용한 스트레스 관리 프로그램 원리, 전략**

뇌교육 기반 명상 프로그램의 원리	뇌교육 기반 명상프로그램의 전략	내용 및 특징
1. 이완된 집중의 원리	몸과 마음 이완하기	뇌체조와 호흡을 통해 몸과 마음을 이완하고 혈액순환을 원활하게 한다.
	의식을 지금 여기에 두기	에너지에 집중함으로서 집중력을 키워 의식을 지금 여기에 두는 연습을 한다.
2. 뇌통합의 원리	효과 인지하기	스트레스와 뇌, 몸과 뇌의 관계를 배우고 자기진단을 통해 스스로를 점검해 본다.
	실행하기	뇌체조를 통해 몸의 변화를 체험하고 명상을 통해 마음의 변화를 체험한다.
3. 다양성의 원리	체험하기	다양한 명상법을 체험해 봄으로써 흥미와 몰입도를 유도한다.
	연습하기	다양한 명상법을 반복 숙달함으로써 체화 한다.
4. 자기 성장의 원리	탐색하기	명상을 통해 자신을 객관적으로 보는 힘을 기른다.
	이미지화 하기	강의와 명상을 통해 공직자의 자부심과 자긍심을 가지게 한다.
5. 소통의 원리	표현하기	수련 후 1:1 혹은 조별 나눔을 통해 서로 공감대를 형성하도록 한다.
	실천하기	사랑주기를 통해 서로 교감하고 사랑을 실천할 때의 기쁨을 느끼게 한다.

뇌교육 기반 명상의 원리를 통해 도출된 뇌교육 기반 명상프로그램의 전략은 아래와 같다.

첫째, 이완된 집중의 원리 전략은 경직된 참여자들의 몸과 마음을 이완함으로써 스트레스를 해소하고 집중, 몰입을 쉽게 유도하기 위한 전략이다. 이완된 집중상태는 'Relaxed Alertness'또는 'Restful Alertness'라고도(Lang et al., 2012)하는데, 이 상태에서는 주로 알파파와 세타파가 동시에 나타나며 건강한 정신상태를 나타낸다고 한다(Lomas, Ivtzan & Fu, 2015). 뇌는 실제로 만질 수도 없고 운동을 시킬 수 없기에 몸의 움직임을 통해 자극을 줄 수 있으며, 호흡을 통해 편안함으로 유도한다. 명상은 자신의 의식을 '지금 여기'에 머물 수 있도록 하는 것으로 의식이 '지금 여기'에 머무르지 않으면 지난 과거에 대한 후회와 오지 않은 미래에 대한 두려움에 빠지게 된다. 뇌는 가상과 현실을 구분할 수 없기에 지난 과거의 스트레스 상황이나 미래의 두려운 상황에 대한 생각이나 상상만으로도 특정 정서를 경험할 수 있으며 호흡, 심장박동, 혈압 등의 생리적인 변화를 경험할 수 있다.(심준영, 2001; Lawler et al., 2000). 의식을 '지금 여기'에 머무르게 하기 위해서는 이완된 상태에서 집중할 수 있는 힘이 필요하다.

둘째, 뇌통합의 원리 전략은 사고를 담당하는 대뇌피질과 감성을 담당하는 대뇌변연계, 그리고 움직임을 담당하는 뇌간의 모든 부분을 조화롭게 활용하는 전략이다. 신피질의 의심과 구피질의 두려움을 넘어서 뇌간의 기능과 힘을 자유롭게 사용할 수 있을 때 뇌의 기능이 극대화된다고 했다(이승헌, 2002). 건강의 원리와 스트레스와 뇌의 관계, 명상의 원리와 효과를 설명함으로써 왜 그것을 해야 하는지에 대한 동기부여를 한 다음 실제 체험을 시킨다. 그리고 웃음명상과 나눔을 통해 나와 상대의 느낌을 서로 얘기함으로써 서로 교감하고 동질감을 느낄 수 있게 한다. 이를 위해서 뇌교육 기반 명상에서는 액션, 뮤직, 메시지를 활용한다(이승헌, 2002).

셋째, 다양성의 원리 전략은 사람마다 선호하는 명상법이 다른 것을 활용하는 전략이다. Jensen(2000)은 청각적 학습 양식, 시각적 학습 양식, 운동 감각적 학습양식으로 나누어진 세 가지 기본적인 학습양식이 있다고 했고, 뇌의 상태에 따라 청각적·시각적·운동감각적 학습 양식 중에서 한 가지 또는 두 가지, 세 가지 모두를 잘 활용해야 한다고 하였다. 뇌교육 기반의 다양한 명상법인 호흡명상, 에너지집중명상, 절명상, 바디스캔명상, 걷기명상 등을 활용함으로써 다양한 체험을 할 수 있도록 하며, 명상의 지루함을 없애고 참여자의 흥미를 유발할 수 있도록 한다.

넷째, 자기 성장의 원리 전략은 명상을 통해 생각이나 감정에 함몰되지 않고 주시하는 법을 배우도록 하는 것이다. 마음챙김이 사고와 정서를 회피하지 않고 지속적으로 관찰하게 함으로써 공포 반응과 회피 행동을 감소시키는 노출 효과를 지닌다(Mckay & Brantley, 2013)고 했다. 흔히 자신만의 생각이나 정서, 감정에 빠져 있을 때 스트레스 상황에서 벗어나오지 못하는데, 명상은 의식을 확장하고 제삼자의 입장에서 객관적으로 자신의 감정과 생각을 바라볼 수 있도록 하는 것이다(Tan, 2013). 또한 '홍익인간'철학에 대한 강의를 통해 공직자가 지녀야 할 자부심과 사명을 가질 수 있도록 한다. 뇌는 의미있는 행동을 통해 행복을 느끼기 때문이다. 우리가 세상을 널리 이롭게 하겠다는 홍익의 의식을 가질 때 비로소 뇌의 잠들어 있던 모든 부분이 깨어나기 시작한다.(이승헌, 2001)

다섯째, 소통의 원리 전략은 타인에 대한 배려와 공감을 통해 행복을 창조하도록 하는 전략이다. 신체접촉은 안와전두피질을 활성화하고 옥시토신의 분비를 촉진시킬 뿐 아니라 우리 몸 안에 있는 신경다발인 미주신경을 활성화하기도 하는데 이 미주 신경은 신뢰와 사회관계에 기여한다(Keltner, 2009). 뇌교육 기반 명상에서는 사랑주기(Love hands)

와 나눔을 통한 경청과 공감으로 서로의 마음을 나누고 하나 됨을 느낀다. 이승헌(2002)은 우리는 누구나 꿈을 가지고 있는데, 그 꿈이 자기 개인의 이익추구에만 머무르지 않고 가족과 이웃, 더 나아가 사회 전체와 인류에게 도움이 되기를 바라는 마음이 있다고 했다. 다른 사람에게 베풀고 협력하면 뇌의 보상중추(reward center)가 활성화되어 행복감을 느끼게 된다(Keltner, 2009). 자기에게만 갇혀 있던 의식에서 벗어나 전체를 바라보고 전체의 성장을 위해 공헌하는 것이 뇌의 무한한 잠재력을 깨우는 열쇠이다(이승헌, 2002)

3. 프로그램 개발 내용

프로그램 구성을 위해 과제 분석을 실시한 결과는 [그림 3-2]와 같다.

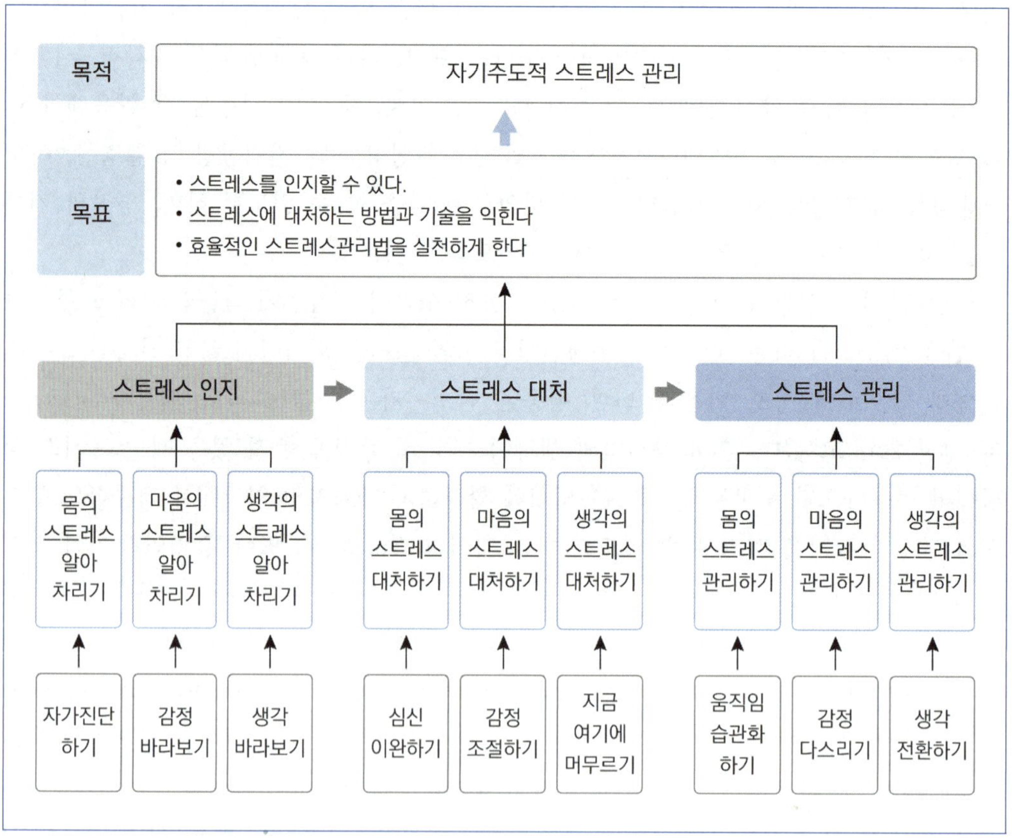

[그림 3-2] 프로그램 구성요소에 대한 과제분석

뇌교육 기반 명상을 활용한 스트레스 관리 프로그램의 구체적인 목표는 다음과 같다. 첫째, 신체적인 영역에서는 몸의 유연도와 좌우 균형도를 높여 몸의 건강을 도모하고 뇌를 유연화한다. 둘째, 정서적인 영역에서는 일상의 업무나 민원인들과의 관계에서 자신의 감정을 관리하는 핵심적인 역량인 자기조절 및 정서활용 능력을 향상시킨다. 셋째, 인지적인 영역에서는 '지금 여기에' 의식을 둠으로써 의식의 힘을 키우고 전체를 볼 수 있도록 확장시킨다. 넷째, 실천적인 영역에서는 공직자의 자긍심을 회복하고, 비전을 설정하여 일상생활 속에서 주도적으로 스트레스를 관리할 수 있도록 한다.

스트레스 관리를 위한 뇌교육 기반 명상 프로그램은 일상생활 속에서 자신의 스트레스를 관리하고, 원하는 삶을 주도적으로 이끌어 나갈 수 있도록 하는 활동으로 구성되어 있다. 뇌교육 기반 명상 프로그램은 3가지 영역으로 구분하여 수행목표를 기술하였다. 스트레스 인지, 스트레스 대처, 스트레스 관리 영역에 따른 목표는 아래 표와 같다.

〈표 3-6〉 **뇌교육 기반 명상 프로그램 영역별 목표**

구성요인		수행 목표
스트레스 인지	신체	자가 진단을 통해 몸의 상태를 알 수 있다
	정서	명상을 통해 자신의 감정 상태를 바라볼 수 있다
	인지	생각과 의식의 상태를 점검할 수 있다
스트레스 대처	신체	이완 훈련을 통해 몸의 스트레스를 다스릴 수 있다.
	정서	사랑과 감사의 마음을 체험하고 전달함으로써 정서를 조절하고 활용할 수 있다.
	인지	명상을 통해 생각과 의식을 조절하고 전환할 수 있다.
스트레스 관리	신체	반복 훈련을 통해 스트레스를 이기는 몸을 만들 수 있다
	정서	호흡과 명상을 통해 자신의 감정을 다스리는 법을 생활화 할 수 있다
	인지	비전을 설정하고 실천함으로써 생각과 의식을 조절하는 내면의 힘을 기를 수 있다.

뇌교육 기반 명상을 활용한 스트레스 관리 프로그램은 스트레스 인지, 스트레스 대처, 스트레스 관리의 순서로 구안된 프로그램 운영 모형에 따라 진행되었다. 매 회기마다 진행되는 프로그램 전체에 신체, 정서, 인지 부분을 향상 시킬 수 있는 프로그램이 포함되어 있고, 회기가 진행됨에 따라 스트레스 인지 → 스트레스 대처 → 스트레스 관리 순으로 진행된다. 뇌교육 기반 명상을 활용한 스트레스 관리 프로그램의 운영모형은 아래 [그림 3-3]과 같다.

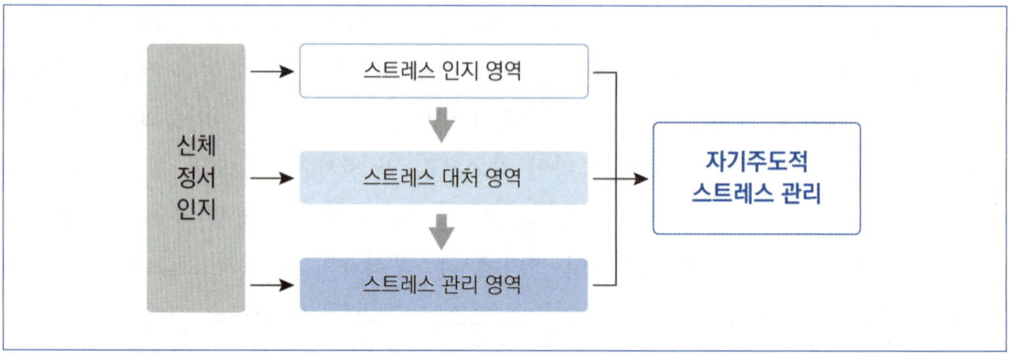

[그림 3-3] **뇌교육 기반 명상을 활용한 스트레스 관리 프로그램 운영 모형**

뇌교육 기반 명상을 활용한 스트레스 관리 프로그램은 뇌교육 기반 명상의 원리 및 전략을 기반으로 구성되었으며, 구성체계는 자기 주도적 스트레스 관리 능력 향상을 위한 세부목표를 스트레스 인지, 스트레스 대처, 스트레스 관리 영역으로 나누어 기술하였고 목표에 따라 프로그램 내용을 구체화하였으며 교수 방법은 뇌교육 기반 명상의 원리와 전략을 적용한 후 그 효과를 평가하도록 구성하였다. 구성체계는 아래 [그림 3-4]와 같다.

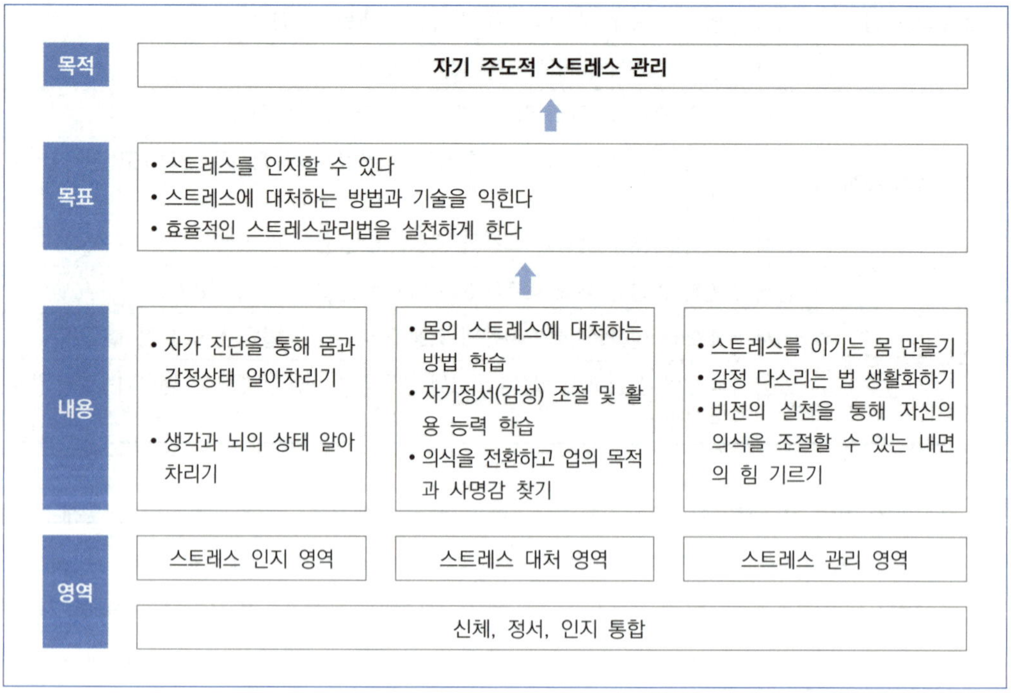

[그림 3-4] **뇌교육 기반 명상 프로그램의 구성 체계**

뇌교육 기반 명상을 활용한 스트레스 관리 프로그램은 총 15회기로 구성되어 있으며, 각 회기당 프로그램은 목표, 활동내용, 뇌교육 기반 명상의 원리와 전략 그리고 스트레스 인지, 스트레스 대처, 스트레스 관리 영역으로 구분 지어 구성하였으며, 영역별로 신체, 정서, 인지 부분을 향상시킬 수 있는 프로그램이 포함되어 있다. 1회기부터 5회기까지는 스트레스 인지 영역, 6회기부터 10회기까지는 스트레스 대처 영역, 11회기부터 15회기까지는 생활 속에서 습관화할 수 있는 스트레스 관리 영역으로 구성되어있다. 세부내용은 아래와 같다.

〈표 3-7〉 **뇌교육 기반 명상을 활용한 스트레스 관리 프로그램 세부 내용**

<table>
<tr><th rowspan="2">영역</th><th rowspan="2">회기</th><th rowspan="2">활동명</th><th rowspan="2">활동목표</th><th rowspan="2">활동 내용 및 방법</th><th colspan="2">뇌교육 기반 명상 프로그램</th></tr>
<tr><th>원리</th><th>전략</th></tr>
<tr><td rowspan="5">스트레스 인지</td><td rowspan="2">1</td><td rowspan="2">만남</td><td rowspan="2">프로그램을 이해하고 목적을 알 수 있다.</td><td rowspan="2">• 자기소개 및 라포 형성
• 뇌체조
• 스트레스와 뇌와의 관계
• 프로그램 소개
• 사전 조사(스트레스지각, 스트레스 대처, 스트레스반응)
• 나눔하기</td><td>소통의 원리</td><td>표현하기</td></tr>
<tr><td>통합의 원리</td><td>효과 인지하기</td></tr>
<tr><td>2</td><td>몸의 스트레스 알아차리기</td><td>내 몸의 상태를 알아차릴 수 있다.</td><td>• 뇌와 몸과의 관련성 이해
• 유연도와 좌우균형도 측정
• 좌우균형과 유연성을 기르기 위한 뇌체조 배우기
• 나눔하기</td><td>이완된 집중의 원리</td><td>몸 이완하기</td></tr>
<tr><td>3</td><td>마음의 스트레스 알아차리기</td><td>마음을 이완하는 법을 알 수 있다.</td><td>• 뇌 체조
• 장운동과 장호흡
• 에너지에 대한 이해
• 에너지 체험하기
• 느낌 나눔하기</td><td>이완된 집중의 원리</td><td>에너지 느끼기</td></tr>
<tr><td>4~5</td><td>생각의 스트레스 알아차리기</td><td>생각을 인지하는 방법을 알 수 있다.</td><td>• 뇌교육 기반 명상에 대한 이해
• 명상의 효과와 방법 알아보기
• 명상의 기본인 호흡법 배우기
• 나눔하기</td><td>통합의 원리</td><td>효과인지하기</td></tr>
<tr><td>스트레스 대처</td><td>6</td><td>내 몸 다스리기</td><td>릴리즈 방법을 실천할 수 있다.</td><td>• 뇌 체조
• 뇌와 몸과의 관계 알기
• 몸과 마음을 다루는 ‘릴리즈’의 원</td><td>이완된 집중의 원리</td><td>몸 이완하기</td></tr>
</table>

영역	회기	활동명	활동목표	활동 내용 및 방법	뇌교육 기반 명상 프로그램	
					원리	전략
				리 알기 • 바디스캔의 두 가지 방법 체험 하기(앉아서 해보기, 누워서 해 보기)		마음 이완하기
	7~8	감정조절 하기	긍정 마인드로 전환 하는 법을 알 수 있다	• 뇌체조 • 긍정 이미지 명상 • 웃음명상/박장대소하기 • 사랑주기(Love Hands) 배우기 • 서로 포옹하기 • 나눔하기	소통의 원리	실천하기
	9~10	생각 바꾸기	의식을 전환 할 수 있다.	• 절의 의미와 원리 배우기 • 동영상을 통해 절의 효과 알아보기 • 100배 해 보기 • 나눔하기	다양성의 원리	체험하기
	↑	↑	↑	↑	이완된 집중의 원리	실천하기
스트레스 관리	11~12	흔들리지 않기	스트레스를 이기는 몸을 만들 수 있다	• 뇌체조 • 바르게 걸어보기 • 야외에서 걷기 명상 체험하기 • 야외 정좌명상하기 • 나눔하기	다양성의 원리	체험하기
	13	감정 다스리기	공직자로서 유대감을 형성한다	• 뇌체조 • 공직자 생활 중 가장 보람 있었던 일에 대한 나눔 • 홍익인간 정신을 어떻게 현실에 적용할 것인가? 토론	소통의 원리	이미지화 하기
	14	중심 잡기	철학을 통해 의식을 확장한다	• 뇌체조 • 개인, 조직, 나라에 철학이 필요한 이유 • 홍익철학의 유래와 뜻 • 홍익철학과 공직자의 역할 • 나눔	성장의 원리	탐색하기
	15	실천 의지 다지기	배운 것을 돌아보고 변화를 인식하여 실천의지를 기른다.	• 뇌체조 • 배운 것 돌아보고 나눔하기 • 비전 세우기(배,느,실) • 비전 발표 시 격려와 지지하기 • 사후 조사(스트레스지각, 스트레스 대처, 스트레스반응)	소통의 원리	실천하기

4. 프로그램 적용 사례

뇌교육 기반 명상 프로그램 1회기				
활동명	만남			
프로그램 목표	▪ 스트레스와 뇌와의 관계에 대해서 안다 ▪ 뇌교육 기반 명상 프로그램에 대해 이해하고 목적을 안다.			
준비물	스크린, 매트, 음향장비, 출석부, 사전 설문지, 책받침, 볼펜, PPT, 음악,			
단계	프로그램 내용	원리	세부전략	시간
도입	▪ 출석부 확인 및 사인하기 ▪ 연구자 및 보조 진행자 인사 ▪ 아이스 브레이킹 • 건강박수 소개하기/건강박수 영상보기 • 10초간 건강박수/파트너 어깨 풀어주기 ▪ 학습목표 제시 • 뇌교육 기반 명상에 대해 알아본다	소통의 원리	• 박수치기 • 어깨 풀어주기 (활공)	10분
전개	▪ 교육생 상호간 인사하기 • 간단한 자기소개 및 참여 이유 ▪ '행복하십니까?' 그것에 대한 이유? ▪ 스트레스란 무엇인가? • 좋은 스트레스와 나쁜 스트레스 • 스트레스와 뇌와 관계, 스트레스가 뇌에 미치는 영향 • 나의 스트레스 정도는 어떠한가? (임맥 점검과 머리와 아랫배 온도 점검) ▪ 뇌교육 기반 명상에 대한 소개 • 명상의 종류, 방법, 효과/명상과 뇌와의 관계, 영상 상영 "명상이 뇌구조를 바꾼다" ▪ 전체 프로그램 소개 ▪ 스트레스 지각, 스트레스 대처, 스트레스 반응에 대한 사전 조사	통합의 원리	• 스트레스 이해하기 • 프로그램 소개하기 • 자가 체크하기	50분
정리	▪ 오늘 배운 것 요약 및 가오와 다짐 나눔 ▪ 다음 차시에 관한 소개 ▪ 과제 전달	소통의 원리	• 나눔 하기	10분

5월 월례조회

만남, 명상에 대한 소개

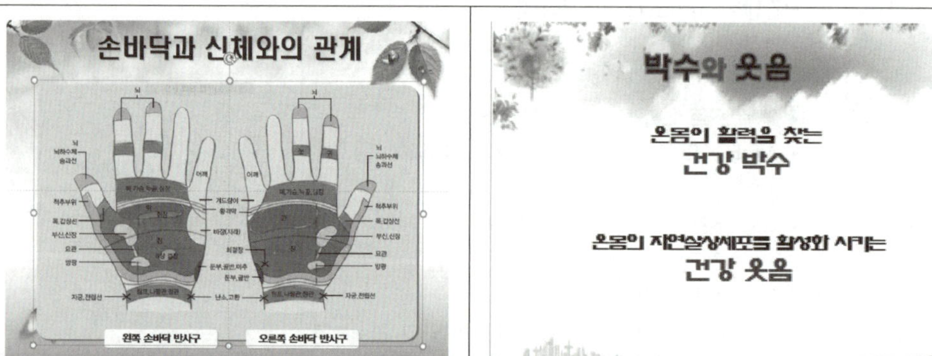
손바닥과 신체와의 관계
박수와 웃음
온몸의 활력을 찾는
건강 박수
온몸의 자연살상세포를 활성화 시키는
건강 웃음

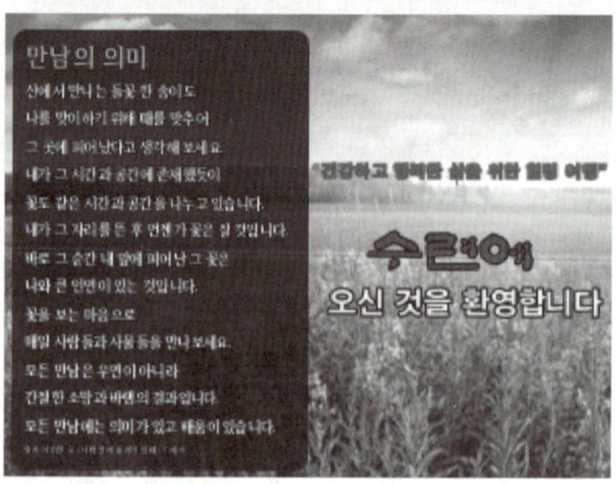
만남의 의미
산에서 만나는 들꽃 한 송이도
나를 맞이하기 위해 때를 맞추어
그 곳에 피어났다고 생각해 보세요.
내가 그 시간과 공간에 존재했듯이
꽃도 같은 시간과 공간을 나누고 있습니다.
내가 그 자리를 뜬 후 언젠가 꽃은 질 것입니다.
바로 그 순간 내 앞에 피어난 그 꽃은
나와 큰 인연이 있는 것입니다.
꽃을 보는 마음으로
매일 사람들과 사물들을 만나보세요.
모든 만남은 우연이 아니라
간절한 소망과 바램의 결과입니다.
모든 만남에는 의미가 있고 배움이 있습니다.
오신 것을 환영합니다

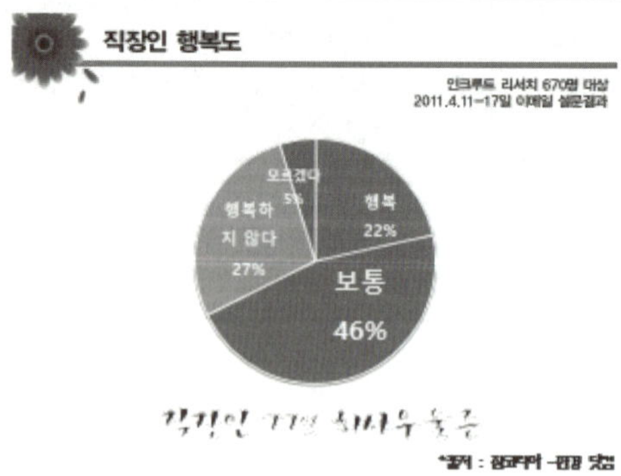
직장인 행복도
인크루트 리서치 670명 대상
2011.4.11~17일 이메일 설문결과
모르겠다 5%
행복 22%
행복하지 않다 27%
보통 46%

뇌교육 기반 명상 프로그램 2회기				
활동명	몸의 스트레스 알아차리기			
프로그램 목표	■ 내 몸의 좌우 균형도를 측정한다 ■ 내 몸의 유연도를 측정한다			
준비물	빔프로젝트, 스크린, 매트, 음향장비, 출석부, 책받침, 볼펜, PPT, 음악, 자기진단표, 초시계.			
단계	프로그램 내용	원리	세부전략	시간
도입	■ 예비 수련에 대한 소개 • 장운동과 단전치기 소개 및 효과 • 장운동과 단전치기 배우기 ■ 학습목표 제시 • 몸을 통해 뇌의 감각을 깨우는 방법을 배운다	이완된 집중의 원리	• 장운동 • 단전치기	10분
전개	■ 강의 • 뇌의 구조와 뇌와 건강과의 관계 • 뇌와 몸과의 연결성 알아보기 • 몸의 좌우 균형과 유연성이 뇌에 미치는 영향 ■ 조신 측징표를 활용하어 측정하기 • 서 있는 자세 점검 • 엇갈려 깍지끼기, 장근술, 양팔 뒤로 깍지 껴서 숙이기, 한발로 서 있기 • 눈감고 1분간 걸어 보기 • 파트너끼리 서로 체크하고 점수를 매김 ■ 좌우 균형을 맞춰주고 유연도를 증가시키기 위한 뇌 체조 배우기 • 호흡을 활용하여 긴장과 이완을 반복하면서 몸을 유연하게 한다. • 매 동작에 집중을 함으로써 몰입감을 높인다. • 안쓰던 곳을 자극함으로써 뇌를 깨운다	이완된 집중의 원리	• 좌우 균형도 측정 • 유연도 측정	50분
정리	■ 오늘 배운 것 요약 ■ 다음 차시에 관한 소개 ■ 과제 전달 (몸의 안쓰던 부분 사용하기, 장운동하기)	소통의 원리	• 나눔 하기 • 질문 받기	10분

뇌체조

스트레스
shutterstock.com · 548638960

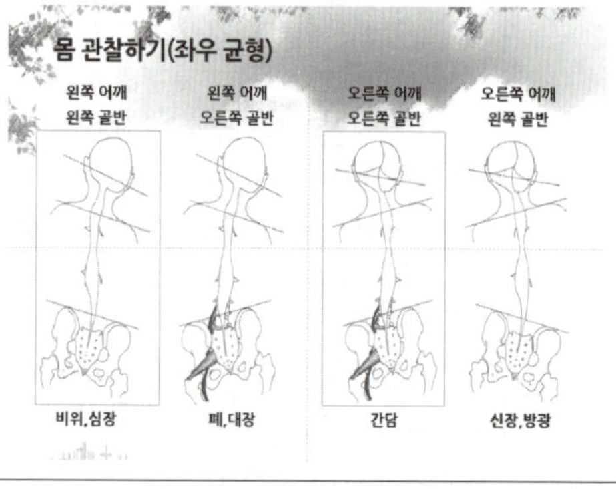
몸 관찰하기(좌우 균형)
왼쪽 어깨
왼쪽 골반
왼쪽 어깨
오른쪽 골반
오른쪽 어깨
오른쪽 골반
오른쪽 어깨
왼쪽 골반
비위,심장
폐,대장
간담
신장,방광

조신 측정표

성명:

	형태	점수						점수 합계
		좌우	2	4	6	8	10	
1		L	60°	90°	120°	150°	180°	
		R	60°	90°	120°	150°	180°	
2		L	30cm	10cm	손끝 닿기	불완전 결합	완전 결합	
		R	30cm	10cm	손끝 닿기	불완전 결합	완전 결합	
3			30°	45°	60°	90°	110°	
4			5cm	손끝 닿기	주먹 닫기	손바닥 닿기	가슴 닿기	
5		L	20초	30초	40초	50초	60초	
		R	20초	30초	40초	50초	60초	
6		L	180°	150°	120°	90°	45° 미만	
		R	180°	150°	120°	90°	45° 미만	

뇌교육 기반 명상 프로그램 3회기				
활동명	마음의 스트레스 알아차리기			
프로그램 목표	■ 에너지(기)에 대해서 배운다 ■ 에너지 명상(지감)명상 체험해 본다.			
준비물	빔프로젝트, 스크린, 매트, 음향장비, 출석부, 초시계, PPT, 음악, 신선차, 컵, 주전자, 전기곤로			
단계	프로그램 내용	원리	세부전략	시간
도입	■ 예비 수련하기 • 장운동과 단전치기 • 돌아가면서 구령 붙여가며 하기 ■ 학습목표 제시 • 에너지 명상(지감 명상)을 체험 한다	이완된 집중의 원리	• 장운동 • 단전치기	10분
전개	■ 뇌체조 20분 • 6개의 관절을 유연하게 하는 체조 • 전신조타, 활쏘기, 앉아서 하는 체조 ■ 강의 • 에너지(기)란 우리 몸에 흐르는 생체에너지로써 집중을 하면 누구나 체험할 수 있다 • 에너지에 집중하는 순간 잡념이 사라지고 '지금 여기'에 집중할 수 있다 ■ 손에 에너지 느껴 보기 체험 • 옆으로 벌렸다 모았다 해보기 • 아래 위로 공 굴리듯 해보기 ■ 파트너와 1:1로 에너지 느껴보기 • 파트너와 느낌 점 나눔하기 ■ 에너지 느끼면서 단전호흡 해보기 • 단전호흡과 복식호흡법 차이 설명 • 단전에 에너지를 느끼면서 호흡을 하기	통합의 원리	• 손에 에너지 느끼기 • 파트너와 에너지 느껴보기 • 단전호흡 하기	50분
정리	■ 마무리 체조하기 (풋샵과 윗몸일으키기) ■ 오늘 배운 것 요약/다음 차시에 관한 소개 ■ 과제 전달 (손을 아랫배 얹어서 느낌을 가지면서 5분씩 호흡하기) ■ 차 명상 및 나눔	소통의 원리	차명상 나눔	10분

에너지 느끼기(에너지 집중명상)

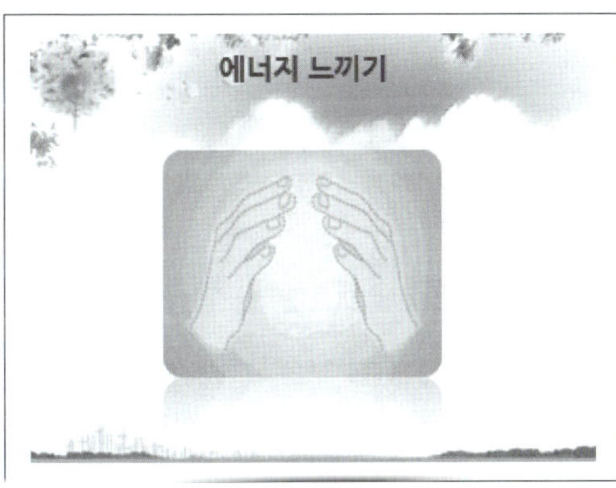

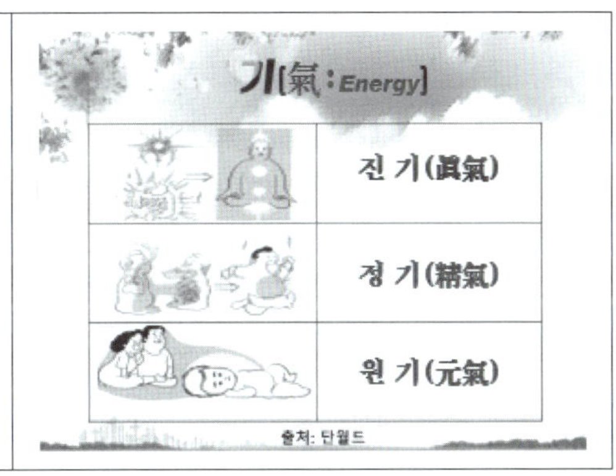

<table>
<tr><th colspan="5">뇌교육 기반 명상 프로그램 4, 5회기</th></tr>
<tr><td>활동명</td><td colspan="4">생각의 스트레스 알아차리기</td></tr>
<tr><td>프로그램 목표</td><td colspan="4">■ 호흡법에 대해서 알아본다
■ 아랫배 호흡인 단전호흡을 배워 본다.</td></tr>
<tr><td>준비물</td><td colspan="4">스크린, 매트, 음향장비, 출석부, 초시계, PPT, 음악, 신선차, 컵, 주전자, 곤로</td></tr>
<tr><td>단계</td><td>프로그램 내용</td><td>원리</td><td>세부전략</td><td>시간</td></tr>
<tr><td>도입</td><td>■ 예비 수련하기
• 장운동과 단전치기
• 장호흡 배우기
■ 학습목표 제시
• 바른 호흡법을 배운다.</td><td>이완된 집중의 원리</td><td>• 장운동
• 단전치기</td><td>10분</td></tr>
<tr><td>전개</td><td>■ 뇌체조 20분
• 6대 관절을 유연하게 하는 체조
• 전신조타, 활쏘기
■ 강의
• 호흡의 종류와 그것에 따른 감정의 연관성
• 아랫배 호흡(단전호흡), 흉식호흡, 견식호흡
• 아랫배 호흡(단전호흡)의 원리와 효과
■ 흉식호흡을 통해 마음 정화 및 감정 풀어내기
• 가슴으로 들이마시고 손 끝으로 내쉬기
■ 단전호흡 배우기
• 단전의 위치와 방법
• 장호흡을 통해 단전호흡에 친해지기
• 단전호흡 해보기
누워서 하는 단전호흡, 다리 세우고 하는 단전호흡, 앉아서 하는 단전호흡</td><td>이완된 집중의 원리</td><td>• 가슴호흡 배우기
• 단전호흡 배우기</td><td>50분</td></tr>
<tr><td>정리</td><td>■ 오늘 배운 것 요약 및 다음 차시에 관한 소개
■ 과제 전달 (호흡법 하루 5분씩 연습하기)
■ 차 명상하는 방법 소개 및 나눔</td><td>소통의 원리</td><td>차명상 나눔</td><td>10분</td></tr>
</table>

호흡명상

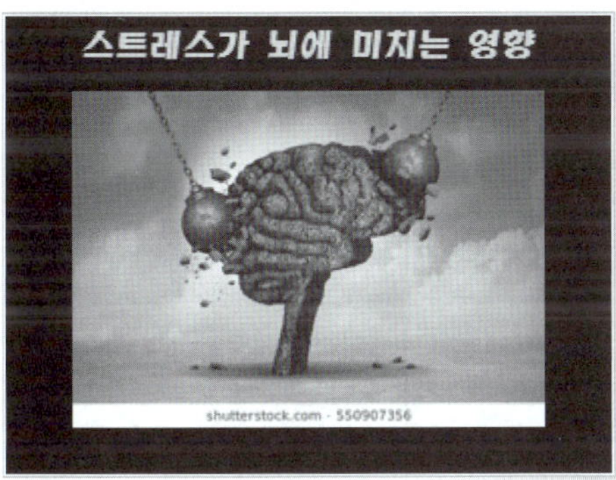

명상이 뇌구조를 바꾼다

세계 최첨단과학학회의 하나인 '신경과학회(The Society for Neuroscience)'의 2005년 정례 학술발표회에서 티베트불교의 승왕 달라이라마가 기조연설을 했다. 강연의 연제는 '뇌의 가소성'이었으며 명상 수련을 하면 뇌에 변화가 일어난다는 것이다

-2018.01.17 프리미엄 조선

<table>
<tr><th colspan="5">뇌교육 기반 명상 프로그램 6회기</th></tr>
<tr><td>활동명</td><td colspan="4">내 몸 다스리기</td></tr>
<tr><td>프로그램 목표</td><td colspan="4">■ 감정과 뇌에 대해서 알아본다
■ 바디스캔(내관법) 명상을 체험해 본다.</td></tr>
<tr><td>준비물</td><td colspan="4">빔프로젝트, 스크린, 매트, 음향장비, 출석부, 초시계, PPT, 음악, 신선차, 컵, 주전자, 전기곤로</td></tr>
<tr><th>단계</th><th>프로그램 내용</th><th>원리</th><th>세부전략</th><th>시간</th></tr>
<tr><td>도입</td><td>■ 예비 수련하기
• 장운동과 단전치기
• 돌아가면서 구령 붙여서하기
■ 학습목표 제시
• 바디스캔(내관법)명상법을 체험한다</td><td>이완된 집중의 원리</td><td>• 장운동
• 단전치기</td><td>10분</td></tr>
<tr><td>전개</td><td>■ 뇌체조 20분
• 6개의 관절을 유연하게 하는 체조
• 접시돌리기, 기공체조, 웃음 수련
■ 강의
• 명상이 뇌구조에 어떤 영향을 미치는가?
• 동영상(뇌와 명상)
• 명상과 감정과의 관계
• 감정을 풀어내는 '릴리즈'의 원리
• 바디스캔(내관법)의 방법 소개와 활용범위, 효과에 대한 소개
■ 누워서 하는 바디스캔 명상 체험하기
• 발끝 부딪치기, 모관운동
• 머리 → 얼굴→ 가슴 → 배 → 허벅지 → 무릎 → 종아리 → 발목 → 발끝 순으로 이완
• 몸이 허공에 떠 있다고 생각하고 몸 전체를 바라보기
■ 앉아서 하는 바디스캔 명상 체험하기
• 편안하게 의자 앉거나 기대어서 머리부터 발 끝까지 이완하기/몸 전체를 느끼기</td><td>통합의 원리
다양성의 원리</td><td>• 기공동작 해보기
• 바디스캔 명상 배우기</td><td>50분</td></tr>
<tr><td>정리</td><td>■ 마무리 체조(풋샵과 윗몸일으키기)
■ 오늘 배운 것 요약/다음 차시에 관한 소개
■ 과제 전달(잠자기 전이나 바디스캔 명상)
■ 차 명상 및 나눔</td><td>소통의 원리</td><td>차명상 나눔</td><td>10분</td></tr>
</table>

바디스캔 명상(내관법)

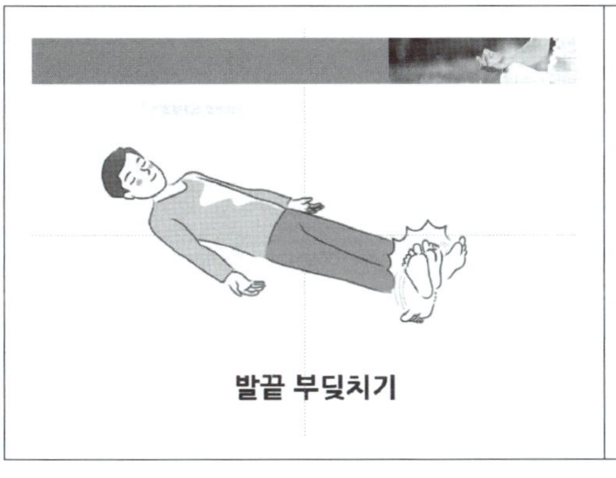

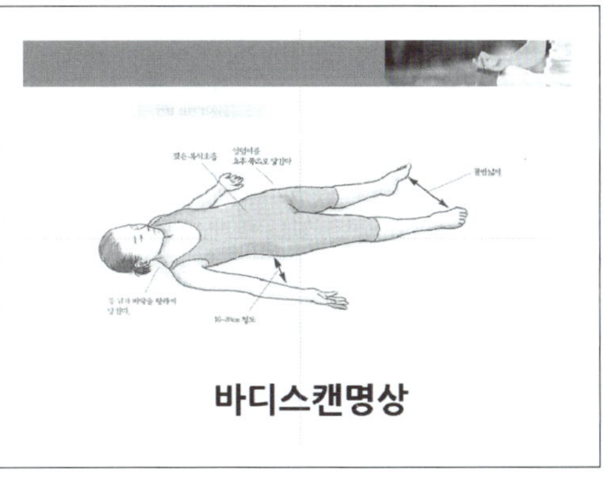

뇌교육 기반 명상 프로그램 7, 8 회기				
활동명	감정 조절하기			
프로그램 목표	■ 긍정 마인드를 만드는 웃음 명상을 배운다 ■ '사랑주기 (Love Hands)' 방법을 배운다.			
준비물	빔프로젝트, 스크린, 의자, 음향장비, 출석부, 초시계, PPT, 음악, 신선차, 컵, 주전자, 전기 곤로			
단계	프로그램 내용	원리	세부전략	시간
도입	■ 예비 수련하기 • 장운동과 단전치기 • 앉아서 장운동 10번씩 교대로 하기 ■ 학습목표 제시 • '사랑주기'법을 배운다	이완된 집중의 원리	• 장운동 • 단전치기	10분
전개	■ 강의 • 사랑할 때 뇌의 호르몬인 '옥시토신'에 대해 알아보기 • 웃음의 힘과 효과 배우기 ■ 웃음 명상/박장대소하기/이미지명상 ■ 사랑주기 실습 • 상대에 대한 사랑과 존중이 중요함 • 시범 보고 따라 하기 • 등풀어주기 → 척추 풀어주기 → 허리 풀어주기 → 하체 풀어주기 → 종아리 풀어주기 → 발 밟기 → 사랑하는 마음으로 에너지 주기 • 파트너 교대하기	소통의 원리	• 홍익의 기쁨에 대해 배우기 • 홍익의 실천법 '사랑주기'배우기	50분
정리	■ 서로 포옹해 주기 ■ 다음 차시에 관한 소개 ■ 과제 전달(매일 1명씩 실습하기) ■ 차명상 및 나눔	소통의 원리	차명상 나눔	10분

사랑주기

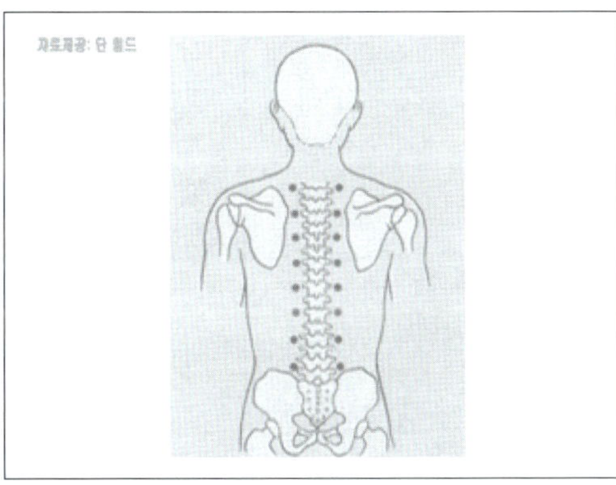

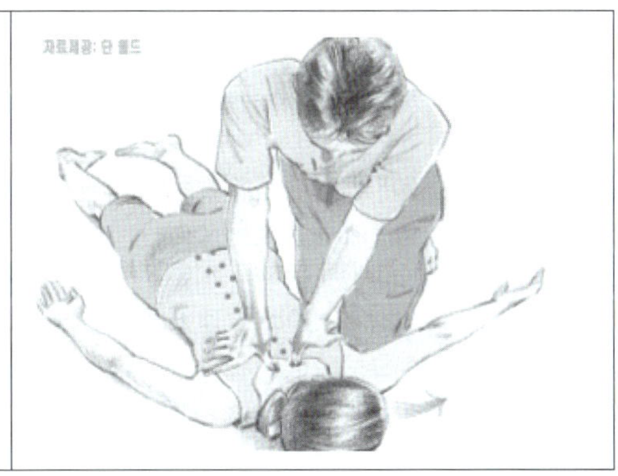

<table>
<tr><th colspan="5">뇌교육 기반 명상 프로그램 9, 10회기</th></tr>
<tr><td>활동명</td><td colspan="4">생각 바꾸기</td></tr>
<tr><td>프로그램 목표</td><td colspan="4">■ 절 명상의 효과에 대해 배운다
■ 절 명상을 체험해 본다</td></tr>
<tr><td>준비물</td><td colspan="4">빔프로젝트, 스크린, 매트, 음향장비, 출석부, 초시계, PPT, 음악, 신선차, 컵, 주전자, 전기곤로</td></tr>
<tr><td>단계</td><td>프로그램 내용</td><td>원리</td><td>세부전략</td><td>시간</td></tr>
<tr><td>도입</td><td>■ 예비 수련하기
• 장운동과 단전치기
• 앉아서 장운동 10번씩 교대로 하기
■ 학습목표 제시
• 절 명상의 효과를 배우고 체험해 본다.</td><td>이완된 집중의 원리</td><td>• 장운동
• 단전치기</td><td>10분</td></tr>
<tr><td>전개</td><td>■ 뇌체조(10분)
• 전신조타, 접시 돌리기
■ 강의
• 절은 상대방을 존중하는 의미의 예법이며, 정신을 단련하는 명상법이면서, 온몸의 관절을 자극하는 건강법이다
• 절의 효과와 뇌에 미치는 영향
동영상 '108배의 비밀'
• 절의 방법 배우기
■ 절 명상 체험
• 8개의 구분 동작으로 하나씩 배워 본다
• 나누어서 체험하기
(30배는 동작을 익히고, 40배는 자기 자신에게 몰입하고, 30배는 주변의 사람에게 사랑과 감사의 마음으로 한다)
■ 정좌 명상
• 호흡 명상 (15분)</td><td>다양성의 원리
소통의 원리</td><td>• 절 명상의 효과 알기
• 절명상의 방법 배우기
• 절 명상 체험하기</td><td>50분</td></tr>
<tr><td>정리</td><td>■ 마무리 체조 (앉아서 하는 체조)
■ 절 명상에 대한 질의 응답
■ 다음 차시에 관한 소개
■ 과제 전달 (매일 100배 하기)
■ 차명상 및 나눔</td><td>소통의 원리</td><td>차명상 나눔</td><td>10분</td></tr>
</table>

절명상

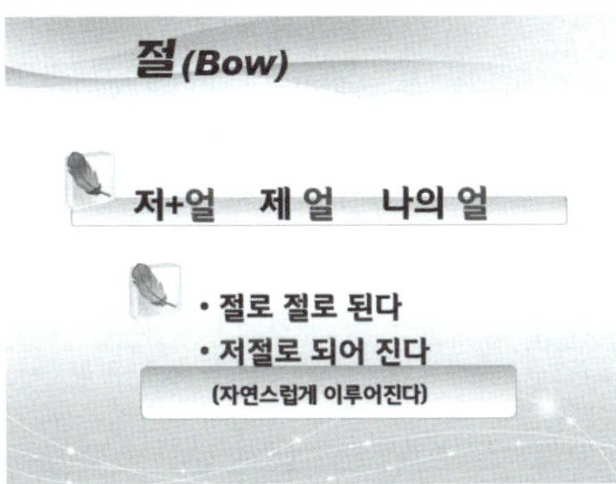
절(Bow)
저+얼 제 얼 나의 얼
• 절로 절로 된다
• 저절로 되어 진다
(자연스럽게 이루어진다)

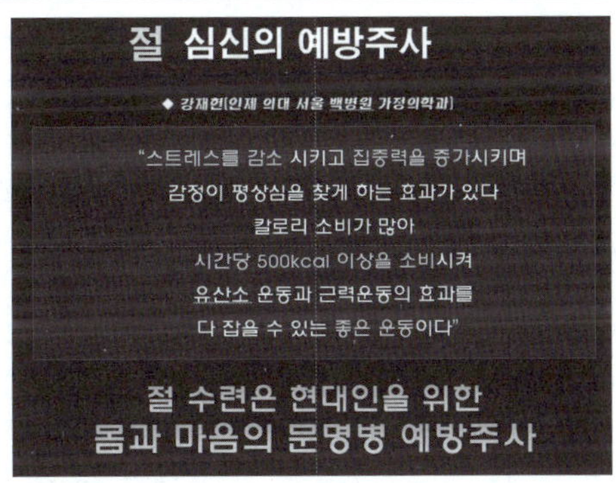
절 심신의 예방주사
◆ 강재헌(인제 의대 서울 백병원 가정의학과)
"스트레스를 감소 시키고 집중력을 증가시키며
감정이 평상심을 찾게 하는 효과가 있다
칼로리 소비가 많아
시간당 500kcal 이상을 소비시켜
유산소 운동과 근력운동의 효과를
다 잡을 수 있는 좋은 운동이다"
절 수련은 현대인을 위한
몸과 마음의 문명병 예방주사

뇌교육 기반 명상 프로그램 11, 12회기				
활동명	스트레스에 흔들리지 않기			
프로그램 목표	■ 바른 자세와 걷는 법을 배운다. ■ 걷기명상을 체험해 본다.			
준비물	빔프로젝트, 스크린, 매트, 음향장비, 출석부, 초시계, PPT, 음악, 신선차, 컵, 주전자, 전기곤로			
단계	프로그램 내용	원리	세부전략	시간
도입	■ 예비 수련하기 • 장운동과 단전치기 • 앉아서 장운동 10번씩 교대로 하기 ■ 학습목표 제시 • 걷기 명상을 배운다.	이완된 집중의 원리	• 장운동 • 단전치기	10분
전개	■ 뇌체조 20분 • 6대 관절을 유연하게 하는 체조 • 전신조타, 웃음 수련, 기공체조 ■ 강의 • 바른 자세가 마음에 미치는 영향 • 바른 자세 배우기(가슴은 펴고, 배와 턱은 당기고, 어깨는 힘을 뺀 자세 - 상허 하실) • 걷기와 뇌의 관계 • 장생보법의 방법과 효과 배우기(용천의 위치) ■ 바른 자세 잡기(파트너와 서로 봐주기) • 발은 11자로 하고 엄지 발가락에 힘주기 ■ 걷기 명상 • 장생 보법으로 제 자리 걸어보기 (몸은 앞으로 5도 기울이고, 꼬리뼈를 말고, 용천에 집중하면서 힘차게 걷기) • 천천히 오감을 느끼면서 걸어보기	다양성의 원리	• 바른 자세 배우기 • 바른 걷기 배우기 • 걷기 명상 체험하기	50분
정리	■ 마무리 체조하기(서서 하는 짝체조) ■ 오늘 배운 것 요약/다음 차시에 관한 소개 ■ 과제 전달(출 퇴근시 장생보법 실시) ■ 차명상 및 나눔	소통의 원리	차명상 나눔하기	10분

대한민국

바르게 서기와 걷기

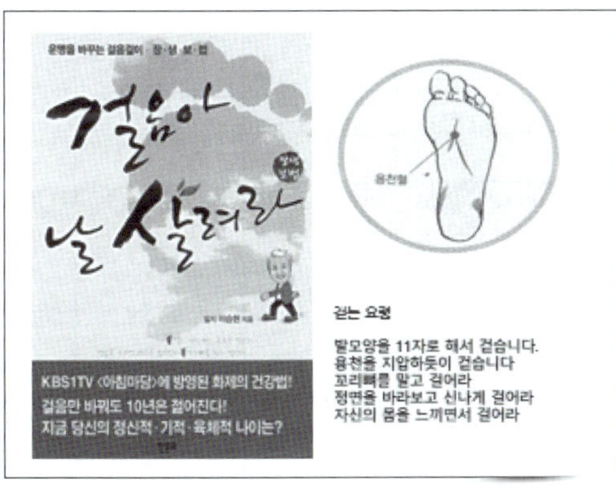
운명을 바꾸는 걸음걸이 · 장·생·보·법
걸음아 날 살려라
KBS1TV <아침마당>에 방영된 화제의 건강법!
걸음만 바꿔도 10년은 젊어진다!
지금 당신의 정신적·기적·육체적 나이는?
용천혈
걷는 요령
발모양을 11자로 해서 걸습니다.
용천을 지압하듯이 걸습니다
꼬리뼈를 말고 걸어라
정면을 바라보고 신나게 걸어라
자신의 몸을 느끼면서 걸어라

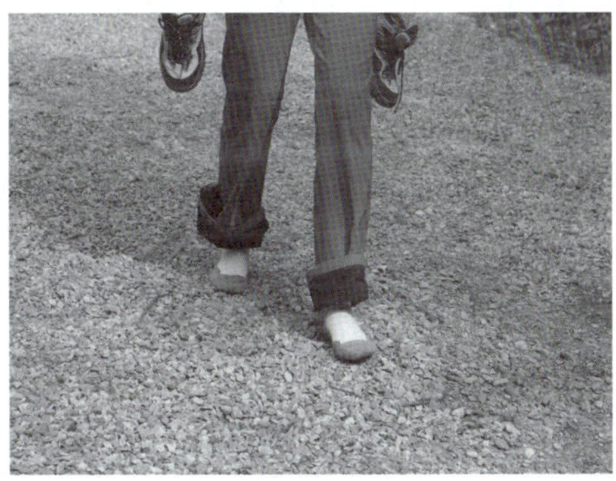

<table>
<tr><th colspan="5">뇌교육 기반 명상 프로그램 13 회기</th></tr>
<tr><td>활동명</td><td colspan="4">감정 다스리기</td></tr>
<tr><td>프로그램 목표</td><td colspan="4">■ 공직자로서 사명감을 회복한다
■ ‘홍익인간’ 정신의 실천의지를 다진다</td></tr>
<tr><td>준비물</td><td colspan="4">빔프로젝트, 스크린, 의자, 음향장비, 출석부, 초시계, PPT, 음악, 신선차, 컵, 주전자, 전기곤로</td></tr>
<tr><td>단계</td><td>프로그램 내용</td><td>원리</td><td>세부전략</td><td>시간</td></tr>
<tr><td>도입</td><td>■ 예비 수련하기
• 장운동과 단전치기
• 앉아서 장운동 10번씩 교대로 하기
■ 학습목표 제시
• ‘홍익인간’ 철학에 대해서 안다</td><td>이완된 집중의 원리</td><td>• 장운동
• 단전치기</td><td>10분</td></tr>
<tr><td>전개</td><td>■ 뇌체조(20분)
• 6대 관절을 풀어주기, 기공체조
• 앉아서 하는 체조, 접시 돌리기
■ 나눔
• 공직자로서 입문시기와 계기
• 가장 힘들었을 때와 보람있었을 때는 언제?
• 삶의 의미에 대한 영상 보기
• 뇌는 의미에 반응한다. 나는 내가 하는 일에 어떤 의미를 두고 있는가?
• 스코트 니어링에 관한 예화
• 홍익인간의 정신을 어떻게 현실에 적용할 것인가? 나눔과 토론
■ 짝 체조로 즐겁게 마무리</td><td>자기 성장의 원리</td><td>• 나눔하기
• 홍익인간 정신의 실천법 토론하기</td><td>50분</td></tr>
<tr><td>정리</td><td>■ 전체 요약
■ 다음 차시에 관한 소개
■ 과제 전달(자긍심을 함양할 수 있는 것 3가지 찾기)
■ 차명상 및 나눔</td><td>소통의 원리</td><td>차명상 나눔</td><td>10분</td></tr>
</table>

단전과 허리 강화를 위한 뇌체조

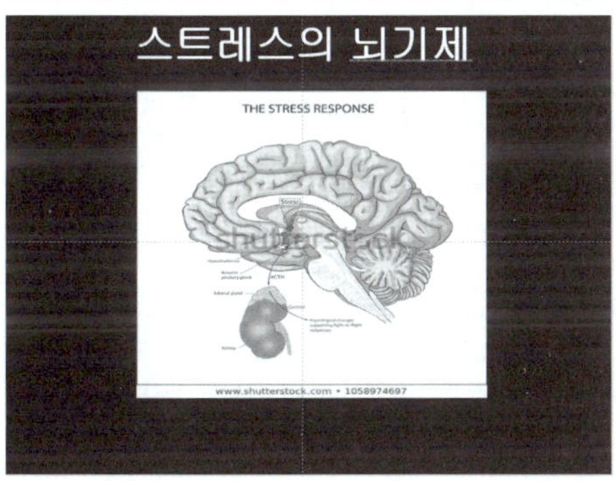

<table>
<tr><th colspan="5">뇌교육 기반 명상 프로그램 14회기</th></tr>
<tr><td>활동명</td><td colspan="4">중심 잡기</td></tr>
<tr><td>프로그램 목표</td><td colspan="4">■ 스트레스 관리에 필요한 마음의 중요성을 배운다
■ ‘홍익인간’ 철학에 대해서 배운다</td></tr>
<tr><td>준비물</td><td colspan="4">빔프로젝트, 스크린, 의자, 음향장비, 출석부, 초시계, PPT, 음악, 신선차, 컵, 주전자, 전기곤로</td></tr>
<tr><th>단계</th><th>프로그램 내용</th><th>원리</th><th>세부전략</th><th>시간</th></tr>
<tr><td>도입</td><td>■ 예비 수련하기
• 장운동과 단전치기
• 앉아서 장운동 10번씩 교대로 하기
■ 학습목표 제시
• ‘홍익인간’ 철학에 대해서 안다</td><td>이완된 집중의 원리</td><td>• 장운동
• 단전치기</td><td>10분</td></tr>
<tr><td>전개</td><td>■ 뇌체조(20분)
• 6대 관절을 풀어주기, 기공체조
• 앉아서 하는 체조, 접시 돌리기
■ 강의
• 의식이란 무엇인가?
(데이비드 호킨스 박사의 의식의 밝기표)
• 뇌는 의미에 반응한다. 나는 내가 하는 일에 어떤 의미를 두고 있는가?
• 우리 민족의 건국이념이자 철학인 ‘홍익인간’ 철학의 유래와 의미
• 공직자로써의 사명감과 홍익인간 철학의 관계
• 나는 홍익하는 공직자!
■ 짝 체조로 즐겁게 마무리</td><td>성장의 원리</td><td>• 의식의 중요성 알아보기
• 홍익인간 철학에 대해 배우기</td><td>50분</td></tr>
<tr><td>정리</td><td>■ 전체 요약
■ 다음 차시에 관한 소개
■ 과제 전달(나 자신의 철학 만들기)
■ 차명상 및 나눔</td><td>소통의 원리</td><td>차명상 나눔</td><td>10분</td></tr>
</table>

좌우뇌유연화 뇌체조(접시돌리기)

<table>
<tr><th colspan="5">뇌교육 기반 명상 프로그램 15회기</th></tr>
<tr><td>활동명</td><td colspan="4">실천의지 다지기</td></tr>
<tr><td>프로그램 목표</td><td colspan="4">■ 배운 것을 생활 속에 할 수 있는 비전을 정한다
■ 서로 격려와 칭찬을 통해 실천 각오를 다진다</td></tr>
<tr><td>준비물</td><td colspan="4">스크린, 의자, 음향장비, 출석부, 초시계, PPT, 음악, 신선차, 컵, 주전자, 전기곤로</td></tr>
<tr><th>단계</th><th>프로그램 내용</th><th>원리</th><th>세부전략</th><th>시간</th></tr>
<tr><td>도입</td><td>■ 예비 수련하기
• 장운동과 단전치기
• 앉아서 장운동 10번씩 교대로 하기
■ 학습목표 제시
• '실천 비전' 정하기</td><td>이완된 집중의 원리</td><td>• 장운동
• 단전치기</td><td>10분</td></tr>
<tr><td>전개</td><td>■ 뇌체조
• 6대 관절 풀기 체조,
• 기공체조, 좌우 균형 체조
■ 강의
• 비전은 인생이란 여행에서 나침반과 같다
• 동영상 보기 '비전의 힘'
■ 비전 쓰기
• 뇌교육 기반 명상을 통해 배운 것, 느낀 것, 실천할 것 작성하기
• 조별로 작성 한 것에 대해 서로 나눔하기
• 비전 격려하고 칭찬해 주기
■ 스트레스 지각, 스트레스 대처, 스트레스 반응에 대한 사후 설문 조사
■ 전체 프로그램 슬라이드 영상 보기</td><td>소통의 원리

통합의 원리</td><td>• 실천 비전 세우기
• 서로 격려해 주기</td><td>50분</td></tr>
<tr><td>정리</td><td>■ 전체 소감 발표하기(변화한 것, 느낀 것)
■ 매일 실천하도록 격려하기
■ 차 명상 및 교류</td><td>소통의 원리</td><td>차명상 나눔</td><td>10분</td></tr>
</table>

명상수련 후 한방차와 함께 나눔 하는 모습

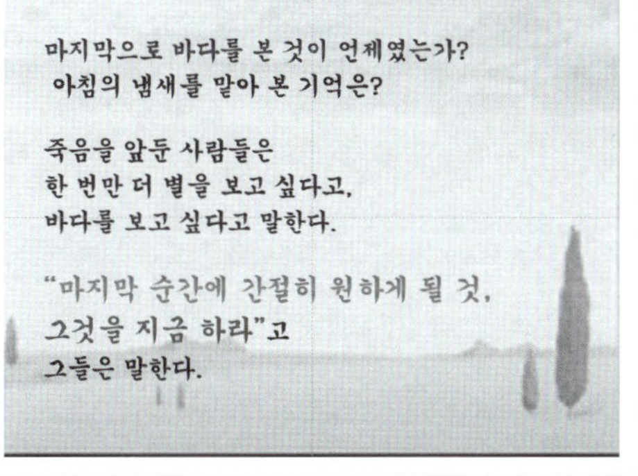

제4부

뇌기반 인지 역량 향상 프로그램

제1장

뇌교육 기반 집중력 향상 프로그램1)

1. 프로그램 개발 목적

이 프로그램은 뇌교육의 철학과 방법론에 근거하여 전뇌(whole brain)의 보편적이고 일반적인 능력을 향상하고, 이에 따라 집중력 향상을 목표로 하고 있다. 이 프로그램의 성격은 다음과 같다.

1. 학습자 두뇌의 공통성과 개별성을 동시에 추구하는 프로그램이다.(학습자 맞춤형)
2. 공통적이고 일반적인 학습자의 뇌력향상에 초점을 맞춘다.(일반능력 목표)
3. 신체－정서－인지 및 이해－실행－창조를 통합하는 다양한 체험활동을 통하여 목표를 이루고자 하는 프로그램이다.(지정의 통합)
4. 개인적 차원의 학습과 사회적 차원의 학습을 모두 고려하는 프로그램이다. (2015 교육부 핵심역량 교육과정)
5. 학습자의 자율성과 창의성을 신장시키는 실천중심 학습프로그램이다.(실천형)

1) ㈜비알뇌교육(2016)의 프로그램Ⓡ 교육원리와 실제를 재구성하였음

가. 초등학교 저학년 프로그램의 목표

1) 발달단계의 특징

가. 구체적 조작기로서 "정신적 활동"에 의해 체계적인 사고 가능하나 구체적인 사물들에 대해서만 논리적이고 체계적으로 사고

나. 신체활동이 활발한 시기로서 운동기능 발달을 위한 '이상적 시기'

다. 습관, 태도 형성의 중요한 시기

라. 자아개념이 형성되는 시기

마. 자아중심적 사고에서 벗어나 자신의 관점과 상대방의 관점을 이해하기 시작하는 시기

2) 프로그램의 목표

자연스럽고 흥미로운 프로그램 운영을 통하여 두뇌계발과정에 적극적으로 참여하는 태도와 능력을 기르는 데 중점을 둔다.

가. 뇌－신체－정서 관계에 관한 기초적 지식이해

나. 신체뇌와 정서뇌의 활성화(근력, 지구력, 조정력 함양을 통한 자신감과 성취감)

다. 자기 자신에 대한 집중력 함양

나. 초등학교 고학년 프로그램의 목표

1) 발달단계의 특징

가. 형식적 조작기 초기로서 "정신적 활동"을 통해 추상적이고 가설적인 범위까지의 체계적 사고가능

나. 자아의 현저한 발달과 함께 반항, 자기주장을 가지며 방황이나 불안정을 수반하는 시기

- 아동으로부터 성인으로 자립하고자 전환을 시도하는 시기
- 주변인적 상황에서 새로운 심리적응을 추구하는 시기

다. 정체성 고민, 자율성 확보, 인생의 목표 수립을 결정하는 시기

2) 프로그램의 목표

건전한 정체성 형성과 인생 목표 수립의 필요성을 체계적으로 이해하고, 두뇌계발 과정을 생활화함으로써 실생활에서 요구되는 능력과 태도를 함양하도록 한다.

가. 뇌－신체－정서－생활의 관계에 관한 논리적 이해를 통한 실행능력 강화

나. 자신의 환경 및 요구에 대한 이해를 하고, 실질적 목표 설정 및 그 실현을 위한 학습집중력 함양

다. 중고등학생 프로그램의 목표

1) 발달단계의 특징

가. 신체적 발달이 완성되어 가는 시기

나. 형식적 조작기를 완성하는 시기로서 논리적 사유가 강한 시기

다. 자율감, 유능감, 관계성에 대한 욕구가 강한 시기

라. 자아정체감을 형성하고 인생의 방향 설정 및 진로 탐색을 준비하는 시기

2) 프로그램의 목표

신체발달 및 조절력을 바탕으로 자율감과 유능감을 체화하고, 두뇌계발전략을 이해함으로써 자기결정능력을 함양하고 적극적인 진로탐색을 수행하도록 안내한다.

가. 지속적이고 심화된 두뇌계발활동을 통한 목표집중력 함양

나. 조화로운 관계형성을 위한 자아성찰 활동 강화

다. 체계적인 목표지향적 활동을 통하여 신체뇌, 정서뇌, 동기뇌, 인지뇌, 실행뇌의 통합적 활성화

2. 프로그램 개발을 위한 이론적 기초

가. 삼위일체의 두뇌 모형

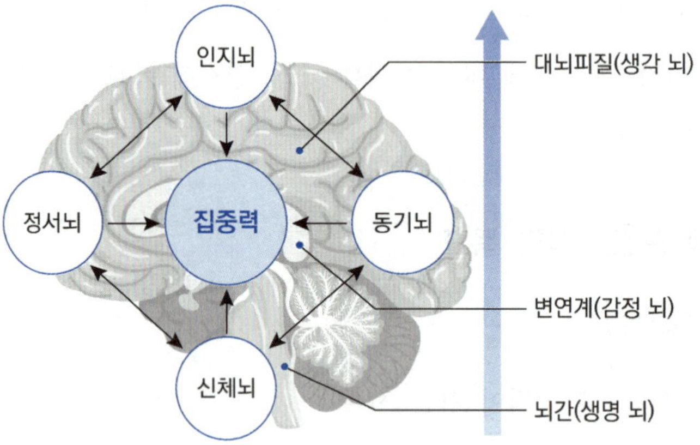

뇌간(생명뇌)이 안정화되면 변연계(감정뇌)와 대뇌피질(생각뇌) 기능 수행: MacLean(1990)

※ 만약 어떠한 일로 뇌간이 바빠진다면 즉 생리적 욕구가 충족되지 못한 상태가 되면 모든 기능이 뇌간에 쏠리게 되고 변연계나 대뇌피질이 제대로 작동하기 어려움

나. 집중력과 신체뇌의 관계

구분	연구주제	연구결과
김준영(2014)	아침 체육활동이 여고생들의 신체능력 및 주의집중력에 미치는 영향	아침 체육활동을 통한 주의집중력 향상
문종희(2014)	유산소운동프로그램이 학습장애학생의 주의집중력 및 기초학습능력에 미치는 영향	유산소운동을 통한 주의집중력 향상
고민희(2012)	신체활동 프로그램이 지적장애유아의 집중력 향상에 미치는 효과	신체활동을 통한 집중력 향상
차경자(2011)	만트라 요가 수행이 고등학생의 집중력에 미치는 효과	요가활동을 통한 집중력 향상
김영수(2007)	두뇌체조 신체움직임이 초등학생의 주의집중력과 학습태도에 미치는 영향	두뇌체조를 통한 주의집중력 향상

➡ 두뇌체조, 요가, 유산소운동, 신체활동 등 다양한 신체적 움직임을 통해서 집중력 향상

다. 집중력과 정서뇌의 관계

구분	연구주제	연구결과
이정화, 손정락(2015)	인지융합과 집중력 간의 관계: 정서조절과 사고조절력의 매개효과를 중심으로	정서조절을 통해서 집중력 향상
강경선(2013)	음악 감상이 중학생의 주의집중력에 미치는 영향	음악 감상활동을 통한 집중력 향상
엄지원, 김정모(2013)	마음챙김 명상에 기초한 인지치료(MBCT)가 고등학생의 주의집중력과 우울 및 불안 감소에 미치는 효과	마음챙김 명상을 통한 집중력 향상
오상희(2011)	아동의 정서안정이 주의집중력 및 사회적 유능감에 미치는 영향	정서적 안정을 통한 집중력 향상
정지선(2010)	아동의 부정적 정서에 대한 양육자의 반응과 아동의 주의집중력의 관계	부정적 정서가 집중력에 부정적인 영향을 미침

➡ 음악감상, 명상, 정서 안정 및 조절, 부정 정서 감소(불안감, 우울증 등) 등을 통해서 집중력 향상

라. 집중력과 인지뇌의 관계

구분	연구주제	연구결과
최원재(2011)	청각적 되먹임을 이용한 인지 운동 이중 과제 훈련이 만성 뇌졸중 환자의 보행, 균형 및 집중력에 미치는 영향	인지운동을 통한 집중력 향상
신기석 외(2009)	주의력 저하 아동에 대한 뉴로피드백 치료의 주의집중력 향상	뉴로피드백 훈련을 통한 주의집중력 향상
정선용(2008)	뉴로피드백을 이용한 명상훈련이 정상 성인의 기억과 집중력에 미치는 영향	명상훈련을 통한 집중력 향상
강종남(2006)	인지행동적 프로그램이 초등학교 저학년 주의력결핍 및 충동적 행동에 미치는 영향	인지행동 프로그램을 통한 주의집중력 향상
Hannaford(1995)	Self regulation strategy and altered state of consciousness.	전두엽 동작피질을 통합하고 활성화시킴으로써 집중력 향상

➡ 인지운동, 뉴로피드백 훈련, 명상훈련, 인지행동 프로그램 등 전두엽 훈련을 통한 집중력 향상

마. 집중력과 동기뇌의 관계

구분	연구주제	연구결과
유지영, 권효숙(2015)	초등학교 고학년 학생의 수업집중력 향상을 위한 뇌교육 실행연구	비전과 목표가 있을 때 집중력 향상
박경숙(2015)	자기결정성동기 및 자기효능감이 학습몰입에 미치는 영향: 교과흥미의 매개효과를 중심으로	자기결정성동기가 학습몰입에 영향을 미침
김은주, 심준영(2010)	뇌교육 동기유발 활동이 중학생의 집중력과 뇌전위 활성도에 미치는 효과	동기유발활동을 통한 집중력 향상
김성현(2008)	학습동기 향상 프로그램이 중학생의 학습된 무기력과 학습집중력에 미치는 영향	동기향상 프로그램을 통한 집중력 향상
김재근(2002)	고등학교 학생의 학업성취와 학습동기, 학습집중력, 학습유형의 관계에 대한 연구	학습동기가 학습집중력에 영향을 미침

➡ 비전 및 목표 설정, 자기결정성동기, 동기유발활동, 동기향상 프로그램 등 동기부여활동 통한 집중력 향상

3. 프로그램 개발 내용

가. 프로그램 개발 방향

우리나라의 교육이념은 '홍익인간'이다. 홍익인간은 보통 '인간 또는 세상을 널리 유익하게 한다'는 의미로 이해되며, 우리나라의 교육이 추구하는 바는 '홍익인간을 할 수 있는 사람을 키우는 교육'을 하는 것이라고 할 수 있다. 두뇌계발은 큰 맥락에서 교육과 같은 의미라고 할 수 있다. 그러므로 이 프로그램은 '두뇌계발을 통한 홍익인간'을 키우는 것을 목적으로 한다.

1) 제1단계(집중력 향상 단계)

A) 신체뇌 발달

- 다양한 신체활동을 통한 두뇌기능의 활성화
- 신체뇌와 정서뇌, 인지뇌 등의 관계를 이해하고 기초적인 조절능력 향상

B) 정서뇌 발달

- 뇌파조절과 호르몬조절을 통해 편안하고 행복하며 자신을 사랑하는 마음가짐을 키움
- 자신과 타인의 감정, 스트레스, 불안 등 정서 표현 및 조절 능력 향상

C) 동기뇌 발달

- 바람직하고 적합한 목표를 선택, 실행하는 능력 향상
- 자기 수행에 대한 기대, 지각된 효능감의 향상을 통한 목적의식 고취

D) 인지뇌 발달

- 신체 내·외부에서 오는 정보처리를 원활하게 하는 능력 향상
- 적합한 감각·운동·사고반응을 할 수 있고, 의미부여를 통한 집중력 향상

2) 제2단계(인성영재 단계)

E) 실행뇌 발달

- 정보처리과정을 계획, 점검, 평가, 조절하는 메타인지능력 향상
- 몰입과 창조를 이루는 능력 향상

F) 사회뇌 발달

- 책임감, 인내력, 포용력, 창의력, 집중력 등 인성 향상
- 글로벌 시대에 적합한 사회적 소통과 화합 능력 향상

3) 제3단계(창의융합영재 단계)

G) 통합뇌 발달

- 문제해결력, 사고력, 자기주도성, 가치창조 등을 통한 리더십 향상
- 여러 가지 뇌력을 무문석으로 향상하고 아울러 전체적으로 통합하여 자신의 가치를 실현하는 의지와 능력 향상

나. 프로그램 운영 모형

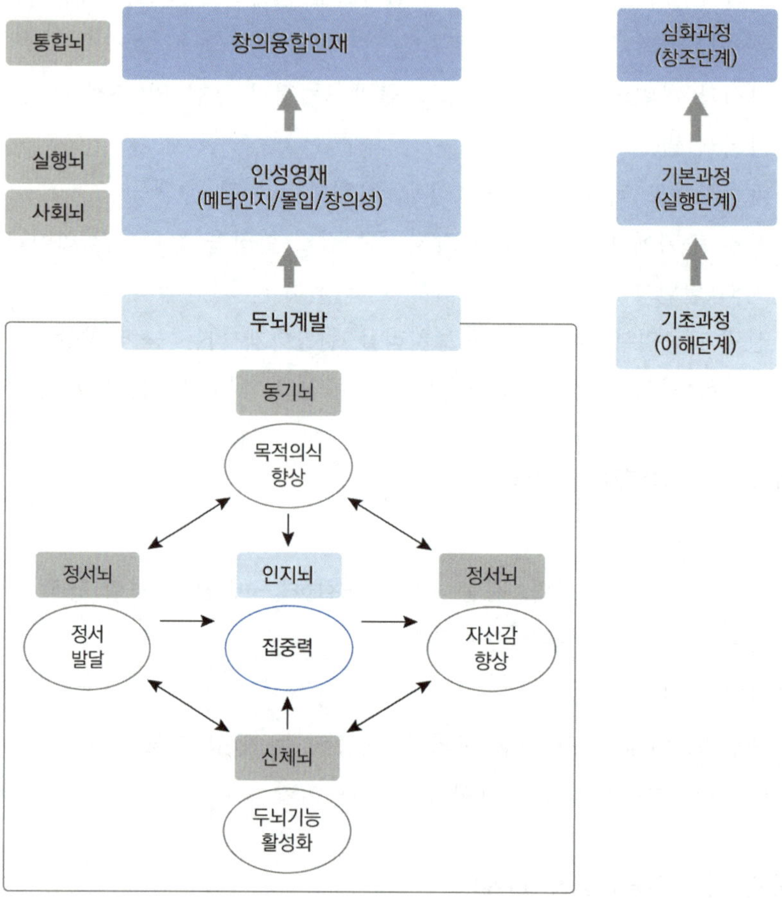

과정	목 적	두뇌유형	특징	활동 내용
기초 과정 (이해단계)	두뇌계발 (집중력)	신체뇌	놀이, 게임, 뇌체조 등 다양한 신체활동을 통한 두뇌기능 활성화	뇌체조, 놀이, 게임 등
		정서뇌	자신과 타인의 감정, 스트레스, 불안 등 정서 표현 및 조절 능력 발달	명상, 호흡, 편도정화, 웃음치료 등
		동기뇌	자기 수행에 대한 기대, 지각된 효능감 등 목적의식 향상	비전지구명상 등
		인지뇌	외부 환경으로부터 입력되는 정보를 처리하여 의미를 구성하는 집중력 향상	바디스캔, 회로도 그리기 등

기본 과정 (실행단계)	인성영재 (메타인지/몰입/창의성)	사회뇌	책임감, 인내력, 포용력, 창의력, 집중력 등 인성 및 창의성 향상	HSP GYM 등
		실행뇌	정보처리과정을 계획, 점검, 평가, 조절 하는 메타인지 능력 향상	PDCA 등

⬇

심화 과정 (창조단계)	창의융합 인재	통합뇌	문제해결력, 사고력, 리더십, 가치창조 등 자기주도성 향상 및 의식 확장	브레인 트레이닝 등

다. 프로그램 수업 모형

단계	두뇌 유형	특징	세부 단계	세부 내용	비고
두뇌 계발 단계	신체뇌	두뇌기능을 활성화시키고 좌우뇌를 균형적으로 발달시키는 단계	감각열기	시각 청각, 촉각, 미각, 후각 등 오감을 통해 감각을 깨운다.	수업 활동
			두뇌기능 활성화하기	놀이, 게임, 뇌체조 등 신체활동을 통해 두뇌기능을 활성화한다.	
	정서뇌	정서 인식 및 표현, 자유롭게 정서 조절 및 활용하는 단계	정서 인식 및 표현하기	자신의 정서를 인식하고 표현한다.	
			정서 조절 및 활용하기	자신의 정서를 자유롭게 조절하고 활용한다.	
	동기뇌	자신의 목표를 설정하고 설정하는 단계	목표 설정 및 의식 확장하기	자신의 목표를 설정하고 비전을 제시하는 활동을 통해 의식을 확장한다.	
	인지뇌	집중력을 향상시키고 두뇌를 계발하는 단계	집중력 향상하기	다양한 집중력 향상 활동을 통해 두뇌를 계발한다.	
내면화 단계	신체뇌 정서뇌 동기뇌 인지뇌	활동에 대한 느낌을 나누고 가치관을 형성하는 단계	표현활동하기	글, 그림, 몸짓 등 다양한 형태로 표현을 한다	
			활동소감 나누기	표현활동 결과에 대한 소감을 공유하고 토의한다.	
			자아선언하기	활동한 결과와 느낀점을 자기 스스로 선언하여 가치관을 형성한다.	
습관화단계	신체뇌 정서뇌 동기뇌 인지뇌	생활 속에서 실천하여 습관화하는 단계	생활에서 실천하기	생활 속에서 자신이 세운 미션을 실천한다.	가정 연계 활동
			스스로 점검하기	매일매일 미션 실천을 스스로 점검한다.	
			성찰 및 반성하기	점검한 결과를 스스로 자기 반성하고 부족한 부분을 보완한다.	

※ 가정연계활동은 두뇌계발 플래너(브레인플래너)와 연계하여 지도한다.

제2장

뇌기반 치매예방 프로그램[2)]

1. 프로그램 개발 목적

65세 이상 노인인구 중 치매환자는 2018년에 75만 명이었으나 2024년에 약 1백만 명, 2039년에는 2백만 명, 2050년에 3백만 명을 넘어설 것으로 추정되고, 치매 유병율도 2017년 10%에서 2024년 10.4%, 2039년 12.3%까지 증가할 전망이며, 치매환자 관리 비용은 연간 15조 3천억 원으로 GDP의 약 0.8%를 차지하는 것으로 나타났다(보건복지부·중앙치매센터, 2019).

이러한 치매는 뇌의 병변에 의하여 기억장애, 사고장애, 판단장애, 지남력(식별력)장애, 계산력장애 등과 같은 인지기능과 고등정신기능이 감퇴되고, 정서장애, 성격변화, 일상생활 동작능력 장애 등이 수반됨으로써 직업, 일상적 사회활동 또는 대인관계에 장애를 초래하는 노년기의 대표적인 기질성 정신장애이다(권중돈, 2004). 특히 인지기능의 문제를 감지하면 자아존중감이 상실되어 초조, 불안, 우울증이 생기는데(Mckeighen et al., 1980; 최혜정, 2006), 우울은 신체적 건강상태와 밀접한 관련이 있어 정신건강뿐만 아니라 신체적 건강상태까지 영향을 미쳐(강희숙 외, 2000; 김남초 외, 2001) 당뇨, 고지혈증, 고혈압 등과 같은 만성퇴행성 질환으로 연결되고, 결국 사망률을 상승시키는 잠재요인이 되기도 한다(Nair, 2005; 이가영, 2014; 김혜금, 2016).

특히, 치매는 한 번 발병하면 질병의 특성상 완치가 불가능할 뿐만 아니라 개인의 정신적, 신체적, 인지적 기능을 모두 파괴하는 질병이므로 뇌의 구조적, 기능적 변화가 본격화되는 60세 이후부터(Sluimer et al., 2010; 지은경 외, 2014) 인지기능 향상 및 유지를

2) 이규수(2021)의 박사학위 논문을 요약 정리하였음.

위해 노력할 수 있도록 맞춤형 치매예방 프로그램 개발과 제공이 무엇보다도 중요하고 절실히 필요하며(장숙희, 2007; 이미라, 2019; 황옥남 외, 2002; 김석선 외, 2018), 또한, 노후에 건강한 삶과 행복한 생활을 향유할 수 있도록 치매예방 프로그램이 병원, 기관, 단체나 가정 등에 보급되어 누구나 쉽게 활용할 수 있게 치매예방 프로그램 운영에 대한 정책적 뒷받침도 요구된다(황옥남 외, 2002).

기존의 치매예방 프로그램 관련 선행연구를 분석해 보면 인지요법, 원예요법, 음악요법, 미술요법, 치료레크리에이션, 웃음요법 등 특정 중재방법을 중심으로 효과성을 검증하는 연구가 대부분이다. 즉, 치료레크리에이션 중심 치매예방 프로그램은 신체적 건강 증진에 효과적(김순희, 2013; 양은혜, 2016)이고, 미술 요법 중심의 치매예방 프로그램은 노인의 우울과 불안감 저하에 효과적(신현욱, 2016)이며, 음악요법 중심의 치매예방 프로그램은 자아 존중감을 느끼고 감정 조절에 효과적(김주영, 2015; 허정은, 2019)인 것으로 보고하고 있어 치매 원인을 신체, 정서, 인지 측면 중에서 한 가지 특정 측면에서만 바라보는 한계가 있다. 또한, 치매는 두뇌 퇴행성으로 인지기능이 저하되는 뇌의 구조 및 기능과 관련된 질병(정천기 외, 2015)임에도 불구하고 뇌과학적인 관점에서 치매예방을 위한 프로그램을 체계적이고 논리적으로 개발하지 못한 문제점도 있다.

따라서, 노인의 인지기능 저하는 우울에 영향을 미치고, 노인의 우울은 인지기능 저하에 영향을 미치며(신현욱, 2016), 운동은 노인의 인지능력 유지 및 향상과 우울 개선에 긍정적인 효과를 미치는 상호 작용을 하기 때문에(이현주 외, 2011; 최재원 외, 2018; 권민혁, 2018), 치매를 예방하기 위해서는 신체적 측면과 정서적 측면의 관계, 정서적 측면과 인지적 측면의 관계, 신체적 측면과 인지적 측면의 관계를 고려할 필요가 있다(신은삼, 2013; 정혜임 외, 2009). 즉, 노인 치매를 예방하기 위해서는 인지 향상만을 위한 단일요법보다는 신체, 정서, 인지 측면을 통합할 수 있는 치매예방 프로그램이 필요하다(지혜련, 2003).

한편, 노인의 정서조절 능력이 인지과정에 영향을 미쳐 기억을 활성화하는 데 도움을 주지만(김여희, 2010), 노인 우울은 치매 발병 위험을 높이기 때문에(Jorm, 2001; Ownby et al., 2006), 노인 치매를 예방하기 위해서는 우울 성향을 개선할 수 있는 정서조절이 매우 중요하다. 따라서, 본 연구에서는 노인의 치매예방의 효과성을 검증하기 위해 단축형 우울 검사를 정서조절의 요인으로 사용할 필요가 있다. 이 외에도 노인의 신체균형 능력 저하는 인지기능에 영향을 미치기 때문에(Stelmach et al., 1989; Colledge et al., 1994), 노인의 인지기능 저하와 치매를 유발할 수 있다. 이에 본 연구는 노인의 치매예방 효과성을 검증하기 위해 신체균형 검사를 신체기능의 요인으로 사용할 필요가 있다.

한편, 두뇌와 이중 언어의 관계를 살펴보면 이중 언어사용자는 모국어 사용자보다 지적 유연성, 개념 형성, 지적 능력, 구어적인 능력, 비구어적 능력 등에서 더 우수한 것으로 나타났다(Diaz, 1985; Troike, 2006). 또한, 이중 언어 사용자가 모국어 사용자보다 뇌간의 혈액량이 더 많은 것은 물론(Krizman et al., 2012), 회백질과 백색질 양에도 영향을 미치는 것으로 보아(Luk et al., 2011) 이중 언어 사용이 치매의 주원인인 인지저하를 예방한다는 것을 알 수 있다.

이러한 이중 언어 사용은 새롭고 광범위한 두뇌 네트워크를 만들 수 있도록 인지적 비축분(cognitive reserve), 기억력, 실행통제 등(Stern, 2002, 2009; Marian et al., 2012; Antoniou et al., 2013; Wang et al., 2017)을 향상함으로써 인지기능 저하 예방과 유지를 통해 치매를 예방할 수 있다(Bialystok et al., 2012). 실제로 이중 언어 사용자는 단일 언어 사용자보다 4.5년 늦게 치매 발병 진단을 받는 것으로 나타나(Bialystok et al., 2007; Chertkow, H., 2010; Bak et al., 2014; Bak, 2016), 이중 언어교육을 통한 치매예방 프로그램을 적용하면 효율적일 수 있다.

이에 본 연구에서는 이중 언어교육과 뇌기반 교육의 관계를 토대로 인지, 정서, 신체와 관련된 뇌기반 이중 언어교육을 통해서 노인의 인지기능, 정서조절, 신체기능을 향상할 수 있는 치매예방 프로그램을 개발할 필요가 있다. 이러한 뇌기반 이중 언어교육을 활용한 치매예방 프로그램은 인지적 측면에서 치매 선별용 간이정신상태 검사와 주관적 인지저하를 통한 인지기능을 향상할 수 있고, 정서적 측면에서 우울 개선을 통한 정서조절을 향상할 수 있으며 신체적 측면에서 신체균형 개선을 통한 신체 기능을 향상할 수 있다.

따라서, 본 연구는 이중 언어인 영어교육을 활용하여 노인의 인지기능뿐만 아니라, 정서조절 및 신체기능을 향상할 수 있는 통합적인 뇌기반 치매예방 프로그램을 개발하고 효과성을 검증하는 데 연구의 목적이 있다. 향후 본 연구를 통해서 향후 60세 이상 노인들이 자기 주도적으로 치매를 예방하고 관리할 수 있는 역량을 향상할 수 있기를 기대할 수 있다.

2. 프로그램 개발을 위한 이론적 기초

가. 치매 개념 및 특징

치매의 대표적인 초기 증상은 기억력 장애이다. 말을 할 때 적당한 단어를 찾는데 어려움을 겪는 장애는 종종 이위 유창성, 이름대기, 그리고 이해력 감소 뒤에 나타난 치매의 첫 번째 이상 현상이다(Deary, 2009). 기억력은 나이가 들면서 젊었을 때에 비해 누구나 저하되기 마련이지만, 치매에서의 기억력 저하는 이러한 정상적인 변화와는 다르다. 정상적인 노화과정에서 나타나는 매우 흔한 증상은 건망증인데, 건망증의 주요 특징은 스스로 자각 할 수 있고, 사건에 대한 기억의 일부가 결여되어 있으나 힌트를 제시하면 금방 생각해 낼 수가 있고 가끔 연도, 날짜, 요일을 실수할 수도 있다(오상현 외, 2018).

그러나 치매의 기억력 장애는 나이가 들어서 생기는 자연스러운 결과가 아니라 새로운 정보를 습득하는 데 어려움을 겪고 장기기억보다는 최근에 일어난 단기기억력부터 저하되고 점차적으로 장기기억도 저하하게 되어 과거에 능숙하게 했던 일들도 서투르게 하거나 못 하게 되며 자신의 인적사항조차도 기억하지 못하게 된다(홍정민, 2012). 나이가 들면서 생기는 기억력 저하는 대개 사소한 일들에 국한되어 있으며, 개인의 일상생활을 심각하게 저해하지는 않는다. 치매의 가장 흔한 초기 증상이 기억력 저하이기는 하나 언어, 판단력의 변화나 성격의 변화가 먼저 나타날 수도 있다.

치매는 뇌의 병변에 의하여 기억장애, 사고장애, 판단장애, 지남력(식별력)장애, 계산력장애 등과 같은 인지기능과 고등정신기능이 감퇴되고, 정서장애, 성격변화, 일상생활 동작능력 장애 등이 수반됨으로써 직업, 일상적 사회활동 또는 대인관계에 장애를 초래하는 노년기의 대표적인 기질성 정신장애이다(권중돈, 2004). 치매의 대표적인 퇴행성 질환의 한 부분이며 치매 환자의 약 50~60%를 차지하는 알츠하이머형은 초기에는 기억장애로 시작하여 이름대기, 방향감각소실, 계산능력 소실, 계산 능력 저하 등의 인지기능 장애를 보인다(정용 외, 2003).

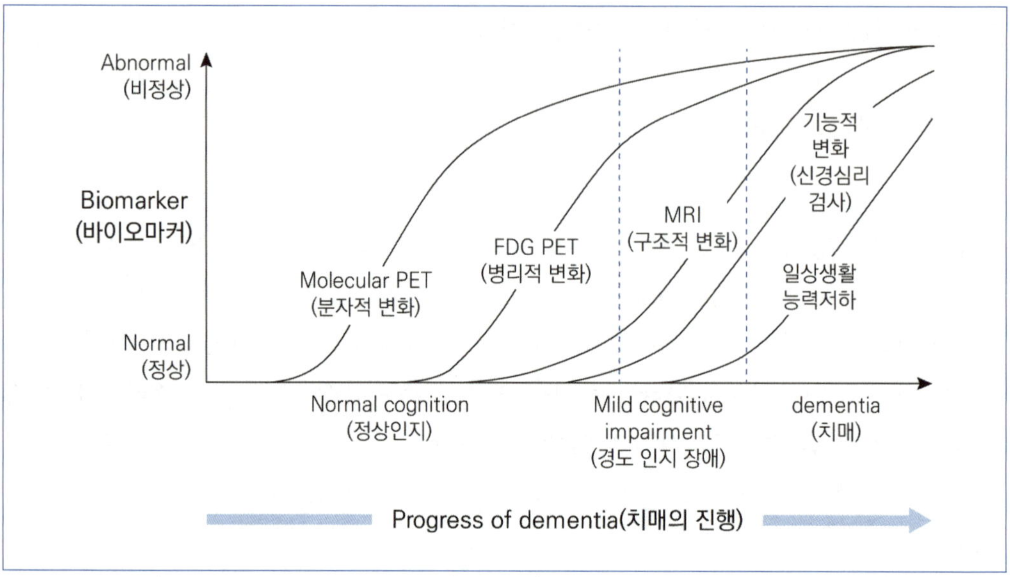

[그림 4-1] **치매의 진행 과정**

출처: 정천기 외, 2015

한편, 전체 65세 이상 노인 중 10% 정도 치매를 앓고 있는데 대표적인 치매의 유형을 정리하면 <표 4-1>과 같다.

〈표 4-1〉 **치매의 유형 및 정의, 원인, 증상**

유형	정의	원인	증상	비고
알츠하이머	독일알츠하이머가 처음기술, 대표적인 퇴행성 뇌질환(노인성치매), 10% 65세 이전, 나머지 65세 이후	베타 아밀로이드 단백의 축적으로 노인반 형성, 세포 독성이 있는 노인반이 뉴런 손상, 타우 단백질 인산화로 세포 독성 형성으로 뉴런 손상 등이 원인	내측 측두엽 및 두정엽의 뇌의 위축시작, 기억력 쇠퇴, 판단력 저하, 언어기능 저하, 계산능력 저하, 방향감각 상실, 증상에 따라 5단계로 구분	치매 환자의 50~60% 차지
혈관성 치매	Thomas wills가 처음 기술, 뇌경색, 뇌 허혈성 변화로 치매가 초래된 경우	뇌경색(다발성 경색치매와 전략경색치매), 뇌혈류가 줄어들어 세동맥의 말단이 위치하게 되는 뇌 백질 부분이 손상을 받게 되어 생김. 고혈압, 당뇨, 흡연, 지방섭취, 고지혈증 등이 원인	집행 기능 저하, 구음장애, 문법 실수, 정신운동지연, 탈 억제된 성격, 통증감각 저하, 집중력 저하 및 주의산만, 미래에 대한 계획 상실 등	치매 환자의 20~30% 차지

유형	정의	원인	증상	비고
파킨슨병	퇴행성 질환	중뇌의 흑색질부위의 도파민 세포가 사멸해 가면서 발생, 유전적 요소, 대부분 원인이 없는 특발성(idiopathic)병	진전(떨림), 보행장애, 얼굴표정 감소, 말하기 곤란, 움직임 느려짐, 약 30% 발생시 치매 발생, 집중력저하, 기억력 장애, 환시(밤에 심함)	천 명당 1~2명 비율
전두 측두엽 치매	60세 이하에서 가장 흔한 치매. 다양해서 병태생리에 불분명함.	과 인산된 타우 단백질은 피크소체(pick bodies)를 형성하며 전전두엽과 앞 측두엽의 위축을 가져옴	성격변화나 언어이상을 일으킴. 성격변화를 일으키면 전전두엽 치매(내측 전두엽의 위축), 단어의 의미를 잊어버리면 의미치매(앞 측두엽의 위축). 발음이 부정확해지고 인지기능이 저하되는 경우 진행성 비유창성 실어증(좌측 전두엽 하부의 위축).	치매 환자의 5~10% 차지
루이소체 치매	파킨슨병 환자에게서 처음 발견. 알파 시누클레인과 과 세프론이 결합하여 뭉치게 되는 루이소체를 형성하여 도파민 뉴런을 파괴하여 일어남	루이소체가 뇌간에 쌓이면 운동느림, 진전, 경직 등의 운동증상을 보이는 파킨슨병이 생기고, 뇌피질에 쌓이면 인지 증상을 보이는 루이소체 치매 발생	후두엽의 기능 저하가 동반되어 환시, 파킨슨 증상, 인지변동 등의 증상이 나타남. 신경심리 검사시 시각 기능의 저하 및 집행기능의 저하가 나타남. 일시적 의식소실, 자율신경계의 이상, 우울증, 수면장애 등	치매 환자의 10~20% 차지

출처: 정천기 외, 2015; 김형호, 2019

나. 치매에 대한 뇌과학적 이해

1) 두뇌의 노화

인간의 뇌는 호흡, 체온조절 등 신체기본 기능을 담당하는 뇌간(Brain stem)과, 정서, 수면, 호르몬, 성 욕구, 후각들을 담당하는 변연계(Limbic system) 그리고 언어, 사고, 판단들을 담당하는 대뇌피질(Cortex)로 구분할 수 있으며, 발달 순서와 양상은 각기 다르지만 가장 먼저 뇌간, 변연계, 대뇌피질 순으로 발달되고, 전두엽의 대뇌피질은 성인기까지 평생에 걸쳐 지속적으로 발달된다(박윤진, 2015).

사람의 뇌는 연령의 변화에 따라 뇌 무게가 변화하는데 처음 3세까지 가장 크게 증가하고 그 후 15년간 약 18세까지 출생시 무게의 5배에 이르며, 19세인 청소년기 이후부터 성인기까지 뇌의 무게는 변화하지 않지만 45~50세부터 감소하기 시작하여 86세 이후에는 19세 때의 뇌 무게보다 약 11%정도가 감소한다(Dekaban et al., 1978). 전두엽은 노화로 인한 뇌의 위축이 가장 심하게 나타난 영역이며 특히 전전두엽은 노화과정에서 가장 치명적인 영향을 받는 곳이다(Fabiani et al., 2009; Thambisetty et al., 2010).

노화와 관련된 대뇌피질의 감소는 광범위하게 나타나지만, 대체적으로 전두엽과 두정엽 영역의 변화는 측두엽과 후두엽보다 감소 비율이 더 크며, 평균 대뇌피질 두께의 노화관련 종적 감소는 우반구영역에서 더 적게 나타났다. 남성의 경우 좌반구에서는 중간전두회, 아래두정회, 해마곁이랑, 중심뒤이랑, 상측두회에서 감소가 진행되었고, 상두정엽과 대상회에서는 우측 쐐기앞소엽과 양측 측두엽에서보다 더 큰비율의 감소가 진행되었다(Thambisetty et al., 2010).

노화는 뇌의 구조적 변화와 더불어 뇌의 활동 패턴도 변하게 한다(박윤진, 2015). <표 4-2>는 MRI로 본 정상적인 노화에 따른 구조적, 기능적 변화를 요약해 놓은 것인데 뇌의 부피는 구조적인 면에서 출생부터 9세까지 매년 증가하다가 9세부터 13세까지 약간 감소된 후 18세부터 35세까지는 변화나 증가가 없는 정체기가 되었다가 35세 이후 점차 감소된다. 전체 뇌 위축 비율은 인지저하와 밀접한 관계가 있고, 높은 뇌 위축 비율은 치매로 진행될 수 있는 위험이 증가되는 것과 관련이 있다(Sluimer et al., 2010).

〈표 4-2〉 MRI로 본 정상적인 노화에 따른 구조적, 기능적 변화

뇌 용적	
전체 용적	출생시-9세: 매년 약 1%씩 증가
	9-13세: 용적 손실이 시작됨
	18세까지: 감소가 지속됨
	18-35세: 변화도 증가도 없음
	35세 이후: 매년마다 약 0.2%씩 감소 → 점진적인 노화로 용적 손실비율이 증가함
	60이후: 매년마다 약 0.5%씩 감소함
회백질	출생시-아동기: 증가
	아동기 이후: 매년마다 2.39% mL 씩 지속적으로 감소
백색질	출생시-45 to 50세: 증가가 지속됨
	50세 이후: 감소가 지속됨
해마	60세 이후: 매년마다 1.41-1.6% 감소

출처: 지은경 외, 2014

뇌 부피의 감소에 있어서 회백질은 소아기 이후 지속적으로 감소되지만 백질은 중년기까지 증가한 후 감소한다. 정상적인 노화에 따라 점상 심부/피질하 백질 병변(punctate deep/subcortical white matter lesion), 미세출혈, 무증상 뇌경색(silent infarct), perventricular caps/lining, 혈관 주위강 확장 등의 백질의 소견이 증가하며 이들은 인지기능의 감소와 연관되어 치매로 이어진다(지은경 외, 2014).

2) 치매에 대한 두뇌 구조 및 기능의 이해

뇌에는 약 1,000억 개의 신경세포(neuron)가 존재하며, 그보다 약 10배에 달하는 신경교세포(glia cell)가 있다. 신경세포는 축색돌기(axon), 신경세포체(soma 또는 cell body), 수상돌기(dendrite)로 구성되며, 신경세포는 시냅스(synapse)를 통해 다른 신경세포(neuron)로 신호를 전달한다(정천기 외, 2015).

가장 최근까지 진화되어 온 대뇌피질은 해부학적으로 4개의 엽으로 나눠지며, 고차원적인 인간의 사고 작용과 깊은 관련이 있다(Ingram, 이승복 역 외, 2010). 대뇌피질에 대한 구체적인 기능과 장애시 나타나는 증상을 살펴보면 다음과 같다.

첫째, 전두엽은 뇌의 가장 큰 대뇌엽으로 운동피질(신체의 운동기능을 조절; 걷기, 먹기, 씹기, 손가락, 발가락 움직임), 전운동피질(운동을 계획하는 데 관여), 전전두엽 피질(계획, 구성, 판단, 충동조절, 표정) 등 3가지 중요한 기능을 담당한다. 또한 뇌의 CEO 역할과 많은 형태의 단기기억에 역할을 담당하며 정서조절에 관여한다, 특히 좌반구 전두엽 하쪽에 위치한 브로카 영역은 언어를 담당하고 있고, 전전두엽은 운동을 담당하며 인간의 뇌에서 가장 잘 발달된 부분이고 뇌 전체 무게의 30%를 담당한다.

만일 전전두엽 피질에 문제가 생긴다면, 판단력 장애, 충동적인 행동, 집중력장애, 혼란, 경험에 의한 학습능력의 장애, 시간관리 장애, 무감각과 같은 증상들이 일어나게 된다. 이러한 장애들은 전두엽-측두엽 치매로 불리는 ADRD(Alzheimer's Disease and Related Disorders)의 초기에 나타나거나, 알츠하이머 치매 말기에 나타나게 된다(Shankle et al., 신정호 역, 2005; Ingram, 이승복 역 외, 2010).

둘째, 두정엽은 감각중추라고도 불리우며, 피부와 관절 및 다른 조직에 있는 수용체로 부터 체감각 정보를 통합하고 몸이 감각을 수행하며 목표 지향적 운동이나 과업을 수행하고 기본적 촉각, 압박감, 진동, 통증, 온도 등을 느끼게 한다(김형효, 2019; 정천기 외, 2015; Shankle et al., 신정호 역, 2005). 좌측 두정엽은 신체의 우측 감각을 우측 두정엽은 좌측 감각을 담당하며, 두정엽 뒤쪽 부분은 시각기능을 담당하고, 덧셈과 뺄셈과 같이 기본적인 기호 연산을 가능하게 하며, 책을 읽고 이해할 수 있도록 도와주고 상상으로 물체를 회전시킬 수 있게 해준다(Shankle et al., 신정호 역, 2005; 정천기 외, 2015). 측두엽 다음으로 손상이 심하며, 방향감각을 상실하여 길을 잘 잃어버리는 치매를 앓게 되고, 위치감각과 시각적 위치 추적 능력이 상실되어 실제로 유리컵을 떨어뜨리거나 주차에 어려움을 겪고, 옷을 입는 데 문제가 생기며, 왼쪽 오른쪽을 혼동하게 되고, 수학과 글쓰기에 장애를 일으키며, 그림을 그리거나 가위로 자르는 것과 같은 능력에도 제한이 오게 된다(Shankle et al., 신정호 역, 2005; Ingram, 이승복 역 외, 2010).

셋째, 후두엽은 시각정보처리의 중추가 있는 시각피질이다. 색, 크기, 선, 깊이와 같은 정보를 처리한다. 시각정보가 눈으로 들어와 망막에 도달하면 시신경을 자극하여 후두엽의 시각피질에 도달하며 이곳에서 시각정보의 형상과 위치 및 운동 상태를 분석한다. 후두엽을 통해 받아들인 시각적 정보는 측두엽으로 전달되어 이해하게 되고, 물체의 움직임을 인지하기 위해서는 정보를 두정엽으로 전달한다.

양쪽 후두엽 중 한쪽에 문제가 생기면 반대쪽의 시야를 볼 수 없게 되고, 후두엽 손상으로 맹시가 되면 시야각 내에서는 보이지 않지만 물체의 움직임은 인지할 수 있다. 물체가 작아 보이는 환각과 같은 후두엽 손상 증세는 루이 소체 치매환자들에서 볼 수 있다(Shankle et al., 신정호 역, 2005; Ingram, 이승복 역 외, 2010).

넷째, 청각 피질이라 불리는 측두엽은 우표 크기만 한 청각 조절 중추가 있어 귀로부터 들어오는 언어정보(듣기와 읽기)를 받아들이고, 사회적 규범을 익히며, 단기기억 형성, 장기기억으로의 전환, 감정의 유지와 같은 기능을 담당하며, 시각에 의해 사물을 인지하고, 그 사물의 이름을 떠올릴 수 있게 한다. 측두엽의 안쪽에는 내비 피질과 해마(hippocampus)가 위치하고 있으며 새로 학습한 정보를 암호화 하여 수 주 동안 기억한다. 이곳이 손상되면 새로운 지식을 저장할 수도 없고 지난 수 주간의 경험들을 기억할 수가 없다. 알츠하이머 치매에서 가장 먼저 손상받는 부분이다.

측두엽과 후두엽이 접하는 부위에는 사람들의 얼굴을 알아볼 수 있게 특화된 반응을 보이는 얼굴 영역이라고 하는 방추회가 있다(정천기 외, 2015). 측두엽 손상은 단기, 장기 기억장애, 독서 장애, 대화 중 올바른 언어선택의 장애, 사회규범 이해장애, 분노 폭발, 도덕적, 종교적 선입견과 같은 많은 부분에서의 장애를 일으킨다(Shankle et al., 신정호 역, 2005; Ingram, 이승복 역 외, 2010).

지금까지 뇌의 구조와 기능적 변화를 살펴본 바와 같이 뇌의 노화가 진행됨에 따라 인지기능의 저하가 나타난다. 인지기능 저하는 노인의 우울에 영향을 미치고 노인의 우울은 인지기능 저하에 영향을 미치게 되며(신현욱, 2016 재인용), 운동은 노인들의 인지능력 유지 및 향상과 우울 개선에 긍정적인 효과를 미친다(이현주 외, 2011; 최재원 외, 2018; 권민혁, 2018). 즉, 인지, 정서, 신체는 밀접한 관계를 가지고 있으므로 인지기능 향상을 위해서는 인지, 정서, 신체의 통합적 조화가 중요하다(지혜련, 2003). 따라서, 치매를 예방하기 위해서는 인지기능을 개선함으로써 우울 성향을 감소시키고, 우울 성향을 개선함으로써 인지기능을 향상시킬 수 있다. 또한, 운동은 인지저하와 우울 성향 개선에 중요한 영향을 미치기 때문에 인지, 정서, 운동이 통합적으로 조화를 이룬 치매예방 프로그램이 필요하다. 바람직한 치매예방 프로그램 개발 방향을 제시하면 그림 [그림 4－2]와 같다.

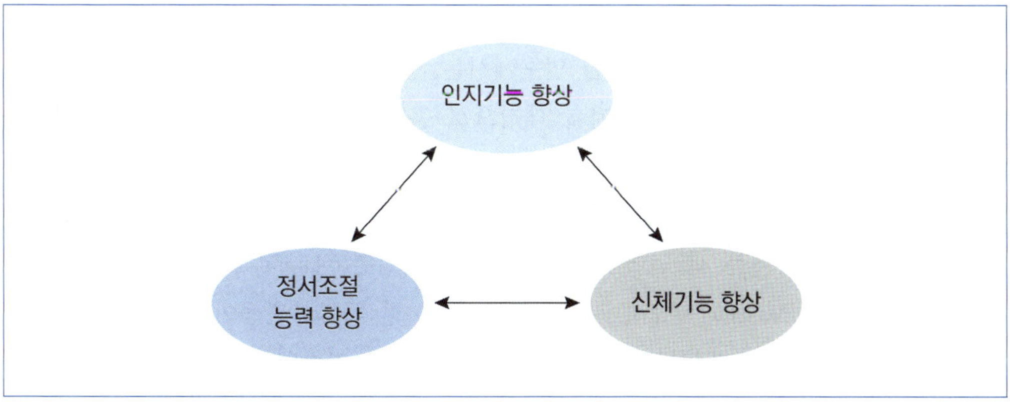

[그림 4-2] **치매예방을 위한 프로그램 개발 방향**

다. 이중 언어교육과 뇌과학의 관계

국내에서는 한국어를 모국어로 먼저 습득한 후 영어를 습득한 이중 언어자를 대상으로 연구를 진행하여, 한국어 의미 처리에는 언어처리 중추로 알려진 좌반구의 상·중측두엽(superior, middle temporal gyrus)과 좌반구 하전두엽(inferior frontal gyrus)의 활성화가 관찰되었고, 영어 의미처리에는 측두엽의 활성하는 나타나지 않았으나 좌반구 하전두엽(inferior frontal gyrus)의 활성화와 좌반구내 전두엽(middle frontal gyrus)의 활성화가 나타남을 알아냈다(Ingram, 2010),

한국어를 모국어로 먼저 습득한 후 영어를 습득한 이중 언어자를 대상으로 한 또 다른 연구에서는 한국어의 과제를 수행할 때는 좌측 전두엽의 활성화가 관찰되었으나 우측 전두엽은 활성화되지 않았고, 영어에서는 좌·우측 전두엽에서 광범위하게 활성화

를 보였다(Ingram, 2010),

아동 혹은 성인기에 습득한 외국어가 대뇌피질의 브로카 영역과 베르니케영역에서 어떤 관련성을 보이는가를 fMRI를 통해 관찰하였는데 아동기 때 외국어를 습득한 피검자들에서는 두 언어를 사용할 때 브로카 영역의 활성화가 완전히 중복되어 있는 반면, 성인기 때 외국어를 습득한 피검자에서는 두 언어 사용시 브로카 영역의 활성화 부위가 다르다는 사실을 발견하였고 베르니케 영역은 두 피검자 모두 활성화 차이가 관찰되지 않았다(Kim et al, 1997).

스웨덴에서는 군 통역 지원병을 대상으로 3개월간 집중적으로 외국어 학습을 실시한 후 MRI를 통해 두뇌의 언어 영역을 담당하고 있는 대뇌피질과 해마 용적 및 회색질이 증가된 것이 확인되었다(Mårtensson, 2012).

fMRI를 사용하여 실험한 또 다른 연구에서는, 중국어를 모국어로 쓰는 성인기에 시작한 중간 수준의 이중 언어 구사자를 대상으로 문장수준 언어운율체계에서 모국어와 제2언어 처리과정이 신경기저에 미치는 영향을 분석하였는데, 단어수준을 처리할 때는 모국어나 제2언어 모두 전두엽, 측두엽, 두정엽에서 같은 부위가 활성화되었지만, 문장집중 작업을 처리할 때는 제2언어 처리시 양측 앞 뇌섬엽(bilateral anterior insula)과 위이마고랑(superior frontal sulcus)에서 모국어보다 훨씬 더 큰 뇌 활동이 관찰되었고, 문장집중 음성발현에서도 두 언어 처리시 다른 뇌 활동을 보여주었는데, 이는 제2언어습득 및 처리를 위한 인지기제가 두뇌 구조상 모국어의 그것과 다르고, 제2언어 처리시 계산적 부담이 증가하기 때문에 차이가 나지만, 이들 모두는 통합된 신경체계가 중재하고 있다(Gandour et al., 2007; 이성은, 2012).

두 언어 사용시 브로카 영역내의 활성화 부위가 다르다는 사실은 언어 습득의 시기가 브로카 영역의 기능 구조에 영향을 미친다는 것을 시사하며, 유아가 언어를 학습하는 동안 학습되는 언어의 특성에 따라 브로카 영역이 수정되고 일단 수정이 되면 이 영역은 추후 수정되지 않고, 외국어를 성인기에 배울 경우 브로카 영역과 인접한 피질영역이 학습하는 외국어의 사용에 활용된다(Kolb et al., 2014).

또한, 이중 언어 사용자들이 언어 변환에 대한 과제 수행시 두개의 언어 중 어느 것을 사용할 것인지를 강요받게 되면, 뇌의 어느 부위가 활성화 되는지를 fMRI를 사용하여 검사하였는데, 전전두엽 활성화화 함께 전 대상피질, 양측 상부 모서리 회, 좌측하전두회, 주의나 제한과 같은 인지 기술과 관련된 뇌 영역인 배외측 전전두피질의 활성화가 증가되는 것을 알아냈다(Hernandez et al., 2000).

특히, 이중 언어 사용자와 단일 언어사용자의 감각처리와 관련된 피질하뇌영역 실험에서 두 실험자 모두 배경소음을 제거했을 때 뇌간 반응은 같았지만, 여러 명이 왁자지껄 떠드는 배경 소음이 있는 상태에서는 이중 언어 사용자가 단일 언어 사용자보다 지속적 선택적 주의력에서 보다 더 높은 수행능력을 보였다.

이 외에도 이중 언어의 사용에 높은 효율성을 보인 노인들의 뇌는 좌측 하두정엽 부위에 회백질이 더 많아지고, 백색질의 양도 변한다(Luk et al., 2011). 이중 언어의 사용은 신경구조가 정보처리의 방식을 변화시킬 뿐만 아니라, 신경구소 자체도 변화시키며, 노화가 진행되면서 피해를 입는 뇌 네트워크를 대체할 수 있는 새로운 뇌 네트워크를 만들 수 있도록 도와주고 인지 메카니즘을 더욱 뚜렷하게 유지시켜 실생활의 건강을 이끌 수 있는 기억력, 실행통제 등을 향상시킬 수 있다(Marian et al., 2012). 또한 이중 언어는 인지기능의 자연감소를 막아주는 수단을 제공해주고, 소위말해 인지기능 유지도 지속시켜준다(Bialystok et al., 2012).

이와 관련된 신경가소성 연구에 의하면, 비록 사춘기에 신경세포의 성장과 두뇌의 신경학적 성숙이 마무리 되었다 하더라도 신경망 내부 및 외부의 자극에 따라 뇌의 신경망은 변화를 가져와 뇌가 계속 발달할 수 있으며(Balu et al., 2009), 제2언어를 습득하게 되면 두뇌에 이와 관련된 새로운 신경망이 형성되며(이성은, 2012), 심지어 실어증으

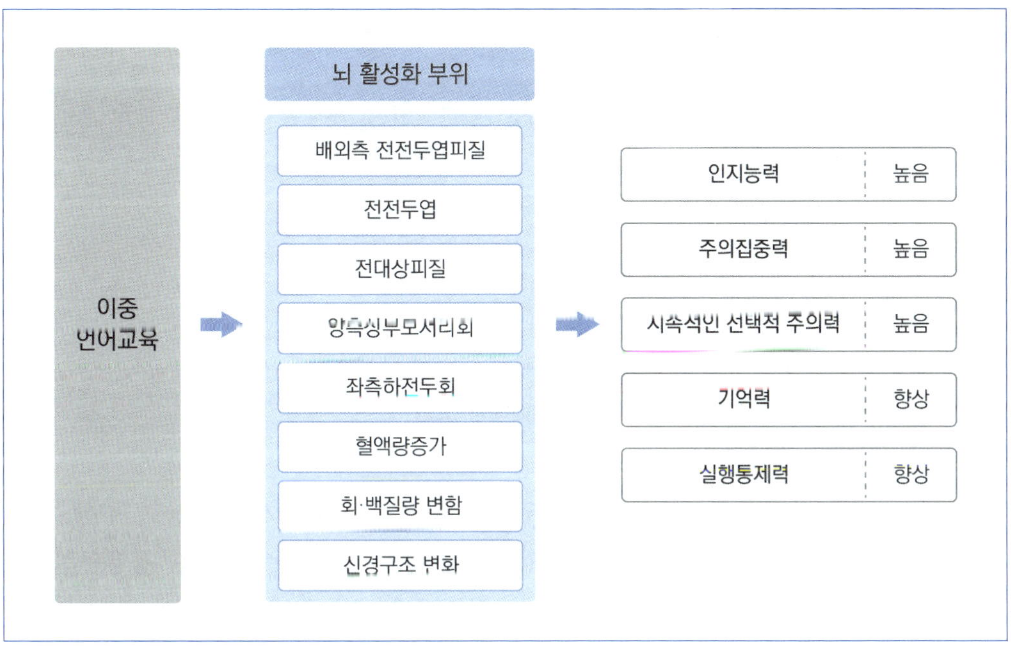

[그림 4-3] 이중 언어로 이한 뇌 활성화 부위 및 효과

로 언어중추가 손상을 입은 경우에도 새로운 신경망이 형성되어 언어기능이 회복되기도 하므로(Saur et al., 2012), 인지 활동인 언어학습으로 워킹메모리가 자리 잡고 있는 전두엽을 활성화시킬 수 있다(이혜문, 2013).

라. 뇌기반 이중 언어교육과 치매예방

뇌기반 이중 언어교육을 활용한 치매예방은 치매와 가장 관련이 있는 인지기능, 정서조절, 신체기능 저하를 예방하기 위하여 이중 언어학습으로 뇌를 활성화시켜 뇌신경가소성을 증가시키고, 뇌기반 교육 원리에 기반하여 인지, 정서, 신체와 관련된 교수·학습법을 접목시켜 교육을 통해 인지기능 향상을 향상시키고, 정서조절로 우울을 감소시키며, 뇌체조와 운동 및 게임 활동을 통한 신체균형 유지로 신체기능을 향상시켜 치매예방을 이루는 교육방법이다. 이러한 이론을 토대로 개발된 뇌기반 이중 언어교육을 활용한 치매예방 모형을 [그림 4-4]와 같이 도출했다.

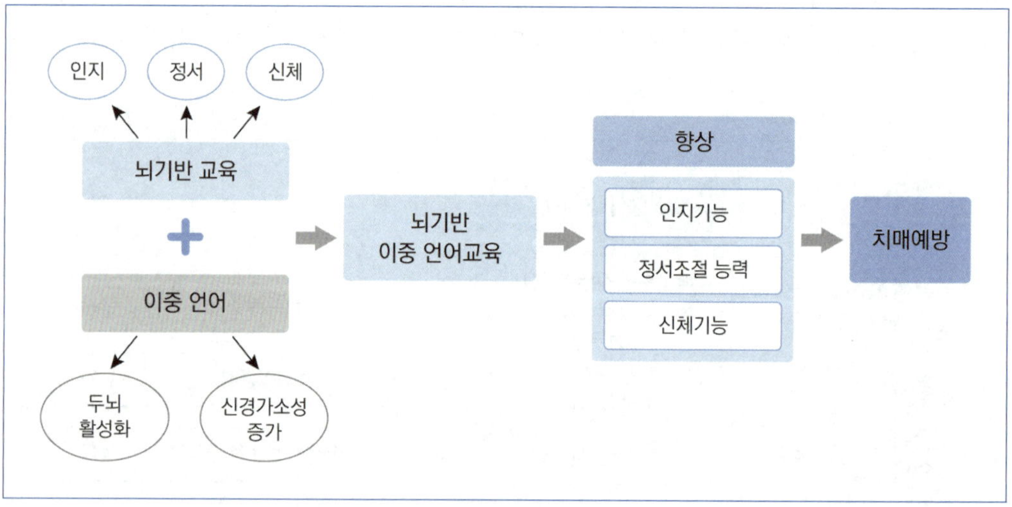

[그림 4-4] 뇌기반 이중 언어교육을 활용한 치매예방 모형

프로그램 방법으로 인지기능 향상, 우울증 감소를 위한 정서조절 능력 향상, 신체균형을 통한 신체기능 향상을 적용하였고, 프로그램 구성으로 영어교육, 응용근신경학기반 장-뇌 활성화 뇌체조 및 알파벳 체조, 레크리에이션, 음악활동, 게임 활동 등으로 설계하였으며, 자기 주도적 예방 및 관리법을 매 회기 때마다 교육시켜 일상생활에서도

스스로 치매예방 및 관리 할 수 있도록 프로그램을 구성하였고, 연구변수로는 인지기능 향상, 정서조절, 신체기능 향상을 선정하여 구조적·원리 및 전략에 의한 종합적이고 통합적인 프로그램을 개발하고자 한다.

본 연구에서 개발한 뇌기반 이중 언어를 활용한 치매예방 프로그램과 일반적인 치매예방 프로그램을 비교하면 <표 4-3>과 같다.

〈표 4-3〉 본 프로그램과 기존프로그램의 차이점

구분	일반적 치매예방 프로그램	뇌기반 이중 언어교육을 활용한 치매예방 프로그램
대상	대부분 65세 이상 또는 후기노인 (초기거나 인지장애 있음)	60-79세 성인대상 (인지장애 없는 정상인)
프로그램 원리 및 이론적 근거	• 중재방식별 실행 후 효과검증 • 뇌과학적 분석에 따른 구조적, 기능적 작용 원리·전략 도출 없음	• 뇌 영역별 맞춤형 뇌기반 프로그램 • 뇌과학적 분석에 따른 뇌의 영역별 자극을 통한 구조적, 기능적 작용 원리 · 선략 노출
중재 프로그램	운동, 인지, 미술, 원예, 음악, 무용 등 단일 또는 혼합형 프로그램	영어와 한국어를 매개로 신체활동, 정서활동, 인지활동을 통합하는 프로그램
신체운동	단순한 일반적 운동법	오장 육부와 관련된 근육 운동을 통한 뇌 체조 및 알파벳 체조
연구변수	인지 · 우울/인지 · 신체/인지 · 만족도	인지 · 정서 · 신체
학습내용 반복	학습한 내용 지속적 반복 없음	뇌기반 교육원리에 따라 게임 활동시 학습내용 지속적 반복
뇌교육	없음	매 회기마다 뇌구조 · 뇌기능 학습
자기 주도적	없음	회기별 학습 후, 프로그램 종료 후 일상에서 자기 스스로 계획 및 실천

3. 프로그램 개발 내용

프로그램 내용 구성을 위한 과제분석의 결과는 [그림 4-5]와 같다.

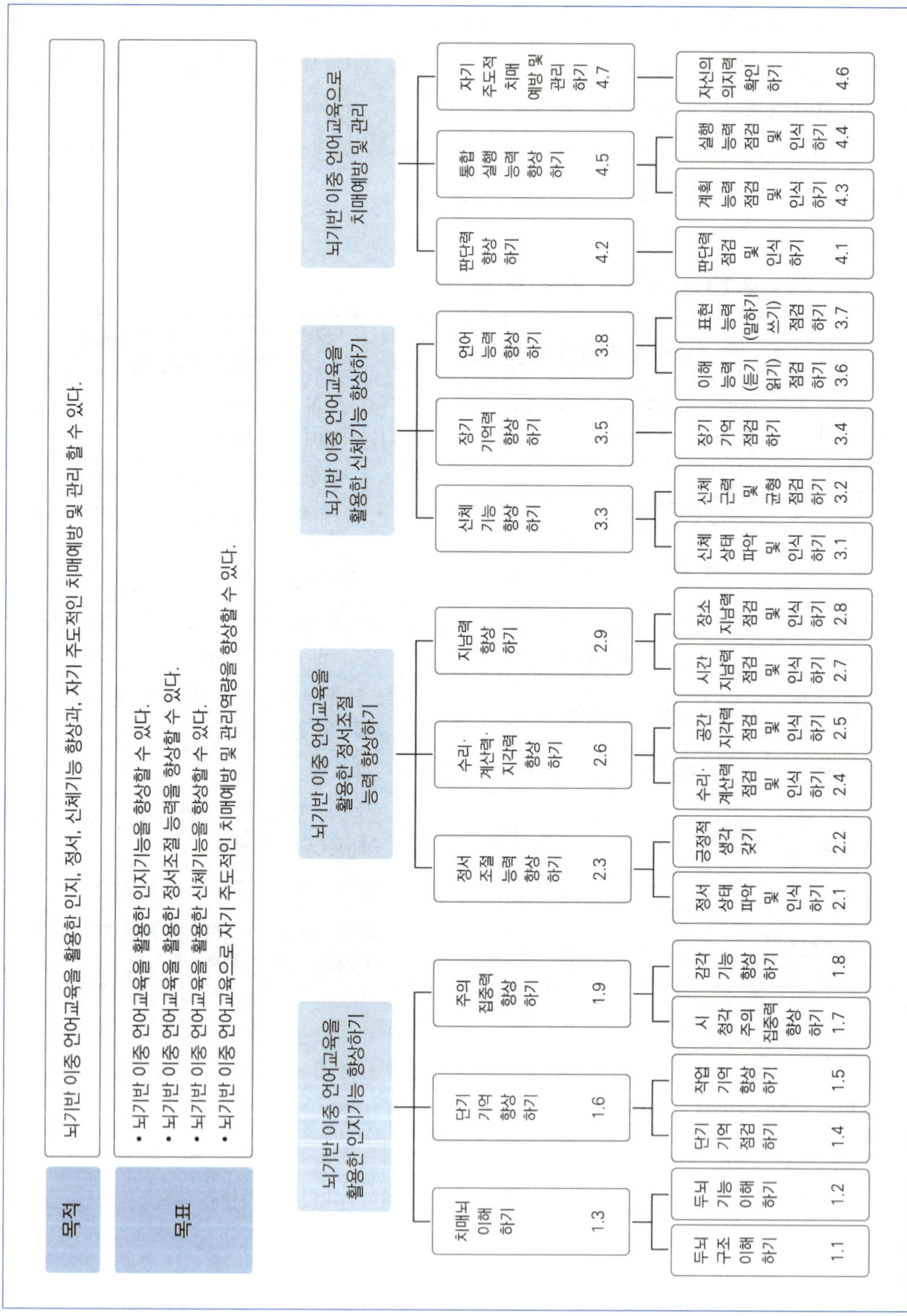
목적
뇌기반 이중 언어교육을 활용한 인지, 정서, 신체기능 향상과, 자기 주도적인 치매예방 및 관리 할 수 있다.
목표
• 뇌기반 이중 언어교육을 활용한 인지기능을 향상할 수 있다.
• 뇌기반 이중 언어교육을 활용한 정서조절 능력을 향상할 수 있다.
• 뇌기반 이중 언어교육을 활용한 신체기능을 향상할 수 있다.
• 뇌기반 이중 언어교육으로 자기 주도적인 치매예방 및 관리역량을 향상할 수 있다.
뇌기반 이중 언어교육을 활용한 인지기능 향상하기
치매뇌 이해 하기 1.3
두뇌 구조 이해 하기 1.1
두뇌 기능 이해 하기 1.2
단기 기억 향상 하기 1.6
단기 기억 점검 하기 1.4
작업 기억 향상 하기 1.5
주의 집중력 향상 하기 1.9
시 청각 주의 집중력 향상 하기 1.7
감각 기능 향상 하기 1.8
뇌기반 이중 언어교육을 활용한 정서조절 능력 향상하기
정서 조절 능력 향상 하기 2.3
정서 상태 파악 및 인식 하기 2.1
긍정적 생각 갖기 2.2
수리·계산력·지각력 향상 하기 2.6
수리·계산력 점검 및 인식 하기 2.4
공간 지각력 점검 및 인식 하기 2.5
지남력 향상 하기 2.9
시간 지남력 점검 및 인식 하기 2.7
장소 지남력 점검 및 인식 하기 2.8
뇌기반 이중 언어교육을 활용한 신체기능 향상하기
신체 기능 향상 하기 3.3
신체 상태 파악 및 인식 하기 3.1
신체 근력 및 균형 점검 하기 3.2
장기 기억력 향상 하기 3.5
장기 기억 점검 하기 3.4
언어 능력 향상 하기 3.8
이해 능력 (듣기 읽기) 점검 하기 3.6
표현 능력 (말하기 쓰기) 점검 하기 3.7
뇌기반 이중 언어교육으로 치매예방 및 관리
판단력 향상 하기 4.2
판단력 점검 및 인식 하기 4.1
통합 실행 능력 향상 하기 4.5
계획 능력 점검 및 인식 하기 4.3
실행 능력 점검 및 인식 하기 4.4
자기 주도적 치매 예방 및 관리 하기 4.7
자신의 의지력 확인 하기 4.6

[그림 4-5] **과제분석(최종)**

본 프로그램의 목적은 60세 이상 일반 성인을 대상으로 뇌기반 이중 언어교육을 활용한 치매예방 프로그램을 실시함으로써 노화에 따른 뇌기능 저하로 인한 인기기능 저하 및 우울증을 예방하고 신체기능을 향상시켜 노년기 건강한 생활과 삶의 질을 높이고 행복한 노후를 보장하기 위해 자기 주도적으로 치매예방 및 관리역량을 향상시키는 것이다. 뇌기반 이중 언어교육을 활용한 치매예방 프로그램은 4가지 영역으로 구분하여 수행목표를 기술하였다. 목표 1은 뇌기반 이중 언어교육을 활용한 인지기능 향상할 수 있는가를 묻는 3개 문항, 목표 2는 뇌기반 이중 언어교육을 활용한 정서조절을 할 수 있는가를 묻는 3개 문항, 목표 3은 뇌기반 이중 언어교육을 활용한 신체기능을 향상할 수 있는지에 대해 묻는 3개 문항, 목표 4는 뇌기반 이중 언어교육으로 자기 주도적으로 치매예방 및 관리를 할 수 있는지를 묻는 3개 문항으로 구성되어 있다.

뇌기반 이중 언어교육을 활용한 치매예방 프로그램의 최종 수행목표는 <표 4-4>와 같다.

〈표 4-4〉 **프로그램 영역별 수행목표 (최종)**

구성요인	수행목표	과제분석
뇌기반 이중 언어교육을 활용한 인지기능 향상하기	1. 사람의 뇌구조 이해로 뇌의 노화를 예방할 수 있다.	1.1,1.2,1.3
	2. 뇌기반 이중 언어교육을 활용한 단기기억을 향상할 수 있다.	1.4,1.5,1.6
	3. 뇌기반 이중 언어교육을 활용한 주의집중력을 향상할 수 있다.	1.7, 1.8, 1.9
뇌기반 이중 언어교육을 활용한 정서조절 향상하기	1. 뇌기반 이중 언어교육을 활용한 정서조절 능력을 향상할 수 있다.	2.1, 2.2,2.3
	2. 뇌기반 이중 언어교육을 활용한 수리·계산력을 향상할 수 있다.	2.4, 2.5,2.6
	3. 뇌기반 이중 언어교육을 활용한 지남력을 향상할 수 있다.	2.7, 2.8,2.9
뇌기반 이중 언어교육을 활용한 신체기능 향상하기	1. 뇌기반 이중 언어교육을 활용한 신체기능을 향상할 수 있다.	3.1, 3.2,3.3
	2. 뇌기반 이중 언어교육을 활용한 장기 기억을 향상할 수 있다.	3.4, 3.5
	3. 뇌기반 이중 언어교육을 활용한 언어능력을 향상할 수 있다	3.6, 3.7,3.8
뇌기반 이중 언어교육으로 자기 주도적 치매예방 및 관리하기	1. 뇌기반 이중 언이교육을 활용한 통합 인지기능을 향상할 수 있다.	4.1,4.2,4.3
	2. 뇌기반 이중 언어교육을 활용한 판단력을 향상할 수 있다.	4.4,4.5,4.6
	3. 뇌기반 뇌기반 이중 언어교육으로 자기 주도적 치매예방 및 관리를 할 수 있다.	4.7, 4.8

특히, 뇌기반 이중 언어교육을 활용한 치매예방 프로그램은 뇌과학 및 뇌기반 교육원리와 이중 언어교육을 접목한 프로그램으로, 프로그램 구성을 위한 원리 및 전략을

도출하기 위해 이중 언어교육과 두뇌의 관계, 이중 언어교육과 치매의 관계, 치매에 대한 뇌과학적 이해를 기반으로 핵심 내용을 추출하였고, 추출된 내용을 바탕으로 뇌기반 이중 언어교육을 활용한 치매예방원리 및 전략을 완성하였다. 치매예방 프로그램 원리 및 특징은 [그림 4-6]과 같다.

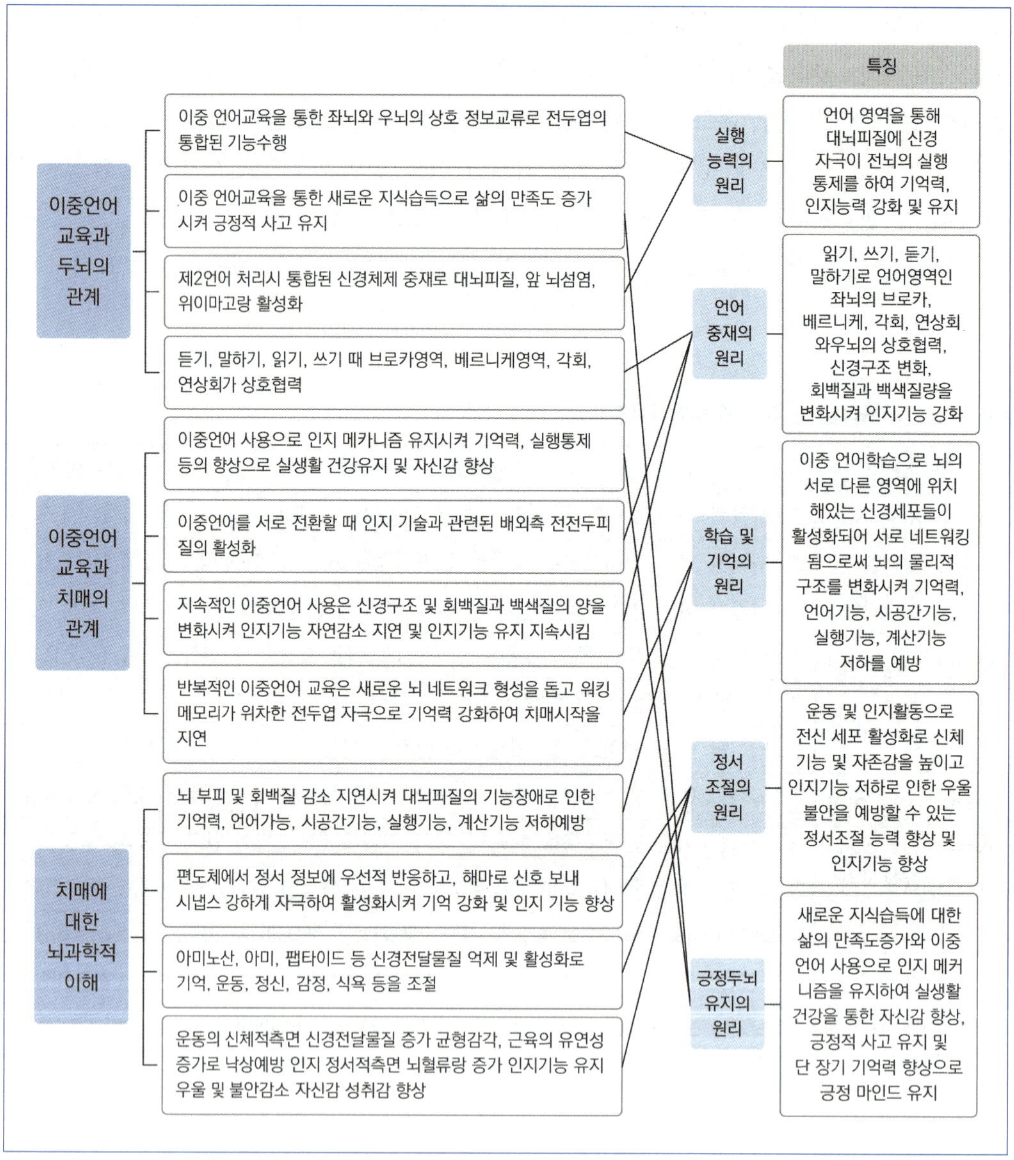

[그림 4-6] **치매예방 프로그램 원리 및 특징**

프로그램 원리, 전략, 특징, 방법 및 세부단계(최종)는 <표 4-5>와 같다.

〈표 4-5〉 **프로그램 원리, 전략, 특징, 방법 및 세부단계(최종)**

원리	전략	특징	방법	세부 단계
실행 능력의 원리	실행능력 강화하기	전두엽의 실행통제 능력을 강화하고 유지하는 활동	영어 문장 만들기로 실행 능력 향상하기	① 주어 동사 알기 ② 문장 만들기 ③ 간단한 대화하기
			영어퀴즈 빨리 답하기로 판단력 향상하기	① 영어퀴즈 듣기 ② 퀴즈 정답 맞추기 ③ 정답 반복 읽기
	인지기능 강화하기	전두엽, 측두엽, 후두엽, 두정엽, 연결과 통합으로 언어능력 및 인지기능 강화 활동	학습내용 기억으로 인지기능 강화하기	① 단어, 그림카드 보기 ② 의미 기억하기 ③ 기억한 내용 읽고 말하기
			읽고, 쓰고, 듣고, 말하기로 언어능력 향상하기	① 배운 내용 읽고 쓰기 ② 배운 내용 듣고 말하기 ③ 단어 의미 기억하기
언어 중재의 원리	좌뇌 · 우뇌 상호협력하기	영단어 읽고 쓰기와 한 · 영 바꾸어 말하기를 통해 좌 · 우뇌 상호협력과 신경구조 변화 및 대뇌피질 변화로 인지기능 강화하는 활동	한 · 영 바꾸어 말하기로 좌 · 우뇌 상호협력하기	① 한국어 읽기 ② 한 · 영 바꾸어 말하기 ③ 전체 문장 읽기
			문장 빠르게 읽기로 대뇌피질 자극하기	① 배운 내용 천천히 읽기 ② 점점 빠르게 읽기 ③ 전체내용 기억하기
	브로카·베르니케 영역 자극하기	단어·그림카드 이용하여 시각피질 자극하고, 읽고, 쓰고, 듣고, 말하기로 청각피질 자극하여 측두엽 및 후두엽 강하 활동	영어 읽기로 시각피질 자극하기	① 카드 눈으로 보기 ② 큰소리로 단어 읽기 ③ 내용 묻고 답하기
			영어 듣기로 청각피질 자극하기	① 주의 깊게 듣기 ② 듣고 따라 하기 ③ 반복 읽고 기억하기
학습 및 기억의 원리	워킹 메모리 강화하기	전전두엽 및 전두엽 활성화를 통해 인지기능 강화하기 및 주의력, 집중력 강화 활동	단어로 문장 완성시켜 주의 집중력 강화하기	① 단어, 문장 의미알기 ② 틀린 곳 찾기 ③ 완성된 문장 읽고 기억하기
			단어, 문장 반복 학습으로 인지기능 강화하기	① 배운 단어 복습하기 ② 단어로 다양한 문장 만들기 ③ 단어, 문장 반복 읽고 기억하기
	뇌	영어 학습으로 각 영역	단어, 문장 학습으로	① 단어 의미 기억하기

원리	전략	특징	방법	세부 단계
	네트워킹 형성하기	별 뇌신경 연결 하여 신경가소성 향상 및 시냅스 활성화로 단기·장기기억력 향상 활동	뇌신경 연결하기	② 기억한 내용 말하기 ③ 단어로 문장 만들어 반복 읽기
			단어, 문장 지속적 반복으로 단·장기기억력 향상하기	① 단어, 문장 의미알기 ② 혼자 연습하기 ③ 롤 플레이로 지속적 반복 연습하여 기억하기
정서 조절 및 신체 기능 향상의 원리	신체기능 향상하기	전두엽, 운동중추 활성화로 뇌혈류 증가활동과 균형감각 및 근육유연성 및 근력강화로 정서조절 활동	체조와 함께 중추신경 활성화하기	① 단어의미 알기 ② 알파벳체조와 함께 단어 기억하기 ③ 기억한 단어 쓰고 읽기
			한 발과 기마자세로 서서 문장 빨리 읽기로 신체기능 향상하기	① 단어 의미 기억하기 ② 문장 만들어 보기 ③ 한발과 기마자세로 서서 읽기
	신체기능 및 인지활동으로 정서조절 역량 향상하기	글루타민, 가바 억제로 신경독소를 제거하여 β아밀로이드 축적 예방 활동 및 뇌기능 향상시켜 정서조절 향상하기	즐거운 운동과 학습으로 정서조절 능력 향상하기	① 음악과 함께 알파벳 체조하기 ② 즐겁게 단어의미 기억하기 ③ 즐겁게 읽기 쓰기 하기
			즐거운 게임과 학습으로 신경전달물질 조절하기	① 단어, 문장 배우기 ② 즐거운 게임으로 의미 익히기 ③ 즐겁운 게임으로 묻고 답하기
긍정 두뇌의 원리	자신감 향상하기	새로운 지식습득에 대한 만족감 증가와 영어 사용으로 인지 메카니즘 향상시켜 건강생활 유지 활동	새로운 지식외양 넓히기로 삶의 만족도 향상하기	① 새로운 어학 지식 접하기 ② 각국 문화 이해하기 ③ 국가명, 수도 영어로 말하기
			영어 사용으로 인지 메카니즘 유지하여 자신감 향상하기	① 배낭여행 상상하기 ② 상황 설정하기 ③ 상황에 맞는 영어 말하기
	긍정적 사고 향상·유지 하기	영어 지속적 사용으로 인지기능 유지 및 단·장기 기억력 강화로 긍정적 사고 유지	영어 지속적 반복 사용으로 단·장기 기억력 강화하기	① 학습 내용 상기하기 ② 기억한 내용 영어로 말하기 ③ 지속적 반복연습하기
			생활영어 구사로 할 수 있다는 긍정적 사고 유지하기	① 설정된 상황 이해하기 ② 상황에 맞는 영어 생각하기 ③ 상황극 통해 말하기

한편, 뇌기반 이중 언어교육을 활용한 치매예방 프로그램의 구성 체계는 [그림 4-7]과 같다.

목적	뇌기반 이중 언어교육으로 인지, 정서, 신체기능 향상과, 자기 주도적인 치매예방 및 관리능력을 향상할 수 있다.			
목표	• 뇌기반 이중 언어교육을 활용한 인지기능을 향상할 수 있다. • 뇌기반 이중 언어교육을 활용한 정서조절 능력을 향상할 수 있다. • 뇌기반 이중 언어교육을 활용한 신체기능을 향상할 수 있다. • 뇌기반 이중 언어교육으로 자기 주도적 치매예방 및 관리 역량 강화 할 수 있다.			
하위 영역	뇌기반 영어교육을 활용한 인지기능 향상하기	뇌기반 영어교육을 활용한 정서조절 능력 향상하기	뇌기반 영어교육을 활용한 신체기능 향상하기	자기 주도적 치매예방 및 관리하기
학습 내용	• 두뇌 구조 이해하기 • 두뇌기능 이해하기 • 치매 뇌 이해하기 • 단기 기억 점검하기 • 작업 기억 향상하기 • 단기기억 향상하기 • 시청각 주의집중력 향상하기 • 감각기능 향상하기 • 주의 집중력 향상하기	• 정서 상태 파악 및 인식하기 • 긍정적 생각 갖기 • 정서조절 능력 향상하기 • 수리, 계산력 점검 및 인식하기 • 공간 지각력 점검 및 인식하기 • 수리, 계산력, 지각력 향상하기 • 시간 지남력 점검 및 인식하기 • 공간 지각력 점검 및 인식하기 • 지남력 향상하기	• 신체 상태 파악 및 인식하기 • 신체 근력 및 균형 점검하기 • 신체기능 향상하기 • 장기기억 점검하기 • 장기기억력 향상하기 • 이해능력(듣기,읽기) 점검하기 • 표현능력(말하기, 쓰기) 점검하기 • 언어능력 향상하기	• 판단력 점검 및 인식하기 • 판단력 향상하기 • 계획능력 점검 및 인식하기 • 실행능력 점검 및 인식하기 • 통합 실행능력 향상하기 • 자신의 의지력 확인하기 • 자기 주도적 치매예방 및 관리하기
방법	• 사람의 뇌구조 이해하기 • 대뇌피질 이해하기 • 뇌의 노화 이해하기 • 단어 5개 기억하기 • 순서대로 기억하기 • 배운 단어 철자 및 의미 기억후 쓰고, 말해보기 • 메트로롬에 맞춰 영어 읽기 • 맛, 감각 느끼기 • 틀린 문장 고치면서 빠르게 읽기	• 나의 정서 인식하기 • 나의 정서 표현하기 • 긍정적, 부정적 단어 적어보기 • 긍정 문장 만들기 • 긍정 두뇌로 바꾸기 • 100까지 세어보기 • 영어로 숫자 더하기 • 영어로 숫자 빼기 • 3×3칸 숫자 게임하기 • 카드위치에 있던 숫자 말하기 • 단어 반복 읽고 의미 기억하기 • 시간, 장소, 위치 영어로 말하기	• 바르게 서서 한 발 들기 • 눈감고 최대한 버티기 • 뇌체조하기 • 한발 서기와 기마자세 서기 • 자세 유지하면서 영어 문장 빠르게 읽고 의미 기억하기 • 지난시간 배운 내용 기억하기 • 배운 내용 다시 확인하기 • 장기기억력 강화하기 • 나의 인지기능 알기 • 한, 영 바꾸어 말하기 • 전체문장 의미 기억하기	• 영어질문 듣기 • 빨리 답하기 • 복습하기 • 문장 구별하기 • 학습 계획 능력 알아보기 • 학습계획서만 읽어 보기 • 계획서대로 실천하기 • 매일 반복하기 • 새로운 지식 습득하기 • 치매관리표 만들기 • 자기 주도적 실천하기

원리 및 전략	언어중재의 원리, 정서조절 능력의 원리, 실행능력의 원리, 학습 기억의 원리, 긍정 두뇌유지의 원리
	브로카・베르니케영역 자극하기, 신체기능 향상하기, 전두엽 인지기능 강화하기, 좌뇌와 우뇌 상호 협력하기, 전두엽 실행기능 강화하기, 워킹메모리 강화하기, 뇌 네트워킹 형성하기, 정서조절 하기, 자신감 향상하기, 긍정사고 향상 유지하기
평가	MMSE-DS, 주관적 인지저하 설문, 한국판 단축형 간이 우울 검사, 신체균형 검사 질적 연구 (설문서 및 인터뷰)

[그림 4-7] **프로그램의 구성 체계**

뇌기반 이중 언어교육을 활용한 치매예방 프로그램의 운영모형은 전문가들의 목적 및 목표의 변경의견에 따라 기존의 '외국어(영어) 교육'용어를 '뇌기반 이중 언어교육'으로 수정되었다. 프로그램 운영모형에 대한 수정 및 보완된 최종 프로그램 모형은 [그림 4-8]과 같다.

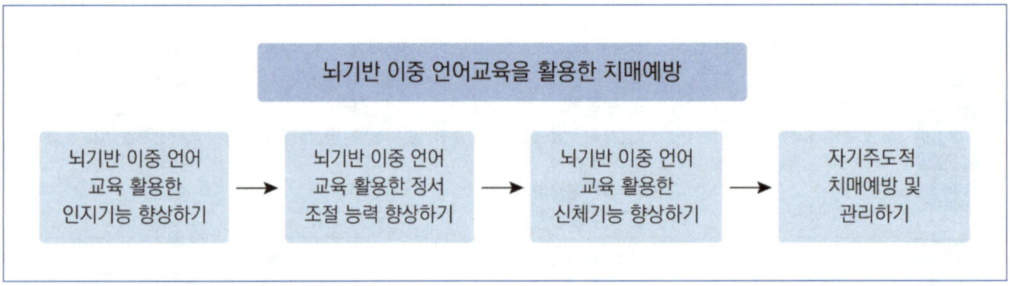

[그림 4-8] **프로그램 운영모형(최종)**

뇌기반 이중 언어교육을 활용한 치매예방 프로그램의 수업모형 개발은 뇌기반 교육원리와 영어교육 방법의 접목으로 구성되었으며, 영어 교육은 영어교수 방법 중 하나인 James Asher의 전신 반응 교수법(Total Physical Response: TPR)과 청화식 교수법(Audiolingual Method)을 채택하였다(이재홍, 1997). 전신 반응 교수방법은 학습장소의 구체적 상황을 중심으로 교사가 영어로 지시하면 학습자는 지시를 듣고, 행동으로 반응하는 활동을 통하여 듣기 및 말하기 능력을 향상하는 외국어 교수법이며, 청화식 교수법은 귀에 의한 청취와 입에 의한 발화를 기본으로 하는 외국어 습득의 학습법으로 발음에 대한 체계적인 지도와 기본적인 문장 유형에 대한 구두 훈련을 중시하는 교수법이다. 이들 교수법이 사용되는 이유는 본 프로그램의 특성인 말하기, 듣기, 쓰기, 읽기가 주를 이루기 때문이다.

수업모형은 도입, 전개, 정리의 단계에 따라 뇌과학 및 뇌기반 교육원리와 영어학습 방법을 접목시켜 치매예방을 위한 두뇌 자극 및 따뜻한 학습 분위기 조성하기, 영어 학습으로 두뇌기능 활성화하기, 게임 및 놀이를 통해 인지기능 강화하기, 자기 주도적 학습 습관으로 치매예방 및 관리하기로 설계하였다.

프로그램의 최종 수업모형은 <표 4-6>과 같다.

〈표 4-6〉 **프로그램 수업모형(최종)**

단 계	교수 · 학습 활동
두뇌 자극 및 따뜻한 학습 분위기 조성하기	• 뇌체조를 통해 두뇌 자극 및 활성화하기 • 따뜻하고 편안한 수업분위기 조성하기
이중 언어교육으로 두뇌기능 활성화하기	• 새로운 단어 학습하기 • 듣고, 읽고, 쓰고, 말하기 • 새로운 영어 단어로 의사소통하기 • 새로운 문장 및 응용문장 만들기
게임 및 놀이를 통해 학습내용 반복하기	• 알파벳 신체 표현하기 • 게임을 통한 신체 활동하기 • 즐겁게 게임 및 놀이에 참여하기 • 칭찬과 격려로 자신감 향상하기 • 긍정적 사고 향상하기 • 게임 및 놀이를 통한 반복적 학습으로 인지기능 강화하기
자기 주도적 학습 습관으로 치매예방 및 관리하기	• 배운 단어와 문장 지속적 반복하기 • 영어 학습 생활화와 운동하기로 자기 주도적 치매예방 계획 및 실천하기

프로그램 회기별 수업지도에 대한 전문가 검토의견을 반영하여 수정 및 보완하였으며 회기별 수업지도 내용(최종)은 <표 4-7>과 같다.

〈표 4-7〉 프로그램 회기별 수업지도 내용(최종)

영역	회기	활동 주제	프로그램 목표	활동내용	활동방법	원리	
						원리	전략
인지 기능	1	두뇌야 놀자!	사람의 뇌구조 이해로 치매의 원인을 이해할 수 있다	• 오리엔테이션 • 사람의 뇌 이해하기 • 사람의 뇌 기능 이해하기 • 치매의 뇌 이해하기 • 사전검사	• 오리엔테이션하기 • 사람의 뇌 구조 이해하기 • 대뇌피질 이해하기 • 뇌의 노화 이해하기 • 사전검사 받기	실행 능력의 원리	전두엽 인지기능 강화하기
	2	기억력 up!!!	뇌기반 이중 언어교육 활용한 인지기능, 단기기억 향상할 수 있다	• 단기기억 점검하기 • 작업 기억 향상하기 • 단기 기억력 향상하기	• 단어 5개 기억하기 • 기억한 내용 말하기 • 단어 순서대로 기억하기 • 기억한 순서대로 말하기 • 배운 단어 철자 및 의미 기억 후 쓰고, 말해보기 • 청킹하기	학습 및 기억의 원리	뇌 네트워킹 형성하기
	3	집중력 up!!!	뇌기반 이중 언어교육 활용한 주의집중력 향상하기	• 시청각 주의집중력 향상하기 • 감각기능 향상하기 • 주의 집중력 향상하기	• 메트로놈에 맞춰 천천히 영어 읽기 • 게임과 함께 점점 빠르게 읽기 • 상상으로 맛, 감각 느끼기 • 맛, 감각 관련 영단어 배우기 • 틀린 문장 바르게 고치면서 빠르게 읽기	학습 기억의 원리	워킹 메모리 강화하기 뇌 네트워킹 형성하기
정서 조절	4	힘내 잘될 거야!	뇌기반 이중 언어교육 활용한 정서조절 향상할 수 있다	• 정서 상태 파악 및 인식하기 • 정서조절하기 • 정서조절 능력 향상하기	• 감정 카드로 나의 정서 인식하기 • 나의 정서 표현하기 • 긍정적 단어 적어보기 • 부정적 정서 없애기 • 긍정 표현하는 문장 만들기 • 공부와 함께 긍정 두뇌로 바꾸기	정서 조절의 원리	신체기능 향상을 통한 정서 조절하기
	5	얼마 예요?	뇌기반 이중 언어교육 활용한 수리, 계산력 향상하기	• 수리, 계산력 점검 및 인식하기 • 수리 및 공간 지각 능력 향상하기	• 서수 100까지 영어로 읽어보기 • 영어로 일정숫자 더하기 • 영어로 일정숫자 빼기 • 3×3칸의 숫자와 단어카드 위치 확인하기 • 눈감고 위치에 있었던 숫자와 내용 말하기 • 단어 반복 읽고 의미 기억하기	언어 중재의 원리	브로카, 베르니케 영역 자극하기
	6	어디에 있나요?	뇌기반 이중 언어교육 활용한 지남력	• 시간 지남력 점검 및 인식하기 • 장소 지남력 점검 및	• 시간, 장소, 위치 영어로 말하기	언어중재의 원리	브로카베르니케영역 자극하기

영역	회기	활동 주제	프로그램 목표	활동내용	활동방법	원리	
						원리	전략
			향상할 수 있다	인식하기 • 지남력 향상하기			
신체 기능	7	체력 튼튼 뇌 튼튼	뇌기반 이중 언어교육 활용한 신체기능 향상할 수 있다	• 나의 신체상태 파악 및 인식하기 • 신체기능 및 근력 향상하기 • 신체기능 향상하기	• 바르게 서서 한 발 들기 • 눈감고 최대한 버티기 • 뇌체조하기 • 한발 서기와 기마자세서기 • 자세 유지하면서 영어문장 빠르게 읽고 의미기억하기	정서 관리의 원리	신체역량 향상하기
	8	기억 창고	뇌기반 이중 언어교육 활용한 장기기억 향상할 수 있다	• 장기기억 점검하기 • 장기 기억력 향상 하기	• 지난시간 배운 내용 기억 하기 • 배운 내용 다시 확인하기 • 기억 못한 내용 반복하고 의미 기억하기 • 청킹으로 장기기억력 강화 하기	학습 및 기억의 원리	뇌 네트 워킹 형성 하기
	9	무엇 이든 말할 수 있나!!	뇌기반 이중 언어교육 활용한 언어능력 향상할 수 있다	• 이해능력(듣기,읽기) 점검하기 • 표현능력(말하기, 쓰기) 점검하기 • 언어능력 향상하기	• 나의 인지기능 알기 • 한국어 읽기 • 한 · 영 바꾸어 말하기 • 전체 문장 반복하여 읽고 의미 기억하기	언어 중재의 원리	좌뇌, 우뇌 상호 협력하기
자기 주도적 예방 및 관리	10	그게 아니야!	뇌기반 이중 언어교육 활용한 통합인지기능 향상할 수 있다	• 판단력 점검 및 인식 하기 • 판단력 향상하기	• 영어질문 듣기 • 질문에 빨리 답하기 • 배운 단어, 문장 복습하기 • 바른 문장 틀린 문장 구별해 내기	실행 능력의 원리	전두엽 실행능력 강화하기
	11	나도 영어가 되네!	뇌기반 이중 언어교육 활용한 판단력, 실행능력 향상 할 수 있다	• 계획능력 점검 및 인식하기 • 실행능력 점검 및 인식하기 • 실행능력 향상하기	• 학습계획 능력 알아보기 • 나는 계획적인 사람인가 인식하기 • 학습계획서 만들어보기 • 계획서대로 실천하기 • 학습한 내용 점검하기 • 단어, 문장 학습하기 • 학습한 내용 의미 기억하고 매일 반복하기	실행 능력의 원리	전두엽 실행능력 강화하기
	12	가자! 영어와 함께 치매 예방의 세계로!	뇌기반 주도적 치매예방 및 관리할 수 있다	• 외국어 학습도전으로 자신감 갖기 • 나의 치매예방 관리 역량 점검하기 • 자기 주도적 치매 예방 및 관리역량 강화하기 • 사후검사	• 새로운 지식 습득하기 • 치매 관리표 만들기 • 매일 체크하기 • 치매예방 계획 실천하기 • 자기 주도적 실천하기 • 사후검사 받기	긍정 두뇌의 원리	자신감 향상하기 긍정사고 향상 유지하기

4. 프로그램 적용 사례

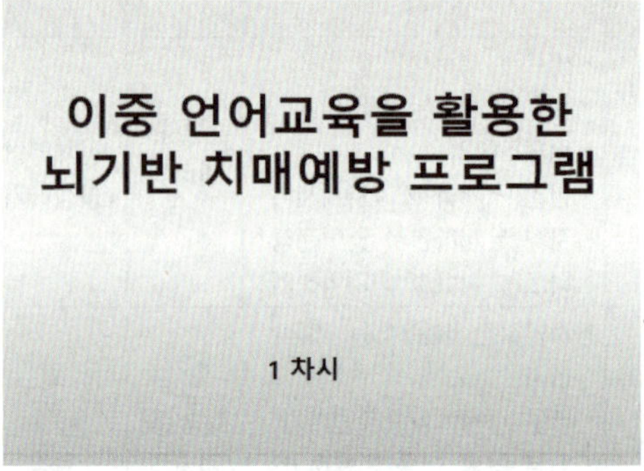

이중 언어교육을 활용한
뇌기반 치매예방 프로그램
1 차시

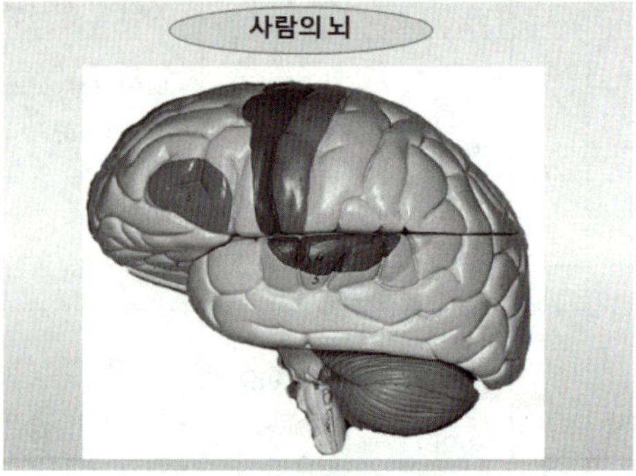

사람의 뇌

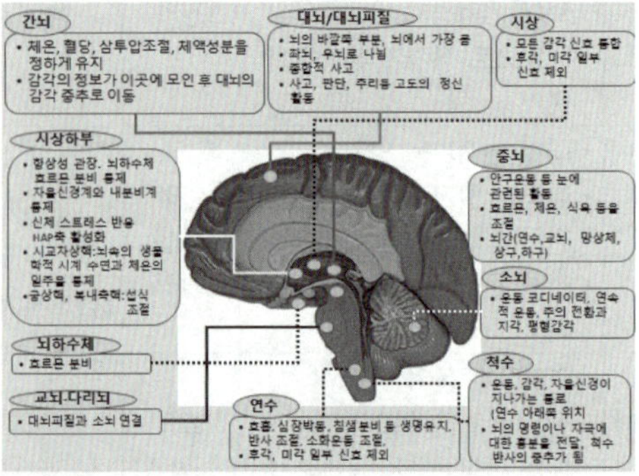

간뇌
• 체온, 혈당, 삼투압조절, 체액성분을 정하게 유지
• 감각의 정보가 이곳에 모인 후 대뇌의 감각 중추로 이동
대뇌/대뇌피질
• 뇌의 바깥쪽 부분, 뇌에서 가장 큼
• 좌뇌, 우뇌로 나뉨
• 종합적 사고
• 사고, 판단, 추리등 고도의 정신 활동
시상
• 모든 감각 신호 통합
• 후각, 미각 일부 신호 제외
시상하부
• 항상성 관장. 뇌하수체 호르몬 분비 통제
• 자율신경계와 내분비계 통제
• 신체 스트레스 반응 HAP축 활성화
• 시교차상핵:뇌속의 생물학적 시계 수면과 체온의 일주율 통제
•궁상핵, 복내측핵:섭식 조절
중뇌
• 안구운동 등 눈에 관련된 활동
• 호르몬, 체온, 식욕 등을 조절
• 뇌간(연수,교뇌, 망상체, 상구,하구)
소뇌
• 운동 코디네이터, 연속적 운동, 주의 전환과 지각, 평형감각
뇌하수체
• 호르몬 분비
교뇌-다리뇌
• 대뇌피질과 소뇌 연결
연수
• 호흡, 심장박동, 침샘분비 등 생명유지, 반사 조절, 소화운동 조절,
• 후각, 미각 일부 신호 제외
척수
• 운동, 감각, 자율신경이 지나가는 통로 (연수 아래쪽 위치
• 뇌의 명령이나 자극에 대한 흥분을 전달, 척수 반사의 중추가 됨

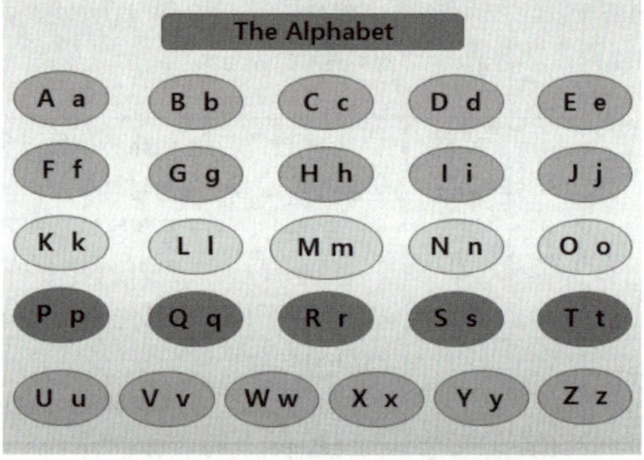

The Alphabet
A a
B b
C c
D d
E e
F f
G g
H h
I i
J j
K k
L l
M m
N n
O o
P p
Q q
R r
S s
T t
U u
V v
W w
X x
Y y
Z z

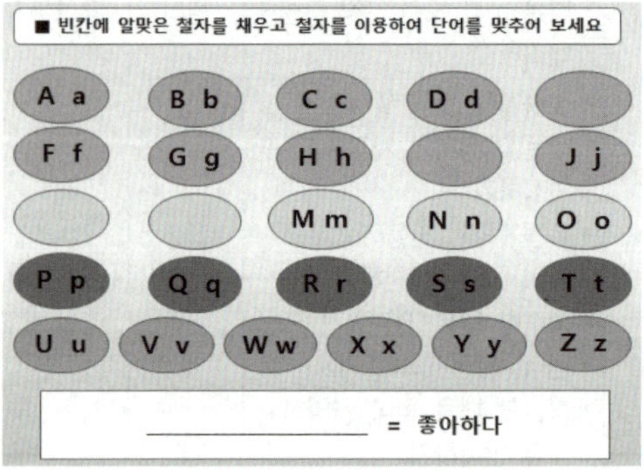

■ 빈칸에 알맞은 철자를 채우고 철자를 이용하여 단어를 맞추어 보세요
A a
B b
C c
D d
F f
G g
H h
J j
M m
N n
O o
P p
Q q
R r
S s
T t
U u
V v
W w
X x
Y y
Z z
_______________ = 좋아하다

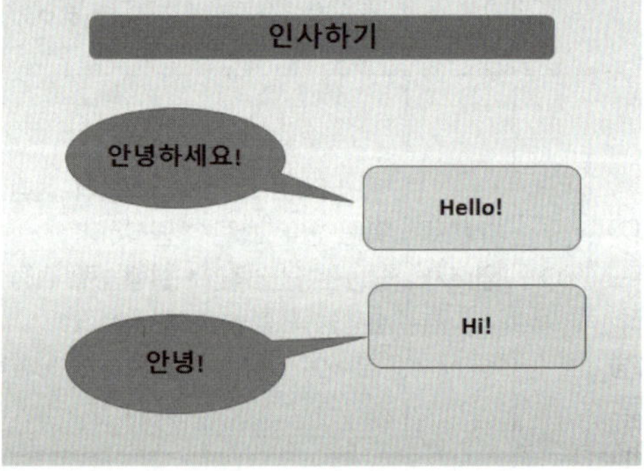

인사하기
안녕하세요!
Hello!
Hi!
안녕!

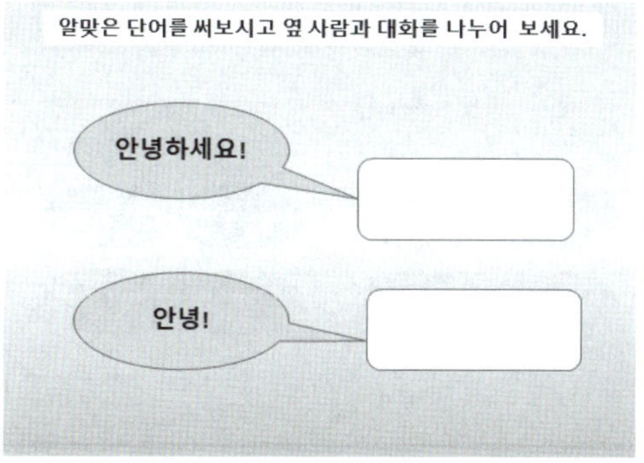
알맞은 단어를 써보시고 옆 사람과 대화를 나누어 보세요.
안녕하세요!
안녕!

인사하기
안녕하세요!
HELLO!
헬로우
만나서 반갑습니다.
Nice to meet you.
나이스 투 미트 유
저는 ____________ 입니다.
I am ____________.

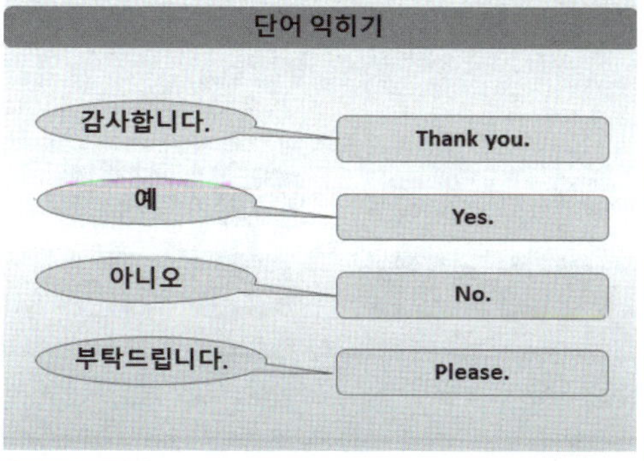
단어 익히기
감사합니다.
Thank you.
예
Yes.
아니오
No.
부탁드립니다.
Please.

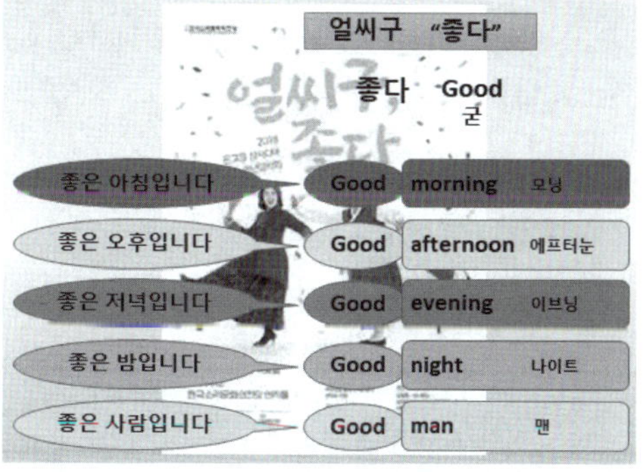
얼씨구 "좋다"
좋다 Good
굳
좋은 아침입니다
Good morning 모닝
좋은 오후입니다
Good afternoon 애프터눈
좋은 저녁입니다
Good evening 이브닝
좋은 밤입니다
Good night 나이트
좋은 사람입니다
Good man 맨

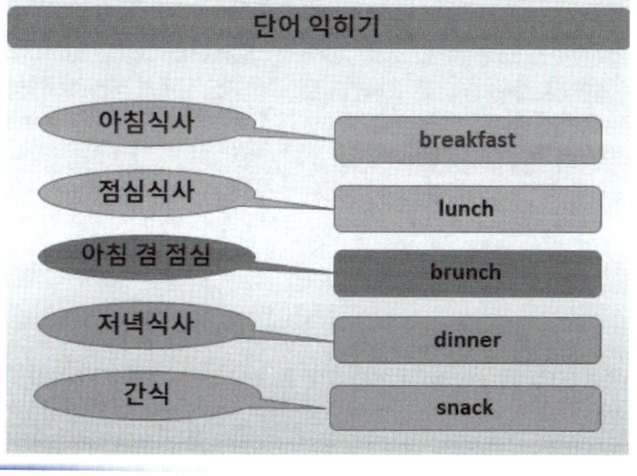
단어 익히기
아침식사
breakfast
점심식사
lunch
아침 겸 점심
brunch
저녁식사
dinner
간식
snack

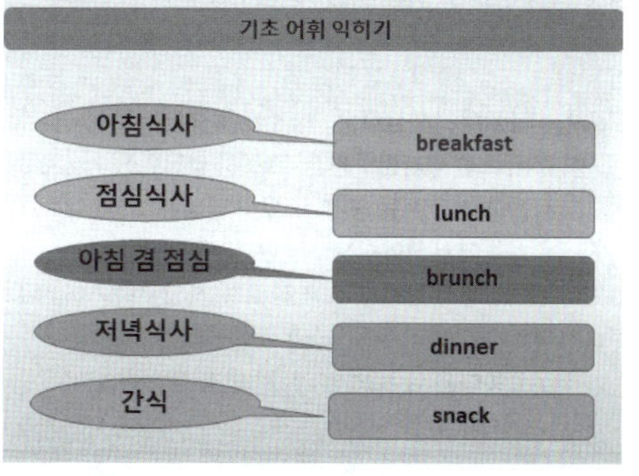
기초 어휘 익히기
아침식사
breakfast
점심식사
lunch
아침 겸 점심
brunch
저녁식사
dinner
간식
snack

좋은 하루되세요
잘가요
날
Day
가지다
Have
좋은 하루되세요!!
Have a nice day!!
good
great
잘가세요
Goodbye!!

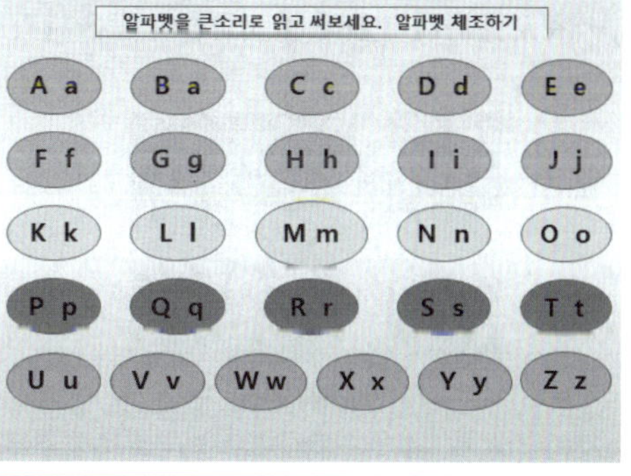
알파벳을 큰소리로 읽고 써보세요. 알파벳 체조하기
A a
B a
C c
D d
E e
F f
G g
H h
I i
J j
K k
L l
M m
N n
O o
P p
Q q
R r
S s
T t
U u
V v
W w
X x
Y y
Z z

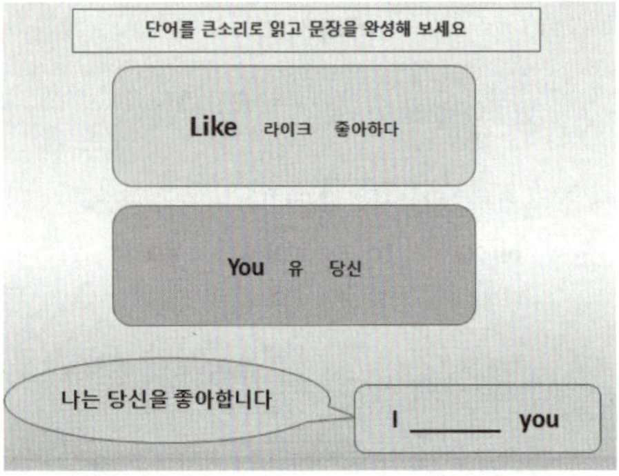
단어를 큰소리로 읽고 문장을 완성해 보세요
Like 라이크 좋아하다
You 유 당신
나는 당신을 좋아합니다
I ______ you

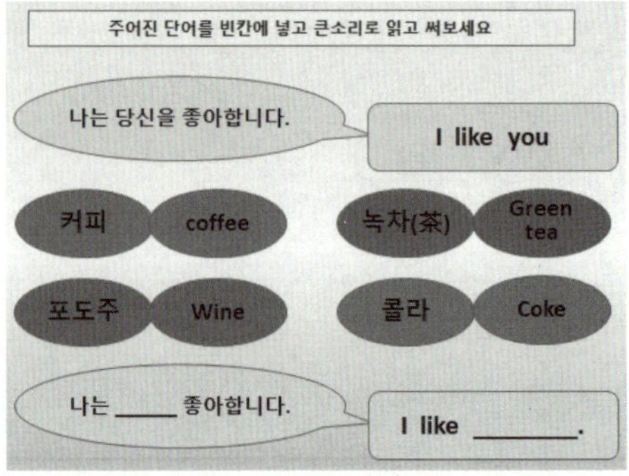
주어진 단어를 빈칸에 넣고 큰소리로 읽고 써보세요
나는 당신을 좋아합니다.
I like you
커피
coffee
녹차(茶)
Green tea
포도주
Wine
콜라
Coke
나는 ____ 좋아합니다.
I like ______.

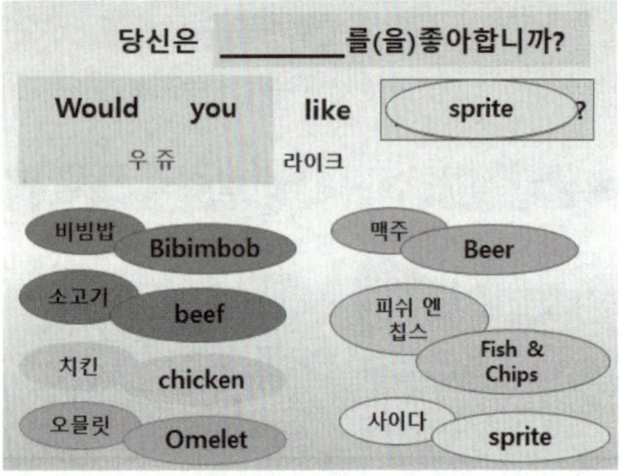
당신은 ________ 를(을)좋아합니까?
Would you like sprite ?
우 쥬
라이크
비빔밥
Bibimbob
맥주
Beer
소고기
beef
피쉬 엔 칩스
Fish & Chips
치킨
chicken
오믈릿
Omelet
사이다
sprite

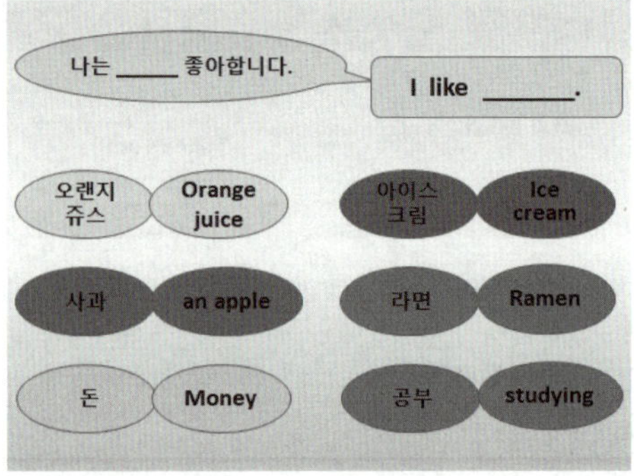
나는 ____ 좋아합니다.
I like ______.
오렌지 쥬스
Orange juice
아이스 크림
Ice cream
사과
an apple
라면
Ramen
돈
Money
공부
studying

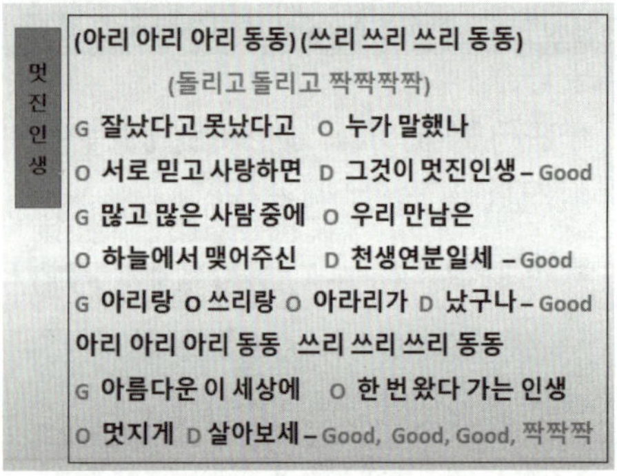
멋진인생
(아리 아리 아리 동동) (쓰리 쓰리 쓰리 동동)
(돌리고 돌리고 짝짝짝짝)
G 잘났다고 못났다고 O 누가 말했나
O 서로 믿고 사랑하면 D 그것이 멋진인생 – Good
G 많고 많은 사람 중에 O 우리 만남은
O 하늘에서 맺어주신 D 천생연분일세 – Good
G 아리랑 O 쓰리랑 O 아라리가 D 났구나 – Good
아리 아리 아리 동동 쓰리 쓰리 쓰리 동동
G 아름다운 이 세상에 O 한 번 왔다 가는 인생
O 멋지게 D 살아보세 – Good, Good, Good, 짝짝짝

Good 굳 : 좋다

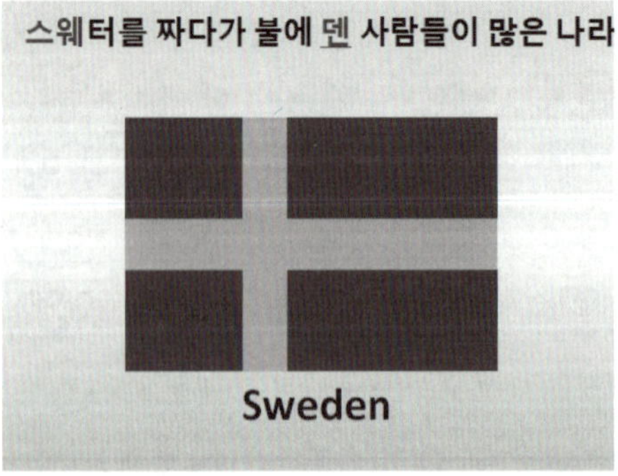
스웨터를 짜다가 불에 덴 사람들이 많은 나라
Sweden

노루가 다니는 웨이(길)
Norway

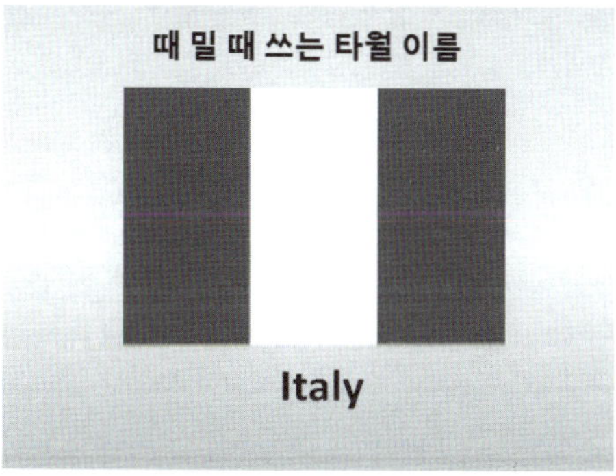

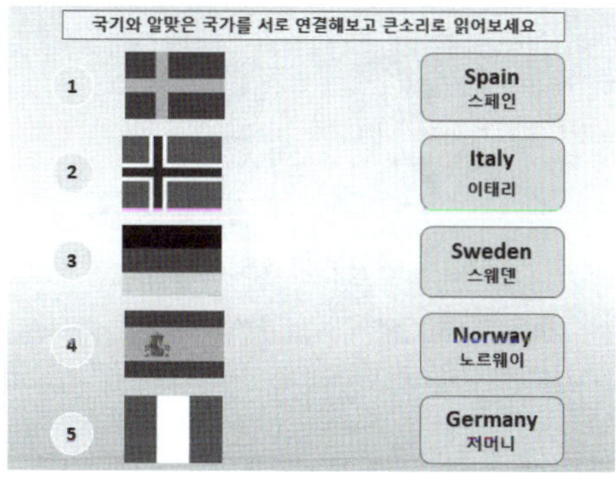

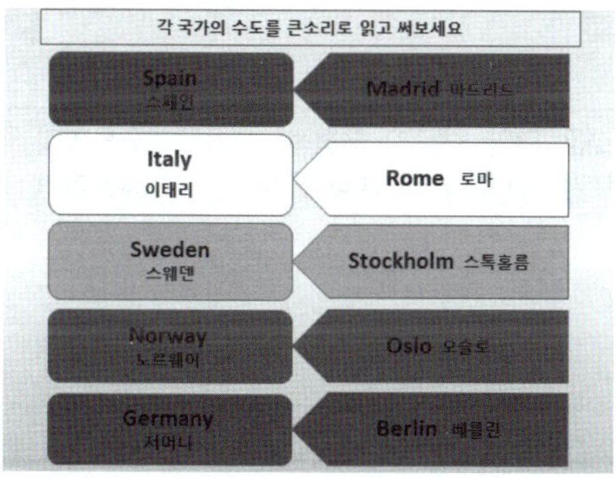

GAME

1. 다트를 던져 다 득점자 개인(팀)별 순서를 정한다.
2. 9칸에 제시된 국기 10초간 기억하고 다시 국기로 빈 칸 완성하기
   또는 단어의 빈칸에 철자 채우기.
3. 가장 많이 맞추는 사람(팀)이 승리한다.
4. 가장 잘 한 사람(팀)에게 점수를 준다.
5. 1등(5점), 2등(3점) 3등(2점)을 각각 준다.

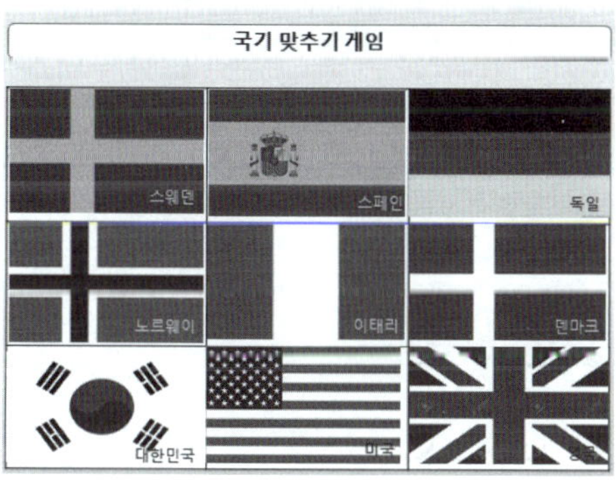

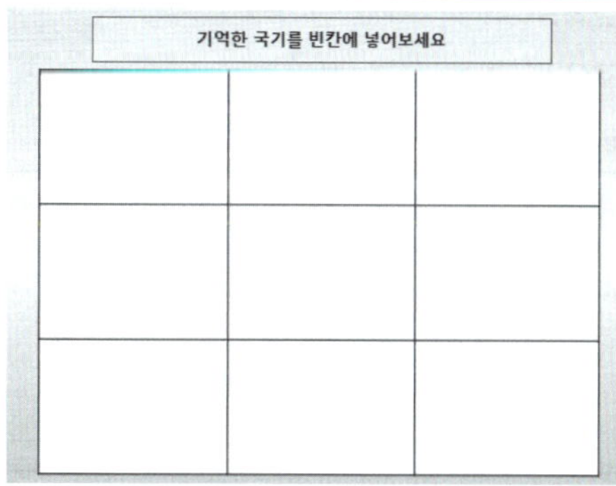

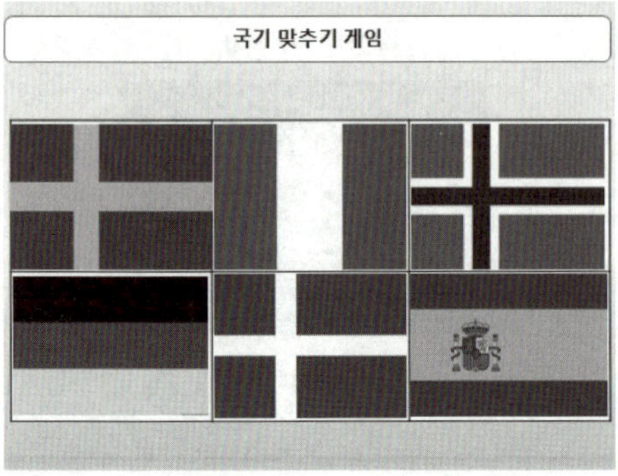

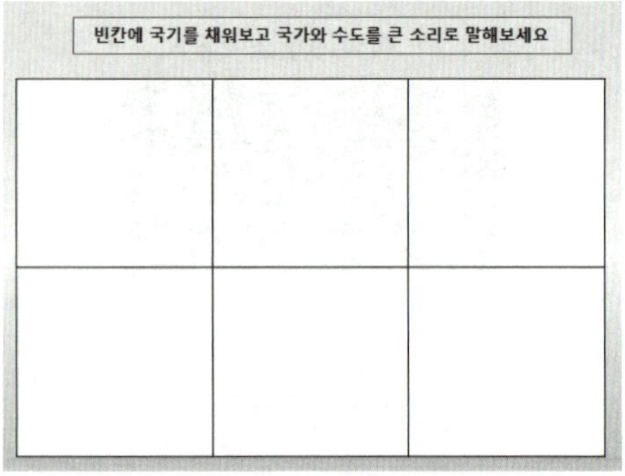

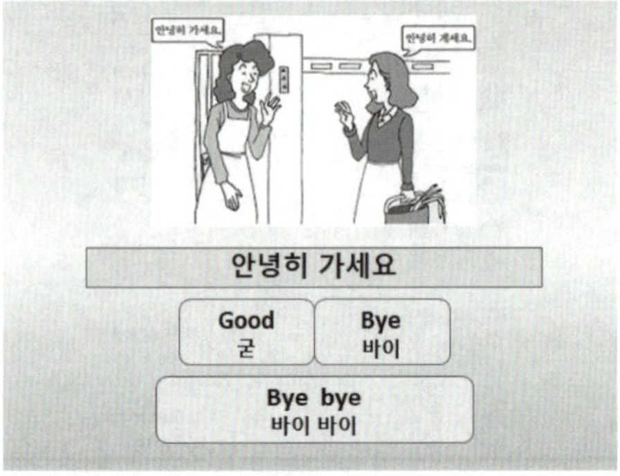

자기 주도적 학습계획 및 실천표

요일	운동 및 뇌체조	영단어 · 문장 쓰고 읽기	새로운 단어 5개 기억하기	긍정적 생각하기	하루일과 실천하기
월요일					
화요일					
수요일					
목요일					
금요일					
토요일					
일요일					

제5부

뇌기반 인성 역량 향상 프로그램

제 1 장

뇌교육 기반 자신감 향상 프로그램[1)]

1. 프로그램 개발 목적

체계적인 뇌교육 5단계 원리를 기반으로 두뇌체조를 활용하여 체 · 덕 · 지 향상을 가져오는 아동청소년 뇌교육 프로그램으로, 두뇌체조를 통한 신체기능과 뇌기능의 상호작용을 바탕으로 하여 두뇌 상태 개선과 학습효율을 높이는 신체운동방법이다. 두뇌체조는 신체 근육의 이완을 가져오는 동작, 자연스러운 호흡 조절, 의식적 집중이 결합되어 실제적인 뇌기능의 변화를 가져오는 뇌교육 프로그램이다.

두뇌체조, 호흡, 명상을 통해 자신감 향상 및 생활태도를 증진시켜주는 것을 목적으로 하며 뇌를 통합적으로 활용할 수 있도록 해주는 뇌교육의 기반이 되는 프로그램이다.

정서조절을 통해 인간관계 증진 및 좋은 습관 형성을 통해

1) 신체 체험활동을 통해 활기찬 몸, 밝은 마음, 뇌력 키우기 영역으로 분류된 초등학생용 전문 뇌교육 프로그램으로써 정서조절을 통해 생활태도를 증진한다.
2) 긍정적 정서 형성과 집중력, 자신감, 스트레스 해소를 도와주며 궁극적으로 행복한 나, 행복한 친구관계, 행복한 학교 생활을 할 수 있도록 한다.
3) 활기찬 몸 영역은 신나는 개별 및 모둠 신체활동을 통해 기초체력, 스트레스 관리 및 적극적인 생활태도, 협동하는 생활태도를 길러준다.
4) 밝은 마음 영역은 슬기로운 개별 및 모둠 교류활동을 통해 표현력과 공감능력을 향상시켜 소통하는 생활태도, 배려하는 생활태도를 길러준다.

1) 국제뇌교육협회인증원 IBREC(2013)의 프로그램을 재구성하였음.

5) 뇌력 키우기 영역은 재밌는 개별 및 모둠 발표활동을 통해 집중력, 창의력, 문제해결력 증진 및 역경지수(AQ)를 높여 주어 꿈과 목표를 관리하는 생활태도를 길러준다.

6) 자기주도적인 좋은 생활태도를 갖게 된다.

2. 프로그램 개발 내용

가. 운영 모형

체 體	활기찬 몸	"집중력 자신감 향상코스" 신체협응능력, 긴장완화, 에너지 충전 두뇌체조
덕 德	밝은 마음	"정서조절력 향상코스" 자기조절력 강화 두뇌체조, 명상 훈련
지 智	뇌력 키우기	"목표의식 및 학습동기 향상코스" 좌우뇌활성화, 이미지트레이닝 및 비전명상 훈련

나. 수업 모형

구분		내용	시간
도입	마음열기	파워브레인짐 인사법, 마음열기 게임	5
전개	뇌감각깨우기, 뇌유연화	두뇌체조, 파워브레인짐	15
	뇌정화 · 통합	Brain 명상 & 호흡	5
	뇌 주인되기	원리 정리, 건강한 생활	5
마무리		활동지 표현, 파워브레인 선언하기	10

다. 프로그램 차시별 내용

단계	차시	차시명	내용
Ⅰ 활기찬 몸	1	오리엔테이션	• 신체활동 프로그램 파워브레인짐 소개 • 몸과 뇌의 관계 알아보기 • 내 몸 점검하기: 신체 활성도 체크

단계	차시	차시명	내용
	2	스트레스를 날려요	• 몸과 뇌의 감각을 깨우는 박수게임 • 신나는 두뇌체조: 굳어있는 몸과 뇌를 시원하게 • 이완 명상: 내 몸 바라보기
	3	두드리면 통해요	• 짝과 신나게 리듬을 맞추는 박수게임 • 신나는 두뇌체조: 답답한 가슴을 풀어요 • Power Brain Gym '하늘자세'
	4	내 몸의 산소열차 만들기	• 모둠별로 리듬을 맞추는 박수게임 • 신나는 두뇌체조: 내 몸에 파워 충전하기 • Power Brain Gym '하늘자세'
	5	파워브레인올림픽	• 신나는 두뇌체조를 활용한 무한도전 게임 • 내 몸을 힐링하는 명상: 내 몸과의 대화
II 밝은 마음	6	몸과 마음의 관계	• 몸과 마음의 관계 알아보기 • 자신감을 키우는 두뇌체조: 가슴 펴고 당당하게 • 이완 명상: 호흡에 집중하기
	7	내 마음을 만나요	• 바른 마음, 바른 자세 • 자신감을 키우는 두뇌체조: 몸의 중심을 내려요 • 에너지 느끼기 명상: 자석손 만들기
	8	지구만큼 커진 내 마음	• 자신감을 키우는 두뇌체조: 마음의 근육을 튼튼하게 • 에너지 느끼기 명상: 에너지공 만들기 • Power Brain Gym '봉황자세'
	9	마음의 에너지를 전해요	• 마음을 맞추는 두뇌체조 • 에너지 느끼기 명상: 에너지 전달하기 • Power Brain Gym '봉황자세'
	10	우리는 하나	• 우리는 하나 로고 만들기 • 지구기공 두뇌체조 1
	11	지구와 하나되기	• 마음의 크기 • 지구기공 두뇌체조 2
III 뇌력 키우기	12	역경지수 높이기	• 내 몸 점검하기: 신체 활성도 체크 • 좌우뇌 교차 두뇌체조
	13	자유롭게 표현해요	• 지구기공 두뇌체조 모둠별 발표회 • 몸으로 표현해요: 음악느낌 표현해 보기
	14	몸과 마음의 한계 넘기	• 행복호르몬이 나오는 뇌파진동 두뇌체조 • 뇌의 힘을 키우는 팔굽혀 펴기 • 뇌 힐링 명상: 나의 뇌 바라보기
	15	브레인 샤워	• 행복호르몬이 나오는 뇌파진동 두뇌체조 • 뇌의 힘을 키우는 팔굽혀 펴기 • Power Brain Gym '나무자세' • 뇌 힐링 명상: 나의 감정바라보기

단계	차시	차시명	내용
	16	상상하면 이루어진다	• 행복호르몬이 나오는 뇌파진동 두뇌체조 • 뇌의 힘을 키우는 팔굽혀 펴기 • Power Brain Gym '나무자세' • 뇌 힐링 명상: 내가 원하는 나의 모습 그리기
	17	파워브레인 힐링 페스티벌	• 칭찬과 사랑으로 교류하기 • 파워브레인짐 전체 소감 나누기

라. 프로그램 예시

주 제	몸과 마음의 관계	차시	6/17
목 표	• 몸과 마음은 하나로 연결되어 있음을 안다. • 마음을 건강하게 하는 방법을 알고 체험 한다.		
준비물	PT(또는 동영상), 음악(체조, 명상), 활동지, 색연필		
단 계	교육 활동	시간 (분)	자료 및 준비
도 입	• 인사: 파워브레인 인사 • 규칙 약속하기 - 항상 긍정한다: 실수 OK! - 남을 배려한다: 괜찮아? 괜찮아! - 적극적으로 행동한다: 제가 하겠습니다! • 학습목표 제시 - 몸과 마음은 하나로 연결 되어 있음을 안다. - 마음을 건강하게 하는 방법을 알고 체험한다.	5분	PT
전 개	• 마음열기 게임 - 등 맞대고 좌, 우, 위, 아래 박수치기 • 몸과 마음의 관계 알아보기 - 동영상 보기 (화 낼 때 몸속 변화) • 자신감을 키우는 두뇌체조: 가슴 펴고 당당하게 - 파워 충전 / 깍지 끼고 두 팔 올려 온 몸 늘이기 - 양팔 벌려 꽈배기 / 뒤로 깍지 끼고 위로 아래위로 - 뫼산 체조 / 허수아비 트위스트 / 활체조	15분	PT (또는 동영상), 체조 음악
	• 이완 명상 - 호흡에 집중하기 • 파워브레인 메시지 - 마음에 보약을 주세요.	10분	명상 음악
정 리	• 활동지에 체험과 느낌 표현하기 및 나눔 • 파워브레인 선언하기: 몸튼튼! 마음튼튼! 뇌튼튼! 야!	10분	활동지, 색연필

3. 프로그램 주요 활동

가. 뇌체조

1) **개요**: 신체와 뇌의 상호작용을 바탕으로 뇌 기능을 활성화하는 동작으로 구성되어 있으며 특히 감각체계와 운동체계의 협응능력을 강화하여 인지능력, 감정조절 능력, 신체의 활력을 촉진시키고자 고안된 신체 운동법이다.

2) **구성**: 체계적으로 구성된 6가지 패턴의 동작을 통하여 신체를 이완하고, 뇌신경을 활성화하는 두뇌활성화 체조. 뇌의 각 기능과 직결되는 몸의 부위와 경락을 자극하고 움직이도록 구성된 동작으로 몸 안의 정체된 에너지를 배출하고 신선한 에너지를 공급하여 몸의 각 부위에 있는 근육의 간장을 없애고 유연하게 풀어주어 두뇌를 활성화한다.

3) **기본 효과**
   ① 좌우뇌 기능을 활성화하고 통합함으로써 학습 효율성을 증대시킨다.
   ② 체내 호르몬의 분비를 조절하여 신체와 정신을 최적의 상태로 만든다.
   ③ 두뇌각성 시스템 활성화를 통해 명료한 사고가 유지되도록 한다.
   ④ 뇌간 기능의 활성화로 학습 의욕과 동기가 향상된다.
   ⑤ 충분한 산소와 영양분의 원활한 공급을 통해 두뇌를 건강하게 한다.
   ⑥ 근육의 이완을 통해 학습에 집중할 수 있는 두뇌능력을 향상시킨다.
   ⑦ 스트레스 반응, 부정적 정서를 조절할 수 있는 힘을 길러준다.

4) **유의사항**
   ① 좌·우 대칭 동작을 하는 경우 잘 안 되는 쪽을 더욱 정성스럽게 해준다.
   ② 심장에서 먼 쪽부터 동작을 한다.
   ③ 호흡과 동작은 무리하지 말고 자신의 몸에 맞게 한다.
   ④ 신나고 즐거운 분위기에서 한다.

5) **종류**: 두드리기, 흔들기, 늘이기, 돌리기, 비틀기, 용쓰기

나. PowerBrainGym

1) **개요**: '연단'이라고도 함. 특정한 자세에서 일정시간 깊은 호흡과 집중을 통해 이

완된 집중(몰입)현상을 유도. 뇌의 주요 영역과 연결되어 있는 신경, 경락을 자극해 줌으로써 뇌에 산소를 공급하고 에너지의 순환이 극대화될 수 있도록 도와준다. 지구력과 인내심이 길러지고 적극적인 자세 형성에 도움을 준다.

2) **효과**: PowerBrainGym 동작을 통해 활성화되는 소뇌와 기저핵은 사고를 통합하는데도 중요한 역할을 한다. 이 두 영역은 미래 행동의 발생 순서와 시간을 계획하는 전두엽과 긴밀하게 연결되어 있기 때문이다.

① 머리가 맑아지고 마음이 편안해지며 건강해짐

② 정서적 안정, 집중력, 지구력, 균형감각, 자기 조절력 증진

3) **유의사항**

① 처음에는 시간을 짧게 하다가 점차 시간을 늘려나간다.

② 동작을 하는 동안 바른 자세를 유지할 수 있도록 지도한다.

③ 호흡에 집중하여 자세를 유지할 수 있도록 유도한다.

4) **주요 자세**: 하늘 자세, 봉황 자세, 나무 자세

다. Brain 명상 & 호흡

1) **개요**: 생각하고 느끼고 상상하는 것을 떠올릴 수 있는 에너지 화면으로 구체적인 상상을 통해 활성화 되며 내쉬는 '호'와 들이쉬는 '흡'에 집중하여 자율신경과 뇌파를 스스로 조절하여 고도의 집중상태인 몰입을 자연스럽게 유도하는 수업

2) **효과**: 직관력, 통찰력, 문제 해결력, 집중력, 자기조절력, 평상심

① 에너지 흐름과 마음의 상태를 바라보고 조절할 수 있는 자기조절력 강화

② 뇌와 몸에 대한 감각이 섬세해지면서 문제해결력과 직관력 향상

③ 뇌파의 안정화로 몸과 마음이 안정됨

3) **종류**: 명상, 에너지 느끼기

4. 프로그램 적용 사례

현재 나의 의식 레벨(6차시)

의식의 밝기	의식수준	말
700~1000	완전함	
600	평화	우리는 모두 하나입니다.
540	기쁨	무심코 웃음이 납니다. 고맙습니다. 감사합니다.
500	사랑	우리 같이 해요. 사랑합니다. 네가 자랑스러워. 널 사랑한다.
400	이성	널 진심으로 이해한다. 해결방법을 한번 찾아보자구나.
350	수용	그래, 그럴 수도 있지, 그것도 좋은거야. 뒷일은 내가 책임질게.
310	자발성	제가 한번 해 보겠습니다. 그래도 다행이네요. 무엇을 도와드릴까요?
250	중립	양쪽의 얘길 다 들어보고 결정하자. 가치관이 서로 다르잖아.
200	용기	넌 정말 못하는 게 없구나. 넌 잘 할 수 있어. 무엇을 하든 최선을 다하면 되는 거야.
175	자존심	절대 질 수 없어. 내가 최고야. 그정도 밖에 못해? 에이~자존심 상해. 내가 왕년에는 말이야..
150	분노	내가 이렇게 하지 말라고 그랬지. 으이그..꼴 보기 싫어. 콱~! 그냥
125	욕망	저것을 꼭 내것으로 만들어야지. 이번에는 꼭 1등을 해야해.
100	두려움	어휴~이것을 어떻게 하지? 나 이거 잘 못해. 저 사람이 더 잘하니까 저사람 시켜! 난 싫어 너나 해.
75	슬픔	그때 좀더 잘 할 걸. 내 신세가 이게 뭐야.
50	무기력	난 이제 더 이상 못해. 내 한계야. 에이~될대로 되라지 뭐.
30	죄의식	너 때문에 이렇게 됐잖아. 병신같은 놈! 난 정말 왜 이럴까?
20	수치심	으아..정말 비참하다. 어휴~쪽팔려! 차라리 없어져 버릴까?

◎ 현재 나의 의식 레벨은?

◎ 의식 수준을 언제까지 얼마나 높일 것인가?

◎ 의식 수준을 올리려면 나는 어떻게 해야 할 것인가?

나의 한계를 넘어라
끝까지 해내기

◎ 목표 :

◎ 달성하고 느낌 :

◎ 오늘의 뇌 선언 :

인간 보물찾기

이름(   )

♥ 아래에 해당하는 사람(인간보물)을 찾아서 이름을 쓰세요.
하지만 같은 이름을 여러 번 쓸 수는 없습니다.

질문	이름
1. 이름 중에 나와 같은 글자가 들어있는 사람은?	
2. 좋아하는 음식이 나와 같은 사람은?	
3. 서울이 아닌 곳에서 1년 이상 살아본 사람은?	
4. 무릎 꿇고 앉아 한 손을 내밀며 당신을 만나 참 행복합니다. 라고 말하고 확인받기	
5. 신발 치수가 나와 같은 사람은?	
6. 취미가 나와 같은 사람은?	
7. 장래희망이 나와 같은 사람은?	
8. 손짚고 옆돌기를 할 수 있는 사람은?	
9. 특별한 자격증이 있는 사람은?	
10. 가장 존경하는 인물이 우리나라 사람인 사람은?	
11. 상대방을 업고 두 바퀴 돈 다음, 확인받기	
12. 나와 같은 달에 태어난 사람은?	

인간 보물 찾기 후 나눔

마음의 숫자세기

〈활동 방법〉

1. 반 아이들의 인원만큼 순서대로 숫자를 세어야 한다.

2. 한 사람이 한 번씩만 일어나 숫자를 말할 수 있다.

3. 동시에 두 사람이 일어나거나 동시에 숫자를 말하면 다시 처음부터 숫자세기를 다시 시작한다.

4. 숫자 대는 순서를 미리 정하거나 눈짓 등으로 알려주지 않는다.

마음의 숫자세기 후 나눔

구멍을 통해 바라보기

〈진행방법〉

1. 잡지나 광고 전단지에서 오래낸 사진의 일부분을 오려 아이들에게 주고 전체의 모습을 추측하게 한다.

2. 종이를 한 장씩 나누어 주고 뾰족한 연필이나 송곳으로 구멍을 하나 뚫게 한다.

3. 그 구멍으로 보이는 모습을 이야기 한다.

4. 이번에는 구멍의 크기를 조금 더 키워서 바라본다.

5. 큰 구멍으로 보면 어떻게 달라지는지 이야기한다.

6. 만약 더 잘 보려면 어떻게 하면 좋을지 이야기한다.

구멍통해 바라보기 후 나눔

실타래 던지기

실타래 던지기

〈활동 방법〉

1. 반 전체가 둥글게 원으로 앉도록 한다.

2. 실타래를 던지는 규칙을 정한다.
   던지는 사람은 받을 사람 이름을 부르며 "00야 사랑해"라고 말하고 받는 사람은 "00야 고마워."라고 말한다.

3. 실 뭉치를 받은 사람은 한 학기 동안 자신이 성장하고 달라진 점을 말하고, 자신을 칭찬한다.

4. 실을 잡고 또 다른 사람에게 2번과 마찬가지 방법으로 실 뭉치를 던져서 이런 방법으로 반 전체가 모두 실을 잡고 연결된다.

5. 잡은 실을 함께 높이 들어 올려 서로의 연결을 확인한다.

6. 실을 통해 "하나"로 연결된 느낌 느끼기

실타래 던지기 후 나눔

제2장

뇌교육 기반 인성놀이 프로그램[2)]

1. 프로그램 개발 목적

본 프로그램의 개발은 이러한 생각에서 시작되었다. 놀이가 수업이 된다면, 학교에서 아이들의 삶은 즐겁고 행복하지 않을까? 즐겁고 행복한 아이는 친구를 괴롭히거나 따돌리지 않는다. 즐거움은 아이들 본래의 밝은 인성을 저절로 밝혀준다. 따라서 즐거운 놀이를 새로운 의미로 재해석한 인성놀이는 즐거움 속에서 아이들의 인성을 계발할 것이다.

그동안 학교에서는 도덕교육 및 생활지도를 중심으로 인성교육을 전개해왔었다. 그러나 기존의 인성교육은 지식 이해 중심의 차원에 머물러 학생들이 인지적으로는 충분히 이해하고 있으나 실제 행동으로 실천하지 못한다는 한계점이 있었다(Kohn, 1998; 강선보 외, 2008; 장성모, 1996). 이러한 인성교육의 한계를 극복하기 위해서는 머리로 아는 교육이 아닌 **가슴으로 느끼고 몸으로 체율체득**(體律體得)**하는 인성교육으로의 전환**이 필요하다. 이에 본 인성교육연구원에서 개발한 인성교육 프로그램은 국가에서 요구하고 있는 **10개 인성덕목을 재미있는 인성놀이로 구안**하여 **체험중심의 인성교육**을 전개하고자 개발하였다. 이러한 체험중심 인성교육을 통해서 1회성에 그치는 형식적인 인성교육이 아니라, **습관화 및 내면화를 형성**하는데 크게 기여할 것으로 생각된다.

2) 인성교육연구원(2015)에서 수행한 연구 프로젝트를 재구성하였음.

가. 건전하고 올바른 인성 함양 및 습관화

- 인성놀이를 통해 즐거움 속에서 인성덕목을 몸과 마음으로 체험한다.
- 인성덕목을 일상생활 속에서 실천함으로써 습관화하고 내면화한다.

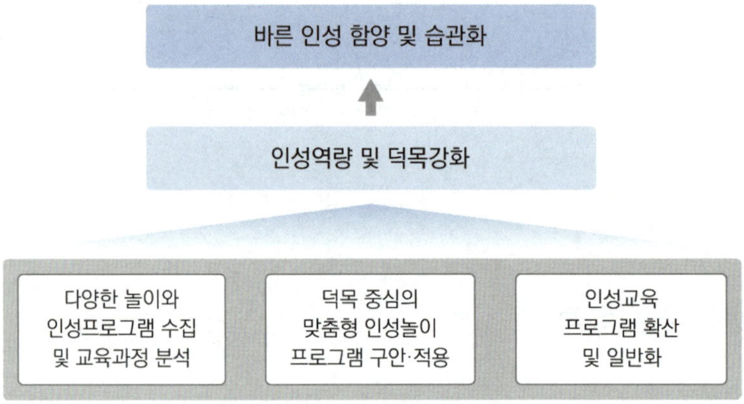

나. 10대 인성 핵심 덕목 향상

- 자기존중, 성실, 배려·소통, 책임, 예의, 자기조절 등 10대 인성덕목 향상

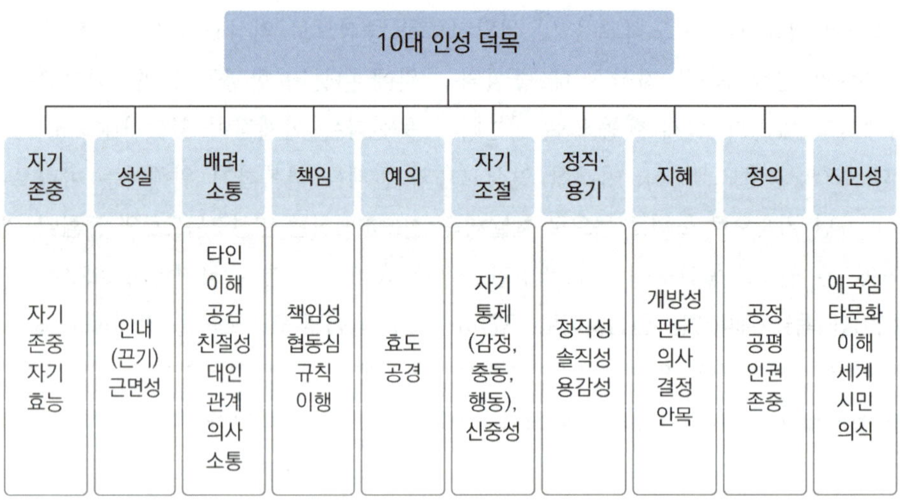

다. 3대 인성 핵심 역량 향상

- 인성덕목을 활용한 인성 핵심 역량(도덕성, 사회성, 감성 등) 강화

인성 역량	개념	주요 내용	관련 인성 덕목
감성 (나)	자신의 강점, 약점, 흥미, 능력 등을 파악하며 개인적 목표를 설정하고 목표달성을 위해 자신의 생각과 행동을 조절 · 실행하는 능력	• 자기 인식 • 자기 관리	자기존중 자기조절
도덕성 (우리)	다양한 윤리적 상황에서 중요한 핵심가치가 무엇인지를 인식하고 판단하는 능력과 책임있는 의사결정을 하는 능력	• 핵심 가치 인식 • 책임있는 의사결정	정직 · 용기 책임 성실 지혜
사회성 (사회)	다양한 상황과 장소에서 타인의 생각, 감정, 관점을 이해 및 파악하고 타인과 긍정적인 관계를 형성 및 유지, 소통하는 능력	• 사회적 인식 • 대인관계	예의 징의 배려 · 소통 시민성

※ 현주 외(2014)에 개발한 KEDI 인성검사 도구를 인성 역량에 따라 재구조화함

2. 프로그램 개발을 위한 이론적 기초

가. 10대 인성 덕목 중심으로 교과를 연계한 인성교육 프로그램

- 2014년 한국교육개발원에서 개발한 KEDI 인성검사에서 제시한 핵심 10대 인성 덕목을 중심으로 구성하였다.
- 10대 인성 덕목과 관련된 초등학교 5학년 교육과정을 분석하여 도덕교과를 중심으로 체육, 사회, 국어교과 등과 융합하여 설계하였다.

나. 수업과 가정 · 사회를 연계한 실천 중심 인성교육 프로그램

- 일상생활에서 실천 가능한 인성덕목의 미션(Mission)을 학생 스스로 설정하여 계획 수립, 실천, 반성 등 행동화 인성교육이 가능하다.
- 가정 사회와 연계하여 생활 속 미션을 실천하고 스스로 점검하여 자신의 행동을 반성하고 수정 보완하여 습관화하도록 한다.

다. 3대 핵심 인성역량을 연계 및 심화하는 인성교육 프로그램

- 감성(나), 도덕성(우리), 사회성(사회)로 확대하여 인성역량을 계발할 수 있도록 구성하였다.
- 사회성, 감성, 도덕성 등 핵심 인성 역량을 강화할 수 있는 체험형 인성교육 프로그램을 설계하였다.

라. 놀이 후 성찰을 통해서 내면화할 수 있는 인성교육 프로그램

- 놀이 활동이 체험 자체로 끝나는 것이 아니라 놀이 후에 자신의 모습을 지속적으로 바라보게 하는 성찰을 함으로써 인성덕목의 의미를 심도 있게 내면화할 수 있다.

마. 〈기초〉, 〈심화〉 인성놀이를 통한 체험형 인성교육 프로그램

- 10개의 덕목별로 기초 인성놀이와 심화 인성놀이를 구성하여 체험을 극대화시켰다.
- 인성덕목을 탐색하고 개념을 이해하는 <기초 인성놀이>, 인성덕목을 실천하여 습관화 및 내면화하는 <심화 인성놀이>로 구분하였다.

바. 동영상을 활용하여 감성·지성을 자극하는 인성교육 프로그램

- 인성덕목 동영상을 시청함으로써 학생들의 흥미와 감동을 유발하고 자연스럽게 덕목에 대한 이해를 이끌어 감성과 지성을 동시에 자극할 수 있다.

사. 덕목 체험, 이해, 실천을 포괄하는 통합형 인성교육 프로그램

- 인성덕목 체험 및 이해, 실천을 통합적으로 지도하기 위해 각 인성덕목별로 2차시로 구성하여 탐색, 이해, 표현, 내면화, 습관화의 5단계로 전개하였다.

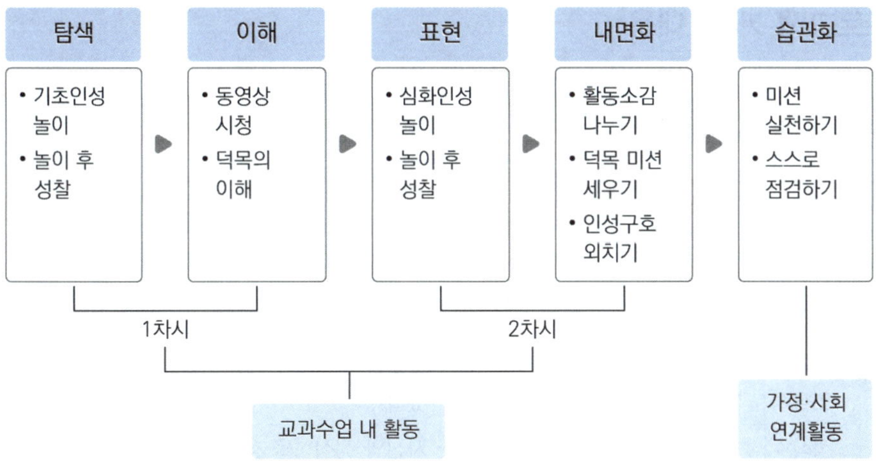

단계	특징	수업 전략	세부 내용
탐색	인성과 관련된 놀이로 인성 덕목을 탐색하는 단계	기초 인성놀이하기	덕목과 관련된 인성놀이를 한다.
		놀이 후 성찰하기	놀이의 의미를 탐색하고 놀이를 하는 동안 자신의 모습을 성찰한다.
이해	인성덕목에 대한 기초적인 이해 단계	동영상 시청하기	덕목과 관련된 동영상을 시청한다.
		덕목 개념 이해하기	덕목의 의미를 이해한다.
표현	다양한 놀이활동을 통해 덕목에 대한 체험을 심화하는 단계	심화 인성놀이하기	자아선언, 역할극, 편지쓰기, 만들기 등 다양한 활동을 통해 덕목에 대한 체험을 심화시킨다.
		놀이 후 성찰하기	놀이를 하는 동안 자신의 모습을 성찰하고 덕목에 의미를 심화시킨다.
내면화	활동에 대한 느낌을 나누고 마음 속에 새기는 단계	활동소감 나누기	활동 후 느낌이나 소감을 글이나 글로 표현하고 나눈다.
		덕목 미션 세우기	덕목을 실천할 수 있는 자신만의 미션을 세운다.
		인성구호 외치기	덕목과 관련된 구호를 외쳐 덕목을 마음속에 새긴다.
습관화	덕목을 생활 속에서 실천하여 습관화하는 단계	미션 실천하기	생활 속에서 자신이 세운 덕목 미션을 실천한다.
		스스로 점검하기	미션 실천을 스스로 점검하여 자기 반성을 하고 부족한 부분을 보완한다.

3. 프로그램 개발 내용

가. 프로그램 회기(차시)별 목표

인성 역량	인성 덕목	회차 (차시)	활동 주제	프로그램 차시별 목표
감성 (나)	자기 존중	1 (1~2)	소중한 나!	• 자신의 장점을 찾아 스스로를 칭찬할 수 있다.
	자기 조절	2 (3~4)	내 마음 내 맘대로	• 호흡을 통해 감정을 조절할 수 있음을 체험할 수 있다.
도덕성 (우리)	정직 용기	3 (5~6)	내 마음의 맑은 잣대	• 자신의 정직성을 성찰하고 그것을 용기있게 드러낼 수 있다.
	책임	4 (7~8)	내 책임이야	• 놀이를 통해 공동의 목표를 위한 자신의 책임감을 느낄 수 있다.
	성실	5 (9~10))	마음 먹은 대로 끝까지	• 성실의 의미를 알고 계획을 세워 끝까지 실천할 수 있다.
	지혜	6 (11~12)	한 번 더 생각해	• 침착한 마음을 가지기 위한 몸의 자세를 체험하고, 지혜롭게 판단할 수 있다.
사회성 (사회)	예의	7 (13~14)	사랑해요! 부모님	• 부모님께 감사한 마음을 가지고 그 마음을 표현할 수 있다.
	정의	8 (15~16)	따돌림 없는 세상	• 놀이를 통해 따돌림을 당할 때의 마음을 느낄 수 있다.
	배려 소통	9 (17~18)	배려로 통하는 세상	• 배려의 의미를 알고 생활 속에서 배려를 실천할 수 있다.
	시민성	10 (19~20)	우리는 하나	• 놀이를 통해 모두가 하나 되었을 때의 기쁨을 느낄 수 있다.

나. 인성덕목 관련 교육과정 분석 및 재구성

• 5학년 도덕교과 중심으로 국어, 체육, 사회 및 창의적체험활동 등과 융합하여 재구성하였다.

인성 역량	인성 덕목	교과	단원(차시)	재구성 차시	재구성 내용		프로그램 내 관련 활동 내용
감성 (나)	자기 존중	도덕	1. 아름다운 사람이 되는 길(4/4)	2	▸ 아름다움을 가꾸기 위한 방법 실천	⇨	• 장점 찾기 • 자아존중감

인성 역량	인성 덕목	교과	단원(차시)	재구성 차시	재구성 내용		프로그램 내 관련 활동 내용
			2. 감정, 내 안의 소중한 친구(4/4)		▸ 바람직한 감정을 길러요.(자아존중감)		이해 • 미션 세우기
	자기조절	도덕	2. 감정, 내 안의 소중한 친구(1/4,3/4)	2	▸ 감정에 대해 알기 ▸ 감정이 생겨난 원인과 결과 알기 ▸ 감정을 잘 조절해 보아요	⇨	• 감정 이해하기 • 호흡으로 감정조절하기
도덕성(우리)	정직용기	도덕	2. 감정, 내 안의 소중한 친구(4/4)	1	▸ 바람직한 감정을 길러요.(양심)	⇨	• 몸으로 양심 이해하기 • 미션 세우기
		체육	1. 건강 체력을 알고 길러요(9/14)	1	▸ 근력 및 지구력 운동 실천하기(각도기 게임)		
	책임	체육	1. 건강 체력을 알고 길러요(13/14)	1	▸ 모둠이 함께 하는 순환운동	⇨	• 100을 채워라 • 책임 이해하기
		도덕	3. 책임을 다하는 삶(1/4)	1	▸ '책임을 다하는 삶'의 의미 알기		
	성실	도덕	3. 책임을 다하는 삶(4/4)	1	▸ 책임을 다하는 방법을 알고 성실하게 실천하기	⇨	• 성실 이해하기 • 성실 실천하기
		창체	자율활동	1	▸ 역할 분담활동 성실히 하기		
	지혜	창체	자율활동	2	▸ 토의 · 토론과 함께하는 독서	⇨	• 솔로몬의 선택 토의하기
사회성(사회)	예의	도덕	5. 웃어른을 공경해요(3~4/4)	2	▸ 부모님의 사랑을 느끼고 보답하는 마음 갖기 ▸ 웃어른을 공경하는 방법을 알고 실천하기	⇨	• 부모님 마음 느끼기 • 공경 미션 세우기
	정의	도덕	6. 인권을 존중하는 세상(1,4/4)	2	▸ 인권 존중의 의미 알기 ▸ 인권을 존중하고 보호하는 마음 실천하기	⇨	• 인권존중 이해하기 • 따돌림 예방 실천
	배려소통	국어활동	6. 말의 영향(7~8/8)	2	▸ 말의 힘을 알리는 광고 만들기	⇨	• 에너지 느끼기 • '1분의 배려' 광고 만들기
	시민성	도덕	8. 우리 모두를 위하여(3/4)	1	▸ '우리는 하나' 공동체 체험하기	⇨	• 공동체 체험 놀이 • 에너지 사용의 불균형 알기
		사회	2. 환경과 조화를 이루는 국토(10/11)	1	▸ 지속가능한 발전을 위한 태도 알아보기		

다. 프로그램 세부 주제 및 내용

인성 역량	인성 덕목	회기 (차시)	활동 주제	활동 내용	재구성 단원	시간 (분)
감성 (나)	자기 존중	1 (1~2)	소중한 나!	• 온몸으로 장점찾기 • 나를 외쳐라! • 자기 사랑 명상	도덕 1. 아름다운 사람 이 되는 길 도덕 2. 감정, 내 안의 소중한 친구	80
	자기 조절	2 (3~4)	내 마음 내 맘대로	• 감정풍선 놀이 • 심장 느끼기 • STOP 1,2,3 !	도덕 2. 감정, 내 안의 소중한 친구	80
도덕성 (우리)	정직 용기	3 (5~6)	내 마음의 맑은 잣대	• 양심을 모아라! • 몸으로 양심 이해하기 • 톡!톡! 마음의 먼지 털기	도덕 2. 감정, 내 안의 소중한 친구 체육 1. 건강 체력을 알고 길러요	80
	책임	4 (7~8)	내 책임이야	• 100을 채워라 • 움직이세요!	체육 1. 건강 체력을 알고 길러요 도덕 3. 책임을 다하는 삶	80
	성실	5 (9~10)	마음 먹은 대로 끝까지	• 인내의 건포도 • 쪼개진 조각 맞추기	도덕 3. 책임을 다하는삶 창체 자율활동	80
	지혜	6 (11~12)	한 번 더 생각해	• 침착함을 유지해 • 솔로몬의 선택	창체 자율활동	80
사회성 (사회)	예의	7 (13~14)	사랑해요 엄마,아빠	• 내가 엄마라면 • 손끝으로 전하는 사랑	도덕 5. 웃어른을 공경 해요	80
	정의	8 (15~16)	따돌림 없는 세상	• 고양이와 쥐 • 잠깐맨, 계속맨	도덕 6. 인권을 존중하 는 세상	80
	배려 소통	9 (17~18)	함께하는 우리	• 텔레파시 게임 • '1분의 배려' 광고 따라 잡기	국어 6. 말의 영향	80
	시민성	10 (19~20)	우리는 하나	• 다함께 으랏차차 • 지구인이 되어	도덕 8. 우리 모두를 위하여 사회 2. 환경과 조화를 이루는 국토	80

라. 〈기초〉, 〈심화〉 인성놀이

인성 역량	인성 덕목	놀이 단계	인성놀이 제목	주요 내용
감성(나)	자기 존중	기초	온 몸으로 장점 찾기	• 내 몸의 감각을 느끼며 나의 장점 찾기, 칭찬 단전치기,
		심화	나를 외쳐라	• 책상위에 올라가 자신의 장점을 큰 소리로 외치기
	자기 조절	기초	감정풍선 놀이	• 풍선 나르기 후 심장 느끼기
		심화	STOP 1,2,3!	• 나를 화나게 하는 말을 친구들이 하고 호흡으로 조절하기
도덕성(우리)	정직 용기	기초	양심을 모아라	• 탁구공 나르기 놀이 후 정직성에 대해 성찰하기
		심화	톡!톡! 마음의 먼지 털기	• 나의 잘못을 정직 쪽지에 적고 발표하면서 신문지를 모은 후 찢어서 날리기
	책임	기초	'100을 채워라'	• 다양한 체력활동의 역할을 나누어 1분 동안 100번 채우기
		심화	움직이세요	• 움직여서 책임을 실천할 수 있는 일을 역할놀이로 표현하기
	성실	기초	인내의 초콜릿	• 여러 가지 욕구를 참아가며 초콜릿 먹기
		심화	쪼개진 조각 맞추기	• 쪼개진 조각을 맞추면서 포기하고 싶을 때 몸을 움직이거나 기분을 전환한 후 다시 도전하는 것을 연습하기
	지혜	기초	침착함을 유지해	• 머리에 책을 올려놓고 걸으면서 마음을 몸 각 부위에 집중하고 그 차이점 알기
		심화	솔로몬의 선택	• 솔로몬의 지혜를 들려주고 내가 솔로몬이라면 어떤 선택을 할지 모둠별로 토의하기
사회성(사회)	예의	기초	내가 엄마라면	• 엄마와의 갈등상황을 역할극으로 표현하되 주인공이 엄마의 역할을 하게 함
		심화	손끝으로 사랑을 전해요	• 어깨와 머리, 등을 안마하면서 사랑을 전하기
	정의	기초	고양이와 쥐	• 인간 울타리 밖에 있는 고양이가 안에 있는 공주 쥐를 잡기
		심화	잠깐맨, 계속맨	• 따돌림의 상황에서 목격자가 그냥 지나치지 않고 피해자를 도와주는 상황을 연출
	배려 소통	기초	텔레파시 게임	• 여러 명이 손을 마주대고 돌리면서 에너지의 연결고리 만들기
		심화	'1분의 배려' 광고 따라잡기	• 1분 동안 할 수 있는 일들을 역할 놀이로 표현하기
	시민성	기초	다함께 으랏차차	• 8명이 손을 잡고 바닥에 앉았다 동시에 일어서기
		심화	지구인이 되어	• 모두가 손을 잡는 모습의 지구인을 종이로 접은 후 평화로운 지구를 위한 소원쓰기

마. 동영상 시청

인성 역량	인성 덕목	동영상 제목	주요 내용	출처
감성(나)	자기존중	매력찾기 실험카메라	자신에 대한 긍정적인 믿음이 적극적인 행동의로의 변화를 이끈다는 내용	SBS
	자기조절	분노조절장애	사소한 일에도 화를 참지 못하는 분노조절 장애에 대한 증상 및 대처법	유튜브
도덕성(우리)	정직 용기	도덕성이 경쟁력이다	도덕성 지수가 높은 아이들이 집중력이나 또래관계, 성취면에서 높은 결과를 나타낸다.	유튜브
		책임	100개의 선물가방을 지하철에 두었는데 다음날 유실물센터에서 발견되어 되는 실험	유튜브
	성실	움직이세요 말하세요	떨어진 쓰레기를 보며 고민하지 말고 움직이고, 학교폭력 현장을 보고 고민하지 말고 말하라는 공익광고	유튜브
	책임	마시멜로 실험 그 결과는	마시멜로 실험을 통해 만족지연능력이 높은 아이가 성인이 되어서도 성공할 확률이 높다는 실험	유튜브
	지혜	지혜의 왕 솔로몬	아기를 사이에 두고 다투는 두 여인을 지혜롭게 판결하는 이야기	유튜브
		정의	돈을 훔친 범인을 찾으러온 사람에게 솔로몬이 다른 재판의 이야기를 들려주며 누가 범인인지 알아내도록 유도하는 내용	유튜브
사회성(사회)	예의	부모와 자녀의 생각차이	자녀가 부모를 위해 한 일에 값을 메기는 반면, 부모는 자녀를 위해 한 일을 무료라고 해서 감동을 주는 영상	유튜브
	정의	은근한 따돌림	친한 친구인척 하면서 은근한 따돌림을 받고 있는 초등학생의 이야기	유튜브
	배려 소통	말의 힘	긍정적인 말과 부정적인 말에 대해 밥에 곰팡이가 다르게 피는 실험	유튜브
		작은 배려	메이저리그에 진출해 차별받는 흑인 야구선수에게 격려와 배려를 해주는 감동적인 영상	유튜브
		하루 1분 배려	1분동안 할 수 있는 배려를 담은 광고	공익광고 협의회
	시민성	지구가 100명의 마을이라면	지구가 100명의 마을이고 가정했을 때 인종, 식량, 생활속의 빈부 격차 등을 나타낸 영상	유튜브

4. 프로그램 적용 사례

1회기(1~2차시): 소중한 나

자기 존중		
학습목표	• 나의 장점을 찾아 칭찬할 수 있다. • 나의 가치를 알고, 사랑하는 마음을 가질 수 있다.	
인성놀이	기초 인성놀이	온 몸으로 장점 찾기
	심화 인성놀이	나를 외쳐라!
관련 교과	도덕	1. 아름다운 사람이 되는 길(4/4) 2. 감정, 내 안의 소중한 친구(4/4)
지도의 주안점	이번 회기의 목표는 자신의 가치를 찾고, 자신을 사랑하는 마음을 갖게 하는 데 있다. 따라서 나의 장점을 찾을 때 처음에는 외현적인 모습이나 자신이 잘하는 것을 중심으로 찾을 수 있으나 점점 자신의 내면적인 장점을 찾을 수 있도록 유도한다. 또한 다른 사람과의 비교에 의한 장점이 아닌 있는 그대로의 자신의 모습도 충분히 장점이 될 수 있음을 강조한다.	

차시	단계	주요 내용 및 활동	시간(분)	준비물	유의점
1	탐색하기	• 기초인성놀이 – 온 몸으로 장점 찾기 • 놀이 후 성찰 – 내 몸의 감각 느끼고, 나의 장점 찾아 적기	30	활동지	몸을 움직여 몸과 마음의 장점을 모두 찾는다.
	이해하기	• 동영상 시청 – 매력찾기 실험카메라 • 덕목의 이해 – 자기존중감	10	동영상 교과서	
2	표현하기	• 심화인성놀이 – 나를 외쳐라! • 놀이 후 성찰 – 자기사랑 명상하기	25	빈 책상 잔잔한 음악	
	내면화하기	• 활동 수감 나누기 • 덕목 미션 세우기 • 인성구호 외치기	15	워크북	
가정 연계	습관화하기	• 일주일 동안 덕목 실천하고 점검하기		워크북	생활과 연계된 사후활동

2회기(3~4차시): 내 마음 내 맘대로

<table>
<tr><th colspan="6">자기 조절</th></tr>
<tr><td>학습목표</td><td colspan="5">• 인성놀이를 통해 다양한 감정을 느끼고, 그 감정을 알아차릴 수 있다.
• 호흡을 통해 감정을 조절할 수 있음을 체험할 수 있다.</td></tr>
<tr><td rowspan="2">인성놀이</td><td colspan="2">기초 인성놀이</td><td colspan="3">감정풍선 놀이</td></tr>
<tr><td colspan="2">심화 인성놀이</td><td colspan="3">STOP 1,2,3!</td></tr>
<tr><td>관련 교과</td><td colspan="2">도덕</td><td colspan="3">2. 감정, 내 안의 소중한 친구(4/4)</td></tr>
<tr><td>지도의 주안점</td><td colspan="5">본 회기는 다양한 감정 중에서 분노나 화를 다스리는 데 주안점을 주었다. 또한 화가 났을 때 몸의 느낌(심장)이나 호흡에 집중함으로써 그 감정이 다스려짐을 체험하는데 목적이 있다. 이러한 체험을 바탕으로 감정은 스스로 조절이 가능함을 알게 하고, 이것을 일상생활에서 적용할 수 있도록 덕목 미션을 잘 실천할 수 있도록 수시로 확인하는 것이 중요하다.</td></tr>
<tr><th>차시</th><th>단계</th><th>주요 내용 및 활동</th><th>시간(분)</th><th>준비물</th><th>유의점</th></tr>
<tr><td rowspan="2">1</td><td>탐색하기</td><td>• 기초 인성놀이 – 감정 풍선 놀이
• 놀이 후 성찰 – 감정 알아차리기, 심장 느끼기 후 감정 알아차리기</td><td>30</td><td>풍선, 반환점, 초시계, 사탕이나 초콜릿</td><td>경쟁게임을 통해 의도적으로 다양한 감정을 불러일으킨다.</td></tr>
<tr><td>이해하기</td><td>• 동영상 시청 – 분노조절 장애
• 덕목의 이해 – 감정의 의미</td><td>10</td><td>동영상 교과서</td><td></td></tr>
<tr><td rowspan="2">2</td><td>표현하기</td><td>• 심화 인성놀이 – STOP 1,2,3!
• 놀이 후 성찰 – 감정 조절에 대한 자신감 갖기</td><td>25</td><td>포스트 잇</td><td></td></tr>
<tr><td>내면화하기</td><td>• 활동 소감 나누기
• 덕목 미션 세우기
• 인성구호 외치기</td><td>15</td><td>워크북</td><td></td></tr>
<tr><td>가정 연계</td><td>습관화하기</td><td>• 일주일 동안 덕목 실천하고 점검하기</td><td></td><td>워크북</td><td>생활과 연계된 사후 활동</td></tr>
</table>

정직 · 용기		
학습목표	• 놀이를 통해 자신의 양심 성찰하고 그것을 용기있게 드러낼 수 있다. • 정직의 의미를 알고 누구나 양심이 있음을 알 수 있다.	
인성놀이	기초 인성놀이	양심을 모아라!
	심화 인성놀이	톡! 톡! 마음의 먼지 털기
관련 교과	도덕	2. 감정, 내 안의 소중한 친구(4/4)
	체육	1. 건강 체력을 알고 길러요.(9/14)
지도의 주안점	이번 회기는 놀이를 통해 자신의 양심을 성찰하고 몸의 균형잡기를 통해 마음의 균형인 양심을 체험하는 데 주안점을 둔다. 또한 그동안 양심에 걸렸던 행동들을 정직 쪽지에 쓰고 용기있게 드러냄으로써 마음의 후련함을 체험하는 계기도 마련하였다. 무엇보다도 중요한 것은 누구에게나 정직하고 용기 있는 마음이 있다는 것을 알게 함으로써 학생들의 마음을 밝게 하는 데 목적이 있다.	

차시	단계	주요 내용 및 활동	시간(분)	준비물	유의점
1	탐색하기	• 기초 인성놀이 – 양심을 모아라! • 놀이 후 성찰 – 나의 양심 살피기	25	탁구공, 숟가락, 바구니, 반환점	게임을 하는 동안 교사는 의도적으로 나가있는다.
	이해하기	• 동영상 시청 – 도덕성이 경쟁력이다. • 덕목 이해하기 – 몸의 균형잡기를 통해 양심 이해하기	15	동영상	
2	표현하기	• 심화 인성놀이 – 톡! 톡! 마음의 먼지 털기 • 놀이 후 성찰 – 나의 마음 살피기	25	정직쪽지, 신문지	
	내면화 하기	• 활동 소감 나누기 • 덕목 미션 세우기 • 인성구호 외치기 – 동영상 시청 후 인성구호 외치기	15	워크북 동영상	동영상시청으로 구호를 확인한다.
가정 연계	습관화 하기	• 일주일 동안 덕목 실천하고 점검하기		워크북	생활과 연계된 사후 활동

4회기(7~8차시): 내 책임이야

책임		
학습목표	• 놀이를 통해 공동의 목표를 위한 자신의 책임감을 느낄 수 있다. • 책임을 다하는 방법을 익힐 수 있다.	
인성놀이	기초 인성놀이	'100을 채워라'
	심화 인성놀이	움직이세요!
관련 교과	체육	1. 건강 체력을 알고 길러요(13/14)
	도덕	3. 책임을 다하는 삶(1/4)
지도의 주안점	본 회기는 공동생활에서의 책임감을 갖게 하기 위해 모둠의 공동 목표를 제시하고 각자 그 목표를 달성하기 위해 맡은 역할의 책임을 다할 수 있도록 하는 데 주안점을 두었다. 또한 책임에 대한 실행력을 높이고 나의 책임 지수를 높일 수 있는 방안을 미션활동으로 실천할 것을 강조한다.	

차시	단계	주요 내용 및 활동	시간(분)	준비물	유의점
1	탐색하기	• 기초 인성놀이 – '100을 채워라' • 놀이 후 성찰 – 나의 책임지수 점검하기	25	줄넘기, 요가메트, 초시계, 모둠학습판, 보드마카	가능한 운동장이나 강당에서 하는 것이 좋다.
	이해하기	• 동영상 시청 – 움직이세요, 말하세요 • 덕목 이해하기 – '책임을 다하는 생활'의 의미 알기	15	동영상 학습지	
2	표현하기	• 심화 인성놀이 – 움직이세요! • 놀이 후 성찰 – 놀이를 통해 깨달은 점 느끼기	25		
	내면화 하기	• 활동 소감 나누기 • 덕목 미션 세우기 • 인성구호 외치기	15	워크북	
가정 연계	습관화 하기	• 일주일 동안 덕목 실천하고 점검하기		워크북	생활과 연계된 사후 활동

5회기(9~10차시): 마음먹은 대로 끝까지

성실		
학습목표	• '인내의 초콜릿' 놀이를 통해 만족지연능력을 기를 수 있다. • 성실을 방해하는 상황을 극복하는 방법을 찾을 수 있다.	
인성놀이	기초 인성놀이	'인내의 초콜릿' 놀이
	심화 인성놀이	쪼개진 조각 맞추기
관련 교과	도덕	3. 책임을 다하는 삶(4/4)
	창체	자율활동
지도의 주안점	이번 회기는 초콜릿 먹기 명상을 통해 자신의 만족지연 능력을 기르고, 누구나 마음먹은 일을 끝까지 할 수 있다는 것을 체험하게 하는 데 목적이 있다. 그러나 생활 속에서 성실을 방해하는 상황이 있을 수 있으므로 그러한 상황에서 어떻게 극복할 수 있을지 나름대로의 방법을 찾도록 하는 데 주안점을 둔다. 또한 그것을 실생활에 적용할 수 있도록 덕목 미션 계획을 세워서 끝까지 실천하도록 매일 관심을 가지는 것이 중요하다.	

차시	단계	주요 내용 및 활동	시간(분)	준비물	유의점
1	탐색하기	• 기초 인성놀이 – '인내의 초콜릿' 놀이 • 놀이 후 성찰 – 놀이의 의미 탐색	25	초콜릿	초콜릿을 먹는 과정에서 교사의 지시를 꼭 따르도록 한다.
	이해하기	• 동영상 시청 – 마시멜로 실험 • 덕목 이해하기 – '성실'의 의미 알기	15	동영상	
2	표현하기	• 심화 인성놀이 – 쪼개진 조각 맞추기 • 놀이 후 성찰 – 놀이를 통해 깨달은 점 느끼기	25	색종이 조각	
	내면화하기	• 활동 소감 나누기 • 덕목 미션 세우기 • 인성구호 외치기	15	워크북	
가정 연계	습관화하기	• 일주일 동안 덕목 실천하고 점검하기		워크북	생활과 연계된 사후 활동

6회기(11~12차시): 한 번 더 생각해

지혜		
학습목표	• 놀이를 통해 침착한 마음을 가지기 위한 몸의 자세를 체험할 수 있다. • 예화를 보고 알맞은 근거를 제시하여 현명하게 판단할 수 있는가?	
인성놀이	기초 인성놀이	침착함을 유지해
	심화 인성놀이	솔로몬의 선택
관련 교과	창의적 체험활동	자율활동
지도의 주안점	본 회기는 지혜로움을 가질 수 있는 마음의 상태인 '침착함'을 몸을 통해 체험하도록 구성하였다. 즉, 몸의 중심을 아랫배나 하체로 내렸을 때 신중하고 침착해짐을 놀이를 통해 터득하는 데 주안점을 두었다. 또한 예화를 통해 지혜로움의 상황을 인지하게 하고 일상생활에서 한 번 더 생각하고 행동하는 습관을 기르도록 하는 것이 중요하다.	

차시	단계	주요 내용 및 활동	시간(분)	준비물	유의점
1	탐색하기	• 기초 인성놀이 – '침착함을 유지해' • 놀이 후 성찰 – 놀이의 의미 탐색	30	동화책(같은 책 3권), 반환점, 초시계	집중하는 신체 부위에 따른 느낌의 차이를 비교해 본다.
	이해하기	• 동영상 시청 – '지혜의 왕 솔로몬' • 덕목 이해하기 – '지혜로움'의 의미 알기	10	동영상	
2	표현하기	• 심화 인성놀이 – 솔로몬의 선택 • 놀이 후 성찰 – 놀이를 통해 깨달은 점 느끼기	25	동영상 학습지	
	내면화하기	• 활동 소감 나누기 • 덕목 미션 세우기 • 인성구호 외치기	15	워크북	
가정연계	습관화하기	• 일주일 동안 덕목 실천하고 점검하기		워크북	생활과 연계된 사후 활동

7회기(13~14차시): 사랑해요! 부모님

예의		
학습목표	• 놀이를 통해 부모님의 마음을 알 수 있다. • 부모님께 감사한 마음을 가지고 그 마음을 표현할 수 있다.	
인성놀이	기초 인성놀이	내가 엄마라면
	심화 인성놀이	손끝으로 전하는 사랑
관련 교과	도덕	5. 웃어른을 공경해요(3~4/4)
지도의 주안점	본 회기는 부모님과 갈등을 시작되는 초등학교 고학년의 특성에 맞추어 그 갈등을 역할놀이로 표현하되 자신이 부모님이 되어보게 함으로써 부모임의 마음을 헤아릴 수 있도록 하였다. 또한 '손끝으로 전하는 사랑' 활동을 통해 부모님께 감사하는 마음을 직접 표현하는 방법을 익히도록 하였다. 본 회기는 어버이날에 즈음하여 실시하면 계기교육으로도 효과적이다.	

차시	단계	주요 내용 및 활동	시간(분)	준비물	유의점
1	탐색하기	• 기초 인성놀이 – '내가 엄마라면' 놀이하기 • 놀이 후 성찰하기 – 엄마의 마음 느끼기	30	활동지	자신이 엄마 역할을 맡는다.
	이해하기	• 동영상 시청 – 부모와 자녀의 생각차이 • 덕목의 이해 – 부모님의 사랑 알기	10	동영상 교과서	
2	표현하기	• 심화 인성놀이 – '손끝으로 전하는 사랑' 놀이하기 • 놀이 후 성찰하기 – 놀이를 통해 깨달은 점 느끼기	25		놀이를 할 때 장난을 치지 않고 진지하게 하도록 한다.
	내면화하기	• 활동 소감 나누기 • 덕목 미션 세우기 • 인성구호 외치기	15	워크북	
가정 연계	습관화하기	• 일주일 동안 덕목 실천하고 점검하기		워크북	생활과 연계된 사후 활동

8회기(15~16차시): 따돌림 없는 세상

<table>
<tr><th colspan="3">정의</th></tr>
<tr><td>학습목표</td><td colspan="2">• 놀이를 통해 따돌림을 당할 때의 마음을 느낄 수 있다.
• 놀이를 통해 따돌림 상황을 방관하지 않는 마음을 다질 수 있다.</td></tr>
<tr><td rowspan="2">인성놀이</td><td>기초 인성놀이</td><td>'고양이와 쥐' 놀이</td></tr>
<tr><td>심화 인성놀이</td><td>잠깐맨, 계속맨</td></tr>
<tr><td>관련 교과</td><td>도덕</td><td>6. 인권을 존중하는 세상(1,4/4)</td></tr>
<tr><td>지도의 주안점</td><td colspan="2">본 회기는 정의를 기르는 데 있어 초등학교 고학년의 특성에 맞추어 따돌림을 주제로 하였다. 놀이를 통해 따돌림을 당하는 사람의 마음을 충분히 경험하게 하고, 역할극을 통해 방관자가 되지 않고 친구를 도울 수 있는 행동으로 이끌 수 있도록 체험하는 것에 주안점을 두었다. 무엇보다도 모두가 마음속에 정의로움을 가지고 있다는 것을 느끼도록 하는 것이 중요하다.</td></tr>
</table>

<table>
<tr><th>차시</th><th>단계</th><th>주요 내용 및 활동</th><th>시간(분)</th><th>준비물</th><th>유의점</th></tr>
<tr><td rowspan="2">1</td><td>탐색하기</td><td>• 기초 인성놀이 – '고양이와 쥐' 놀이하기
• 놀이 후 성찰하기 – 놀이의 의미 탐색하기</td><td>30</td><td>호루라기</td><td>온 몸으로 하는 놀이이므로 다치지 않게 주의한다.</td></tr>
<tr><td>이해하기</td><td>• 동영상 시청 – 은근한 따돌림
• 덕목의 이해 – 인권에 대해 알아보기</td><td>10</td><td>동영상
교과서</td><td></td></tr>
<tr><td rowspan="2">2</td><td>표현하기</td><td>• 심화 인성놀이 – '잠깐맨, 계속맨'놀이 하기
• 놀이 후 성찰하기 – 놀이를 통해 깨달은 점 느끼기</td><td>25</td><td>활동지</td><td></td></tr>
<tr><td>내면화하기</td><td>• 활동 소감 나누기
• 덕목 미션 세우기
• 인성구호 외치기</td><td>15</td><td>워크북</td><td></td></tr>
<tr><td>가정 연계</td><td>습관화하기</td><td>• 일주일 동안 덕목 실천하고 점검하기</td><td></td><td>워크북</td><td>생활과 연계된 사후활동</td></tr>
</table>

9회기(17~18차시): 배려로 통하는 세상

<table>
<tr><th colspan="3">배려 · 소통</th></tr>
<tr><td>학습목표</td><td colspan="2">• 놀이를 통해 에너지로 소통할 수 있음을 알 수 있다.
• 배려의 의미를 알고 생활 속에서 배려를 실천할 수 있다.</td></tr>
<tr><td rowspan="2">인성놀이</td><td>기초 인성놀이</td><td>텔레파시 게임</td></tr>
<tr><td>심화 인성놀이</td><td>'1분의 배려' 광고 따라잡기</td></tr>
<tr><td>관련 교과</td><td>국어</td><td>6. 말의 영향(7~8/8)</td></tr>
<tr><td>지도의 주안점</td><td colspan="2">본 회기는 소통의 의미를 단순한 의사소통에서 벗어나 모두가 하나로 연결되어 있음을 체험하기 위해 텔레파시 게임을 하였다. 또한 진정한 배려는 아주 작은 마음의 표현이나 실천에서 시작됨을 이해하도록 하여 생활 속에서 작은 일부터 실천할 수 있도록 하는데 주안점을 두었다.</td></tr>
</table>

<table>
<tr><th>차시</th><th>단계</th><th>주요 내용 및 활동</th><th>시간(분)</th><th>준비물</th><th>유의점</th></tr>
<tr><td rowspan="2">1</td><td>탐색하기</td><td>• 기초 인성놀이 – 텔레파시 게임하기
• 놀이 후 성찰하기 – 놀이의 의미 탐색하기</td><td>25</td><td></td><td>진정한 소통은 말 이전에 에너지로 전달됨을 느끼도록 한다.</td></tr>
<tr><td>이해하기</td><td>• 동영상 시청 – 말의 힘, 작은 배려
• 덕목의 이해 – 소통과 배려에 대해 알아보기</td><td>15</td><td>동영상
교과서</td><td></td></tr>
<tr><td rowspan="2">2</td><td>표현하기</td><td>• 심화 인성놀이 – '1분의 배려' 광고 따라잡기
• 놀이 후 성찰하기 – 놀이를 통해 깨달은 점 느끼기</td><td>25</td><td>학습지</td><td></td></tr>
<tr><td>내면화하기</td><td>• 활동 소감 나누기
• 덕목 미션 세우기
• 인성구호 외치기</td><td>15</td><td>워크북</td><td></td></tr>
<tr><td>가정연계</td><td>습관화하기</td><td>• 일주일 동안 덕목 실천하고 점검하기</td><td></td><td>워크북</td><td>생활과 연계된 사후 활동</td></tr>
</table>

10회기(19~20차시): 우리는 하나

<table>
<tr><th colspan="6">시민성</th></tr>
<tr><td>학습목표</td><td colspan="5">• 놀이를 통해 모두가 하나 되었을 때의 기쁨을 느낄 수 있다.
• 지구촌 문제에 대한 관심을 가질 수 있다.</td></tr>
<tr><td rowspan="2">인성놀이</td><td>기초 인성놀이</td><td colspan="4">다함께 으랏차차</td></tr>
<tr><td>심화 인성놀이</td><td colspan="4">지구인이 되어</td></tr>
<tr><td rowspan="2">관련 교과</td><td>도덕</td><td colspan="4">8. 우리 모두를 위하여(1/4)</td></tr>
<tr><td>사회</td><td colspan="4">2. 환경과 조화를 이루는 국토(8/11)</td></tr>
<tr><td>지도의 주안점</td><td colspan="5">본 회기는 시민성을 기르기 위해 먼저 우리 반 친구들과 모두 하나임을 놀이를 통해 체험하게 한 후, 우리 나라를 넘어서 지구촌 사람 모두가 하나임을 느끼게 하는 데 주안점이 두고 있다. 지구촌의 여러 사람들의 모습을 살펴봄으로써 공평하고 공존할 수 있는 세계시민으로서의 마음을 가질 수 있도록 하는 것이 중요하다.</td></tr>
<tr><th>차시</th><th>단계</th><th>주요 내용 및 활동</th><th>시간(분)</th><th>준비물</th><th>유의점</th></tr>
<tr><td rowspan="2">1</td><td>탐색하기</td><td>• 기초 인성놀이 – '우리는 하나' 놀이로 공동체 의식 체험하기
• 놀이 후 성찰하기 – 놀이의 의미 탐색하기</td><td>25</td><td></td><td>여러 명이 함께 움직이므로 안전에 유의한다.</td></tr>
<tr><td>이해하기</td><td>• 동영상 시청 – 지구가 100명의 마을이라면
• 덕목의 이해 – 공동체에 대해 알아보기</td><td>15</td><td>동영상
교과서</td><td></td></tr>
<tr><td rowspan="2">2</td><td>표현하기</td><td>• 심화 인성놀이 – 지구인이 되어
• 놀이 후 성찰하기 – 놀이를 통해 깨달은 점 느끼기</td><td>25</td><td>색종이, 가위, 연필풀, 학습지</td><td></td></tr>
<tr><td>내면화하기</td><td>• 활동 소감 나누기
• 덕목 미션 세우기
• 인성구호 외치기</td><td>15</td><td>워크북</td><td></td></tr>
<tr><td>가정 연계</td><td>습관화 하기</td><td>• 일주일 동안 덕목 실천하고 점검하기</td><td></td><td>워크북</td><td>생활과 연계된 사후 활동</td></tr>
</table>

1회기(1~2차시): 소중한 나

<table>
<tr><th colspan="5">자기 존중</th></tr>
<tr><td colspan="2">학습목표</td><td>• 나의 장점을 찾아 칭찬할 수 있다.
• 나의 가치를 알고, 사랑하는 마음을 가질 수 있다.</td><td>인성역량</td><td>감성</td></tr>
<tr><td colspan="2">인성놀이</td><td>온 몸으로 장점 찾기(기초), 나를 외쳐라!(심화)</td><td>관련교과</td><td>도덕</td></tr>
<tr><td colspan="2" rowspan="2">준비물</td><td colspan="3">교사 | 동영상, 활동지, 잔잔한 음악, 책상과 의자</td></tr>
<tr><td colspan="3">학생 | 필기도구, 도덕 교과서, 워크북34</td></tr>
<tr><th>차시</th><th>학습 단계</th><th>교수 · 학습 활동</th><th>시간</th><th>자료(■) 및 유의점(※)</th></tr>
<tr><td rowspan="2">1</td><td>탐색하기</td><td>▣ 기초인성놀이
〈온 몸으로 장점 찾기〉
• 온 몸을 두드리면서 장점 찾기
- 머리, 어깨, 팔, 가슴, 허리, 다리를 두드려 봅시다.
• 칭찬 단전치기
- 아랫배를 두드리며 리듬에 맞추어 자기 칭찬을 해봅시다.
<table><tr><th colspan="4">개인</th><th colspan="4">전체</th></tr><tr><td>☺</td><td>☺</td><td>☺</td><td>☺</td><td>☺</td><td>☺</td><td>☺</td><td>☺</td></tr><tr><td>나</td><td>는</td><td>예쁘</td><td>다</td><td>그래</td><td>맞다</td><td>-</td><td>-</td></tr></table>
(☺: 단전치기)

▣ 놀이 후 성찰
• 내 몸과 마음 느끼기
- 호흡을 고르고 편안히 앉아봅시다.
- 내 몸의 느낌은 어떠한가요?
- 내 마음의 느낌은 어떠한가요?
• 나의 장점 적어보기
- 구석구석 숨어 있는 나의 아름다움과 장점을 모두 적어 봅시다.</td><td>15′

15′</td><td>※ 한명씩 돌아가면서 자기 칭찬을 하면 나머지 사람들이 '그래 맞다!'로 호응해준다.

※ 머리끝부터 발끝까지 몸의 부위 하나 하나를 짚어가면서 이완시킨다.
■ 활동지1</td></tr>
<tr><td>이해하기</td><td>▣ 동영상 시청
• 동영상을 보고 느낌 나누기
- 자신에 대한 믿음에 따라 행동이 어떻게 달라졌나요?
- 동영상을 보고 나서 알게 된 점은 무엇인가요?

▣ 덕목의 이해
• 자기존중감 알기
- 자기존중감을 읽어 봅시다.
- 자기 자신을 얼마나 존중하고 사랑하나요?</td><td>10′</td><td>■ 동영상
- 매력찾기 실험 카메라
http://news.sbs.co.kr/news/endPage.do?news_id=N1000643203
■ 도덕교과서 51쪽</td></tr>
</table>

<table>
<tr><th>차시</th><th>학습 단계</th><th>교수 · 학습 활동</th><th>시간</th><th>자료(■) 및 유의점(※)</th></tr>
<tr><td rowspan="2">2</td><td>표현 하기</td><td>▣ 심화인성놀이
〈나를 외쳐라!〉
• 자아선언문 작성하기
- 나의 장점 중 가장 마음에 드는 것을 하나 골라 문장을 완성해봅시다. (예: 나는 잘 웃는 내가 참 좋다)
나는 (　　　)한 내가 참 좋다 !
• 자아선언하기
- 교실 앞 책상위에 올라가 친구들 앞에서 자아선언문을 외쳐봅시다.

▣ 놀이 후 성찰
• 자기 사랑 명상하기
- 호흡을 고르고 편안히 앉아봅시다.
- 자아 선언을 하면서 무엇을 느꼈는지 떠올려본다.
- 가슴 앞에 손을 포개어 나에게 ‘사랑한다’고 작은 소리로 말해준다.</td><td>20′

5′</td><td>■ 책상, 의자
※ 친구들 앞에 나가기 전에 자기 자리에서 연습을 해본다.
※ 자아선언이 끝나면 모두 박수를 쳐준다.

■ 잔잔한 음악</td></tr>
<tr><td>내면화 하기</td><td>▣ 활동소감 나누기
• 활동 후 느낌 나누기
- 오늘 활동하면서 느낀 점을 글이나 글로 표현해봅시다.
- 활동 소감을 친구와 나누어봅시다.

▣ 덕목 미션 세우기
• 덕목 미션 세우기
- 나의 장점을 키우고, 아름다운 사람이 되기 위한 나만의 미션을 세워봅시다.

▣ 인성 구호 외치기
- 오늘의 인성 구호를 외쳐봅시다.
나는 내가 참 좋다 !</td><td>15′</td><td>■ 워크북</td></tr>
</table>

▣ 평가 계획

<table>
<tr><th>성취기준</th><td colspan="3">자신의 장점을 찾고, 자신감 있게 자아선언을 할 수 있는가?</td></tr>
<tr><th rowspan="2">평가기준</th><td>상</td><td>중</td><td>하</td></tr>
<tr><td>자신의 장점을 잘 찾고 자신감 있게 자아선언을 한다.</td><td>자신의 장점을 잘 찾았는데, 자아선언을 잘 하지 못한다.</td><td>자신의 장점을 잘 찾지 못하고, 자아선언을 잘 하지 못한다.</td></tr>
<tr><th>평가방법</th><td colspan="3">관찰 및 자기 평가</td></tr>
</table>

수업자료 1

학습지	나의 장점 찾기	자기존중
	제 학년 반 이름 ( )	

▣ 구석구석 숨어 있는 나의 아름다움과 장점을 모두 적어봅시다.

▣ 나의 많은 아름다움과 장점 중에서 가장 마음에 드는 것 한 가지를 골라 다음 문장을 완성해 봅시다.

나는 ( )한 내가 참 좋다 !

2회기(3~4차시): 내 마음 내맘대로

<table>
<tr><th colspan="6">자기조절</th></tr>
<tr><td colspan="2">학습목표</td><td colspan="2">• 놀이를 통해 다양한 감정을 느끼고, 그 감정을 알아차릴 수 있다.
• 호흡을 통해 감정을 조절할 수 있음을 체험할 수 있다.</td><td>인성역량</td><td>감성</td></tr>
<tr><td colspan="2">인성놀이</td><td colspan="2">감정풍선 놀이(기초), STOP 1,2,3!(심화)</td><td>관련교과</td><td>도덕</td></tr>
<tr><td colspan="2" rowspan="2">준비물</td><td>교사</td><td colspan="3">동영상, 풍선, 반환점, 초시계, 사탕이나 초콜릿, 포스트 잇</td></tr>
<tr><td>학생</td><td colspan="3">필기도구, 도덕 교과서, 워크북</td></tr>
<tr><th>차시</th><th>학습 단계</th><th colspan="2">교수 · 학습 활동</th><th>시간</th><th>자료(■) 및 유의점(※)</th></tr>
<tr><td rowspan="2">1</td><td>탐색 하기</td><td colspan="2">▣ 기초인성놀이
• '감정 풍선 놀이'를 해봅시다.
1. 4명이 한 모둠을 만든다.
2. 각 모둠에 풍선 한 개씩 나누어준다.
3. 먼저 두 모둠이 나와 출발점에 선다.
4. 출발 신호와 함께 4명이 손을 잡고 풍선을 띄우면서 반환점을 돌아온다. 이때 잡은 손이 풀어지거나, 풍선이 바닥에 떨어지면 그 지점에서 다시 시작한다.
5. 교사는 반환점을 돌아서 출발점으로 다시 돌아올 때까지의 시각을 초시계로 측정하여 칠판에 기록한다.
6. 가장 빠른 시간 안에 돌아온 모둠에게 보상을 해준다.

▣ 놀이 후 성찰
• 감정 알아차리기
- 지금 이 순간의 감정을 어떠한가요?(한단어로 표현하기)
• 심장 느끼기 후 감정 알아차리기
- 오른손을 심장에 대고 심장 박동을 느껴봅시다.
- 눈을 감고 1분 동안 심장의 몇 번 뛰는지 박동 수를 세어봅시다.
- 지금 느끼는 감정은 어떠한가요?</td><td>25′

5′</td><td>■ 풍선, 반환점, 초시계, 사탕이나 초콜릿
※ 경쟁게임을 통해 의도적으로 다양한 감정을 불러일으킨다.</td></tr>
<tr><td>이해 하기</td><td colspan="2">▣ 동영상 시청
• 동영상을 보고 느낌 나누기(분노조절 장애)
- 화가 날 때 어떻게 대처하는 것이 좋을까요?

▣ 덕목의 이해
• 감정에 대해 알기
- 틱 낫한의 글('우리의 마음은 밭이다')을 읽어봅시다.</td><td>10′</td><td>■ 동영상
- 분노조절장애 https://www.youtube.com/watch?v=mhIMTVmra2I
■ 도덕교과서 37쪽</td></tr>
</table>

<table>
<tr><th>차시</th><th>학습
단계</th><th>교수 · 학습 활동</th><th>시간</th><th>자료(■) 및
유의점(※)</th></tr>
<tr><td rowspan="2">2</td><td>표현
하기</td><td>▣ 심화인성놀이
• 심호흡 연습하기
- 편안히 앉아 눈을 감고 숨을 내쉬고 들이쉬는 것에 집중한다.
- 숨을 들이 마시면서 마음속으로 '1,2,3' 숫자를 세고, 내쉬면서 '3,2,1'로 숫자를 센다.
• 'STOP 1,2,3!' 놀이를 해봅시다.
1. 평소 나를 화나게 했던 말을 떠올려보고 그 중 하나를 골라 포스트 잇에 적는다.
2. 4명이 한 모둠이 되어 서로 마주보고 앉는다.
3. 한 사람이 주인공이 되어 가운데로 들어오고 자신이 포스트잇에 적은 말을 친구들에게 보여준다.
4. 친구들은 주인공을 화나게 하는 말을 실제처럼 반복해서 말한다.
5. 주인공은 말을 들으면서 자신의 감정을 충분히 느낀 후 화가 나면 '1,2,3, 3,2,1' 숫자를 세면서 심호흡을 한다.
6. 감정이 조절됨을 체험하면 다음 사람이 체험한다.
▣ 놀이 후 성찰
• 감정 조절에 대한 자신감 갖기
- 'STOP 1,2,3!' 놀이를 하면서 감정이 어떻게 변했나요?
- 감정은 내가 조절할 수 있는 내 안의 친구입니다.</td><td>20′

5′</td><td>■ 포스트 잇
※ 친구들 앞에 나가기 전에 자기 자리에서 연습을 해본다.
※ 자아선언이 끝나면 모두 박수를 쳐준다.</td></tr>
<tr><td>내면화
하기</td><td>▣ 활동 소감 나누기
• 활동 후 느낌 나누기
- 오늘 활동하면서 느낀 점을 글이나 그림으로 표현해봅시다.
- 활동 소감을 친구와 나누어봅시다.
▣ 덕목 미션 세우기
• 덕목 미션 세우기
- 감정조절을 실천할 수 있는 미션을 한 가지 정해봅시다.
▣ 인성 구호 외치기
- 오늘의 인성 구호를 외쳐봅시다.
감정은 내가 아니라 내 것이다.</td><td>15′</td><td>■ 워크북</td></tr>
</table>

▣ **평가 계획**

성취기준	자신의 감정을 알아차리고, 호흡으로 조절할 수 있는가?		
평가기준	상	중	하
	자신의 감정을 알아차리고, 호흡으로 조절할 수 있다.	자신의 감정을 알아차리나, 호흡으로 조절하지 못한다.	자신의 감정을 잘 알아차리거나, 조절하지 못한다.
평가방법	관찰 및 자기 평가		

수업자료 1

워크북	내 마음 내맘대로	자기조절
	제 학년 반 이름 ( )	

▣ 활동 후의 생각이나 느낌을 글이나 그림으로 표현해봅시다.

▣ 나를 성장시키는 일주일 실천표

• 감정조절을 실천할 수 있는 미션을 한 가지 정해봅시다.

요일 / 덕목미션	월	화	수	목	금

▣ 미션을 실천하고 난 느낌을 나누어요.

<table>
<tr><th colspan="6">정직 · 용기</th></tr>
<tr><td colspan="2">학습목표</td><td colspan="2">• 놀이를 통해 자신의 양심 성찰하고 그것을 용기있게 드러낼 수 있다.
• 정직의 의미를 알고 누구나 양심이 있음을 알 수 있다.</td><td>인성역량</td><td>도덕성</td></tr>
<tr><td colspan="2">인성놀이</td><td colspan="2">양심을 모아라!(기초), 톡! 톡! 마음의 먼지 털기(심화)</td><td>관련교과</td><td>도덕, 체육</td></tr>
<tr><td colspan="2" rowspan="2">준비물</td><td>교사</td><td colspan="3">동영상, 탁구공, 숟가락, 바구니, 반환점, 타이머, 정직쪽지, 신문지, 활동지</td></tr>
<tr><td>학생</td><td colspan="3">필기도구, 워크북</td></tr>
<tr><th>차시</th><th>학습 단계</th><th colspan="2">교수 · 학습 활동</th><th>시간</th><th>자료(■) 및 유의점(※)</th></tr>
<tr><td rowspan="2">1</td><td>탐색 하기</td><td colspan="2">▣ 기초인성놀이
• '양심을 모아라!' 놀이를 해봅시다.
1. 4명이 한 모둠이 되어 일정한 간격을 두고 한 줄로 선다. 나머지 모둠도 일정한 간격을 두고 한 줄로 선다.
2. 모둠별로 숟가락을 1개씩 나누어준다.
3. 맨 앞줄에 있는 사람이 숟가락으로 탁구공을 가져다 다음 사람에게 넘겨주고 받은 사람은 다음 사람에게 넘겨주어 맨 마지막 사람이 바구니에 탁구공을 넣는다.
4. 10분 동안 해서 탁구공을 가장 많이 모으는 모둠이 승리한다.
〈놀이 규칙〉
1. 탁구공이 떨어지면 그 자리에서 시작하는 것이 아니고, 처음 탁구공이 있는 바구니에 다시 갖다 놓는다.
2. 탁구공은 숟가락으로만 나르고 절대로 손을 대면 안 된다.
▣ 놀이 후 성찰
• 나의 양심 살피기
- 선생님이 없었는데도 규칙을 잘 지켰나요?
- 이 놀이는 무엇을 알아보기 위한 놀이일까요?</td><td>20′

5′</td><td>■ 탁구공, 숟가락, 바구니, 반환점, 타이머
※ 게임을 하는 동안 교사는 의도적으로 나가 있는다.
※ 경쟁이라는 유혹 속에서 규칙을 지킬 수 있는 마음의 힘을 스스로 성찰할 수 있도록 한다.</td></tr>
<tr><td>이해 하기</td><td colspan="2">▣ 동영상 시청
• 동영상을 보고 느낌 나누기
- 왜 도덕성이 높으면 아이의 경쟁력도 높아질까요?
▣ 덕목의 이해
• 균형잡기로 양심 이해하기
- 바닥에 앉아 발을 떼고 무릎을 살짝 굽혀 몸을 각도기 모양으로 만들어 균형을 유지해보세요. 편안한가요?
- 그 상태에서 무게중심을 한 쪽 엉덩이에만 두어 몸을 옆으로 기울여 보세요. 편안한가요?
- 눈을 감고 몸을 기울여보세요. 편안한가요?</td><td>10′</td><td>■ 동영상 도덕성이 경쟁력이다. https://www.youtube.com/watch?v-lilm3r-vGY5Q
※ 균형잡기를 통해 마음의 균형감각이 바로 양심임을 인지시킨다.</td></tr>
</table>

<table>
<tr><th>차시</th><th>학습
단계</th><th>교수 · 학습 활동</th><th>시간</th><th>자료(■) 및
유의점(※)</th></tr>
<tr><td rowspan="2">2</td><td>표현
하기</td><td>▣ 심화인성놀이
• '톡! 톡! 마음의 먼지 털기' 놀이하기
1. 4명이 한 모둠이 되어 둘러앉으면 모둠별로 신문지와 정직쪽지를 나누어 준다.
2. 거짓말을 해서 주변 사람들이나 나 자신을 속인 경험을 떠올린 후 정직쪽지에 적는다. (생각나는 대로 모두 적는다.)
3. 적은 쪽지를 두 번 접어서 모둠 바구니에 넣는다.
4. 바구니가 채워지면 모아진 쪽지를 돌아가면서 한 사람씩 읽는다.
5. 쪽지에 적힌 경험이 나에게도 있으면 가운데 놓인 신문지를 한 장씩 가져간다.
6. 바구니에 채워진 쪽지를 다 읽었으면 자신이 가진 신문지를 확인한 후 신문지를 모두 찢어 자유롭게 날려버린다.
7. 충분히 날린 후 다시 주워서 양심 쓰레기통에 모두 버린다.
▣ 놀이 후 성찰
• 나의 마음 살피기
- 놀이를 하고 난 후의 마음을 느껴보세요.
- 정직하지 못했던 행동들이 여러분 본래의 모습일까요?
- 여러분의 본래 모습은 선하고 밝은 양심의 모습입니다.</td><td>20′

5′</td><td>■ 활동지1
정직쪽지,
신문지,
※ 쪽지 하나에 한 사건만 적도록 하되 여러 개를 적을 수 있도록 한다.

※ 누구나 본래의 모습은 정직하다는 것을 강조한다.</td></tr>
<tr><td>내면화
하기</td><td>▣ 활동 소감 나누기
- 오늘 활동하면서 느낀 점을 적어 봅시다.
- 활동 소감을 친구와 나누어봅시다.
▣ 덕목 미션 세우기
- 일주일 동안 나의 양심적인 행동과 마음을 통장으로 모아봅시다.
▣ 인성 구호 외치기
• 동영상 시청
- 동영상을 시청한 후 인성 구호를 외쳐봅시다.
나는 정직하다!</td><td>15′</td><td>■ 워크북
■ 동영상-당신은 정직한가?
https://www.youtube.com/watch?v=7LB0Id5a5Jk</td></tr>
</table>

▣ **평가 계획**

<table>
<tr><td>성취기준</td><td colspan="3">규칙을 지켜 놀이하고, 자신의 잘못을 솔직하게 드러낼 수 있는가?</td></tr>
<tr><td rowspan="2">평가기준</td><td>상</td><td>중</td><td>하</td></tr>
<tr><td>규칙을 지켜 놀이하고, 자신의 잘못을 솔직하게 드러낸다.</td><td>규칙을 지켜 놀이하나, 자신의 잘못을 솔직하게 드러내지 못한다.</td><td>규칙을 지키지 못하며, 자신의 잘못을 솔직하게 드러내지 못한다.</td></tr>
<tr><td>평가방법</td><td colspan="3">관찰 및 자기 평가</td></tr>
</table>

수업자료 1

활동지	내 마음의 맑은 잣대	정직 · 용기
	제　학년　반　이름 (　　　　　　　)	

▣ 그동안 정직하지 못했던 경험을 떠올리고 '나는 ~한 적이 있다'의 문장으로 적어봅시다.

☆ **정직 쪽지** (그동안 정직하지 못했던 경험을 한 가지 적습니다. "나는 ~한 적이 있다")	☆ **정직 쪽지** (그동안 정직하지 못했던 경험을 한 가지 적습니다. "나는 ~한 적이 있다")
☆ **정직 쪽지** (그동안 정직하지 못했던 경험을 한 가지 적습니다. "나는 ~한 적이 있다")	☆ **정직 쪽지** (그동안 정직하지 못했던 경험을 한 가지 적습니다. "나는 ~한 적이 있다")
☆ **정직 쪽지** (그동안 정직하지 못했던 경험을 한 가지 적습니다. "나는 ~한 적이 있다")	☆ **정직 쪽지** (그동안 정직하지 못했던 경험을 한 가지 적습니다. "나는 ~한 적이 있다")

5회기(9~10차시): 마음먹은 대로 끝까지

<table>
<tr><th colspan="6">성 실</th></tr>
<tr><td colspan="2">학습목표</td><td>• '인내의 건포도' 놀이를 통해 만족지연능력을 기를 수 있다.
• 성실을 방해하는 상황을 극복하는 방법을 찾을 수 있다.</td><td>인성역량</td><td colspan="2">도덕성</td></tr>
<tr><td colspan="2">인성놀이</td><td>'인내의 건포도' 놀이(기초), 쪼개진 조각 맞추기(심화)</td><td>관련교과</td><td colspan="2">도덕, 창체</td></tr>
<tr><td rowspan="2">준비물</td><td>교사</td><td colspan="4">동영상, 활동지, 초콜릿, 색종이, 봉투</td></tr>
<tr><td>학생</td><td colspan="4">필기도구, 워크북, 가위</td></tr>
<tr><th>차시</th><th>학습 단계</th><th colspan="2">교수 · 학습 활동</th><th>시간</th><th>자료(■) 및 유의점(※)</th></tr>
<tr><td rowspan="2">1</td><td>탐색하기</td><td colspan="2">▣ 기초 인성놀이
• '인내의 초콜릿' 놀이를 해 봅시다.
1. 눈을 감고 의자에 편안히 앉는다.
2. 교사가 초콜릿을 나누어 주는 동안 눈을 뜨지 않고 묵언으로 기다리며 마음을 느낀다.
3. 초콜릿를 받으면 손으로 만져보고, 냄새도 맡고, 소리도 들으면서 무엇인지 궁금해 하고, 확인해보고 싶은 마음을 느끼도록 한다.
4. 천천히 눈을 떠 초콜릿을 확인하고, 비닐 종이를 벗겨 다시 냄새를 맡아 본 후 다시 책상 위에 올려놓는다.
5. 5분 동안 초콜릿을 먹지 않고 참으며 몸과 마음에서 일어나는 생각이나 반응을 느낀다.
6. 이제 천천히 초콜릿을 입에 넣은 후 1분 동안 기다린다.
7. 침이 나오면서 초콜릿이 녹는 느낌, 깨물고 싶은 마음을 느낀다.(단, 아직 삼키면 안 된다.)
8. 살짝 한번만 깨물어본다. 이 때의 맛을 느끼고 씹어 삼키고 싶은 마음을 참고 끝까지 견딘다. (1분)
9. 이제 천천히 씹으면서 달콤한 맛을 느끼고 삼킨다.
10. 선생님의 지시에 끝까지 따른 사람에게는 초콜릿을 하나 더 준다.
▣ 놀이 후 성찰
• 놀이의 의미 탐색하기
- '인내의 초콜릿'을 먹으면서 느낀 점을 이야기해봅시다.
- 이 놀이는 무엇을 체험하기 위한 놀이일까요?</td><td>15′

5′</td><td>초콜릿(작게 개별 포장된 것)
※ 교사의 지시에 따르는 사람에게 초콜릿을 하나 더 준다고 사전에 이야기한다.

※ 놀이에 대한 학생들의 다양한 의견을 듣고, 다음 동영상을 시청한 후 그 의미를 알려준다.</td></tr>
<tr><td>이해하기</td><td colspan="2">▣ 동영상 시청
• 동영상을 보고 느낌 나누기
- 동영상을 보고 놀이의 의미와 연관지어 봅시다.
- 유혹을 참아내는 유일한 방법은 무엇인가요?(상황전환)
▣ 덕목의 이해
• 성실에 대해 알아보기
- 우리가 참고 꾸준히 해야 하는 상황에 대해 이야기하기
- 자신이 생각하는 '성실'에 대해 한 줄로 정의해봅시다.</td><td>15′</td><td>■ 동영상
-마시멜로 실험 그 결과는
https://www.youtube.com/watch?v=DOp_kKPhnN4</td></tr>
</table>

차시	학습 단계	교수 · 학습 활동	시간	자료(■) 및 유의점(※)
2	표현하기	▣ 심화 인성놀이 • '쪼개진 조각 맞추기' 놀이를 하면서 인내의 힘을 길러 봅시다. 1. 4명을 한 모둠으로 만든다. 2. 각 모둠에 같은 색의 색종이를 4장씩 주어 각사 색종이 한 장을 가위로 오려 4개의 조각을 만들도록 한다. 3. 이 조각들을 모두 섞어 봉투에 넣은 후 다른 모둠과 바꾼다. 4. 다른 모둠에서 받은 조각들을 4개씩 나눠 가진 후 원래의 사각형이 되도록 조각을 맞춘다. 5. 30초가 지나 교사가 '넘겨'라는 신호를 보내면, 자신의 조각 중 하나를 오른쪽 사람에게 넘기고, 왼쪽사람에게 받은 조각으로 다시 사각형을 맞춘다. 6. 몇 번의 시도에도 조각이 잘 안 맞아 포기하고 싶을 때 상황 전환을 위한 푸시업을 5~10번 하고 다시 시작한다. 7. 사각형을 맞춘 사람이 있으면, 나머지 사람끼리 조각을 주고받으면서 끝까지 맞추려고 노력한다. ▣ 놀이 후 성찰 • 놀이를 통해 깨달은 점 느끼기 - 놀이를 하고 난 후의 무엇을 느꼈나요? - 놀이에 임하는 나의 모습이 어땠는지 성찰해봅시다.	20′ 5′	■ 색종이, 가위, 봉투 ※ 이 놀이는 쪼개진 사각형을 맞추는 것 보다 잘 풀리지 않는 상황에서 포기하고 싶을 때 상황을 전환하는 동작을 함으로써 인내심을 기르는데 목적이 있으므로 조각을 다 맞추지 않더라도 시간이 지나면 놀이를 종료한다.
	내면화하기	▣ 활동 소감 나누기 - 오늘 활동하면서 느낀 점을 적어 봅시다. - 활동 소감을 친구와 나누어봅시다. ▣ 덕목 미션 세우기 - 평소 내가 고치고 싶은 습관을 선택하고 일주일간 지켜 봅시다. ▣ 인성 구호 외치기 - 오늘의 인성 구호를 외쳐봅시다. **나는 성실한 사람이다!**	15′	■ 워크북

▣ 평가 계획

성취기준	고치고 싶은 습관을 일주일동안 잘 실천했는가?		
평가기준	상	중	하
	고치고 싶은 습관을 일주일동안 잘 실천했다.	고치고 싶은 습관을 일주일동안 어느 정도 실천했다.	고치고 싶은 습관을 일주일동안 거의 실천하지 못했다.
평가방법	워크지의 덕목미션 자기 평가 기록으로 평가		

수업자료 1

활동지	마음먹은 대로 끝까지	성 실
	제 학년 반 이름 ( )	

▣ 인성놀이 후 느낀 점

1. '인내의 초콜릿' 놀이를 하면서 무엇을 느꼈는지 적어봅시다.

2. '쪼개진 조각 맞추기' 놀이를 하면서 느낀 점을 적어봅시다.

▣ 나를 성장시키는 일주일 실천표

• 평소 내가 고치고 싶은 습관을 선택하고 일주일간 지켜봅시다.

요일 덕목미션	월	화	수	목	금

▣ 미션을 실천하고 난 느낌을 나누어요.

가. 1회기: 소중한 나 [자기존중]

활동사진 및 결과물

〈온 몸 깨우기〉

〈다 함께 지아선언하기〉

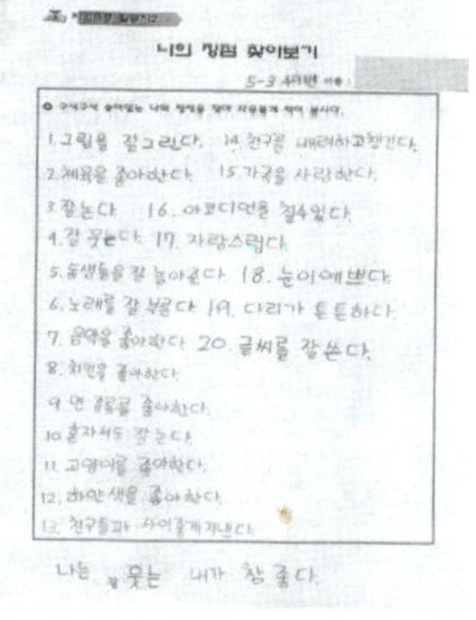

〈학습지1 - 장점찾기〉

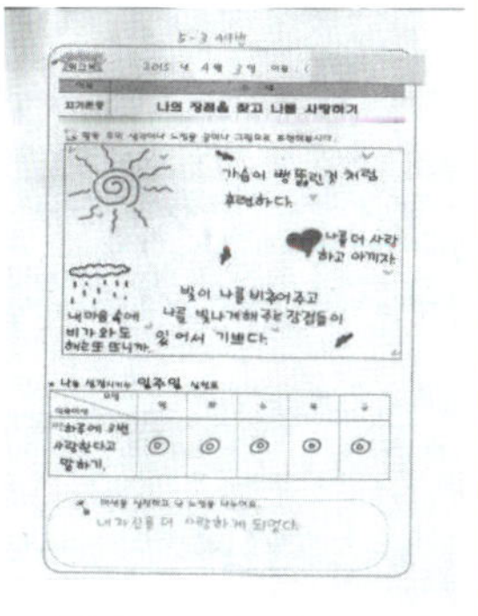

〈학습지2 - 나눔 및 미션〉

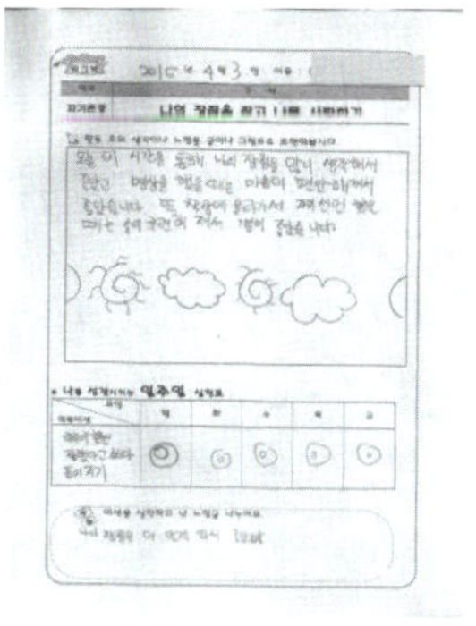

〈학습지2 - 나눔 및 미션〉

학생소감 및 인터뷰 내용

- 학생 소감: 나의 장점이 이렇게 많은지 몰랐고, 명상을 했을 때는 마음이 편안해져서 좋았다. 책상에 올라가서 자아선언을 하니 속이 후련해져서 기분이 좋았다.(김○○)

- 인터뷰 내용: 수업 활동을 하면서 변화된 점이 무엇인가요?
  아침에 언니 때문에 기분이 안 좋았는데 책상위에 올라가 큰 소리로 외치니 가슴이 뻥 뚫리는 것 같고, 자신감도 생겼다. (박○○)

나. 2회기: 내 마음 내 맘대로 [자기조절]

활동사진 및 결과물

〈감정 풍선 놀이〉

〈STOP 1, 2, 3 〉

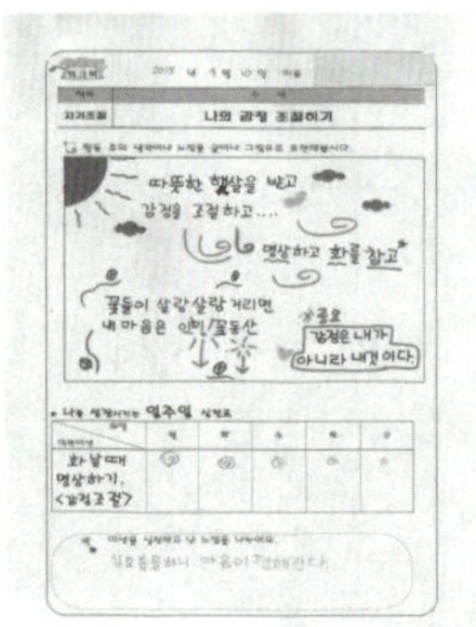

〈학습지1 - 나눔 및 미션〉

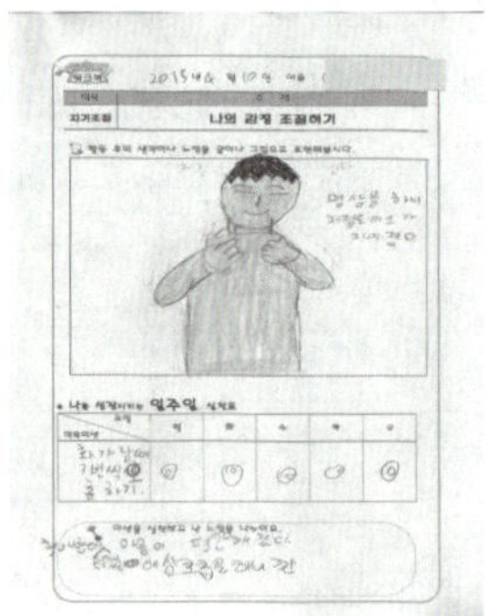

〈학습지2 - 나눔 및 미션〉

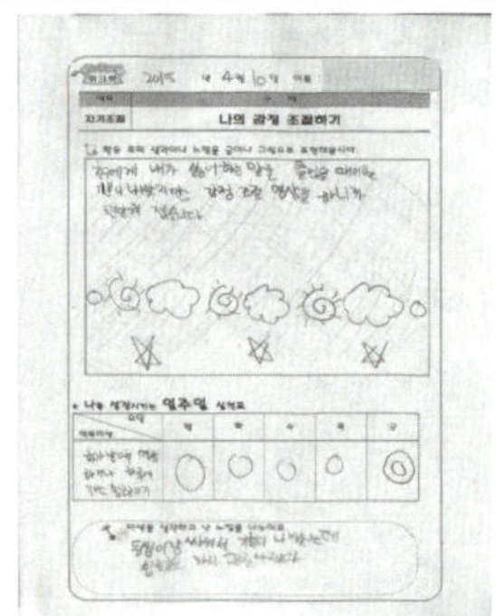

〈학습지3 - 나눔 및 미션〉

학생소감 및 인터뷰 내용

- 학생 소감: 감정풍선 놀이를 할 때는 선생님이 우리 기록을 잘못 재서 억울했는데 심장 느끼기를 하니 좀 편안해졌다. (김○○)

- 인터뷰 내용: 덕목미션을 하면서 변화된 점은 무엇인가요?
  덕목 미션으로 '화가 날 때 심호흡하기'로 정했어요. 엊그제 친구가 나를 깜짝 놀래켜서 너무 깜짝 놀라 그 친구한테 욕을 하고 싶었지만, 심호흡을 하니 욕을 하고 싶은 마음이 안들었어요. (김○○)

덕목별 인성동영상 자료

인성 덕목	동영상 제목	화면	주요 내용
자기 존중	매력찾기 실험카메라		이 동영상은 5명의 대학생이 길을 찾는 과정에서 업무의 수행력과 매력도를 찾는 실험을 나타낸 동영상이다. 자신에 대한 긍정적인 믿음이 적극적인 행동의로의 변화를 이끈다는 내용
		☞출처: SBS 뉴스: 국내 최초 매력찾기 실험 카메라 http://news.sbs.co.kr/news/endPage.do?news_id=N1000643203	
자기 조절	분노조절장애		이 동영상은 화를 참지 못하는 '분노조절장애'에 관련된 영상이다. 분노는 인간의 자연스러운 감정이기 때문에 억누르기보다는 신체활동이나 운동 등으로 스트레스를 풀고 스스로 감정조절을 조절할 수 있는 힘을 길러주는 것이 중요하다
		☞출처: EBS NEWS - [심층취재] 화를 참지 못하는 아이들 '분노조절장애' https://www.youtube.com/watch?v=mhlMTVmra2I	
성식 용기	도덕성이 경쟁력이다		이 동영상은 도덕성 지수가 높은 아이들(빨간팀)과 낮은 아이들(파란팀)이 두 팀으로 나누고 다양한 게임을 통해 그 행동을 관찰하는 실험이다. 도덕성이 높은 아이들은 규칙을 잘 지키지만 낮은 아이들은 규칙을 지키지 못한다. 도덕성이 높으면 그 아이의 경쟁력도 높아진다.
		☞ 출처: EBS 다큐프라임 '아이의 사생활-도덕성', 유투브 '도덕성이 경쟁력이다' https://www.youtube.com/watch?v=hlm3r-vGY5Q	

인성 덕목	동영상 제목	화면	주요 내용
정직 용기	당신은 정직한가?		이 동영상은 포장된 선물과 GPS가 든 종이가방 100개를 서울의 지하철 곳곳에 두고 그 위치를 추적함으로써 사람들의 정직성을 실험하는 영상이다. 하루가 지나자 지하철에 남아있는 종이가방은 6개에 불과했다. 그러나 다음 날 놀라운 일이 벌어진다. 즉 서울의 지하철 유실물센터에 81개가 접수된 것이다.
		☞ 출처: 유투브 '당신은 정직한가?' https://www.youtube.com/watch?v=7LB0Id5a5Jk	
책임	움직이세요.		쓰레기통 옆에 버려진 쓰레기를 보고 고민만 하던 사람이 '움직이세요!' 라고 말함과 동시에 쓰레기를 휴지통에 버리는 내용
		☞ 출처: 움직이세요(공익광고) https://www.youtube.com/watch?v=0y6fBynoR1M)	
	말하세요		학교폭력 현장을 목격한 어른이 어떻게 할까 고민하다가 직접 가서 하지 말라고 말해서 해결해주는 내용
		☞ 출처: 말하세요 (공익광고) https://www.youtube.com/watch?v=NgRD07kAfPY	

<table>
<tr><th>인성 덕목</th><th>동영상 제목</th><th>화면</th><th>주요 내용</th></tr>
<tr><td rowspan="2">성실</td><td rowspan="2">마시멜로 실험 그 결과는</td><td></td><td>마시멜로 실험을 통해 만족지연 능력이 높은 아이가 성인이 되어서도 성공하고 행복한 가정을 이루었다는 연구 결과에 대한 내용. 유혹을 억지로 참는 것은 오히려 효과가 적으며 상황을 전환하는 지혜가 필요하다고 함</td></tr>
<tr><td colspan="2">☞ 출처: 마시멜로 실험 그 결과는
https://www.youtube.com/watch?v=DOp_kKPhnN4</td></tr>
<tr><td rowspan="4">지혜</td><td rowspan="2">지혜의 왕 솔로몬</td><td></td><td>지혜의 왕 앞에 아기를 사이에 두고 다투는 두 여인이 나타나 서로 자신의 아이라고 주장한다. 솔로몬은 아이를 반으로 나누어 가지라고 판결을 내렸고 그것을 반대한 여인이 진짜 아이의 어머니라고 지혜롭게 판결하는 이야기</td></tr>
<tr><td colspan="2">☞ 출처: [부키의성경동화] 지혜의 왕 솔로몬
https://www.youtube.com/watch?v=yjsL_wg_wPg</td></tr>
<tr><td rowspan="2">솔로몬의 새판</td><td></td><td>은행이 없던 시절 세사람이 돈을 땅에 묻었는데 그 중 한사람이 그것을 훔쳤다. 이튿날 세사람이 솔로몬에게 범인을 찾아달라고 하자 솔로몬은 자신이 새판에 어려움을 겪고 있는 이야기를 들려주며 누가 범인인지 알아내도록 유도하는 내용</td></tr>
<tr><td colspan="2">☞ 출처: 지혜로 이끄는 글 8-솔로몬의 재판
https://www.youtube.com/watch?v=u8K9oRiQ3II</td></tr>
</table>

인성 덕목	동영상 제목	화면	주요 내용
예의	부모와 자녀의 생각차이	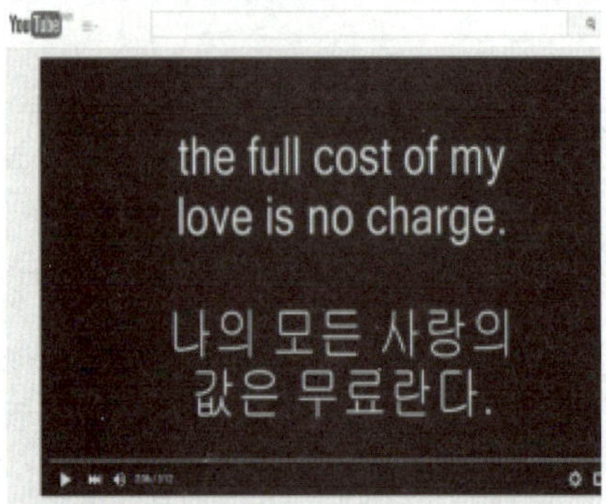 	자녀가 부모를 위해 한 일에 값을 메기는 반면, 부모는 자녀를 위해 한 일을 무료라고 해서 감동을 주는 내용
		☞ 출처: 유튜브 - 부모와 자녀의 생각차이 https://www.youtube.com/watch?v=fORrkolAiHo	
정의	은근한 따돌림	 	포돌이와 어린이 수사대가 은근한 따돌림의의 현장을 목격하고 그 문제를 해결하도록 돕는 내용의 동영상이다.
		☞ 출처: EBS Kids 포돌이와 어린이 수사대-7회 은근한 따돌림 https://www.youtube.com/watch?v=VQDjWeRpMTA	
배려 소통	말의 힘	 	똑같은 밥에 하나는 "고맙습니다." 다른 하나는 "짜증나!" 소리를 들려준 후 한 달 후에 살펴보니 곰팡이의 색깔과 냄새가 다르게 나타난 것을 통해 말의 힘을 알아보는 영상
		☞ 출처: 유튜브 '말의 힘' https://www.youtube.com/watch?v=Lvntfdy9av0	

<table>
<tr><th>인성 덕목</th><th>동영상 제목</th><th>화면</th><th>주요 내용</th></tr>
<tr><td rowspan="4">배려
소통</td><td rowspan="2">작은 배려</td><td>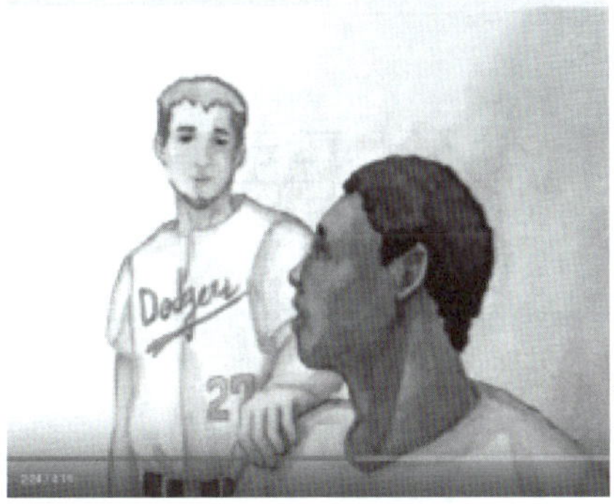</td><td>메이저리그에 진출했는데 인종차별로 인해 힘들어하고 있는 흑인 야구선수에게 어깨를 짚어주는 행동하나로 큰 위로가 되었다는 감동적인 이야기</td></tr>
<tr><td colspan="2">☞ 출처: TV 동화 행복한 세상 시리즈 74화 작은 배려
https://www.youtube.com/watch?v=Ypw7TfsM1hw</td></tr>
<tr><td rowspan="2">하루 1분 배려</td><td></td><td>신문지 대신 던져주는 시간 6초, 어르신과 함께 횡단보도 건너는 시간 23초, 후배에게 커피 타주는 시간 27초 등 1분동안 할 수 있는 작은 배려를 담은 영상</td></tr>
<tr><td colspan="2">☞ 출처: 공익광고협의회 1분의 배려편
https://www.youtube.com/watch?v=72pl_kBf9W8</td></tr>
<tr><td rowspan="2">시민성</td><td rowspan="2">지구가 100명의 마을이라면</td><td></td><td>지구가 100명의 마을이라고 가정했을 때 인종, 경제 생활, 식량, 교육, 먹는 물 등을 비교하여 지구 공동체로서의 마음을 가지도록 한 영상</td></tr>
<tr><td colspan="2">☞ 출처: [유니세프] 지구가 100명의 마을이라면
https://www.youtube.com/watch?v=mglPZ7KALhY</td></tr>
</table>

제3장

뇌기반 리더십 향상 프로그램[3)]

1. 프로그램 개발 목적

급변하는 21세기에 행복한 삶을 살아가기 위한 필수 조건 중 하나로, 리더십을 강조한다(Covey, 1989). 즉, 경제적 어려움과 복잡한 사회 구조에서 조직의 경쟁력을 유지하기 위한 리더십의 중요성과 함께, 조직 리더에 대한 대중적인 관심이 증가하고 있다(Northouse, 2010). 이러한 리더십에 대한 개념은 리더의 영향력(Hersey & Blanchard, 1993), 리더에 의한 집단 목표 성취(Gross & Harriot, 1965), 집단 목표 달성을 위한 집단 구성원간의 상호작용(Bass, 1985) 등 학자들마다 매우 다양하게 정의하고 있다.

특히, 현대 사회의 변화 속도가 매우 빠르고 폭도 넓어지고 있어(문성윤, 2010) 리더십에 대한 연구는 지속적으로 발전하고 있다. 초창기에 등장한 거래적 리더십은 특성이론, 행동이론, 상황이론 등에 근거하여 리더와 구성원 간의 이해관계 및 교환관계를 중심으로 형성되기 때문에, 개인보다는 조직적인 영향력을 하여 깊은 결속력을 유지하기 어렵다(Bass, 1985). 이러한 문제점을 극복하기 위해 등장한 카리스마 리더십, 셀프리더십, 서번트 리더십 등 다양한 형태의 변혁적 리더십은 높은 수준의 도덕적 가치와 이상에 호소하여 구성원들의 행동을 끊임없이 변화시켜 기대 이상의 직무성취를 유도할 수 있다(Burns, 1978). 그러나, 변화를 창조하는 데 직접적인 역할을 하고 비전을 만들어내며 새로운 방향을 지향한다는 점에서 리더를 부하와는 별도로 독립적으로 활동하는 '엘리트적인 존재'라는 인상을 주거나 부하들에게 '기대 이상의 성과'를 강조함으로써 '영웅적 리더십' 편견에 사로잡힐 수 있는 문제점을 가지고 있다(Yukl, 2006). 또

3) 신재한(2018)의 한국연구재단에서 수행한 연구를 재구성하였음.

한, 리더십 유형 중에서 인지적 측면을 강조한 특성이론(Tead, 1951), 행동적인 측면을 강조한 행동이론(Gibb, 1969), 정의적 측면을 강조한 감성 리더십이론(권정해 · 김판희, 2014) 등은 인간의 특성을 종합적인 관점에서 바라보지 못하고 특정 영역의 관점에서만 바라보는 한계성도 존재한다. 따라서, 앞서 제시한 거래적 리더십과 변혁적 리더십의 문제점을 극복하기 위해서는 개인 발전과 조직 발전을 함께 가져올 수 있는 리더십이 필요한 동시에, 인지적 · 행동적 · 정의적 측면 등 종합적인 관점에서 리더십을 발휘할 수 있는 통합적인 리더십이 필요하다.

한편, 최근 뇌에 대한 연구가 활발히 이루어지고 있다. 이러한 뇌는 수평적 차원과 수직적 차원으로 구분할 수 있다. 먼저 수평적 차원에서 보면 언어적, 분석적, 논리적, 계열적 측면을 강조하는 좌뇌와 비언어적, 전체적, 시 · 공간적, 직관적, 형태적, 창의적 측면을 강조하는 우뇌가 있다(Tileston, 2006). 또한, 수직적 차원에서 보면 인지적인 측면을 강조하는 대뇌피질, 정서적인 측면을 강조하는 대뇌변연계, 행동적인 측면을 강조하는 뇌간 등으로 구분할 수 있다. 이러한 수평적 차원과 수직적 차원의 뇌를 통합적으로 활용하고 사용하였을 때 가장 인간의 잠재력을 발휘함으로써 기대 이상의 목표에 도달할 수 있다.

따라서, 리더십의 효과성을 극대화시키기 위해서는 특정 뇌의 부분을 강조하는 리더십이 아니라, 좌뇌와 우뇌의 수평적 통합뿐만 아니라, 대뇌피질, 대뇌변연계, 뇌간의 수직적 통합까지 가능한 뇌친화적인 리더십을 모색할 수 있다.

2. 프로그램 개발을 위한 이론적 기초

가. 뇌기반 리더십의 개념

구분	거래적 리더십	변혁적 리더십	뇌기반 리더십
개념	보상이나 벌을 사용하여 목표를 달성하는 노력을 하는 리더십	비전을 제시하고 개인의 성취욕구와 자아실현을 자극함으로써 사명감, 자신감을 심어주는 동시에 문제해결에 새로운 방법을 제시함으로써 조직의 목표를 달성하는 리더십	좌 · 우뇌의 수평적 통합과 (대뇌피질-대뇌변연계-뇌간)삼위일체의 수직적 통합을 통해 뇌의 잠재능력을 극대화시켜 / 최대한 발현하게 해서 개인과 조직의 목표를 달성하는 리더십

나. 뇌기반 리더십의 구성요소

구분	거래적 리더십	변혁적 리더십	뇌기반 리더십	
			유형	구성요소
조건적 보상	• 노력과 보상 교환 약속 • 성과를 달성하면 보상 제공 • 성취한 결과에 대한 인정	일을 잘못한 경우에도 공개적으로 비난하지 않음으로서 위험을 감수하고 도전할 수 있도록 권장한다.	행동	목표달성 강화 보상 처벌
예외적 관리	• 예외 관리(적극적): 사전에 감독하여 효율적으로 시행하도록 시정조치 • 예외 관리(소극적): 성과기준에서 명백히 이탈했을 경우에만 개입	조직이 정해놓은 기준에 얽매이지 않고, 끊임없이 변화와 발전을 모색한다.	행동	목표설정 피드백제공
카리스마	약함	• 강함 • 리더는 부하에게 비전과 사명감 제공, 가치관 · 존경심 · 자신감 격려	행동 정서	비전제시 사명감 가치관 존경심 자신감
동기부여		리더는 부하에게 비전 제시, 노력에 대한 칭찬, 격려를 통한 사기앙양 등을 통해 업무 매진하도록 활기 제공	행동	비전제시 칭찬 격려
개별적 배려	조직성과의 향상을 목적으로 한 인간적 배려이다.	리더는 부하가 개인적 성장하도록 개별적 관심 제공, 적합한 임무 부여	정서 행동	개인 성장 임무 부여

다. 뇌기반 리더십의 특징

구분	거래적 리더십	변혁적 리더십	뇌기반 리더십
현상	현상을 유지하기 위해 노력함	현상을 변화하기 위해 노력함	현상 유지 및 변화 동시지향
목표지향성	현상과 너무 괴리되지 않은 목표 지향	보통 현상보다 매우 높은 이상적인 목표지향	현상과 동떨어지지 않은 목표와 이상적 목표 동시지향
시간	단기적 전망, 기본적으로 가시적인 보상으로 동기부여	장기적 전망, 부하들에게 장기적 목표를 위해 노력하도록 동기부여	단기적 및 장기적 목표 동시지향

구분	거래적 리더십	변혁적 리더십	뇌기반 리더십
동기부여 전략	부하들에게 즉각적이고도 가시적인 보상으로 동기부여	부하들에게 자아실현 등 높은 수준의 개인적 목표 성취하도록 동기부여	개인 및 조직 목표 동시지향
행동표준화	부하들은 규칙과 관례 따르기 선호	부하들로 하여금 혁신과 실험을 하도록 격려	규칙 준수 및 변화 동시지향
문제해결	부하들을 위해 문제를 해결하거나 해답을 찾을 수 있는 곳을 알려줌	질문을 하여 부하들이 스스로 해결책을 찾도록 격려하거나 함께 일함	리더와 부하가 함께 문제해결

라. 뇌기반 리더십의 유형

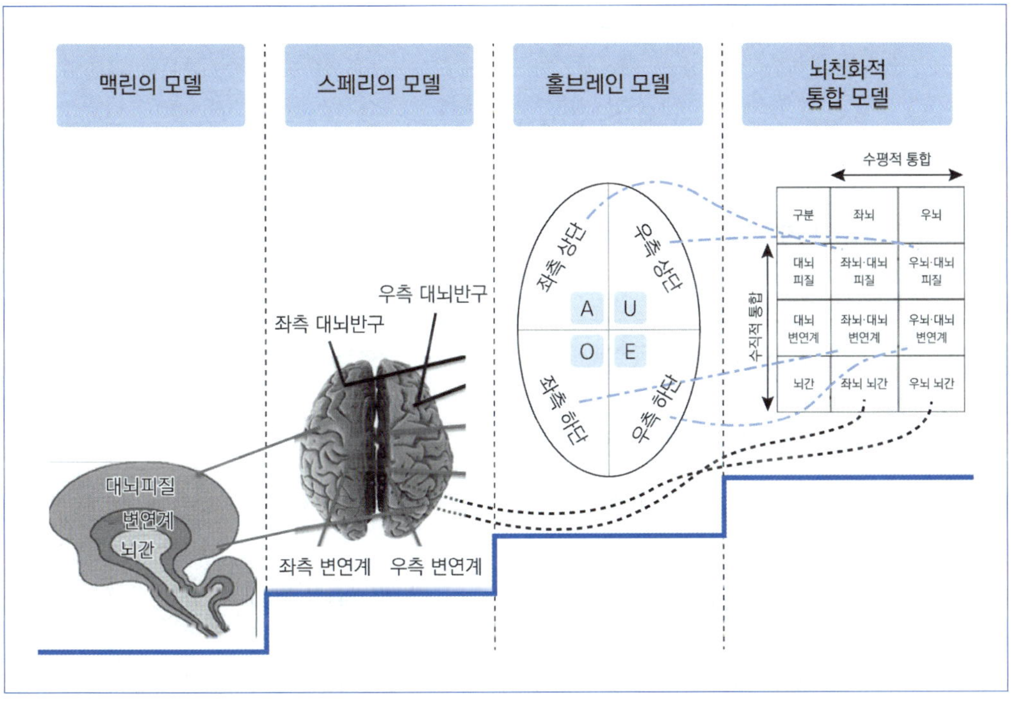

[그림 5-1] **기존의 두뇌 모형과 뇌친화적 통합 모델 비교**

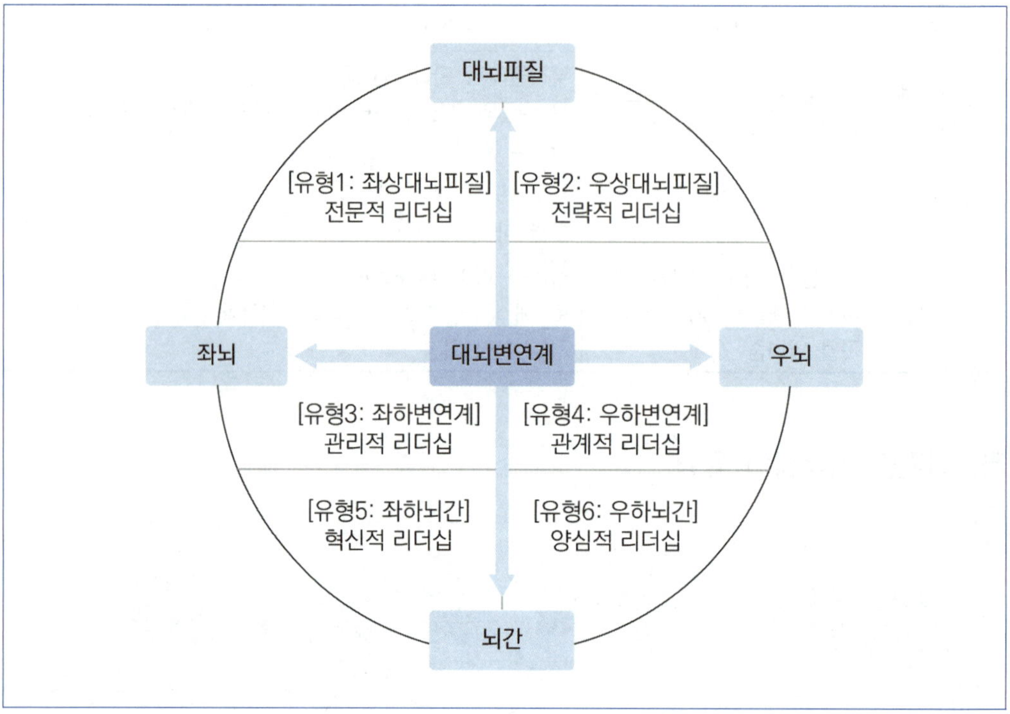

[그림 5-2] 뇌기반 리더십 유형 분류

유형	리더십 유형	수평	수직	주활용 기제	진화 단계	역할	속성	비고
유형1	전문적 리더십	좌뇌	신피질	이성	영장류	사고 · 판단 · 지각	개체성	의식
유형2	전략적 리더십	우뇌	신피질	이성 감성	영장류	사고 · 판단 · 지각	개체성	의식
유형3	관리적 리더십	좌뇌	구피질	감성 이성	포유류	감정반응	집단성 종동일성	의식 전의식
유형4	관계적 리더십	우뇌	구피질	감성	포유류	감정반응	집단성 종동일성	의식 전의식
유형5	혁신적 리더십	좌뇌	뇌간	이성 행동	파충류	생명활동 자연치유력	전체성 보편성	무의식
유형6	양심적 리더십	우뇌	뇌간	감성 행동	파충류	생명활동 자연치유력	전체성 보편성	무의식

마. 효과적 뇌기반 친화적 리더십과 비효과적 뇌기반 리더십 비교

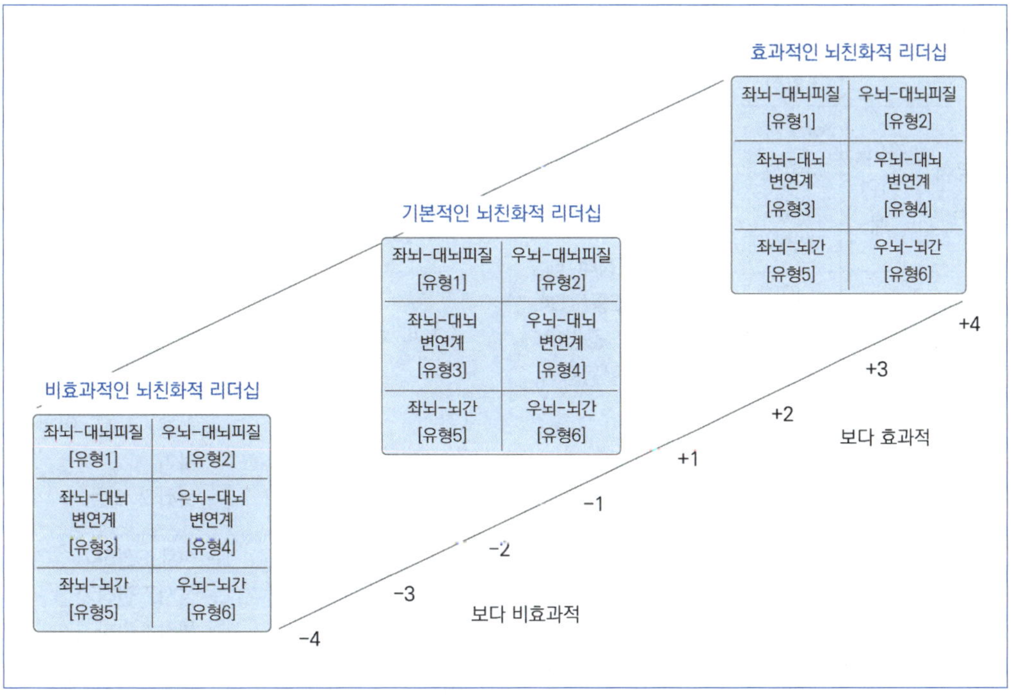

[그림 5-3] **효과적 뇌친화적 리더십과 비효과적 뇌친화적 리더십 비교**

3. 프로그램 개발 내용

가. 뇌기반 리더십 향상 프로그램 원리 및 전략

구분	두뇌 영역	특징	리더십 역량		리더십 향상 원리	리더십 향상 전략
			역량군	하위 역량		
1유형 분석가	좌뇌-대뇌 피질	논리적 분석적 사실적 계량적	인지 역량	비진 문제해결력 직관력, 통찰력	문제 원인 및 해결 방안 탐색 원리	• 현재상황 진단하기 • 선택과 집중하기
					목표설정의 원리	• 비전세우기 • 방향세시하기
2유형 실험가	우뇌-대뇌	전체적 직관적			관점 전환의 원리	• 메타인지 훈련하기 • 사고방식 인지하기

<table>
<tr><th rowspan="2">구분</th><th rowspan="2">두뇌
영역</th><th rowspan="2">특징</th><th colspan="2">리더십 역량</th><th rowspan="2">리더십 향상 원리</th><th rowspan="2">리더십 향상 전략</th></tr>
<tr><th>역량군</th><th>하위 역량</th></tr>
<tr><td></td><td>피질</td><td>통합적
종합적</td><td></td><td></td><td>창조의 원리</td><td>• 알아차림 명상하기
• 행동화하기</td></tr>
<tr><td rowspan="2">3유형
운영자</td><td rowspan="2">좌뇌-
변연
계</td><td rowspan="2">연속적
지속적
계획적
세부적</td><td rowspan="4">대인관
계 역량</td><td rowspan="4">긍정적 태도
소통(경청,
공감)
갈등관리</td><td>긍정적 정서의 원리</td><td>• 긍정훈련하기
• 칭찬하기</td></tr>
<tr><td>자기관리의 원리</td><td>• 감사명상하기
• 자기 조절하기</td></tr>
<tr><td rowspan="2">4유형
조정자</td><td rowspan="2">우뇌-
변연
계</td><td rowspan="2">대인
관계적
정서
기반
운동감
각적
감정적</td><td>소통과 공감의 원리</td><td>• 자신의 감정돌보기
• 타인의 감정 읽기, 이해하기, 반응하기</td></tr>
<tr><td>갈등관리의 원리</td><td>• 경청, 공감, 인정하기
• 상황극 해보기</td></tr>
<tr><td rowspan="2">5유형
개혁가</td><td rowspan="2">좌뇌-
뇌간</td><td rowspan="2">개혁적
주도적
의지적
이상적</td><td rowspan="4">전략적
역량</td><td rowspan="4">자기관리
책임감
추진력,
실행력</td><td>몸-마음-두뇌 통합적 관리의 원리</td><td>• 신체조절하기
• 정서조절하기
• 생각조절하기</td></tr>
<tr><td>혁신과 변화의 원리</td><td>• 실천 계획세우기
• 100일 도전하기</td></tr>
<tr><td rowspan="2">6유형
봉사자</td><td rowspan="2">우뇌-
뇌간</td><td rowspan="2">헌신적
초월적
양심적
영성적</td><td>내면화의 원리</td><td>• 감사일기 쓰기
• 자기성찰하기</td></tr>
<tr><td>행동화의 원리</td><td>• 삶에서 실천하기
• 매일 반복하기</td></tr>
</table>

나. 뇌기반 리더십 향상 프로그램

<table>
<tr><th rowspan="2">구분</th><th rowspan="2">제목</th><th rowspan="2">세부내용</th><th colspan="2">리더십 역량</th></tr>
<tr><th>역량군</th><th>하위 역량</th></tr>
<tr><td>1회기</td><td>프로그램 소개 및
리더십 역량 진단하기</td><td>1. 전체 프로그램 소개
2. 자신의 뇌친화적 리더십 유형 탐색
3. 리더십 역량 진단</td><td colspan="2"></td></tr>
<tr><td>2회기</td><td>비전은 방향이다</td><td>1. 성공 & 실패한 리더의 특징
2. 조직과 개인 비전의 상생
3. 나만의 비전 만들기
4. 통찰명상</td><td>인지 역량</td><td>비전</td></tr>
</table>

구분	제목	세부내용	리더십 역량	
			역량군	하위 역량
3회기	문제를 문제로 보지 않는 눈	1. 문제에 대한 관점의 전환 2. 문제해결 방안 3. 뇌 친화적 관점 키우기 4. 뇌 친화적 의식 키우기 5. 이완집중명상	인지 역량	문제해결력
4회기	지혜로운 식견을 가진 리더	1. 의사결정의 유형 2. 직관력 3. 통찰력 4. 합리적 사고 5. 자기바라보기 명상	인지 역량	직관력 통찰력
5회기	소통과 공감으로 신뢰를 얻는 법	1. 자신과의 소통(전제조건) 2. 타인과의 소통(핵심) 3. 세상과의 소통(결과) 4. 자기사랑하기 명상	대인 관계 역량	소통
6회기	긍정적인 뇌와 부정적인 뇌	1. 긍정 감정과 부정감정 2. 긍정 뇌, 부정 뇌 3. 긍정훈련 방법 4. 자기관리와 뇌 5. 자애명상	대인 관계 역량	긍정적 태도
7회기	함께 성장하는 Win Win 갈등관리	1. 갈등관리 유형 2. 갈등관리 방법 3. 갈등관리능력 향상 방법 4. 자신에 대한 자애명상	대인 관계 역량	갈등관리
8회기	신체, 정서, 인지 통합적 자기관리	1. 몸 관리 2. 마음 관리 3. 정보 관리 4. 메타인지 명상	전략적 역량	자기관리
9회기	나는 어떤 리더가 되고 싶은가?	1. 가치관 2. 철학 3. 책임감 4. 타인에 대한 자애명상	전략적 역량	책임감
10회기	성공하는 리더들의 두뇌습관	1. 추진력 및 실행력 향상 방법 2. 메타인지 향상 방법 3. 비전명상	전략적 역량	추진력 실행력
11회기	프로그램 정리 및 리더십 역량 진단하기	1. 성공하는 리더들의 두뇌습관 2. 리더십 역량 진단		

제6부

뇌기반 학습 역량 향상 프로그램

제 1 장

뇌기반 학습부진 향상 프로그램[1)]

1. 뇌기반 읽기 능력 향상 프로그램

주제	회기	차시명	내 용
읽기 능력 향상을 위한 신체 환경 만들기	1	오리엔테이션 및 사전 뇌파 측정을 통한 코칭상담	• 프로그램 소개 • 뇌파 측정 및 코칭상담 • 읽기 능력 향상을 위한 성찰 놀이
	2	읽기 능력 향상을 위한 신체 기능 활성화하기	• 내 몸 점검하기 • 두뇌 및 신체감각 깨우기
	3	읽기 준비 상태 만들기	• 몸과 두뇌의 감각을 깨우는 박수게임 • 신나는 두뇌체조 • 답답한 가슴을 풀어요
읽기 능력 향상을 위한 정서 환경 만들기	4	읽기 능력 향상을 위한 정서 다루기	• 신나는 두뇌체조를 활용한 무한도전게임 • 신문지 두뇌정화 • 줄넘기 릴레이, 젓가락 쌓기 • 이완명상: 내 몸과 대화
	5	읽기 능력 향상을 위한 긍정 마음 키우기	• 실수 ok • 두뇌가 듣고 싶은 말 • 칭찬 릴레이: 친구, 가족 칭찬하기 게임 • 좌, 우뇌를 깨우는 신체놀이 • 무한대 그리기
	6	읽기 능력 향상을 위한 사실과 의견 구분하기	• 사실과 의견 구분하기 • 정서 조절하기 • 균형감각 훈련하기

1) 임운나(2017－2020)의 교육부·대구교육대학교에서 수행한 연구를 재구성하였음.

주제	회기	차시명	내 용
읽기 능력 향상을 위한 인지능력 활성화하기	7	읽기 전략 활용하기(1)	• 낱말간의 관계 알기 • 집중력 박수 • 두뇌체조
	8	읽기 전략 활용하기(2)	• 말하는 목적 파악하기 • 두뇌체조, 마음 챙김 명상
	9	읽기 전략 활용하기(3)	• 읽기능력 향상을 위한 집중력 향상 방법 • HSP Gym • 에너지 집중명상
	10	읽기 전략 활용하기(4)	• 조직화 전략 배우기 • 정교화 전략 배우기
	11	책과 함께 놀아요	• 북놀이하기 • 발표하기
	12	사후 뇌파 측정을 통한 코칭상담	• 프로그램 마무리 • 뇌파 측정 및 코칭상담 • 읽기 능력 향상을 위한 메타인지 게임

몸의 감각깨우기

신체놀이를 통한 균형감각 깨우기

나를 조절할 수 있어요

명상을 통한 정서조절하기

하고 싶은 마음을 조절해요	천천히 기다릴 수 있어요

혼자서는 힘들어요	균형을 맞추는 훈련을 해요

2. 뇌기반 수학 능력 향상 프로그램

주제	회기	차시명	내용
수학적 감각 깨우기	1	오리엔테이션 및 사전 뇌파 측정을 통한 코칭상담	• 프로그램 소개 • 뇌파 측정 및 코칭상담 • 수학 학습 태도 검사
	2	수학 능력 향상을 위한 마음열기	• 내 몸 점검하기 • 두뇌 및 신체감각 깨우기 • 몸으로 풍선놀이
	3	수학 학습 준비를 위한 마음 상태 만들기	• 몸과 뇌의 감각을 깨우는 숫자놀이 • 스트레스를 날리는 두뇌체조 • 이완 명상: 내 마음 바라보기

주제	회기	차시명	내 용
수학적 정서 만들기	4	수학 능력 향상을 위한 감정 인식하기	• 두뇌체조를 활용한 뇌감각 깨우기 • 젓가락 공깃돌 나르기 및 탑쌓기 • 마음챙김 명상
	5	수학 능력 향상을 위한 부정적인 감정 치유하기	• 좌, 우뇌를 깨우는 신체활용 숫자놀이 • 내 감정 돌아보기 • 부정적인 감정은 신문지 정화로! • 자기사랑하기 명상
	6	수학 능력 향상을 위한 동기 부여하기	• 신체활동을 통한 뇌파조절 • 자신감 키우기 Brain Gym • 나는 할 수 있다! 자아선언 • 수학 능력 향상을 위한 브레인스크린 • 하루 영상화하기
놀이 게임을 통한 수학능력 향상 시키기	7	수학 감각 활동을 통한 수학적 사고력 키우기	• 수 감각 만들기 • 연산 감각 만들기 • 도형 감각 만들기 • 관계 감각 만들기
	8	시각영상화를 통한 수학적 사고력 키우기	• 비주얼 씽킹 알아보기 • 숫자로 창의적 표현하기 • 숫자로 나와 친구 소개하기 • 비주얼 씽킹으로 수학적 개념 표현하기
	9	수학 교구 놀이를 통한 수학적 사고력 키우기	• 보드게임을 통한 수학 놀이하기 • 로보77로 연산 놀이하기 • 도블 게임으로 규칙 찾기 놀이하기
집중력과 메타인지를 통한 수학적 사고력 키우기	10	집중력 향상을 통한 수학적 사고력 키우기	• 집중력 박수 • 좌, 우뇌 활성화 집중력 게임 • 자기 명상
	11	수학적 메타인지 능력 향상시키기	• 성찰 놀이를 통한 수학적 메타인지 능력 향상시키기 • 소통 놀이를 통한 수학적 메타인지 능력 향상시키기
	12	사후 뇌파 측정을 통한 코칭상담	• 프로그램 마무리 • 뇌파 측정 및 코칭상담 • 수학 학습 태도 검사

몸으로 숫자를 표현해요

몸으로 감각을 깨워요

두뇌체조

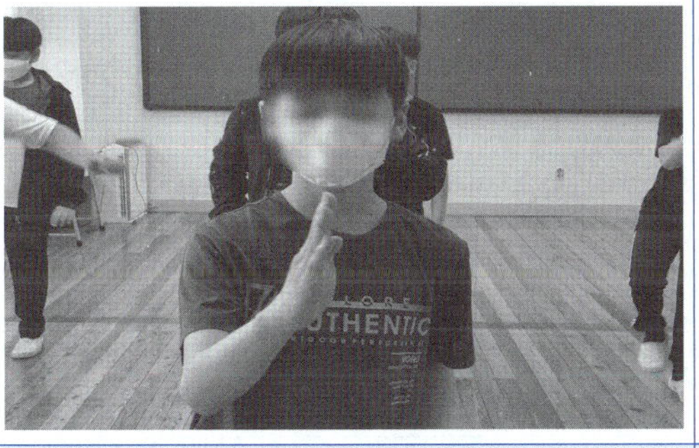

이완명상하기

신나는 두뇌체조

집중하면 할 수 있어요

균형을 맞추어야 해요

마음챙김 명상

3. 뇌기반 자기조절력 향상 프로그램

<table>
<tr><th>구분</th><th>회기
(120분)</th><th>차시명</th><th>내 용</th></tr>
<tr><td>두뇌활용능력사
전검사 및 상담</td><td>1(180분)
심층</td><td>오리엔테이션 및 사전 뇌파
측정을 통한 코칭상담</td><td>• 프로그램 소개
• 뇌파 측정 및 코칭상담
• 아이스브레이킹</td></tr>
<tr><td rowspan="3">신체
조절하기</td><td>2</td><td>자기조절력 향상을 위한
마음 열기</td><td>• 두뇌감각 깨우기
• 브레인 놀이
• 이완 명상</td></tr>
<tr><td>3</td><td>자기조절력 향상을 위한
마음 이해하기</td><td>• 저글링 기초 기능 익히기
• 저글링을 활용한 자기 신체 조절하기
• 저글링 놀이 및 게임하기</td></tr>
<tr><td>4</td><td>신체조절 향상을 위한
몸 인식하기</td><td>• 몸 인식을 통한 자기 바라보기
• 타인과 협력을 통한 신체 조절하기</td></tr>
<tr><td rowspan="3">정서
조절하기</td><td>5</td><td>정서조절 향상을 위한
두뇌 활성화하기</td><td>• 좌, 우뇌 활성화하기
• 칭찬 두드리기
• 자기사랑하기 명상</td></tr>
<tr><td>6</td><td>정서조절 향상을 위한
감정치유와 감정조절하기</td><td>• 신체활동을 통한 뇌파조절하기
• 내 감정 정화하기
• 긍정뇌 만들기</td></tr>
<tr><td>7</td><td>정서조절 향상을 위한
긍정뇌 만들기</td><td>• 신체 균형을 위한 풍선놀이
• 자기 칭찬하기
• 친구 칭찬하기
• 마음챙김 명상</td></tr>
<tr><td>두뇌활용능력중
간검사 및 상담</td><td>8(180분)
심층</td><td>중간 뇌파측정을 통한
코칭상담</td><td>• 뇌파 측정 및 코칭상담</td></tr>
<tr><td rowspan="3">인지
조절하기</td><td>9</td><td>인지조절을 통한
감정관리하기</td><td>• 나의 감정 상태 표현하기
• 감정관리 3단계
• 브레인 짐 체험하기</td></tr>
<tr><td>10</td><td>인지조절을 통한
사고력 키우기</td><td>• 신체, 정서, 인지뇌 통합 체험하기
• 나는 할 수 있다! 자아선언
• PDCA 실천하기</td></tr>
<tr><td>11</td><td>인지조절 향상을 위한
몰입력 키우기</td><td>• 좌, 우뇌 신체조절 Brain Gym
• 자석 놀이를 통한 몰입 체험
• 자석세우기</td></tr>
</table>

구분	회기 (120분)	차시명	내 용
행동 조절하기	12	자신감 향상을 통한 행동조절하기	• 본질적 자신감 키우기 • 신뢰게임을 통한 자신감 향상하기 • PDCA 실천하기
	13	행동조절 향상을 위한 교구활용 놀이	• 충동조절 방법 익히기 • 부정적인 행동 조절하기 • 종이 탑 쌓기
동기 조절하기	14	목표 달성을 위한 동기조절하기	• 꿈을 찾기 위해 멋진 나 만들기 • 내적 동기 유발하기 • 위시리스트(wish list) 작성하기
	15	동기조절 향상을 위한 미래의 "나" 소개하기	• 이미지 트레이닝 • 15년 후 내 모습 그려보기 • 발표하기
두뇌활용능력 사후검사 및 상담	16(180분) 심층	사후 뇌파 측정을 통한 코칭상담	• 프로그램 마무리 • 뇌파 측정 및 코칭상담

내 감정 정화하기	긍정뇌 만들기
	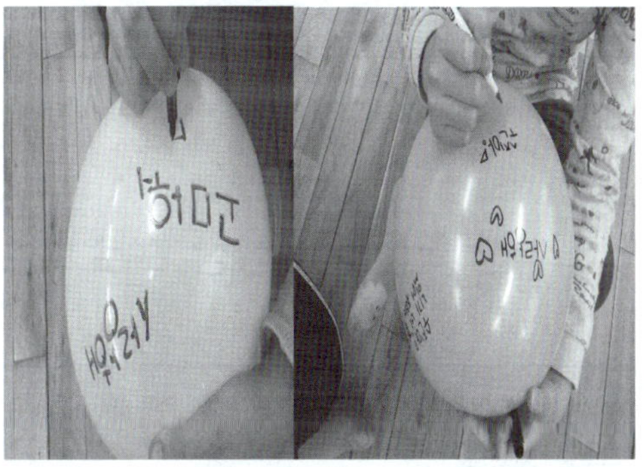
	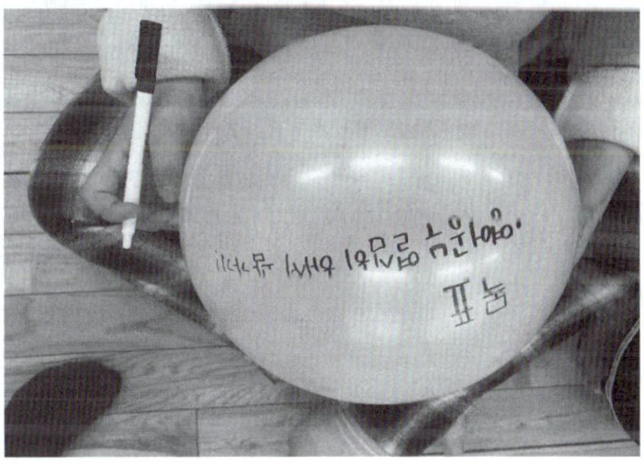

자석 놀이를 통한 몰입 체험

몰입 된 상태

호흡으로 조절하기

4. 뇌기반 학습동기 향상 프로그램

주제	회기(80분)	주제	내 용
두뇌활용능력 사전검사 및 상담	1(120분) 심층	오리엔테이션 및 사전 뇌파 측정을 통한 코칭상담	• 프로그램 소개 • 뇌파 측정 및 코칭상담 • 아이스브레이킹(ice-breaking)
주의 집중 향상	2	지각적 주의환기 전략을 활용한 마음 열기	• 두뇌감각 깨우기 • 이완 명상: 내 마음 바라보기
	3	탐구적 주의환기 전략을 활용한 호기심 유발하기	• 좌, 우뇌 균형 잡기 • 저글링을 활용한 자기 신체 조절하기
	4	다양성 전략을 활용한 주의집중력 기르기	• 타인과 협력을 통한 신체 조절하기 • 저글링 놀이 및 게임하기

주제	회기(80분)	주제	내 용
관련성 향상	5	친밀성 전략을 활용한 동기유발하기	• 좌, 우뇌를 깨우는 통합감각놀이하기 • 자기바라보기 명상
	6	성취목표 전략을 활용한 비전 세우기	• 신체활동을 통한 뇌파조절 • 자기사랑하기 명상
	7	필요(동기)와의 부합성 강조 전략을 활용한 맞춤형 학습계획 세우기	• 긍정뇌 만들기 • 이미지트레이닝
두뇌활용능력중간검사 및 상담	8(180분) 심층	중간 뇌파 측정을 통한 코칭상담	• 뇌파 측정 및 코칭상담
자신감 향상	9	학습의 필요조건 제시 전략을 활용한 자기 암시하기	• 집중력 감각 만들기 • 자아선언하기
	10	성공 기회 제시 전략을 활용한 한계 극복하기	• 신체, 정서, 인지뇌 통합 체험하기 • 나는 할 수 있다! 자아선언하기
	11	개인적 조절감 증대 전략을 활용한 신체 및 정서 조절하기	• 조절하는 힘 키우기 • 종이 탑 쌓기
	12	개인적 조절감 증대 전략을 활용한 인지 및 행동 조절하기	• 본질적 자신감 키우기 • 인사 명상하기
만족감 향상	13	자연적 결과 강조 전략을 활용한 내적 동기 유발하기	• 성취경험 만들기 • 호흡으로 조절하기
	14	긍정적 결과 강조 전략을 활용한 외적 동기유발하기	• 꿈 찾기 게임하기 • 희망 일기 쓰기
	15	공정성 강조 전략을 활용한 만족감 향상하기	• 브레인스크린을 통한 목표설정하기 • PDCA 실천하기
두뇌활용능력사후검사 및 상담	16(120분) 심층	사후 뇌파 측정을 통한 코칭상담	• 프로그램 마무리 • 뇌파 측정 및 코칭상담

조절하는 힘 키우기	종이탑 쌓기

투게더(together) 글씨쓰기

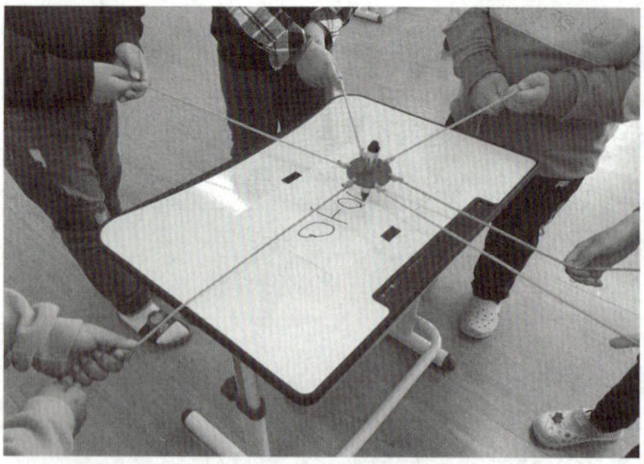

희망 일기 쓰기

꿈을 선택해요

목표 설정하기

실천하는 모습 상상하기

희망 일기 쓰기로 꿈을 이루어요!

행복 플래닝

-나의 행복을 위해 내가 할 수 있는 일 계획하기-

언제	누구를 위해서/ 누구와 같이	어떤 일을	어떻게
〈예〉내일 아침	옆 짝에게	먼저 웃으며 인사를 하겠다.	아침에 가서 옆 짝에게 내가 먼저 웃으며 인사를 건네겠다.

제2장

두뇌유형별 자기주도적 학습 프로그램2)

1. 프로그램 개발 목적

교육의 근본적인 목적은 학생들의 다양한 흥미와 요구를 반영하고, 독특한 개성과 소질을 신장시키는 데 있다. 교육 현장에서는 그동안 학생들의 다양성을 반영하기보다는 획일적인 강의식 수업이나 모둠활동 수업을 모든 학생들에게 동일하게 적용해왔다. 이러한 획일적인 수업방법으로는 학생들의 다양한 흥미와 요구를 충족시킬 수 없다. 어떤 학생들은 강의식 수업을, 어떤 학생들은 학생 활동 중심 수업을 좋아하며, 어떤 학생들은 개별 학습을 좋아하고 다른 학생들은 모둠 활동하는 것을 좋아한다. 그리고 같은 수업 내용을 이해하고 받아들이는 학습방법에 있어서도 시각적인 방법을 선호할 수 있고, 청각적인 방법 또는 운동감각적인 방법을 좋아할 수도 있다.

개별화 교육이 가능해지기 위해서는 먼저 학습자 개개인의 특성, 그 중에서도 학습자가 사용하는 학습방법의 특성 즉, 학습양식의 유형을 파악하고, 학습자에게 적절한 교육을 실시할 수 있도록 학습자 특성에 맞는 다양한 교수학습 프로그램을 개발·적용해야 한다(Dunn & Griggs, 2000). 이러한 교수·학습을 통해 학습자는 자신의 학습양식 유형에서 사용하는 학습전략뿐 아니라 다른 학습양식 유형에서 사용하는 학습전략도 다양하게 사용할 수 있게 되어 학습자 개개인의 학업성취도 향상에 도움이 될 수 있다(Given, 2000).

학습양식에 관한 연구는 1970년대부터 유럽과 미국을 중심으로 학습양식의 이론화와 검사지 개발을 통해 이루어지기 시작하였지만 국내에서는 독자적인 이론적 기초가

2) 이은정(2018)의 박사학위 논문을 요약 정리하였음.

없는 상태라 자체적으로 개발한 검사척도는 없다(임창재, 1994). 그리고 그동안 진행된 연구들은 대부분 학습유형과 여러 종속변인들의 관계를 검증한 연구(유정아, 2011; 이승은, 2008; 이경희, 이성진, 2013; 이우경, 서혜애, 2014; 조은영, 이신동, 2016; 강은주 외, 2010)들이 대부분이었다. 따라서 본 연구에서는 학습자의 두뇌 특성에 기반한 학습유형 측정 도구를 개발하고자 하였다.

급속하게 변화하는 시대적 상황은 자기주도적으로 문제를 해결하는 역량을 가진 인재상을 요구한다. 이러한 시대적 특성으로 인해 자기주도적 학습이라는 학습자 중심적 이론 혹은 학습자 중심적 교육패러다임이 관심의 대상으로 떠오르게 되었다(박용휘, 2003). 즉 자기주도학습능력은 학습의 전 과정을 학습자 스스로가 선택하고 결정하는 것이므로 학업성취 향상에 많은 기여를 하는 것이다. 2007 국가수준 학업성취도 평가결과를 발표하면서 초·중·고 학생 모두 자기주도학습 능력이 높을수록 국어, 사회, 수학, 과학, 영어 교과의 학업성취도가 높게 나타났다고 밝혔다(교육과학기술부, 2008). 자기주도학습 기능은 초등학교 중간학년에서 시작하여 고학년 때 상승하게 되며 중·고등학교 때는 더욱 두드러지게 나타난다(Zimmerman, 1989). 그러므로 학업성취도와 자기주도학습 능력을 향상시키기 위해 자기주도학습 기능이 두드러지게 나타나는 고등학생들을 대상으로 하는 자기주도학습 프로그램 개발이 요구된다.

지금까지 자기주도학습과 관련된 국내 연구들이 많이 진행되었으나 대부분의 연구들이 자기주도학습과 여러 종속변인들의 효과성을 검증하는 연구들(허은영, 2011; 손복용, 2011; 서은정, 2013; 이정희, 2014; 이석기, 2015; 이성오, 2017)이어서, 이러한 프로그램들은 학생들의 다양한 개별 특성과 독특한 학습유형을 반영하지 않았다. 또한, 뇌기반 자기주도학습 프로그램 선행연구들은 뇌호흡과, 뇌교육 명상, 뉴로피드백 훈련이 자기주도학습능력에 미치는 영향을 다룬 연구들(김후권, 2001; 김대명, 2016; 안상균, 2011)이기 때문에, 결국 학생들의 개별 두뇌 특성을 반영한 자기주도학습 프로그램에 관한 연구는 미흡한 실정이었다.

이상에서 살펴본 것과 같이 현재 교육현장에서는 학생들의 두뇌 특징과 개별 학습 특성을 반영한 학습유형과 자기주도학습 프로그램에 대한 연구가 아직 활발하게 이루어지지 않은 초기 단계에 있으므로 두뇌유형별 자기주도학습능력 향상을 위한 프로그램의 적용가능성을 탐색하는 연구가 될 것이다. 이는 학습자들이 자신의 두뇌 특성과 학습유형에 맞는 자기주도학습을 함으로써 학습목표를 주도적으로 계획하고 자신에게 맞는 적합한 학습전략을 선택하는 등 학습의 전 과정을 주도적으로 계획하고 실천하는데 도움을 줄 것이다.

따라서 본 연구에서는 학습자 각각의 두뇌유형별 맞춤형 자기주도학습 프로그램을 적용하여 그 효과를 검증하는 데 목적이 있다.

2. 프로그램 개발을 위한 이론적 기초

가. 뇌기반 교육

뇌기반 교육은 다음 [그림 6-1]과 같이 신경과학, 교육학, 심리학 등 다양한 인접 학문이 서로 상호 소통하는 과정에서 만들어졌다. 따라서, 두뇌기반 교육은 신경과학 연구에서 밝혀낸 정보를 바탕으로 두뇌가 학습하는 원리를 탐색하고 학습자와 학습 환경에 대해 총체적으로 바라보는 학문이다(한국뇌기반교육연구소, 2013). 이러한 두뇌기반 교육은 21세기에 들어와 전 세계적으로 새로운 교육 패러다임으로 강조되고 있다.

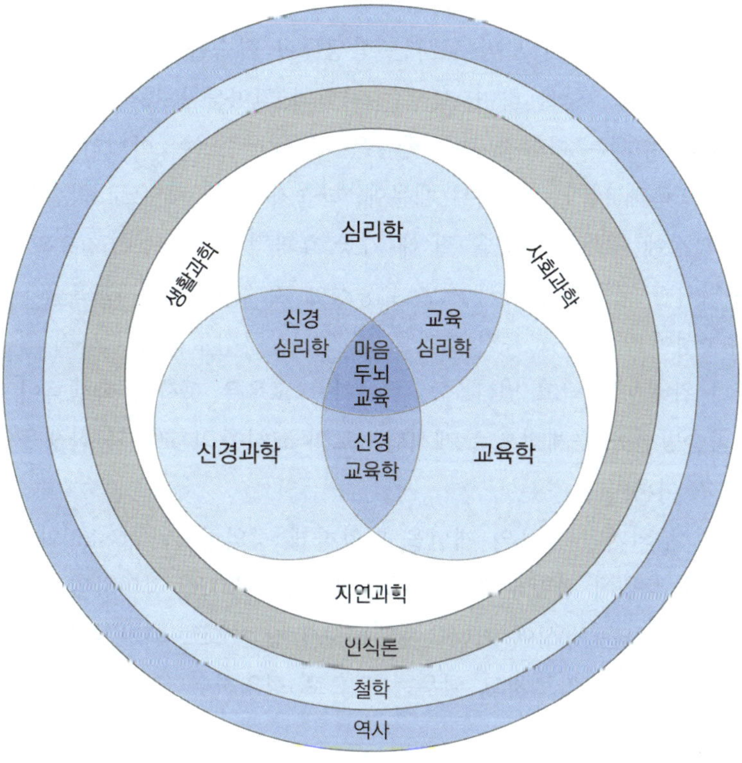

[그림 6-1] 뇌기반 교육의 근거

출처: 한국뇌기반교육연구소(2013)

한편, 두뇌기반 학습은 뇌의 기능과 구조에 대한 연구로부터 직접 얻어진 사실과 지식에 일치되는 원리와 전략을 수업에 적용하는 것을 말한다. 즉 뇌가 습득하는 학습의 원리를 토대로 인간의 정서와 동기, 지각, 학습, 기억 등의 인지심리학적 원리를 중심으로 개개인의 다양함을 인정하고 경험학습을 중시하며, 사회적 커뮤니케이션을 통한 지식과 공유를 통한 실제적이고 실천적인 학습과정이다. 따라서 두뇌기반 학습에서는 지식을 전달하고 이해하는 전통적인 교육 대신, 적절한 탐구과정과 문제 해결과정을 통해 경험으로부터 지식을 습득하고, 활용하는 능력을 기를 수 있다.

결론적으로 두뇌기반 학습은 인지심리학, 신경과학(뇌과학), 교육학 등의 학제적 접근과 연구결과를 바탕으로 학습자의 잠재력을 일깨우고 신경세포의 활동과 좌반구와 우반구 사이의 연결을 활성화시킴으로써 뇌 기능이 효과적으로 작용할 수 있도록 가르치고 배우는 가속학습과 전뇌학습의 원리에 기반을 둔 교육으로 정의할 수 있다(정종진, 2004).

또한 구성주의 이론에서 보면 교사는 학생들이 학습을 구성하도록 경험을 제공하고 학습을 촉진시키는 역할을 하며, 학생은 지식의 의미를 능동적으로 구성한다(변영계, 2005). 즉, 학습의 주체는 학습자이며, 학습은 지식의 주입이 아니라, 학습자가 스스로 경험에 의해서 구축해 나가는 것이기 때문에, 학습자가 능동적으로 학습의 과정에 참여하고, 학습의 과정에 대해서 책임을 질 때 가장 효과적이다(윤광보, 김용욱, 최병옥, 2003).

특히, 두뇌기반 교육은 교사의 개별 유능성에 기대거나 또는 교육을 이해하는 학습자의 개별 유능성에 맡겨져 교육적 효과를 추구하는 구성주의적 교육적 접근 방법의 한계를 극복하기 위해 대두되고 있다. 즉, 두뇌기반 교육은 교사와 학생들이 뇌과학을 기반한 교수-학습방법을 구체적으로 제시함으로써 교사들의 교수와 학생들의 학습에 도움을 주는 교육 이론이다.

학자들마다 두뇌기반 교육의 개념을 다양하게 정의하지만, Caine와 Caine(1994)는 뇌의 학습기제와 작용에 적합하게 가르치고 배우는 것으로 정의하였고, Jesen(1998)은 학습자의 뇌가 학습하는 방식에 기반을 둔 포괄적 접근으로, 뇌가 어떻게 작용하는지에 대한 원리들을 기반으로 가르치고 배우는 것으로 정의하였다.

나. 두뇌 유형

두뇌유형을 구분하는 가장 일반적인 기준은 좌뇌와 우뇌로 구분하는 것으로서 로저 스페리의 연구에서 기인한다. 좌뇌와 우뇌의 기능을 더 자세하게 소개하면 <표 6-1>과 같이 정리할 수 있다(Jensen, 2007).

〈표 6-1〉 **좌뇌와 우뇌 기능 비교**

구분	기능
좌반구의 기능	• 순차적이고 계속적인 행동을 끊임없이 점검한다. • 시간, 계열, 세부(details), 순서에 대한 인식을 담당한다. • 청각적 수용, 언어적 표현을 담당한다. • 단어, 논리, 분석적 사고, 읽기와 쓰기를 전문적으로 다룬다. • 옳고 그름에 대한 경계와 인식을 담당한다. • 규칙과 최종 기한을 알고 따른다.
우반구의 기능	• 신기성(novelty)에 주의를 기울이게 하며, 누군가나 거짓말이나 농담을 할 때 그것을 알려준다. • 전체적인 상황을 이해하는 것을 전문적으로 다룬다. • 음악, 미술, 시각-공간적 및 시각-운동적 활동을 전문적으로 다룬다. • 책을 읽거나 이야기할 때 심상(mental images)을 형성하도록 돕는다. • 직관적 및 정서적 반응을 담당한다. • 관계적 형성하고 유지하도록 돕는다.

출처: Jensen(2007)

신경과학자 Paul D. MacLean이 제시한 삼위일체 두뇌모형은 대뇌피질, 대뇌변연계, 뇌간의 3단계로 구분한다. 즉 두뇌는 본능을 움직이는 뇌(파충류의 뇌)에서, 감정을 관장하는 뇌(포유류의 뇌)로 확장되고, 최종적으로 이성을 관장하는 뇌(사람의 뇌)가 둘러싸고 있다. MacLean은 인간의 두뇌를 진화의 관점에 기반을 두고 있으며, 생명을 관장하는 본능적인 뇌간에서 감정을 관장하는 대뇌변연계로, 이성을 관장하는 대뇌피질로 점차적으로 진화하였다고 보았다.

Hermann은 좌뇌-우뇌의 대뇌 반구 모형과 삼위일체두뇌 모형을 결합한 전뇌 모형(WBM: Whole Brain Model)을 기반으로 하여 두뇌 유형을 다음 [그림 6-2]와 같이 분류하였다(김진이, 2015). 즉 두뇌의 구조를 좌뇌와 우뇌 및 대뇌피질과 대뇌변연계의 두 가지 기준에 의해 두뇌를 4사분면으로 분할하고 4사분면의 구조적 위치에 해당하는 기능을 구분하여 뇌 활용 성향을 나눈 것이다(김진이, 2015).

Hermann(1996)은 기업조직구성원들을 대상으로 수만 건의 연구를 통해 뇌간을 제외한 인간의 정신 활동과 직접적으로 연관된 대뇌변연계와 대뇌피질을 좌우 반구의 특성과 결합하여 인간 특성을 분류한 4분할 모형 즉 전뇌모형(whole brian model)을 다음 [그림 6-2]와 <표 6-2>와 같이 제안하였다(김진이, 2016). 좌상뇌는 논리적 활용, 좌하뇌는 구조적 활용, 우하뇌는 감정적 활용, 우상뇌는 직관적 활용에 해당된다.

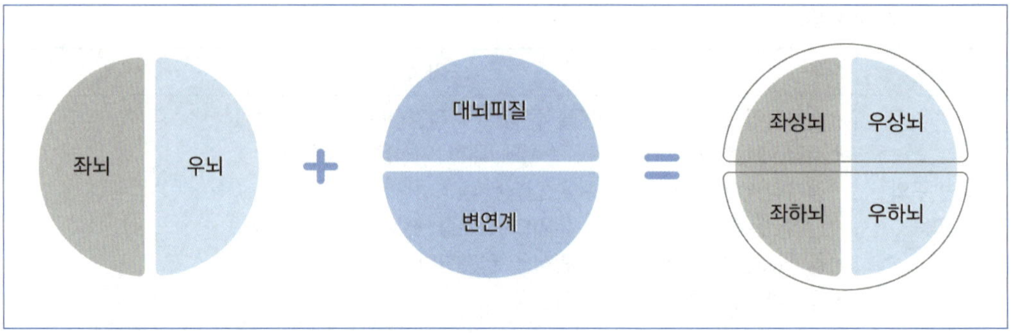

[그림 6-2] 전뇌모형

〈표 6-2〉 네드 허만의 전뇌모형 영역 및 기능

영역	기능
좌상뇌 (the upper left cerebral)	논리적, 수리적, 문제해결 등 정량적이며 분석적 사고기능을 담당하여 현실을 모니터링하고 분석하는 능력
좌하뇌 (the lower left limbic)	통제적, 보수적, 계획적, 조직적, 순차적 사고기능을 담당하여 일을 진척시키는 능력
우하뇌 (the lower right limbic)	대인관계, 감정적, 음악적, 영적인 기능을 주로 담당하여 외부로부터 아이디어를 얻고 우호집단을 형성하는 능력
우상뇌 (the upper right cerebral)	시작적, 통합적, 예술적, 동시적 사고지능을 담당하여 미래를 직시하고 전체를 보는 능력

출처: Hermann(1996)

최근 들어 학습자의 특성을 이해하기 위하여 뇌의 기능적인 특징과 뇌와 학습의 상관관계를 알아내는 연구가 활발하게 이루어지고 있다. 뇌는 두 개의 반구가 서로 다른 기능과 특성을 가지고 있다. 이를 뇌의 기능 분화라고 하며(윤정진, 김형재, 2009), 사람들마다 뇌의 기능 분화에 따라 문제 해결 과정에서 우선적으로 사용하는 뇌가 각각 다르게 나타난다(양인렬, 2011). 그러므로 뇌 선호 양식을 알아보는 것은 일상생활과 학습할 때 어느 쪽 뇌의 사용을 더 좋아하는가를 알아보는 것이 목적이며, 자신이 어느 쪽 뇌를 사용해서 공부하는지를 정확히 알고 있으면 학습 효과를 높이는 데도 유리하다(고영희, 1991).

학생들의 뇌선호 양식을 고려한 교수학습활동이 이루어지기 위해서는 교사들이 학생들의 여러 가지 인지 유형 즉 좌우뇌 기능 분화에 따른 좌뇌 선호형, 우뇌 선호형, 양뇌 선호형의 학습자 모두에게 최상의 교수방법이 적용될 수 있도록 의식적으로 노력해야 한다(이경미, 2004).

사람들은 누구나 좌뇌형이든 우뇌형이든 혹은 양뇌형이든 양반구의 기능을 소유하고 있고 사용하고 있으며, 누구나 자신의 신경적 강점에 의해서 영향을 받기 때문에 뇌 선호도에 따라 학습유형에서 차이가 나타난다(Connell, 2008).

이은정, 신재한(2018)은 학습유형에 따른 두뇌 유형의 차이를 분석한 결과를 토대로 두뇌유형별 학습자 유형을 분류하여 [그림 6−3]과 같이 도식화하였다. 먼저 좌상뇌와 관계가 있는 학습유형은 좌뇌형, What형, 청각형, 운동감각형, 장독립형이고, 좌하뇌와 관계가 있는 학습유형은 좌뇌형, Why형, 운동감각형, 장독립형이며, 우하뇌와 관계가 있는 학습유형은 우뇌형, What형, 시각형, 장의존형이며, 우상뇌와 관계가 있는 학습유형은 우뇌형, How형, 시각형, 장의존형으로 나타났다. 이러한 결과를 토대로 두뇌 유형별 학습자 유형을 각각 논리−주도형(A형), 사고−조직형(B형), 창의−직관형(C형), 감정−활동형(D형)으로 명명하였다.

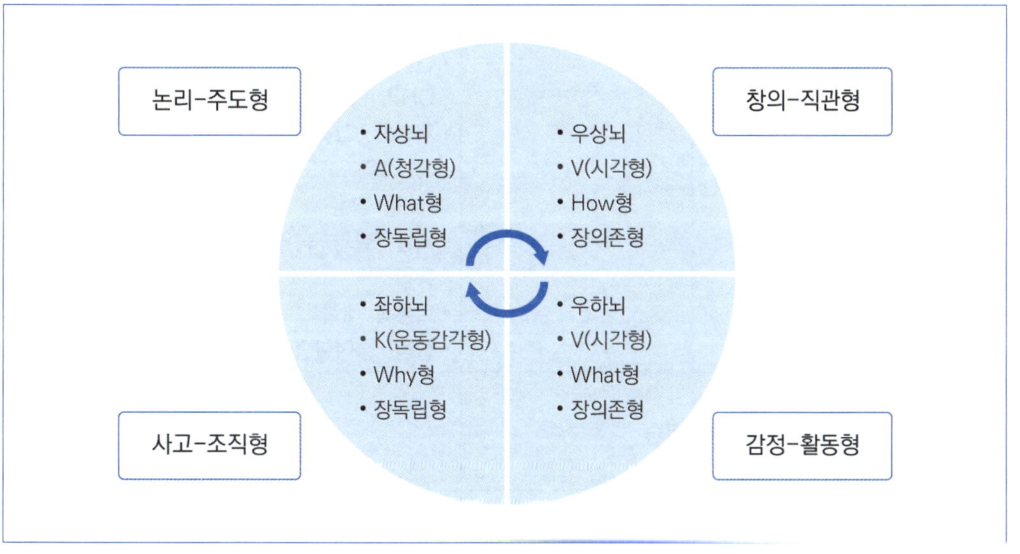

[그림 6−3] 두뇌유형별 학습유형 분류

출처: 이은정, 신재한(2018)

각각 두뇌유형별 학습자 특성, 학습방법, 모둠 구성 방법 및 교사의 역할은 <표 6−3>과 같이 정리할 수 있다(이은정, 신재한, 2018).

〈표 6-3〉 두뇌유형별 학습자의 특성

<table>
<tr><th>구분</th><th>논리주도형
(A형)</th><th>사고구조형
(B형)</th><th>창의직관형
(C형)</th><th>감정활동형
(D형)</th></tr>
<tr><td>학습자 특징</td><td>• 논리적이며 분석적임
• 수업에 적극적이며 주도적임
• 청각적 자극에 잘 반응
• 정렬된 책상 및 조용한 교실 선호
• 개별성과 독자성 인식
• 정확한 시간 중시
• 과거, 현재, 미래의 시간 인식</td><td>• 꼼꼼하고 체계적임
• 수업 내용을 잘 정리하고 구조화를 잘 함
• 정렬된 책상 및 조용한 교실 선호
• 개별성과 독자성 인식</td><td>• 생각이 독특하며 창의적임
• 직관적이고 다양한 방법으로 수업에 참여함
• 시각적 자극에 잘 반응
• 자유로운 책상 배열 선호
• 시간적인 여유 중시</td><td>• 감정적이고 열정적임
• 모둠학습과 활동적인 수업을 선호함
• 시각적 자극에 잘 반응
• 자유로운 책상 배열 선호
• 타인의 의견에 강한 영향
• 시간적인 여유 중시</td></tr>
<tr><td>학습 방법</td><td>• 구조화된 강의법 및 토론
• 쓰기 및 말하기
• 녹음하기
• 발표하기
• 교과서 낭독
• 의미 학습
• 개념 개발
• 분석하기</td><td>• 조직화, 순서화
• 전문 사례 연구
• 자료정량화
• 통계처리</td><td>• 인쇄자료, 사진, 그림 활용
• 체험적인 활동
• 구두 설명 및 시각적 보조자료 제공
• 언어적 강의, 유인물, OHP, PPT, 만화 등
• 개념도, 그래픽 조직자, 그래프, 도표, 색상 등 활용
• 미술, 실과, 음악 등 통합
• 토론과 대화
• 실험, 놀이학습</td><td>• 프로젝트 활동
• 역할극, 역할놀이, 사회극
• 음악, 감각, 신체 활동
• 실습</td></tr>
<tr><td>모둠 구성 방법</td><td colspan="2">개별 학습</td><td colspan="2">모둠 학습</td></tr>
<tr><td>교사 역할</td><td colspan="2">• 구조화되지 않은 과제 제시
• 설명, 지시 배제
• 개별성, 독자성 인정
• 주기적인 행동 및 내용 점검</td><td colspan="2">• 문제 해결 전략 제시
• 과제 구조화 강화 및 도움
• 감정적인 지원
• 전체적인 흐름, 맥락 파악</td></tr>
</table>

출처: 이은정, 신재한(2018)

다. 두뇌 유형별 자기주도학습

자기주도학습의 가장 대표적인 학자로 Knowles를 들 수 있으며, 그는 주로 성인들을 대상으로 연구하였다. Knowles(1975)는 자기주도적 학습의 특성을 다음과 같이 가정하였다. 첫째, 인간 성숙의 본질요소로서 자기주도적인 능력과 요구를 가지고 있으며 이러한 능력은 가능한 성숙되어야 한다고 가정한다. 둘째, 경험은 전문가의 경험과 더불어 학습을 위한 풍부한 자원이 되고 있다고 가정한다. 셋째, 다른 사람과 다소 다른 학습준비 유형을 가지고 있다고 가정한다. 넷째, 학습자의 자연적 성향이 과업중심적, 문제 중심적이므로 학습 경험은 과업수행, 문제해결학습과제로서 조직되어야 한다고 가정한다. 다섯째, 자존에 대한 욕구, 성취에대한 갈망, 성장에 대한 욕구, 성취에 대한 만족, 알고자 하는 욕구, 호기심 같은 내적 자극에 의해 동기를 부여받는다고 가정했다. 자기주도학습의 개념을 정리하면 <표 6-4>와 같다.

〈표 6-4〉 자기주도학습의 개념

구분	자기주도학습 개념
Knowles (1975)	학습자가 스스로 학습에 대한 주도권을 가지고 자신의 학습욕구를 진단하고 학습목표를 설정하며 학습에 필요한 인적 · 물적 자원을 확보하고 적합한 학습전략을 선택, 실행하여 자신이 성취한 학습결과를 스스로 평가하는 과정이다.
Brookfield (1985)	자아실현을 도모하는 과정에 있는 학습자의 특징적인 학습방법으로, 학습과정의 결과로서 기대되는 자기주도학습능력이나 학습자 내부의 의식변화이다.
Long (1992)	스스로의 통제와 관리에 의하여 어떤 학습상황에 임하고 집중하며, 의문점을 가지고 비교하며 대조하는 일을 하는 것과 같은 메타인지적 행동의 과정이다.
Candy (1991)	학습자가 자신의 학습에 주도적으로 참여하고 계획하고 실천하는 것으로 선택 및 결정 등을 자율적으로 할 수 있는 자기관리능력의 향상이다.
차갑부 (1997)	자신의 학습욕구 진단, 학습목표 설정, 학습을 위한 인적 및 물적 자원 파악, 적절한 학습전략의 선택 및 실행, 학습결과의 평가 등에 다른 사람의 도움을 받거나 또는 받지 않고 개인이 주도권을 가지는 과정이다.

자기주도학습 구성 요소의 구체적인 내용은 다음 <표 6-5>와 같다.

〈표 6-5〉 **자기주도학습 구성 요소**

구분	자기주도학습 구성 요소
Bandura(1982)	극복전략, 문제해결과 의사결정기술, 목표설정, 계획, 자기평가, 자기조절, 자기강화
Corno(1986)	주의통제, 약호화통제, 정서통제, 동기통제, 환경통제
Pintrich(2002)	인지적 요인, 자원관리 요인, 동기 요인
Zimerman(1989)	자기평가, 자기반응, 자기관찰
Sink(1991)	인지적 요인, 정의적 요인
Garrison(1997)	자기 관리, 자기 통제, 학습동기
현정숙(1999)	내적기반요인, 활동요인, 외적관계요인
노국향(1999)	학습전략, 학습동기, 자아개념
양명희(2000)	인지요인, 정서적요인, 행동요인
정미경(2003)	인지조절, 동기조절, 행동조절

선행연구 분석을 통해 유사한 하위 개념을 통합하고 비슷한 요인끼리 유목화하여 본 연구에서 사용한 두뇌유형별 자기주도학습의 구성 요소를 재분류하였다. 구체적인 내용은 <표 6-6>에 제시하였다.

〈표 6-6〉 **두뇌유형별 자기주도학습의 구성 요소 탐색**

요소 연구자	동기요인	정서요인	인지요인	환경요인	행동요인
Bandura(1982)	목표설정 계획	극복전략	문제해결 의사결정 기술		자기평가자기 조절자기강화
Corno(1986)	동기통제	정서통제	약호화통제	환경통제	주의통제
Pintrich(1989)	동기 요인		인지적 요인	자원관리 요인	
Garrison(1997)	학습동기		자기 통제		자기 관리
Zimerman(1989)					자기평가자기 반응자기관찰
Sink(1991)		정의적 요인	인지적 요인		
현정숙(1999)	내적기반요인			외적관계요인	활동요인
노국향(1999)	학습동기 자아개념		학습전략		
양명희(2000)		정서적요인	인지요인		행동요인
정미경(2003)	동기조절		인지조절		행동조절

두뇌유형별 자기주도학습 프로그램의 구성 요소를 최종적으로 도출한 결과는 다음 <표 6-7>과 같다.

〈표 6-7〉 **두뇌유형별 자기주도학습의 구성 요소**

요인	하위 영역	두뇌유형별 자기주도학습 구성 요소
동기 요인	자아 개념	자기 정체성, 내재적 가치
	학습 동기	공부하는 이유, 목표 설정
정서 요인	학습 정서	정서 조절, 내면 다스리기
인지 요인	학습 전략	두뇌유형별 학습법
	학습 요소	주의 집중력, 암기력, 메타 인지
환경 요인	학습 시간	시간 관리, 수면법, 학습 플래너
	학습 환경	환경 관리, 건강 관리
행동 요인	학습 정리	예습, 복습, 노트 필기
	학습 행동	시험 전략, 비선 선호

두뇌유형별 자기주도학습 프로그램 원리 및 전략을 정리하면 <표 6-8>과 같다.

〈표 6-8〉 **두뇌유형별 자기주도학습의 원리 및 전략**

두뇌유형별 자기주도학습 원리	특징	두뇌유형별 자기주도학습 전략	특징	비고
동기유발의 원리	자기주도학습의 시작이며 학습의 동기부여	자아개념 형성하기	내면의 소중한 가치 깨닫기 긍정적 자아 형성	공통 전략
		학습목표 설정하기	삶과 공부 목표 설정	두뇌 유형에 따른 개별 전략
정서조절의 원리	학습의 문지기 역할을 하는 정서조절	학습정서 조절하기	감사하기와 명상을 통한 정서 조절	
인지전략의 원리	자신만의 학습방법 탐색	학습전략 탐색하기	맞춤형 학습방법 찾기	
		학습요소 향상하기	암기력, 메타인지 향상	
환경관리의 원리	학습계획을 세우고 학습환경 조성	학습시간 관리하기	단기, 중장기 학습계획	
		학습환경 조성하기	효율적인 학습환경 조성	
행동실천의 원리	복습 및 시험전략 탐색	학습정리전략 탐색하기	학습 마무리 전략 탐색	
		학습행동 실천하기	시험대비 전략 탐색	

3. 프로그램 개발 내용

프로그램 내용을 구성하기 위해 과제 분석을 실시한 결과는 다음 [그림 6-4]에 제시하였다.

목적

두뇌유형별 동기, 정서, 인지, 환경, 행동 영역의 자기주도학습 능력과 학업성취도를 향상시킨다.

목표

- 자아를 찾고 삶의 목적과 공부의 의미를 발견한다.
- 학습의 문지기 역할을 하는 정서를 조절한다.
- 두뇌유형에 맞는 학습 전략을 탐색한다.
- 자신만의 학습 환경을 조성하고 관리한다.
- 자신만의 진로를 선택하고 비전을 선포한다.

	동기영역		정서영역		인지영역		환경영역		행동영역	
하위 단계 분석	1. 자아 찾기	2. 공부 목표 설정하기	3. 정서 인식하기	4. 정서 조절하기	5. 학습 전략 찾기	6. 학습 요소 향상 시키기	7. 학습 시간 조절 하기	8. 학습 환경 조성 하기	9. 복습 노트 필기 전략 찾기	10. 비전 선포 하기
하위 기능 분석	1.2 내재적 가치 깨닫기	2.2 공부 목표 성정 하기	3.2 감사 마음 갖기	4.2 명상 하기	5.2 학습 전략 탐색 하기	6.2 메타 인지 전략 찾기	7.2 학습 계획 세우기	8.2 나만의 학습 환경 조성 하기	9.2 예습 복습 전략 찾기	10.2 자기 선언 하기
	1.1 마음 정화 하기	2.1 공부 의미 찾기	3.1 감사 하는 일찾기	4.1 긍정 마인드 갖기	5.1 자신의 두뇌 유형 찾기	6.1 집중력 기억력 향상 하기	7.1 학습 수면 시간 관리 하기	8.1 뇌 친화적 요소 찾기	9.1 두뇌 기반 노트 필기법	10.1 진로 진학 선택 하기

[그림 6-4] 프로그램 단계 및 구성 요소별 과제 분석

두뇌유형별 자기주도학습 프로그램 구성 체계를 [그림 6-5]와 같이 구성하였다.

구분						피드백(순환과정)
목적	**두뇌유형별 동기, 정서, 인지, 환경, 행동 영역의 자기주도적 학습 능력과 학업성취도를 향상시킨다.**					
목표	동기영역	• 자아를 찾고 삶의 목적과 공부의 의미를 발견한다.				피
	정서영역	• 학습의 문지기 역할을 하는 정서를 조절한다.				
	인지영역	• 두뇌유형에 맞는 학습 전략을 탐색한다.				
	환경영역	• 자신만의 학습 환경을 조성하고 관리한다.				
	행동영역	• 신만의 공부습관을 형성하고 비전을 선포한다.				
학습 내용	• 삶의 목표 설정 • 자아를 찾는 학습 • 공부의 의미와 목적을 발견하는 학습	• 학습의 문지기 역할을 하는 정서를 조절하는 학습	• 두뇌 유형별 학습력을 신장시키는 학습 전략 • 기억력, 집중력, 메타인지력을 향상시키는 학습	• 자신에게 맞는 학습 시간과 환경을 조성하고 조절하는 학습	• 학습을 정리하는 복습전략 • 노트필기 전략 찾기 • 시험전략 및 공부 습관을 형성하는 학습	드 백
자기주도 학습 영역	동기 영역	정서 영역	인지 영역	환경 영역	행동 영역	(순환과정)
하위 영역	자아 개념 학습 목표	학습 정서	학습 전략 학습 요소	학습 시간 학습 환경	학습 정리 학습 행동	
평가	• 양적 평가: 학업성취도, 자기주도학습능력 검사 • 소감문 평가: 수업 후 면담 및 자기 평가(인터뷰, 소감문, 활동지 등)					

[그림 6-5] **두뇌유형별 자기주도학습 프로그램 구성 체계**

두뇌유형별 자기주도학습 프로그램의 영역별 수행목표는 <표 6-9>와 같다.

〈표 6-9〉 **두뇌유형별 자기주도학습 프로그램의 영역별 목표**

영역	하위 영역	수행목표
동기영역	자아개념	• 자신의 소중한 존재 가치를 깨닫고 자아를 찾을 수 있다.
	학습목표	• 두뇌유형별 삶의 목적과 공부의 목표를 설정할 수 있다.
정서영역	학습정서	• 두뇌유형별 감사하는 법과 명상법을 통해 정서를 조절할 수 있다.
인지영역	학습전략	• 두뇌유형별 학습전략을 찾을 수 있다.
	학습요소	• 두뇌유형별 기억력, 집중력, 메타인지력을 향상시킬 수 있다.
환경영역	학습시간	• 두뇌유형별 학습 계획을 세울 수 있다.
	학습환경	• 두뇌유형별 학습 환경을 조성할 수 있다.
행동영역	학습정리	• 두뇌유형별 복습전략 및 노트필기 전략을 찾을 수 있다.
	학습행동	• 두뇌유형별 시험전략을 찾고 공부습관을 형성할 수 있다.

두뇌유형별 자기주도학습 프로그램의 운영 모형은 다음 [그림 6-6]과 같다.

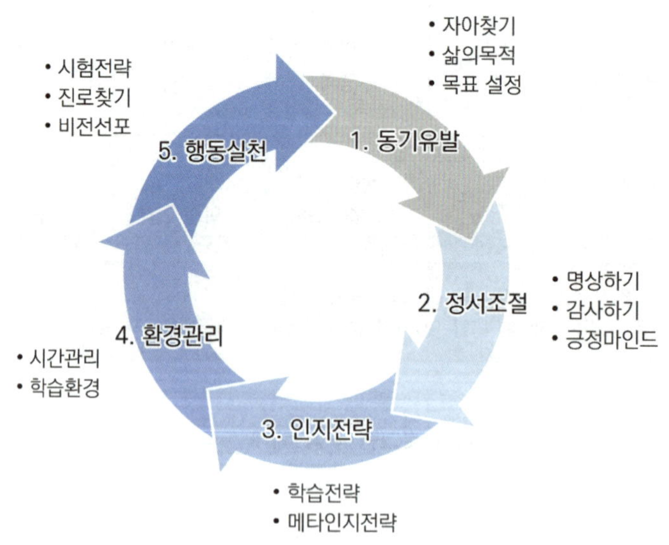

[그림 6-6] **두뇌유형별 자기주도학습 프로그램 운영 모형**

두뇌유형별 자기주도학습 프로0그램 수업 모형은 <표 6-10>과 같다.

〈표 6-10〉 **두뇌유형별 자기주도학습 프로그램 수업 모형**

단계	교수 · 학습 활동	두뇌유형별 자기주도학습 수업 유의점
뇌친화적 자기주도학습 환경 만들기	• 편안한 수업 환경 • 허용적인 분위기 조성 • 명상, 뇌체조(준비운동)	• 편안한 분위기 조성하기
두뇌 유형별 자기주도학습 탐색하기	• 공통학습 내용 확인 • 두뇌유형별 학습문제 확인하고 찾기	• 학습내용 확인 • 학습문제 확인
두뇌 유형별 자기주도학습 실행하기	• 두뇌유형별 학습방법 실행하기 • 자기주도학습 실행 • 자신만의 전략수정 (문제점, 해결방안 찾기)	• 두뇌유형별 전략탐색 • 맞춤형 학습 • 실행 및 상호작용 • 활동시간 확보 • 성공경험 체험
두뇌유형별 자기주도학습 공유하기	• 개별, 모둠별로 결과 발표하기 • 느낌 나누고 소감문 작성하기	• 결과 발표하기 • 생활 속 실천하기

두뇌유형별 자기주도학습의 원리, 전략, 방법의 구체적인 내용은 다음 <표 6-11>과 같다.

〈표 6-11〉 **두뇌유형별 자기주도학습의 원리, 전략, 방법**

<table>
<tr><th>원리</th><th>전략</th><th colspan="2">방법</th><th>비고</th></tr>
<tr><td rowspan="4">1.
동기
유발의
원리</td><td>1.1
자아개념
형성하기</td><td colspan="2">* 몸 활성화하기
* 마음 열기, 마음 들여다보기, 마음 정화하기
* 자신의 내재적 가치 깨닫기</td><td>공통
전략</td></tr>
<tr><td rowspan="3">1.2
학습목표
설정하기</td><td colspan="2">* 두뇌유형별 목표설정하기</td><td rowspan="6">두뇌
유형에
따른
개별
전략</td></tr>
<tr><td>논리주도형: 리스트형 목표설정</td><td>창의직관형: 이미지형 목표설정</td></tr>
<tr><td>사고구조형: 구조화형 목표설정</td><td>감정활동형: 활동형 목표설정</td></tr>
<tr><td rowspan="3">2.
정서
소설의
원리</td><td rowspan="3">2.1
학습정서
조절하기</td><td colspan="2">* 두뇌유형별 감사하는 마음 갖기</td></tr>
<tr><td>논리주도형: 감사일기, 감사편지
감사의 말 전하기</td><td>칭의직관형: 감사톡, 감사스티커</td></tr>
<tr><td>사고구조형: 감사엽서 쓰기</td><td>감정활동형: 감사영상, 감사노래</td></tr>
</table>

<table>
<tr><th>원리</th><th>전략</th><th colspan="2">방법</th><th>비고</th></tr>
<tr><td rowspan="3"></td><td rowspan="3"></td><td colspan="2">* 두뇌유형별 명상하기</td><td rowspan="19"></td></tr>
<tr><td>논리주도형: 소리집중 명상</td><td>창의직관형: 이미지집중 명상</td></tr>
<tr><td>사고구조형: 낱말집중 명상</td><td>감정활동형: 순간집중 명상</td></tr>
<tr><td rowspan="6">3.
인지
전략의
원리</td><td rowspan="3">3.1
학습전략
탐색하기</td><td colspan="2">* 두뇌유형별 학습전략 탐색하기</td></tr>
<tr><td>논리주도형: 쓰기, 듣기, 말하기</td><td>창의직관형: 토론과 대화, 이미지 학습</td></tr>
<tr><td>사고구조형: 구조화 학습</td><td>감정활동형: 활동, 게임형 학습</td></tr>
<tr><td rowspan="3">3.2
학습요소
향상하기</td><td colspan="2">* 두뇌유형별 암기, 메타인지 전략 찾기</td></tr>
<tr><td>논리주도형: 소리, 스토리 전략</td><td>창의직관형: 이미지, 연상 전략</td></tr>
<tr><td>사고구조형: 구조화, 노트필기</td><td>감정활동형: 음악, 가르치기</td></tr>
<tr><td rowspan="4">4.
환경
관리의
원리</td><td rowspan="2">4.1
학습시간
관리하기</td><td colspan="2">* 두뇌유형별 학습 계획 세우기</td></tr>
<tr><td>논리주도형: 장기 계획
사고구조형: 세부 계획</td><td>창의직관형: 단기 계획
감정활동형: 상호작용 포함</td></tr>
<tr><td rowspan="2">4.2
학습환경
조성하기</td><td colspan="2">* 두뇌유형별 최적의 학습환경 조성하기</td></tr>
<tr><td>논리주도형: 조용하고 정렬된
사고구조형: 학습 환경</td><td>창의직관형: 자유로운 학습환경
감정활동형: 주변 도움 요청</td></tr>
<tr><td rowspan="5">5.
행동
실천의
원리</td><td rowspan="3">5.1
학습정리
전략탐색
하기</td><td colspan="2">* 두뇌유형별 예습, 복습 전략 세우기</td></tr>
<tr><td>논리주도형: 장기, 말하기 복습</td><td>창의직관형: 단기, 함께 복습</td></tr>
<tr><td>사고구조형: 장기, 구조화 복습</td><td>감정활동형: 단기, 가르치기</td></tr>
<tr><td rowspan="2">5.2
학습행동
실천하기</td><td colspan="2">* 두뇌유형별 시험 전략, 공부 습관 세우기</td></tr>
<tr><td>논리주도형: 장기 계획
사고구조형: 세부 계획</td><td>창의직관형: 단기 계획
감정활동형: 상호작용 포함</td></tr>
</table>

두뇌유형별 자기주도학습 프로그램의 회기별 활동 명, 활동 목표, 활동 내용을 <표 6-12>에 제시하였다.

〈표 6-12〉 **두뇌유형별 자기주도학습 프로그램 최종 회기별 내용**

<table>
<tr><th>자기
주도
학습
영역</th><th>회기</th><th>활동 명</th><th>활동 목표</th><th>활동 내용</th><th colspan="2">활동 방법</th></tr>
<tr><td rowspan="6">동기</td><td>1
회기</td><td>오리엔테이션:
만남과
안내</td><td>• 프로그램의 목표와 과정 이해하기
• 두뇌유형에 대해 이해하기</td><td colspan="3">1. 프로그램 오리엔테이션
2. 상호간에 신뢰감 형성하기
3. 프로그램의 목적, 커리큘럼, 일정 안내
4. 프로그램에 대한 기대, 참가 의지 다지기
5. 연구 참여 동의서 받기
6. 사전검사(두뇌유형 검사, 자기주도학습능력 검사)
7. 두뇌유형별 모둠 구성 및 모둠명 짓기
8. 1회기 내용 돌아보기 및 느낌 나누기</td></tr>
<tr><td>2
회기</td><td>나를 찾아
떠나는
여행</td><td>• 나의 내재적 가치 깨닫기
• 자기정체성 찾기</td><td>1. 몸의 감각 깨우기
2. 마음 열기
3. 마음 들여다보기
4. 마음 정화하기
5. 2회기 돌아보기</td><td colspan="2">• 뇌크레이션
• 뇌체조
• 에너지 집중명상
• 신문지 활동
• 소감문 작성하기</td></tr>
<tr><td rowspan="4">3
회기</td><td rowspan="4">학습
등대에
불을
밝히자-목표 설정</td><td rowspan="4">• 삶의 목적, 공부목표 설정하기
• 두뇌유형별 목표설정 방법 찾기</td><td colspan="3">1. 목표의식을 왜 가져야 하는가?
2. 목표설정과 학습의 관계 뇌과학적 이해하기</td></tr>
<tr><td rowspan="2">3. 두뇌유형별 목표설정하기</td><td>(A형)
• 자기사명서
• 자기헌법
• PDP 작성</td><td>(C형)
• 비전보드
• Hope Tree</td></tr>
<tr><td>(B형)
• 드림리스트
• 드림맵</td><td>(D형)
• 드림무비 장수 VD</td></tr>
<tr><td>4. 3회기 돌아보기</td><td colspan="2">소감문 작성하기</td></tr>
<tr><td rowspan="2">정서</td><td rowspan="2">4
회기</td><td rowspan="2">학습의
문을
열지-정시
조절</td><td rowspan="2">• 정서와 학습의 관계 이해하기
• 두뇌유형별 정서 조절 방법 찾기</td><td colspan="3">1. 징서에 대해 이해하기
2. 정서와 학습의 관계 이해하기
• 뇌체조를 통한 신체 활성화하기(공통)
• 호흡명상을 통한 정서 조절법(공통)</td></tr>
<tr><td>3. 두뇌유형별 명상을 통한 정서 조절하기</td><td>(A형)
• 소리집중 명상</td><td>(C형)
• 이미지 집중 명상</td></tr>
</table>

<table>
<tr><th>자기 주도 학습 영역</th><th>회기</th><th>활동 명</th><th>활동 목표</th><th>활동 내용</th><th colspan="2">활동 방법</th></tr>
<tr><td rowspan="4"></td><td rowspan="4"></td><td rowspan="4"></td><td rowspan="4"></td><td></td><td>(B형)
• 낱말집중 명상</td><td>(D형)
• 순간집중 명상, 비전집중 명상</td></tr>
<tr><td rowspan="2">4. 두뇌유형별 감사하는 태도를 통한 긍정적인 마음 갖기</td><td>(A형)
• 감사일기, 편지 쓰기 감사의 말 전하기</td><td>(C형)
• 감사톡
• 감사스티커</td></tr>
<tr><td>(B형)
감사엽서</td><td>(D형)
• 감사영상
• 감사노래</td></tr>
<tr><td>5. 4회기 돌아보기</td><td colspan="2">소감문 작성하기</td></tr>
<tr><td rowspan="4">인지</td><td rowspan="4">5 회기</td><td rowspan="4">나만의 학습 나침반을 찾자-학습 전략</td><td rowspan="4">• 학습 전략 이해하기
• 두뇌유형별 학습 전략 찾기</td><td colspan="3">1. 학습 전략에 대해 이해하기
2. 두뇌유형별 학습 전략 이해하기</td></tr>
<tr><td rowspan="2">3. 두뇌유형별 학습 전략 찾기</td><td>(A형)
• 강의듣기
• 쓰기, 말하기
• 녹음하기
• 발표하기
• 조사보고서
• 신문저널
• 편지쓰기
• 인강 듣기
• 교과서낭독
• 스토리텔링</td><td>(C형)
• 토론과 대화
• 실험하기
• 이미지
• 스토리텔링
• 개념카드 만들기
• 브레인스토밍
• 포스터만들기
• 웹툰 그리기
• 협동화 그리기</td></tr>
<tr><td>(B형)
• 마인드맵 써클맵 PPT자료
• 프레지 안내서
• 해설서 정리 노트
• 범주화하기
• 구조화하기</td><td>(D형)
• 프로젝트 활동 가르치기
• 개사송 만들기
• 스피드퀴즈
• 초성 퀴즈
• 빙고 게임
• 크로스퍼즐
• 동영상제작
• 역할극
• 역할놀이</td></tr>
<tr><td>4. 5회기 돌아보기</td><td colspan="2">소감문 작성하기</td></tr>
</table>

<table>
<thead>
<tr><th>자기 주도 학습 영역</th><th>회기</th><th>활동 명</th><th>활동 목표</th><th>활동 내용</th><th colspan="2">활동 방법</th></tr>
</thead>
<tbody>
<tr><td rowspan="4"></td><td rowspan="4">6
회기</td><td rowspan="4">학습의 세바퀴를 끼우자-기억력, 집중력, 메타인지</td><td rowspan="4">• 기억력, 집중력, 메타인지 이해하기
• 두뇌유형별 기억력, 집중력, 메타인지 전략 찾기</td><td colspan="3">1. 기억력, 집중력, 메타인지란
2. 주의 사이클, 24시간 주기 리듬을 활용한 집중력 향상법
3. 기억력, 집중력, 메타인지와 학습의 관계</td></tr>
<tr><td rowspan="2">4. 두뇌유형별 암기 전략 찾기</td><td>(A형)
• 소리 암기 교과서 암기 스토리텔링</td><td>(C형)
• 이미지암기
• 연상 암기</td></tr>
<tr><td>(B형)
• 구조화암기
• 암기 노트</td><td>(D형)
• 노래 개사 가르치기
• 액션 암기</td></tr>
<tr><td>5. 6회기 돌아보기</td><td colspan="2">소감문 작성하기</td></tr>
<tr><td rowspan="6">환경</td><td rowspan="3">7
회기</td><td rowspan="3">나만의 학습 스케줄을 짜자-학습 계획</td><td rowspan="3">• 학습 계획의 필요성
• 두뇌유형별 학습 계획 세우기</td><td colspan="3">1. 학습 계획을 세워야 하는 이유
2. 초두-최신 효과, 학습의 최적 시간을 활용한 학습 시간 관리법</td></tr>
<tr><td>3. 두뇌유형별 학습 계획 세우기
* 자신의 방법으로 학습계획 선택하기</td><td>(A형)(B형)
• 장기 계획 월간 계획
• 연간 계획 세부 계획
• 개별 계획</td><td>(C형)(D형)
• 단기 계획 일일계획
• 주간계획 상호작용 포함</td></tr>
<tr><td>4. 7회기 돌아보기</td><td colspan="2">소감문 작성하기</td></tr>
<tr><td rowspan="3">8
회기</td><td rowspan="3">두뇌 친화적 환경을 조성하자-학습 환경</td><td rowspan="3">• 두뇌친화적 학습 환경 탐색하기
• 두뇌유형별 학습 환경 조성하기</td><td colspan="3">1. 수면시간 조절하기
2. 두뇌에 좋은 음악, 향기, 음식, 색깔, 체조 탐색하기</td></tr>
<tr><td>3. 나만의 학습환경 조성하기</td><td>(A형)(B형)
• 정돈된 책상 배열</td><td>(C형)(D형)
• 자유로운 책상배열
• 주변노움 요청
• TV, 핸드폰 통제</td></tr>
<tr><td>4. 8회기 돌아보기</td><td colspan="2">소감문 작성하기</td></tr>
<tr><td rowspan="2">행동</td><td rowspan="2">9
회기</td><td rowspan="2">학습을 되새김하자-복습 전략</td><td rowspan="2">• 학습 내용 정리 전략
• 두뇌유형별 복습 전략 찾기</td><td colspan="3">1. 에빙하우스의 망각 곡선 이해하기
• 효과적인 복습 전략 탐색하기
2. 두뇌기반 노트 필기법</td></tr>
<tr><td>3. 두뇌유형별 복습 전략 찾기</td><td>(A형)
• 장기 복습</td><td>(C형)
• 단기 복습</td></tr>
</tbody>
</table>

<table>
<tr><th>자기
주도
학습
영역</th><th>회기</th><th>활동 명</th><th>활동 목표</th><th>활동 내용</th><th colspan="2">활동 방법</th></tr>
<tr><td rowspan="6"></td><td rowspan="3"></td><td rowspan="3"></td><td rowspan="3"></td><td rowspan="2"></td><td>• 셀프 토킹
• 누적 복습</td><td>• 함께 복습
• 반복 복습</td></tr>
<tr><td>(B형)
• 장기 복습
• 복습 노트
• 차례 복습</td><td>(D형)
• 단기 복습
• 가르치기 복습</td></tr>
<tr><td>4. 9회기 돌아보기</td><td colspan="2">소감문 작성하기</td></tr>
<tr><td rowspan="3">10
회기</td><td rowspan="3">학습
행동을
실천하자-
학습 실행</td><td rowspan="3">• 두뇌유형별 시험전략 찾기
• 비전 선포하기</td><td colspan="3">1. 공부 습관 전략 탐색하기
2. 두뇌유형별 내신, 수능 전략</td></tr>
<tr><td>3. 두뇌유형별 시험전략 세우기</td><td>(A형)(B형)
• 장기 계획 월간 계획
• 연간 계획 세부 계획
• 개별 계획</td><td>(C형)(D형)
• 단기 계획 일일계획
• 주간계획 상호 작용 포함</td></tr>
<tr><td>4. 비전 선포하기 (진로진학 선택하기)
5. 10회기 돌아보기
6. 프로그램 마무리: 프로그램 평가</td><td colspan="2">• 자기 선언하기
• 소감문 작성하기
• 사후검사(자기주도학습능력검사)</td></tr>
</table>

4. 프로그램 적용 사례

<table>
<tr><td colspan="2">학습주제</td><td colspan="3">오리엔테이션</td><td>회기</td><td>1/10</td></tr>
<tr><td colspan="2" rowspan="2">학습목표</td><td colspan="3" rowspan="2">■ 프로그램의 목표와 과정을 이해할 수 있다.
■ 두뇌유형에 대해 이해할 수 있다.</td><td>자기주도 학습 원리</td><td>동기유발의 원리</td></tr>
<tr><td>자기주도 학습 전략</td><td>·</td></tr>
<tr><td>수업 단계</td><td colspan="2">교수-학습 활동 내용</td><td>모둠 구성</td><td>소요 시간</td><td colspan="2">수업 자료 및 유의점</td></tr>
<tr><td>준비</td><td colspan="2">* 프로그램 오리엔테이션
• 두뇌유형별 자기주도학습 프로그램의 일정 안내하기</td><td></td><td>10분</td><td colspan="2">㊋ ppt 자료
유인물</td></tr>
<tr><td>탐색</td><td colspan="2">* 두뇌유형별 자기주도학습 프로그램의 연구 배경 및 연구목적 안내하기
* 상호간에 신뢰감 형성하기
• 자기소개하기
• 두뇌 유형 이해하기</td><td></td><td>30분</td><td colspan="2">㊋ ppt 자료
활동지
㊌ 두뇌유형별 활동 유의점 안내</td></tr>
<tr><td>실행</td><td colspan="2">* 프로그램의 목적과 목표 이해하기
* 프로그램 과정 안내
* 프로그램에 대한 기대 나누기
* 프로그램 참가 의지 다지기
* 사전검사
• 두뇌유형 설문하기
• 자기주도학습능력 검사하기
* 두뇌유형별 모둠 구성하기
* 모둠명 짓기
* 연구 참여 동의서 받기</td><td></td><td>40분</td><td colspan="2">프로그램 안내 유인물
• 사전 설문지
연구참여 동의서</td></tr>
<tr><td>공유</td><td colspan="2">* 1회기 느낌 나누기
* 1회기 소감문 작성하기</td><td></td><td>20분</td><td colspan="2">㊌ 편안한 분위기를 조성한다.</td></tr>
</table>

<table>
<tr><th>학습주제</th><td>나를 찾아 떠나는 여행</td><th>회기</th><td>2/10</td></tr>
<tr><th rowspan="2">학습목표</th><td rowspan="2">■ 자신의 내재적 가치를 깨닫고 소중한 존재임을 알 수 있다.
■ 자기정체성 찾을 수 있다.</td><td>자기주도 학습 원리</td><td>동기유발의 원리</td></tr>
<tr><td>자기주도 학습 전략</td><td>자아개념 형성하기</td></tr>
</table>

<table>
<tr><th>수업 단계</th><th>교수-학습 활동 내용</th><th>모둠 구성</th><th>소요 시간</th><th>수업 자료 및 유의점</th></tr>
<tr><td>준비</td><td>* 뇌와 몸의 감각을 깨우기
• 주의집중 및 감각열기
* 몸과 뇌의 감각을 깨우는 신체
* 활성화 뇌체조</td><td></td><td>10분</td><td>㉶ ppt 자료</td></tr>
<tr><td>탐색</td><td>* 뇌크레이션을 통한 자신의 뇌 상태 점검 및 몸 활성화를 통한 마음 열기
• 빨대로 컵 옮기기
• 졸대로 구슬 옮기기</td><td></td><td>30분</td><td>㉶ 활동지
음악(뇌크레이션 음악)
㊙ 뇌크레이션 진행시 서로 협동하여 진행하도록 한다.</td></tr>
<tr><td>실행</td><td>* 에너지 집중명상을 통한 마음 들여다보기
* 신체 상태 지각 및 조절을 위한 호흡명상하기
* 신문지 활동을 통한 마음 정화하기
• 내면에 남아있는 화와 분노 표출하기
• 나에게 할 수 있다는 용기 주기
• 나는 소중한 존재임을 깨닫기</td><td></td><td>40분</td><td>㉶ 프로그램 안내 유인물
신문지
음악(에너지집중명상)
㊙ 에너지 집중 명상시 명상음악을 잔잔하게 틀어 주고 집중하게 한다.</td></tr>
<tr><td>공유</td><td>2회기 내용 돌아보기 및 느낌 나누기
2회기 소감문 작성하기</td><td></td><td>20분</td><td>㊙ 시간 조절을 잘한다.</td></tr>
</table>

<table>
<tr><td>학습주제</td><td colspan="3">학습등대에 불을 밝히자~
목표 설정</td><td>회기</td><td>3/10</td></tr>
<tr><td rowspan="2">학습목표</td><td colspan="3" rowspan="2">■ 삶의 목적, 공부목표를 세울 수 있다.
■ 자신의 두뇌유형에 맞는 목표를 설정할 수 있다.</td><td>자기주도
학습 원리</td><td>동기유발의
원리</td></tr>
<tr><td>자기주도
학습 전략</td><td>학습목표
설정하기</td></tr>
<tr><td>수업
단계</td><td>교수-학습 활동 내용</td><td>모둠
구성</td><td>소요
시간</td><td colspan="2">수업 자료 및 유의점</td></tr>
<tr><td>준비</td><td>* 뇌와 몸의 감각 깨우기
* 몸과 뇌의 감각을 깨우는 뇌체조</td><td></td><td>10분</td><td colspan="2">㉶ 동영상 자료, 음악자료
㉾ 편안한 분위기 조성</td></tr>
<tr><td>탐색</td><td>1. 목표의식을 왜 가져야 하는가?
2. 목표설정과 학습의 관계 뇌과학적 이해하기
• 목표설정 뇌부위인 전전두엽 이해하기
• 전전두엽의 두께와 성적의 관계 이해하기
3. SMART 목표설정 방법(공통) 이해하기
• Specific: 명확한
• Measurable: 측정가능한
• Attainable: 실현가능한
• Realitic: 현실적인
• Time-bound: 완료시한이 있는
4. 두뇌유형별 목표설정 방법 안내하기
5. 두뇌유형별 목표설정 방법 탐색하기</td><td></td><td>20분</td><td colspan="2">㉶ 활동지, 준비물
㉾ 두뇌유형별 학습내용을 안내하고 유형대로 선택하여 자신만의 방법을 탐색해 보게 한다.
• 모둠별 활동시 시간 활용을 잘 할 수 있도록 지도한다.
㉾ 두뇌유형별 활동 방법을 찾거나 자신만의 방법을 선택하도록 안내</td></tr>
<tr><td rowspan="2">실행</td><td rowspan="2">1. 두뇌유형별 목표설정 방법 찾기
(A형) 자기사명서, 자기헌법,
PDP 작성
(B형) 드림리스트, 드림맵
(C형) 비전보드, Hope Tree
(D형) 드림무비, 장소 VD
2. 자신만의 목표 설정 문서화하기
3. 목표 설정 선언하기
4. 생활 속에서 실천 의지 다지기</td><td>A형
B형
개별
학습</td><td rowspan="2">40분</td><td colspan="2">〈교사의 역할〉
• 구조화되지 않은 과제 제시
• 설명, 지시 배제
• 개별성, 독자성 인정
• 주기적인 행동 및 내용 점검</td></tr>
<tr><td>C형
D형
모둠
학습</td><td colspan="2">〈교사의 역할〉
• 문제 해결 전략 제시
• 과제 구조화 강화 및 도움
• 감정적인 지원
• 전체적인 흐름, 맥락 파악</td></tr>
<tr><td>공유</td><td>* 개별, 모둠별로 결과 발표하기
• 각자의 결과물 벽에 게시, 원하는 사람 발표하기
* 더 알고 싶은 점, 궁금한 점 질문하고 답하기
* 느낌 나누고 소감문 작성하기</td><td></td><td>30분</td><td colspan="2">㉾ 시간 안배를 잘하여 발표 시간 조절을 잘한다.</td></tr>
</table>

<table>
<tr><th>학습주제</th><td>학습의 문을 열자~
정서 조절</td><th>회기</th><td>4/10</td></tr>
<tr><th rowspan="2">학습목표</th><td rowspan="2">■ 정서와 학습의 관계 이해할 수 있다.
■ 두뇌유형별 정서 조절 방법 찾을 수 있다.</td><td>자기주도
학습 원리</td><td>정서조절의
원리</td></tr>
<tr><td>자기주도
학습 전략</td><td>학습정서
조절하기</td></tr>
</table>

<table>
<tr><th>수업
단계</th><th>교수-학습 활동 내용</th><th>모둠
구성</th><th>소요
시간</th><th>수업 자료 및 유의점</th></tr>
<tr><td>준비</td><td>* 뇌와 몸의 감각을 깨우기
* 몸과 뇌의 감각을 깨우는 뇌체조</td><td></td><td>10분</td><td>(자) 동영상 자료, 음악자료
(유) 편안한 분위기 조성</td></tr>
<tr><td>탐색</td><td>1. 학습정서의 뇌과학적 이해하기
2. 정서가 학습에 중요한 이유 알기
3. 감정상태에 따른 뇌혈류량 이해하기
4. 두뇌유형별 정서조절 방법 안내
5. 나만의 정서 조절 방법 찾기</td><td></td><td>20분</td><td>(자) 활동지, 준비물
(유) 두뇌유형별 학습내용을 안내하고 유형대로 선택하여 자신만의 방법을 탐색해 보게 한다.
• 모둠별 활동시 시간 활용을 잘할 수 있도록 지도한다.</td></tr>
<tr><td rowspan="2">실행</td><td rowspan="2">1. 뇌체조를 통한 신체활성화하기(공통)
2. 감사하는 태도를 통한 긍정적인 마음 갖기(두뇌유형별)
(A형) 감사일기 쓰기, 감사의 말 전하기
(B형) 감사편지 쓰기, 감사엽서 쓰기
(C형) 감사 톡 나누기, 감사스티커 보내기
(D형) 감사영상 만들기, 감사노래 만들기
3. 명상하기를 통한 의식 성장하기(두뇌유형별)
(A형) 소리집중 명상
(B형) 낱말집중 명상
(C형) 이미지집중 명상
(D형) 순간집중 명상</td><td>A형
B형
개별
학습</td><td rowspan="2">40분</td><td>〈교사의 역할〉
• 구조화되지 않은 과제 제시
• 설명, 지시 배제
• 개별성, 독자성 인정
• 주기적인 행동 및 내용 점검</td></tr>
<tr><td>C형
D형
모둠
학습</td><td>〈교사의 역할〉
• 문제 해결 전략 제시
• 과제 구조화 강화 및 도움
• 감정적인 지원
• 전체적인 흐름, 맥락 파악</td></tr>
<tr><td>공유</td><td>* 개별, 모둠별로 결과 발표하기
• 각자의 결과물 벽에 게시, 원하는 사람 발표하기
* 더 알고 싶은 점, 궁금한 점 질문하고 답하기
* 느낌 나누고 소감문 작성하기</td><td></td><td>30분</td><td>(유) 시간 안배를 잘하여 발표 시간 조절을 잘한다.</td></tr>
</table>

<table>
<tr><td>학습주제</td><td colspan="3">나만의 학습나침반을 찾자~
학습전략 찾기</td><td>회기</td><td>5/10</td></tr>
<tr><td rowspan="2">학습목표</td><td colspan="3" rowspan="2">■ 두뇌유형별 학습 전략을 찾을 수 있다.</td><td>자기주도
학습 원리</td><td>인지전략의
원리</td></tr>
<tr><td>자기주도
학습 전략</td><td>학습전략
탐색하기</td></tr>
<tr><th>수업
단계</th><th>교수-학습 활동 내용</th><th>모둠
구성</th><th>소요
시간</th><th colspan="2">수업 자료 및 유의점</th></tr>
<tr><td>준비</td><td>* 뇌와 몸의 감각을 깨우기
* 몸과 뇌의 감각을 깨우는 뇌체조</td><td></td><td>10분</td><td colspan="2">㉶ 동영상 자료, 음악자료
㉲ 편안한 분위기 조성</td></tr>
<tr><td>탐색</td><td>1. 학습 전략에 대해 이해하기
* 초인지 전략-학습계획, 분석, 평가
* 사회,정의적 전략-상호작용
* 인지 전략-학습 방법
2. 두뇌유형별 학습 전략 안내하기
3. 두뇌유형별 학습 전략 계획하기</td><td></td><td>20분</td><td colspan="2">㉶ 활동지, 준비물
㉲ 두뇌유형별 학습내용을 안내하고 유형대로 선택하여 자신만의 방법을 탐색해 보게 한다.
• 모둠별 활동시 시간 활용을 잘 할 수 있도록 지도한다.</td></tr>
<tr><td rowspan="2">실행</td><td rowspan="2">1. 두뇌유형별 학습 전략 찾기
(A형) 구조화된 강의법, 쓰기 및 말하기
녹음하기, 발표하기, 조사보고서
저널 만들기, 편지쓰기, 인강 듣기,
교과서 낭독, 스토리텔링
(B형) 마인드맵, 써클맵, PPT자료
프레지 만들기, 안내서 만들기
해설서 만들기, 개념정리노트
범주화, 구조화하기
(C형) 토론과 대화, 실험하기
이미지스토리텔링, 개념카드 만들기
브레인스토밍, 포스터 만들기
웹툰 그리기, 협동화 그리기
(D형) 프로제트 활동, 가르치기
개사송 만들기, 스피드, 초성 퀴즈
빙고 게임, 크로스 퍼즐, 동영상 제작
역할극, 역할놀이
2. 두뇌유형별 학습 전략 실습하기</td><td>A형
B형
개별
학습</td><td rowspan="2">40분</td><td colspan="2">〈교사의 역할〉
• 구조화되지 않은 과제 제시
• 설명, 지시 배제
• 개별성, 독자성 인정
• 주기적인 행동 및 내용 점검</td></tr>
<tr><td>C형
D형
모둠
학습</td><td colspan="2">〈교사의 역할〉
• 문제 해결 전략 제시
• 과제 구조화 강화 및 도움
• 감정적인 지원
• 전체적인 흐름, 맥락 파악</td></tr>
<tr><td>공유</td><td>* 개별, 모둠별로 결과 발표하기
• 각자의 결과물 벽에 게시, 원하는 사람 발표하기
* 더 알고 싶은 점, 궁금한 점
질문하고 답하기
* 느낌 나누고 소감문 작성하기</td><td></td><td>30분</td><td colspan="2">㉲ 시간 안배를 잘하여 발표 시간 조절을 잘한다.</td></tr>
</table>

<table>
<tr><td>학습주제</td><td>학습의 세바퀴를 끼우자~</td><td>회기</td><td>6/10</td></tr>
<tr><td rowspan="2">학습목표</td><td rowspan="2">■ 기억력, 집중력, 메타인지를 이해할 수 있다.
■ 두뇌유형별 기억력, 집중력, 메타인지 전략 찾을 수 있다.</td><td>자기주도
학습 원리</td><td>인지전략의
원리</td></tr>
<tr><td>자기주도
학습 전략</td><td>학습요소
향상하기</td></tr>
</table>

<table>
<tr><th>수업
단계</th><th>교수-학습 활동 내용</th><th>모둠
구성</th><th>소요
시간</th><th>수업 자료 및 유의점</th></tr>
<tr><td>준비</td><td>* 뇌와 몸의 감각을 깨우기
* 몸과 뇌의 감각을 깨우는 뇌체조</td><td></td><td>10분</td><td>㉶ 동영상 자료, 음악자료
㊇ 편안한 분위기 조성</td></tr>
<tr><td>탐색</td><td>1. 기억력, 집중력, 메타인지란
2. 주의 사이클, 24시간 주기 리듬을 활용한 집중력 향상법
3. 기억력, 집중력, 메타인지와 학습의 관계
4. 기억력 향상법 이해하기
5. 집중력 향상법 이해하기
6. 메타인지 향상법 이해하기</td><td></td><td>20분</td><td>㉶ 활동지, 준비물
㊇ 두뇌유형별 학습내용을 안내하고 유형대로 선택하여 자신만의 방법을 탐색해 보게 한다.
• 모둠별 활동시 시간 활용을 잘할 수 있도록 지도한다.</td></tr>
<tr><td rowspan="2">실행</td><td rowspan="2">1. 두뇌유형별 기억력, 암기 전략 찾기
(A형) 소리 암기, 교과서 암기, 스토리텔링암기
(B형) 구조화 암기, 암기 노트
(C형) 이미지 암기, 연상 암기
(D형) 노래 개사 암기, 가르치기
2. 두뇌유형별 암기 전략 실습하기</td><td>A형
B형
개별
학습</td><td rowspan="2">40분</td><td>〈교사의 역할〉
• 구조화되지 않은 과제 제시
• 설명, 지시 배제
• 개별성, 독자성 인정
• 주기적인 행동 및 내용 점검</td></tr>
<tr><td>C형
D형
모둠
학습</td><td>〈교사의 역할〉
• 문제 해결 전략 제시
• 과제 구조화 강화 및 도움
• 감정적인 지원
• 전체적인 흐름, 맥락 파악</td></tr>
<tr><td>공유</td><td>* 개별, 모둠별로 결과 발표하기
• 각자의 결과물 벽에 게시
• 원하는 사람 발표하기
* 더 알고 싶은 점, 궁금한 점 질문하고 답하기
* 느낌 나누고 소감문 작성하기</td><td></td><td>30분</td><td>㊇ 시간 안배를 잘하여 발표 시간 조절을 잘한다.</td></tr>
</table>

학습주제	나만의 학습 스케줄을 짜자- 학습계획	회기	7/10
학습목표	■ 학습 계획의 필요성을 이해할 수 있다. ■ 두뇌유형별 학습 계획을 세울 수 있다.	자기주도 학습 원리	환경관리의 원리
		자기주도 학습 전략	학습시간 관리하기

수업 단계	교수-학습 활동 내용	모둠 구성	소요 시간	수업 자료 및 유의점
준비	* 뇌와 몸의 감각을 깨우기 * 몸과 뇌의 감각을 깨우는 뇌체조		10분	㊋ 동영상 자료, 음악자료 ㊐ 편안한 분위기 조성
탐색	1. 학습 계획을 세워야 하는 이유 2. 초두-최신 효과, 학습의 최적 시간을 활용한 학습 시간 관리법 3. 두뇌유형별 학습 계획 계획하기		20분	㊋ 활동지, 준비물 ㊐ 두뇌유형별 학습내용을 안내하고 유형대로 선택하여 자신만의 방법을 탐색해 보게 한다. • 모둠별 활동시 시간 활용을 잘할 수 있도록 지도한다.
실행	1. 두뇌유형별 학습 계획 세우기 (A형) (B형) 장기 계획, 월간 계획 연간 계획, 세부 계획 개별 계획 (C형) (D형) 단기 계획, 일일계획 주간 계획, 상호작용 포함 2. 자신만의 방법으로 학습계획 세우기	A형 B형 개별 학습	40분	〈교사의 역할〉 • 구조화되지 않은 과제 제시 • 설명, 지시 배제 • 개별성, 독자성 인정 • 주기적인 행동 및 내용 점검
		C형 D형 모둠 학습		〈교사의 역할〉 • 문제 해결 전략 제시 • 과제 구조화 강화 및 도움 • 감정적인 지원 • 전체적인 흐름, 맥락 파악
공유	* 개별, 모둠별로 결과 발표하기 • 각자의 결과물 벽에 게시, 원하는 사람 발표하기 * 더 알고 싶은 점, 궁금한 점 질문하고 답하기 * 느낌 나누고 소감문 작성하기		30분	㊐ 시간 안배를 잘하여 발표 시간 조절을 잘한다.

<table>
<tr><td>학습주제</td><td colspan="4">두뇌친화적 환경을 조성하자</td><td>회기</td><td>8/10</td></tr>
<tr><td rowspan="2">학습목표</td><td colspan="4" rowspan="2">■ 두뇌유형별 학습 환경 조성할 수 있다.</td><td>자기주도
학습 원리</td><td>환경관리의
원리</td></tr>
<tr><td>자기주도
학습 전략</td><td>학습환경
조성하기</td></tr>
<tr><td>수업
단계</td><td colspan="2">교수-학습 활동 내용</td><td>모둠
구성</td><td>소요
시간</td><td colspan="2">수업 자료 및 유의점</td></tr>
<tr><td>준비</td><td colspan="2">* 뇌와 몸의 감각을 깨우기
* 몸과 뇌의 감각을 깨우는 뇌체조</td><td></td><td>10분</td><td colspan="2">㉶ 동영상 자료, 음악자료
㉾ 편안한 분위기 조성</td></tr>
<tr><td>탐색</td><td colspan="2">1. 수면시간 조절하기
2. 두뇌에 좋은 음악, 향기, 음식, 색깔, 체조 탐색하기
3. 학습환경의 중요성 이해하기
• 신체적 환경: 바른 자세 식습관(두뇌에 좋은 음식), 숙면(수면주기)운동
• 사회적 환경: 친구와의 관계, 선생님과의 관계, 가족과의 관계
• 물리적 환경: 공부방, 책걸상조명, 음악(백색소음) TV, 컴퓨터, 핸드폰 등
4. 두뇌유형별 학습 환경 계획하기</td><td></td><td>20분</td><td colspan="2">㉶ 활동지, 준비물
㉾ 두뇌유형별 학습내용을 안내하고 유형대로 선택하여 자신만의 방법을 탐색해 보게 한다.
• 모둠별 활동시 시간 활용을 잘 할 수 있도록 지도한다.</td></tr>
<tr><td rowspan="2">실행</td><td colspan="2" rowspan="2">1. 두뇌유형별 학습환경 조성하기
(A형) (B형)
정렬된 책상 및 조용하고 독립된 환경
(C형) (D형)
자유로운 책상 배열, 주변 도움 요청
TV, 핸드폰 통제
2. 나만의 학습환경 조성하기
3. 공부 방해요소 찾아 제거하기</td><td>A형
B형
개별
학습</td><td rowspan="2">40분</td><td colspan="2">〈교사의 역할〉
• 구조화되지 않은 과제 제시
• 설명, 지시 배제
• 개별성, 독자성 인정
• 주기적인 행동 및 내용 점검</td></tr>
<tr><td>C형
D형
모둠
학습</td><td colspan="2">〈교사의 역할〉
• 문제 해결 전략 제시
• 과제 구조화 강화 및 도움
• 감정적인 지원
• 전체적인 흐름, 맥락 파악</td></tr>
<tr><td>공유</td><td colspan="2">* 개별, 모둠별로 결과 발표하기
• 각자의 결과물 벽에 게시, 원하는 사람 발표하기
* 더 알고 싶은 점, 궁금한 점 질문하고 답하기
* 느낌 나누고 소감문 작성하기</td><td></td><td>30분</td><td colspan="2">㉾ 시간 안배를 잘하여 발표 시간 조절을 잘한다.</td></tr>
</table>

학습주제	학습을 되새김하자~	회기	9/10
학습목표	■ 학습 내용 정리 전략을 찾을 수 있다. ■ 두뇌유형별 복습 전략 찾을 수 있다.	자기주도 학습 원리	행동실천의 원리
		자기주도 학습 전략	학습정리전략 탐색하기

수업 단계	교수-학습 활동 내용	모둠 구성	소요 시간	수업 자료 및 유의점
준비	* 뇌와 몸의 감각을 깨우기 * 몸과 뇌의 감각을 깨우는 뇌체조		10분	㉶ 동영상 자료, 음악자료 ㉾ 편안한 분위기 조성
탐색	1. 에빙하우스의 망각 곡선 이해하기 • 효과적인 복습 전략 탐색하기 2. 두뇌기반 나만의 노트 필기법 3. 복습전략 안내하기 • 즉시복습 • 반복 복습 • 누적 복습 • 쪼개기 복습 • 차례 복습 • 기출 복습 • 가르치기 복습 • 복습노트		20분	㉶ 활동지, 준비물 ㉾ 두뇌유형별 학습내용을 안내하고 유형대로 선택하여 자신만의 방법을 탐색해 보게 한다. • 모둠별 활동시 시간 활용을 잘할 수 있도록 지노한다.
실행	1. 두뇌유형별 복습 전략 찾기 (A형) 장기 복습, 셀프 토킹, 누적 복습 (B형) 장기 복습, 복습 노트, 차례 복습 (C형) 단기 복습, 함께 복습, 반복 복습 (D형) 단기 복습, 가르치기 복습	A형 B형 개별 학습	40분	〈교사의 역할〉 • 구조화되지 않은 과제 제시 • 설명, 지시 배제 • 개별성, 독자성 인정 • 주기적인 행동 및 내용 점검
		C형 D형 모둠 학습		〈교사의 역할〉 • 문제 해결 전략 제시 • 과제 구조화 강화 및 도움 • 감정적인 지원 • 전체적인 흐름, 맥락 파악
공유	* 개별, 모둠별로 결과 발표하기 • 각자의 결과물 벽에 게시, 원하는 사람 발표하기 * 더 알고 싶은 점, 궁금한 점 질문하고 답하기 * 느낌 나누고 소감문 작성하기		30분	㉾ 시간 안배를 잘하여 발표 시간 소설을 살한다.

<table>
<tr><td>학습주제</td><td colspan="3">학습행동을 실천하자~
비전 선포하기</td><td>회기</td><td>10/10</td></tr>
<tr><td rowspan="2">학습목표</td><td colspan="3" rowspan="2">■ 두뇌유형별 시험 전략을 탐색할 수 있다.
■ 자신의 미래의 비전을 찾고 선포할 수 있다.</td><td>자기주도
학습 원리</td><td>행동실천의
원리</td></tr>
<tr><td>자기주도
학습 전략</td><td>학습행동
실천하기</td></tr>
<tr><td>수업
단계</td><td>교수-학습 활동 내용</td><td>모둠
구성</td><td>소요
시간</td><td colspan="2">수업 자료 및 유의점</td></tr>
<tr><td>준비</td><td>* 뇌와 몸의 감각을 깨우기
* 몸과 뇌의 감각을 깨우는 뇌체조</td><td></td><td>10분</td><td colspan="2">㉶ 동영상 자료, 음악자료
㊌ 편안한 분위기 조성</td></tr>
<tr><td>탐색</td><td>1. 공부 습관 전략 탐색하기
2. 두뇌유형별 내신, 수능 전략 계획하기
3. 자기의 미래모습 찾기</td><td></td><td>20분</td><td colspan="2">㉶ 활동지, 준비물
㊌ 두뇌유형별 학습내용을 안내하고 유형대로 선택하여 자신만의 방법을 탐색해 보게 한다.
- 모둠별 활동시 시간 활용을 잘할 수 있도록 지도한다.</td></tr>
<tr><td rowspan="2">실행</td><td rowspan="2">1. 두뇌유형별 내신, 수능 전략 찾기
(A형) (B형) 장기 계획, 월간 계획
연간 계획, 세부 계획
개별 계획
(C형) (D형) 단기 계획, 일일계획
주간 계획, 상호작용 포함
2. 자신의 진로, 진학 찾기
3. 비전 선포하기
4. 사후검사
- 자기주도학습능력검사하기</td><td>A형
B형
개별
학습</td><td rowspan="2">40분</td><td colspan="2">〈교사의 역할〉
• 구조화되지 않은 과제 제시
• 설명, 지시 배제
• 개별성, 독자성 인정
• 주기적인 행동 및 내용 점검</td></tr>
<tr><td>C형
D형
모둠
학습</td><td colspan="2">〈교사의 역할〉
• 문제 해결 전략 제시
• 과제 구조화 강화 및 도움
• 감정적인 지원
• 전체적인 흐름, 맥락 파악</td></tr>
<tr><td>공유</td><td>* 개별, 모둠별로 결과 발표하기
- 각자의 결과물 벽에 게시,
원하는 사람 발표하기
* 더 알고 싶은 점, 궁금한 점 질문하고 답하기
* 느낌 나누고 소감문 작성하기</td><td></td><td>30분</td><td colspan="2">㊌ 시간 안배를 잘하여 발표 시간 조절을 잘한다.</td></tr>
</table>

활동지 〈A형〉: 3회기 – 학습등대에 불을 밝히자 – 목표 설정

( )학년 ( )반 이름: ____________________

활동 개요

* 자신의 삶의 목적, 공부하는 목표 등을 자신만의 방법으로 표현해 보자.
* 자기사명서, 자기헌법, PDP 작성 중 선택하기

활동 내용

1. 제목은 무엇으로 정하였나요?

____

2. 어떤 방법으로 쓸 것인가요?

____

3. 위의 내용을 바탕으로 자신의 삶의 목적, 공부 목표를 적어보자.

〈사례〉

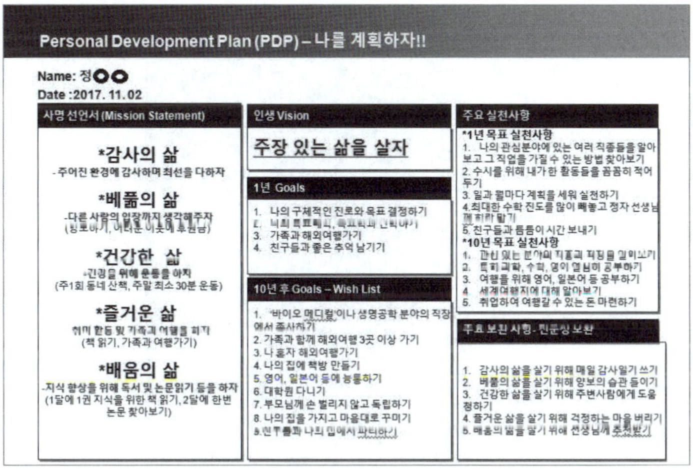

Personal Development Plan (PDP) – 나를 계획하자!!

Name: 정OO
Date :2017. 11. 02

사명 선언서 (Mission Statement)

*감사의 삶
- 주어진 환경에 감사하며 최선을 다하자

*베풂의 삶
-다른 사람의 입장까지 생각해주자

*건강한 삶
(주1회 동네 산책, 주말 최소 30분 운동)

*즐거운 삶
(책 읽기, 가족과 여행가기)

*배움의 삶
-지식 향상을 위해 독서 및 논문읽기 등을 하자
(1달에 1권 지식을 위한 책 읽기, 2달에 한번 논문 찾아보기)

인생 Vision

주장 있는 삶을 살자

1년 Goals

1. 나의 구체적인 진로와 목표 결정하기
3. 가족과 해외여행가기
4. 친구들과 좋은 추억 남기기

10년 후 Goals – Wish List

1. '바이오 메디컬'이나 생명공학 분야의 직장에서 종사하기
2. 가족과 함께 해외여행 3곳 이상 가기
3. 나 혼자 해외여행가기
4. 나의 집에 책방 만들기
5. 영어, 일본어 등에 능통하기
6. 대학원 다니기
7. 부모님께 손 벌리지 않고 독립하기
8. 나의 집을 가지고 마음대로 꾸미기
9. 친구들과 나의 집에서 파티하기

주요 실천사항

*1년 목표 실천사항
1. 나의 관심분야에 있는 여러 직종들을 알아보고 그 직업을 가질 수 있는 방법 찾아보기
2. 수시를 위해 내가 한 활동들을 꼼꼼히 적어두기
3. 일과 월마다 계획을 세워 실천하기
4. 최대한 수학 진도를 많이 빼놓고 정자 선생님께 [illegible]
5. 친구들과 틈틈이 시간 보내기

*10년 목표 실천사항
3. 여행을 위해 영어, 일본어 등 공부하기
4. 세계여행지에 대해 알아보기
5. 취업하여 여행갈 수 있는 돈 마련하기

1. 감사의 삶을 살기 위해 매일 감사일기 쓰기
2. 베풂의 삶을 살기 위해 양보의 습관 들이기
3. 건강한 삶을 살기 위해 주변사람에게 도움 청하기
4. 즐거운 삶을 살기 위해 걱정하는 마음 버리기
5. 배움의 삶을 살기 위해 선생님께 추천받기

활동지 〈B형〉: 3회기 – 학습등대에 불을 밝히자 – 목표 설정

(　　　)학년 (　　　)반 이름: ______________

활동 개요

* 자신의 삶의 목적, 공부하는 목표 등을 자신만의 방법으로 표현해 보자.
* 드림리스트, 드림맵, 버킷리스트 중 선택하기

활동 내용

1. 제목은 무엇으로 정하였나요?

   ____

2. 어떤 방법으로 쓸 것인가요?

   ____

3. 위의 내용을 바탕으로 자신의 삶의 목적, 공부 목표를 적어보자.

〈사례〉

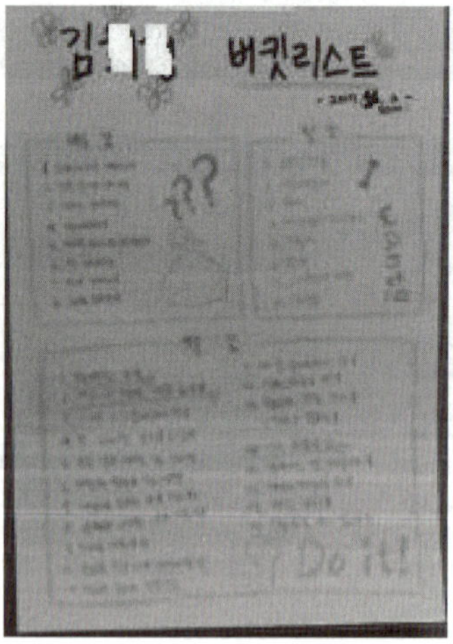

활동지 〈C형〉: 3회기 – 학습등대에 불을 밝히자 – 목표 설정

(　　　)학년 (　　　)반 이름: ______________

활동 개요

* 자신의 삶의 목적, 공부하는 목표 등을 자신만의 방법으로 표현해 보자.
* 비전보드, Hope Tree 중 선택하기

활동 내용

1. 제목은 무엇으로 정하였나요?

____

2. 어떤 방법으로 쓸 것인가요?

____

3. 위의 내용을 바탕으로 자신의 삶의 목적, 공부 목표를 적어보자.

〈사례〉

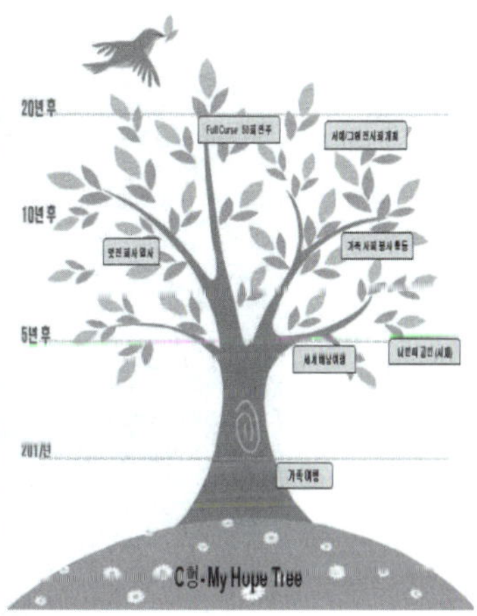

활동지 〈D형〉: 3회기 – 학습등대에 불을 밝히자 – 목표 설정

(　　　)학년 (　　　)반 이름: ________________

활동 개요

* 자신의 삶의 목적, 공부하는 목표 등을 자신만의 방법으로 표현해 보자.
* 드림무비, 장소 VD 중 선택하기

활동 내용

1. 제목은 무엇으로 정하였나요?

____

2. 어떤 방법으로 쓸 것인가요?

____

3. 위의 내용을 바탕으로 자신의 삶의 목적, 공부 목표를 적어보자.

〈사례〉

D형 – 장소VD

(　　　)학년 (　　　)반 이름: ________________

활동 개요

* 두뇌유형별 명상을 통해 정서 조절을 해보자.
* 소리집중 명상 방법을 이해하고 소리집중 명상을 해보자.

활동 내용

• 소리집중 명상법

A형 – 소리집중 명상

- 주변에서 나는 소리에 집중하는 명상법
- 새들의 소리, 나뭇잎이 서로 부딪히는 소리 등에 집중하고 호흡을 하면서 진행한다.
- 소리의 음색과 다양한 높낮이, 리듬에 집중한다.

• 소리집중 명상 후 소감을 적어보자.

활동지 〈B형〉: 4회기 – 학습의 문을 열자 – 정서 조절

( )학년 ( )반 이름: ________________

활동 개요

* 두뇌유형별 명상을 통해 정서 조절을 해보자.
* 낱말집중 명상 방법을 이해하고 명상을 해보자.

활동 내용

• 낱말집중 명상법

B형 – 낱말집중 명상

- 어떤 낱말이나 구절을 계속 반복해서 집중하는 방법.
- 같은 낱말이나 구절을 소리내지 않고 반복하면서 호흡과 리듬을 맞춤으로써 마음에 주문을 건다.
- 예: 사랑, 빛, 소망 등의 낱말
  "모든 게 잘될 거야", "난 모든 것을 사랑하고 아끼고 싶다"

• 낱말집중 명상 후 소감을 적어보자.

활동지 〈C형〉: 4회기 – 학습의 문을 열자 – 정서 조절

(　　　)학년 (　　　)반 이름: ________________

활동 개요

* 두뇌유형별 명상을 통해 정서 조절을 해보자.
* 이미지집중 명상 방법을 이해하고 명상을 해보자.

활동 내용

• 이미지집중 명상법

C형 – 심상집중 명상

- 어떤 사물이나 심상 등 시각 자극에 집중하는 명상
- 아름다운 돌, 크리스탈, 촛불, 나무, 작은 그림과 같은 것들을 선택하거나 마음으로 떠올린다.
- 마음에 사물이나 그림을 떠올렸다면 눈을 감고 호흡하면서 편안해질 때까지 집중한다.

• 이미지집중 명상 후 소감을 적어보자.

활동지 〈D형〉: 4회기 – 학습의 문을 열자 – 정서 조절

( )학년 ( )반 이름: ____________

활동 개요

* 두뇌유형별 명상을 통해 정서 조절을 해보자.
* 순간집중 명상 방법을 이해하고 명상을 해보자.

활동 내용

• 순간집중 명상법

D형 – 순간집중 명상

- 매순간을 그 자체로 인식하는 데 집중하는 명상법.
- 순간순간 내 주위에서 일어나는 일들, 머릿속의 생각들, 자신이 느끼는 감정들을 관찰한다.
- 자신이 경험한 특별한 순간을 떠올리고 호흡하면서 집중한다.

• 순간집중 명상 후 소감을 적어보자.

활동지 〈A형〉: 5회기 – 나만의 학습나침반을 찾자 – 학습전략

(　　　)학년 (　　　)반 이름: ____________________

활동 개요

* 두뇌유형별 학습전략을 찾아보자.
* 자신만의 학습전략을 찾아보고 적용해보자.

활동 내용

• 두뇌유형별 학습전략

구분		A형(논리주도형)	B형(사고구조형)	C형(창의직관형)	D형(감정활동형)
두뇌 유형별 학습 방법	모둠 구성	개별 학습		모둠 학습	
	교사 역할	• 구조화되지 않은 과제 제시 • 설명, 지시 배제 • 개별성, 독자성 인정 • 주기적인 행동 및 내용 점검		• 문제 해결 전략 제시 • 과제 구조화 강화 및 도움 • 감정적인 지원 • 전체적인 흐름, 맥락 파악	
	학습 방법	• 구조화된 강의법 • 쓰기 및 말하기 • 녹음하기 • 발표하기 • 조사보고서 • 신문기사, 저널 만들기 • 편지쓰기 • 인강듣기 • 교과서 낭독 • 스토리텔링	• 마인드맵 • 써클맵 • PPT자료 만들기 • 프레지 만들기 • 안내서 만들기 • 해설서 만들기 • 개념정리노트 • 범주화, 구조화하기	• 토론과 대화 • 실험하기 • 이미지 스토리텔링 • 개념카드 만들기 • 브레인스토밍 • 포스터 만들기 • 웹툰 그리기 • 협동화 그리기	• 프로젝트 활동 • 가르치기 • 개사송 만들기 • 스피드퀴즈 • 초성 퀴즈 • 빙고 게임 • 크로스 퍼즐 • 동영상 제작 • 역할극, 역할놀이

• 두뇌유형별 학습전략 중 자신만의 방법을 찾아서 대기오염을 주제로 학습해 보자.

활동지 〈B형〉: 5회기 – 나만의 학습나침반을 찾자 – 학습전략

( )학년 ( )반 이름: ________________

활동 개요

* 두뇌유형별 학습전략을 찾아보자.
* 자신만의 학습전략을 찾아보고 적용해보자.

활동 내용

• 두뇌유형별 학습전략

구분		A형(논리주도형)	B형(사고구조형)	C형(창의직관형)	D형(감정활동형)
두뇌 유형별 학습 방법	모둠 구성	개별 학습		모둠 학습	
	교사 역할	• 구조화되지 않은 과제 제시 • 설명, 지시 배제 • 개별성, 독자성 인정 • 주기적인 행동 및 내용 점검		• 문제 해결 전략 제시 • 과제 구조화 강화 및 도움 • 감정적인 지원 • 전체적인 흐름, 맥락 파악	
	학습 방법	• 구조화된 강의법 • 쓰기 및 말하기 • 녹음하기 • 발표하기 • 조사보고서 • 신문기사, 저널 만들기 • 편지쓰기 • 인강듣기 • 교과서 낭독 • 스토리텔링	• 마인드맵 • 써클맵 • PPT자료 만들기 • 프레지 만들기 • 안내서 만들기 • 해설서 만들기 • 개념정리노트 • 범주화, 구조화하기	• 토론과 대화 • 실험하기 • 이미지 스토리텔링 • 개념카드 만들기 • 브레인스토밍 • 포스터 만들기 • 웹툰 그리기 • 협동화 그리기	• 프로젝트 활동 • 가르치기 • 개사송 만들기 • 스피드퀴즈 • 초성 퀴즈 • 빙고 게임 • 크로스 퍼즐 • 동영상 제작 • 역할극, 역할놀이

• 두뇌유형별 학습전략 중 자신만의 방법을 찾아서 대기오염을 주제로 학습해 보자.

활동지 〈C형〉: 5회기 – 나만의 학습나침반을 찾자 – 학습전략

(　　　)학년　(　　　)반　이름: ____________

활동 개요

* 두뇌유형별 학습전략을 찾아보자.
* 자신만의 학습전략을 찾아보고 적용해보자.

활동 내용

• 두뇌유형별 학습전략

구분		A형(논리주도형)	B형(사고구조형)	C형(창의직관형)	D형(감정활동형)
두뇌 유형별 학습 방법	모둠 구성	개별 학습		모둠 학습	
	교사 역할	• 구조화되지 않은 과제 제시 • 설명, 지시 배제 • 개별성, 독자성 인정 • 주기적인 행동 및 내용 점검		• 문제 해결 전략 제시 • 과제 구조화 강화 및 도움 • 감정적인 지원 • 전체적인 흐름, 맥락 파악	
	학습 방법	• 구조화된 강의법 • 쓰기 및 말하기 • 녹음하기 • 발표하기 • 조사보고서 • 신문기사, 저널 만들기 • 편지쓰기 • 인강듣기 • 교과서 낭독 • 스토리텔링	• 마인드맵 • 써클맵 • PPT자료 만들기 • 프레지 만들기 • 안내서 만들기 • 해설서 만들기 • 개념정리노트 • 범주화, 구조화하기	• 토론과 대화 • 실험하기 • 이미지 스토리텔링 • 개념카드 만들기 • 브레인스토밍 • 포스터 만들기 • 웹툰 그리기 • 협동화 그리기	• 프로젝트 활동 • 가르치기 • 개사송 만들기 • 스피드퀴즈 • 초성 퀴즈 • 빙고 게임 • 크로스 퍼즐 • 동영상 제작 • 역할극, 역할놀이

• 두뇌유형별 학습전략 중 자신만의 방법을 찾아서 대기오염을 주제로 학습해 보자.

활동지 〈D형〉: 5회기 – 나만의 학습나침반을 찾자 – 학습전략

(　　　)학년 (　　　)반 이름: ________________

활동 개요

* 두뇌유형별 학습전략을 찾아보자.
* 자신만의 학습전략을 찾아보고 적용해보자.

활동 내용

• 두뇌유형별 학습전략

구분		A형(논리주도형)	B형(사고구조형)	C형(창의직관형)	D형(감정활동형)
두뇌 유형별 학습 방법	모둠 구성	개별 학습		모둠 학습	
	교사 역할	• 구조화되지 않은 과제 제시 • 설명, 지시 배제 • 개별성, 독자성 인정 • 주기적인 행동 및 내용 점검		• 문제 해결 전략 제시 • 과제 구조화 강화 및 도움 • 감정적인 지원 • 전체적인 흐름, 맥락 파악	
	학습 방법	• 구조화된 강의법 • 쓰기 및 말하기 • 녹음하기 • 발표하기 • 조사보고서 • 신문기사, 저널 만들기 • 편지쓰기 • 인강듣기 • 교과서 낭독 • 스토리텔링	• 마인드맵 • 써클맵 • PPT자료 만들기 • 프레지 만들기 • 안내서 만들기 • 해설서 만들기 • 개념정리노트 • 범주화, 구조화하기	• 토론과 대화 • 실험하기 • 이미지 스토리텔링 • 개념카드 만들기 • 브레인스토밍 • 포스터 만들기 • 웹툰 그리기 • 협동화 그리기	• 프로젝트 활동 • 가르치기 • 개사송 만들기 • 스피드퀴즈 • 초성 퀴즈 • 빙고 게임 • 크로스 퍼즐 • 동영상 제작 • 역할극, 역할놀이

• 두뇌유형별 학습전략 중 자신만의 방법을 찾아서 대기오염을 주제로 학습해 보자.

(　　　)학년　(　　　)반　이름: ________________

활동 개요

* 두뇌유형별 암기전략을 찾아보자.
* 자신만의 암기전략을 찾아보고 적용해보자.

활동 내용

• 두뇌유형별 암기법

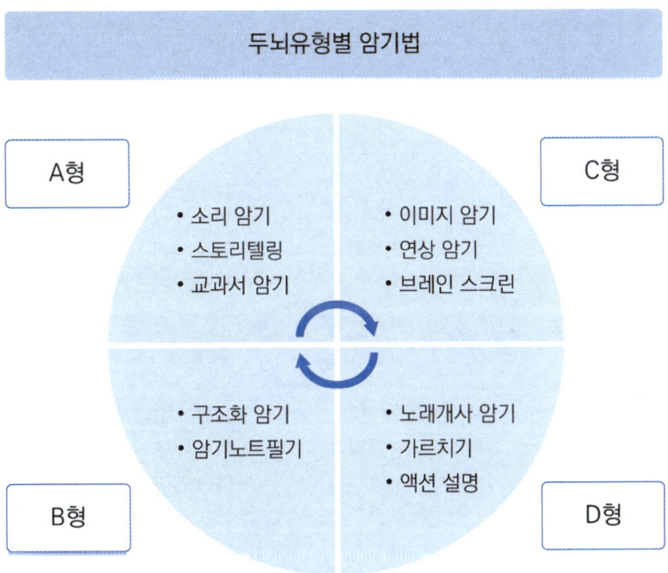

- 소리암기: 소리를 내어 암기한다.
- 스토리텔링: 스토리로 만들어 암기한다.
- 교과서 암기: 교과서를 통째로 암기한다.

• 두뇌유형별 학습전략 중 자신만의 방법을 찾아서 주어진 단어들을 암기해 보자.

활동지 〈B형〉: 6회기 – 학습의 세바퀴를 끼우자 – 기억력, 집중력, 메타인지

(　　)학년 (　　)반 이름: ________________

활동 개요

* 두뇌유형별 암기전략을 찾아보자.
* 자신만의 암기전략을 찾아보고 적용해보자.

활동 내용

• 두뇌유형별 암기법

- 구조화 암기: 학습 내용을 구조화(마인드맵, 써클맵 등)하여 암기한다.
- 암기노트: 암기노트를 만들어 암기한다.

• 두뇌유형별 학습전략 중 자신만의 방법을 찾아서 주어진 단어들을 암기해 보자.

활동지 〈C형〉: 6회기 – 학습의 세바퀴를 끼우자 – 기억력, 집중력, 메타인지

(　　)학년 (　　)반 이름: ____________

활동 개요

* 두뇌유형별 암기전략을 찾아보자.
* 자신만의 암기전략을 찾아보고 적용해보자.

활동 내용

• 두뇌유형별 암기법

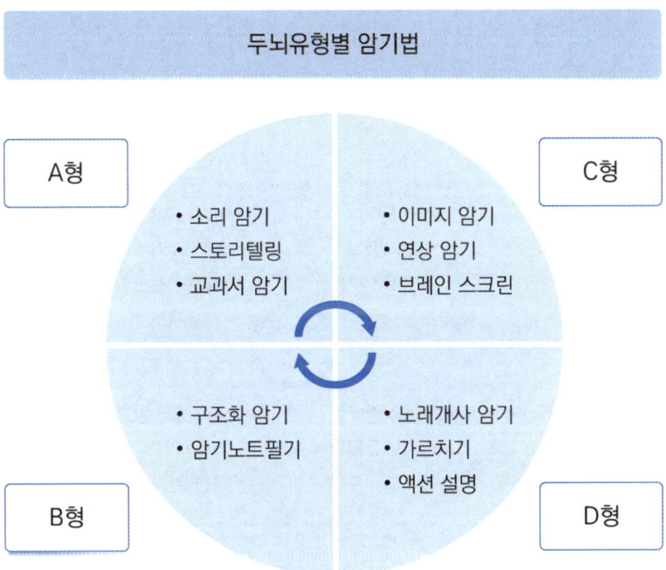

- 이미지 암기: 학습내용을 이미지 통째로 암기한다.
- 연상 암기: 다른 사물이나 생각을 떠올리며 암기한다.
- 브레인스크린: 머릿속에 그림을 그리듯 암기한다.

• 두뇌유형별 학습전략 중 자신만의 방법을 찾아서 주어진 단어들을 암기해 보자.

활동지 〈D형〉: 6회기 – 학습의 세바퀴를 끼우자 – 기억력, 집중력, 메타인지

( )학년 ( )반 이름: ____________

활동 개요

* 두뇌유형별 암기전략을 찾아보자.
* 자신만의 암기전략을 찾아보고 적용해보자.

활동 내용

• 두뇌유형별 암기법

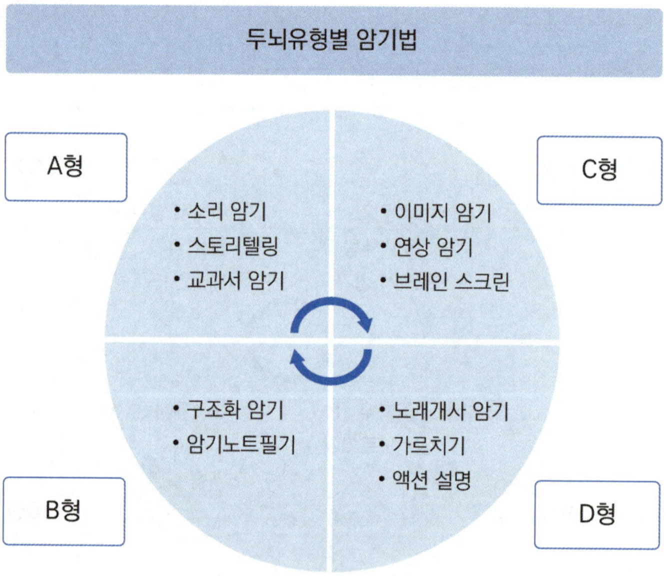

- 노래개사 암기: 자신이 좋아하는 노래를 개사하여 암기한다.
- 가르치기: 친구나 동생한테 가르치며 암기한다.
- 액션 설명: 방이나 교실을 다니면서 설명하며 암기한다.

• 두뇌유형별 학습전략 중 자신만의 방법을 찾아서 주어진 단어들을 암기해 보자.

활동지: 7회기 – 나만의 학습스케줄을 짜자 – 학습계획

(　　)학년 (　　)반 이름: ____________

활동 개요

* 자신만의 학습계획을 세워보자.

활동 내용

• 두뇌유형별 학습계획

두뇌유형별 세부 계획

A형
B형

• 장기 계획
• 연간 계획
• 월간 계획
• 개별 계획

C형
D형

• 단기 계획
• 주간, 일일 계획
• 상호작용포함
(짝꿍, 모둠 스터디)

• 누뇌유형별 학습계획 중 나만의 방법을 찾아서 세워보자.

활동지: 8회기 – 두뇌친화적 환경을 조성하자 – 학습환경

(　　)학년 (　　)반 이름: ______________

활동 개요

* 자신만의 학습환경을 조성해보자.

활동 내용

• 두뇌유형별 학습계획

A형
B형

• 정렬된 책상 배열
• 조용하고 독립된 환경 조성

C형
D형

• 자유로운 책상 배열
• 주변 도움 요청

• 자신만의 학습환경을 조성해 보자

활동지 〈A형〉: 9회기 – 학습을 되새김하자 – 복습 전략

(　　　)학년　(　　　)반　이름: ______________

활동 개요

* 두뇌유형별 복습전략을 찾아보자.
* 자신만의 복습전략을 찾아보고 적용해보자.

활동 내용

• 두뇌유형별 복습전략

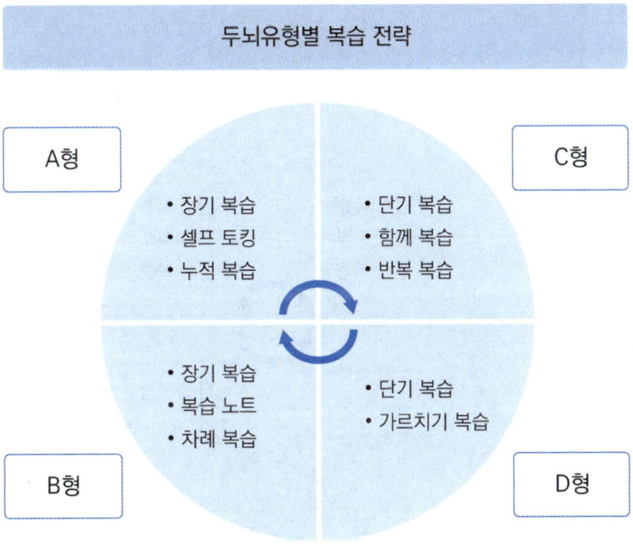

- 장기복습: 장기적인 복습 계획을 세워 복습한다.
- 셀프 토킹: 스스로에게 이야기하면서 복습한다.
- 누적 복습: 하루동안 복습하는 양을 정해놓고 계속 누적 반복하며 복습한다.

• 두뇌유형별 복습전략 중 자신만의 방법을 찾아서 복습 계획을 세워보자.

활동지 〈B형〉: 9회기 – 학습을 되새김하자 – 복습 전략

(　　　)학년 (　　　)반　이름: ____________

활동 개요

* 두뇌유형별 복습전략을 찾아보자.
* 자신만의 복습전략을 찾아보고 적용해보자.

활동 내용

• 두뇌유형별 복습전략

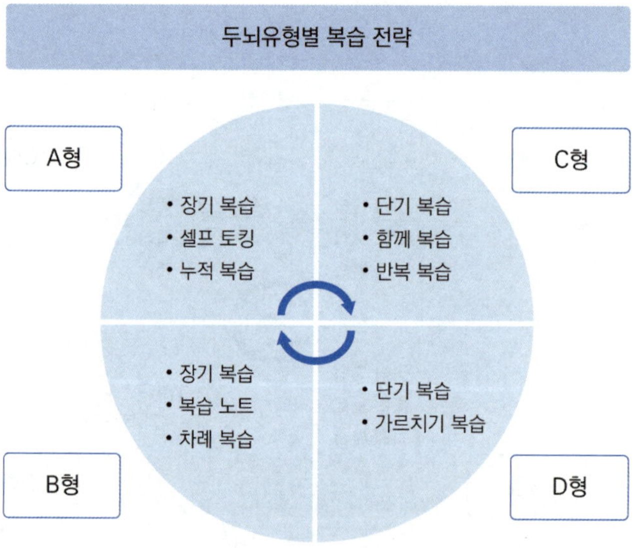

- 장기복습: 장기적인 복습 계획을 세워 복습한다.
- 복습 노트: 복습 전용 노트를 만들어 복습한다.
- 차례 복습: 교과서 차례 부분을 이용하여 순서대로 복습한다.

• 두뇌유형별 복습전략 중 자신만의 방법을 찾아서 복습 계획을 세워보자.

(　　　)학년 (　　　)반　이름: ______________

활동 개요

* 두뇌유형별 복습전략을 찾아보자.
* 자신만의 복습전략을 찾아보고 적용해보자.

활동 내용

• 두뇌유형별 복습전략

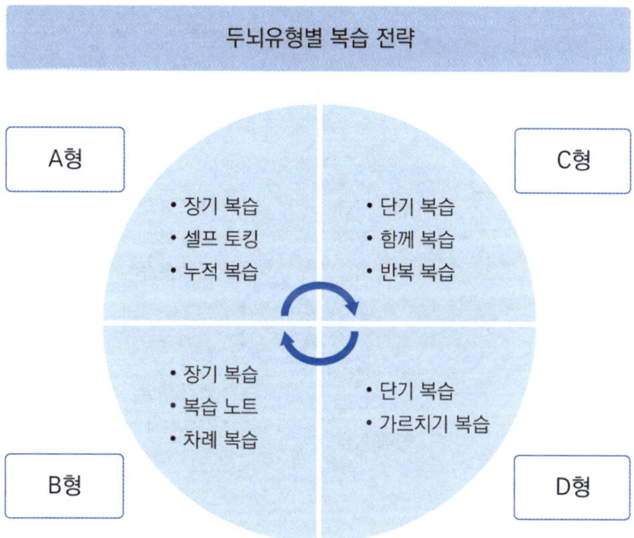

- 단기 복습: 단기적인 복습 계획을 세워 복습하다.
- 함께 복습: 친구들에게 이야기하면서 복습한다.
- 반복 복습: 하루동안 복습하는 양을 정해놓고 계속 반복하며 복습한다.

• 두뇌유형별 복습전략 중 자신만의 방법을 찾아서 복습 계획을 세워보자.

활동지 〈D형〉: 9회기 – 학습을 되새김하자 – 복습 전략

( )학년 ( )반 이름: ________________

활동 개요

* 두뇌유형별 복습전략을 찾아보자.
* 자신만의 복습전략을 찾아보고 적용해보자.

활동 내용

• 두뇌유형별 복습전략

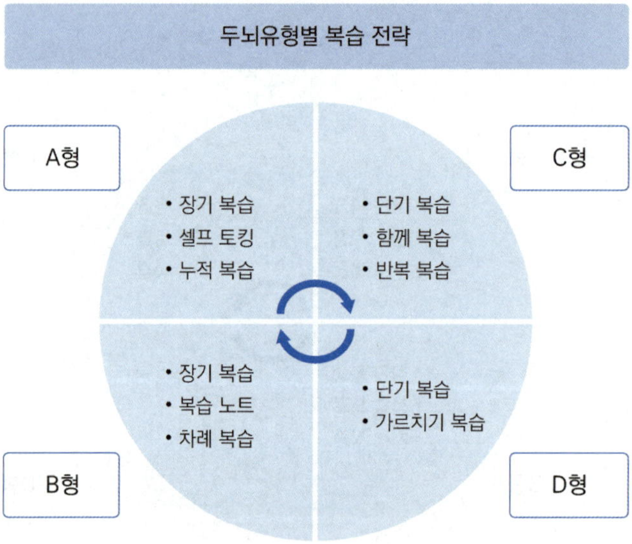

- 단기복습: 단기적인 복습 계획을 세워 복습한다.
- 가르치기 복습: 친구나 동생에게 가르치면서 복습한다.

• 두뇌유형별 복습전략 중 자신만의 방법을 찾아서 복습 계획을 세워보자.

활동지: 10회기 – 학습행동을 실천하자 – 학습실행

(　　　)학년 (　　　)반 이름: ________________

활동 개요

* 자신만의 시험전략을 세워보자.
* 미래의 비전을 선포하자.

활동 내용

• 두뇌유형별 시험전략

두뇌유형별 세부 계획

A형 B형
- 장기 계획
- 연간 계획
- 월간 계획
- 개별 계획

C형 D형
- 단기 계획
- 주간, 일일 계획
- 상호작용포함 (짝꿍, 모둠 스터디)

• 두뇌유형별 시험전략 중 나만의 방법을 찾아서 세워보자.

제 7 부

뇌기반 심리상담 프로그램

제 1 장

뇌교육 기반 음악치료 프로그램[1)]

1. 프로그램 개발 목적

우리나라는 1980년대 중·후반을 기점으로 취업, 결혼, 교육 등 다양한 목적으로 유입된 외국인 근로자와 결혼 이주민, 유학생 등의 인구 비율이 급증하였다. 행정안전부(2019) 통계에 의하면 외국인 주민 수는 총인구 대비 4.3%인 222만 명에 육박하고 있다. 이에 다문화가정의 학생 수 역시 지속적으로 증가하고 있는 추세로 2015년부터 2020년까지 초·중·고에 재학 중인 다문화가정 학생은 약 8만여 명에서 약 15만여 명으로 약 1.8배 이상 증가하였다(교육통계서비스, 2020).

다문화 아동들은 경제적, 사회적 기반이 취약한 가정에서 자라나 교육으로부터 소외되거나(황범주, 2008) 언어능력 부족으로 대인관계와 의사소통에 어려움이 많아 자신감 결여, 또래관계 기술의 부재로 이어지고 있으며(오성배, 2005), 한국어와 한국문화에 대한 적응 기회를 충분히 갖지 못한 외국 어머니의 정체성과 한국 사회의 문화적 정체성이 서로 다르기 때문에 나타나는 문화충돌로 인해 혼란을 겪기도 한다(전우홍, 2009). 다문화 아동은 취학 후 자기에 대해 가치판단을 할 수 있는 시기로 진입하게 됨에 따라 또래와의 외모적 차이로 인해 차별과 편견적 대상이 되기도 하는데 이는 아동으로 하여금 소극적이고 부정적인 자아정체성을 형성하게 될 수 있다(박주현, 최덕경, 2011).

이러한 어려움을 겪고 있는 다문화 아동들에게 자신의 가치를 알고 긍정적인 정서로 자신과 타인을 수용하며 자신감을 갖게 하는 자아존중감은 매우 중요한 요소라 하겠다. 특히 아동기는 자아성찰의 결정적 시기로(Erikson, 1959) 이 시기 아동들의 긍정적인

1) 김은정(2021)의 박사학위 논문을 요약 정리하였음.

자아존중감은 인성발달에 큰 영향을 미쳐 다문화 아동들의 성공적이고 행복한 생활을 위한 중요한 열쇠가 될 수 있다. 그럼에도 불구하고 다문화가정 아동의 자아존중감은 일반 아동에 비해 통계적으로 낮은 것을 알 수 있다(김미숙 외, 2011). 자아존중감이 형성되고 또래집단에서의 사회성을 형성하는 아동 시기에 이처럼 낮은 자존감이 방치된다면 불안, 우울, 정서장애, 사회적 부적응 행동 등의 발생으로 개인적 어려움과 사회적 문제의 요인이 될 수 있다.

이러한 다문화 아동의 자아존중감을 향상하기 위해서 국가에서는 지역사회와 학교, 다문화가족센터 등을 중심으로 다양한 지원사업과 프로그램을 제공하고 있지만(다누리, 2019), 다문화 아동들은 여전히 여러 가지 개인적, 사회적 어려움을 겪고 있는 경우가 많으므로 올바른 자아개념 형성과 자아존중감 향상에 실질적인 효과가 있는 프로그램 개발이 필요하다.

기존의 다문화 아동의 자아존중감 향상에 관련된 선행연구를 살펴보면 미술치료를 활용한 프로그램 개발 연구(방현미, 2012; 서정희, 2009), 운동 및 무용을 활용한 프로그램 개발 연구(최옥숙, 2014; 최민영, 2015), 음악치료를 활용한 프로그램 개발 연구(이민화, 2013; 김숙정, 2013, 이소정, 2015) 등으로 크게 구분된다. 이러한 연구들이 다문화 아동의 자아존중감 향상에 유의미한 결과를 나타내었으나 신체활동을 중심으로 하는 프로그램은 심동적 영역(psychomotor domain)만 강조하고, 예술활동을 중심으로 하는 프로그램은 정서적 영역(psychological domain)만 강조하는 문제점이 있다. 이러한 문제점을 해결하기 위해서는 신체, 정서, 인지영역의 통합적인 발달을 통하여 적극적인 자기표현을 끌어내고 자신의 가치발견과 생활화 및 내면화를 유도할 수 있는 자아존중감 향상 프로그램이 필요하다.

다문화 아동을 대상으로 한 음악치료의 선행연구를 살펴보면, 노래부르기, 악기연주, 감상하기, 창작하기 등의 음악활동을 통하여 정서 영역의 변화와 관련된 음악치료 프로그램 연구(권윤주, 2010; 황혜진, 2014; 나은정, 2019; 이지인, 2019, 김혜영, 2020), 인지영역의 변화와 관련된 음악치료 프로그램 연구(김은선, 2011; 김경언, 2013; 최진영, 2015; 조은지, 2017) 등 특정 영역의 변화를 목표로 하는 음악치료 프로그램이 대부분이다. 그러나 인간의 신체, 정서, 인지가 서로 상호작용하기 때문에(Chugani, 1998), 다문화 아동의 자아존중감을 향상시키기 위해서는 신체, 정서, 인지 영역이 통합된 음악치료 프로그램 개발이 필요하다.

최근 뇌과학의 발달과 더불어 뇌교육의 가치가 부각되면서 뇌를 교육의 대상으로 삼아 전인적인 인간성 향상을 도모하는 뇌교육(Brain Education)의 학문분야가 꾸준히 부각되고 있다. 또한 뇌교육은 뇌를 이해하고 통합하고 활용하는 교육으로서 뇌를 쓰는 법칙과 방법을 훈련하는 것이 중요하다(신혜숙, 2006; 이승헌, 2006). 뇌교육을 통한 자아존중감 향상 프로그램과 관련된 선행연구를 살펴보면 뇌교육 인성프로그램 적용(박선미, 2009), 행복증진 뇌교육 프로그램 적용(성보훈, 윤선아, 2016), 장애학생 대상 뇌기반 인성프로그램 적용(김미영, 2009), 뇌교육 집단상담 인성프로그램 적용(이인숙, 2015) 등 예방적인 차원의 자아존중감 향상 프로그램이 대부분이다. 다문화 아동들의 언어소통, 낮은 자아존중감, 관계 형성, 학교생활의 어려움 등의 문제를 해결하기 위해서는 단순히 예방하는 차원에서 프로그램을 적용하기보다는 예방적 차원과 치료 차원을 병행하는 자아존중감 향상 프로그램이 필요하다.

한편, 음악은 언어표현에 있어 어려움을 느끼고 있는 다문화 아동에게 직접적인 언어 중심으로 자신을 표현해야 하는 상담치료의 한계를 보완할 수 있는 안전한 접근 방법이 될 수 있으며(강경선, 2012), 특히 다양한 심리·정서 문제를 가지고 있지만 표현이 어려운 감정들을 드러내는데 유용한 도구로 사용이 가능하다. 인간은 음악활동에 직접 참여하면서 긍정적이고 창조적인 노력을 하게 되고 이러한 과정은 자아존중감을 높이고 감정을 배출하도록 하는 것이다(최병철, 2006). 또한 음악은 다문화 아동에게 언어 이상의 소통 도구로서 친근하게 접근할 수 있을 뿐만 아니라, 음악을 통해서 치료적인 측면과 함께 교육적인 측면에서 교육과정 목표를 달성하기 위해 사용할 수 있기 때문에(박미경, 2012), 음악치료 프로그램을 다문화 아동에게 적용하면 예방적 차원과 치료적 차원의 목표를 달성하기가 쉬울 수 있다.

특히, 자아존중감은 일반적 자아존중감, 사회적 자아존중감, 가정적 자아존중감, 학업적 자아존중감 등으로 구분하는데(전승배, 2000), 자아존중감의 하위요소와 뇌교육과의 관계를 살펴보면 자신의 가치와 자신감 회복을 강조하는 뇌교육 특징과 일반적 자아존중감과 유사하고 사랑, 평화, 상생과 조화 등을 강조하는 뇌교육 특징과 사회적 및 가정적 자아존중감은 유사하며, 좋은 선택 및 실천력, 동기부여 등을 강조하는 뇌교육 특징은 학업적 자아존중감과 유사하다. 따라서, 다문화 아동을 대상으로 자아존중감을 향상시키기 위해서는 다양한 신체활동과 음악체험을 통한 정서조절, 자신의 가치 발견을 통한 일반적 자아존중감, 타인과의 교류와 정서교감을 통한 음악활동을 통해서 소속감과 원만한 관계 형성으로 사회적 및 가정적 자아존중감, 음악을 통한 성공적 경험과 유능감 형성, 좋은 선택과 실천력, 긍정적 정서, 동기부여를 통한 학업적 자아존중감이 포함된 통합적인 관점에서 자아존중감을 향상시킬 필요가 있다.

또한, 정서는 몸과 마음을 연결하는 것으로서 인지와 신체의 연결망을 통해 교환되는 정보의 영향을 받기 때문에(김미령, 2014), 신체, 정서, 인지가 통합된 프로그램을 실시하면 프로그램의 목표 달성이 효과적일 수 있다(Fabre et al., 2002). 따라서, 뇌교육 방법 중에서 뇌체조(김순하, 심준영, 2013), 명상(박형빈, 2013), 웃음수련(김진희, 2007) 등 신체적 측면과 악기연주, 음악극 만들기 등의 정서적 측면(고병진, 2005), 자신을 칭찬하기(신재한, 2016), 홍익철학 및 긍정적 정보(이승헌, 2010) 등의 인지적 측면의 통합적 발달이 가능한 뇌교육 기반 음악치료 프로그램을 개발할 필요가 있다.

이에 본 연구는 일반적 자아존중감, 가정적 자아존중감, 사회적 자아존중감, 학업적 자아존중감 등이 포함된 통합적인 관점의 자아존중감 향상은 물론, 신체, 정서, 인지 영역을 통합적으로 발달할 수 있는 뇌교육 기반 음악치료 프로그램을 개발할 필요가 있다. 따라서, 본 연구는 다문화 아동을 대상으로 통합적인 자아존중감을 향상시키기 위해 신체, 정서, 인지 영역을 통합한 뇌교육 기반 음악치료 프로그램을 개발하고 적용함으로써 효과성을 검증하는데 연구의 목적이 있다.

향후 본 연구에서 개발한 뇌교육 기반 음악치료 프로그램을 통해서 다문화 아동의 자아존중감을 향상시킴으로써 학교생활 만족도 향상은 물론, 가정 및 사회생활에서 행복한 삶을 영위할 수 있기를 기대한다.

2. 프로그램 개발을 위한 이론적 기초

가. 다문화 아동의 이해

1) 신체적 특성

다문화 아동은 또래와 다른 외모, 어머니가 일반 가정의 어머니와 다르다는 점 등을 민감하게 생각하게 된다(정태미, 2010). 이에 또래와의 외모 차이에서 오는 차별적 문제를 경험하게 된다. 이로 인해 다문화가정 아동은 또래로부터 집단 따돌림을 경험하기도 한다(이순비, 2010). 다문화가정 초등학교 저학년의 경우에는 외모로 인한 차별 경험을 크게 받지 않으나, 고학년이 되면서부터는 자아정체성에 대한 많은 고민을 하게 될 것으로 보인다(전재일, 신효선, 2008). 다른 외모로 인한 정체성 혼란은 특히 학교생활에서 부딪히게 되는 또래와의 외모적 차이로 인해 차별과 편견적 대상으로 전락하게 되고, 이는 아동으로 하여금 소극적이고 부정적인 자아정체성을 형성하게 된다(박주현, 최덕경, 2011).

2) 인지적 특성

다문화가정 아동의 14.7%가 말투나 말씨 등 언어문제로 인해 고민하고 있으며, 19.8%는 한국어를 배우는 것이 어렵다고 한다(정하성, 우 룡, 2007). 다문화 아동을 일반 아동과 비교할 때 '다문화'라는 특수한 가족적 배경을 가진 가정환경 안에서 자유롭지 못한 의사소통과 언어능력의 부족으로 인해 타인과의 원활하지 못한 의사소통과 자신의 생각이나 감정을 표현하는데 어려움을 나타낼 수 있다(박순희, 2009). 다문화가정 아동의 언어발달 지연은 한국말이 미숙한 어머니가 아동에게 적절한 시기에 언어자극을 주지 못한 것이 가장 큰 원인이 된다(권희연 외, 2010). 대부분의 가정에서 어머니가 자녀교육을 담당하고 있으므로 그 아동들이 언어와 문화 차이를 극복하지 못하는 경우, 가정교육 지원 부족 등으로 인한 학습결손 등은 자녀의 기초학력 부진 등의 문제를 야기할 수도 있다(전우홍, 2009). 이러한 언어발달의 지연은 심리적으로도 어려움을 주어 심리적 표출을 제한함으로써 표현 언어능력을 감소시킨다(김미선, 2009). 또한 다문화 아동들은 자녀 양육에 대한 정보가 미흡한 외국인 어머니로 인해 학업 준비도가 낮을 수 있고, 이로 인해 학교수업 상황에서 지나치게 소극적일 수도 있다(박해진, 2008).

3) 정서적 특성

한국어, 한국문화에 대한 적응 기회를 충분히 갖지 못한 어머니의 정체성과 한국사회의 문화적 정체성이 서로 다르기 때문에 나타나는 문화충돌로 인해 많은 혼란을 겪고 있다(전우홍, 2009). 즉 부모님이 물려주신 인종적, 문화적, 민족적 유산을 자신만의 독특한 장점과 개성으로 인식하는 경우도 있지만, '나는 누구인가?'라는 정체성의 혼란을 겪는 경우도 많이 발생하고 있다(문호환, 2014). 또한 다문화 아동은 일반가정 아동과 다른 가정환경, 교육방식 등의 차이를 인식하면서 자신에 대한 부정적인 평가를 하게 되며 일반 아동보다 우울, 불안, 과잉 행동이 높게 나타나고 특히 우울과 불안보다는 위축을 더 많이 경험한다(이원령, 2013). 이러한 심리·환경적 스트레스에 지속적으로 노출될 경우, 충동적 행동을 조절해주는 심리적 요인 중의 하나가 자아존중감이라고 하였다(최경숙, 2006). 그러므로 다문화 아동이 보다 행복하고 안정된 삶을 살아가기 위해서는 자아존중감 및 긍정적 자아정체성 확립이 요구된다.

4) 사회적 특성

아동들에게 또래 관계가 중요한 이유는 친구집단과 어울림으로 형성되는 직접적인 충족감이 행복감과 심리적인 안정감을 제공하며 친구들과의 토론을 통해 다른 아이들도 자신과 똑같은 고민과 갈등 문제가 있다는 것을 알게 됨으로써 죄의식이나 긴장이 감소되는 데 있다(박정원, 2007). 다문화 아동의 낮은 언어습득은 또래와의 관계에서도 자기표현의 결핍으로 이어지기도 하는데 이는 다른 방향으로 부적절하게 표현되기도 한다(서정희, 2009). 부적절한 의사소통 및 자기표현은 언어적 문제와 더불어 또래 간의 관계에 있어서도 낮은 사회성과 자존감을 형성하는 등의 결과를 보이기도 한다(김숙정, 2013). 그러므로 또래관계에서의 적절한 의사소통과 자신이 속한 이중문화의 균형있는 이해를 위하여 적극적인 자기표현력이 요구된다.

나. 자아존중감의 개념 및 구성요소

자아존중감은 인간이 살아가는 과정에서 본질적으로 요구되는 강력한 욕구 가운데 하나로 자신이 지각한 자신의 특성에 긍정적인 가치를 부여하는 것이며, 자기 존재에 대한 정서적 느낌 또는 자신의 능력과 신념에 대한 긍정적인 감정을 말한다(강명숙, 2012). Coopersmith(1967)는 자아존중감을 "개인이 자기 자신에 대해 형성하고 유지하는 평가로서 긍정적이거나 부정적인 태도로 표현되며, 자신이 중요하고 유능하며 성공적이고 가치롭다고 보는 정도"라고 정의하였다. 즉 자아존중감이 높은 아동은 표현이 풍부하고 적극적이어서 사회활동을 성공적으로 이행하지만, 자아존중감이 낮은 아동은 집단활동을 기피하거나 소극적으로 움츠러들며 자신의 능력에 대해 회의적인 경우가 많다.

특히, 자아존중감은 다양한 영역에서 보이는 장점과 약점에 근거한 자아에 대한 총체적 평가이다(Harter, 1983). 아동은 여러 가지 다양한 상황에서 자신의 유능함을 평가한 후, 이러한 평가를 총체적 자기 평가로 통합한다. 학령기에 접어든 아동은 신체, 학업, 사회성의 측면에서 자아존중감을 형성하게 되고, 자신의 유능함에 대한 평가는 자신에 대한 다른 사람의 평가를 정확하게 반영하게 된다. Fellker(1974)는 자아존중감의 구성요소를 소속감, 능력감, 가치감으로 보았다. 즉 소속되기를 바라는 마음, 유능하다고 느끼는 마음, 가치있게 느끼는 마음으로 이 세 가지 요소가 결여되지 않고 조화롭게 구성되어야 높은 자아존중감을 가질 수 있다고 하였다(김미선, 2009).

먼저, 소속되기를 바라는 마음(belonging)이란 인간의 삶은 사회적 관계 속에서 이루어지므로 인간은 어디엔가 소속되기를 바란다는 것이다. 소속감이란 자신이 어떤 집단에 소속되어 있다고 느끼는 느낌 또는 개인과 공동체와의 일체감을 의미한다. 일반적으로 특정한 맥락에서 지원, 존중, 수용의 느낌을 받을 때 생기는 연대감과 정서적인 안정으로 정의된다. 즉 가정에서 높은 자아존중감을 느끼기 위해서는 가족 구성원들이 자신을 수용하고 인정해주고 있다고 느껴져야 하고, 학교에서 높은 자아존중감을 느끼기 위해서는 동일하게 학교 구성원들의 인정과 수용이 필요하다(장지수, 2013).

다음으로, 유능하다고 느끼는 마음(feeling competent)이란 자신이 설정한 목표를 얼마나 효율적으로 달성하는가를 따라서 평가하는 것으로 자아존중감의 또 다른 요소를 능력으로 보는 것이다. 그러나 개인이 가지는 능력감은 내면적이며 주관적이라는 것이 한계라 할 수 있다. 개인이 평가하는 능력감은 과거에 어떠한 경험을 했는가에 따라 많은 영향을 미치기 때문이다. 그러나 교육을 통해 과거의 경험을 보는 관점을 변화시키고 재해석할 수 있는 기회를 주어 자아존중감을 높일 수 있다(박윤진, 2011).

마지막으로, 자신을 가치있게 느끼는 마음(feeling worth)은 한 개인의 가치는 흔히 타인이 그 개인을 위해서 무엇을 하느냐 또는 그 개인에게 무엇을 하느냐, 즉 상대방이 베푼 사랑으로 알아볼 수 있다(최영주, 2008). 다른 사람에 대한 어느 한 사람의 가치는 다른 사람이 자신을 대하는 표현으로 나타난다. 자신에게 우호적 또는 긍정적인 모습을 보일 때 자신을 가치있는 존재로 평가한다. 즉 자아존중감은 자기 인정, 자기 존중 그리고 자기 수용의 태도를 말하며 개인이 성장하면서 건전한 성격발달을 이루고 적절하게 환경에 적응해 나가며 긍정적인 자기실현을 성취하는 데 있어 매우 중요한 요소이다(Harter, 1983). 또한 자아존중감을 개인이 자기자신에게 갖는 태도 속에 나타나는 자신에 대한 가치의 판단으로 보면서, 이는 계속해서 변한다고 하였다(조원성, 1996).

특히, 자아존중감의 하위개념 요소는 다음의 4가지로 구분되어 질 수 있다(전승배, 2000). 첫째, 일반적 자아존중감으로 이는 자신에 대한 보다 일반적인 평가이며 자신의 보는 부분에 대한 총체적인 평가를 말한다. 둘째, 사회적 자아존중감으로 다른 사람과의 관계에서 친근성 또는 자신에 대해 느끼는 감정을 포함한다. 셋째, 가정적 자아존중감으로 가정생활 속에서 자신이 얼마나 안정되며 부모와의 관계가 어느 정도 원만한가를 나타낸다. 즉 가족 구성원으로서 자기 자신에 대한 평가를 말한다. 넷째, 학교적 자아존중감으로 학교생활 속에서 느끼는 자신의 유능함을 일컫는다. 즉 학생으로서 자신에 대한 평가 뿐만아니라 학업적 평가를 포함한다.

한편, 자아존중감의 구성요소의 구체적인 내용은 <표 7-1>과 같다.

〈표 7-1〉 **자아존중감의 구성 요소**

구분	자아존중감의 구성 요소
William James(1890)	가정된 잠재력, 가치감, 성취감
Coopersmith(1967)	긍정적이고 부정적인 태도, 유능감, 가치감
Masslow(1968)	외적 자아존중감(명성, 지위, 존경, 사회적 성공) 내적 자아존중감(가치감)
Fellker(1974)	소속감, 능력감, 가치감
Wylie(1979), Coopersmith(1981), Harter(1983)	자기수용, 자기인정, 자기 존중의 태도
Branden(1992)	자아효능감, 자기가치감
이훈진(1999)	자신의 긍정정도, 가치정도
전승배(2000)	총체적 자아존중감, 사회적 자아존중감, 가정적 자아존중감, 학교적 자아존중감
김금숙(2003)	자기효능감(self-efficacy), 자기존경(self-respect), 자기수용(self-acceptance), 자아평가(self-evaluation)
고관영(2007)	소속감, 가치감, 성취감
정행준(2011)	자기존재 인식의 태도
강명숙(2012)	긍정적인 가치감, 자신에 대한 정서적 느낌, 자신의 능력과 신념
이경화(2009)	인지적 자아, 정의적 자아, 사회적 자아, 신체적 자아

선행연구 분석을 통하여 유사한 하위개념을 통합하고 비슷한 개념끼리 유목화하여 본 연구에서 사용한 자아존중감의 구성요소를 가치감, 소속감, 유능감으로 재분류하였으며, 구체적인 내용은 <표 7-2>에 제시하였다.

〈표 7-2〉 **자아존중감의 구성요소 재분류**

요소 연구자	가치감	소속감	유능감
William James(1890)	가치감		잠재력, 성취감
Coopersmith(1967)	긍정적 태도, 가치감		유능감
Masslow(1968)	가치감		사회적 성공, 명성, 지위, 존경

요소 연구자	가치감	소속감	유능감
Fellker(1974)	가치감	소속감	능력감
Wylie(1979), Coopersmith(1981) Harter(1983)	자기수용, 자기인정, 자기존중		
Branden(1992)	자기가치감		자아효능감
이훈진(1999)	자신의 긍정정도, 가치정도		
전승배(2000)	총체적 자아존중감	가정적 자아존중감, 사회적 자아존중감	학교적 자아존중감
김금숙(2003)	자기존경, 자기수용		자아평가, 자기효능감
고관영(2007)	가치감	소속감	성취감
정행준(2011)	자기존재 인식의 태도		
강명숙(2012)	가치감, 정서적인 느낌		자신의 능력과 신념
이경화(2009)	신체적 자아, 정의적 자아	사회적 자아	인지적 자아

위와 같이 자아존중감 관련 선행연구 분석 결과 국내·외 다수의 학자가 분류한 자아존중감 구성 요인들을 토대로 본 연구에서는 자아존중감의 하위요소를 가치감, 소속감, 유능감 세 가지 요인으로 재분류하였다. 본 연구자가 정의한 가치감이란 자신의 가치에 대한 확신을 가지고 자신을 가치롭다고 느끼며 자기 자신에게 긍정적인 태도를 가지는 것이다. 소속감이란 한 개인이 공동체 안에서 의미있게 여기며 자신의 감정을 공감, 인정받음으로 공동체 안에서 일체감을 느끼는 것이다. 유능감이란 자신의 능력에 대한 긍정적 감정으로 자신을 유능하고 성공적으로 평가하며 타인들에 의해 자신이 수용되는 것을 말한다. 자아존중감의 하위요소와 자아존중감 검사 하위요소는 <표 7-3>과 같이 정리할 수 있다.

〈표 7-3〉 자아존중감 하위요소와 자아존중감 검사도구 하위 요소의 관계

자아존중감 하위 요소	자아존중감 검사도구 하위 요소
가치감	일반적 자아존중감
소속감	사회적 자아존중감 가정적 자아존중감
유능감	학업적 자아존중감

다. 뇌교육과 자아존중감의 관계

뇌교육은 뇌과학과 교육을 포괄한 인간완성학으로서 '인간성 회복'을 목표로 그것을 실현하고자 하는 학문이다. 뇌교육은 말하자면 '회복'에 대한 학문이다. 양심의 회복, 홍익 정신의 회복, 인간성 회복 등 이 모든 회복의 과정을 통해 마침내 '뇌의 주인'이 탄생하는 것이다. 재능이나 능력에 관계없이 스스로 자신을 인정하고 긍정하고 격려하며 다른 사람이 자신에게 해주기를 바라기 이전에 스스로가 자기 자신을 지지하고 격려해 주면 된다.

자신감을 회복하려면 먼저 자신의 느낌에 집중해야 한다. 뇌교육은 자기 자신을 느끼는 감각, 자신에게 집중하는 감각을 깨움으로써 자신감을 키운다(이승헌, 2010). 뇌의 주인이 되기 위해서 자기를 수용하고 자기를 인정하며, 자기를 존중하는 태도를 가지고 자신의 가치를 실현할 수 있도록 자아존중감을 형성하는 것이 매우 중요하다. 특히, 윤선아(2011)는 뇌교육을 통하여 학생들이 자신의 뇌에 대하여 바르게 알고 정보를 받아들여 뇌를 적극 활용하기 때문에 그들의 자아존중감이 발달되며 자신에 대하여 긍정적인 인식이 가능하도록 돕고 이를 바탕으로 타인과의 관계를 긍정적인 관점에서 볼 수 있도록 한다고 하였다.

앞서 언급한 바와 같이 뇌교육에는 첫째, 뇌감각 깨우기, 둘째, 뇌 유연화하기, 셋째, 뇌 정화하기, 넷째, 뇌 통합하기, 다섯째, 뇌 주인되기의 핵심 단계가 있다. 또한 단계별 다양한 훈련 방법이 있다. 앞의 3단계는 몸과 마음을 이완하며, 자기자신의 운명을 적극적으로 창조해 나가는 데 있어 부정적으로 작용하는 감정이나 사고의 패턴 그리고 신념들이 무엇인지를 알아차리며 자유로워지는 과정이다. 그 다음의 2단계는 자신이 누구이며, 무엇을 원하는지를 찾아내고, 이것을 바탕으로 자신의 삶을 새로이 설계하는 과정이다. 그런데 이 모든 단계의 핵심은 자기를 사랑하고 존중하며 자신감과 희망을 회복하는 것이다(이승헌, 2007).

특히, 뇌교육의 목적은 한 개인의 뇌에서 출발하나 거기에 머무르지 않고 내적인 확장을 통해 개인의 의식과 전체의식을 연결하는 것에 목표를 두고 있다(하태민, 2009). 이것을 교육 현장에서 적용시켜 볼 수 있는 관점에서 뇌교육의 목적을 정리해 보면 다음과 같다(국제뇌교육협회, 2013).

첫째, 행복의 의미를 알고 행복한 삶을 가꾸어 나가도록 하는 교육으로 몸과 마음을 건강하게 하며 자신감을 북돋우어 준다. 둘째, 뇌를 효율적으로 쓰는 원리를 이해하며 스스로 행복을 선택하는 힘을 기른다. 자신의 내면에 대한 집중을 통하여 자아존중감이 길러지도록 한다. 셋째, 분노 조절과 감정정화, 그리고 자기 극복의 체험 등을 통하여 긍정적인 자기 정체감을 회복하도록 한다. 긍정적인 감정과 행동 통제를 통해 학습동기부여를 잘 할 수 있도록 돕는다. 넷째, 예절, 양심, 성실, 정직, 책임감 있는 삶의 태도를 갖추게 하는 교육이다. 자발적이며 적극적인 태도를 갖도록 하여 자아존중감이 형성된다. 다섯째, 자신 및 친구, 가족과의 소통 능력을 향상시킨다. 이러한 뇌교육의 목적을 바탕으로 본 연구에서 정리한 뇌교육의 특징과 자아존중감의 구성 요소의 관계를 <표 7-4>와 같이 정리하였다.

〈표 7-4〉 **뇌교육과 자아존중감 하위요소와의 관계**

뇌교육의 특징	자아존중감 하위요소
내면의 힘을 길러 자신의 가치, 자기정체감과 자신감 회복	가치감
사랑, 평화, 상생, 조화 및 홍익인간의 교육철학	소속감
좋은 선택과 실천력, 자기극복의 체험	유능감

뇌교육은 좋은 선택을 하도록 돕는 이완 및 정화의 과정을 바탕으로 한다. 심신이 긴장되어 있으면 뇌 역시 긴장상태라고 할 수 있다. 그러므로 뇌교육은 습관화 및 생활화를 돕는 삶의 목적 및 정체성 정립을 위하여 인간 누구나 모두 가지고 있는 순수 생명 에너지를 적극 활용함으로써 밝고 강한 인간 본성에 대한 자각을 통하여 삶의 목적을 나만의 행복에서 우리 모두의 행복으로 전환하도록 이끈다(한국 뇌교육원, 2007).

따라서 뇌를 잘 쓰는 원리를 이해하고 생활 속에서 실천하며 좋은 선택을 할 수 있는 내면의 힘을 길러 자신의 가치와 자기 정체감을 회복하여 자기 자신에 대한 보다 일반적인 평가인 일반적 자아존중감을 기를 수 있다. 뇌는 사랑, 평화, 조화, 상생 등의 보편적인 가치를 추구할 뿐만 아니라 홍익은 나와 더불어 세상을 이롭게 하고자 하는 마음에서 출발한다.

한편, 뇌교육은 우리에게 이미 있는 본래의 밝은 성품을 회복하게 하는 인간성 회복 및 자아발견, 그리고 홍익인간의 교육철학을 바탕으로 하고 자신뿐만 아니라 친구, 가족 간의 소통을 향상시키는 교육으로 성공적인 또래 관계, 원만하고 행복한 가정생활로 사회적 자아존중감과 가정적 자아존중감을 기를 수 있다. 또한 긍정적이고 적극적인 생활 속에서 성장하면서 외부의 평가와 외적 동기유발로 인해 점차 스스로를 평가하고, 동기를 일으키는 내적 자기에 대한 인식이 증가하여 그들이 직면한 환경에서 성공적으로 대처하는 것을 학습하게 된다. 즉 타인의 긍정적인 피드백을 통하여 긍정적 감정 및 행동 통제로 학습동기와 자신감을 길러줌으로써 학업적 자아존중감을 기를 수 있다.

결론적으로 뇌교육은 자신이 원하는 목표를 이루기 위하여 자신의 내면에 집중하는 힘을 기르고 긍정적인 정서로 순화하며 바른 선택의 능력을 키우고 자신의 진정한 가치를 발견하게 함으로써 감정 순화는 물론 자기 조절 능력과 타인과의 소통으로 자아존중감이 형성되어 자발적이고 적극적인 태도를 갖게 한다.

라. 음악치료의 개념 및 특징

음악치료(Music Therapy)란 음악과 치료가 복합된 개념으로, 음악이 변화의 매개물로서 치료적인 관계를 형성하도록 해주고 인간의 성장발달을 도모하여 자아실현을 도와줄 때, 그 과정이 바로 음악치료가 된다(이경화, 2009). 즉 음악치료는 내담자와 치료사의 사이에서 심리적·정신적인 건강을 회복하고 유지하며 증진시키도록 하고 이를 위한 치료적 도구로 음악을 사용하는 것을 의미한다. 따라서, 음악치료는 개인으로 하여금 자신과 주변의 세계를 깊이 있게 이해하게 하여 사회에 좀 더 잘 적응할 수 있도록 도와준다(최병철, 2006).

특히, 음악치료는 그룹 상호작용을 통한 지지를 통해 자신감을 경험하고 언어 및 감정표현을 함으로써 자신의 필요에 대한 요구를 할 수 있게 도울 수 있다. 또한 음악교육과 음악치료의 차이를 살펴보면 음악교육은 '음악적 성장'을 목적으로 하고 음악치료는 '인간적 성장'을 궁극적인 목적으로 하고 있는 것이다. 즉 음악교육은 음악적 성장을 위한 음악활동을 하는 것이고 음악치료는 음악활동을 통해 음악 외에 얻어지는 내면적 효과에 중점을 둔 것이다(정대영 외, 2003). 음악치료를 적용할 수 있는 영역을 <표 7-5>와 같이 나누어 볼 수 있다(김종인, 2003).

〈표 7-5〉 음악치료 적용 영역

영 역	영역별 내용
인지발달 (Concept Development)	• 소리 지각(Auditory perception) • 시각 지각(Visual perception) • 학습 개념(Academic concept) • 집중력/지속력(Attentionspan) • 기억력(Memory) • 자긍심 발달(Self-esteem)

영 역	영역별 내용
운동기술 향상 (Motor Development)	• 균형감각(Balance) • 민첩성(Agility) • 소근육운동(Fine motor skills) • 대근육운동(Gross motor skills) • 눈-손 협응(Eye-hand coordination) • 긴장이완(Relaxation)
의사소통 (Communication)	• 청각 변별(Auditory discrimination) • 수용 언어(Receptive language) • 시선 접촉(Eye-contact) • 표현 언어(Expressive language) • 언어/비언어교류(Verbal/Non-verbalinteraction) • 발성(Vocalization)
사회교류기술 (Social Interaction)	• 자기 인식(Self awareness) • 타인 인식(Awareness ofothers) • 그룹 참여(Group participation) • 그룹 교류(Peer interaction) • 자기감정 표현(Expression offeelings) • 여가선용(Recreation)
정서발달 (Emotion Development)	• 동기유발(Motivation) • 스트레스 대처기술(Stress management) • 충동조절(Impulse management) • 감정 표현(Expression offeeling) • 침체된 정서고양(Increaseof depressed emotion) • 긍정적 정서 경험(Positive emotional experience)

마. 음악치료에 대한 뇌과학적 고찰

최근 몇 년간 음악과 뇌과학 영역에서의 노력들로부터 나온 매우 흥미롭고 호기심을 유발하는 시사점 중 한 가지로, 생물학적인 측면에서 음악이 인간의 뇌의 뿌리 깊은 기능이라는 사실이 밝혀졌다. 뇌는 음악을 담당하는 신경회로를 가지고 있다. 음악은 구체적이지만 복잡한 뇌 구조와 연관되어 있다(최애나, 2010). 또한 생의학적 음악치료의 철학적 근간은 모든 인간 행동은 뇌로부터 나온다는 기본 전제에 있다(Hodges, 1980). 호르몬 활동에 음악활동이 긍정적인 영향을 주며, 면역성 증진과 재생 기능도 촉진시킨다는 연구(Harvey, 1987)를 통해 음악이 뇌를 자극하고, 뇌를 통해 음악정보가 처리되는 만큼 음악은 신경기능에 긍정적인 영향을 준다는 것을 알 수 있다.

음악인들과 비음악인들이 뇌의 특정 부위에 있어서 구조적, 기능적 차이점을 보이고 더욱이 음악과 음악학습이 뇌의 발달에 영향을 준다고 밝혔다(David, 2000). 이것은 음악과 관련된 뇌의 구조적, 기능적 연구들이 음악적 능력 향상에 보다 효율적인 과학적 근거를 제시할 수 있을 뿐만 아니라 더 나아가 효율적인 다양한 음악 프로그램 개발과 음악교수법을 제시할 수 있음을 나타낸다. 또한, 인간은 살아가면서 언어적인 좌뇌를 활발하게 사용하는 면이 있으므로 음악으로 긴장을 완화하며 좌뇌를 쉬게 하고 그동안 비언어적인 우뇌를 활동하게 함으로써 직관성, 연상력, 동시성, 수동성과 같은 것의 활성화를 시도하면 쉬고 있던 '뇌력'이 개발되어 발상력이 풍부하게 된다(김영미, 2009).

최근 신경과학, 인지과학 등 뇌과학의 활발한 연구로 음악이 두뇌의 구조와 신경전달물질, 뇌파, 뇌의 기능 등에 큰 영향을 미치는 것으로 나타났다. 먼저 두뇌 구조와 기능 측면에서 살펴보면, 아름다운 음악을 표현하는 협화음이 즐거운 감정을 유발하는 변연계 영역을 자극하는 반면에, 불협화음은 불쾌한 정서를 유발하는 변연계 영역을 활성화하는 것으로 나타났다(신재한, 2017). 또한 신경전달물질 측면에서 살펴보면 빠르고 신박한 음악을 듣게 되면 노르아드레날린이나 아드레날린이 분비되어 스트레스를 받게 되지만, 이완 상태를 유도하는 조용한 음악이나 템포(tempo)가 느린 음악을 듣게 되면 아세틸콜린이 분비되어 장기기억 형성을 촉진할 수 있다(김유미, 2005). 우리는 음악에서 뇌 기능의 생리학과 신경학을 연구함으로써 복잡한 청각 소리 자극, 시간 및 리듬의 처리, 음악과 언어라는 두 개의 청각 의사소통 체계로서의 차별적인 처리, 예술에 있어서의 학습 및 선천적 재능의 생물학적 기질 그리고 시간성과 감정에 관련된 상위 인식 기능의 처리에 대하여 실제로 일반적인 뇌 기능에 대한 많은 지식을 얻을 수 있다(최애나, 2010).

뇌에 대한 음악의 역할을 살펴보면, 왼쪽 두뇌반구는 부분적 소리를 만들어내는 역할을 하고 오른쪽 두뇌 반구는 전체적 음악을 만들어내는 역할을 한다고 하며, 어렸을 때 부터 손을 많이 사용하면 뇌의 발달에 좋다는 결론과 음악 활동 중 악보를 보면서 악기를 연주하거나 노래를 부르는 것이 뇌를 발달시키는 역할을 한다는 것이다. 뇌에서 음의 단편적 요소를 분석하고 통합해 만든 인지적 산물이 음악이라 할 수 있으며 흥겨운 음악은 도파민 분비를 촉진한다. 음악은 동조화 현상도 야기하기도 하는데 이는 뇌에서 리듬의 힘을 빌려 감정뿐 아니라 행동도 이끌어내고 인간의 내재된 본능을 자극해 대중의 일체감을 이끌어내는 최고의 매개체로 사용되는 것이다(최애나, 2010).

음악은 뇌조직을 가장 다양하게 활성화시키고 노래부르기와 같은 음악활동이 수행되면 두뇌의 거의 모든 부위와 신경 하부체계가 가동된다고 한다(Levitin, 2008). 특히 음악은 언어처리영역으로 알려진 브로카 영역과 베르니카 영역에서도 화성이나 음악 진행의 의미측면을 처리하고 활성화되는 상호작용이 일어난다는 점을 통해 노래부르기가 소리내어 읽기보다 뇌 활성량에 긍정적 결과를 가져온다(이지영, 2012). 또한 노래부르기는 노래감상보다 뇌의 주의집중도를 높인다. 노래부르기를 통해 표현하고 발산하는 과정은 감정상태를 긍정적으로 변화시키게 되고 집중력과 주의력을 증가시키며(유연이, 2001), 이러한 정서적 경험은 편도체를 비롯한 뇌 구조물들이 상호작용하여 주의집중을 강화시키게 되는 과정으로 설명될 수 있다(최병철, 2006).

한편, 음악적 자극과 인간의 신체적, 생리적 관계는 다음과 같이 요약될 수 있다(정현주, 2006). 첫째, 음악은 뇌신경 세포의 연결에 자극을 주어 뇌의 발달을 강화시키며, 둘째, 음악은 신체적, 정신적 건강에 기여하며 또한 뇌의 시상하부에서 생산되어 고통을 줄여주며 T−임파구를 강하게 하여 건강을 지켜주는 역할을 하는 긍정적인 화학 물질인 엔돌핀 생산에 도움을 준다(김재옥, 2006). 셋째, 음악은 뇌파 중 알파 파장을 증진시켜 인간을 가장 편안하고 조용한 상태에 처하게 해 창의적인 정신작용을 활발하게 하며, 이상적인 호르몬 분비로 좋은 신체 건강 상태를 지킬 수 있도록 한다(안묵년, 2006).

"음악과 뇌는 어떠한 연관성을 가지고 있으며 음악은 뇌의 발달에 어떤 영향을 미칠 수 있을 것인가?"라는 질문에 사쿠라이 마사타는 아동과 뇌의 발달에 대한 그의 저서에서 음악은 아이의 뇌와 몸의 발달을 촉진시키는데 효과적이며, 아이와 함께 노래를 부르거나, 노래 가사에 맞춰 동작도 해보고, 리듬에 맞춰 박수를 치는 것도 감각능력을 높여주어서 아이의 두뇌 발달에 도움이 된다고 하였다(박재현 역, 2010). 어려서 음악 교육을 받은 사람들의 뇌량은 보통 사람들보다 컸다(Schlaug, 1995). 이것은 음악처리 과정을 통하여 좌뇌와 우뇌 사이의 정보 교환량이 많았음을 시사한다. 음악은 좌뇌와 우뇌 사이의 의사소통을 통하여 인지적인 논리성과 통찰력을 증가시킨 것이라 할 수 있다.

특히, 음악치료의 원리로는 동질의 원리, 카타르시스의 원리, 이완의 원리 그리고 매개의 목적으로 쓰이는 행동 과학적 원리로 나눌 수 있는데 이들 원리는 서로 배타적인 것이 아니라 통합될 수 있다(은혜경, 2001).

첫째, 동질의 원리(ISO Principle)란 외부적인 소리의 모양이 환자의 내면의 상태와 비슷하게 일치되어 내면의 세계를 외부의 소리 세계로 유도하는 것을 말한다. 즉 내면의 상태나 이면의 상태가 비슷할 때 음악이 잘 이입할 수 있다는 것이다. 동질이란 동일하거나 유사함을 뜻한다. 내상사의 그때의 감정 및 정신의 상태를 파악하여 그와 유사한 음악을 사용하도록 하는 것이 '동질의 원리'이다. 쉽게 표현하자면 우울한 상태에서는 느리고 우울한 음악을, 기분이 들뜬 상태에서는 빠르고 경쾌한 음악을 선호하는 것이다(김영미, 2009).

둘째, 카타르시스의 원리에서 카타르시스란 "정화 또는 배설이라는 의미로 건강에 해가 되는 것을 물리적, 심리적으로 배설하는 것"을 뜻한다(최애나, 2007). 음악치료에서 매우 중요한 것은 음악이라는 매개체가 수용되지 않는다면 아무 소용이 없다는 것이다. 그래서 먼저 동질의 원리를 사용하게 되지만 치료에 사용되는 음악이 지금의 상태와 일치되는 이상 최악의 경우 악화될 우려가 있음을 생각해 볼 수도 있다. 예를 들어 우울한 사람에게 우울한 음악을 계속 틀어준다면 우울에서 벗어나지 못하고 더 깊은 우울증에 빠지게 될 수도 있지 않을까 하는 생각을 할 수 있다는 것이다(김미숙, 2009). 그러나 이것은 잠시 동안 상태가 악화되는 것처럼 보이나 그 상태가 정점에 닿아 포화상태에 이르게 되면 감정의 응어리를 분출해 내게 된다. 이때 치료가 시작되기 시작하는데 이를 카타르시스라 할 수 있다. "이 카타르시스 이론은 그리스시대의 철학자 아리스토텔레스에 의해 이미 정립된 이론으로 음악에 의한 감정의 발산이 치료에 큰 효과가 있음을 단적으로 나타내 주고 있는 것이다."

셋째, 이완의 원리는 멜로디가 풍부하고 아름다운 울림이 있는 음악은 사람들에게 정서적 평안함과 여유로움을 준다(김경수, 2009). 음악은 몸과 마음의 긴장을 완화시켜 주는 역할을 한다. 그러므로 음악치료를 하기 전에 준비단계로 긴장을 완화시켜 주는 것이 중요하다. 이때 내담자의 음악의 선호도를 고려하여 음악을 선택하는 것이 바람직하다.

넷째, 행동 과학적 원리는 음악치료를 행동과학의 한 분야로(윤미정, 2009) 생각한다는 것이다. 앨트 슐러가 동질의 원리에서 '듣는 음악'으로서의 음악치료에 대해 이야기했다면, Sears(1968)는 음악치료를 '하는 행위'로서의 음악치료를 설명한다. 즉 음악치료는 어떤 음악이나 음악적 장면이 가진 구조가 음악에 관계하는 사람들에게 어떠한 방법과 행동을 요구하는가를 파악한 후, 이를 치료와 결합하여 음악치료를 받게 한다.

지금까지의 뇌신경과 관련된 음악적 연구 결과들은 다음과 같은 결론들을 이끌어 내고 있다(장지원, 2012). 첫째, 인간의 뇌는 음악에 확실히 반응하고 그것을 수행하고 또 음악에 참여하는 능력을 갖고 있다. 둘째, 경험은 외부의 환경적 요인 중 하나로써 우리 뇌의 작용과 구조적 형성에 영향을 주고 따라서 음악과 음악지도는 경험의 일부로써 뇌의 활동에 영향을 준다. 셋째, 전문 음악인의 뇌는 비전문 음악인들과는 다른 구조적 차이를 보인다. 넷째, 음악은 뇌 안의 광범위한 신경 시스템에 의해 다루어짐과 동시에 뇌의 국소적 특정 영역에서 동시에 다루어진다. 다섯째, 7세 이전부터 시작된 지속적인 음악학습은 음악적 뇌의 형성에 확실한 영향을 줄 수 있다. 여섯째, 인간의 뇌는 뛰어난 변화의 용량을 갖고 있고 그러한 변화의 적절한 시기의 결정은 매우 중요하다. 일곱째, 인간의 뇌는 어린 시기일수록 음악적 정보를 받아들이는데 있어서 유연성과 순응성이 뛰어나다.

바. 뇌교육 기반 음악치료

뇌교육은 뇌와 몸이 작용하는 원리에 따라 뇌 활용 방법을 5단계로 구성하였다. 뇌교육의 목표를 이루기 위한 최적의 뇌 활용법인 '뇌교육 시스템 5단계'는 1단계 뇌감각 깨우기, 2단계 뇌 유연화하기, 3단계 뇌 정화하기, 4단계 뇌 통합하기, 5단계 뇌의 주인되기로 구성되어 있다(이승헌, 2010). 뇌교육 시스템 5단계는 <표 7-6>과 같다.

〈표 7-6〉 **뇌교육 시스템 5단계**

단계	과정	주요내용	주요대상
1	뇌감각 깨우기 (brain sensitizing)	몸을 움직이고 몸의 감각을 자극함으로써 뇌의 해당영역을 활성화하는 과정	몸과 뇌전체
2	뇌 유연화하기 (brain versatilizing)	굳어진 뇌 회로를 유연하게 하고 뇌세포간의 커뮤니케이션을 활성화하여 뇌의 능력을 극대화하는 과정	대뇌피질
3	뇌 정화하기 (brain refreshing)	뇌에 저장된 감정의 기억들을 정화함으로써 뇌를 밝고 가볍게 만들어 주는 과정	대뇌변연계
4	뇌 통합하기 (brain integrating)	뇌간의 무한한 생명 에너지와 잠재력을 일깨우는 과정	뇌간
5	뇌의 주인되기 (brain mastering)	뇌의 창조력을 100% 활용하는 과정	몸과 뇌 전체

이러한 뇌교육 5단계의 특징과 관련지어 음악치료를 살펴보면 첫째, 뇌 감각 깨우기는 몸을 많이 움직이며 몸의 감각을 자극함으로써 해당되는 뇌의 영역을 활성화한다. 자신의 뇌를 의식하고 몸과 뇌의 소통을 원활하게 하는 것이다. 뇌의 기능을 일깨우기 위해서는 무엇보다 신체의 움직임이 중요하다(강명옥, 2010). 몸과 뇌가 하나이므로, 몸을 많이 쓰게 함으로써 뇌를 간단하고 효과적으로 깨울 수 있다. 존 레이티 교수(2018)는 뇌과학 연구발표를 통해 운동 및 신체활동이 뇌를 최적의 상태로 유지할 수 있게 해주며, 긍정적 정서와 학습동기와 매우 밀접한 연관성을 가지고 결정적 영향을 미친다고 하였다. 운동은 뇌혈류량을 개선하고 BDNF(신경성장유발물질)를 증가시켜 집중력과 침

착성 향상 및 충동성을 감소시킨다는 것이다. 이에 본 프로그램 매회기마다 다양한 뇌 체조, 몸악기 연주하기, 신체표현하기, 놀이활동 등을 통해 몸을 많이 쓰게 하고, 음악을 들으며 음악의 분위기나 자신의 마음 상태에 따라 신체를 자유롭게 움직이면서 자신과 타인의 정서를 이해하게 된다. 몸과 뇌의 연결을 강화하는 주요한 매개체는 마음 곧 에너지의 작용인데 신체활동으로 활기찬 몸을 만들 때 에너지가 활성화되어 자신감이 넘치고 집중력도 좋아진다(이인숙, 2015).

둘째, 뇌 유연화하기는 굳어진 뇌 회로를 유연하게 하고 뇌세포 간의 커뮤니케이션을 활성화하여 뇌의 능력을 극대화한다(이승헌, 2006). 즉 대뇌피질의 기능을 원활히 하여 생각이나 감정, 행동을 유연화하게 하는 것이다. 뇌를 움직이는 것은 정보이다. '뇌에 어떠한 정보를 주는가', '뇌가 어떻게 정보를 처리하는가' 이 두 가지에 의해 우리의 건강, 성격, 재능과 같은 개별적 특성들이 만들어진다. 자신을 건강하고 행복하게 하는 정보를 뇌에 많이 주도록 하여야 한다. 긍정적 정보를 주기 위하여 자아존중감의 하위요소와 연계된 밝고 희망찬 가사의 노래와 동화책 읽기와 매 회기별 자신에게 칭찬하기 활동을 실시한다.

셋째, 뇌 정화하기는 뇌에 저장된 감정의 기억들을 정화함으로써 뇌를 밝고 가볍게 만들어 주는데 음악을 통하여 자신의 감정을 알아차리고 표현하게 함으로써 카타르시스를 경험하기도 한다(이승헌, 2006). 특히 악기연주 활동은 에너지를 집중하게 하여 정서를 자극하고 긴장과 이완을 경험하게 하며 부적절하고 부적응적인 행동을 조절해 주어 적응적 행동을 위한 통로를 제공한다(Boxil, 1984).

넷째, 뇌 통합하기는 뇌간의 무한한 생명 에너지와 뇌의 잠재된 능력을 일깨우며 삶의 목적을 지각하게 한다. 음악체험을 통하여 좌·우뇌의 통합으로 창의적인 표현력이 풍부해지며 이에 따른 성취감과 자신감을 경험하게 됨으로 자신의 가치와 자아정체성의 확립으로 삶에 대한 적극적인 태도를 기를 수 있다.

다섯째, 뇌 주인되기는 뇌의 창조력을 100% 활용하게 한다. 개인의 음악적 잠재력은 신체적 및 언어적 능력과 같이 인간이 지니고 있는 가장 기본적인 능력이다(손학승, 2004). 인간은 누구나 음악에 반응하며 음악적 경험을 통해 자아를 실현하고 더 나아가 미적 체험을 통해 삶의 가치와 의미를 깨닫게 된다(이 에스더, 2003). 음악치료 영역과 뇌교육의 관계를 다음 <표 7-7>과 같이 나타내었다.

〈표 7-7〉 음악치료 영역과 뇌교육의 관계

음악치료 영역	뇌교육의 철학
감정표현, 긴장이완, 긍정적 정서 경험	자신의 몸과 마음 알아차리기, 자신의 가치 알기
자기인식, 소근육운동, 눈-손 협응	신체활동으로 뇌의 좌우반구의 균형있는 발달과 몸과 마음의 조화로운 균형 유지하기
충동조절, 스트레스 대처	긍정적 정보로 감정과 정서를 조절, 자신을 성찰하며 선택의 힘 기르기
균형감각, 그룹참여, 그룹교류, 의사소통	홍익실천, 밝은 비전 갖기
자기인식, 타인인식, 자긍심 발달	뇌의 창조력을 100% 활용하여 몸과 마음의 주인되기

일반적인 음악치료와 뇌교육 기반 음악치료의 공통점과 차이점을 설명하면 <표 7-8>과 같다.

〈표 7-8〉 일반적인 음악치료와 뇌교육 기반 음악치료의 비교

		일반적인 음악치료	뇌교육 기반 음악치료
공통점		• 노래부르기, 악기연주, 감상하기, 창작하기 등의 음악활동으로 표현능력을 기르며 정서를 순화한다.	
차이점	신체	• 단순히 가사나 음악의 느낌을 신체 표현하기	• 다양한 신체활동 및 오감활동 (뇌체조하기, 감각에 집중하기, 명상하기, 호흡하기, 놀이하기 등)
	정서	• 즐거운 마음	• 자아존중감 향상, 감정 알아차리기 • 감정정화, 내적 성장
	인지	• 자세 및 연주법 익히기 • 익숙하게 연주하기	• 긍정적 정보주기(나에게 칭찬하기, 긍정적 노래가사와 동화듣기), 부정적 정보 씻어내기 • 홍익의 마음, 좋은 선택

뇌교육 기반 음악치료 프로그램의 개발 방향은 [그림 7-1]과 같이 도식화할 수 있다.

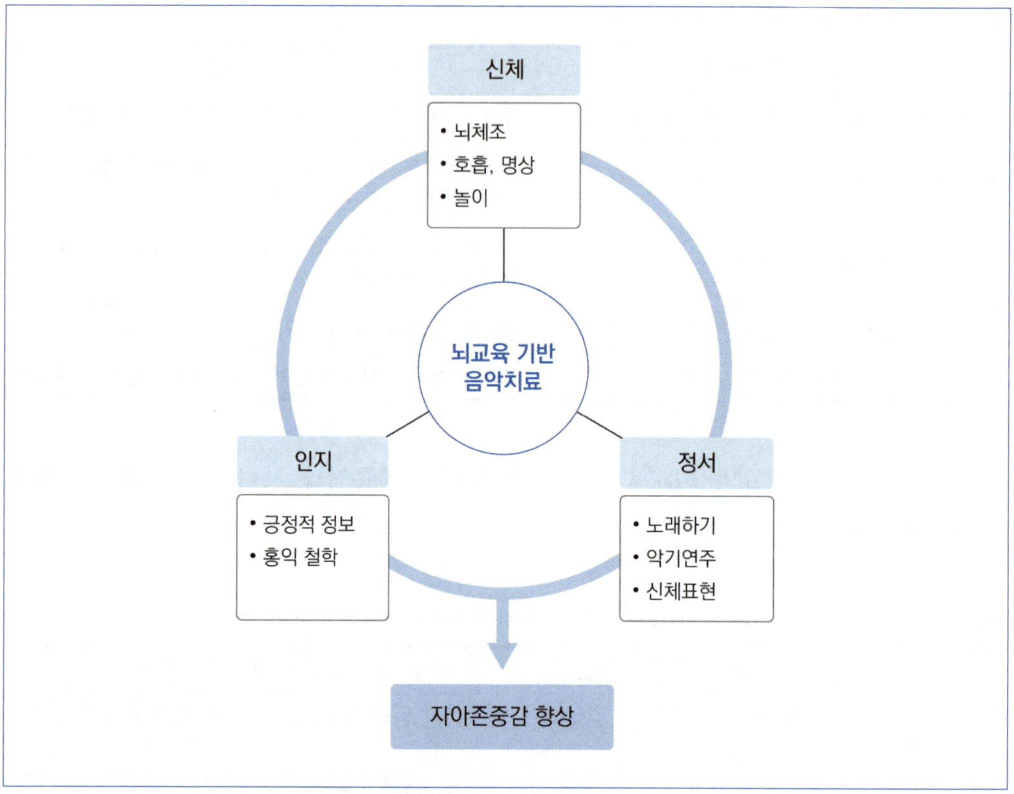

[그림 7-1] **뇌교육 기반 음악치료 프로그램의 방향**

뇌교육을 기반으로 한 음악치료 프로그램을 통하여 자아존중감의 구성요소인 가치감, 소속감, 유능감을 경험하는 가운데 자아존중감의 하위요소인 일반적 자아존중감, 사회적 자아존중감, 가정적 자아존중감, 학업적 자아존중감을 증진시키도록 구성하였다. 뇌교육 기반 음악치료와 자아존중감의 하위요소와의 관계를 최종적으로 도출한 결과는 다음 <표 7-9>와 같다.

〈표 7-9〉 **뇌교육 기반 음악치료와 자아존중감의 하위 요소와의 관계**

뇌교육 기반 음악치료	자아존중감의 하위요소
다양한 신체활동과 음악체험으로 뇌의 호르몬 조절, 정서순화로 자기가치발견, 자발성 함양	일반적 자아존중감 (가치감)
음악을 통한 타인과의 교류, 정서교감으로 소속감, 원만한 관계형성	사회적, 가정적 자아존중감 (소속감)
음악의 성공적 경험으로 자신감, 인지능력 향상, 좋은 선택, 학습에의 동기부여	학업적 자아존중감 (유능감)

3. 프로그램 개발 내용

프로그램 내용 구성을 위한 과제 분석 결과는 다음 [그림 7-2]에 제시하였다.

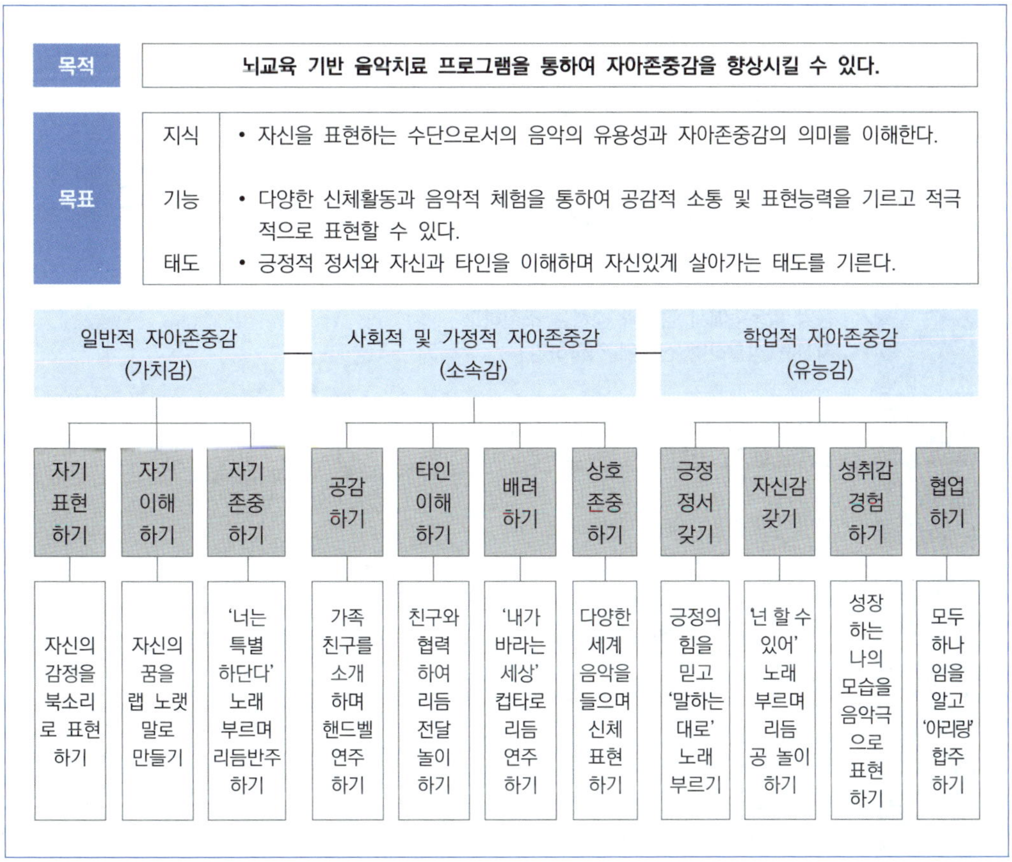

[그림 7-2] **뇌교육 기반 음악치료 프로그램 과제분석**

뇌교육 기반 음악치료 프로그램의 최종 목적 및 목표는 [그림 7-3]과 같다.

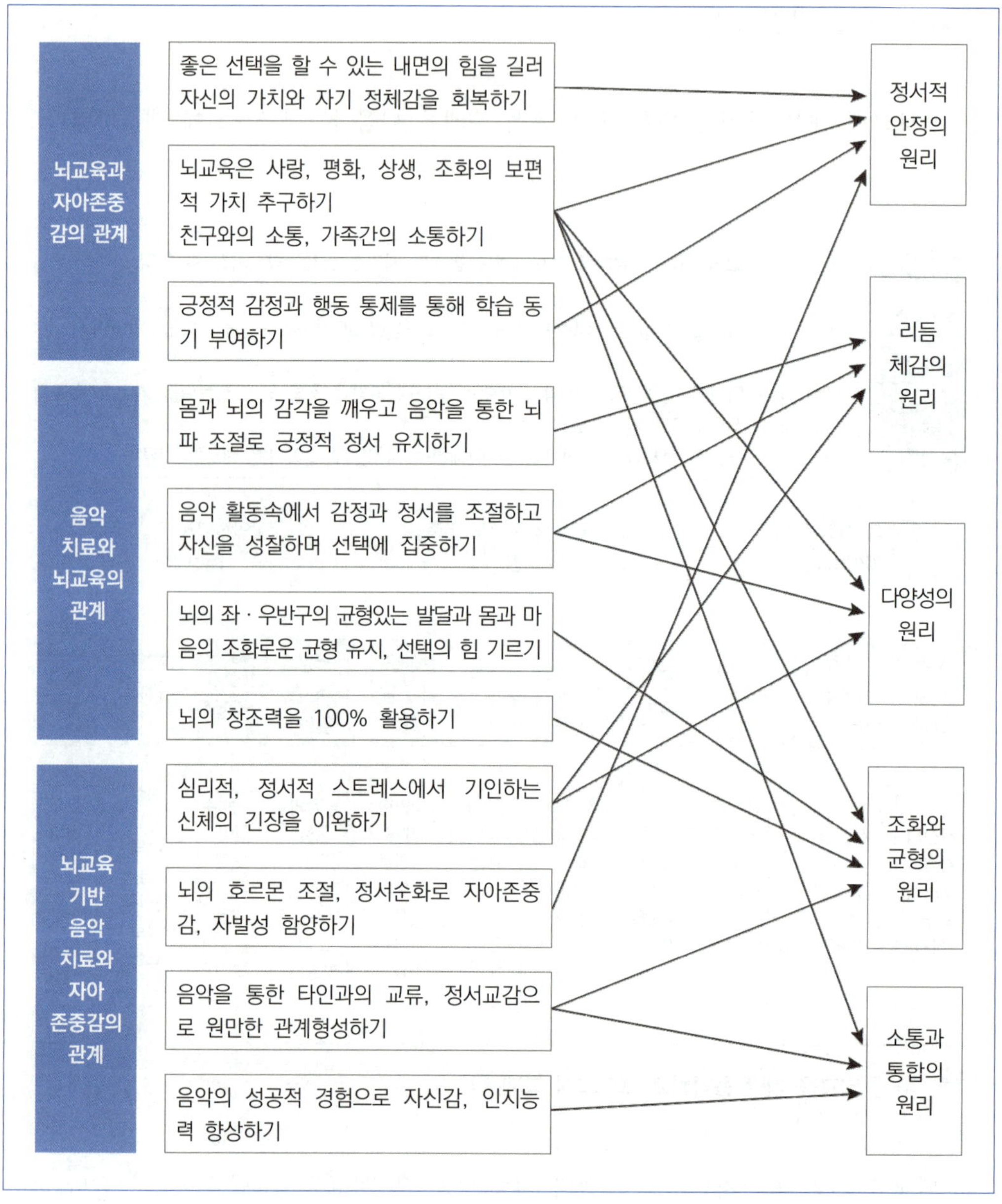

[그림 7-3] 뇌교육 기반 음악치료 프로그램의 최종 목적 및 목표

뇌교육 기반 음악치료 프로그램의 최종 원리, 전략, 방법은 <표 7-10>과 같다.

〈표 7-10〉 **프로그램 최종 원리, 전략 및 방법**

원리	전략	내용 및 특징	방법	두뇌 요소
정서적 안정의 원리	음악적 환경 만들기	• 허용적이고 안정된 분위기를 조성하며 마음과 신체의 긴장 완화하기 • 두뇌 친화적 환경 만들기 • 긍정적이고 적극적으로 참여할 수 있도록 격려하기 • 감정 이입 촉진하기	• 호흡하기 • 명상하기	신체, 인지, 정서
	음악과 하나되기	• 음악을 들으며 몸과 뇌의 감각깨우기 • 나의 몸과 마음 상태 점검하며 하나되기	• 몸 악기 연주하기 • 뇌체조하기	
리듬체감의 원리	오감으로 리듬체득하기	• 음악을 듣고 오감으로 받아들이기 • 몸의 감각에 집중하며 뇌를 깨우고 활성화하기 • 리듬에 맞춰 느낌을 다양한 악기, 목소리, 신체표현으로 리듬 표현하기	• 음악에 맞춰 자유롭게 몸 움직이며 표현하기 • 몸에 집중하기	신체, 인지, 정서
	감정 알아차리기	• 나의 감정과 내면을 리듬으로 즉흥적으로 표현하기 • 적극적인 표현으로 부정적 정서를 씻어내고 내면 바라보기 • 뇌의 호르몬 조절로 감정과 정서조절하기(가치감)	• 감성에 집중하기 • 뇌 에너지 느끼기 • 이완하기	
다양성의 원리	적극적으로 표현하기	• 바른 자세, 호흡, 입모양으로 노래 익히기 • 다양한 방법으로 연주하기 • 가사음미와 감정추출하기	• 노래부르기 • 가사의 뜻 음미하기	인지, 정서
	자발적으로 참여하기	• 다양한 리듬악기, 가락악기, 타악기 연주하기 • 전뇌의 활성화와 뇌의 우반구와 좌반구 사이의 원활한 의사소통	• 악기 연주하기 • 다양한 악기, 다양한 연주법으로 연주하기	
	다양성 수용하기	• 다양한 나라의 음악을 감상하며 문화를 이해하고 내 나라의 자긍심 가지기	• 음악 감상하기 • 세계음악 들으며 문화 이해하기	
조화와 균형의 원리	관계 형성하기	• 상호관계 속에서 부분적으로 또는 전체적으로 통합하기 • 그룹 참여, 그룹 교류하기(소속감)	• 친구의 연주에 귀 기울이며 한소리로 연주하기	인지, 정서
	조화 이루기	• 조화롭게 중창, 중주, 합창, 합주하기 • 음악으로 앙상블을 경험하며 소속감 느끼기	• 친구와 함께 하모니를 이루며 연주하기	
소통과 통합의 원리	공감적 이해하기	• 음악활동 속에서 정서변화, 신체상태 변화 공유하며 상호 에너지 교환하기 • 칭찬하기, 지지하기(유능감) • 긍정적 정서경험하기	• 나 칭찬하기 • 친구 칭찬하기 • 우리 칭찬하기	신체, 인지, 정서
	모두 하나되기	• 가족이나 친구앞에서 연주하기 • 타인과의 일체감 느끼기 • 집단 내에서 자신의 정체성 이해하기 • 작은 음악회, 발표회 참여하기 • 재능 기부 등을 통한 봉사활동으로 홍익실천하기	• 나눔 공유하기 • 생활에서 홍익 실천하기	

자아존중감의 원리 및 전략을 기반으로 뇌교육 기반 음악치료 프로그램의 구성 체계는 [그림 7-4]와 같다.

구분				
목적	뇌교육 기반 음악치료를 통하여 자아존중감을 향상시킬 수 있다.			
목표	• 자신을 표현하는 수단으로서의 음악의 유용성과 자아존중감의 의미를 이해한다(지식). • 다양한 음악적 체험을 통하여 공감적 소통 및 표현능력을 기르고 적극적으로 표현할 수 있다(기능). • 풍부한 정서와 자신과 타인을 이해하며 함께 자신있게 살아가는 태도를 기른다(태도).			피드백
학습 내용	• 자신의 이름을 리듬에 맞추어 소개하기 • 북소리에 맞춰 걷기 • 자신의 기분을 북소리로 표현하기 • 자신의 꿈을 랩 노랫말로 만들어 발표하기 • 그림동화책 듣기 • 노래부르기 • 노래에 맞추어 리듬악기로 반주하기	• 나의 가족, 나의 친구 소개하기 • 핸드벨로 연주하기 • '친구되는 멋진 방법' 노래부르기 • 리듬문답하기 • 리듬반주하기 • 다양한 세계음악 들으며 신체표현하기 • 다른 나라의 음악과 문화를 이해, 수용하며 공동체 의식 갖기 • 가족이나 친구 앞에서 연주하기	• 긍정의 힘을 믿고 '말하는대로' 노래부르기 • 공명실로폰으로 화음반주하기 • 다양한 리듬악기로 반주하기 • 모둠원끼리 리듬을 만들어 창의적으로 표현하기 • 그림악보로 '아리랑' 합주하기	
자아존중감 영역	일반적 자아존중감 (가치감)	사회적 자아존중감, 가정적 자아존중감 (소속감)	학업적 자아존중감 (유능감)	
하위 영역	자기소개, 자기표현, 자기이해, 자기존중	공감, 타인이해 배려, 상호존중	긍정적 정서, 자신감, 성취감, 협업	
평가	양적 평가: 자아존중감 검사 질적 평가: 수업 후 소감문, 관찰일지, 면담, 만족도			

[그림 7-4] **뇌교육 기반 음악치료 프로그램 구성체계**

뇌교육 기반 음악치료 프로그램의 운영모형과 특징은 [그림 7-5]와 같다.

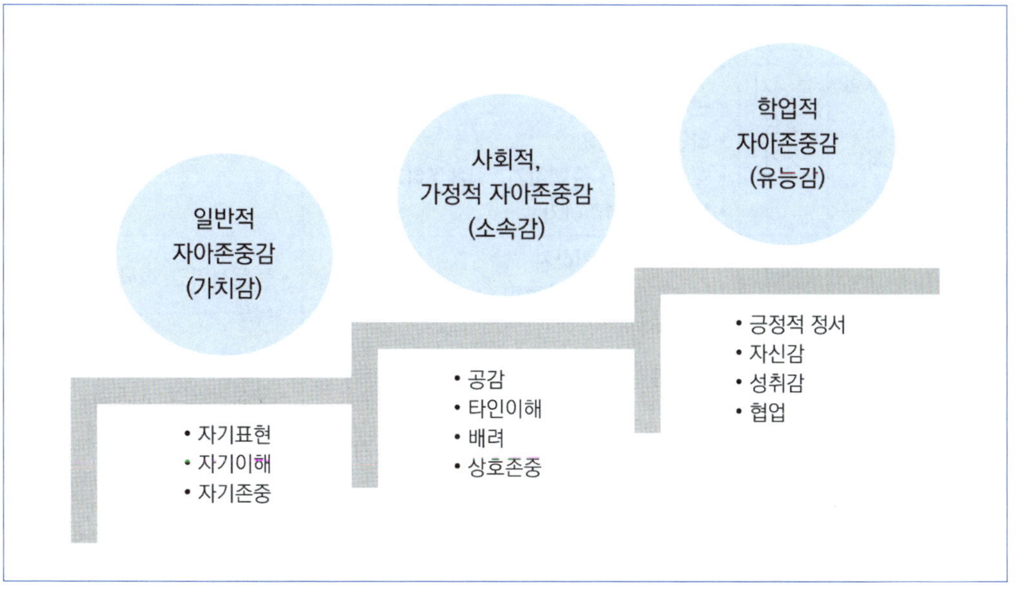

[그림 7-5] **뇌교육 기반 음악치료 프로그램 운영모형과 특징**

뇌교육 기반 음악치료를 통한 자아존중감 향상 프로그램의 수업모형을 [그림 7-6]과 같다.

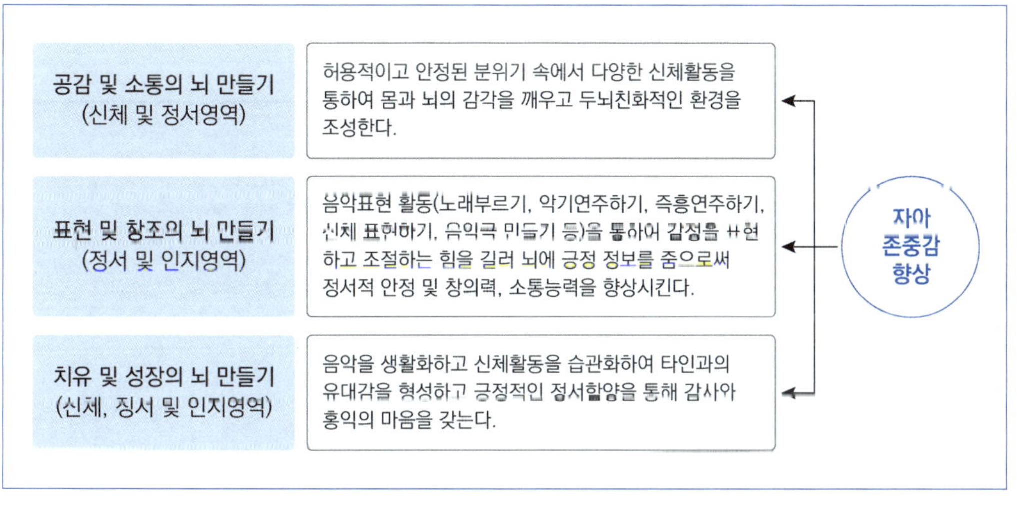

[그림 7-6] **뇌교육 기반 음악치료 프로그램 최종 수업모형**

〈표 7-11〉 **프로그램 최종 수업 모형**

<table>
<tr><th colspan="2">단계</th><th>교수 · 학습 활동</th><th>유의점</th></tr>
<tr><td>공감 및 소통의 뇌 만들기 (신체, 정서)</td><td>분위기 조성 하기</td><td>• 두뇌친화적 환경 만들기
• 허용적이고 안정된 분위기 조성하기
• 관계 형성하기
• 타인 공감하기
• 호흡, 명상, 손뼉치기, 뇌체조하기
• 몸 악기 연주하기</td><td>• 분위기에 알맞은 음악
• 몸의 감각 깨우기</td></tr>
<tr><td rowspan="4">표현 및 창조의 뇌 만들기 (정서, 인지)</td><td>탐색 하기</td><td>• 학습내용 확인하기
• 목소리와 악기를 통한 소리 탐색하기
• 감상하기</td><td>• 능동적이고 적극적인 참여 유도</td></tr>
<tr><td>모방 하기</td><td>• 신체표현, 신체악기, 악기연주, 몸악기 연주하기, 노래부르기
• 친구가 만든 리듬 모방하여 연주하기</td><td>• 구성원들의 지지를 경험함으로써 자신감 신장</td></tr>
<tr><td>즉흥 연주 하기</td><td>• 자신의 느낌을 즉흥적으로 연주하기
• 다양한 형태로 연주하기</td><td>• 다양한 연주를 수용하고 격려하는 분위기 조성</td></tr>
<tr><td>창조 하기</td><td>• 음악극 만들기
• 반주 리듬 만들기
• 창의적으로 표현하기</td><td>• 자발성 및 성취감 체험</td></tr>
<tr><td>치유 및 성장의 뇌 만들기 (신체, 정서, 인지)</td><td>확장 하기</td><td>• 다른 사람에게 칭찬하고 지지하기
• 자신의 힘 성찰하기
• 자신에게 용기주기
• 자신에게 칭찬하기
• 느낌 나누고 소감문 작성하기</td><td>• 관계 형성
• 소속감 체득</td></tr>
</table>

뇌교육 기반 음악치료 프로그램은 <표 7-12>에 제시하였다.

〈표 7-12〉 **프로그램 최종 회기별 내용**

영역	회기	주제 (하위 영역)	활동 목표	활동 내용 및 방법	프로그램	
					원리	전략
일반적 자아 존중감 (가치감)	1	만남 (자기 소개)	자기를 소개하고 프로그램을 이해하고 목적을 알 수 있다.	• 사전 조사(일반적, 가정적, 사회적, 학업적 자아존중감) • 뇌체조하기 • 프로그램 안내하기 • 자신의 이름을 리듬에 맞추어 소개하기 (솔로앤 뚜띠) • 소감문 작성하기 • 나눔하기 • 나에게 칭찬하기	조화와 균형의 원리	관계 형성 하기
	2	기분을 말해봐 (자기 표현)	자신의 감정을 알아차리고 상대방의 다양한 감정을 이해할 수 있다.	• 손뼉치기 • 앤서니 브라운의 '기분을 말해봐' 동화 들려주기 • 동화의 느낌, 생각 나누기 • '기분을 말해봐' 노래 부르기 • 북소리의 리듬에 맞추어 걷기 • 북소리에 맞춰 노래의 빠르기를 달리하여 걷기 • 자신의 기분을 북소리로 표현하기 • 큰 원을 그리며 북소리에 맞추어 노래부르기 • 소감문 작성하기 • 나눔하기 • 나에게 칭찬하기	다양성의 원리	감정 알아 차리기
	3	나의 꿈 (자기 이해)	자신의 꿈을 랩 노랫말로 만들어 부를 수 있다.	• 뇌체조하기(발바닥 마주치기) • '거위의 꿈' 노래 듣기 • 자신의 꿈 이야기하기 • 자신의 꿈을 랩 노랫말로 만들기 • 노랫말을 랩으로 발표하며 몸으로 리듬 체득하기 • 카혼으로 일정박 반주하기 • 소감문 작성하기 • 나눔하기 • 나에게 칭찬하기	다양성의 원리	나를 보여 주기

<table>
<tr><th rowspan="2">영역</th><th rowspan="2">회기</th><th rowspan="2">주제
(하위
영역)</th><th rowspan="2">활동 목표</th><th rowspan="2">활동 내용 및 방법</th><th colspan="2">프로그램</th></tr>
<tr><th>원리</th><th>전략</th></tr>
<tr><td></td><td>4</td><td>나는
특별해
(자기
존중)</td><td>자신의 가치를 알고 노래에 맞춰 리듬반주를 할 수 있다.</td><td>• 명상하기 및 온몸 부위별 비틀기
• '너는 특별하단다' 동화 듣기
• '너는 특별하단다' 노래 부르기
• 자신의 장점, 노력할 점 발표하기
• 노래에 맞추어 다양한 리듬악기로 반주하기
• 모둠원끼리 즉흥반주하며 노래하기
• 소감문 작성하기
• 나눔하기
• 나에게 칭찬하기</td><td>리듬
체감의
원리</td><td>적극적
으로
표현
하기</td></tr>
<tr><td rowspan="3">사회적
·
가정적
자아
존중감
(소속감)</td><td>5</td><td>소중한
나의
가족,
내 친구
(공감)</td><td>나의 가족, 내 친구를 소개하며 서로 공감할 수 있다.</td><td>• 뇌체조하기(전신 두드리기)
• Stop and Go게임하기
(음악을 들으며 원을 돌다가 음악이 멈추면 앞에 있는 친구에게 우리 가족과 친구 소개하기)
• 그림악보 보며 핸드벨로 자기가 연주하고 싶은 '음'을 골라 친구와 함께 '곰 세 마리' 연주하기
• 소감문 작성하기
• 나눔하기
• 나에게 칭찬하기</td><td>소통과
통합의
원리</td><td>공감적
이해
하기</td></tr>
<tr><td>6</td><td>친구와
함께
(타인
이해)</td><td>친구의 소중함을 알고 협력하여 리듬전달놀이를 할 수 있다.</td><td>• 뇌체조하기(온 몸 부위별로 돌리기)
• '우리는 친구' 동화 들려주기
• '친구 되는 멋진 방법' 가사의 뜻을 생각하며 노래 부르기
• 짝과 함께 리듬문답 놀이하기
• 4명이 한 조가 되어 리듬전달 놀이하기
• 친구 칭찬하기, 지지하기
• 소감문 작성하기
• 나눔하기
• 나에게 칭찬하기</td><td>리듬
체감의
원리</td><td>오감
으로
리듬
체득
하기</td></tr>
<tr><td>7</td><td>서로
도와
주는
세상</td><td>함께 살아가는 세상에서 구성원으로서의 역할을 이해하며 배려하는</td><td>• '멍멍' 박수치기
• 내가 바라는 세상에 대하여 친구와 이야기 나누기
• '내가 바라는 세상' 노래 부르기</td><td>소통과
통합의
원리</td><td>모두
하나
되기</td></tr>
</table>

영역	회기	주제(하위 영역)	활동 목표	활동 내용 및 방법	프로그램	
					원리	전략
		(배려)	마음을 기른다.	• 가사의 느낌 이야기하기 • 컵타 연습하기 • '내가 바라는 세상'를 컵타 반주에 맞추어 부르기 • 창의적으로 리듬 바꾸어 노래하기 • 소감문 작성하기 • 나눔하기 • 나에게 칭찬하기		
	8	모두가 소중해 (상호 존중)	세계음악을 경험하며 다양한 문화를 수용하고 존중하는 태도와 공동체의식을 기른다.	• 호흡하기 및 손뼉치기 • 부모님 나라 음악 소개하기 • 친구가 소개한 세계 여러 나라의 음악 감상하기 • 음악 들으며 신체표현하기 • 음악의 리듬에 맞추어 콩주머니 돌리기 • 다른 나라의 음악과 문화의 소중함을 알고 수용하는 태도 갖기 • 소감문 작성하기 • 나눔하기 • 나에게 칭찬하기	다양성의 원리	다양성 수용하기
학업적 자아 존중감 (유능감)	9	말하는 대로 (긍정적 정서)	내가 말한대로, 선택한대로 이루어짐을 믿고 긍정을 선택하는 힘을 기른다.	• 큰 소리로 1분간 웃기 • 생각한대로, 마음먹은 대로 잘 안 된 경험 이야기하기 • '말하는대로' 노래부르기 • 모둠원끼리 노래에 맞추어 몸악기를 사용하여 신체표현하기 • 발표하기 및 서로 칭찬하기 • 소감문 작성하기 • 나눔하기 • 나에게 칭찬하기	정서적 안정의 원리	음악과 하나 되기
	10	넌 할 수 있어 (자신감)	뭐든 해낼 수 있음을 믿고 음악에 맞춰 리듬 공놀이를 할 수 있다.	• 호흡하기 및 어깨돌리기 • 자신감이 넘쳤을 때, 부족했던 경험 이야기하기 • '넌 할 수 있어! 넌 어때?' 동화 들려주기 • '넌 할 수 있어' 노래 부르기 • 음악에 맞춰 고무공을 튀기거나 주고받으며 노래 부르기 • 긍정적인 피드백하기	소통과 통합의 원리	공간적 이해하기

영역	회기	주제 (하위 영역)	활동 목표	활동 내용 및 방법	프로그램	
					원리	전략
				• 소감문 작성하기 • 자신의 힘 성찰하기 • 자신에게 칭찬하기		
	11	넘어져도 괜찮아 (성취감)	이전의 나와 지금의 나의 성장 모습을 음악극으로 표현할 수 있다.	• 짝과 함께 등 두드리기 • 이전의 자신의 모습과 지금의 자신의 모습에 대하여 이야기 나누기 • 지금의 자신의 모습을 다양한 악기로 음악극 만들어 발표하기 • 서로 성장하며 자람을 알고 그룹 속에서의 나를 이해하기 • 소감문 작성하기 • 나눔하기 • 나에게 칭찬하기	조화와 균형의 원리	조화 이루기
	12	우리는 하나 (협업)	나, 너, 우리가 하나임을 깨닫고 서로 격려하고 존중하는 태도를 기른다.	• 뇌체조하기(온 몸 늘이기 및 웅크리기) • '아리랑'음악 듣기 • 그림악보로 '아리랑' 연습하기 • 자신이 연주하고 싶은 리듬악기, 가락악기, 타악기를 정하여 합주하기 • 나의 힘 성찰하기 • 자신감 회복, 긍정적 마음 등 프로그램을 마친 소감 나누기 • 사후 조사하기(일반적, 가정적, 사회적, 학업적 자아존중감) • 소감문 작성하기 • 프로그램을 마치며 나눔하기 • 나에게 칭찬하기	조화와 균형의 원리	모두 하나 되기

뇌교육 기반 음악치료는 매 회기별로 신체적, 정서적, 인지적 요소를 통합한 프로그램으로 구성하여 아동들의 균형있는 발달을 꾀하였다. 회기별 주요 활동은 <표 7-13>과 같다.

〈표 7-13〉 **프로그램 회기별 주요 활동**

회기	신체활동	정서활동	인지활동
1	온 몸 털기	자신의 이름에 어울리는 리듬을 만들어 소개하기	자신에게 칭찬하기
2	박수치기	자신의 기분을 북소리로 표현하기	「기분을 말해봐」 가사읽기와 「기분을 말해봐」 그림동화책 읽기, 자신에게 칭찬하기
3	눈감고 한 발로 서기	자신의 꿈을 랩 가사로 만들어 연주하기	「거위의 꿈」 가사읽기, 자신에게 칭찬하기
4	목, 어깨, 팔, 허리, 무릎 돌리기	노래에 맞추어 즉흥 반주하기	「너는 특별하단다」 가사읽기와 「너는 특별하단다」 그림동화책 읽기, 자신에게 칭찬하기
5	전신 두드리기, Stop and Go 놀이하기	그림 악보 보며 핸드벨 연주하기	자신에게 칭찬하기
6	온몸 비틀기, 리듬전달 놀이하기	남, 여로 나누어 이어부르기, 문답창하기	자신에게 칭찬하기
7	두 사람씩 마주보고 손뼉치기 놀이하기	노래부르며 컵타 연주하기	「내가 바라는 세상」 가사읽기, 자신에게 칭찬하기
8	발바닥 마주보고 치기, 콩주머니 돌리기 놀이하기	세계 여러나라 음악 들으며 신체표현하기	자신에게 칭찬하기
9	손뼉치며 큰소리로 웃기	「말하는 대로」 노래부르며 몸악기로 연주하기	「말하는 대로」 가사읽기, 자신에게 칭찬하기
10	전신 두드리기, 고무공 주고받기	「너 할 수 있어 라고 말해주세요」 노래에 맞추어 고무공 주고받기	「넌 할 수 있어 라고 말해주세요」 가사읽기, 「난 할 수 있어. 넌 어때?」 동화책 읽기, 자신에게 칭찬하기
11	두 명이 짝지어 상대방의 등 두드리기	나의 성장하는 모습을 음악극으로 표현하기	「넘어져도 괜찮아」 가사읽기, 자신에게 칭찬하기
12	온몸 늘이기	다양한 악기로 「아리랑」 합주하기	자신에게 칭찬하기

4. 프로그램 적용 사례

<table>
<tr><th colspan="6">뇌교육 기반 음악치료 프로그램 1회기</th></tr>
<tr><td colspan="2">주제명</td><td>만나서 반가워</td><td colspan="2">원리</td><td>전략</td></tr>
<tr><td colspan="2">프로그램 목표</td><td>프로그램의 목적과 내용을 이해하고 자기를 소개할 수 있다.</td><td colspan="2">소통과 통합의 원리</td><td>음악으로 소통하기</td></tr>
<tr><td colspan="2">단계</td><td>프로그램 내용</td><td>시간</td><td>수업자료</td><td>유의점</td></tr>
<tr><td colspan="2">공감 및 소통의 뇌 만들기</td><td>◇ 인사하기
◇ 자아존중감 사전 검사하기
• 프로그램 시작 전에 자아존중감 검사하는 방법 안내 및 설명을 한다.
• 일반적 자아존중감, 가정적 자아존중감, 사회적 자아존중감, 학업적 자아존중감에 대하여 검사지를 통하여 사전 검사를 실시한다.
◇ 프로그램 안내하기
• 음악치료 프로그램 소개하기
• 프로그램의 목적, 일정, 내용 안내하기
• 프로그램에 대한 기대 가지기
◇ 뇌체조하기(온 몸 털기)
• 손끝, 발끝을 털며 몸에 힘을 뺀다.</td><td>15분</td><td>• 자아존중감 검사지
• 프로그램 소개 PPT</td><td>• 긴장을 풀고 편안하고 안정된 분위기를 조성한다</td></tr>
<tr><td rowspan="4">표현 및 창조의 뇌 만들기</td><td>탐색</td><td rowspan="4">◇ 리듬 만들어 자신의 이름 소개하기
• 4박자로 자신의 이름에 어울리는 리듬 만들기
• 만든 리듬을 손뼉치며 이름 말해보기
• 솔로 앤 뚜띠(Solo & tutti)기법을 사용하여 자신의 이름을 다양한 리듬으로 먼저 소개하면 집단원들이 소개된 이름을 리듬악기로 모방하여 연주한다.
◇ 모둠원끼리 이름 익히며 확인하기
• 4박자 손뼉치기에 맞추어 친구 이름을 부르면 해당되는 친구가 리듬에 맞추어 자신의 이름을 다시 말해주기</td><td rowspan="4">20분</td><td rowspan="4">• 경쾌한 음악
• 리듬 악기</td><td rowspan="4">• 안정감 경험을 목표로 Solo & tutti 기법(한사람이 먼저 발표하면 집단원들이 모방하여 따라함)을 사용한다.
• 서로를 보며 이름을 익힘으로써 서로의 존재감을 확인한다.</td></tr>
<tr><td>모방</td></tr>
<tr><td>즉흥연주</td></tr>
<tr><td>창조</td></tr>
<tr><td colspan="2">치유 및 성장의 뇌 만들기</td><td>◇ 나눔하기
◇ 소감문 작성하기
◇ 다음 차시 프로그램에 대하여 소개하기
◇ 나에게 칭찬하기 (큰 소리로 “나는 나를 사랑합니다”, “나는 날마다 모든 면에서 점점 좋아지고 있습니다.”를 외친다)</td><td>5분</td><td>• 소감문 양식</td><td>• 큰 소리로 자신에게 칭찬하기로 자신감을 갖게 한다.</td></tr>
</table>

※ 음영처리 부분은 본 프로그램의 ‘표현 및 창조의 뇌만들기’ 단계의 탐색-모방-즉흥연주-창조의 세부단계중 주로 이루어지는 활동단계 중심을 나타냄

<table>
<tr><th colspan="6">뇌교육 기반 음악치료 프로그램 2회기</th></tr>
<tr><td colspan="2">주제명</td><td>기분을 말해봐</td><td colspan="2">원리</td><td>전략</td></tr>
<tr><td colspan="2">프로그램 목표</td><td>자신의 감정을 알아차리고 상대방의 다양한 감정을 이해할 수 있다.</td><td colspan="2">다양성의 원리</td><td>감정 알아차리기</td></tr>
<tr><td colspan="2">단계</td><td>프로그램 내용</td><td>시간</td><td>수업자료</td><td>유의점</td></tr>
<tr><td colspan="2">공감 및 소통의 뇌 만들기</td><td>◇ 인사하기
◇ 박수치기 영상보기
◇ 뇌체조하기(건강박수 치기)
• 손바닥 마주보고 치기, 손등 마주보고 치기, 손가락 끝으로 박수치기, 손날로 박수치기 등
• 친구끼리 마주 보고 손바닥 박수치기, 손등 마주보고 치기, 손가락 끝으로 박수치기, 손날로 박수치기를 한다.</td><td>7분</td><td>• 경쾌한 음악
• 박수치기 동영상</td><td>• 짝끼리 손뼉치기를 통하여 신뢰를 형성하게 한다.</td></tr>
<tr><td rowspan="4">표현 및 창조의 뇌 만들기</td><td>탐색</td><td>◇ '기분을 말해봐' 동화 들려주기
• 앤서니 브라운의 '기분을 말해봐' 동화 들려주기
• 동화를 듣고 느낀 점 발표한다.
• '기분을 말해봐' 노래 듣고 따라 부른다.</td><td rowspan="4">25분</td><td rowspan="4">• '기분을 말해봐' 동화책
• 피아노
• '기분을 말해봐' 음악과 악보
• 북, 북채</td><td rowspan="4">• 노래 가사의 뜻을 새기며 자신의 감정을 알아차린다.

• 북소리의 음색, 빠르기의 변화를 감지하며 뇌 감각을 깨운다.</td></tr>
<tr><td>모방</td><td>◇ 북소리의 리듬에 맞추어 원을 그리며 걷기
• 큰 북소리의 일정박에 맞추어 걷는다.
• 작은 북소리의 일정박에 맞추어 걷는다.
• 느리게, 점점 느리게, 빠르게, 점점 빠르게 등 빠르기를 달리하여 걷는다.</td></tr>
<tr><td>즉흥 연주</td><td>◇ 자신의 기분을 북소리로 표현하기
• 지금 나의 기분을 큰 북이나 작은 북을 이용하여 표현하고 자신의 감정을 솔직하게 설명한다.</td></tr>
<tr><td>창조</td><td>◇ 다른 친구들의 기분을 이해하고 공감해주기
◇ 북소리에 맞추어 손뼉치며 다함께 노래부르기
• 큰 원을 그리며 자신있게 큰 소리로 노래를 부른다.</td></tr>
<tr><td colspan="2">치유 및 성장의 뇌 만들기</td><td>◇ 나눔하기
◇ 소감문 작성하기
◇ 다음 차시 프로그램에 대하여 소개하기
◇ 나에게 칭찬하기 (큰 소리로 "나는 나를 사랑합니다", 나는 무엇이든 할 수 있습니다, "나는 날마다 모든 면에서 점점 좋아지고 있습니다."를 외친다)</td><td>8분</td><td>• 소감문 양식</td><td>• 큰 소리로 자신에게 칭찬하기로 자신감을 갖게 한다.</td></tr>
</table>

<table>
<tr><th colspan="6">뇌교육 기반 음악치료 프로그램 3회기</th></tr>
<tr><td>주제명</td><td>나의 꿈</td><td colspan="2">원리</td><td>전략</td></tr>
<tr><td>프로그램 목표</td><td>자신의 꿈을 랩 노랫말로 만들어 부를 수 있다.</td><td colspan="2">다양성의 원리</td><td>나를 보여주기</td></tr>
<tr><td>단계</td><td>프로그램 내용</td><td>시간</td><td>수업자료</td><td>유의점</td></tr>
<tr><td>공감 및 소통의 뇌 만들기</td><td>◇ 인사하기
◇ 뇌체조하기(눈감고 한 발로 서기)
• 내 몸에 집중하여 양팔 벌려 눈감기를 한다.
• 한 발로 중심 잡아 서기를 한다. (5초, 10초, 20초..1분)
◇ 지난 시간에 배운 '기분을 말해봐' 노래 부르기</td><td>7분</td><td>• 경쾌한 음악</td><td>• 두 팔 벌려 한 다리로 중심잡아 서기로 균형감각을 기르고 자른다.</td></tr>
<tr><td>표현 및 창조의 뇌 만들기
탐색
모방
즉흥 연주
창조</td><td>◇ 꿈을 이룬 사람들 알아보기
• '거위의 꿈; 노래 가사를 보며 듣는다.
• 노래를 듣고 느낀 점을 발표한다.
• 각 분야에서 꿈을 이룬 사람들을 알아본다.
◇ 자신의 꿈 이야기하기
• 친구들 앞에서 나의 꿈을 발표한다.
◇ 자신의 꿈을 랩 노랫말로 만들기
• 예시를 보고 자신의 꿈을 가사로 만든다.
• 만든 랩 가사에 맞추어 연습한다.
〈예시〉
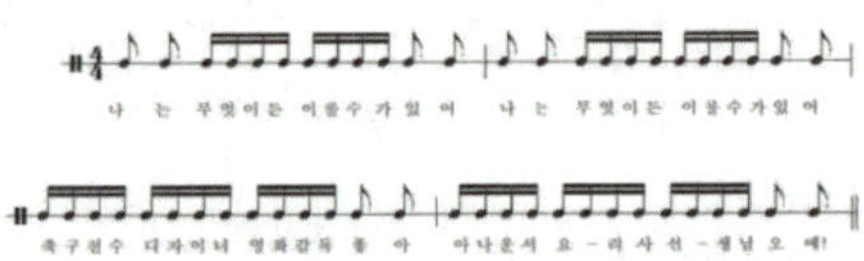

• 가사에 맞는 리듬을 만든다.

◇ 자신의 꿈을 만든 랩가사로 발표하기</td><td>25분</td><td>• '거위의 꿈' 음악과 악보
• 리듬악보
• 리듬스틱
• 카혼</td><td>• 친구가 자신의 꿈을 이야기할 때 경청하는 태도를 갖게 한다.
• 노랫말을 랩으로 발표하며 몸으로 리듬을 체득하게 한다.
• 교사는 카혼으로 일정박을 쳐 준다.</td></tr>
<tr><td>치유 및 성장의 뇌 만들기</td><td>◇ 나눔하기 및 소감문 작성하기
◇ 나에게 칭찬하기 (큰 소리로 "나는 나를 사랑합니다, 나는 무엇이든 할 수 있습니다, 나는 날마다 모든 면에서 점점 좋아지고 있습니다."를 외친다)</td><td>8분</td><td>• 소감문 양식</td><td>• 큰 소리로 자신에게 칭찬하기로 자신감을 갖게 한다.</td></tr>
</table>

<table>
<tr><th colspan="6">뇌교육 기반 음악치료 프로그램 4회기</th></tr>
<tr><td colspan="2">주제명</td><td>나는 특별해</td><td colspan="2">원리</td><td>전략</td></tr>
<tr><td colspan="2">프로그램 목표</td><td>자신의 가치를 알고 노래에 맞춰 리듬반주를 할 수 있다.</td><td colspan="2">리듬체감의 원리</td><td>적극적으로 표현하기</td></tr>
<tr><td colspan="2">단계</td><td>프로그램 내용</td><td>시간</td><td>수업자료</td><td>유의점</td></tr>
<tr><td colspan="2">공감 및 소통의 뇌 만들기</td><td>◇ 인사하기
◇ 명상하기
• 조용히 눈을 감고 숨을 들이마시며 나를 생각한다.
◇ 신체의 각 부위를 돌리기
• 목, 손목, 어깨, 허리, 무릎, 발목을 천천히 좌우로 두 번씩 돌리기</td><td>5분</td><td>• 명상 음악</td><td>• 편안하고 안정된 분위기를 조성한다.</td></tr>
<tr><td rowspan="4">표현 및 창조의 뇌 만들기</td><td>탐색</td><td rowspan="4">◇ '너는 특별하단다' 동화 들려주기
• '너는 특별하단다' 동화 듣고 느낌을 발표한다.
◇ '너는 특별하단다' 노래 부르기
• 가사의 느낌을 이야기한다.
• 내가 생각하고 있는 나 자신에 대하여 느낀 점을 서로 이야기한다.
• 짝과 함께 자신의 장점과 노력해야 할 점을 나눈다.
• 노래를 듣고 따라 부른다.
◇ 노래에 맞추어 리듬악기로 반주하기
• 연주하고 싶은 리듬악기(리듬스틱, 우드블럭, 마라카스, 카혼, 젬베 등)를 정하여 즉흥적으로 반주를 한다.
• 친구의 즉흥반주에 맞추어 노래를 부른다.
◇ 모둠원끼리 즉흥반주하며 노래부르기
• 4명씩 모둠을 만들어 3명은 노래를 부르고 1명은 자신이 만든 리듬반주를 한다.
• 친구가 연주한 반주의 잘 된 점을 칭찬한다.</td><td rowspan="4">30분</td><td rowspan="4">• '너는 특별하단다' 동화책
• '너는 특별하단다' 음악과 악보
• 우드블럭, 마라카스, 카혼, 젬베 등)</td><td rowspan="4">• 어떠한 즉흥 반주도 수용 하며 창의적인 표현에 지지하고 칭찬한다.</td></tr>
<tr><td>모방</td></tr>
<tr><td>즉흥 연주</td></tr>
<tr><td>창조</td></tr>
<tr><td colspan="2">치유 및 성장의 뇌 만들기</td><td>◇ 나눔하기 및 소감문 작성하기
◇ 다음 차시 프로그램에 대하여 소개하기
◇ 나에게 칭찬하기 (큰 소리로 "나는 나를 사랑합니다, 나는 무엇이든 할 수 있습니다, 나는 날마다 모든 면에서 전점 좋아지고 있습니다."를 외친다)</td><td>5분</td><td>• 소감문 양식</td><td>• 큰 소리로 자신에게 칭찬하기로 자신감을 갖게 한다.</td></tr>
</table>

<table>
<tr><th colspan="5">뇌교육 기반 음악치료 프로그램 5회기</th></tr>
<tr><td>주제명</td><td>소중한 나의 가족, 내 친구</td><td colspan="2">원리</td><td>전략</td></tr>
<tr><td>프로그램
목표</td><td>나의 가족, 내 친구를 소개하며 서로 공감할 수 있다.</td><td colspan="2">소통과 통합의
원리</td><td>음악으로
소통하기</td></tr>
<tr><td>단계</td><td>프로그램 내용</td><td>시간</td><td>수업자료</td><td>유의점</td></tr>
<tr><td>공감 및
소통의
뇌 만들기</td><td>◇ 인사하기
◇ 뇌체조하기(전신 두드리기)
• 손가락 끝이나 손바닥으로 머리, 팔, 가슴, 배, 다리, 허리 등 온몸을 두드린다.
◇ 지난 시간에 배운 노래 부르기
• 손뼉 치며 다함께 ‘너는 특별하단다’ 노래를 부른다.
• 친구를 보며 ‘너는 특별하단다’ 노래를 불러준다.</td><td>5분</td><td>• 경쾌한 음악
• ‘너는 특별하단다’ 반주음악과 악보</td><td>• 노래부르며 서로 존중하는 마음을 갖는다.</td></tr>
<tr><td>표현 및 창조의 뇌 만들기
(탐색 / 모방 / 즉흥연주 / 창조)</td><td>◇ 나의 가족 소개하기
• 자신의 가족에 대하여 이야기한다.
◇ 나의 친구 소개하기
• 내가 사랑하는 친구를 소개한다.
◇ 가족이나 친구의 소중한 점 이야기하기
• 가족이나 친구가 소중하게 느꼈던 경험을 이야기한다.
◇ Stop and Go게임하기
• 두 원을 만들어 각각 다른 방향으로 음악을 들으며 원을 돌다가 음악이 멈추면 앞에 있는 친구에게 우리 가족과 친구를 소개한다.
◇ 그림악보 보며 ‘곰 세 마리’ 연주하기
• 핸드벨 ‘도’, ‘미’, ‘솔’ 음정으로 그림악보를 보며 곰 세 마리를 연주한다.</td><td>30분</td><td>• 2박자나 4박자의 음악
• ‘곰 세 마리’ 그림악보
• 핸드벨</td><td>• Stop and Go 놀이를 통해 음악을 듣는 집중력과 민감성을 기른다.</td></tr>
<tr><td>치유 및
성장의 뇌
만들기</td><td>◇ 나눔하기 및 소감문 작성하기
◇ 다음 차시 프로그램에 대하여 소개하기
◇ 나에게 칭찬하기 (큰 소리로 “나는 나를 사랑합니다, 나는 무엇이든 할 수 있습니다, 나는 날마다 모든 면에서 점점 좋아지고 있습니다.”를 외친다)</td><td>5분</td><td>• 소감문 양식</td><td>• 큰 소리로 자신에게 칭찬하기로 자신감을 갖게 한다.</td></tr>
</table>

<table>
<tr><th colspan="5">뇌교육 기반 음악치료 프로그램 6회기</th></tr>
<tr><th>주제명</th><td>친구와 함께</td><th>원리</th><th colspan="2">전략</th></tr>
<tr><th>프로그램 목표</th><td>친구의 소중함을 알고 협력하여 리듬전달놀이를 할 수 있다.</td><td>리듬체감의 원리</td><td colspan="2">오감으로 리듬체득하기</td></tr>
<tr><th>단계</th><th>프로그램 내용</th><th>시간</th><th>수업자료</th><th>유의점</th></tr>
<tr><td>공감 및 소통의 뇌 만들기</td><td>◇ 인사하기
◇ 뇌체조하기(온 몸 부위별로 돌리기)
• 목 돌리기, 어깨 돌리기, 팔 옆으로 뻗어 손바닥 세워 돌리기, 허리돌리기, 무릎 돌리기, 발목 돌리기 등
• 친구끼리 마주 보고 손바닥 박수치기, 손등 마주보고 치기, 손가락 끝으로 박수치기, 손날로 박수치기 등</td><td>5분</td><td>• 경쾌한 음악</td><td>• 편안하고 안정된 분위기를 조성한다.</td></tr>
<tr><td>표현 및 창조의 뇌 만들기
(탐색 / 모방 / 즉흥연주 / 창조)</td><td>◇ '우리는 친구' 동화 들려주기
◇ '친구 되는 멋진 방법' 노래 익히기
• 노래의 가사를 천천히 읽고 느낀 점을 발표한다.
• 노래를 듣고 2마디씩 따라 부르기를 한다.
• 남, 여로 나누어 4마디씩 문답창을 한다.
◇ 짝과 함께 리듬문답 놀이하기
• 주어진 리듬 2마디에 이어 2마디 리듬을 지어본다.
• 짝이 만든 2마디 리듬을 듣고 즉흥적으로 리듬을 만들어 연주한다.
◇ 리듬 전달놀이하기
• 일렬의 줄 맨 뒷 친구가 2마디의 리듬을 앞사람의 등에 전달한다.
• 앞사람에게 차례씩 전달하여 맨 앞사람이 리듬카드에 전달받은 리듬을 적어 확인한다.</td><td>30분</td><td>• '친구 되는 멋진 방법' 음악 및 가사
• 리듬악보</td><td>• 리듬문답놀이는 즉흥연주의 능력을 기르고 창의적인 표현을 돕는다.
• 리듬전달놀이를 통하여 친구들과의 일체감과 소속감을 느끼게 한다.</td></tr>
<tr><td>치유 및 성장의 뇌 만들기</td><td>◇ 나눔하기 및 소감문 작성하기
◇ 다음 차시 프로그램에 대하여 소개하기
◇ 나에게 칭찬하기 (큰 소리로 "나는 나를 사랑합니다, 나는 무엇이든 할 수 있습니다, 나는 날마다 모든 면에서 점점 좋아지고 있습니다."를 외친다)</td><td>5분</td><td>• 소감문 양식</td><td>• 큰 소리로 자신에게 칭찬하기로 자신감을 갖게 한다.</td></tr>
</table>

<table>
<tr><th colspan="6">뇌교육 기반 음악치료 프로그램 7회기</th></tr>
<tr><td colspan="2">주제명</td><td>서로 도와주는 세상</td><td colspan="2">원리</td><td>전략</td></tr>
<tr><td colspan="2">프로그램 목표</td><td>함께 살아가는 세상에서 구성원으로서의 역할을 이해하고 배려하는 마음을 기른다.</td><td colspan="2">소통과 통합의 원리</td><td>모두 하나되기</td></tr>
<tr><th colspan="2">단계</th><th>프로그램 내용</th><th>시간</th><th>수업자료</th><th>유의점</th></tr>
<tr><td colspan="2">공감 및 소통의 뇌 만들기</td><td>◇ 인사하기
◇ 두 사람씩 마주보고 ‘멍멍’ 박수치기
• 두 사람씩 짝을 지어 박자에 맞추어 박수를 한번, 두 번, 세 번, 네 번 차례로 치기
◇ 지난 시간에 배운 노래 부르기
• ‘친구가 되는 멋진 방법’ 노래를 손뼉치며 부른다.</td><td>5분</td><td>• 명상음악
• ‘친구가 되는 멋진 방법’ 음악</td><td>• 마음을 차분히 하고 집중한다.</td></tr>
<tr><td rowspan="4">표현 및 창조의 뇌 만들기</td><td>탐색</td><td rowspan="4">◇ 내가 바라는 세상 이야기하기
• 함께 살아가는 세상에서 나는 어떤 세상이 되기를 바라는지에 대해 이야기한다.(싸우지 않는 세상, 서로 도와주는 세상, 다른 사람 욕을 하지 않는 세상, 질서를 잘 지키는 세상, 환경을 보호하는 세상 등)
◇ ‘내가 바라는 세상’ 노래 부르기
• ‘내가 바라는 세상’ 노래의 가사를 읽어보고 느낀 점을 발표한다.
• 가사를 리듬에 맞추어 손뼉으로 친다.
◇ 컵타 연주하기
• 컵타 악기에 대하여 이해한다.
• 컵타의 기본 연주법을 익힌다.
◇ 컵타 반주로 ‘내가 바라는 세상’ 노래 부르기
• 컵타로 ‘내가 바라는 세상’ 노래의 리듬을 치며 노래를 부른다.
• 리듬을 창의적으로 변형하여 컵타로 연주하며 노래 부른다.
◇ 오늘 연주를 재능기부하고 싶은 곳 이야기하기</td><td rowspan="4">30분</td><td rowspan="4">• ‘내가 바라는 세상’ 음악과 악보
• 컵타</td><td rowspan="4">• 컵타는 쉽게 연주할 수 있는 악기로 리듬을 체득하고, 아동들의 스트레스를 해소하며 창의적인 표현에 도움이 된다.

• 재능기부로 홍익을 실천할 수 있음을 인지한다.</td></tr>
<tr><td>모방</td></tr>
<tr><td>즉흥연주</td></tr>
<tr><td>창조</td></tr>
<tr><td colspan="2">치유 및 성장의 뇌 만들기</td><td>◇ 나눔하기 및 소감문 작성하기
◇ 다음 차시 프로그램에 대하여 소개하기
◇ 나에게 칭찬하기 (큰 소리로 “나는 나를 사랑합니다, 나는 무엇이든 할 수 있습니다, 나는 날마다 모든 면에서 점점 좋아지고 있습니다.”를 외친다)</td><td>5분</td><td>• 소감문 양식</td><td>• 큰 소리로 자신에게 칭찬하기로 자신감을 갖게 한다.</td></tr>
</table>

<table>
<tr><th colspan="6">뇌교육 기반 음악치료 프로그램 8회기</th></tr>
<tr><td colspan="2">주제명</td><td>모두가 소중해</td><td colspan="2">원리</td><td>전략</td></tr>
<tr><td colspan="2">프로그램 목표</td><td>세계음악을 경험하며 다양한 문화를 수용하고 존중하는 태도와 공동체의식을 기른다.</td><td colspan="2">다양성의 원리</td><td>다양성 수용하기</td></tr>
<tr><td colspan="2">단계</td><td>프로그램 내용</td><td>시간</td><td>수업자료</td><td>유의점</td></tr>
<tr><td colspan="2">공감 및 소통의 뇌 만들기</td><td>◇ 호흡하기
◇ 뇌체조하기(발바닥 마주치기)
• 발바닥을 마주보고 치기
• 두 사람씩 짝을 지어 서로의 발바닥을 마주치기
• 칭찬해주기</td><td>5분</td><td>• 경쾌한 음악</td><td>• 편안하고 안정된 분위기를 조성한다.</td></tr>
<tr><td rowspan="4">표현 및 창조의 뇌 만들기</td><td>탐색</td><td rowspan="4">◇ 세계 여러 나라의 음악 듣기
• 부모님 나라의 음악을 소개한다.
• 각 나라의 문화, 음악의 특징을 이야기한다.
• 특색있는 악기에 대하여 소리를 탐색하고 특징을 이해한다.
◇ 음악 들으며 신체 표현하기
• 음악의 특징을 파악하며 신체로 표현한다. (손뼉치기, 발구르기, 지휘하기 등)
◇ ‘앞으로 앞으로’ 노래 익히기
• 가사음미하고 느낌 발표하기
• 노래 익히기
◇ 음악에 맞추어 콩주머니 돌리기
• 5명씩 모둠을 만들어 음악에 맞추어 콩주머니를 돌린다. (1명은 리듬스틱으로 일정박을 쳐준다)
• 모둠원끼리 리듬에 맞추어 8마디 후 방향을 바꾸어 콩주머니를 돌리며 노래부른다.
• 성취감을 경험하며 서로 칭찬하고 지지한다.</td><td rowspan="4">30분</td><td rowspan="4">• 리듬악기(리듬스틱, 우드블럭, 마라카스, 카혼, 젬베 등)</td><td rowspan="4">• 내 나라의 자긍심을 갖고, 여러 나라의 문화를 수용하고 존중하는 자세를 가지고 다양성을 이해한다.</td></tr>
<tr><td>모방</td></tr>
<tr><td>즉흥연주</td></tr>
<tr><td>창조</td></tr>
<tr><td colspan="2">치유 및 성장의 뇌 만들기</td><td>◇ 나눔하기 및 소감문 작성하기
◇ 다음 차시 프로그램에 대하여 소개하기
◇ 나에게 칭찬하기 (큰 소리로 “나는 나를 사랑합니다, 나는 무엇이든 할 수 있습니다, 나는 날마다 모든 면에서 점점 좋아지고 있습니다.”를 외치다)</td><td>5분</td><td>• 소감문 양식</td><td>• 큰 소리로 나의 뇌에 칭찬하기로 자신감을 갖게 한다.</td></tr>
</table>

<table>
<tr><th colspan="6">뇌교육 기반 음악치료 프로그램 9회기</th></tr>
<tr><td colspan="2">주제명</td><td>말하는 대로</td><td colspan="2">원리</td><td>전략</td></tr>
<tr><td colspan="2">프로그램 목표</td><td>◇ 말하는 대로, 선택하는 대로 이루어짐을 믿고 긍정을 선택하는 힘을 기른다.</td><td colspan="2">정서적 안정의 원리</td><td>음악과 하나하기</td></tr>
<tr><td colspan="2">단계</td><td>프로그램 내용</td><td>시간</td><td>수업자료</td><td>유의점</td></tr>
<tr><td colspan="2">공감 및 소통의 뇌 만들기</td><td>◇ 인사하기
◇ 큰소리로 웃기
• 큰 소리로 박장대소 하며 웃기(10초, 20초, 30초..)
• 온 몸 흔들며 웃기
• 마주보고 손뼉치며 웃기</td><td>5분</td><td>• 경쾌한 음악
• 웃음 프로그램
• PPT</td><td>• 즐겁고 밝은 분위기를 조성한다.</td></tr>
<tr><td rowspan="4">표현 및 창조의 뇌 만들기</td><td>탐색</td><td>◇ 경험 이야기하기
• 생각한 대로, 마음먹은 대로 잘 된 경험과 잘 안된 경험을 이야기한다.
• 그 때의 감정을 이야기한다.</td><td rowspan="4">30분</td><td rowspan="4">• 리듬악기(리듬스틱, 우드블럭, 마라카스, 카혼, 젬베 등)</td><td rowspan="4">• 짝과의 표현활동을 통하여 서로 지지하고 협력적 태도로 공감대를 형성한다.
• 자신있는 소리로 ‘말하는대로’를 부르며 의지를 다진다.</td></tr>
<tr><td>모방</td><td>◇ ‘말하는 대로’ 노래부르기
• ‘말하는 대로’ 노래를 듣고 가사 뜻을 이야기한다.
• 노래의 느낌을 발표한다.
• 박자치며 노래를 익힌다.</td></tr>
<tr><td>즉흥연주</td><td>◇ 몸악기로 표현하기
• 짝과 함께 손가락 튕기기, 무릎치기, 손뼉치기, 발구르기 등을 이용하여 노래에 알맞은 몸악기 표현 만들기</td></tr>
<tr><td>창조</td><td>◇ 칭찬하고 지지하기
• 친구의 표현에 창의적인 부분과 재미있는 표현을 찾아 칭찬한다.
◇ 몸악기로 표현하며 다함께 노래부르기</td></tr>
<tr><td colspan="2">치유 및 성장의 뇌 만들기</td><td>◇ 나눔하기 및 소감문 작성하기
◇ 다음 차시 프로그램에 대하여 소개하기
◇ 나에게 칭찬하기 (큰 소리로 “나는 나를 사랑합니다, 나는 무엇이든 할 수 있습니다, 나는 날마다 모든 면에서 점점 좋아지고 있습니다.”를 외친다)</td><td>5분</td><td>• 소감문 양식</td><td>• 큰 소리로 나의 뇌에 칭찬하기로 자신감을 갖게 한다.</td></tr>
</table>

뇌교육 기반 음악치료 프로그램 10회기				
주제명	넌 할 수 있어	원리		전략
프로그램 목표	◇ 뭐든 해낼 수 있음을 믿고 음악에 맞춰 공놀이를 할 수 있다.	소통과 통합의 원리		공감적 이해하기
단계	프로그램 내용	시간	수업자료	유의점
공감 및 소통의 뇌 만들기	◇ 인사하기 ◇ 전신 두드리기 • 손가락 끝이나 손바닥으로 머리, 팔, 가슴, 배, 다리, 허리 등 온몸을 두드린다. ◇ 지난 시간에 배운 노래 부르기 • 손뼉치며 다함께 '말하는 대로' 노래를 부른다. • 발구르기와 손뼉치기를 하며 노래를 부른다.	15분	• 경쾌한 음악 • '말하는 대로' 음악	• 몸을 이완하고 감각을 깨운다.
표현 및 창조의 뇌 만들기 (탐색 / 모방 / 즉흥연주 / 창조)	◇ 경험 이야기하기 • 자신감이 넘쳤을 때와 부족했던 경험에 대해 이야기한다. • 서로의 감정을 공감해주며 응원의 말을 해준다. ◇ '난 할 수 있어! 넌 어때?' 동화 들려주기 ◇ '넌 할 수 있어 라고 말해주세요' 부르기 • 노래 가사의 뜻을 이해하고 느낌을 발표한다. • 4박자의 박자치기를 하며 노래를 들어본다. • 2마디씩 듣고부르기로 노래를 익힌다. ◇ 고무공 주고받으며 노래부르기 • 고무공으로 일정박 튀기기 연습을 한다. • 천천히 음악에 맞춰 고무공을 튀긴다. • 일정박에 맞추어 고무공을 짝과 함께 주고받는다. • 네 명이 모둠을 만들어 두 명은 창의적으로 음악에 맞춰 고무공 주고받기를 하고 두 명은 노래를 불러준다. • 활동에 대하여 서로 긍정적인 피드백을 해 준다. • 역할을 바꾸어 공을 주고받으며 노래를 부른다.	20분	• '넌 할 수 있어 라고 말해 주세요' 음악과 악보 • 고무공	• 긍정적 피드백을 통하여 개인의 역량을 인식하고 긍정적으로 자기를 평가하는 데 도움이 되며 모둠원끼리 활동을 통하여 유대감과 소속감을 경험함
치유 및 성장의 뇌 만들기	◇ 나눔하기 및 소감문 작성하기 ◇ 다음 차시 프로그램에 대하여 소개하기 ◇ 나에게 칭찬하기 (큰 소리로 "나는 나를 사랑합니다, 나는 무엇이든 할 수 있습니다, 나는 날마다 모든 면에서 점점 좋아지고 있습니다."를 외친다)	5분	• 소감문 양식	• 나의 뇌에 칭찬하기로 자신감을 갖게 한다.

<table>
<tr><th colspan="6">뇌교육 기반 음악치료 프로그램 11회기</th></tr>
<tr><td colspan="2">주제명</td><td>넘어져도 괜찮아</td><td colspan="2">원리</td><td>전략</td></tr>
<tr><td colspan="2">프로그램 목표</td><td>◇ 이전의 나와 지금의 나의 성장모습을 음악극으로 표현할 수 있다.</td><td colspan="2">조화와 균형의 원리</td><td>조화 이루기</td></tr>
<tr><td colspan="2">단계</td><td>프로그램 내용</td><td>시간</td><td>수업자료</td><td>유의점</td></tr>
<tr><td colspan="2">공감 및 소통의 뇌 만들기</td><td>◇ 인사하기
◇ 짝과 함께 두드리기
• 두 사람씩 짝을 지어 서로의 등, 팔 등을 두드리기</td><td>5분</td><td>• 신나는 음악</td><td>• 편안하고 안정된 분위기를 조성한다.</td></tr>
<tr><td rowspan="4">표현 및 창조의 뇌 만들기</td><td>탐색</td><td rowspan="4">◇ 나의 성장 모습 이야기하기
• 어릴 때의 나의 모습과 지금의 나의 모습의 변화에 대하여 이야기한다.
• 자라면서 기억에 남는 일에 대하여 이야기한다.
• 포기하고 싶었지만 이겨내었던 경험을 이야기한다.
◇ '넘어져도 괜찮아' 노래부르기
• 가사의 뜻을 새기며 음미한다.
• 2마디씩 듣고 부르며 가락을 익힌다.
◇ 성장하는 나의 모습을 음악극으로 만들어 표현하기
• 음악극 예시를 보고 음악극 만들기에 대하여 이해한다.
• 표현하고 싶은 자랑스런 나의 모습에 대하여 이야기한다.
• 악기, 표현 방법을 탐색한다.
• 그림악보로 나타내어 연습한다.
• 내가 만든 음악극을 설명과 함께 발표한다.
• 서로 칭찬하고 격려해준다.</td><td rowspan="4">30분</td><td rowspan="4">• 어릴 때의 사진과 지금 나의 모습 사진
• 다양한 리듬악기</td><td rowspan="4">• 음악극 만들기를 통하여 상상력을 유발하여 적극적인 참여를 유도하게 한다.
• 친구들과 상호작용에 의해 집단 내에서의 소속감과 존재감을 경험한다.</td></tr>
<tr><td>모방</td></tr>
<tr><td>즉흥 연주</td></tr>
<tr><td>창조</td></tr>
<tr><td colspan="2">치유 및 성장의 뇌 만들기</td><td>◇ 오늘 배운 내용 알아보기
◇ 나눔하기 및 소감문 작성하기
◇ 다음 차시 프로그램에 대하여 소개하기
◇ 나에게 칭찬하기 (큰 소리로 "나는 나를 사랑합니다, 나는 무엇이든 할 수 있습니다, 나는 날마다 모든 면에서 점점 좋아지고 있습니다."를 외친다)</td><td>5분</td><td>• 소감문 양식</td><td>• 큰 소리로 나의 뇌에 칭찬하기로 자신감을 갖게 한다.</td></tr>
</table>

<table>
<tr><th colspan="6">뇌교육 기반 음악치료 프로그램 12회기</th></tr>
<tr><td colspan="2">주제명</td><td>우리는 하나</td><td colspan="2">원리</td><td>전략</td></tr>
<tr><td colspan="2">프로그램 목표</td><td>◇ 나, 너, 우리가 하나임을 깨닫고 서로 격려하고 존중하는 태도를 기른다.</td><td colspan="2">조화와 균형의 원리</td><td>모두 하나되기</td></tr>
<tr><th colspan="2">단계</th><th>프로그램 내용</th><th>시간</th><th>수업자료</th><th>유의점</th></tr>
<tr><td colspan="2">공감 및 소통의 뇌 만들기</td><td>◇ 인사하기
◇ 온 몸 늘이기 및 웅크리기
• 양 팔을 벌려 팔 늘이기, 두 손을 하늘로 뻗으며 키 늘이기, 가슴 내밀며 늘이기와 웅크리기 등</td><td>5분</td><td>• 차분한 음악</td><td>• 편안하고 안정된 분위기를 조성한다.</td></tr>
<tr><td rowspan="4">표현 및 창조의 뇌 만들기</td><td>탐색</td><td rowspan="4">◇ ‘아리랑’ 노래듣기
• ‘아리랑’, ‘정선아리랑’, ‘밀양아리랑’ 노래를 듣는다.
• 노래를 듣고 각자의 느낌을 이야기한다.
◇ ‘아리랑’ 연습하기
• ‘아리랑’을 신체표현하며 듣는다.
• 악보를 보고 계이름을 읽으며 가락을 익힌다.
• 리듬악기로 창의적으로 리듬반주를 연습한다.
• 리코더, 공명실로폰, 핸드벨 등으로 가락을 연습한다.
• 장구반주에 맞추어 노래부른다.
◇ ‘아리랑’ 합주하기
• 자신이 원하는 악기를 정하여 연주한다.
• 지휘에 맞추어 리듬악기, 가락악기, 타악기와 함께 합주를 한다.
• 합주 한 느낌을 발표한다
◇ 자아존중감 사후 검사하기
• 일반적 자아존중감, 가정적 자아존중감, 사회적 자아존중감, 학업적 자아존중감에 대하여 검사지를 통하여 사후 검사를 실시한다.</td><td rowspan="4">30분</td><td rowspan="4">• ‘아리랑’ 음악과 악보
• 장구, 리코더, 실로폰, 핸드벨
• 다양한 리듬악기
• 자아존중감 검사지</td><td rowspan="4">• ‘아리랑’을 부르며 한국의 정서를 공감하고 일체감을 느끼도록 유도한다.
• 성공적인 합주를 경험하여 성취감 및 집단속에서의 정체감을 경험하게 한다.</td></tr>
<tr><td>모방</td></tr>
<tr><td>즉흥연주</td></tr>
<tr><td>창조</td></tr>
<tr><td colspan="2">치유 및 성장의 뇌 만들기</td><td>◇ 오늘 배운 내용 알아보기
◇ 프로그램을 마친 소감 나눔하기 및 소감문 작성하기
◇ 나에게 칭찬하기 (큰 소리로 “나는 나를 사랑합니다, 나는 무엇이든 할 수 있습니다, 나는 날마다 모든 면에서 점점 좋아지고 있습니다.”를 외친다)</td><td>5분</td><td>• 소감문 양식</td><td>• 큰 소리로 나의 뇌에 칭찬하기로 자신감을 갖게 한다.</td></tr>
</table>

제2장

뇌교육 기반 문학치료 프로그램[2)]

1. 프로그램 개발 목적

청소년기는 아동이 신체적·정신적·사회적으로 성인이 되어 가는 과도기와 같은 시기로 다른 어느 시기보다도 정신과 육체 모두 변화가 많아 이로 인해 발생하는 일에 적응하기 힘들어하는 시기이다. 그래서 주변적 위치에 따른 불안과 갈등, 방황으로 정체성의 혼란을 겪기도 하고, 심한 내적 갈등 속에서 불안정한 정서 상태를 갖는 것이 청소년기의 특징이다(정옥분, 김경은, 박연정, 2006). 또한 오늘날의 청소년이 과거에 비해 자유로운 생활과 개성을 중시하기 때문에 개인주의 성향이 확산되고 있다고는 하지만, 교우 관계의 질은 아직도 청소년의 사회적 관계를 형성하는 주요 역할을 담당하고 있다. 뿐만 아니라 하루 중 8시간 이상을 학교에서 보내는 고등학생의 경우, 원만한 교우관계를 맺지 못하는 학생들이 학교 부적응이라는 또 다른 문제를 발생시킨다. 그래서 결국 학교를 떠나거나 폭력, 자살 등의 문제로 이어지기도 한다(홍영민, 2009).

이러한 청소년의 생리적이고 신체적인 변화와 심리적인 혼동 그리고 사회 내에서의 역할과 가치 체제의 변화 등은 그들의 정서에 큰 영향을 미치며, 정서변화에 대한 대처능력의 부족과 조절능력의 한계는 그들 개인의 성장 및 발달과 대인관계를 비롯한 사회적 행동, 심리적 적응 등에 영향을 줄 수 있다. 학교에서의 학업부진, 또래관계에서의 문제, 충동적이거나 위축된 행동, 사회 적응상의 문제 등은 정서와 관련되는데, 정서와 관련된 경험, 정서의 의미, 정서의 원인, 그리고 다른 사람의 정서에 대한 적절한 반응을 이해하는 것은 또래 집단과의 사회적 관계 형성에 가장 중요한 요소로 평가되고 있

2) 이윤진(2022)의 박사학위 논문을 요약 정리하였음.

다(Cassidy, Parke, Butkovsky, Braungart, 1992). 아울러 청소년이 자신의 정서와 감정을 적절하게 조절하고 관리할 수 있는 능력을 키워주는 교육적 노력을 어느 정도 경험했느냐에 따라 이후 성인기의 적응에서 차이가 날 수 있기 때문에(Goleman, 1995) 청소년에게 정서는 매우 중요하다. 또한, 청소년의 정서 조절 능력은 성인의 대처 능력과 기술에 직접적으로 영향을 주기 때문에(문용린, 1997), 원만하고 건전한 사회생활을 유지하는데 매우 중요하다.

한편, 정서지능 향상 프로그램 관련 선행연구를 살펴보면 정서지능 향상 프로그램 또는 정서교육이 정서지능 및 도덕성(유광선, 1999), 자아존중감(김현지, 1999), 친사회적 행동(최선미, 2001), 학습능력(이윤경, 2004), 사회적 능력(김연지, 2004), 대인관계(권기매, 2005; 이지숙, 2011), 스트레스 관리(김미선, 2006), 자기효능감(신현정, 2006), 학교생활적응(진소연, 2006), 공격성 감소(김상희, 2009) 등 여러 측면에 긍정적인 효과를 미치는 것으로 나타났다. 따라서, 정서지능은 청소년이 다양한 문제로부터 그들 스스로를 지키며 올바른 발달과 성장을 하는 데 중요한 대안이 될 수 있음을 보여준다.

본 연구는 특성화 고등학교 학생들의 정서지능을 높이기 위한 목적으로 고안되었다. '특성화 고등학교'는 초·중등교육법 시행령 개정안에 따라 2007년 실업계 고등학교가 전문계 고등학교로, 2010년에는 특성화 고등학교로 명칭이 변경된 것이다. 특성화 고등학교는 소질, 적성, 능력이 비슷한 학생들을 어느 특화된 분야에 초점을 두고 그에 맞는 인재를 양성하기 위한 교육과정으로 운영하는 고등학교이다(교육부, 2014). 그러나 일반적으로 특성화 고등학교라고 하면 자신의 소질과 적성, 능력을 고려하여 학교와 전공을 선택하기보다는 학교 성적이 낮아 어쩔 수 없이 입학한 학생들이 많다는 인식이 있다(옥준필, 김선태, 김기홍, 2012; 최동선 외, 2011). 특성화 고등학교에 진학하는 학생들은 중학교 때의 성적, 학습동기, 교육포부 수준이 낮고(김양분 외, 2012) 학교생활에 잘 적응하지 못할 가능성이 크다(배상기, 2013)는 연구 결과도 있다.

특성화 고등학교의 운영 목적에 부합하면서 특성화 고등학교 학생들의 학습 동기와 교육 포부 수준을 높이기 위해 본 연구에서는 정서지능 향상에 주목하였다. 정서지능은 사회집단의 특성과 상관없이 구성원의 사회적응과 긍정적 자기 동기화 및 자신의 역량을 증진시키는 데 긍정적으로 기여하고(Perlini & Halverson, 2006), 정서를 사려 깊게 통제하고 활용하여 인지능력이 충분히 발휘되도록 간접적인 영향을 주며, 인지적으로 해결할 수 없는 많은 문제들을 해결할 수 있기 때문에(Goleman, 1995), 특성화 고등학교 학생에게는 특히 정서지능이 매우 중요할 수 있다. 또한 정서지능이 높은 학생은 자아존중감이 강하여 미래에 대한 확신과 자기 개발을 잘하고, 성실하여 삶에 충실하고,

사회공동체 의식이 강하여 사회적 가치를 추구하고, 판단력이 빠르며, 학업능력 및 학업 만족도가 매우 높다(박세호, 2014). 따라서 특성화고등학교 학생의 정서지능을 향상시킴으로써 자아존중감 향상은 물론, 공동체 의식 함양, 학업 능력도 향상할 수 있다.

최근에는 다양한 정서지능 향상 프로그램 중에서도 문학작품을 매개로 하여 치료자와 일대일 또는 집단으로 토론, 글쓰기 등을 통해 당면한 문제를 해결하는 문학치료에 대한 관심이 높아지고 있다(안인자, 윤석윤, 2013). 이는 문학작품에 담겨 있는 인간관계의 형성과 위기와 회복에 대한 이야기가 사람들의 삶의 모습을 반영하고 있어서, 사람들이 문학작품과의 상호작용을 통해 자신의 문제를 해결하고 치료할 수 있기 때문이다(원점순, 조영숙, 2015).

그러나, 기존의 프로그램은 부적응 학생(한효정, 2011), 집단따돌림 피해 청소년(김영희, 2017), 결손가정 청소년(정송희, 2016), 초등학생 및 중학생을 대상으로 한 연구(박시현, 2015; 이지영, 2010)가 대부분이기 때문에, 고등학생을 대상으로 또는 특성화 고등학생의 특성을 반영한 문학치료를 활용한 정서지능 향상 관련 연구가 필요하다. 특히, 문학치료 프로그램은 글을 읽고 성찰하고 생각을 나누고 표현하는 활동을 내면화하는 것이 중요하기 때문에, 특성화고등학교 학생의 특성을 고려하여 내면화가 가능한 문학치료 프로그램을 개발할 필요가 있다.

한편, 뇌교육은 뇌를 효과적으로 운영하고 활용할 수 있도록 하는 새로운 체험적 교육방법론이다(신혜숙, 2006). 뇌교육은 참여자 스스로가 인식의 주체임을 자각하기 위해 신체 움직임을 이용한 다양한 체험활동을 제시함으로써 참여자가 자신에게 더욱 집중할 수 있게 한다(이승헌, 2006). 따라서 뇌교육은 뇌의 생리적인 측면보다는 뇌의 활용적인 측면을 더 강조하고 있는데, 생활 속에서 필요한 인간관계 능력이나 문제해결력, 창의력, 추진력, 통찰력 등을 가질 수 있는 힘을 기르는 것 즉, 생산적이고 창조적이며 평화적인 뇌를 갖도록 하는 것을 목표로 하고 있다(신근식, 2019). 뇌에 잠재된 능력을 깨워 뇌 기능을 최대치로 활성화하는 뇌교육 5단계는 뇌감각 깨우기(brain sensitizing), 뇌 유연화하기(brain versatilizing), 뇌 정화하기(brain refreshing), 뇌 통합하기(brain integrating), 뇌 주인되기(brain mastering)로 이루어져 있다(김일식, 2017).

뇌교육 5단계와 정서지능의 관계를 살펴보면 뇌 감각 깨우기는 자신의 뇌를 의식하고 몸과 뇌의 소통을 원활하게 하는 단계로(김일식, 2017), 몸과 뇌의 소통을 통해서 정서를 인식하고 표현하는 능력을 기르는 데 기여할 수 있고, 뇌 유연화하기는 새로운 자극을 수용하고 학습하는 감각을 기르는 단계로(고병진, 2010), 정서의 사고 촉진 능력과 감정 이입 능력을 발달시킬 것으로 기대한다. 뇌 정화하기는 뇌 기능 활성화를 방해하는 부정적인 정보와 피해의식, 자신을 구속하는 기억이나 감정을 정화하고, 이 과정을 통해 정보를 선택하는 힘을 기르는 단계로(안체윤, 2016), 부정적인 정서를 정화하고 정서를 조절하게 하는 효과가 있을 것으로 본다. 또한, 뇌 통합하기는 뇌의 각 부위에서 일어나는 정보처리가 서로 잘 소통하는 상태, 뇌를 생명력과 지적 능력이 조화롭고 균형 있게 작용하는 상태로 만드는 단계로(김영진, 2017), 정서지식의 활용 능력을 발달시키는 데 기여할 것으로 본다. 마지막 단계인 뇌 주인되기는 양심이라는 기준에 따라 주체적으로 정보처리 하는 감각을 습관화하는 단계로(김영진, 2017), 자기주도적으로 정서를 조절하는 기능을 습득하는 데 유용할 것으로 판단된다.

또한, 정서지능 향상을 위한 뇌교육 프로그램 관련 선행연구를 살펴보면 정서지능 향상 및 스트레스 감소(오미경, 2009), 감성지능, 정서인식, 정서조절 능력 향상(김경란, 2018), 집중력 향상(오복자, 2003), 공감능력과 자기조절능력 향상(고병진, 2010; 김제민, 2016; 백미화, 2009; 이인숙, 2015), 자아존중감과 자아정체감 향상(강명숙, 2012; 김주남, 2014), 감성지능과 자기성찰지능 향상(김경란, 2018; 원수라, 2015) 등 다양한 효과가 있는 것으로 나타났다. 이러한 정서지능 향상을 위한 뇌교육 프로그램을 살펴보면 정서인식, 정서조절, 자기성찰, 자기조절, 공감 등 정서지능의 구성요소에 많은 영향을 미친다는 것을 알 수 있다.

이에 본 연구에서는 뇌교육과 문학치료의 관계, 뇌교육과 정서지능의 관계, 정서지능과 문학치료의 관계를 토대로 일상생활에서 삶의 주인이 되어 몸과 마음이 건강한 자기서사로의 변화가 가능한 뇌교육 기반 문학치료 프로그램의 필요 요구에 부응하고자 한다. 뇌교육 기반 문학치료 프로그램은 신체, 인지, 정서의 통합적 활용이 가능한 뇌교육 5단계를 적용하고 다양한 매체와 텍스트를 활용함으로써 정서 상태 인식, 표현, 활용 등 자기주도적인 정서지능을 향상할 수 있다.

따라서, 본 연구는 특성화 고등학생을 대상으로 뇌교육 기반 문학치료를 활용한 정서지능 향상 프로그램을 개발하고 적용함으로써 그에 따른 효과성을 검증하는 데 그 목적이 있다. 뇌교육 기반 문학치료를 활용한 정서지능 향상 프로그램을 통해서 특성화 고등학생의 정서지능을 향상할 뿐만 아니라, 나아가 가정, 학교, 사회에서도 건강한 인간관계를 형성함으로써 그들이 공동체 내에서 타인과 더불어 행복한 삶을 살아가기를 기대할 수 있다.

2. 프로그램 개발을 위한 이론적 기초

가. 정서지능

1) 정서지능의 개념

20세기 초까지 정서는 감정과 동일하게 사용되었으나 현재에는 여러 가지 감정들을 포괄하는 상위개념으로 사용되고 있다. 정서지능이란 용어는 Salovey와 Mayer(1990)에 의해 처음 소개되었으며, 유사한 용어로 1924년 Thorndike에 의해 '사회적 지능'이라는 용어가 사용되었다. Thorndike에 따르면 사회지능은 자신과 타인의 내부 상태, 동기, 행동을 인식하고 그 정보에 기초하여 적절하게 행동하는 능력이다(곽윤정, 1997; 박연진 외, 2017).

개인은 누구나 현실세계의 삶에 있어서 상반하는 두 가지 세계를 공유하고 있다. 이것은 앎(지식)의 세계와 느낌(감정)의 세계이다. 전자는 이성을 전제로 한 이성적인 앎의 세계이며, 후자는 정서반응을 중심으로 한 감성적 삶의 세계이다. 정서지능에 관한 연구는 이러한 종래의 지능을 Gardner(1983)가 재개념화 함으로써 비롯되었다. Gardner는 지능이 높은 개인이 모든 분야에서도 우수하다고 하는 종래의 지능에 대한 관념을 비판하고, 개인의 지능은 다차원적으로 구성되어 있다고 하는 '다중지능이론'을 밝혔다. Gardner의 다중지능 가운데 '대인관계지능'은 '타인의 감정'을 인식하며 감정이입을 할 수 있는 능력이며, '개인 내적기능'은 개인이 자신의 감정을 인식하고 이를 구별하여 다음의 행동을 유도할 수 있는 능력이다. 이들 두 가지 지능은 오늘날 이해되고 있는 정서지능의 영역에 포함 될 수 있다. 이러한 측면을 기반으로 해서 정서지능 연구는 시작되었다.

Salovey와 Mayer(1990)는 1996년에 감정을 지각하고 조절하는 능력 이외에 감정에 대한 사고를 배제한 점에 주목하여 정서지능을 '감정을 정확하게 지각해서 이것을 평가하고 표현할 수 있는 능력, 감정을 생성하거나 활용하여 사고를 촉진시킬 수 있는 능력, 감정과 그 정보를 활용할 수 있는 능력, 정서발달과 인지발달을 촉진시키기 위해 감정을 조절할 수 있는 능력'이라고 재개념화 하였다.

또한, Goleman(1995)은 Mayer와 Salovey(1997)의 정서지능을 보다 실용적으로 유목화하여 위와 같은 정서지능의 기본정의에 Gardner(1983)의 개인적 지능을 포함시키면서 EQ(Emotional Quotient)라는 용어로 정서지능을 대중화 시켰다. 그는 정서지능을 자신의 감정을 알아차리는 '자기인식능력', 자신의 내재적 감정에 대처하여 적절하게 감정이 발휘될 수 있도록 하는 '감정을 조절하는 능력', 충동을 억제하는 자기 자신의 통제와 긍정적 자아몰입으로 '자신을 동기화 하는 능력', 타인이 무엇을 원하고 요구하는가를 파악하여 감정이입을 할 수 있는 '타인감정 인식능력', 타인의 감정을 관리하는 기술로 대인관계의 효율성과 같은 심리적 능력을 뒷받침해주는 '대인관계 다루기 능력'의 다섯 가지 EQ인식 능력으로 보았다. EQ란 바로 이런 정서지능을 지수화한 것을 의미하는데 Goleman은 이러한 능력은 얼마든지 향상될 수 있다고 하였다(Goleman, 1995; 금혜숙, 2007).

국내에서 정서지능을 연구한 문용린(1996)은 정서지능을 "인성능력을 발휘하게 하거나 억압하고 제한하기도 하는 감성능력, 좌절의 상황에서 희망을 지속시킬 수 있는 능력, 자신의 감정과 충동을 절제하고 통제하며 타인의 감정에 대해 예민하게 느끼고 인내심을 지속시켜 근심으로 인해 생각할 수 있는 능력이 방해받지 않도록 정서를 통제할 수 있는 능력, 인내심과 지구력, 정열과 용기, 신념과 절제력, 자신의 감정을 올바르게 통제하고 활성화시키는 능력"이라고 주장하였다. 그리고 수정된 정서지능의 모형에서는 정서지능을 "정서를 지각하는 능력, 사고를 지원하는 정서를 유발하고 평가하는 능력, 정서와 정서지식을 이해하는 능력, 그리고 정서와 지적성장을 촉진할 수 있도록 사려 깊게 정서를 조정하는 능력"이라고 정의하였다(문용린, 곽윤정, 이강주, 1998: 2-3).

따라서, 정서지능은 정서에 대해서 정확하게 인식하고 평가하며 표현하는 능력, 사고를 촉진하기 위해 정서를 유발할 줄 아는 능력, 타인의 감정을 충분히 이해하고 공감하는 능력, 또한 정서와 정서에 대한 지식을 이해하고 활용하는 능력, 정서적·인지적 성장을 위해 정서를 통제하는 능력이라 할 수 있다.

2) 정서지능의 구성요소

정서지능을 연구한 대표적인 학자인 Mayer, Salovey, Goleman의 정서지능 개념의 발달 과정(박성옥 외, 1999)을 살펴보면 다음과 같다.

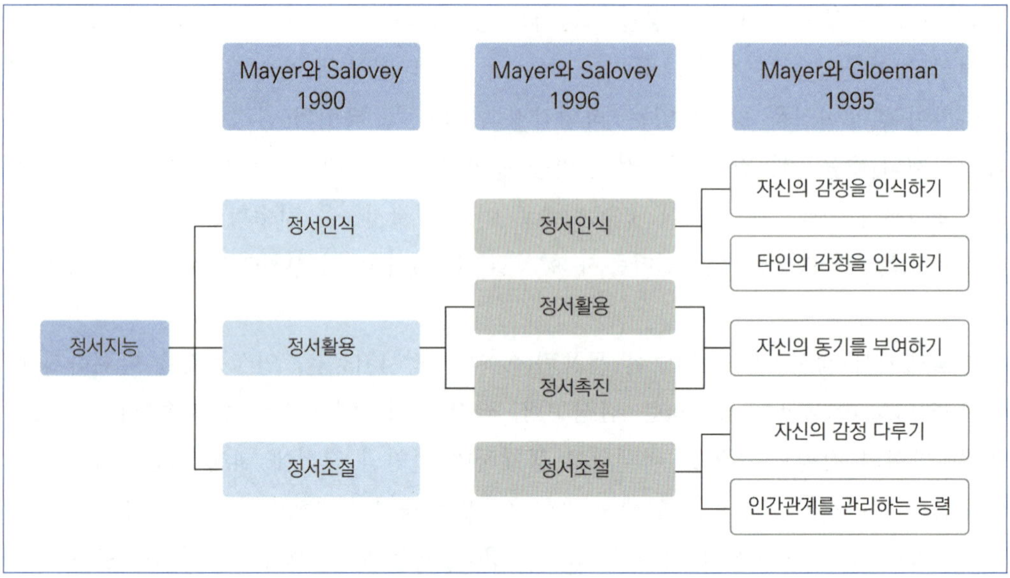

[그림 7-7] Mayer, Salovey, Goleman의 정서지능 개념

출처: 박성옥 외 (1999, 3).

한편, 국내에서 문용린(1997)은 Mayer와 Salovey가 제안한 정서지능의 네 가지 구성요소에 한국인의 특성을 고려한 '감정이입 능력'을 추가시키면서 정서지능의 구성요소를 정서의 인식과 표현 능력, 감정이입 능력, 정서의 사고촉진 능력, 정서지식의 활용, 정서조절 능력 등 다음과 같이 5가지로 구분하였다.

첫째, 정서의 인식과 표현 능력은 자신과 타인의 감정이나 기분을 정확하게 알아차리고 이해하는 능력이며, 자신이 느끼는 바를 적절하게 표현하는 능력이다. 그런데 정서의 인식과 표현 요소는 정서지능의 가장 기본적인 능력이자 초석이 되는 영역으로, 이 능력이 충분히 발달하지 않는다면 전체적 정서능력이 발달하고 향상되기가 상당히 어렵다.

둘째, 한국인의 특성을 고려하여 정서 인식 및 표현영역에서 독립적으로 부각시킨 개념인 감정이입 능력은 흔히 공감이라는 말로 잘 알려져 있다. 공감이나 감정이입의 공통된 의미는 다른 사람의 감정과 기분에 들어가 본다는 데 있다. 다른 사람의 처지가 되어서 그 사람의 일을 마치 자신의 일처럼 생각하고 다른 사람의 감정과 기분을 실제로 똑같이 느껴보는 것이다. 그리고 감정이입 능력은 타인의 감정뿐만 아니라 그 감정이 발생하는 이유까지 추리하면서 타인에 대한 진정한 감정이입을 하는 것을 포함한다.

셋째, 정서의 사고촉진 능력은 정서의 인식과 표현 능력보다 상위의 능력이라고 볼 수 있다. 자신의 기분과 감정을 정확하게 알고 이해하면서 과제를 해결하는데 집중해야 하기 때문이다. 즉, 보다 위급하고 중요한 일로 주의를 전환할 수 있도록 방향을 제시해 줌으로써 지적인 처리과정을 원활하게 하고, 정서를 보다 잘 이해하기 위해서 필요한 정서를 만들어 내는 능력이다.

넷째, 정서지식의 활용 능력은 정서와 관련된 지식이 얼마나 풍부한가에 대한 능력이며, 그 지식이 담고 있는 미묘한 의미를 파악하고 있는가에 관한 능력이다. 정서지식의 활용 능력은 타인에게 복잡하고 정반대의 감정을 느끼게 되는 사실을 이해하는 능력도 포함된다. 정서지식의 활용 능력이 높은 사람은 대인관계가 원활할 가능성이 높다. 왜냐하면 인간의 감정이나 기분이 다양함과 복잡함을 잘 이해하는 사람이라면 다양하게 처하게 되는 상황과 입장을 받아들이려고 노력하기 때문이다.

다섯째, 정서의 조절 능력은 정서지능의 가장 핵심적인 내용으로 자신의 감정이나 기분을 상황에 따라 적절하게 통제하고 조절하는 능력이다. 즉, 화가 나고 짜증이 나면 그것을 폭발시켜 분통을 터뜨리거나 옆의 사람을 불편하게 하는 것이 아니라, 일단 자신의 내부에서 그것을 객관적으로 바라보면서 통제하는 능력이다. 감정과 기분의 조절이나 통제의 과정은 보통 세 단계를 거친다. 처음 단계로 상황 속에서 경험하게 되는 감정이나 기분을 그대로 받아들이고, 중간 단계로 받아들인 감정이나 기분을 객관적으로 바라보며, 마지막 단계로 실제적인 조절과 통제를 하게 되는데, 이때 중요한 것은 자신만의 조절 방법과 전략을 갖고 있어야 한다는 것이다.

나. 정서지능에 대한 뇌과학적 이해

Pinker(1997)는 그의 저서 '마음은 어떻게 작동하는가'에서 마음이 뇌의 구조나 기능에 따른 현상이라고 하였다(김한영 역, 2016). 정서나 감정은 둘 다 'emotion'으로 해석되며, 동일한 개념으로 사용된다. 라틴어로 '밖으로'를 뜻하는 'e'와 '움직이다'를 뜻하는 'movere'가 합쳐진 조어이다. 즉 자극을 받아 '움직여 나간다'는 뜻에서 유래되었다. 이처럼 어원상으로 보면, 감정은 어떻게 해서든지 표현하고 표출하려는 에너지를 지녔다. 즉 감정은 절대로 기만하거나 숨길 수 없는 대상인 것이다. 감정 연구자들에 따르면, 감정은 자발적 표현과 비자발적 표현이라는 두 가지 방법만 있을 뿐이다. 이처럼 감정은 결국 어떤 형태로든, 그리고 언제든지 표출되고야 만다(전미정, 2015).

뇌과학적인 관점에서 정서지능은 크게 두 가지 기제를 통해 나타난다. 첫 번째 기제는 감정을 다루는 신경회로와 뇌 부위들이며, 두 번째 기제는 감정을 전달하는 신경전달물질이다(조주연, 이병승, 2001). 사실 정서지능의 구성 요소와 관련된 뇌과학적 기제들은 서로 영향을 주고받으면서 통합적으로 얽혀 있기 때문에 이를 완벽하게 나누어 설명하는 데에는 어려움이 있다. 하지만 각각의 요소들이 서로 다른 특징을 지닌 만큼 각각의 요소들과 강하게 연관된 뇌과학적 기제나 구조들은 분명히 존재한다(김유미, 2007). 따라서 정서지능의 하위 요소를 관련이 높은 뇌과학적 기제들과 연결하여 설명하고 정서지능의 특성을 뇌과학적으로 고찰하고자 한다. 이는 정서지능 향상을 위한 뇌교육 기반 문학치료 프로그램을 개발하기 위한 토대가 될 수 있을 것이다.

1) 정서 인식 및 정서사고 촉진의 뇌과학적 이해

정서 인식은 자신의 감정이 발생한 원인을 알고 그 종류를 정확하게 이해하는 능력이다. 정서 인식은 이후의 공감, 정서사고 촉진, 정서 조절, 정서 활용 등 다른 정서지능 구성요소의 기초가 된다. 자신의 감정을 이해하지 못하면 그것을 조절 및 활용하거나 타인의 감정을 이해하는 등의 단계로 나아가지 못하기 때문이다. 정서 인식을 뇌과학적으로 이해한다는 것은 특정한 감정이 발생한 이후 개인이 감정의 개념과 특성을 정확하게 인지하는 데 관여하는 다양한 뇌 구조와 기능을 알게 된다는 것으로, 이는 정서지능을 구성하는 다른 요소들의 뇌과학적 기제를 설명하는 기초가 된다.

정서 인식을 뇌과학적으로 이해하려면 감정이 어디에서 어떻게 생성되는지에 대하여 먼저 알아야 한다. 17세기에 Descartes(Adam & Tannery, 1996)는 처음으로 감정이 뇌와 연관되어 있다고 생각하였다. Descartes에 의하면 감정은 정념의 한 부분으로써 이성과 감정이 서로 영향을 주고받는다(김선영 역, 2013). 현대의 연구 결과들로 미루어 봤을 때, 이는 감정의 특성에 대한 뛰어난 통찰이다. 또한, 그는 감정을 육체적인 현상 중 일부로 생각했는데 이는 감정에 대한 초보적인 신경생리학적 발견이라 할 수 있다(최현석, 2009). 그 후, 19세기 후반 Darwin은 진화론적 관점에서 감정이 생성되는 기제를 연구하였다. 그는 자극 때문에 몸이 반응하고 이러한 신체적 반응에서 감정이 나타난다는 주장을 펼쳤다. 하지만 그의 이론은 감정 생성의 근거를 제공할 뿐 감정이 생성되는 장소에 대한 설명으로는 부족하였다.

이후 Darwin의 연구에서 말한 감정 생성 장소를 찾기 위해 많은 학자가 연구에 몰두하였다. 여러 학자의 의견 중 몇 가지만 소개하면 하버드대학의 생리학자 Cannon (1932)은 감정이 생성되는 장소를 시상하부라고 이야기하였으며, Papez는 'Papez 회로'라는 것을 제안하면서 시상하부, 대상회, 해마를 감정 생성 장소로 지목하였다(Papez,

1937; 김유미, 2005). Maclean(1949)은 Papez 회로를 확대하여 삼위일체 뇌 분류법을 주장하였다. 삼위일체 뇌란 뇌를 세 부분으로 나누어 설명하는 방식인데, 이 방법에 따르면 인간의 뇌는 파충류의 뇌라 불리는 뇌간, 포유류의 뇌라 불리는 대뇌변연계, 사람의 뇌라 불리는 대뇌피질 세 부분으로 나누어져 있다. Maclean은 그 중에서도 원초적이며 본능적인 감정을 일으키는 부위를 대뇌변연계(limbic system)라 설명했다(Maclean, 1990, 조주연, 이병승, 2001 재인용). 대뇌번연계에는 시상하부, 편도체, 해마 등 10여 개의 구조물이 속해 있는데 이런 여러 가지 하부 조직 중 편도체가 불안, 공포 등의 감정을 일으키는 일에 직접 관여하는 것으로 알려져 있다. 편도체는 뇌간의 위, 그리고 대뇌피질의 아래쪽에 위치한다(조주연, 이병승, 2001)[그림 7-8].

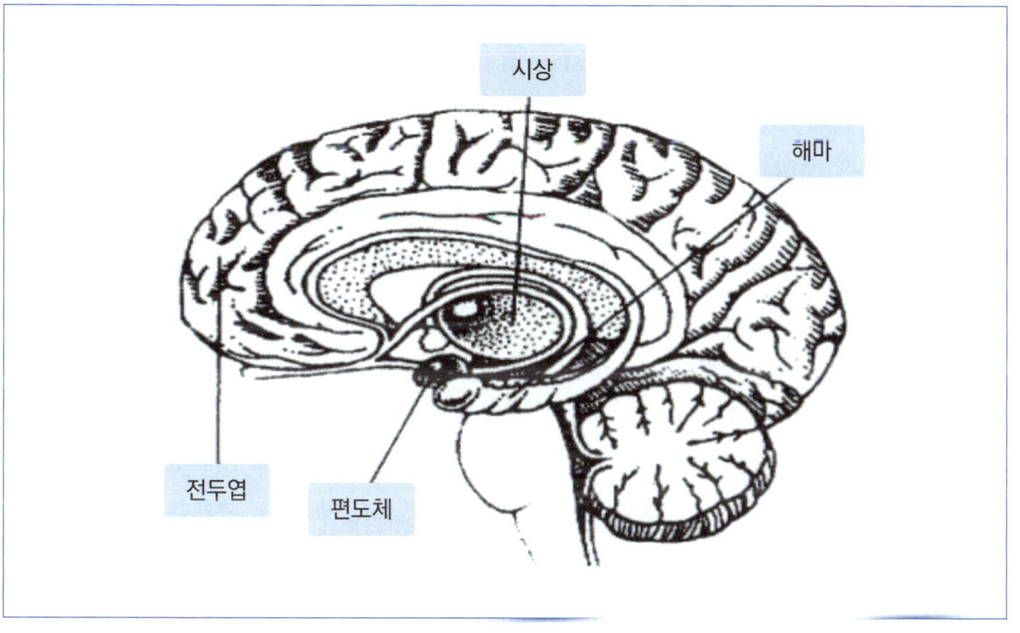

[그림 7-8] 편도체의 위치

출처: 소수년, 이병승 (2001, 394).

1980년대 뇌 영상 기술이 발달하면서 사회신경학, 발달신경학, 인지신경과학, 정서신경학 등 학문이 생성되고 뇌 연구의 속도가 급속도로 증가하였다. 그러나 여전히 불안, 공포 이외의 다른 감정이 생성되는 뇌 부위가 어디인지는 분명하지 않고 이에 관한 연구들은 현재 진형형이다. 다만 대뇌변연계의 다양한 부위 중 몇 가지와 밀접한 관련이 있을 것으로 추측할 뿐이다. 이는 뇌의 많은 부분은 하나의 기능에 직·간접적으로 관여하여 역할을 특정하기 어렵다는 뇌의 기능적 특성에 기인한다(Jensen, 1996).

그러나 현재까지 진행된 감정 생성 장소 관련 연구에서도 얻어낼 수 있는 시사점이 있다. 감정 생성 장소가 대뇌변연계라는 것은 어떤 정보에 의해 감정이 발생하면 우리가 이 감정을 조절하거나 활용하려고 시도하기 전에 이미 기쁨, 불안, 공포 등의 정보에 따른 판단을 하게 된다는 점을 알려준다. 즉, 이성이 감정을 통제하고 조절하는 역할을 하지만 변연계의 활동을 완벽하게 제어하는 것은 진화학적으로 어렵다(Price, 1999). 이는 감정적 판단을 먼저 가지는 것이 위험으로부터 자신을 즉각적으로 보호할 수 있는 방어기제의 역할을 하기 때문이다. 다시 말해 감정에 의한 판단은 생존에 유리하며 즉각적이라는 장점이 있으므로 대뇌피질의 지배로부터 어느 정도 벗어나 있다. 예를 들어 위험한 맹수를 만났을 때 그 즉시 일어나는 공포는 맹수로부터 도망쳐야 한다는 판단을 내리도록 함으로써 생존에 중요한 역할을 한다. 아이들의 갑작스러운 감정적 행동을 어느 정도는 이해해주어야 하는 이유가 바로 여기에 있다(유상권, 2021).

또한, 감정 생성과 관련된 이러한 측면은 보다 위급하고 중요한 일로 주의를 전환할 수 있도록 방향을 제시해 줌으로써 지적인 처리과정을 원활하게 하는 정서지능 하위 요소인 정서사고 촉진과 연관되어 있다. 정서사고 촉진은 정서를 보다 잘 이해하기 위해서 필요한 정서를 만들어내는 능력이기도 하므로 감정 생성의 뇌과학적 기제와 맞닿아 있다. 하지만 오늘날 대다수 사람은 갑작스러운 위험을 맞닥뜨리거나 비위생적인 상황에 놓일 일이 줄어들게 되었다. 따라서 현대사회에서 대뇌변연계에 의한 감정적 판단은 생존에 유리하다는 장점에도 불구하고 문제를 일으키는 요소가 되었다. 이는 감정 정보를 판단하고 그에 따른 반응을 최종 도출하는 전두엽이 더욱 중요해졌다는 의미이기도 하다(이재신, 2014).

앞서 설명한 바와 같이 일단 변연계에서 감정이 일어나면 우리는 대상에 대한 즉각적 판단을 하게 되고, 그 후에 비로소 뇌의 여러 부위가 동원되어 감정의 정체를 확인, 이해, 조절, 표현하는 일련의 과정을 거치게 된다. 이때 감정을 제대로 확인하는 것은 이해, 조절 등 다른 과정에 우선한다. 감정의 종류를 제대로 알지 못하고서는 감정을 조절하거나 활용하는 등의 인지적 조작을 가할 수 없기 때문이다. 감정을 확인한다는 것은 감정이 발생했을 때 해당 감정을 인식하고 이 감정이 무엇인지 아는 것을 의미하는 것으로, 정서지능의 하위 요인 중 정서 인식에 해당한다.

감정을 인식하는 것에는 대뇌의 많은 부위가 관여한다. 감정이 발생했을 때, 감정 정보는 변연계에서 발생한 뒤 대뇌 전두엽에서 그대로 인식되는 것이 아니라, 주변에서

전달되는 다양한 외부 정보를 종합한 뒤 인식된다. 이때 다양한 외부 정보들은 대뇌피질의 두정엽, 측두엽, 후두엽 등이 담당하고 있다. 구체적으로 시각과 관련된 정보는 후두엽이 담당하고 있으며 청각, 언어와 관련된 정보는 측두엽, 체감각 또는 공간감각과 관련된 정보는 주로 두정엽이 관장하고 있다. 각각의 정보들은 연합령에서 합쳐져 전두엽으로 전달됨으로써 우리가 외부 정보의 맥락 안에서 감정 정보를 인식할 수 있도록 한다. 감정 인식에 후두엽, 측두엽, 두정엽 등이 모두 관여한다는 것에서 알 수 있듯이 감정을 인식하는 것은 뇌의 여러 구조 중 특정 부위만 활용되는 과정이라기보다는 모든 부위가 함께 작용하는 복합적 과정이라 할 수 있다(Lee & Lim, 2012).

대뇌 전두엽에서 인식된 감정이 무엇인지 아는 데에는 감정의 명명이 매우 중요하다. Piaget의 인지발달이론에 따르면 개인이 대상의 정확한 개념을 형성한 것을 나타내는 가장 대표적인 사례가 대상을 다른 것과 구별하여 명명하는 것이기 때문이다. 이는 정서지능에서도 마찬가지로 감정을 인식할 때 감정의 명명이 매우 중요하다는 것을 의미한다(Damasio, 2003). 소설가 Henry Roth는 그의 소설 『그것을 잠이라 불러라』에서 "만일 당신이 느낀 것을 말로 표현할 수 있다면, 그것은 비로소 당신의 것이다."라는 말로 개념 이해에서 명명의 중요성을 설명하고 있다. 이러한 이유로 정서지능을 기르는 것과 밀접한 관련이 있는 감정코칭 활동에서도 감정코칭의 1단계를 '감정 이름 붙이기'로 설정하고 있다(김현정, 2016).

뇌의 여러 부위가 감정 명명에 관여하지만, 그 중 밀접한 관련이 있는 부위는 측두엽의 베르니케(Wernicke) 영역이다. 베르니케 영역은 브로카(Broca) 영역과 함께 뇌에서 가장 대표적인 언어 중추인데, 브로카 영역이 언어 구사를 담당한다면 베르니케 영역은 구사된 언어에서 의미와 정보를 담당한다(신민섭, 이현주, 권준수, 1997). 감정 명명과 베르니케 영역의 관련성을 확인한 대표적인 사례는 감정표현불능증 환자 게리의 사례이다. 하버드 대학의 정신과 의사 피터 시프네오스는 그의 환자 게리가 자식을 여덟 둔 한 여인이 암으로 죽어가는 영화를 본 후 하염없이 울면서도 왜 자신이 울었는지 인식하지 못하고, 감정이 어떠했는지 전혀 표현하지 못하는 것을 발견했다. 그녀의 뇌를 확인한 결과 베르니케 영역에 손상이 생겨 대뇌변연계와의 연결이 원활하지 못한 상태였다(유상권, 2021). Damasio(2003)에 따르면 베르니케 영역이 손상을 받는 경우 변연계에서 감정이 생성되더라도 감정을 명명할 수 없게 된다. 즉, 베르니케 영역의 손상은 감정의 종류를 구별하는 것에 어려움을 느끼게 하며, 발생한 감정을 인식하지 못하게 한다.

또한, Damasio(2003)의 연구에 따르면 베르니케 영역 이외에도 전전두엽의 안와전두피질 부위 역시 감정인식에 영향을 미치는 것으로 확인되었다. 그의 환자 중 엘리엇이라는 환자는 이마 뒤에 있는 작은 종양을 제거하면서 안와전두피질 부위 중 일부가 제거되었는데, 그는 이후 자신의 감정을 이해하지 못해 선택 문제에 있어서 엄청난 결정 장애를 보였다. 또한, 감정을 불러일으키는 다양한 사진들을 보면서도 땀이 나지 않고 체온이 전혀 변화하지 않는 모습을 보였다. 엘리엇이 감정적 경험능력을 상실했기 때문이다.

이처럼 정서 인식의 기제를 통해 알 수 있는 사실은 다음과 같다. 첫째, 감정이 발생하는 장소는 대뇌변연계이며 발생한 감정 정보는 대뇌피질 4엽에서 받아들여지는 다양한 정보들을 종합하여 대뇌 전두엽에서 인식된다. 따라서 감정을 제대로 인식하기 위해서는 주변 정보를 잘 획득할 수 있는 심리적, 물리적 환경을 구성하는 것이 중요하다. 둘째, 감정을 명명하는 것은 감정 인식에서 매우 중요한 문제이며 측두엽의 베르니케 영역, 전두엽의 안와전두피질 부위가 이와 밀접한 관련이 있다. 따라서 언어를 통해 자신의 감정을 표현하는 연습을 하는 것은 베르니케 영역을 강화함으로써 정서 인식 능력을 향상시킬 수 있는 효과적인 방법이 된다. 이와 같은 이유로 정서지능 향상을 위해서는 감정을 구분하고 이해하는 일과 더불어 언어와 그 의미를 도구로 사용하는 문학치료가 중요함을 알 수 있으며, 이것이 정서지능 향상을 위해 문학치료 프로그램을 선택한 이유 중 하나이기도 하다.

2) 정서 조절 및 활용의 뇌과학적 기제

정서를 조절하고 활용하는 능력은 자신의 감정을 상황에 따라 적절하게 통제하고 조절하며 이를 통해 원하는 결과를 얻어내는 능력으로, 타인과의 의사소통을 원활하게 하는데 영향을 미치기 때문에 인간관계를 관리하는 사회적 기술의 기초가 된다(Goleman, 1995). 정서의 조절과 활용은 인식된 감정 정보에 이성적 판단을 종합하면서 이루어지는데, 이때 이성적 판단은 다양한 감각 정보들이 거치는 경로를 통해 이루어지므로 정서 조절 및 활용 역시 정서 인식과 마찬가지로 대뇌피질의 다양한 부위와 연관이 있게 된다. 또한, 정서 조절 및 활용 능력은 뇌에서 다양한 정보를 전달할 때 사용되는 신경전달물질의 농도와 깊은 관련이 있는데 이는 신경전달물질의 농도에 따라 스트레스 정도나 감정을 느끼는 정도, 우울한 감정에서 회복하는 능력 등이 달라지기 때문이다.

뇌에서 일어나는 모든 사고 과정을 제어하는 총사령관은 대뇌 전두엽이다. 이는 감정 정보를 처리할 때에도 동일하다. 외부에서 여러 가지 정보가 발생하면 모든 정보는 대뇌 전두엽으로 이동하게 되는데 그중에서도 감정 정보는 전두엽 앞쪽에 있는 전전두피질에서 판단과 처리가 이루어지게 된다. 감정 정보가 변연계에서 생성된 후 대뇌 전두엽에 도달하게 되는 데에는 두 가지 경로가 있다. 하나는 변연계에서 대뇌 전두엽으로 바로 연결되는 직접경로이며 다른 하나는 후두엽, 두정엽, 측두엽, 해마, 전측대상피질, 안와전두피질 등을 모두 거치는 간접경로이다. 간접경로에 포함되는 다수의 구조물은 대뇌피질에 위치하는데 대뇌피질은 삼위일체 뇌 분류에서 영장류의 뇌로 불리는 곳으로서 진화학적으로 가장 발달된 뇌이다. 이는 직접경로보다 간접경로에 인간의 이성적 사고가 더 많이 작용함을 짐작하게 한다. 그리고 예상할 수 있듯이 정서 활용은 두 가지의 경로 중 간접경로와 밀접한 관련이 있다(김양태, 2012).

간접경로 중 해마는 공간학습, 기억의 중추이다. 해마는 변연계 내에서 편도체와 가까이 자리 잡고 있으므로 감정과 밀접한 관련이 있다. 해마는 외부에서 정보가 들어왔을 때, 과거 기억을 떠올림으로써 전달받은 감정 정보를 과거 경험의 표상과 비교하여 반응을 조절하는 역할을 한다(조주연, 이병승, 2001). 예를 들어 '숙제 다 하면 놀이공원에 가자!'라고 하는 말을 들었을 때 해마는 과거에 놀이공원에 방문에서 즐거웠던 경험을 떠올려 기쁨, 행복 등의 감정을 증폭시키고 숙제를 하기 싫다는 부정적 감정을 억제한다(김양태, 2012). 또한, 해마는 스트레스와 연관된 감정 정보와 관련해서도 중요한 역할을 한다. 일단 스트레스라는 감정 정보가 생성되면 편도체는 흥분의 감정을 일으켜 부신에서 코티졸을 분비하도록 한다. 반면에 해마는 스트레스 상황에서 뇌하수체에 작용하여 코티졸의 분비를 억제하는데, 이를 통해 대뇌 전두엽은 편도체에서 올라오는 부정적인 감정을 조절할 수 있게 된다(김양태, 2012). 한마디로 편도체는 스트레스 반응을 촉진한다면 해마는 스트레스 반응을 줄이는 기능을 담당한다. 하지만 편도가 극심한 스트레스를 받으면 코티졸이 해마의 기능을 상실시킨다. 이렇게 되면 해마의 본래 기능인 장기기억의 전환과 저장에 문제가 발생하기도 한다.

전측대상피질은 대상회 중에서도 앞에 자리하고 있는 부위를 의미한다. 대상회는 전두엽의 가운데 부분을 종단하여 관통하고 있는데, 감정을 담당하는 편도체와 이성을 담당하는 대뇌피질의 중간부에 있는 만큼 이성과 감정을 조절하는 데에 중요한 역할을 한다(강윤정, 2011). 그중에서도 전측대상피질은 감정을 다루는 뇌의 영역 중 최상위 영역에 해당한다. 전측대상피질은 감정적이고 충동적인 정보가 들어왔을 때 인지적 개입을 통해 발생한 감정을 조절하는 역할을 한다. 예를 들어 온라인 게임을 할 때 전측대상피질의 활성화가 잘 이루어지는 학생들은 중독문제를 일으킬 확률이 매우 낮다. 이러한 이유로 전측대상피질을 성실성의 뇌라고 부르기도 한다(김영훈, 2013). 전측대상피질이 손상되면 무감동, 부주의, 정서적 불안, 성격 변화 등 다양한 정서적 후유증이 생긴다. 따라서 도박, 게임 등에 중독되거나 주어진 과제에 집중하지 못하는 증상 등을 보이게 된다.

안와전두피질은 정서 인식과 밀접한 관련이 있지만, 정서 조절 및 활용과도 매우 밀접하다. 안와전두피질은 전두엽 아래 눈 뒤에 있는 부위로 전전두피질에 속한다. 전전두피질은 앞에서 말한 바와 같이 변연계에서 직접경로를 거친 정보와 간접경로를 거친 정보가 만나는 구역이다(정봉교, 2015). 그중에서도 안와전두피질은 편도체와 직접 연결되어 있으면서 보상, 처벌과 관련이 깊다(박일호 외, 2007). Damasio는 신체표지가설을 제안하면서 안와전두피질이 감정과 관련된 의사결정에 중요한 역할을 한다고 하였다. 즉, 안와전두피질은 보상과 처벌을 감각 정보와 결합하여 장기적인 관점에서 이익이 되는 의사결정을 내릴 수 있도록 돕는 역할을 하는 것이다(김양태, 2012). 따라서, 앞에서 살펴본 바와 같이 안와전두피질이 손상되는 경우 IQ로 표현되는 인지 지능에는 큰 변화가 없으나 선택상황에서 심각한 결정 장애를 겪게 된다. 또한, 안와전두피질은 타인의 표정과 관련된 정보를 보상, 처벌로 표상화하기도 하는데 이는 안와전두피질이 정서지능의 구성 요소 중 타인의 감정을 이해하는 것과도 연관이 있기 때문이다.

사람의 뇌는 약 천억 개에서 1조 개의 뉴런으로 이루어져 있다. 뉴런은 정보들을 획득한 뒤 다음 뉴런으로 정보를 보내는데 이때 각각의 뉴런 사이에는 약 1/100,000cm 정도의 작은 간격이 있다. 이때, 뉴런들 사이의 좁은 간격을 시냅스라고 한다. 인간은 대뇌피질에만 약 1만 개 이상의 시냅스를 가지고 있다고 알려져 있다(조주연, 1998; John, 2002). 뉴런에서 정보를 전달하는 방식은 세포 내에서 정보를 전달할 때 사용되는 '전기적' 전달 방식과 세포 간 정보를 전달할 때 사용되는 '화학적' 전달 방식이 있다. 시냅스를 통한 정보의 전달은 세포 간 '화학적' 전달 방식이다. 이때, 뉴런과 뉴런 사이를 연결하는 시냅스에서 화학적 신경 정보전달의 매개체 역할을 하는 분자들을 '신경전달물질'이라 부른다(조주연, 1998). 세포 내의 전기적 자극이 뉴런의 말단에 도달하면 신경전달물질이 세포막을 뚫고 분비되게 되는데 세포의 틈에서 신경전달물질들이 확산되면서 시냅스후 신경세포의 신경전달물질 수용체에 결합하게 된다(장성호, 2005). 그리고 이는 다시 막전위의 변화를 일으켜 세포 내의 '전기적' 전달 방식으로 전환된다([그림 7-9] 참조).

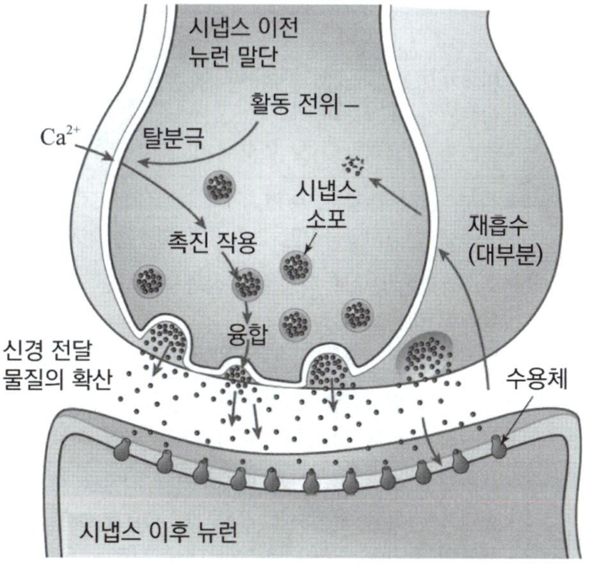

[그림 7-9] 신경전달물질에 의한 정보 전달

출처: Randall, D., Burggren, W., & French, K. (1997, 177-178).

신경전달물질은 다른 정신작용의 회로에서도 마찬가지지만 감정을 다루는 신경회로에서도 필수적이다. 따라서 감정 정보전달 시 신경회로에서 사용되는 신경전달물질의 종류와 특징을 아는 것은 해당 신경전달물질의 생성을 촉진하거나 억제함으로써 개인이 자신의 감정을 효과적으로 관리하는 바탕이 된다(김유미, 2003). 신경전달물질은 약 50개 또는 100개가 존재하는 것으로 알려져 있는데 그중에서 감정 정보 전달 시 주로 사용되는 신경전달물질에는 에피네프린, 노르에피네프린, 코티졸, 세로토닌, 엔돌핀 등이 있다 <표 7-14> 그 중 노르에피네프린은 모든 신경전달물질의 1% 정도이지만, 이것이 작용하는 회로는 뇌 전체에 퍼져있다(박만상, 1992).

〈표 7-14〉 **감성 관련 신경전달물질의 종류와 작용**

신경전달물질	작 용
코티졸 (cortisol)	• 면역세포의 DNA를 파괴하는 효소의 생성을 촉진하여 면역세포의 사망을 앞당김. • 코티졸 수용체가 가장 많은 해마 세포를 파괴하여 기억장애를 유발함.
세로토닌 (serotonin)	• 정서, 감정적 행위, 수면, 기억, 식욕의 조절에 참여함. • 흥분성 신경전달물질인 도파민의 활동을 억제함.
엔돌핀 (endolphine: β-enkephaline)	• 회로 내의 뇌세포 작용을 활성화시켜 줌. • 유쾌한 마음을 유발함. • 면역력 향상, 기억력 강화, 인내력 향상, 진통 효과 등을 가져옴.
에피네프린 (epinephrine)	• 신체의 방어 작용으로서 심장과 혈관 및 근육의 작용을 촉진함. • 정신과 의식을 명료하게 유지시키는 각성 작용에 관여함.
노르에피네프린 (norepinephrine; NE)	• 우리의 의식을 명료하게 유지시키는 작용을 함. • 혈관과 근육을 적절하게 긴장시켜 작용을 촉진함. • 외부의 자극에 대하여 적절한 대응 감정을 유발시킴.
도파민 (dopanime)	• 특별히 인간의 뇌에서 많이 생성되고 작용함. • 전두엽에서 고도의 정신기능 및 창의성 유발 작용을 함.

출처: 조주연, 이병승 (2001, 397).

일반적으로 에피네프린, 노르에피네프린 등의 신경전달물질이 일정 농도를 유지하면서 생성, 소모될 때 가장 안정적인 감성 상태가 유지된다(조주연, 이병승, 2001). 예를 들어 노르에피네프린의 경우 그 농도가 지나치게 낮으면 우울증이 유발될 수 있다. 반대로 농도가 지나치게 높은 경우 코티졸과 함께 강한 스트레스성 반응을 촉발하는 요인이 된다. 이는 코티졸과 노로에피네프린이 본래 육체적으로 위험한 상황에서 심장박동을 늘리는 등 방어 작용에 사용되던 물질이기 때문이다(조주연, 이병승, 2001).

그런데 현대 사회에서는 이런 방법으로 문제를 해결할 수 있는 경우가 거의 없으므로 해당 신경전달물질들이 축적되고 스트레스 호르몬으로 변하게 된 것이다. 적절한 농도를 유지해야 하는 것은 세로토닌도 마찬가지이다. 세로토닌은 도파민의 활동을 억제함으로써 인간의 감정 상태를 평화롭게 만드는 역할을 하는데, 이 호르몬은 햇볕이 있어야만 분비가 원활해진다. 또한 여성호르몬의 변화도 세로토닌 분비와 밀접한 관련이 있는 것으로 알려져 있는데 이 때문에 여성이 남성보다 감정적으로 스트레스를 많이 받는다는 연구보고가 다수 존재한다(최유리, 2013). 엔돌핀 또한 정서와 밀접한 관련이 있다. 엔돌핀은 행복감을 증대시켜 정신적 고통을 감소시킨다. 마치 마약이 주는 효과와 비슷하지만 뇌에서 스스로 분비되는 물질이다. 엔돌핀은 안정적인 심리상태에서 학습할 때 긍정적인 감정을 불러일으키는 효과가 있다. 그리고 이는 다시 학습하고자 하는 동기가 된다. 즉 엔돌핀은 학습에서 긍정적인 선순환을 유발해 인지, 정서적 측면에서 모두 긍정적인 효과를 가져올 수 있다(김유리, 김희정, 2013).

바람직한 정서 조절 및 활용을 위해서는 신경전달물질들이 적절한 농도로 생성되고 소비되도록 하는 방향으로 다양한 노력을 기울여야 한다. 예를 들어 주기적으로 적절한 신체활동을 함으로써 코티졸의 농도를 낮게 유지하거나 심리적 안정을 주는 주변 환경을 조성하여 엔돌핀 농도를 높게 유지하는 것은 정서 조절 및 활용에 도움이 된다. 또한, 적절한 세로토닌 농도를 유지하기 위해 주기적으로 야외활동을 하는 것도 좋은 방법이다.

3) 감정이입의 뇌과학적 기제

감정이입은 다른 사람의 감정을 지각하고 이해하는 능력을 의미한다. 우리는 다른 사람의 감정에 공감하거나 타인에게 감정이입을 할 수 있을 때 비로소 타인의 감정을 이해할 수 있다(Goleman, 1995). 따라서 공감은 감정이입 능력이라고도 볼 수 있다.

감정이입과 관련된 이론으로는 마음이론(Theory of Mind)이 있는데 ToM은 자신이 아닌 다른 사람의 사고, 감정, 행동을 추론하기 위해 존재하는 가설적인 정신기관을 설명하는 이론이다. 손은희, 김양태, 정성훈(2006)에 따르면 내측 전전두엽 피질, 후상측두고랑, 측두극이 ToM 기관에 속한다. 또한, Jeon(2010)이 실시한 동물 실험에 따르면 전측대상피질의 칼슘통로가 감정이입에 관여한다. 앞서 말한 기관들은 모두 정서 인식과 직·간접적으로 관여된 부위들이다. 이는 감정이입 능력이 결국 자신의 기분과 감정을 인식하는 신경체계에 근간을 둔다는 사실을 의미한다. 또한, 감정이입은 뇌의 특정 부위뿐만이 아니라 뇌의 다양한 영역이 관여하는 정신 과정임을 의미한다

ToM 이론에서 다른 사람의 감정을 이해할 때 매우 중요한 역할을 하는 감각은 시각이다. Ekman(2003)에 따르면 감정에 따른 표정과 신체의 변화는 자율신경계의 활동과 연관되어 있기 때문에 '즉각적'인 성격을 띠고 이는 우리가 미처 조절하기에 앞서 표정, 호흡 변화 등 신체의 변화로 나타난다. 즉, 시각적으로 민감하여 이러한 변화를 바로 선별해 낼 수 있는 사람은 타인의 감정을 이해하는데 훨씬 유리하다. Goleman (1995)은 '타인의 감정을 직관적으로 알 수 있는 열쇠는 어조, 몸짓, 표정 등의 비언어적 통로를 해석하는 능력에 있다.'라고 말하며 감정이입에서 시각의 중요성을 설명하였

다. 타인의 감정을 이해하는 데 비언어적 신호의 중요성을 다룬 유명한 연구 중 하나는 Rosenthal의 연구이다. 그는 여러 가지 감정들이 나오는 비디오 장면을 피실험자들에게 보여준 뒤 비언어적 의사소통의 통로만 열어두고 감성 상태를 탐지하도록 했는데, 비언어적 의사소통을 잘 해석하는 사람일수록 감정이입 능력이 훨씬 좋았다. 또한, 감정이입 능력은 여성이 훨씬 높은 것으로 나타났다(Goleman, 1995).

Brothers(1990)는 원숭이들의 뇌 반응을 측정한 실험을 통해 감정이입이 시각피질과 밀접한 관련이 있다고 설명했다. 그의 연구에 따르면 개인이 다른 사람에게서 감정을 읽으려 할 때는 먼저 시각피질이 자극을 받고 다음으로 감정과 관련된 편도가 자극을 받는다. 사실 뇌과학에 근거해 밝혀진 이러한 정보 처리 경로는 특별할 것이 없어 보이기도 하지만, 이 연구에서 밝혀진 놀라운 사실 중 하나는 오직 표정이나 몸짓에서만 자극을 받는 뉴런이 시각피질에 존재한다는 점이다. 이는 시각피질이 처음 설계되었을 때부터 비언어적 의사소통을 위해, 즉 타인 감정 이해와 감정이입을 위해 고안됐다는 것을 나타내는 것으로도 볼 수 있다.

감정이입에서 시각피질 그 자체가 가지는 중요성도 크지만 시각피질과 편도 사이의 연결 회로와 시냅스 또한 중요하다. Brothers는 야생 원숭이들의 편도와 피질 사이를 절단하고 이들을 집단으로 돌려보내는 실험을 진행하였다. 실험에 동원된 야생 원숭이들은 먹이를 찾고 나무에 오르는 통상적인 일은 할 수 있었으나, 다른 원숭이들이 우호적인 태도를 보여도 이를 이해하지 못하고 다른 무리와 어울리지 못한 채 외톨박이로 사는 결과를 보였다. 이 실험은 편도와 시각피질 사이의 시냅스가 감정이입과 더불어 무리에서 집단을 이루고 생활하는 데 영향을 끼친다는 사실을 증명한다. 이를 통해 타인의 감정을 해석하고 이해하는 일은 편도와 피질 간에 형성되어 있는 다수의 시냅스에서 일어난다는 것과, 훈련을 통해 해당 부위를 강화하는 것이 감정이입 능력의 향상을 가져올 수 있다는 것을 추론할 수 있다.

인간이 다른 사람의 감정에 공감하고 이해하는 감정이입의 기초가 되는 또 다른 요인 중 하나는 다른 사람의 행동을 모방하려고 하는 성향이다. Goleman(1995)에 따르면 감정이입이란 다른 사람이 느끼는 감정을 자신의 감정처럼 인식하고 이해할 수 있는 능력인데, 그는 감정이입을 타인의 감정을 이해하는 시작이라고 설명했다. Goleman 이외에도 Salovey, Mayer, Wong 등의 학자도 정서지능의 구성 요소를 설명하면서 '감정의 이해와 활용', '타인 감정 이해' 등에서 감정이입이 중요한 부분을 차지하고 있다고 설명한다(김천석, 유태용, 2005).

감정이입은 시각피질, 편도와도 밀접한 관련이 있지만, 그 외의 여러 가지 뇌 구조 중 거울신경세포시스템과도 밀접한 관련이 있다. 거울신경세포시스템이란 어떤 대상의 행동이나 표정을 그대로 반사하여 비추는 성질을 지닌 뇌세포이다. 거울신경세포시스템은 하측두정엽(inferior parietal lobule)과 전운동피질(premotor cortex) 그리고 뇌섬엽(insular lobe)에 분포하는 거울신경세포들로 이루어져 있다[그림 7-10]. 신경학자 Brodmann이 정의한 브로드만 영역에 따르면 이는 BA6, BA40, BA44에 해당한다. 이 세 가지 부위 중에서 눈여겨보아야 할 곳은 BA44에 해당하는 전운동피질이다(Baars & Gage, 2010). BA44는 앞서 말한 '브로카'영역인데 브로카 영역은 정서 인식과 대인관계 능력에도 밀접한 관련이 있다는 점에서 공감 역시 다른 요소들과 유기적으로 연관되어 있음을 알 수 있다.

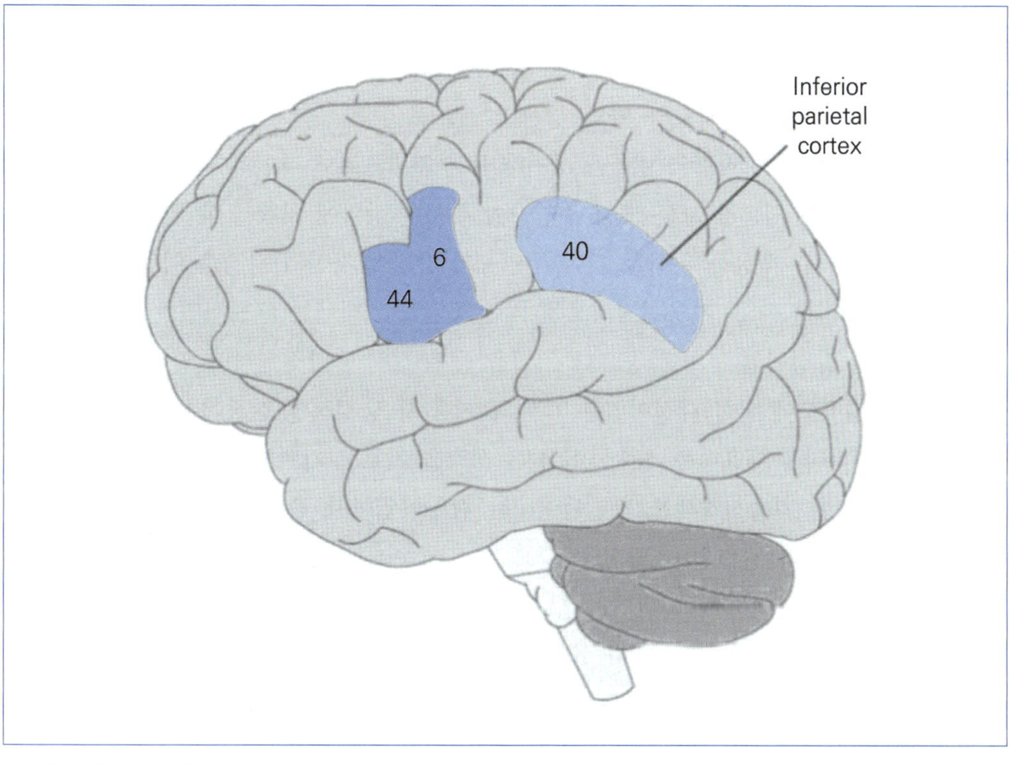

[그림 7-10] 거울신경세포시스템의 위치

출처: Baars, B. J., & Gage, N. M. (2010, 453).

Rizzolatti 등(1996)은 주위 다른 개체의 움직임을 보고, 자신이 움직이는 것과 같은 반응을 보이는 원숭이의 신경세포를 통해 거울신경세포와 거울신경세포시스템의 존재를 처음 발견하였다. 그는 손의 운동을 조절하는 메커니즘을 연구하는 실험을 진행하는 중이었다. 그런데 실험실에서 대단히 이상한 사건이 일어났다. 그는 원숭이가 보고 있는 가운데 바나나를 집으려고 손을 뻗었다. 그런데, 갑자기 원숭이의 뇌 안에 심어놓은 전극과 연결된 컴퓨터가 신호를 나타낸 것이다. 확인된 부위는 전운동피질의 신경세포였다. 즉 원숭이가 과학자의 행동을 보자 원숭이가 직접 행동한 것이 아님에도 불구하고 원숭이의 뇌에서는 같은 행동을 하고자 하는 모방심리가 나타난 것이다. 그리고 반복되는 실험에서도 해당 부위의 뉴런은 계속해서 반응하였다. 해당 실험은 인간에게 시행했을 때에도 같은 결과를 나타냈다(Goleman, 1995).

우리는 모두 타인의 행동을 무의식적으로 따라 하려고 하는 거울신경세포시스템을 지니고 있다. 거울신경세포는 누군가의 행동을 직접 봤을 때도 활성화되지만 심지어는 누군가 행동할 것으로 추측될 때나 제삼자에 의해 행동을 했다는 사실을 들을 때조차도 활성화된다(Iacoboni & Dapretto, 2006). 다양한 연구를 통해 밝혀진 사실에 따르면 거울신경세포의 활성화 정도는 감정이입 척도와 양의 상관관계를 보인다. 즉, 거울신경세포시스템이 잘 활성화되는 사람은 다른 사람의 행동을 보거나 듣는 것만으로도 타인의 감정을 잘 이해한다.

흔히 사람들이 영화를 보는 도중 주인공이 무서운 상황에 처했을 때 얼굴을 가린다거나 표정을 찡그리는 행동을 취하는 것은 주인공의 감정에 자신의 감정을 이입하여 공감하고 있다는 증거이다. 이는 거울신경세포에 의한 공감을 나타내는 대표적인 예이다. 거울신경세포에 의한 감정이입은 비단 공포나 두려움 등 부정적인 감정에서만 일어나는 것은 아니다. 거울신경세포에 의한 감정이입은 기쁨, 즐거움 등 긍정적인 감정에서도 일어난다. 올림픽에서 우리나라를 대표하는 선수들이 좋은 성적을 거두고 기뻐하는 모습을 보면서 함께 기뻐하는 것 또한 거울신경세포가 만들어내는 감정이입이자 공감이다(정진우, 2012).

거울신경세포와 관련된 유명한 실험으로는 Levenson(1995)이 실시한 부부간 감정 이해 연구가 있다. 그는 이 실험에서 부부가 대화하는 장면을 비디오로 녹화하고 인터뷰를 통해 그들의 감정을 분석했다. 인터뷰를 통해 확인된 바에 따르면 실험 참가자들은 대화 장면 중 무의식적으로 배우자의 행동을 따라 하고 같은 행동을 한 경우 서로의 감정을 더 잘 이해했다고 느꼈다. 여기서 중요한 사실은 거울신경세포와 행동은 전후관계가 무관하다는 사실이다. 타인의 감정을 이해하기 때문에 상대방의 행동을 무의식적으로 모방하게 되는 것도 사실이지만 타인의 행동을 모방함으로써 타인의 감정을 이해하게 되기도 한다. 이는 행동을 의식적으로 모방함으로써 거울뉴런을 활성화할 수 있다는 것을 의미하므로, 이를 활용하면 의식적 모방을 통해 감정이입과 타인 감정 이해의 훈련이 가능할 것으로 사료된다.

다. 문학치료

1) 문학치료의 개념

특수교육학 용어사전(2009)에 의하면 문학치료는 다양한 문학작품을 매개로 치료자와 일대일이나 집단으로 토론, 글쓰기 등의 방법으로 당면한 문제를 해결하는 치료법이며, 독서치료라고도 한다. 문학 작품들에는 인쇄된 글, 영화나 비디오 같은 시청각 자료, 노랫말, 자신의 일기 등 글쓰기 작품들이 모두 포함될 수 있다. 문학치료는 문학작품의 향유를 넘어 문학작품과 다양한 방법을 통해 자신의 내면에 있는 상처를 치유하고 자신의 내면을 건강하게 하는 것이다. 문학치료의 다양한 용어와 개념을 정리하면 다음 <표 7-15>와 같다.

〈표 7-15〉 **문학치료의 개념**

용어	출처	개념	비고
문학치료	특수교육학 용어사전 (2009)	다양한 문학 작품을 매개로 치료자와 일대일이나 집단으로 토론, 글쓰기 등의 방법으로 당면한 문제를 해결하는 치료법.	독서치료라고도 함.
	변학수 (2005)	도서읽기를 주로 하는 독서치료와 구별하여 읽기 위주의 독서치료와 쓰기 위주의 글쓰기 치료를 통합하고, 말하기, 쓰기, 읽기 뿐 아니라 미술, 음악, 무용/동작, 이야기 등의 다양한 치료적 매체들을 함께 활용하여 치료적 효과를 최대화하는 심리상담 및 심리치료의 한 분야. 문학(시, 산문, 그림책, 동화, 소설, 드라마/영화 등)을 주요 치료매체로 활용하지만 그 밖의 여러 치료매체(미술, 음악, 무용/동작 등)를 통합적으로 사용.	통합적 문학치료의 관점.
	정운채 (2006)	문학치료란 문학을 이용하여 심리적 장해를 치료하는 것. 문학의 본래적 기능은 쾌락과 교훈을 동시에 발휘하는 치료임.	국문학중심 문학치료의 관점
	전미문학치료하회	문학치료는 통합적 치료방법으로서 신체와 마음과 정신의 건강을 돌보기 위하여 여러 수단을 사용하며, 문학이 주도적 혹은 부수적으로 사용됨.	
	전미문학치료협회	문학치료란 영어로 포이트리테라피(Poetry therapy), 비블리오테라피(Bibliotherapy), 저널테라피(journal therapy)를 모두 포함한 말로 참여자와 치료자 사이의 치료적 상호작용을 위해 문학을 사용하는 것	
독서치료	임성관 (2011)	Bibliotherapy를 번역한 용어. 문학을 사용하여 건강을 증진시킨다는 의미.	

용어	출처	개념	비고
독서요법	원동연 (2005)	Bibliotherapy를 일본에서 학문 영역으로 받아들이며 해석한 것. 독서를 통해 사람이 가지고 있는 정신적 질환의 회복을 돕는 보조적인 방법.	
시치료	Mazza (2005)	문학작품 중 독서치료의 효용면에서 많은 장점을 지닌 시를 통해 치료를 하는 것.	
이야기치료	Morgan (2003)	내담자와 치료자가 직접 대화를 통해 이야기를 만들어가는 과정을 통해서 문제를 해결하거나 상처가 치료되는 것.	
쓰기치료	황금숙 (2005)	정신적, 육체적, 정서적, 영적으로 더 나은 건강과 행복을 위하여 목적 지향적이고 의도적으로 반성적인 글쓰기를 사용하는 것.	

2) 문학치료의 목표

변학수(2006)에 의하면 문학치료의 목표는 인지적 통찰과 정서적 이해다. 정서적 이해란 지금까지 가져온 감정, 행동에 대한 이해를 말한다. 그리고 인지적 통찰이란 자기가 아닌 다른 사람에 의해서 발생하였지만 자신이 고통을 당하는 왜곡된 감정과 행동의 통찰을 의미한다. 지금까지는 덮여져 외부만 이해하던 참여자가 내부의 변화를 이해하고, 그것을 현재의 삶에 통합하는 것이다. 이렇게 보면 통찰과 이해는 사유하고 느끼는 인간의 잠재적 힘이다. 문학치료는 이 힘을 이용하는 것인데, 이것은 삭제하거나 소멸시켜야 할 힘이 아니라 일깨워 지각하게 될 때 얻는 힘이다. 이 힘을 참여자는 행동이 있는 언어로, 서정적 은유로, 이야기로 표현하면서 '지금－여기'의 왜곡된 자신을 인지하고 정서적으로 이해한다. 나아가 다른 자신을 받아들이고, 다른 사람 속에서 공존하고, 다른 사람에게 인정을 받고, 다른 사람을 인정해 주면서 참여자는 통합을 이루게 된다(김영희, 2012).

한편 Doll & Doll(1997)은 여러 학자의 주장을 정리하여 독서치료의 목적을 다음과 같이 일곱 가지로 제시하고 있다. 첫째, 책을 읽는 참여자 개인에 대한 통찰과 자기 이해를 증진하고자 하는 것이다. 독서치료의 가치는 자기 자신을 더 잘 알고 인간의 행동을 이해하며 자신의 흥미와 타인의 관심사를 발견할 기회를 갖는 데 있다. 치료를 통해 얻는 통찰이란 참여자가 책을 읽는 동안 느낀 것을 정확히 알도록 돕는 것이다(Bump, 1990). 더 나아가 책을 읽는 동안 생긴 정서는 자기에 대해 알고 있는 것을 통합시켜 준다(Hynes, 1990). Colville(1990) 역시 독서치료에서의 통찰은 책을 읽는 사람이 자신 안에 숨겨져 있는 것들을 발견하고 파악하게 해주며, 자신 안에 있는 은밀한 상처나 분노 또는 욕구를 표면화할 수 있도록 해주는 것이라고 했다. 전경원(1992)도 독서치료가 인간 행동에 대한 심리적 지식, 자신과 같은 문제를 가지고 있는 사람들의 기본 동기에 대한 이해, 자신의 행동에 의해 생긴 어려움을 밝히는 것이라고 했다.

둘째, 정서적인 카타르시스를 경험하도록 하기 위한 것이다. 이 목적은 개인의 통찰을 증진하고자 하는 목표와 관련이 있다. 카타르시스란 책을 읽는 사람이 문학작품 속의 등장인물과 같은 느낌을 경험할 때 등장인물과 자신을 동일시함으로써 정서적·심리적 긴장을 이완하는 것으로, 카타르시스가 독자들의 긴장을 정화시키고 순화시킴으로써 그들 자신을 더 잘 이해할 수 있도록 도와준다고 주장했으며, 어떤 이들은 정서적 긴장의 이완 자체가 치료적인 효과를 가진다고 이야기한다(Chatton, 1988; Halsted, 1988). 전경원(1992)에 따르면 책을 읽은 후의 느낌은 참여자가 경험하는 다른 자발적인 정서보다 더 예측하기 쉽고 통제하기 쉽기 때문에 참여자가 잘 대처하고 성인이 더 쉽게 도와줄 수 있도록 해준다는 것이다.

셋째, 매일의 문제를 해결하도록 도와주기 위한 것이다. 독서치료는 참여자가 겪는 정서적인 혼란에 잘 대처하도록 해주는 좋은 방법이다(Hendrickson, 1988). Sullivan & Strang(2002)은 "독서치료 프로그램의 목적은 책을 읽는 사람들을 즐겁게 하려는 데 있는 것이 아니다. 신중하게 선정된 책들은 독자 자신의 문제를 해결하기 위하여 토론을 유도하는 촉매제로 사용하게 된다."라고 했다. 전경원(1992)은 유능한 아동에게 독서치료를 사용할 것을 주장하면서, "독서치료는 머리가 좋은 아동이 개인적인 문제와 학업의 문제들을 해결하도록 도와준다."라고 했다. 독서치료는 책을 읽음으로써 독자들이 실생활에서 직접 고통을 겪지 않고도 상상을 통하여 문제 상황을 분석하며 다양한 해결을 할 수 있도록 해준다(Fraiser & McCannon, 1981; Hebert, 1991). 그리고 문학작품은 독자가 혼자서는 미처 생각하지 못했던 문제에 대한 해결책을 제시하거나 그 해결책에 대한 결과를 묘사해 줌으로써 도움을 준다(전경원, 1992; Pardeck & Pardeck, 1984). 이러한 문학작품의 특성이 참여자가 문제를 잘 해결할 수 있도록 도와주는 것이다.

넷째, 다른 사람에게 하는 행동이나 타인과 상호작용하는 방식을 변화시키기 위한 것이다. Gladding & Gladding(1991)은 "독서치료는 자신과 비슷한 처지에 있는 책속의 주인공과 동일시함으로써 정서를 순화시키고, 살아가는 데 필요한 새로운 방향을 얻으며, 새로운 방법으로 다른 사람과 상호작용 하도록 도와준다."라고 했다. 이처럼 치료를 통해서 행동이 변화한다는 것은 독서치료의 유용성과 효율성을 입증하는 것이라고 할 수 있다.

다섯째, 다른 사람과의 효율적이고 만족스러운 관계를 증진시키기 위한 것이다. 독자는 책을 읽고 그 느낌을 다른 사람과 공유하면서 토의 집단에 연결되어 있다는 유대감을 가진다(Chatton, 1998; Lack, 1985). 책은 주인공과 비슷한 자신의 모습을 인정함으로써 개인적인 고립감을 해소시켜주며 더 깊은 우정을 위한 기초를 제공하는 것이다. Halsted(1988)는 이를 '모든 사람에게 보편타당한(universal)' 목적이라고 하면서, 사람들이 직면하는 어려움이 자신만이 겪는 것이 아니라는 것을 인정하는 것은 매우 중요하다고 주장했다. 다른 사람도 자신과 비슷한 문제에 직면하고 있다는 것을 인정하는 것은 문제를 해결하는 첫 단계라고 할 수 있다.

여섯째, 일반 참여자와 다른 특별한 문제에 봉착했을 때 정보를 제공해 주기 위한 것이다. 예를 들면, 양부모와의 관계에서 어려움을 겪는 참여자에게 그 관계에 대한 정보를 줌으로써 잘 적응할 수 있도록 해준다. Coleman & Ganong(1990)은 입양 가족을 대상으로 책을 읽혀보고 독서치료가 입양된 아이와 입양한 부모에게 입양관계와 그들이 겪을 수 있는 독특한 변화에 대한 정보를 주는 유용한 방법이라고 주장했다.

일곱째, 참여자에게 책을 읽는 동안 즐거움을 느끼게 해주기 위한 것이다(Chatton, 1988). 우리는 책 읽는 즐거움 때문에 책을 읽는다. 따라서 문학작품과 영화가 주는 즐거움은 치료과정에서 중요한 공헌을 한다. 이것은 독서치료의 가장 기본적인 목적이라고 할 수 있다. 독서치료를 하는 과정 중에 참여자는 다양한 장르와 주제의 책을 접함으로써 독서에 대한 자신의 개인적인 흥미를 확인하고, 문학을 통한 심미적인 경험을 하며 즐거움을 느끼게 된다. 더불어 책이나 다른 유형의 문학작품의 가치에 대해 비판적이고 심미적인 안목을 갖게 되기도 한다.

Hynes와 Hynes-Berry(1994)는 상호 작용을 강조하면서 왜 독서치료를 하는지에 대해 크게 다음 네 가지 목표를 제시했다. 첫째, 참여자가 독서치료를 위한 자료와 자기의 삶에 대하여 반응하는 능력을 향상시킨다. 둘째, 자기에 대한 이해를 증가시킨다. 셋째, 개인적인 대인관계를 명료화 해준다. 넷째, 현실을 보는 견해를 넓혀 준다. 그들은 이 모든 목표가 참여자의 자아존중감을 향상시키기 위한 것이라는 것을 명심해야 한다고 주장하였다.

위에서 보듯이, 문학치료의 목표를 한마디로 정의 내리기는 쉽지 않다. 그러나 앞서 제시된 일련의 목표를 종합하면, 문학치료는 참여자가 치료의 과정을 통해 작품 속 인물과 동일화를 경험하면서 카타르시스와 문제에 대한 통찰을 할 수 있도록 하고, 그것을 통해 자신이 가진 문제를 찾아 그것을 해결할 수 있도록 도와주는 것에 일차적인 목표를 둔다고 볼 수 있다. 나아가 자아존중감과 대인관계 기술을 향상시킴으로써 사회적, 정서적 부적응 문제를 극복하여 궁극적으로는 만족스럽고 자신감 넘치며 행복한 삶을 살도록 돕는 것이다.

3) 문학치료의 대상

문학치료는 보통 현실감의 유무에 따라 정신병(psychosis)과 신경증(neurosis)을 구분하고, 다시 신경증 내에서 유형과 반복의 정도에 따라 치료적 개입이 필요한 경우와 그렇지 않은 경우로 나눈다. 이러한 관점에서 문학치료의 대상을 고려해보면 크게 세 가지로 나눌 수 있는데, Rubin(1978)은 이에 대해 다음과 같이 제시하고 있다(김기섭, 2021).

〈표 7-16〉 문학치료의 영역

구분	시설적 영역	임상적 영역	발달적 영역
양식	개인이나 그룹, 일반적으로 수동적	그룹 활성화, 자발적 또는 비자발적	그룹 활성화, 발달적
참여자	정신병, 마약중독	정서장애, 행동장애	(위기상황의) 일반인
계약자	사회	사회 또는 개인	개인
치료자	의사	의사, 심리치료사, 문학치료(상담)사	문학치료(상담)사
재료	지시	실제 체험, 허구적 문학	허구적 문학
기술	단순한 글에 대한 대화	참여자의 반응과 통찰을 고려한 텍스트를 통한 대화	참여자의 반응과 통찰을 고려한 (문학)텍스트를 통한 대화
세팅	시설, 제도	시설, 상담실, 치료실	학교, 상담실, 치료실
목표	안전한 상황 유지	통찰을 통한 행동변화	자아 강화, 자기 계발

출처: 김기섭 (2021, 17).

<표 7-16>에서 알 수 있듯이, 문학치료의 대상은 시설적, 임상적, 발달적 영역으로 나눌 수 있다. 여기서 시설적, 임상적 영역은 참여자가 정신병을 앓거나 정서 또는 행동에 장애가 있는 환자이다. 이들은 전문시설이나 상담실, 치료실에서 의사 또는 심리치료사에 의해 부수적 치료의 일환으로 문학치료를 받게 됨을 알 수 있다.

이에 반해 발달적 영역에서는 학교나 상담실에서 건강한 일반 개인이 문학치료(상담)사의 안내에 따라 허구적 문학 텍스트를 활용하여 자신의 정서나 삶의 문제를 해결해 나감을 알 수 있다. 본 연구에서는 교육 현장에서 활용될 수 있는 문학치료의 활용 방안을 연구하고자 함이므로 문학치료의 대상과 목적을 발달적 영역으로 제한한다.

4) 문학치료의 원리

인간의 내면에서 일어나는 작용을 명확하게 알아내기는 어렵다. 따라서 문학치료의 원리를 이해하기 위해서는 문학치료의 과정에서 독자의 내면세계에 어떤 변화가 있는지를 이해해야 한다. 이런 심리 현상을 설명하기 위한 다양한 관점 중 몇 가지를 정리하면 다음과 같다.

독서행위론적 관점은 독서의 본질을 종합적으로 이해하고자 한다. 독서행위의 본질을 이해하는 것은 독서가 어떻게 치료와 연결되는지를 이해할 수 있는 고리가 된다.

독서 과정은 인간의 총체적 정신 능력과 관련되어 있다(신헌재 외, 1996). 독서를 할 때 신체적 준비도를 포함하여 감각적, 지각적, 연속적, 경험적, 사고적, 학습적, 결합적, 그리고 정서적 측면이 함께 작용한다는 것이다. 따라서 책을 잘 읽는다는 것은 인간의 총체적 정신능력이 건강하게 작동되고 있음을 의미하며, 독서란 단순하게 문자에서 의미를 도출해내는 해독의 과정이나 단순한 의미 전달에 그치는 행위가 아니라 독자가 자신의 경험을 토대로 글을 분석, 종합, 추론, 판단하는 주체적인 사고 과정이라는 점에서 독서치료의 원리를 찾을 수 있다(김현희 외, 2010).

정신분석학적 관점에서 문학치료의 세 가지 원리인 '동일시', '카타르시스', '통찰'은 내담자가 치료적으로 책을 읽는다는 의미가 무엇인지 명확하게 정의해 주었다.

동일시는 특정 인물의 태도나 감정, 행동을 마치 자기 자신의 체험인 것 같이 느끼고, 결과적으로 그 태도나 감정, 행동을 자기 것으로 받아들여 그와 같이 행동하는 무의식적 과정이다(김현희 외, 2010). 문학치료의 경우 문학작품에 등장하는 인물의 성격, 감정, 행동, 태도를 이상적인 모습으로 설정하여 그것을 자기의 내면에 받아들여 그와 같은 감정을 증대시키는 것이다. 문학치료에서 동일시는 치료과정의 촉매 역할을 하기 때문에 중요하다. 동일시는 독자가 작품 속 인물의 경험을 간접 체험하는 과정에서 긴장을 완화시켜 주며, 잠재적 고립감과 불안한 심리를 해소시켜 준다. 그리고 등장인물의 문제 해결 과정을 통해 대리만족과 성공의식을 느껴 자아존중감이 향상된다(박삼월, 2007). 동일시에는 투영과 섭취가 있는데 전자는 자기의 감정, 사고, 성격, 태도를 다른 사람 가운데서 찾아내는 것을 말하며, 후자는 그 반대로 다른 사람의 감정, 사고, 성격, 태도를 자기 가운데서 찾아내는 것을 말한다. 이로 인해 작중 인물과의 공감이 증대되며 정서적 교류가 활발해지게 된다(손정표, 2010).

정신분석에서 카타르시스는 '감정 정화'로 치료적인 측면에서 볼 때, 내담자의 내면에 쌓여 있는 욕구불만이나 심리적 갈등을 언어나 행동으로 표출시켜 충동적 정서나 소극적인 감정을 발산시키는 것을 말한다(손정표, 2010). 문학치료에서 카타르시스는 책 속 등장인물의 감정, 사고, 성격, 태도에 대한 감상을 문장이나 말로 표현시키는 감상의 고백을 말한다. 그 과정을 통해 의식적인 억제나 억압이 점차 약해져 감에 따라 등장인물에 대한 감상이라고 하는 간접적 표현이 현실 생활 중의 인물에 대한 감상이라고 하는 직접적인 표현 형태로 바뀌어 나가게 된다. 이러한 카타르시스를 경험하게 되면 부정적인 감정에서 해방되면서 통찰이 가능하게 된다(김현희 외, 2010).

통찰은 자기 자신이나 자기 문제에 대하여 올바른 객관적 인식을 갖는 것을 의미한다. 문학치료에서 통찰은 계속적인 치료과정을 통해 책 속 등장인물의 행동을 스스로 깨닫도록 함으로써 자기 자신의 동기 조성이나 욕구를 달성할 수 있는 카타르시스를 동반한 감정적 통찰을 말한다(김현희 외, 2010). 통찰은 동일시와 카타르시스 다음에 오는 심리적 과정으로 프로이트식으로 말하자면 내담자가 자신의 문제의 원인이 무의식에 억압된 과거의 상처와 감정에 기인한 것임을 깨닫게 되는 것이다(이영식, 2008). 작품 속 인물과 정서적 동질성을 바탕으로 이질적인 것에서 오는 차이를 이해할 수 있을 때, 그리고 그 차이를 독자 자신의 의미로 구성해나갈 때 실제적으로 새로운 통찰이 이루어진다.

서사적 관점에서 '서사'란 이야기를 기술하는 행위와 내용 그리고 그 행위에 의해 쓰인 작품을 통칭하는 개념이다. 서사적 관점에서 볼 때 인간은 서사적 존재다. 즉, 인간은 이야기를 만들어가는 주체로 존재하며, 이야기 듣기와 자신의 이야기를 들려주기를 좋아한다. 책에 치료하는 힘이 있는 이유는 이야기를 담고 있는 매체이기 때문이다(김현희 외, 2010). 서사적 관점의 대표 주자인 정운채(2008)는 문학치료학 서사이론에서 서사란 인간관계의 형성과 위기와 회복에 대한 이야기라고 정의한다. 인생의 내면에는 자기서사라는 것이 있고, 그 자기서사가 인생으로 구현되는 것이기 때문에 작품서사와 자기서사는 본질적으로 같은 것이라고 본다. 문학은 작품으로 구현되는데 그 작품의 저변에는 작품서사라는 것이 있으며 이 작품서사가 작품으로 구현되는 것이라고 하였다. 정운채(2008, 250)는 "자기서사란 인간의 내면에서 끊임없이 작용하여 삶을 구조화하고 운영하는 근원적인 서사를 지칭한다. 이러한 자기서사에는 공통적으로 선택과 갈등의 문제가 존재한다. 이것은 인간이라면 누구나 피할 수 없는 문제인 동시에 인류사와 함께 시작된 문제이다."라고 자기서사를 정의하였다. 또한 작품서사에 대해서는 "사람들이 공유할 수 있도록 작품으로 형상화된 서사, 자기서사에 영향을 미치는 문학작품의 서사, 줄거리보다도 더 근원적인 것"으로 규정하였다.

문학치료학의 가장 큰 특징은 인간도 문학으로 이해한다는 것이다. 사람 또한 문학이라는 관점이 성립되었을 때 사람과 작품을 동일한 층위에서 연구하는 것이 가능해지기 때문이다. 그리하여 사람과 작품의 공통된 기반, 즉 사람과 작품이 '문학'으로서 연결될 수 있는 지점을 논의의 중심으로 끌어오고자 하였다. 이때 문학치료학에서 사람과 작품의 공통된 기반을 지칭하기 위해 고안해 낸 개념이 바로 '서사'이다. 작품의 기저에는 '작품서사', 사람의 기저에는 '자기서사'가 있다고 보면서, 작품서사와 자기서사가 서사 차원에서 상호 조응할 수 있다고 전제하였다(정운채, 2008).

[그림 7－11]은 '인생살이'와 '자기서사'의 상호작용, '자기서사'와 '작품서사'의 상호작용, 그리고 '작품서사'와 '작품'의 관계를 전체적으로 조망하면서 문학치료학 서사이론의 체계를 나타낸 것이다. 여기서 가장 핵심적인 것은 바로 작품서사와 자기서사의 관계이다. 작품서사가 자기서사에 영향을 줄 수 있다는 것이 문학치료의 기본 원리이다. 이때 '자기서사'는 문학치료의 대상이 되며, '작품서사'는 '자기서사'를 변화시킬 수 있는 일종의 '치료제' 역할을 담당한다. 정운채(2004)는 애초에 문학치료가 가능한 이유가 우리들의 삶이 '서사적'으로 구조화되어 있기 때문이라고 하면서, 작품서사를 통해 자기서사를 변화시키는 것이 가능하다고 보았다. 즉, 문학작품의 작품서사는 환자의 자기서사에서 누락된 부분을 보충해주기도 하고, 미약한 부분을 강화시켜 주기도 하고, 분열되어 갈등하고 있는 부분들을 통합해 주기도 하면서 자기서사의 변화를 유도한다고 할 수 있는 것이다(정운채, 2015).

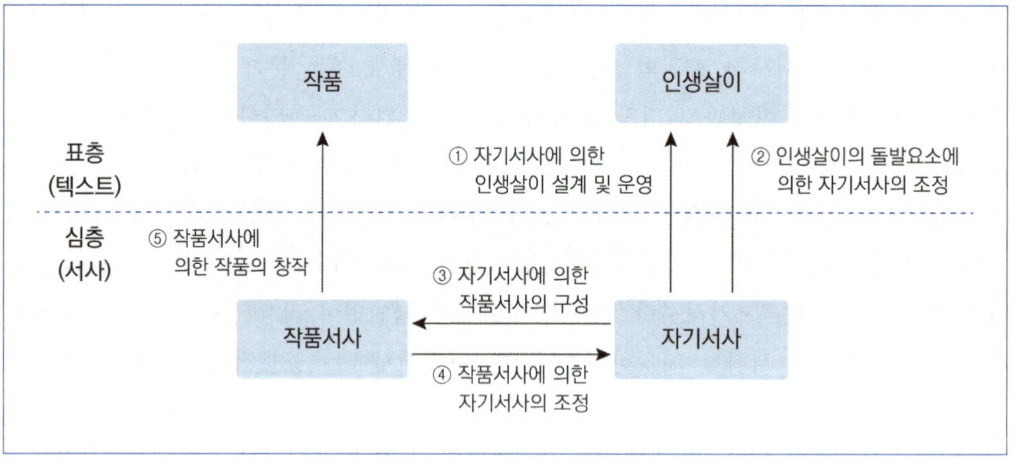

[그림 7-11] '작품-작품서사', '인생살이-자기서사'의 관계 체계

출처: 나지영 (2016, 46)

지금까지 살펴본 문학치료 원리는 독서행위론적 관점, 정신분적학적 관점, 서사적 관점 등 <표 7-17>과 같이 정리할 수 있다.

〈표 7-17〉 문학치료의 원리

독서행위론적 관점	정신분석학적 관점	서사적 관점
독자는 문학작품을 접하면서 자신의 경험을 토대로 글을 분석, 종합, 추론, 판단하는 주체적인 사고 과정을 거치게 되는데, 작품의 입력-처리-출력 과정 중 문제가 되는 영역을 발견하고 이에 개입함.	독자는 문학작품 속에 등장하는 인물들과 자신을 동일시하여 등장인물의 욕구를 실현하려는 과정에서 카타르시스를 경험하게 되고, 이는 통찰을 통해 실생활에 영향을 미쳐 독자의 행동 변화를 유발함.	독자를 문학으로 보고, 독자가 접하는 문학작품의 작품서사와 독자의 자기서사가 상호작용하면서 독자의 자기서사가 변화하고 변화된 자기서사가 독자의 삶을 변화시킴.

5) 문학치료의 과정

변학수(2006)는 문학치료의 진행과정은 치료사에 따라 다르지만 테트라 시스템(Tetradic Model)이 많이 사용된다고 하였다. 테트라 시스템(Tetradic Model)은 1970년 초반, 독일에서 심리치료가 대중화되기 시작될 무렵 페촐트(Hilarion G. Petzold) 교수에 의해 창안된 것으로써 도입, 실행, 통합, 새방향 설정의 4단계로 진행된다. 정신분석과 병치하면 회상, 반복, 작업, 해결의 네 단계에 상응한다. Mazza(1993)는 Wolberg의 심리치료모델을 사용하여 지지단계, 통각단계, 행동단계, 통합단계로 나누었다. 용어상의 차이나 단계별 변별력은 존재하지만 근본적으로 이 치유 모델은 공통적인 면을 내포하고 있다. 그가 주장한 지지단계는 라포를 형성하고, 감정을 내어놓고 개개인의 문제를 드러낸다는 점에서 도입단계와 같다. 통각단계는 참여자의 통찰을 문학적으로 표현하게 한다는 점에서 도입단계에 포함시킬 수 있다. 또한 행동 단계는 실행단계에 해당하는데, 구체적인 시를 쓰거나 경우에 따라서 유년의 체험, 동화 쓰기 등을 통하여 정서를 이해하는 단계이다. 하지만 그의 Wolberg 응용모델은 심리학적인 모델로서 문학치료에 대한 구체적인 경험이나 통찰이 결여되어 있는 것으로 보인다(채연숙, 2010).

테트라 시스템(Tetradic Model)의 첫 번째 단계인 '도입'은 방어기제를 완화하고 감정을 이입하는 단계이다. 이 단계에는 우선 책을 읽게 하거나, 글을 쓰게 하고 읽고 쓴 것을 이야기하게 한다. 자신의 과거 기억이나 경험을 불러올 수 있는 것들로 그 당시의 감정으로 돌아가게 한다. 따라서 도입단계에서는 주로 과거를 회상할 수 있는 문학, 시, 소리, 그림 등을 활용한다(채연숙, 2010).

두 번째 단계인 '작업'은 문학치료의 소재나 도입에 대한 환기단계를 포함하여 실행하는 단계이다. 이때 참여자가 글쓰기에 몰입하게 되는데 이 단계에서는 치료자는 어떤 치료적 방법으로 접근할 것인가를 내담자의 증상이나 성향에 따라 결정해야 한다. 내담자가 표현한 요소들(텍스트)과 그것에서 나온 공감과 수용을 통해 치료 상황은 역동적인 움직임이 된다. 공감과 수용을 할 때 치료자는 참여자들이 감정을 마음대로 다 쏟아내지 않도록 개입하고 조정할 수 있어야 한다. 이와 같은 작업이 반복되고 훈련되어서 그 감정과 함께 더불어 살 수 있도록 유도되는 통합단계로 넘어가도록 도와주어야 한다(채연숙, 2011).

세 번째 단계인 '통합'은 자아와 세계와의 관계를 재조정하는 방향을 설정하고 통합을 이루는 단계이다. 이 단계에서 치료사는 참여자에게 작업단계의 역동적 과정을 자신의 것으로 이행하게 한다. 통합단계는 내담자가 다양한 독서와 글쓰기를 통해 자신에 대한 인식과 정서적 이해를 하도록 유도하는 것이라 볼 수 있다. 내담자가 긍정적인 자기 경험을 말하도록 유도하고, 또 다른 긍정적인 생각들을 꺼낼 수 있도록 하며, 자기의 심리적인 결핍을 말할 수 있도록 이끌어낸다(채연숙, 2010).

네 번째 단계인 '새 방향 설정'은 참여자 스스로 자아 변화를 체험하는 단계이다. 이 단계는 내담자의 새로운 목표를 말하게 하는 단계로 자신의 내면아이와 만나고 그 당시 상황의 고통을 꺼낸 내담자가 새로운 과제를 인식하고 새로운 방향을 설정하여 나갈 수 있게끔 한다(채연숙, 2010).

한편, 최근 문학치료는 삶의 적용 및 실천 단계가 추가되어 5단계의 형태로 진행되고 있다. 마지막 단계인 삶의 적용 및 실천 단계는 4단계의 테트라 시스템(Tetradic Model)에 따른 치료체험 이후 참여자 자신이 새로운 삶의 규정 및 설정 후 스스로 일상의 긍정적인 삶과 연결해 나가는 것을 의미한다. 이 단계는 참여자들이 문학치료 과정에서 얻게 된 삶에 대한 자기규정을 객관화하고, 구체화하는 과정이다. 궁극적으로는 치료 공간이 아닌 삶의 공간 내에서 과거의 삶과는 차별화된 긍정적으로 전환된 삶의 모습이 현실화되는 것을 의미한다. 현실의 삶 속에서 경험하게 되는 5단계는 참여자가 가진 삶의 조건들 안에서 다양하게 체험된다. 또한 이러한 체험은 치료사가 지지해 주는 피드백을 통해서 얻을 수도 있으며, 공감 나누기 과정에서 다른 참여자들로부터 얻어지는 경우도 있다. 하지만 이러한 과정에서 중요한 것은 참여자 스스로가 자신의 내면으로부터 흘러나오는 진심의 언어를 수용할 마음의 준비를 하는 것이다(채연숙, 2015). 문학치료의 단계를 정리하면 <표 7-18>과 같다.

〈표 7-18〉 문학치료의 단계

단계	단계별 특징
도입	방어기제 완화, 감정 이입. 과거의 회상(문학, 시, 소리, 그림 활용)
작업/실행	소재나 도입에 대한 환기 및 실행. 글쓰기에 몰입, 글쓰기에 대한 공감 및 수용
통합	자아와 세계에 대한 새로운 방향 설정 자신에 대한 인식과 정서적 이해(심리적 결핍 표현 등)
새방향설정	참여자 스스로 자아 변화 체험. 내담자가 새로운 과제를 인식, 새로운 방향 설정
실천	삶에 대한 자기 규정을 객관화, 구체화 과거와 차별화된 긍정적 삶의 모습이 현실화

라. 뇌교육 기반 문학치료

일반적인 문학치료는 문학을 통해 자신의 내면을 성찰하고 문학작품이 가진 서사를 활용하여 내면에 존재하는 상처를 치유한다는 측면에서 문학의 기능 중 '치유'의 관점에서 문학에 접근한 방법이다. 따라서 문학치료는 문학의 어떠한 하위갈래와도 어울릴 수 있는 특징을 가지고 있다. 또한 문학치료는 읽기 위주의 독서치료와 쓰기 위주의 글쓰기 치료를 통합하고, 말하기, 쓰기, 읽기 뿐 아니라 미술, 음악, 무용/동작, 이야기 등의 다양한 치료적 매체들을 함께 활용하여 치료적 효과를 최대화하는 심리상담 및 심리치료의 한 분야이다.

뇌교육 기반 문학치료는 뇌교육의 원리와 방법을 문학치료에 적용하여 만든 프로그램이다. 발달적 문학치료를 근간으로 뇌교육의 원리에 따른 뇌체조, 호흡, 명상의 방법을 적용하여 뇌의 메커니즘을 교육적으로 활용하는 동시에 글쓰기, 읽기, 이야기하기, 동작, 음악 등의 다양한 치료적 매체를 활용하여 치료적 효과를 최대화하여 개인의 삶의 질을 높이는 것을 목적으로 한다. 요컨데 뇌교육 시스템 5단계와 문학치료를 접목하여 문학치료의 효과를 최대화하고자 하는 문학치료의 새로운 시도이다.

기존 문학치료 프로그램과 뇌교육 기반 문학치료 프로그램의 공통점과 차이점을 구체적으로 살펴보면, 신체적, 정신적 건강의 증진을 추구하고, 문학 텍스트를 활용하여 정서 조절을 향상시키고자 하며 무의식적 자아를 인식하도록 하고 참여자 중심의 변화를 유도한다는 점은 두 문학치료 프로그램이 동일하다. 일반적인 문학치료 프로그램과 뇌교육 기반 문학치료 프로그램의 적용에 있어서 비교집단과 실험집단의 차이를 비교하는 것은, 뇌교육 기반의 문학치료 프로그램이 개발 및 적용된 사례가 아직 없어, 직접적인 비교는 불가능하다. 그러나 뇌교육 기반 문학치료 프로그램과 유사한 방법을 활용하는 통합 문학치료 프로그램의 개발 및 적용 효과를 참고하면, 일반적인 문학치료 프로그램과 통합 문학치료 프로그램 모두에서 프로그램에 참여한 실험집단이 프로그램에 참여하지 않은 비교집단에 비해 전체적으로 정서지능이 향상된 것을 확인할 수 있다. 두 유형의 프로그램 모두에서 실험집단은 정서지능 사전-사후 검사의 차이가 유의하게 증가하였고, 비교집단은 정서지능의 사전-사후 점수에서 유의한 차이가 나타나지 않았다.

일반적인 문학치료 프로그램과 뇌교육 기반 문학치료 프로그램의 차이점을 살펴보면, 일반적인 문학치료 프로그램이 정신분석학과 심리학에 기반한 원리인데 반해, 뇌교육 기반 문학치료 프로그램은 뇌교육 기반의 문학치료 원리를 활용하게 된다. 또한 일반적 문학치료 프로그램은 문학텍스트, 영화, 노래, 드라마 등 다양한 매체를 활용하는데, 뇌교육 기반 문학치료 프로그램은 여기에 뇌교육 5단계의 방법을 더해 이를 매개로 다양한 매체와 텍스트를 활용하여 신체와 인지와 정서를 통합적으로 활용한다.

또한, 일반 문학치료 프로그램의 개념은 자기서사의 긍정적인 변화로 긍정적인 자아상을 확립하고 삶을 통찰하는 것이라면, 뇌교육 기반 문학치료 프로그램은 뇌의 구조와 특성을 이해하는 것에서 시작하여, 신체와 정서와 인지 능력을 향상시키고, 이를 바탕으로 자기서사 변화 및 세계와 조화로운 삶을 영위하는 것이다. 일반적인 문학치료 프로그램은 읽기, 쓰기, 표현하기(말하기)의 방법만을 사용하지만 뇌교육 기반 문학치료 프로그램은 여기에 뇌체조, 호흡, 명상, 기에너지 사용, 사랑주기 등 신체 활동과 정서를 정화하기 위한 활동을 더한다. 일반적 문학치료 프로그램이 지향하는 것은 자기애를 통한 자기 자신의 이해와 수용인데 반해, 뇌교육 기반 문학치료 프로그램은 신체 활동을 통해 뇌를 최상의 상태로 유지하여 텍스트를 수용하고 자아를 성찰하며, 궁극적으로는 뇌교육의 목표인 홍익을 근간으로 자신과 타인의 이해와 공감능력을 촉진하고 긍정적인 자아상을 형성하는 것이다.

특히, 일반적 문학치료 프로그램은 프로그램 적용을 통해 건강한 자기서사로의 변화를 목표로 한다면, 뇌교육 기반 문학치료 프로그램은 건강한 자기서사로의 변화가 이루어질 때 스스로 삶의 주인이 되도록 뇌의 인식을 근본적으로 전환시키기 때문에 이러한 변화 상태를 지속적이면서 자기주도적으로 유지하는 것을 목표로 한다. 이와 같이 뇌교육 기반 문학치료는 기존의 문학치료에 뇌를 개발하는 신체적·정서적 활동을 추가함으로써 문학치료의 한계를 극복하고 그 효과를 증대시킬 수 있을 것으로 사료된다.

또한 뇌교육 기반 문학치료는 그 방법에 있어 자연스럽게 대상과 문학작품이 가까워지며 문학작품 감상을 습관화하기에 최적이라고 판단된다. 뇌교육기반 문학치료 프로그램과 일반적인 문학치료 프로그램과의 차이점을 정리하면 <표 7-19>와 같다.

〈표 7-19〉 **뇌교육기반 문학치료 프로그램과 일반적 문학치료 프로그램의 차이점**

구분		일반적 문학치료 프로그램	뇌교육 기반 문학치료 프로그램
공통점		• 신체적, 정신적 건강의 증진 • 문학 텍스트를 활용한 정서 조절 • 무의식적 자아 인식 • 참여자 중심의 변화 유도	
차이점	프로그램 원리 및 전략	• 정신분석학, 심리학에 기반한 원리 • 문학텍스트 뿐만 아니라 영화, 노래, 드라마 등 다양한 매체 활용	• 뇌교육 기반의 문학치료 원리 • 신체, 인지, 정서의 통합적 활용 • 신체와 정서의 감각을 깨우는 다양한 활동과 함께 매체와 텍스트 활용
	개념	• 자기서사의 변화로 긍정적인 자아상 확립 및 삶의 통찰	• 뇌의 구조와 특성을 이해하고 신체, 정서, 인지 능력을 향상하고 이를 바탕으로 자기서사 변화 및 세계와 조화로운 삶 영위
	방법	• 매체활용, 읽기, 쓰기, 표현하기(말하기)	• 뇌체조, 호흡, 명상, 기 에너지 사용, 사랑주기, 부정감정 제거하기, 긍정정서 강화하기 등의 활동을 기반으로 한 매체활용, 읽기, 쓰기, 표현하기(말하기)
	지향점	• 자기애를 통한 자기 자신의 이해와 수용	• 신체 활동을 통해 스스로의 신체와 감정 상태를 인지하고 뇌를 최상의 상태로 유지하여 텍스트를 수용하고 자아를 성찰 • 홍익을 근간으로 자신과 타인의 이해와 공감 능력 촉진 및 긍정적 자아상 형성
	목표	• 건강한 자기서사로의 변화	• 건강한 자기서사로의 지속적인 변화 및 자기주도적인 정서지능 향상

정운채(2012)는 문학치료사의 자기서사가 치료대상자의 자기서사에 얼마나 잘 접속할 수 있는지가 문학치료의 중요한 성공요인이 된다고 하였다. 그러나 치료자와 참여자의 상호작용에 대한 논의는 아직까지 큰 진전을 보이지 못하고 있으며, 오히려 자기서사진단 결과의 객관성을 확보하기 위해 문학치료사의 개입이 최소화되어야 한다(황혜진, 2016)고 문학 치료의 한계에 대해 논의하였다.

또한 장만식(2010)은 다음과 같이 문학치료의 한계를 보고하였다. 문학작품이 허구이기 때문에 내담자의 심리적 상황을 분석해 내기가 복잡하고 어려운 측면이 많다. 주로 주관적인 해석이 대부분을 차지하고 치료자의 경륜과 지식에 의존할 수밖에 없다. 따라서 내담자의 심리적 상황을 잘 못 파악하고, 내담자의 치료적 방향과 달리 엉뚱한 데로 인도할 가능성도 많다. 또한 이러한 허구의 세계는 실제적인 삶과 유리된 측면이 커 내담자가 실생활에 적용하는 데는 다른 차원의 노력과 지지가 필요하다. 그리고 문학만으로는 치료가 온전히 이뤄지지 않는다. 문학 외의 작품의 사용이 필요하다는 것이다. 문학은 말과 글로 표현되어 있는데, 사실 치료적 상황에서는 그것만으로는 내담자의 요구를 충족시키기에는 부족한 측면이 많다. 치료를 위해서는 그 때마다, 그 상황마다 다양한 치료 환경 속에서 주어진 작품 재료들이 사용될 수밖에 없다. 내담자는 이러한 다양한 치료 환경 속에서 치료되는 것이지 단지 문학 작품 속의 등장인물이나 상황 등에만 영향을 받는 것은 아니다.

뇌교육 기반 문학치료 프로그램은 이러한 문학치료의 한계를 극복하기에 매우 유용하다. 먼저 뇌교육은 스스로의 체율 체득을 통해 뇌의 주인이 되는 것을 목표로 한다. 따라서 문학치료사의 개입이 최소화되어도 참여자가 자기주도적으로 지속적인 변화를 추구할 수 있다. 나아가 뇌교육 5단계를 적용하여 뇌의 메커니즘을 교육적으로 활용하는 동시에 글쓰기, 읽기, 이야기하기, 동작, 음악 등의 다양한 매체를 활용하기에 참여자가 자신의 현재 상태를 인식하고, 스스로 내면을 성찰하여 심리적 상황을 분석하고 표현함으로써 참여자의 실생활 적응과 심리적 상황 파악에 유리하다. 다음으로 문학 외에 다양한 재료들을 사용하여 참여자의 요구를 충족시킬 수 있다

또한 뇌교육 기반 문학치료는 그 방법에 있어 책을 읽는 것이 습관화되지 않은 대상 집단의 특성에 맞게 그들의 신체 감각을 깨워 전두엽을 자극한 후 문학 텍스트와 만나도록 프로그램을 개발하기에, 자연스럽게 대상과 문학작품이 가까워지고 문학작품 감상을 습관화하기에 최적이라고 판단된다. 따라서 뇌교육 기반 문학치료는 정서지능 향상에 매우 효과적이며, 특히 독서가 습관화되지 않은 학생들이 부담 없이 문학작품을 읽고 가까이할 수 있도록 돕는 좋은 대안이 될 것이다.

3. 프로그램 개발 내용

프로그램 내용 구성을 위한 과제 분석 결과는 다음 [그림 7-12]에 제시하였다.

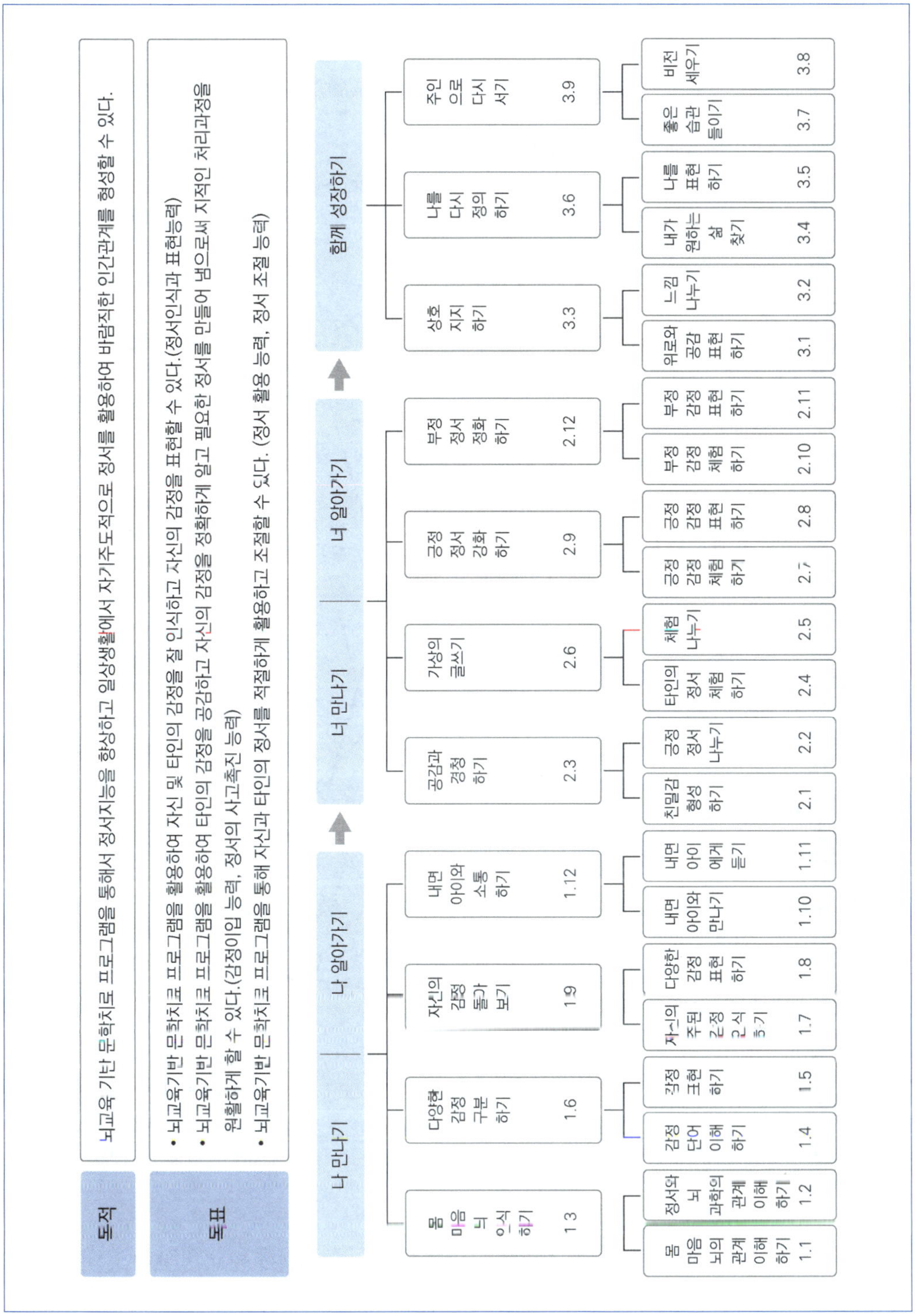

[그림 7-12] 프로그램의 과제 분석

뇌교육 기반 문학치료 프로그램의 원리 및 특징은 [그림 7-13]과 같다.

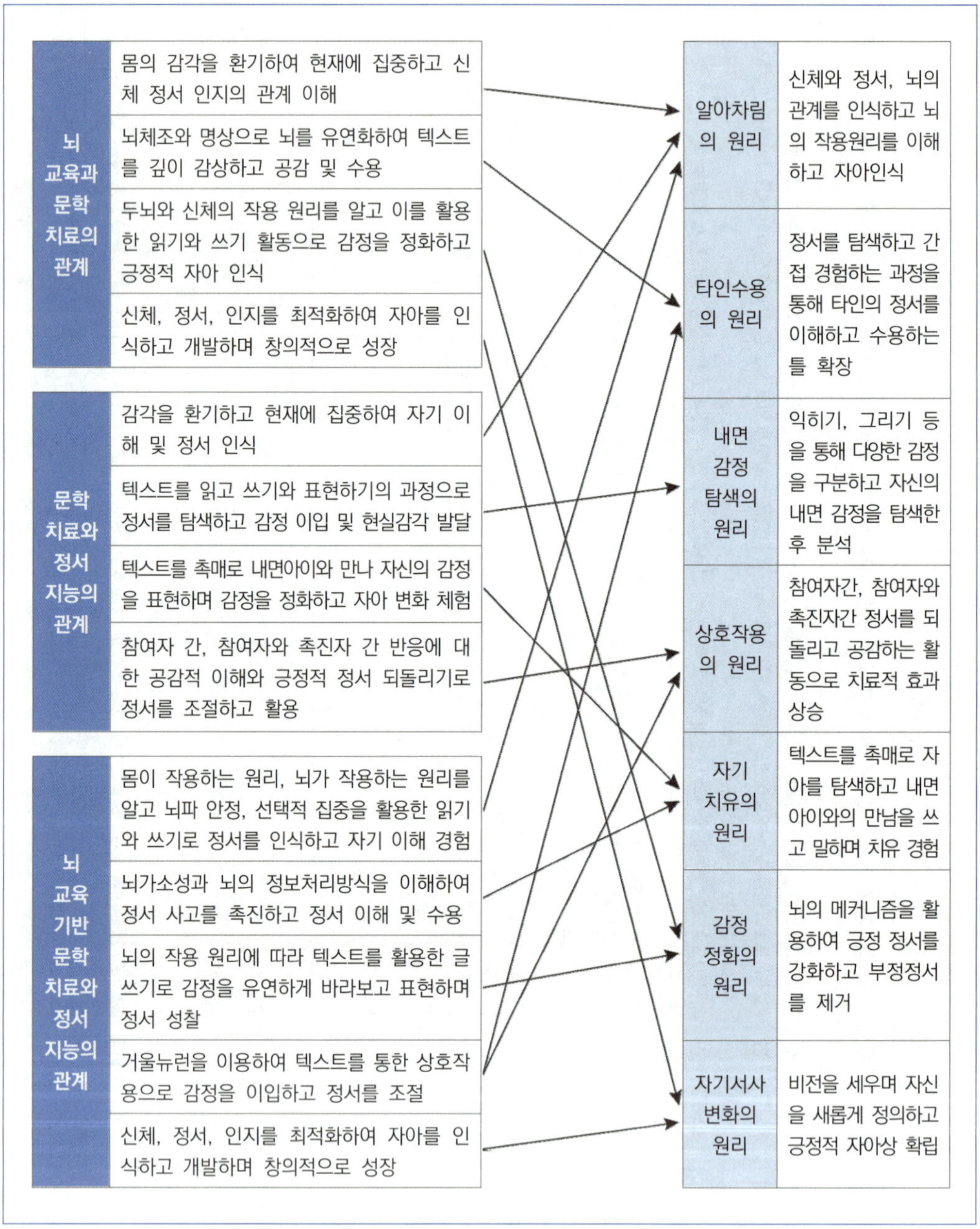

[그림 7-13] 뇌교육 기반 문학치료를 활용한 정서지능 향상 프로그램의 원리 및 특징

뇌교육 기반 문학치료 프로그램의 최종 원리, 전략, 방법은 <표 7-20>과 같다.

〈표 7-20〉 **프로그램 원리, 전략, 방법 및 특징(최종)**

원리	전략	방법	특징
1. 알아차림의 원리	자아 탐색하기	1-① -❶ 몸 · 마음 · 뇌 점검하기	몸 · 마음 · 뇌 상태를 점검하여 허용적이고 안정된 분위기를 조성한다.
		1-① -❷ 자아 인식 글쓰기	문장 완성하기, 은유적으로 표현하기로 자신의 존재를 인식한다.
	정서와 뇌과학의 관계 인식하기	1-② -❶ 신체활동으로 정서 체험하기	신체와 정서의 관계를 인식한다.
		1-② -❷ 뇌의 작용 구분하기	감정이 일어나는 뇌의 부위를 알고 뇌의 작용 원리를 배운다.
2. 내면 감정 탐색의 원리	다양한 감정 구분하기	2-① -❶ 감정 단어 익히기	게임으로 감정을 구분하고 다양한 감정 단어를 익힌다.
		2-① -❷ 감정 그려보기	작품 속 인물의 감정을 파악하여 표정으로 그리며 다양한 정서를 익힌다.
	자신의 감정 돌아보기	2-② -❶ 성장일기 쓰기	자신의 삶에 영향을 주었던 사건과 감정을 인식한다.
		2-② -❷ 감정 경험 쓰기	감정 경험의 사건을 선택하여 감정을 요소별로 파악하며 감정에 집중하는 감각을 익힌다.
3. 자기 치유의 원리	내면아이와 만나기	3-① -❶ 다양한 관점으로 글쓰기	4일간의 글쓰기로 자신의 내면을 들여다본다.
		3-① -❷ 감상 나누기	자신의 글에 대한 감상을 나누며 자신의 내면을 이해한다.
	내면아이에게 듣기	3-② -❶ 선화그리기	낙서를 통한 글쓰기로 내면에 있는 이야기를 자유롭게 적는다.
		3-② -❷ 일대일대화 하기	일대일 대화를 통해 자신의 글의 의미를 파악해본다.
4. 상호작용의 원리	공감과 경청하기	4-① -❶ 친밀함 형성의 대화하기	서로 묻고 답하는 과정에서 자연스럽게 라포를 형성하고 경청을 익힌다.
		4-① -❷ 느낌 나누기	회기별 활동에 대한 느낌을 나누는 활동을 통해 서로를 이해하고 공감을 배운다.
	상호 지지하기	4-② -❶ 위로와 공감의 무브먼트	상대의 동작을 따라하거나, 상대의 동작을 변형하는 활동을 통해 정서를 활용하고 표현하고 공유한다.
		4-② -❷ 공동 글쓰기	모둠별로 한 가지 주제로 공동 글을 쓰며 정서를 표현하고 공유한다.
5. 감정 정화의 원리	부정정서 정화하기	5-① -❶ 부정 정서 기억하기	부정감정을 찾아 느끼고 몸으로 표현하고 인지적으로 수용한다.
		5-① -❷ 보내지 않는 편지쓰기	부정정서의 대상에게 보내지 않는 편지를 씀으로써 솔직하게 자신을 표현한다.

원리	전략	방법	특징
	긍정정서 강화하기	5-② -❶ 행복한 상상하기	뇌의 작동원리를 이용하여 원하는 상황을 구체적으로 상상함으로써 긍정 정서를 강화한다.
		5-② -❷ 사랑글쓰기	자연, 가족, 동물 자신이 가장 좋아하는 대상에 대한 칭찬과 사랑의 글쓰기로 긍정적인 정서를 느낀다.
6. 타인 수용의 원리	인간관계 파악하기	6-① -❶ 서사 분석하기	영화를 감상하고 인물을 다양한 관점에서 관찰하여 기록한다.
		6-① -❷ 치료적 발문하기	발문을 통해 인물의 행동과 정서를 이해하고 다양한 관점에서 인간관계를 파악한다.
	가상의 글쓰기	6-② -❶ 가상의 트라우마 경험 글쓰기	제시된 트라우마 중 하나를 선택하여 감정을 이입하여 글을 쓴다.
		6-② -❷ 트라우마 경험 나누기	가상의 경험글 나누기로 감정적 경험에 의미를 부여하고 타인의 고통에 공감한다.
7. 자기서사 변화의 원리	나를 다시 정의하기	7-① -❶ 묘비명 적기	내가 원하는 나의 모습을 글로 쓴다.
		7-① -❷ 나 선언하기	자신의 새로운 모습을 집단에서 선언한다.
	주인으로 다시 서기	7-② -❶ 감사일지 쓰기, 글쓰기 다이어리	프로그램 진행 기간동안 SNS로 감사일지를 매일 작성하고 돌아가며 선택한 주제로 글을 써 확인한다.
		7-② -❷ 비전 세우기	프로그램 전, 후의 자신을 돌아보고 비전을 세우며 긍정적 자아상을 확립한다.

뇌교육 기반 문학치료를 활용한 정서지능 향상 프로그램의 전체의 최종 운영 모형은 [그림 7-14], <표 7-21>과 같다.

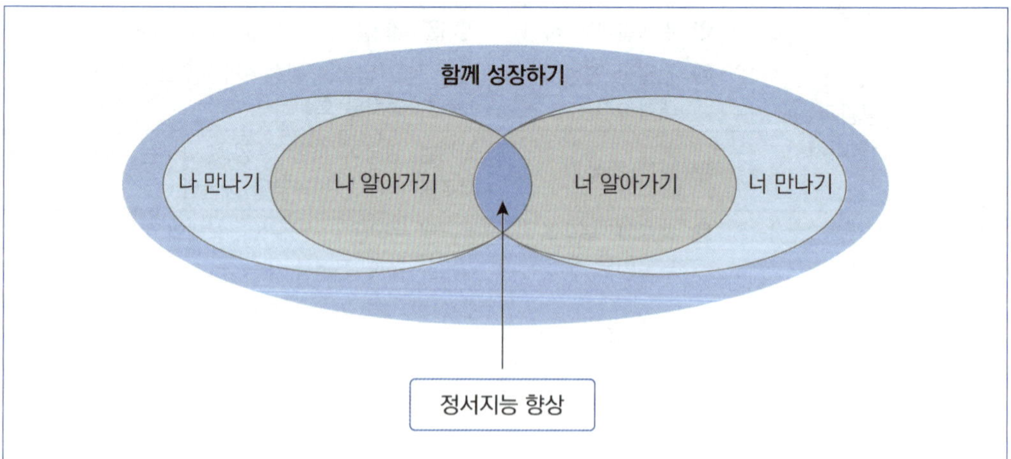

[그림 7-14] 뇌교육 기반 문학치료를 활용한 정서지능 향상 프로그램 운영 모형(최종)

〈표 7-21〉 **뇌교육 기반 문학치료를 활용한 정서지능 향상 프로그램 운영 모형**

영역	영역별 특징
나 알아가기	나를 돌아보고 나의 정서를 파악한다.
너 알아가기	너의 이야기를 듣고 너의 정서를 파악한다.
나 만나기	다양한 글쓰기로 나의 내면아이와 만난다.
너 만나기	함께 하는 활동으로 너의 내면아이와 만난다.
함께 성장하기	우리를 위한 비전을 세우고 함께 성장해간다.

뇌교육 기반 문학치료를 활용한 정서지능 향상 프로그램의 회기별 최종 수업 모형은 [그림 7−15], <표 7−22>와 같다.

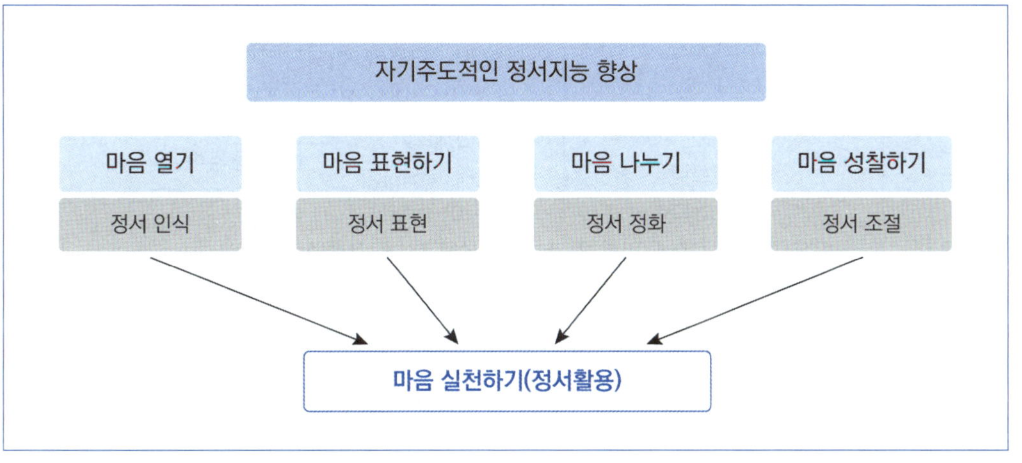

[그림 7-15] **뇌교육 기반 문학치료를 활용한 정서지능 향상 프로그램 수업 모형(최종)**

〈표 7-22〉 **뇌교육 기반 문학치료를 활용한 정서지능 향상 프로그램 수업 모형**

영역	영역별 특성
마음열기	두뇌의 감각을 깨우고 정서 인식
마음 표현하기	두뇌를 유연화하고 창의적 문학 활동 및 형상화로 정서 표현
마음 나누기	자기해석과 상호지지 및 공감나누기로 감정 정화
마음 성찰하기	활동 정리 및 내면화로 정서 조절
마음 실천하기	긍정적인 삶의 태도 변화 및 정서 활용

회기별 세부 프로그램 내용은 <표 7-23>에 제시하였다.

〈표 7-23〉 **회기별 세부 프로그램 내용**

단계	회기	주제 (정서지능 하위 요소)	활동 목표	활동 내용	활동 방법
나 알아가기	1	반갑다 '나'야! (정서의 인식과 표현능력)	프로그램을 이해하고 목적을 알 수 있다.	• 사전검사 • 몸과 뇌의 감각깨우기 • 프로그램 소개, 별칭 짓기 • 규칙 정하고 서약서 작성 • 신체, 두뇌, 정서의 관계 • 상호지지와 공감나누기 • 성찰하기 • 감사일지, 글쓰기 다이어리 쓰기 안내	• 사전검사지 작성 • 박수 게임 • 그림책 감상 • 실수 OK를 배우고 별칭 발표 • 동영상 시청 • 그림책 감상 • 소감문 쓰기
나 만나기	2	은유로 만나는 '나' (정서의 인식과 표현능력)	두뇌의 감각을 깨우고, 다양한 감정 단어를 익히며, 자신의 정서를 은유적으로 표현할 수 있다.	• 두뇌감각깨우기 • 신체상태 탐색하기 • 감정 단어 이해하기 • 시 감상하고 내 감정을 글로 표현하기 • '나'를 은유적으로 표현하기 • 상호지지와 공감나누기 • 성찰하기	• 온몸 두드리기 • 활동 및 체크리스트 기재 • 감정카드 게임 • 시 감상 • 이완 명상(내몸 바라보기) • 시 감상 • 자기표현, 경청 • 소감문 작성
	3	내 감정을 분석하라! (정서의 인식과 표현능력, 정서의 사고촉진능력)	두뇌의 감각을 깨우고, 성장일기를 통해 자신의 정서를 파악하고 분석할 수 있다.	• 두뇌감각깨우기 • 화자의 감정 알아보기 • 주된 감정 감정 인식하기 • 다양한 감정 표현하기 • 상호지지와 공감나누기 • 성찰하기 • 표현적 글쓰기 안내	• 온몸 털기, 확언 명상 • 빈 얼굴 활동지에 그림그리기(문학작품 활용) • 감정을 동작으로 표현 • 그림책 감상 • 그래프 그리고 글쓰기 • 자기를 말로 표현하기 • 소감문 쓰기
	4	안녕, '나'! (정서의 인식과 표현능력, 정서의	다양한 관점에서 자신을 들여다보고 내면 성찰의 글을 작성	• 표현적 글쓰기 • 두뇌감각 깨우기 • 감정 표현 글쓰기 • 성찰하기	• 임맥풀기, 단전치기, 뫼산(山)체조, 호흡명상, 뇌파진동명상 • 시 감상, 문장 완성

단계	회기	주제 (정서지능 하위 요소)	활동 목표	활동 내용	활동 방법
		사고촉진능력, 정서지식의 활용능력)	할 수 있다.	• 상호지지와 공감나누기	• 그림책 감상, 10분간 전력 질주 • 시 감상, 마음 살피기 시 • 그림책 감상, 구조적 글쓰기 • 소감문 작성 • 말로 표현하기
	5	그랬구나, 그랬어! (정서의 인식과 표현능력, 정서의 사고촉진능력, 정서지식의 활용능력)	낙서를 시작으로 한 글쓰기로 내면아이의 이야기를 글로 쓰고 대화로 글의 의미를 파악할 수 있다.	• 감정 감각깨우기 • 내면 아이와 만나기 • 내면 아이에게 듣기 • 내면아이와 소통하기 • 상호지지와 공감나누기 • 성찰하기	• 온몸 털기와 비우기 • 수필 감상 • 선화 그리기 • 분석의 글 작성 • 일대일대화 • 칭찬과 사랑 전하기 • 자기표현, 경청 • 소감문 작성
	6	내감정을 풀어보자! (정서의 인식과 표현능력, 정서의 사고촉진능력, 정서조절능력)	자신의 감정을 솔직하게 글로 표현할 수 있고 부정감정을 분출하고 인지적으로 수용할 수 있다.	• 신체활동으로 감정감각 깨우기 • 시로 마음열기 • 부정감정 경험 체험하기 • 내면 감정 표현하기 • 상호지지와 공감나누기 • 성찰하기	• 털기와 비우기 • 시 감상, 감정카드 활용하여 연기 • 그림책 감상 • 4단계 감정을 명명하기 느끼고 표현하기 감정과 만나기 감정을 수용하기 • 보내지 않는 편지 쓰기 • 자기표현, 경청 • 소감문 작성
너 알아가기	7	반갑다, 친구야! (정서의 인식과 표현능력, 감정이입능력, 정서의 사고촉진능력)	문답으로 대화를 나누며 공감과 경청을 체험하고 친밀감의 정서를 공유할 수 있다.	• 감정감각 깨우기 • 공감과 경청하기 • 친밀감 형성하기 • 상호지지와 공감나누기 • 성찰하기	• 사랑주기 • 수필 감상 • 아트 아론의 36질문 • 자기표현, 경청 • 소감문 작성
	8	'너'를 알고싶어! (정서의 인식과	영화를 감상하며 인물을 다양한 관점에서 관	• 신체감각 집중하기 • 신체감각 느끼기 • 긍정정서 나누기	• 자석 놀이 • 에너지 느끼기 명상 • 자기표현, 경청

단계	회기	주제 (정서지능 하위 요소)	활동 목표	활동 내용	활동 방법
		표현능력, 감정이입능력, 정서지식의 활용능력)	찰하고 이를 통해 인물의 행동과 감정을 알고 관계에 대한 깨달음을 글로 적을 수 있다.	• 시로 마음 열기 • 인물 관찰하기 • 동일시, 카타르시스, 통찰 경험하기 • 상호 지지와 공감나누기 • 성찰하기	• 시 감상 • 에니메이션 감상 • 동일시, 카타르시스, 통찰 질문 작성 • 자기표현, 경청 • 소감문 작성
너 만나기	9	'너'를 공감해! (정서의 인식과 표현능력, 감정이입능력, 정서의 사고촉진능력, 정서지식의 활용능력, 정서조절능력)	가상의 트라우마를 선택하여 글을 쓴 후 감정적 경험을 발표하며 타인의 고통에 공감할 수 있다.	• 감정감각 깨우기 • 시로 마음 열기 • 타인의 정서 체험하기 • 가상의 글쓰기 • 체험 나누기 • 상호지지와 공감나누기 • 성찰하기	• 몸으로 정서 표현 게임 • 시 감상 • 자신과 관계없는 내용 선택 • 10분간 몰입하여 동일시 • 20분간 몰입하여 글쓰기 • 감정 체험 나눔, 경청 • 그림책 감상 • 소감문 작성
	10	'너'를 사랑해 (정서의 인식과 표현능력, 감정이입능력, 정서의 사고촉진능력, 정서지식의 활용능력, 정서조절능력)	대상에 대한 사랑글쓰기와 이미지트레이닝으로 긍정적인 정서를 강화할 수 있다.	• 감정감각 깨우기 • 그림책으로 마음 열기 • 위로와 공감 표현하기 • 뇌파진동명상 • 이미지트레이닝 • 상호지지와 공감나누기 • 성찰하기	• 짝과 함께 미러링 동작하기 • 그림책 감상, 자신의 모자 표현 • 사랑하는 대상에게 편지 쓰기 • 명상 따라하기 • 긍정확언하기 • 자기표현, 경청 • 소감문 작성
함께 성장 하기	11	함께 느껴보자! (정서의 인식과 표현능력, 감정이입능력, 정서의 사고촉진능력, 정서지식의 활용능력, 정서조절능력)	함께하는 율동과 글쓰기로 정서를 표현하고 공유하고 활용할 수 있다.	• 협동과 배려 익히기 • 그림책으로 정서 나누기 • 심신 연결하기 • 위로와 공감 표현하기 • 함께 하는 글쓰기 • 상호지지와 공감나누기 • 성찰하기	• 공 게임 • 그림책 감상 • 신체 관찰 글쓰기 • 심신 연결 시 쓰기 • 모둠별로 더하기빼기 춤추기 • 시 감상 • 주제에 따라 모둠별 글 작성 • 자기표현, 경청 • 소감문 작성

단계	회기	주제 (정서지능 하위 요소)	활동 목표	활동 내용	활동 방법
	12	같이 나아가자! (정서의 인식과 표현능력, 감정이입능력, 정서의 사고촉진능력, 정서지식의 활용능력, 정서조절능력)	활동 전과 후의 자신의 변화를 발견하고 긍정적인 비전을 세워 선언할 수 있다.	• 시로 정서 나누기 • 좋은 습관 들이기 • 비전 세우기 • 상호지지와 공감나누기 • 시와 그림책으로 이별하기 • 성찰하기 • 사후검사	• 시 감상 • 묘비명 적기 • 나 선언하기 • 비전 세우기 • 비전 명상 • 자기표현, 경청 • 시 감상 • 그림책 감상 • 소감문 작성 • 검사지 작성하기

프로그램에 활용하는 텍스트 목록을 소개하면 <표 7-24>와 같다.

〈표 7-24〉 **선정된 텍스트 목록(최종)**

연번	선정매체(저자)/ 활용 회기	내용	선정 근거	정서지능 요소
1	가만히 들어주었어 (코리 도어펠드 글, 그림) / 1회기	상처 입은 테일러를 찾아온 동물 친구들을 보면서 진정한 위로는 어떤 모습이어야 하는지 알려주는 그림책이다. 진정한 위로는 상대에게 진실한 마음으로 다가가 조용히 온기를 나누는 것이고 마음이 따뜻해지면 사람은 움직이게 된다는 내용을 담고 있다.	집단에서 이야기를 듣는 법을 배우고, 자기 자신과의 대화가 중요함을 배우기에 적합	감정이입능력, 정서지식의 활용능력
2	틀려도 괜찮아 (마키타 신지 글, 하세가와 코모크 그림) / 1회기	멋지게 대답하고 싶지만 틀릴까봐, 답이 틀렸다고 친구들이 웃지 않을까 하는 생각에 나서기를 망설이는 초등학교 신입생들에게 교실은 틀려도 괜찮은 곳, 틀리면서 정답을 찾아가는 곳이라는 것을 알려주는 그림책이다.	창의적이고 유연한 생각을 위한 실수 OK'를 배우기에 적합	정서의 인식과 표현능력, 정서의 사고촉진능력
3	우리를 슬프게 하는 것들 (안톤 슈낙) / 2회기	누구나 살아가면서 느낄 수 있는 슬픔의 조각들을 서정적인 언어로 표현한 수필이다.	자신의 감정을 들여다보고 구체적으로 표현하기 전 안내에 적합	정서의 인식과 표현 능력

연번	선정매체(저자)/ 활용 회기	내용	선정 근거	정서지능 요소
4	아직은 연두 (박성우), 난 빨강 (박성우) / 2회기	색이 지닌 특성과 긍정적 가치를 다양한 사물에 빗대어 감각적으로 표현하고 있는 시로 청소년기의 긍정적인 가치와 가능성을 보여주고 있는 시들이다.	자신의 가능성을 다양하게 탐색하도록 안내하는 데에 적합	정서의 인식과 표현 능력
5	기분이 어때? (재넌 캐인 글, 그림) /3회기	언어를 통해 감정을 표현함으로써 자기의 느낌을 더 잘 이해하고 표현할 수 있도록 도와주는 그림책이다.	성장일기 쓰기 이전에 소개함으로써 자신의 경험에 해당하는 감정을 구체적으로 느끼고 이해하는 데에 적합	정서의 인식과 표현능력, 정서의 사고촉진능력
6	침묵을 깨야할 때 (김영이) / 4회기	자신의 내면을 표현함으로써 스스로를 치유하게 된다는 내용의 시이다.	글쓰기의 장점을 안내하고 내면을 솔직하게 드러내도록 이끄는 데에 적합	정서의 사고촉진능력
7	너는 특별하단다(맥스 루케이도 글, 세르지오 마르티네즈 그림) / 4회기	잿빛 점표가 가장 많은 최하층 계급인 펀치넬로가 자신을 만든 목수 엘리를 만나 '너는 특별하단다'라는 말을 듣고 깨달음을 얻는다는 내용을 담고 있다. 남의 시선에 연연하지 말고 자존감을 찾으라는 보편적인 교훈과 아름다운 삽화가 있는 그림책이다.	자신을 발견해나가는 과정에서 자신의 가치를 알고 긍정적인 정서를 배우기에 적합	감정이입능력, 정서의 사고촉진능력
8	내 안의 시인(도종환) / 4회기	어느새 성인이 되어 순수했던 과거의 모습을 그리워하며 인간에게 존재하는 시인의 모습을 찾고자 하는 화자의 모습을 그리고 있는 시이다.	글쓰기를 시작하기에 앞서 자신감을 심어주고 진솔한 글쓰기를 하도록 안내하는 데에 적합	정서의 인식과 표현능력
9	하나라도 백 개인 사과 (이노우에 마사지 글, 그림) / 4회기	보는 사람에 따라 다르게 해석되는 사과의 모습을 보여주며 그에 따라 한 개의 사과가 백 개의 사과가 될 수 있음을 알려주는 그림책이다.	구조적 글쓰기에 앞서 자신의 모습을 다양하게 그려볼 수 있도록 안내하기에 적합	정서지식의 활용능력
10	그러지 못할 수도 (제니 케니언) / 4회기	평범한 일상의 소중함과 아름다움을 알려주는 시이다.	마음 살피기 시를 쓰기에 앞서 안내 글로 적합	정서지식의 활용능력
11	내 마음을 만지다 (이봉희)	국내 저명한 문학치료사이자 대학교수인 저자의 안내로 자신의 내면을	치료적 글쓰기에 앞서 글쓰기의 방법과 내면	정서의 인식과 표현능력,

연번	선정매체(저자)/ 활용 회기	내용	선정 근거	정서지능 요소
	/ 5회기	치유하는 글쓰기 방법을 안내하는 내용을 담고 있다.	아이와 만나 이야기하는 방법을 안내하는 데에 적합	정서조절능력
12	쓰이지 않은 말(머윈) / 5회기	자기 자신 그리고 세계와 연결하려는 시인의 상상력을 향한 여정에서 자신이 경험한 것 또는 시인으로서 그리고 글쓰는 이로서의 자세와 태도에 대해 이야기하는 시이다.	감정표현 글쓰기에 앞서 진솔하게 자신의 이야기를 쓰게 하도록 안내하는 데에 적합	정서의 사고촉진능력, 정서지식의 활용능력
13	나로부터 나를(이시훈) / 6회기	외부로 쏠려있는 감각기관에 집중하여 정작 자신의 내면에는 귀를 기울이지 못하는 현실을 표현하고 있는 시이다.	자신의 내면 감정을 드러내야 할 필요성을 알려주는 데에 적합	정서의 인식과 표현능력, 정서의 사고촉진능력
14	용기가 필요해(뮈데 프린츠 모엔슨 글, 그림) /6회기	걱정이 엄청 많은 주인공 생쥐가 걱정만 하다가 큰 용기를 내어 들쥐의 초대에 응하며 걱정을 조금 덜어낸다는 그림책이다.	시작해보지 않으면 아무것도 할 수 없음을 안내하고 용기를 내어 내면 감정을 표현하도록 돕는데 적합	정서지식의 활용능력, 정서조절능력
15	당신이 옳다(정혜신) / 7회기	복잡한 이론과 전문가의 진단에만 의존하지 않고 스스로 나와 남을 돌보고 치유할 수 있는 간단하지만 강력한 치유법, 집밥 같은 치유법인 공감에 대한 이야기를 담고 있다.	자신과 타인을 공감하고 지지하는 방법을 안내하기에 적합	감정이입능력, 정서지식의 활용능력, 정서조절능력
16	간격(안도현), 숲(정희성) /8회기	숲과 나무의 관계를 통해 간격의 의미를 성찰한 시들이다.	대인관계와 공동체적 삶에 대해 성찰하는 글감으로 적합	정서의 사고촉진능력, 정서지식의 활용능력
17	슬픔이 기쁨에게(정호승) / 9회기	소외된 이웃들의 고통을 이해하고 참다운 사랑의 의미를 깨달아야 함을 강조하고 있는 시이다.	더불어 살아가는 내용의 글쓰기 자료로 적합	감정이입 능력, 정서지식의 활용능력
18	아름다운 실수(코리나 루이켄 글, 그림) /9회기	실수로 시작된 그림을 수정하는 과정에서 엄청난 창의력이 발휘될 수 있으며, 실수가 시작이 됨을 알려주는 그림책이다.	감정적으로 격앙되어 있을 수 있는 가상의 트라우마 경험 글쓰기의 마무리에 적합	정서의 사고촉진능력, 정서지식의 활용능력
19	밀리의 판타스틱 모자(기타무라사토시 글, 그림) /10회기	상상이 모두 실현되는 판타스틱 모자 이야기로 밀리는 눈부신 공작 모자도 써 보고, 맛있는 케이크 모자도 써 보고, 꽃다발 모자며 분수 모	긍정적인 정서를 강화하는 이미지 트레이닝에 앞서 마음 열기에 적합	정서의 사고촉진능력, 정서조절능력

연번	선정매체(저자)/ 활용 회기	내용	선정 근거	정서지능 요소
		자도 써 보며 사람들 모두에게 판타스틱 모자가 있음을 알려주는 그림책이다.		
20	너도 사랑스러워 (윤여림 글, 채상우 그림) /11회기	다양한 동물들의 단점으로 보일 수 있는 것들도 사랑스러움을 알려주는 그림책이다.	누구에게나 특별한 점이 있으며 그 부분도 수용할 줄 알아야 함을 안내하기에 적합	감정이입능력, 정서지식의 활용능력력
21	모두에게 배웠어 (고미 타로 글, 그림) /11회기	어린 소녀가 동물들과 사람들로부터 다양한 점을 배우며 성장해간다는 내용의 그림책이다.	어떤 사람도 완벽하지 않으며 인간은 서로 돕고 나누며 자연과 더불어 살아가야 함을 안내하기에 적합	정서의 사고촉진능력, 정서지식의 활용능력
22	그럼에도 불구하고 (마더 테레사 본부 벽에 붙어 있는 시) / 11회기	사람과의 관계에서 상처를 극복하고 포용과 성찰, 성장을 안내하는 시이다.	삶에서 만나는 어려운 상황들을 돌보고 이를 통해 성장하는 글쓰기의 글감으로 적합	감정이입능력, 정서조절능력
23	나하나 꽃피어 (조동화) / 12회기	한사람 한사람의 노력이 더하여 공동체가 변화할 수 있음을 노래한 시이다.	묘비명 적기와 비전 세우기의 자료로 적합	정서지식의 활용능력, 정서조절능력
24	우리에게는 작별의 말이 없다(메리 톨마운틴) /12회기	육체적인 헤어짐이 끝이 아님을, 서로의 마음 속에서는 작별이 없음을 이야기하는 시이다.	문학적 삶 살기 안내와 마지막 시간 활용에 적합	정서지식의 활용능력
25	사랑해 사랑해 사랑해 (로제티 슈스탁 글, 그림) /12회기	어떤 모습이든지, 어떤 행동을 하든지 언제나 사랑한다는 엄마의 마음을 담은 그림책이다.	마지막 시간에 자신에게 들려주는 이야기로 안내하기에 적합	정서지식의 활용능력, 정서조절능력
26	글쓰기 다이어리 (수지 모건스턴) /매회기 중 실시간	1월 1일부터 12월 31일까지 1년 365일치 다이어리로 구성되어 있으며 일별로 구체적인 방향을 가리키고 다양한 글감을 제시하고 있는 글쓰기 노트이다.	쉽고 재미있게 글을 쓰며, 글쓰기의 습관을 들이는 데에 적합	정서의 인식과 표현능력, 감정이입능력, 정서의 사고촉진능력, 정서지식의 활용능력, 정서조절능력

1회기부터 3회기는 나에 대해 알아가는 단계이다. 나의 신체와 정서와 생각과 감각들에 대해 예민하고 깊게 생각해보도록 프로그램을 구성하였다. 1회기에는 프로그램을 이해하고 목적을 인식하는 것을 목표로 하였다. 우선 사전검사지 작성을 통해 사전검사를 하고, 박수 게임으로 몸과 뇌의 감각을 깨운 뒤 프로그램에 대해 소개하였다. 참여자들의 별칭과 규칙을 정하고 서약서를 작성하는 과정에서 그림책 감상을 통해 실수해도 괜찮다는 것을 배운 뒤 별칭을 발표하였는데 실수 OK는 뇌교육에서 뇌를 유연하게 하는 방법의 하나이기도 하다. 동영상 시청으로 신체, 두뇌, 정서의 관계에 대해 배우는데, 이는 뇌의 메커니즘을 이해함으로써 뇌를 더 잘 활용할 수 있게 되는 뇌가 작동하는 뇌교육의 원리가 적용된다. 또한 이완 명상인 내 몸 바라보기 활동을 함으로써 몸이 작동하는 원리를 통해 자신의 감정 표현을 더욱 효과적으로 할 수 있게 된다. 마무리는 그림책 '가만히 들어주었어'를 같이 읽으며 앞으로의 활동에서 참여자들 간의 마음을 나누는 과정 중 경청과 공감의 방법을 안내하였다. 또한 지속적인 효과를 높이기 위한 수단으로 '글쓰기 다이어리'와 '1일3감사'를 진행하게 됨을 안내하였다.

2회기는 다양한 감정을 구분하고 자신의 감정을 바라보며 표현하는 활동으로 자신을 알아가는 시간을 가졌다. '인디언 추장의 마음 속 두 마리 늑대 이야기'로 긍정적인 생각이 긍정적인 삶을 만드는 것임을 안내하며 회기를 시작하였다. 마음 열기 단계에서 뇌지도를 통해 두뇌체조의 효과를 소개하고 온몸 두드리기 활동으로 신체와 두뇌를 깨운 뒤 호흡 명상으로 바디스캐닝(body scanning)을 실시하고, 자신의 신체 상태를 측정하며 몸의 상태와 중요성을 스스로 깨닫도록 안내하였다. 마음 표현하기 단계에서 자신의 감정을 알아보는 시간임을 안내하고 감정에 대해 알기 위해 감정을 구분하는 활동을 했다. 표정으로 감정을 맞히고, 설명을 듣고 감정을 맞히는 활동을 하며 다양한 감정을 알아보는 과정을 통해 수많은 감정들을 자신은 몇 가지 단어로 표현하고 있는지 생각해보도록 안내하고, 이를 바탕으로 자신의 주된 감정에 대해 생각해보고 긍정적인 감정 한 가지와 부정적인 감정 한 가지를 선택하여 패러디 시를 작성하였다. 사진 작업으로 안톤 슈나크의 '우리를 슬프게 하는 것들'을 감상하고 자신이 찾은 감정을 구체적으로 다양하게 표현하도록 한 후 작업 중 느낀 감정을 적도록 했다. 마음 나누기 단계에서는 박성우의 '난 빨강'과 '아직은 연두'를 함께 읽고 이 시들처럼 오늘의 활동으로 알게 된 자신을 은유적으로 표현하고 발표하는 시간을 통해 격려와 지지를 보내는 시간을 가졌다. 엄청 신 레몬을 떠올리기만 해도 입에 침이 고이는 것처럼 생각만으로도 감정을 만들거나 없앨 수 있음을 설명하고, 감정은 내가 아니라 내 것이며 나는 감정의 주인임을 알게 하였다.

3회기는 자신의 삶을 돌아보고 감정을 분석하는 내용으로 진행하였다. 마음 열기 부분에서 털기 체조로 자신을 비운 후 미세한 신체의 진동을 느끼며 그 속에서 확언하는 활동을 간단히 진행하고 선택하면 이루어지는 뇌교육의 원리를 설명하였다. 마음 표현하기에서는 2학년 문학교과서에 수록된 시와 소설의 장면을 가지고 인물의 감정을 파악하여 그림으로 그려보며 감정을 표현하는 연습을 하고, 재넌 캐언의 그림책 '기분이 어때?'를 함께 읽으며 언어로 감정을 표현하는 일의 좋은 점을 배우며 자신의 성장일기를 쓰고 발표하는 활동을 통해 서로를 지지하고 느낌을 나누었다. 감정일기를 통해 감정을 자세하게 분석하는 활동을 하면서 생각과 감정을 분리하는 연습을 하였고 감정을 객관화하여 바라볼 수 있음을 알게 하였다.

4회기부터 6회기는 나의 내면을 깊이 들여다볼 수 있도록 프로그램을 구성하였다. 4회기는 다양한 관점에서 자신을 들여다보고 내면 성찰의 글을 작성하는 것이 목표였는데 마침 코로나19라는 상황에 맞추어 4번을 1회기로 4일간 화상으로 진행하였다. 1일차는 임맥풀기와 호흡명상으로 신체 감각을 깨우고, 시를 통해 내면의 소리를 표현하도록 이끌기 위해 김영이의 '침묵을 깨야할 때'를 읽어준 후 문장 완성하기를 실시하였다. 2일차는 단전치기와 호흡명상으로 신체 감각을 깨우고 10분 동안 쉬지 않고 글을 쓰는 10분간 전력질주 활동을 하였다. 주제는 자신의 기특한 점을 쓰는 것이었다. 자신에 대해 긍정적인 정서를 느낄 수 있도록 맥스 루케이도의 그림책 '너는 특별하단다'를 사진으로 찍어 화면 공유를 통해 한 페이지씩 읽어주었다. 3일차는 뇌산체조와 호흡명상으로 신체 감각을 깨우고 도종환의 '내 안의 시인'으로 마음을 열고 자신의 하루를 적는 글(지난 밤 활동이 끝나며 하루를 어떻게 보내는지 생각하며 하루를 보내도록 안내했다.)을 썼다. 제인 케니언의 시 '그러지 못할 수도'를 같이 읽고 자신의 글에서 내용을 추출하여 제인 케니언의 시를 패러디하는 마음 살피기 시를 쓰는 활동으로 내 삶을 돌아보고 삶에 감사하는 시간을 가졌다. 4일차는 뇌파진동 명상으로 신체 감각을 깨우고 이노우에 마사지의 그림책 '하나라도 백 개인 사과'로 마음을 열며 하나의 대상도 보는 사람마다 다르게 느끼고 다르게 받아들일 수 있음을 설명했다. 4일차는 구조적 글쓰기를 실시했는데 '내가 두려워하는 것', '실패의 경험', '나를 파괴하는 습관'이라는 세 개의 주제를 주고 선택하게 하였다. 참여자들은 대부분 세 번째 주제를 선택했고 주제에 대해 50개의 문장을 쓰는 활동을 하였다. 어느 정도 시간이 흐른 후 진도를 확인하자 다들 너무 어렵다고 하여 촉진자가 작성하고 있던 것들을 20개 정도 읽어주니 그런 것들도 써도 되냐며 쓰기를 이어나갔다. 4회기는 다양한 방식의 글쓰기로 자신의 내면의 소리를 밖으로 꺼내보는 시간이었는데 마음 성찰하기 활동 시간에 글쓰기 소감을 공유하였다. 혼자만의 공간에서 같이 실시간 화상으로 진행한 것이 자신을 들여다보는 데에 오히려 좋은 시간이 되었다.

5회기는 좀 더 깊이 자신을 들여다보기 위해 낙서를 시작으로 한 글쓰기로 내면아이의 이야기를 글로 쓰고 대화로 글의 의미를 파악하는 시간이었다. 털기와 비우기 활동으로 뇌파를 안정시키고 감정 감각을 깨우며 활동을 시작했다. 이봉희의 수필 '내 마음을 만지다'로부터 촉진자가 받은 도움과 그 내용에 대한 감상을 소개하며 오늘 활동 과정을 안내하였다. Merwin의 '쓰이지 않은 말'을 감상하며 자신 안에 갇혀 있는 무수히 많은 말들에 대해 생각하는 시간을 가진 후 선화 그리기인 낙서를 하였고 이를 토대로 내면 감정 표현 글쓰기를 하였다. 빈종이에 선으로 이어진 낙서를 3분 동안 한 후 자신의 그림을 들여다보며 찾게 된 것이나 그림을 보며 생각한 것, 느낀 것을 5분 동안 쉬지 않고 쓰도록 했다. 쓸 말이 없으면 앞의 말을 계속 쓰도록, 5분 동안 멈추지 않아야 함을 다시 한 번 설명하였다. 활동 후 각자 원하는 시간을 단톡에 올려 일대일 대화를 실시하였다. David R. Hawkins의 의식지도의 단어를 주고 자신의 그림과 가장 가까운 느낌이 드는 단어 세 가지를 고른 후 정해진 시간에 일대일 대화를 진행했다. 시간은 1인당 짧게는 20분에서 길게는 50분 정도 대화를 나누었는데 일부는 대면으로 일부는 전화통화로 실시하였다. 대화는 그 단어를 고르게 된 이유를 묻는 것으로 시작하여 촉진자의 질문과 참여자의 대답으로 이루어졌고 촉진의 내용이 발견되면 안내하는 식으로 이루어졌고 칭찬과 사랑 전하기를 추가적으로 진행하였다.

6회기는 자신의 감정을 솔직하게 글로 표현하고 부정감정을 분출하고 인지적으로 수용해 보는 시간이었다. 털기와 비우기로 감정감각을 깨우고, 이시훈의 시 '나로부터 나를'을 감상하며 마음을 열었다. 감정카드를 활용한 연기를 통해 감정 표현을 연습하고 Mytte Printz Mogensen의 그림책 '용기가 필요해'를 다같이 감상하고 감정 명명하기, 느끼고 표현하기, 감정과 만나기, 감정 수용하기의 4단계를 거쳐서 부정 감정 경험을 체험하는 활동을 시작하였다. 표현하기 불편한 내용도 있고 그 상황을 체험하는 것이 너무 힘들 수 있는 활동이기에 부정감정 경험 중 가장 좋지 않았던 걸 빼고 그 다음 것으로 체험활동을 하자고 촉진자가 제안하였다. 상황을 떠올려 글로 쓰는 활동은 모두 잘 따라왔는데 막상 그 감정을 말로 표현하고 충동대로 행동으로 표현하는 것을 어려워하였다.

또한, 촉진자의 사례로 시범을 보여주고 촉진자를 대상으로 표현해 보도록 안내하여 두 참여자가 감정 경험을 체험하였다. 활동을 어려워하는 참여자는 지켜보도록 하고 한 사람씩 사례를 읽어보도록 하였다. 생각보다 체험을 원하는 참여자가 적어 번외로 긍정감정과 부정감정을 경험해보는 활동을 하였다. 한 참여자가 해보겠다고 하여 그를 가운데 두고 모두 원을 만든 상태에서 돌아가며 부정 감정의 단어로 한 마디씩 하게 한 후 다시 긍정 단어를 사용하여 한 마디씩 하게 하였다. 이어서 아까 남겨 놓았던 가장 부정적인 경험을 떠올려 보내지 않는 편지를 쓰는 활동을 하였다. 아무에게도 공개하지 않고 다 쓰고 난 후 직접 파쇄기로 파쇄할 것이니 하고 싶었던 말을 모두 쏟아놓도록 안내하였다. 자리도 멀리 떨어져 자신의 글 이외에는 볼 수 없도록 배치하였다. 모두가 다 쓰고 난 뒤 자신의 편지를 들고 교무실로 이동하여 각자가 파쇄하였다. 마음 성찰하기 시간에 촉진자가 누구에게 알려질까 걱정하지 않고 비밀을 지킬 수 있는 가장 좋은 방법이 자기 자신과 이야기를 나누는 것임을 설명하고 자신만의 공간에서 자신만 알 수 있는 방법으로, 혹은 쓰고 나서 지우는 방법으로 언제든지 활용하면 부정적인 감정을 해소하는 데에 도움이 됨을 안내하였다. 또한 항상 자신의 편이면서 자신의 가장 친한 벗은 자기자신임을 안내하였다. 이 활동을 통해 내면의 상처를 표현함으로써 자신을 보듬고 감정을 정화하는 법을 익히도록 하였다.

7회기와 8회기는 타인에 대해 알아가는 단계이다. 7회기는 문답으로 대화를 나누며 공감과 경청을 체험하고 친밀감의 정서를 공유하는 것이 목표였다. 두 명씩 짝을 지어 사랑주기 활동으로 문을 열었는데 상대를 위하는 마음으로 정성을 들이는 행동이 주는 기쁨과 그것을 받는 기쁨을 서로가 충분이 느끼도록 하였다. 공감과 경청에 대해 안내하기 위해 이승신의 수필 '당신이 옳다'를 요약한 내용을 읽어주고 공감과 경청에 대해 서로 의견을 나누었다. 마음 표현하기 단계에서는 친밀감을 형성하는 아트 아론의 36가지 질문지를 가지고 둘씩 짝지어 대화하는 활동을 각 세션당 15분씩 총 45분으로 진행하였다. 처음 만나는 사람들끼리 대화를 나누며 친밀감을 느끼는 활동이지만 공감과 경청과 친밀감을 다같이 배울 수 있기에 자료로 골랐고 진행에 앞서 서로 친하지 않은 사람끼리 짝을 짓도록 안내하였다. 3년 동안 학교를 같이 다닌 친구들이기에 대부분 서로를 알고 있지만 최대한 대화를 많이 해보지 않은 친구와 짝을 정하도록 하였다. 마음 나누기기 활동에서 활동 전후의 감정을 찾아보고 상대에 대한 느낌, 생각, 친밀도에 대해 생각해 보고 활동 후 느낀점을 적도록 안내하고 호흡명상으로 오늘 활동을 돌아본 후 공감과 경청에 대한 자신의 생각을 정리하도록 하였다.

8회기는 동일시, 통찰, 카타르시스를 촉진하는 발문을 통해 작품 속 인물의 정서와 행동을 이해하여 다양한 인간관계를 공감하는 시간이었다. 마음 열기로 눈에 보이지 않지만 존재하는 것을 체험해보기 위해 자석을 가지고 여러 가지 형태의 모양을 만들어 보고, 에너지 느끼기 명상을 통해 눈에 보이지 않는 형태를 느껴보는 활동으로 시작했다. 그리고 안도현의 시 '간격'과 정희성의 시 '숲'을 감상하고 오늘 활동하면서 사람 사이의 관계와 거리, 연결에 대해 생각해보도록 안내하였다. 마음 표현하기 단계에서 마음 표현하기 활동으로 에니메이션 '마녀의 성'을 감상하고 질문지에 답을 하는 시간을 가졌다. 사전에 등장인물을 잘 관찰하며 시청하도록 안내하였고 시청 후에 발문과 답을 하는 과정을 통해 다양한 관점에서 인물을 바라보는 대화의 시간을 가졌다. 마음 나누기 단계에서 참여자들은 사람 사이의 간격과 연결에 대해 폭넓은 공감대를 형성하였다.

9회기와 10회기는 타인의 내면을 더 깊이 이해해보는 단계이다. 9회기는 가상의 트라우마를 선택하여 글을 쓴 후 감정적 경험을 발표하며 타인의 고통에 공감하는 것을 목표로 하였다. 자료는 James W. Pennebaker와 John F. Evans(2017)의 '표현적 글쓰기'에서 발췌한 네 가지 트라우마 경험 중 자신과 가장 거리가 먼 상황을 선택하여 자신의 것으로 경험해보는 것이었다. 마음 열기 단계에서 몸으로 정서를 표현하는 게임을 통해 감정감각을 깨우고, 정호승의 시 '슬픔이 기쁨에게'를 읽어주고 타인의 아픔과 고통에 공감하는 삶에 대해 이야기하며 오늘의 작업을 안내하였다. 최대한 거리를 둔 상태에서 구석구석을 찾아 자기만의 공간을 만들고 실제인 것처럼 상상하고 또 상상하는 시간을 5분 주었다. 그 후 상상한 내용을 20분 동안 글로 쓰게 하면서 누구에게도 공개하지 않을 수 있음을 고지하였다. 그 상황의 주인공이 되어 느낀 바를 솔직하고 구체적으로 표현하도록 안내하였다. 20분의 시간 동안 안내문에 따라 열심히 활동을 하고 모여 마음을 나누었다. 가장 의견이 분분하고 감정이 오갔던 시간이었다. 몰입이 너무 잘 이루어져 참가자들이 서로의 감정 경험을 이야기하느라 시간이 한참 흘렀다. 마음 성찰하기 시간에 코리나 루이켄의 그림책 '아름다운 실수'를 읽어주고 뇌의 기능, 뇌의 무한한 상상력과 창의력에 대해, 진정한 공감에 대해 이야기하며 마무리 하였다. 이 활동은 정서를 탐색하고 간접 경험하는 과정을 통해 타인의 정서를 이해하고 수용하는 틀을 확장하게 되는 타인 수용의 원리를 적용한 것으로, 거울뉴런을 이용하여 텍스트를 통해 상호작용함으로써 감정을 이입하게 된다.

10회기는 타인과 교감하고 타인에게 긍정정서를 표현하여 타인을 깊이 이해하면서 자신의 정서도 활용하는 시간이었다. 짝과 미러링 동작을 통해 감정 감각을 깨우고, 기타무라 사토시의 그림팩 '밀리의 판타스틱 모자'를 감상하면서 우리가 믿고 상상하고 선택하며 이루어낼 수 있는 능력이 우리 뇌에 있음을 안내하고 부정정서를 정화하는 활동과 반대로 긍정정서를 강화하는 활동이 진행됨을 설명하였다. 촉진자가 먼저 쓴 글을 제시하여 읽어보고 나를 기쁘게 하는 모든 것을 작성하고 사랑하는 대상에게 편지를 쓰는 활동을 한 후 사랑하는 대상에게 편지를 쓰는 활동을 하고, 뇌파진동 명상, 긍정확언을 통한 이미지 트레이닝으로 뇌를 정화하여 긍정서를 강화하였다.

11회기와 12회기는 지금까지의 활동을 바탕으로 서로를 이해하고 서로에게 힘이 되어주며 함께 해서 더 행복함을 알고 자신의 긍정적인 미래를 꿈꾸는 함께 성장하기 단계이다. 11회기는 함께하는 율동과 글쓰기로 정서를 표현하고 공유하고 활용하는 것을 목표로 하였다. 마음 열기로 공을 가지고 게임을 하여 조원들이 스스로 규칙을 알아내며 협력의 효용과 중요성을 깨닫도록 하였다. 이어 윤여림과 채상우의 그림책 '너도 사랑스러워'와 고미 타로의 그림책 '모두에게 배웠어'를 감상하며 우리 모두는 장점도, 단점도 있는 사람으로 단점이 있어도 소중한 존재이며, 자연과 사람에게 모두 배울 것이 있음을 알게 하였다. 이어서 마음 표현하기의 첫 번째 활동으로 심신연결시를 썼는데 활동지의 안내에 따라 자신만의 공간에서 자신의 몸을 관찰하여 10가지에 답을 쓰고, 예시문처럼 심신의 연결 시를 쓰도록 하였다. 모둠별로 더하기빼기 춤추기를 통해 몸으로 하는 위로와 공감을 경험하고, 시감상 후 주제에 따라 모둠별 공동 글쓰기를 하며 공동체적 삶에 대해 성찰하였다. 마음나누기의 단계로 류시화의 '마음 챙김의 시'에 수록된 시 '그럼에도 불구하고'를 읽어주며 오늘의 활동에 대해 의미를 부여하고 함께 살아가는 방법과 아름답게 살아가는 방법에 대해 생각해보도록 하였다.

12회기는 활동 전과 후의 자신의 변화를 발견하고 긍정적인 비전을 세워 선언하는 것을 목표로 하였다. 마음 열기로 조동화의 시 '나 하나 꽃 피어'를 감상하였다.

마음 표현하기로 묘비명 적기, 비전 세우기, 비전 명상, 나 선언하기로 긍정적인 자아상을 확립하도록 하였는데 이는 뇌운영시스템의 마지막 단계인 뇌주인되기에 해당하는 것으로, 자기서사 변화의 원리를 통해 뇌교육의 궁극적 목적인 홍익의 삶을 실천하게 하는 토대가 된다. Merry tall mountain의 시 '우리에겐 작별의 말이 없다'와 Bernadette Rossetti Shustak의 그림책 '사랑해 사랑해 사랑해'를 감상하며 프로그램의 종료를 인식하도록 하고, 소감문 작성과 사후검사로 프로그램을 마무리하였다.

4. 프로그램 적용 사례

<table>
<tr><td colspan="2">학습주제</td><td colspan="5">【1회기】 반갑다 '나'야!</td></tr>
<tr><td colspan="2">학습목표</td><td colspan="5">• 프로그램을 이해하고 목적을 알 수 있다.
• 몸과 마음, 뇌의 관계를 알고 뇌의 작용 원리를 이해할 수 있다.</td></tr>
<tr><td rowspan="2">운영단계</td><td rowspan="2">나 만나기</td><td rowspan="2">원리</td><td rowspan="2">알아차림의 원리</td><td rowspan="2">전략</td><td colspan="2">자아 탐색하기</td></tr>
<tr><td colspan="2">몸, 마음, 뇌 관계 알기</td></tr>
<tr><td colspan="2">정서지능 구성요소</td><td colspan="5">정서의 인식과 표현능력</td></tr>
<tr><td>수업 단계</td><td colspan="4">교수-학습활동</td><td>준비물</td><td>시간</td></tr>
<tr><td>마음열기</td><td colspan="4">〈프로그램 이해하기〉
• 사전검사(정서지능)
• 서약서 작성(우리들의 약속, 그림책 읽기)
(마키다 신지 글, 하세가와 코모크 그림, '틀려도 괜찮아!')
• 프로그램 사전 질문지 작성
• 프로그램 안내
〈오늘의 학습 목표와 과정 안내〉</td><td>음악자료
그림책
PPT자료</td><td>30분</td></tr>
<tr><td>마음
표현하기</td><td colspan="4">〈별칭정하기〉
• 편안히 앉아서 눈을 감고 심호흡을 한 후 명상에 들어가도록 한다.
• 편안하고 행복했던 어린 시절을 떠올리면서 집단에서 불리고 싶은 별칭을 정하도록 한다.
• 별칭으로 자신을 소개하면서 별칭을 정하는 과정에서 떠오른 자신의 느낌이나 생각을 나눈다.
〈뇌의 구조와 기능 이해하기〉
• 동영상을 시청한다.
• 몸, 마음, 뇌의 관계에 대해 안다.
〈정서지능 이해하기〉
• 'EBS다큐프라임 정서지능' 동영상을 시청한다.
• '낮은 정서시지능을 가지고 있다는 17가지 신호'
• 정서지능을 이해하고 자신의 상태를 인지한다.</td><td>동영상
활동지</td><td>50분</td></tr>
<tr><td>마음
나누기</td><td colspan="4">〈긍정적 정서 되돌려주기와 시구 나누기〉
• 그림책 읽고 느낌 나누기
(코리 도어펠드 글 · 그림, '가만히 들어주었어')
• 호흡 명상으로 오늘 활동을 돌아본다.
• 오늘 활동에 대한 느낌 나누기</td><td>음악자료
그림책</td><td>20분</td></tr>
<tr><td>마음
성찰하기</td><td colspan="4">〈소감문 작성〉</td><td>소감문</td><td>10분</td></tr>
<tr><td>마음
실천 하기</td><td colspan="4">〈생활 속 실천하기〉
• 1일3감사 단톡에 올리기 안내
• 글쓰기 다이어리 돌아가며 선택하여 쓰고 나누기 안내</td><td>SNS
교재</td><td>10분</td></tr>
</table>

1회기 활동지

나를 이렇게 불러주세요(별칭 정하기)

☻ 내 이름은 (   )

나의 별칭은 (   )

☻ 이렇게 별칭을 정한 이유는

때문입니다.

☻ 별칭을 정하면서 이런 생각이 떠올랐어요~

☻ 별칭을 정하면서 이런 감정이 들었어요~

<table>
<tr><td>학습주제</td><td colspan="6">【2회기】 은유로 만나는 '나'</td></tr>
<tr><td>학습목표</td><td colspan="6">• 다양한 감정을 구분할 수 있다.
• 내 감정을 글로 쓰로 '나'를 은유적으로 표현할 수 있다.</td></tr>
<tr><td rowspan="2">운영단계</td><td rowspan="2">나 만나기</td><td rowspan="2">원리</td><td>알아차림의 원리</td><td rowspan="2">전략</td><td colspan="2">자아 인식하기</td></tr>
<tr><td>내면감정탐색의 원리</td><td colspan="2">다양한 감정 구분하기</td></tr>
<tr><td colspan="2">정서지능 구성요소</td><td colspan="5">정서의 인식과 표현능력</td></tr>
<tr><td>수업 단계</td><td colspan="4">교수-학습활동</td><td>준비물</td><td>시간</td></tr>
<tr><td>마음열기</td><td colspan="4">〈신나는 두뇌체조〉
• 뇌지도를 통해 두뇌체조의 효과 알기
• 온몸 두드리기
〈오늘의 학습 목표와 과정 안내〉
• 뇌교육의 원리를 설명한다.
(정신차려라, 굿 뉴스가 굿 브레인을 만든다.)
• 인디언 추장의 마음 속 두 마리 늑대 이야기</td><td>음악자료
동영상
자료
PPT자료</td><td>20분</td></tr>
<tr><td>마음
표현하기</td><td colspan="4">〈자신의 신체 상태 진단하기〉
• 유연성, 균형감각, 협응력, 지구력을 측정
• 신체 상태를 진단하고 느낀 점을 나눈다.
• 신체의 중요성을 알고, 호흡명상으로 마무리한다.
〈감정 단어 익히기〉
• 감정 카드와 표정으로 감정을 구분한다.
〈감정을 표현하기〉
• 시를 감상한다.
(안톤 슈타크 '우리를 슬프게 하는 것들')
• 나의 주된 정서를 깊이 생각해보고, 긍정과 부정의 정서에 관하여 패러디 시를 작성한다.
〈나를 은유적으로 표현하기〉
• 시를 감상한다.
(박성우, '난 빨강', '아직은 연두')
• 오늘의 활동을 통해 나를 은유적으로 표현하고, 그 이유를 적는다.</td><td>시자료
활동지</td><td>60분</td></tr>
<tr><td>마음나누기</td><td colspan="4">〈긍정적 정서 되돌려주기와 서로 나누기〉
• 호흡 명상으로 오늘 활동을 돌아본다.
• 정서 표현 글쓰기에 대한 느낌을 나눈다.
• 나를 은유적으로 표현하고 이유를 발표한다.
• 서로에게 지지의 한 마디를 나눈다.</td><td></td><td>20분</td></tr>
<tr><td>마음
성찰하기</td><td colspan="4">〈소감문 작성〉</td><td>소감문</td><td>10분</td></tr>
<tr><td>마음 실천
하기</td><td colspan="4">〈생활 속 실천하기〉
• 1일3감사 단톡에 올리기
• 글쓰기 다이어리 돌아가며 선택하여 쓰고 나누기</td><td>SNS
교재</td><td>10분</td></tr>
</table>

별칭 (   )

나의 신체 상태 진단하기

<table>
<tr><th rowspan="2"></th><th rowspan="2">동작명</th><th rowspan="2"></th><th colspan="5">점수기준</th></tr>
<tr><th>1</th><th>2</th><th>3</th><th>4</th><th>5</th></tr>
<tr><td>균형
감각</td><td>한발로
균형잡기</td><td>자세 유지
시간</td><td>0~3초</td><td>3~5초</td><td>5~10초</td><td>10~15초</td><td>15~20초</td></tr>
<tr><td rowspan="2">유연성1</td><td rowspan="2">깍지껴
팔 펴주기</td><td rowspan="2">팔이 펴진
정도</td><td>(왼)거의
안펴짐</td><td>약간
펴짐</td><td>반 정도
펴짐</td><td>반 이상
펴짐</td><td>완전히
펴짐</td></tr>
<tr><td>(오)거의
안펴짐</td><td>약간
펴짐</td><td>반 정도
펴짐</td><td>반 이상
펴짐</td><td>완전히
펴짐</td></tr>
<tr><td>유연성2</td><td>양손 바닥에
닿기</td><td>손과
바닥과의
거리(cm)</td><td>40</td><td>30</td><td>20</td><td>10</td><td>손바닥이
닿음</td></tr>
<tr><td>협응력</td><td>눈감고
제자리 걷기</td><td>정면자세
유지</td><td>원을
돈다</td><td>반원</td><td>45도</td><td>15도</td><td>정면</td></tr>
<tr><td>지구력</td><td>바닥에 앉아
두 다리들기</td><td>자세 유지
시간</td><td>0~10초</td><td>20초</td><td>30초</td><td>40초</td><td>1분</td></tr>
<tr><td colspan="3">총점수</td><td></td><td></td><td></td><td></td><td></td></tr>
</table>

♣ 느낀점은...

표정으로 감정 찾기

우리를 슬프게 하는 것들(안톤 슈낙)

울음 우는 아이들은 우리를 슬프게 한다.

정원(庭園)의 한편 구석에서 발견된 작은 새의 시체 위에 초추(初秋)의 양광(陽光)이 떨어질 때, 가을은 우리를 슬프게 한다. 그래서 가을날 비는 처량히 내리고 사랑하는 이의 인적(人跡)은 끊겨 거의 일주일 간이나 혼자 있게 될 때, 아무도 살지 않는 옛 궁성(宮城). 그래서 벽에서는 흙뭉치가 떨어지고 창문의 삭은 나무 위에서 '아이세여 나는 너를 사랑하노라.'라는 거의 판독(判讀)하기 어려운 글귀를 볼 때. 오랜 세월이 지난 후에 문득 발견된 돌아가신 아버지의 편지. 그 곳에 씌었으되 "나의 사랑하는 아들아, 너의 소행이 내게 얼마나 많은 불면의 밤을 가져오게 하였던가..." 대체 나의 소행이란 무엇이었던가. 혹은 하나의 연애 사건, 혹은 하나의 허언(虛言), 혹은 하나의 치희(稚戲), 이제는 벌써 그 숱한 허물들도 기억 속에서 찾을 수가 없는데, 그때 아버지는 그로 인해 가슴을 태우셨던 것이다.

동물원에 잡힌 범의 불안초조가 또한 우리를 슬프게 한다. 언제 보아도 철창가를 왔다 갔다 하는 범의 그 빛나는 눈, 그 무서운 분노, 그 괴로운 부르짖음, 그 앞발의 한없는 절망, 그 미친 듯한 순환, 이 모든 것이 우리를 더없이 슬프게 한다.

'휠델린'의 시장, '아이헨도르프의 가곡. 옛 친구를 만났을 때. 학창 시절의 친구 집을 방문했을 때. 그리하여 그가 이제는 우러러 볼 만한 고관대작, 혹은 돈 많은 기업주의 몸이 되어, 우리가 몽롱하고 우울한 언어를 조종하는 한낱 시인밖에 못 되었다는 이유에서 우리에게 손을 주기는 하나, 벌써 우리를 알아보려 하지 않는 듯한 태도를 취하는 것같이 보일 때. 포수의 총부리 앞에 죽어 가는 사슴의 눈초리. 쟈스민 향기. 이것은 항상 나에게 창 앞에 한 그루 고목이 선 내 고향을 생각하게 한다. <중간 생략>

어린 시절 살던 조그만 마을을 다시 찾았을 때.
그 곳에는 이미 아무도 당신을 알아 보는 이 없고,
일찍이 뛰놀던 놀이터에는 거만한 붉은 주택들이 들어서 있는데다,
당신이 살던 집에서는 낯선 이의 얼굴이 내다보고,
왕자처럼 경이롭던 아카시아 숲도 이미 베어 없어지고 말았을 때.
이 모든 것은 우리의 마음을 슬프게 하는 것이다.
하지만 우리를 슬프게 하는 것들이 어찌 이것뿐이랴.
오뉴월의 장의 행렬. 가난한 노파의 눈물.
거만한 인간. 바이올렛색과 검정색, 그리고 회색의 빛깔들.
둔하게 울려오는 종소리. 징소리. 바이올린의 G 현.
가을 밭에서 보이는 연기. 산길에 흩어져 있는 비둘기의 깃.
자동차에 앉아 있는 출세한 부녀자의 어깨. 유랑 가극단의 여배우들.
세 번째 줄에서 떨어진 어릿광대. 지붕위로 떨어지는 빗소리. 휴가의 마지막 날.

사무실에서 때묻은 서류를 뒤적이는 처녀의 가느다란 손.
만월의 밤, 개 짖는 소리. <크누우트 함순>의 두세구절.
굶주린 어린아이의 모습. 철창 안으로 보이는 죄수의 창백한 얼굴.
무성한 나뭇가지 위로 내려앉는 하얀 눈송이
– 이 모든 것 또한 우리의 마음을 슬프게 하는 것이다.

긍정의 감정단어 예시

- 감동받은, 뭉클한, 감격스런, 벅찬, 환희에 찬, 황홀한, 충만한
- 고마운, 감사한
- 즐거운, 유쾌한, 통쾌한, 흔쾌한, 기쁜, 반가운, 행복한
- 따뜻한, 감미로운, 포근한, 푸근한, 사랑하는, 훈훈한, 정겨운, 정을 느끼는, 친근한
- 뿌듯한, 산뜻한, 만족스런, 상쾌한, 흡족한, 개운한, 후련한, 든든한, 흐뭇한
- 편안한, 느긋한, 담담한, 친밀한, 친근한, 긴장이 풀리는, 안심되는, 차분한
- 평화로운, 누그러지는, 고요한, 여유로운, 진정되는, 잠잠해진, 평온한
- 흥미로운, 매혹된, 재미있는, 끌리는
- 활기찬, 짜릿한, 신나는, 용기 나는, 기력이 넘치는, 기운이 나는, 당당한, 살아있는, 생기가 도는, 원기가 왕성한, 자신감 있는, 힘이 솟는
- 흥분된, 두근거리는, 기대에 부푼, 들뜬, 희망에 찬, 기분이 들뜬

부정의 감정단어 예시

- 걱정되는, 까마득한, 암담한, 염려되는, 근심하는, 신경 쓰이는, 뒤숭숭한
- 무서운, 섬뜩한, 오싹한, 간담이 서늘해지는, 겁나는, 두려운, 진땀나는, 주눅 든
- 불안한, 조바심 나는, 긴장한, 떨리는, 안절부절못하는, 조마조마한, 초조한
- 불편한, 거북한, 겸연쩍은, 곤혹스러운, 멋쩍은, 쑥스러운, 언짢은, 괴로운, 난처한, 답답한, 갑갑한, 서먹한, 어색한, 찝찝한
- 슬픈, 구슬픈, 그리운, 목이 메는, 서글픈, 서러운, 쓰라린, 애끊는, 울적한, 참담한, 처참한, 한스러운, 비참한, 안타까운, 처연한
- 서운한, 김빠진, 애석한, 야속한, 낙담한, 냉담한, 섭섭한
- 외로운, 고독한, 공허한, 허전한, 허탈한, 막막한, 쓸쓸한, 허한
- 우울한, 무력한, 무기력한, 침울한, 꿀꿀한
- 피곤한, 고단한, 노곤한, 따분한, 맥 빠진, 귀찮은, 지겨운, 절망스러운, 좌절한, 힘든, 무료한, 성가신, 지친, 심심한
- 혐오스런, 질린, 정떨어지는
- 혼란스러운, 멍한, 창피한, 놀란, 민망한, 당혹스런, 부끄러운
- 화나는, 끓어오르는, 속상한, 약 오르는, 분한, 울화가 치미는, 분개한, 억울한, 열 받는

나를 (　　　　　) 하는 것들 - 긍정감정

나를 (　　　　　) 하는 것들 - 부정감정

나를 은유적으로 표현하기

난 빨강 (박성우)

난 빨강이 좋아 새빨간 빨강이 좋아
발랑 까지고 싶게 하는 발랄한 빨강
누가 뭐라든 신경 쓰지 않고 튀는 빨강
빨강 립스틱 빨강 바지 빨강 구두
그냥 빨간 말고 발라당 까진 빨강이 좋아
빼지도 않고 앞뒤 재지도 않는 빨강
빨빨대며 쏘다니는 철딱서니 같아서 좋아
그 어디로든 뛰쳐나갈 수 있을 것 같은 빨강
난 빨강이 좋아, 새빨간 빨강이 좋아
해종일 천방지축 쏘다니는 말썽쟁이, 같은 빨강
빨랑 나도 빨강이 되고 싶어 빨랑
빨랑, 빨강이 되어 싸돌아다니고 싶어
빨빨 싸돌아다니다가 어느새 나도
빨강이 될 거야 새빨간 빨강,
빨강 치마 슈퍼우먼이 될 거야
빨강 팬티 슈퍼맨이 될 거야
빨강 구름 빨강 바다 빨강 빌딩숲 만들러 날아다닐 거야
새빨간 거짓말 같은 빨강,
막대사탕처럼 달달해가 빨리는 빨강,
혀를 내밀면 혓바닥이 온통
새빨갛게 물들어 있을 것 같은 달콤한 빨강
빨-강, 하고 말만 해도
세상이 온통 빨개질 것 같은 끈적끈적한 빨강

아직은 연두 (박성우)

난 연두가 초록이 아닌 연두
우물물에 설렁설렁 씻어 아삭 씹는
풋풋한 오이 냄새가 나는 것 같기도 하고
옷깃에 쓱쓱 닦아 아사삭 깨물어 먹는

시큼한 풋사과 냄새가 나는 것 같기도 한 연두
풋자두와 풋살구의 시큼시큼 풋풋한 연두,
난 연두가 좋아 아직은 풋내가 나는 연두
연초록 그늘을 쫙쫙 펴는 버드나무의 연두
기지개를 쭉쭉 켜는 느티나무의 연두
난 연두가 좋아 초록이 아닌 연두
누가 뭐래도 푸릇푸릇 초록으로 가는 연두
빈집 감나무의 떫은 연두
강변 미루나무의 시시껄렁한 연두
난 연두가 좋아 늘 내 곁에 두고 싶은 연두,
연두색 형광펜 연두색 가방 연두색 팬티
연두색 티셔츠 연두색 커튼 연두색 베갯잇
난 연두가 좋아 연두색 타월로 박박 밀면
내 막막한 꿈도 연둣빛이 될 것 같은 연두
시시콜콜, 마냥 즐거워하는 철부지 같은 연두
몸 안에 날개가 들어 있다는 것도 까마득 모른 채
배추 잎을 신나게 갉아 먹는 연두 애벌레 같은, 연두
아직 많은 것이 지나간 어른이 아니어서 좋은 연두
난 연두가 좋아 아직은 초록이 아닌 연두

나는 (　　　　　　　　　　　　　　　　　　　) 이다.
이유는:

학습주제	【3회기】 내 감정을 분석하라!
학습목표	• 텍스트 내 인물의 감정을 그려보고 표현해 볼 수 있다. • 성장일기를 통해 정서를 파악하고 요소별로 분석할 수 있다.

운영단계	나 만나기	원리	내면감정탐색의 원리	전략	자신의 감정 돌아보기
정서지능 구성요소		정서의 인식과 표현능력, 정서의 사고촉진능력			

수업 단계	교수-학습활동	준비물	시간
마음열기	〈꿈을 그리는 두뇌체조〉 • 온몸 털기 체조를 실시한다. • 미세한 몸의 진동을 느끼며 자신의 꿈을 그려본다. • 뇌교육의 원리를 설명한다.(선택하면 이루어진다) 〈오늘의 학습 목표와 과정 안내〉	음악자료 PPT자료	20분
마음 표현하기	〈인물의 감정 그려보기〉 • 빈 얼굴 활동지에 작품 속 인물의 정서를 표정으로 그려본다. (나희덕, '산 속에서', 김소월, '가는 길', 조세희, '난쟁이가 쏘아올린 작은 공', 학교생활 예 등) • 자신의 그림을 바탕으로 정서를 표현해본다. 〈성장일기 쓰기〉 • 그림책 읽기(재넌 케인 글 · 그림, '기분이 어때?') • 자신의 성장을 돌아보며 몇 개의 중요한 정서적인 경험의 사건으로 나누고 그래프를 그린 후 성장일기를 작성한다. 〈감정일기 쓰기〉 • 사건 하나를 선택하여 정서를 세분화한다. • 정서를 요소별로 나누어 기록해본다.	텍스트 그림책 활동지	50분
마음나누기	〈긍정적 정서 되돌려주기와 서로 나누기〉 • 호흡 명상으로 오늘 활동을 돌아본다. • 성장일기와 감정일기 중 선택하여 발표한다. • 오늘의 배움에 대한 느낌을 나눈다. • 서로에게 지지의 한 마디를 나눈다.		30분
마음 성찰하기	〈소감문 작성〉	소감문	20분
마음 실천하기	〈생활 속 실천하기〉 • 1일3감사 단톡에 올리기 • 글쓰기 다이어리 돌아가며 선택하여 쓰고 나누기	SNS 교재	

나의 성장 일기 쓰기

☆ 지금까지 내 삶에 영향을 준 사건을 간단히 적어보아요.

(　　세)	
(　　세)	
(　　세)	
(　　세)	
(　　세)	

☆ 위의 사건을 그래프로 그려볼까요?

+5	긍정적	(　　)세	(　　)세	(　　)세	(　　)세	(　　)세
+4						
+3						
+2						
+1						
0						
−1						
−2						
−3						
−4						
−5	부정적					

☆ 과거로 돌아가서 최고점과 최저점일 때 나는 어떤 생각을 하고 어떤 감정을 느꼈었나요?

	생각	감정
최고점		
최저점		

☆ 내 인생 이야기 한바탕 적어 볼까요?

☆ 친구들에게 이야기하니 어떤가요? 또 친구들 이야기를 들으니 어떤가요?

나에게 집중하는 감각 깨우기(감정일기)

별칭

있었던 일

그때의 감정

감정의 정도(1-10)

인지적요소(생각)

생리적요소(신체감각)

행동적요소(행동 표현)

체험적요소(주관적느낌)

비슷한 감정을 느꼈던 기억

이전의 기억과 오늘의 공통점

3회기 활동지

인물의 감정 그려보기

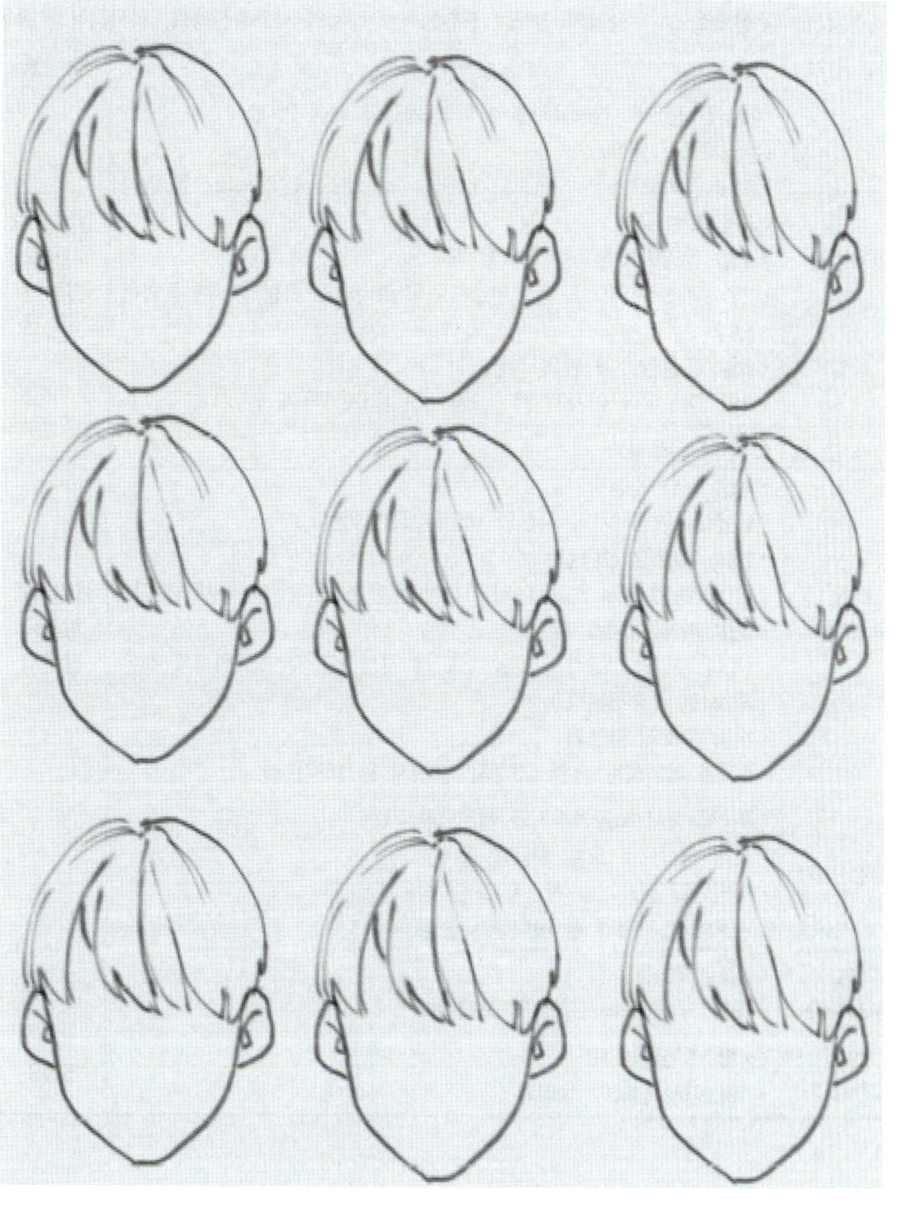

<table>
<tr><td>학습주제</td><td colspan="5">【4회기】 안녕 '나'!</td></tr>
<tr><td>학습목표</td><td colspan="5">• 4일 동안 글을 쓰며 다양한 관점에서 자신의 내면을 표현할 수 있다.
• 자신의 글을 통해 자신에 대해 알게 된 점을 쓰고 말할 수 있다.</td></tr>
<tr><td>운영단계</td><td>나 알아가기</td><td>원리</td><td>자기 치유의 원리</td><td>전략</td><td>내면 아이와 만나기</td></tr>
<tr><td colspan="2">정서지능 구성요소</td><td colspan="4">정서의 인식과 표현능력, 정서의 사고촉진능력, 정서지식의 활용능력</td></tr>
<tr><td>수업 단계</td><td colspan="3">교수-학습활동</td><td>준비물</td><td>시간</td></tr>
<tr><td>마음열기</td><td colspan="3">〈4일 간 줌으로 진행〉〈오늘의 학습 목표와 과정 안내〉
〈두뇌체조와 명상〉
• 1일: 임맥풀기, 2일: 단전치기, 3일: 뫼산체조, 4일: 뇌파진동 명상
〈마음 여는 글〉
• 1일: 김영이, '침묵을 깨야할 때'
• 2일: 맥스 루케이도 글 · 세르지오 마르티네즈 그림, '너는 특별하단다'
• 3일: 도종환, '내 안의 시인'
• 4일: 이노우에 마사지 글 · 그림, '하나라도 백 개 인 사과'</td><td>음악자료
시자료
그림책</td><td>10분</td></tr>
<tr><td>마음
표현하기</td><td colspan="3">〈표현적 글쓰기〉
• 1일: 문장 완성하기
(문장을 완성해가며 자신의 내면을 표현해본다.)
• 2일: 10분간 전력질주
(10분 동안 쉬지 않고 '나의 기특한 점'을 쓰며 자존감을 채워본다.)
• 3일: 마음 살피기 시
(제니 케니언, '그러지 못할 수도'를 감상하고 자신의 하루를 적은 후 시로 표현해본다.)
• 4일: 구조적 글쓰기
('나를 파괴하는 습관 50가지' 끝까지 완성하기)</td><td>음악자료
시자료
활동지</td><td>30분</td></tr>
<tr><td>마음나누기</td><td colspan="3">〈긍정적 정서 되돌려주기와 서로 나누기〉
• 호흡 명상으로 오늘 활동을 돌아본다.
• 매일매일 글쓰기를 하면서 느낀 점을 나눈다.
• 서로에게 지지의 한 마디를 나눈다.</td><td></td><td>10분</td></tr>
<tr><td>마음
성찰하기</td><td colspan="3">〈소감문 작성〉
• 매일 글쓰기 후 소감문을 작성한다.</td><td>소감문</td><td>10분</td></tr>
<tr><td>마음
실천 하기</td><td colspan="3">〈생활 속 실천하기〉
• 1일3감사 단톡에 올리기</td><td>SNS</td><td></td></tr>
</table>

내 안의 시인 (도종환)

모든 사람의 가슴속에는 시인이 살고 있었다는데
그 시인 언제 나를 떠난 것일까
제비꽃만 보아도 걸음을 멈추고 쪼그려 앉아
어쩔 줄 몰라하며 손끝 살짝살짝 대보던
눈빛 여린 시인을 떠나 보내고 나는 지금
습관처럼 어디를 바삐 가고 있는 걸까
맨발을 가만 가만 적시는 여울물 소리
풀잎위로 뛰어내리는 빗방울 소리에 끌려
토란잎을 머리에 쓰고 달려가던
맑은 귀를 가진 시인 잃어버리고
오늘 하루 나는 어떤 소리에 묻혀 사는가
바알갛게 물든 감잎 하나를 못 버리고
책갈피에 소중하게 끼워 두던 고운 사람
의롭지 않은 이가 내미는 손은 잡지 않고
산과 들 서리에 덮여도 향기를 잃지 않는
산국처럼 살던 곧은 시인 몰라라 하고
나는 오늘 어떤 이들과 한길을 가고 있는가
내 안에 시인이 사라진다는 건 마지막까지
남아 있던 최후의 인간이 사라지는 거라는데
지팡이로 세상을 짚어가는 눈먼 이의
언 손위에 가만히 제 장갑을 벗어놓고 와도
손이 따뜻하던 착한 시인 외면하고
나는 어떤 이를 내 가슴속에 데려다놓은 것일까

1일차

문장 완성하기

- 카트린 아담스의 『저널치료의 실제』에서 발췌

나의 별칭(   )

마음속에 떠오르는 첫 번째 단어를 가지고 다음의 문장을 완성해 보자.
지나치게 오래 생각하지 말자구!

☆ 나 자신을 묘사하는 말은 ________________________________이다.

☆ 내 자서전을 묘사하는 말은 ______________________________이다.

☆ 내 자신의 내면을 들여다보면 나는 ______________________을 발견한다.

☆ 내 안의 비판자는 “나는 __________________________이다.”라고 말한다.

☆ 내 안의 지혜자는 “나는 __________________________이다.”라고 말한다.

☆ 내가 가장 가깝게 느끼는 사람은 ____________________________이다.

☆ 나의 현재 기분을 나타내는 색깔이 있다면 ______________________색이다.

다음 문장을 조금 더 긴 생각으로 채워보자.
(처음 생각을 고치려 하지 말자구!)

☆ 나의 사람됨은

☆ 나에게 만약 한가한 시간이 있었다면 하고 싶었던 것은

☆ 내가 감사하게 생각하는 것은

☆ 나에게 큰쓰기린

다음의 질문에 대한 세 가지 이상의 문장을 완성해 보자.

☆ 나는 언제 글쓰기에 대해 생각하는가...

☆ 지금 내가 해야 하는 가장 중요한 일은...

☆ 내가 원하는 것은...

☆ 현재 내가 직면한 가장 큰 도전들은...

☆ 더 하고 싶은 이야기는...

침묵을 깨야 할 때

－김영이－

침묵은
아픈 사람을
더 아프게 하고
슬픈 사람을
더 슬프게 하며
눌린 사람을
더 짓누르게 합니다.
침묵은
무엇인가를
소리 없이 파괴합니다.
생명을 서서히
앗아갑니다.
침묵 속에서는
정의가 질식하고
사랑은
불구가 됩니다.
이런 것을 보고도
말하지 않으면
오히려 돌들이
소리칠 것이므로

3일차

마음 살피기 글

-제임스 W. 페니베이커, 존 F. 에반스의 '표현적 글쓰기'

긴장을 풀고 자연스럽게~
형식같은 건 무시하고 원하는 대로~
내 안의 나쁜 늑대는 잠시 꺼두고 편안하게~
자, 준비되었나요?

1. 오늘 아침 잠에서 깼을 때 처음 떠오른 생각은 무엇인가요?
2. 일어나기 전에 오늘에 대해 알아차린 것은 무엇인지 묘사해 봅시다.
3. 일어나서 처음 한 생각은?
4. 잠은 잘 잤나요?
5. 어떤 꿈을 꾸었나요?
6. 날씨에 대해 처음 느낀 것은?
7. 이불에서 나올 때 육체적, 감정적으로 어떻게 느꼈는지 묘사해 봅시다.
8. 집에서 나올 때까지 하는 일들을 구체적으로 써 볼까요? (먹은 것, 한 일 들, 그 중에 즐긴 일은 무엇인가요?)
9. 등교 중에 있던 일을 묘사해 봅시다. 주변에서 본 것들은 무엇인가요?
10. 조회시간은 어땠나요?
11. 점심시간은 어땠나요? 누구와 먹었나요? 맛은? 무엇이 가장 좋았나요?
12. 오늘 하루 들었던 수업, 몰두했던 일, 친구들과의 수다를 묘사해 봅시다.
13. 하루 종일 계속 떠오르는 생각이 있었다면 써 보세요.
14. 저녁 시간은 어땠나요? 가족들과는? 저녁식사는? 이 곳에 모이기 전까지 했던 일들과 감정을 적어 봅시다.
15. 오늘 잠들기 전 무엇을 할 건가요?
16. 오늘은 이번 주의 남은 날들과 조화를 이루고 있나요?

(내가 관찰한 나의 하루)

나의 별칭(   )

그렇지 못할 수도

–제인 케니언–

건강한 다리로
침대에서 일어났다.
그렇게 못할 수도 있었다.

시리얼과 달콤한 우유와
흠 없이 잘 익은 복숭아를 먹었다.
그렇게 못할 수도 있었다.

개를 데리고 언덕 위
자작나무 숲으로 갔다.
아침 내내 내가 좋아하는 일을 하고
오후에는 사랑하는 이와 함께 누웠다.
그렇게 못할 수도 있었다.

우리는 은촛대가 놓인 식탁에서
함께 저녁을 먹었다.
그렇게 못할 수도 있었다.

벽에 그림이 걸린 방에서
잠을 자고
오늘 같은 내일을 기약했다.

그러나 나는 안다, 어느 날인가는
그렇게 못하게 되리라는 걸

마음 살피기 시

나의 별칭(   )

4일차

구조적 글쓰기

(나를 파괴하는 습관 50가지)

나의 별칭(   )

1 ____________________

2 ____________________

3 ____________________

4 ____________________

5 ____________________

6 ____________________

7 ____________________

8 ____________________

9 ____________________

10 ____________________

11 ____________________

12 ____________________

13 ____________________

14 ____________________

15 ____________________

16 ____________________

17 ____________________

18 ____________________

19 ____________________

20 ____________________

21 ____________________

22 ____________________

23 ____________________

24 ____________________

25 ____________________

26 ____________________

27 ____________________

28 ____________________

29 ____________________

30 ____________________

31 ____________________

32 ____________________

33 ____________________

34 ____________________

35 ____________________

36 ____________________

37 ____________________

38 ____________________

39 ____________________

40 ____________________

41 ____________________

42 ____________________

43 ____________________

44 ____________________

45 ____________________

46 ____________________

47 ____________________

48 ____________________

49 ____________________

50 ____________________

<table>
<tr><td>학습주제</td><td colspan="5">【5회기】 그랬구나, 그랬어!</td></tr>
<tr><td>학습목표</td><td colspan="5">• 선화그리기를 통한 글쓰기로 자신의 내면을 표현할 수 있다.
• 일대일대화로 자신의 글을 해석할 수 있다.</td></tr>
<tr><td>운영단계</td><td>나 알아가기</td><td>원리</td><td>자기 치유의 원리</td><td>전략</td><td>내면아이에게 듣기</td></tr>
<tr><td colspan="2">정서지능 구성요소</td><td colspan="4">정서의 인식과 표현능력, 정서의 사고촉진능력, 정서지식의 활용능력</td></tr>
<tr><td>수업 단계</td><td colspan="3">교수-학습활동</td><td>준비물</td><td>시간</td></tr>
<tr><td>마음열기</td><td colspan="3">〈감정감각 깨우기〉
• 온몸 털기 체조와 비우기를 통해 신체와 감정의 감각을 열어둔다.
〈오늘의 학습 목표와 과정 안내〉
• 수필을 감상한다.
(이봉희, '내 마음을 만지다')</td><td>음악자료
수필자료</td><td>20분</td></tr>
<tr><td>마음
표현하기</td><td colspan="3">〈선화 그리기〉
• 감정표현 글쓰기를 위해 머윈의 '쓰이지 않은 말'을 감상한다.
• 선화 그리기를 안내한다.
• 선으로 자신의 감정을 풀어 본다.
• 자신의 선화를 들여다보며 모양을 찾아본다.
• 그림 분석의 내용을 서로 나눈다.
〈글쓰기〉
• 감정표현 글쓰기의 방법과 규칙을 안내한다.
• 글쓰기 유도문으로 시작하여 3분간 글을 쓴다.
• 자신의 글을 발표한다.
• 느낀점을 써 본다.
• 내면적인 유대감을 형성하는 방법을 안내한다.
• 일대일대화로 자신에 대한 공감적 이해와 정서적 통찰이 일어나도록 안내한다.</td><td>음악자료
시자료
활동지</td><td>60분</td></tr>
<tr><td>마음나누기</td><td colspan="3">〈긍정적 정서 되돌려주기와 서로 나누기〉
• 호흡 명상으로 오늘 활동을 돌아본다.
• 오늘 활동에서 느낀 점을 서로 나누고 정서를 공유한다.</td><td>음악자료</td><td>20분</td></tr>
<tr><td>마음
성찰하기</td><td colspan="3">〈소감문 작성〉</td><td>소감문</td><td>20분</td></tr>
<tr><td>마음 실천
하기</td><td colspan="3">〈생활 속 실천하기〉
• 1일3감사 단톡에 올리기
• 글쓰기 다이어리 돌아가며 선택하여 쓰고 나누기</td><td>SNS
교재</td><td></td></tr>
</table>

선화그리기 (이봉희의 '내 마음을 만지다' 참고)

쓰이지 않은 말 (W. S. **머윈**)

이 연필 안에는
한 번도 써진 적 없는 단어들이 웅크리고 있다
한 번도 말해진 적 없고
한 번도 알려진 적 없는
그들은 숨어 있다 //
단어들은 그 안에서 깨어 있다
어둠 속에 눈먼 채
우리의 말을 엿들으며
하지만 사랑으로도 시간으로도 불로도
그들은 밖으로 나오지 않으리라 //
어둠이 닳아 없어졌을 때조차
단어들은 여전히 거기 있다
공기 중에 숨어서
수많은 사람들은 몇 날 며칠 단어들을 헤치고 걸으며
그들을 들이마시고도
여전히 알아차리지 못하리라 //
단어들이 펼쳐 보여주지 않는
그것은 어떤 문자일까
어떤 언어로
나는 그것을 알아볼까
내가 그것을 이해할 수 있을까
모든 것들의 참된 이름을
깨닫기 위해서 //
어쩌면 그것은 그리 많은
단어들이 아닐지도 모른다
어쩌면 거기엔 단 하나의 단어만이 있을지도
그게 우리에게 필요한 전부일지도 모른다

오늘은 선으로 내 감정을 풀어볼 겁니다. 부드럽게 선이 그어지는 펜 하나를 골라 곡선이든 직선이든 계속 이어서 그려봅니다. 나눠드리니 종이에 글씨가 아닌 선으로만 내 감정을 푸는 연습을 하는 겁니다.
멈추지 않기, 내 감정이 이끄는 대로 이어그리기입니다.

감정표현 글쓰기 (이봉희의 '내 마음을 만지다' 참고)

나의 별칭(   )

<table>
<tr><td>학습주제</td><td colspan="6">【6회기】 내 감정을 풀어보자!</td></tr>
<tr><td>학습목표</td><td colspan="6">• 부정 감정의 경험을 단계별로 체험하며 수용할 수 있다.
• 글을 쓰며 부정 정서를 자유롭고 솔직하게 분출할 수 있다.</td></tr>
<tr><td>운영단계</td><td>나 알아가기</td><td>원리</td><td>감정 정화의 원리</td><td>전략</td><td colspan="2">부정 정서 정화하기</td></tr>
<tr><td colspan="2">정서지능 구성요소</td><td colspan="5">정서의 인식과 표현능력, 정서의 사고촉진능력, 정서조절능력</td></tr>
<tr><td>수업 단계</td><td colspan="4">교수-학습활동</td><td>준비물</td><td>시간</td></tr>
<tr><td>마음열기</td><td colspan="4">〈감정감각 깨우기〉
• 온몸 털기 체조와 비우기를 통해 신체와 감정의 감각을 열어둔다.
〈오늘의 학습 목표와 과정 안내〉
• 시를 감상한다.(이시훈, '나로부터 나를')</td><td>음악자료
시자료</td><td>20분</td></tr>
<tr><td>마음
표현하기</td><td colspan="4">〈감정표현 연습하기〉
• 감정카드를 활용하여 조별로 감정 표현을 해본다.
〈부정감정경험 체험하기〉
• 그림책을 감상한다.
(뮈데 프린츠 모엔슨, '용기가 필요해')
• 감정을 명명한다.
• 감정을 느끼고 말로 표현한다.
• 감정과 만나 충동대로 행동으로 표현한다.
• 감정을 인지적으로 수용한다.
(그런 상황이나 일, 생각이 일어날 수 있음을 받아들이는 것)
• 감정에 대해 정리하고 안내한다.
〈보내지 않는 편지 쓰기〉
• 상황과 대상을 떠올리며 솔직하게 편지글을 작성한다.</td><td>음악자료
감정카드
그림책
활동지</td><td>60분</td></tr>
<tr><td>마음나누기</td><td colspan="4">〈긍정적 정서 되돌려주기와 서로 나누기〉
• 호흡 명상으로 오늘 활동을 돌아본다.
• 활동을 통해 알게된 점, 느낀 점을 서로 나누고 정서를 공유한다.</td><td>음악자료</td><td>20분</td></tr>
<tr><td>마음
성찰하기</td><td colspan="4">〈소감문 작성〉
〈프로그램 중간 질문지 작성〉</td><td>소감문</td><td>20분</td></tr>
<tr><td>마음 실천
하기</td><td colspan="4">〈생활 속 실천하기〉
• 1일3감사 단톡에 올리기
• 글쓰기 다이어리 돌아가며 선택하여 쓰고 나누기</td><td>SNS
교재</td><td></td></tr>
</table>

부정감정경험 체험하기

나로부터 나를 (이시훈)

난시가 심해지면서 사물을 바라볼 때마다 양미간을 찌푸리는 습관이 생겼다. 인상을 잔뜩 써야 일그러진 형상이 뚜렷하게 보여지곤 한다. 요컨데, 바른 표정과 웃는 눈빛으로는 사물이 바로 보이지 않는, 비틀린 시각을 갖게 되었다. 뒤틀린 어법과 삐딱한 시선으로 바라보는 세상은 늘 안개 속의 가시밭길이었다.

어느 날 거울을 보며 처음 보는 것처럼 신기한 사실을 발견했다. 나의 눈과 귀와 코와 입이 모두 바깥을 향해 달려있다는 거다! 나는 한번도 내 안을 들여다 본 적이 없다. 그 캄캄한 어둠의 깊이를. 나는 내 안에서 울려나오는 소리를 듣지 못한다. 온갖 추악한 언어의 난동을. 내 안에 고여있는 물의 지독한 냄새를 맡지 못한다는 건 천만다행이건만. 나는 내 안을 향해 말하지 못한다. 오, 가엾다고.

부디 나로부터 나를 구원하소서.

당신은 지금 안전한 시간에, 안전한 장소에, 안전한 사람과 함께 있습니다.

1. 상황을 떠올린다.
(누가, 언제, 어디서, 무엇을, 어떻게, 왜 등)

____

____

____

____

____

____

2. 감정을 명명한다.
3. 감정을 느끼고 말로 표현한다.
   - 당시의 상황, 감정에 대해 이야기한다.
   - 일차적 감정을 느끼고 표현한다.(기쁨, 슬픔, 분노 등 솔직하게)
   - 말로 소리내여 표현한다.

4. 감정과 만나 충동대로, 행동으로 표현한다.
5. 감정을 인지적으로 수용한다.
   - 그런 생각이 떠오를 수 있음을 인정한다.
   - 그런 상황이나 일이 자신에게 일어날 수 있음을 받아들인다.
   - 느껴지는 감정을 그대로 받아들인다.

감정은 흐르는 것. 있는 그대로 감정을 좇아가는 것이 감정을 만나는 지름길

보내지 않는 편지

<table>
<tr><td>학습주제</td><td colspan="5">【7회기】 반갑다 친구야!</td></tr>
<tr><td>학습목표</td><td colspan="5">• 짝과 묻고 답하는 과정에서 라포를 형성하고 경청을 익힐 수 있다.
• 느낌을 나누는 활동을 통해 공감을 익힐 수 있다.</td></tr>
<tr><td>운영단계</td><td>너 만나기</td><td>원리</td><td>상호작용의 원리</td><td>전략</td><td>공감과 경청하기</td></tr>
<tr><td colspan="2">정서지능 구성요소</td><td colspan="4">정서의 인식과 표현능력, 감정이입능력, 정서의 사고촉진능력</td></tr>
<tr><td>수업 단계</td><td colspan="3">교수-학습활동</td><td>준비물</td><td>시간</td></tr>
<tr><td>마음열기</td><td colspan="3">〈감정감각 깨우기〉
• 두 사람씩 짝을 지어 ‘사랑주기’ 활동으로 감정감각을 깨우고, 나누는 기쁨을 느끼며 마음을 연다.
〈오늘의 학습 목표와 과정 안내〉
• 공감과 경청에 대해 의견을 나눈다.
• 수필을 감상한다.(정혜신, ‘당신이 옳다’)</td><td>수필자료
음악자료</td><td>20분</td></tr>
<tr><td>마음
표현하기</td><td colspan="3">〈공감과 경청 알기〉
• 공감과 경청의 의미와 방법을 안내한다.
〈문답으로 대화하기〉
• 활동 방법을 설명한다.
• 친하지 않은 사람을 선택하여 짝을 정한다.
(칩&댄 히스, ‘순간의 힘’ 중 발췌한 아트 아론의 36가지 질문지 활용)
• 짝을 지어 문답으로 대화를 나눈다.
(3개의 세션을 각각 15분씩 진행)
• 느낌을 발표한다.
• 친밀함에 대해 이야기를 나눈다.</td><td>음악자료
활동지</td><td>60분</td></tr>
<tr><td>마음나누기</td><td colspan="3">〈긍정적 정서 되돌려주기와 서로 나누기〉
• 호흡 명상으로 오늘 활동을 돌아본다.
• 교감과 연결에 대해 이야기를 나누고 정서를 공유한다.</td><td>음악자료</td><td>20분</td></tr>
<tr><td>마음
성찰하기</td><td colspan="3">〈소감문 작성〉</td><td>소감문</td><td>20분</td></tr>
<tr><td>마음 실천
하기</td><td colspan="3">〈생활 속 실천하기〉
• 1일3감사 단톡에 올리기
• 글쓰기 다이어리 돌아가며 선택하여 쓰고 나누기</td><td>SNS
교재</td><td></td></tr>
</table>

(적정심리학) 정해신의 '당신이 옳다' 요약

사람의 마음을 움직이는 일은 굉장히 어렵다. 사람의 마음을 움직이게 하는 정확한 한 지점이 바로 한 개별적 존재로서 그 사람의 고유한 '자기'다. 사람은 '자기'에게 공감해 주는 사람에게 반드시 반응하는 존재다.

심리적 목숨을 유지하기 위해 끊임없이 공급받아야 하는 산소 같은 것이 바로 '당신이 옳다'라는 확인이다. 언제든 그 마음을 인정하는 것이 첫째! 그런 마음이 들 때는 그럴 만한 이유가 있었을 거라고. 그러니 당신이 옳다고. 다른 말은 모두 그 말 이후에 해야 마땅. 그것이 제대로 된 순서이고 사람을 대하는 예의다.

"당신이 옳다."

온 체중을 실은 그 짧은 문장만큼 누군가를 강력하게 변화시키는 말은 세상에 또 없다.

"요즘 마음이 어떠세요?"

심리적 심폐소생술의 첫 단계!

자기 소멸에 대한 두려움과 공포에 휩싸인 사람은 수단과 방법을 가리지 않고 방전에 저항한다, 자기 존재 증명을 필사적으로 시도한다.

존재가 소멸된다는 느낌이 들 때 가장 빠르게 자기 존재를 확인하고 증명하는 방법이 폭력이다. 폭력은 자기존재감을 극대화시키는 가장 확실한 방법이다.

'나'라는 존재가 거의 지워져 자기 소멸에 이른 사람을 만난다면?

'나'가 또렷하게 돌아올 때까지 그의 '나'가 위치한 바로 그곳을 강하게 압박한다.

"요즘 마음이 어떠세요?"(어떤 일들이 있었는지, 어떤 느낌–감정–이 들었는지, 묻고 또 묻고 온 마음으로 듣고 또 듣고)

내 느낌이나 감정은 내 존재로 들어가는 문이다. '나'가 또렷해져야 그 다음부터 비로소 내 삶으로 들어갈 수 있다.

충조평판(고통에 빠진 사람의 상황에서 고통은 소거하고 상황만 인식할 때 나오는 말! 고통을 소거하면 이미 팩트가 아님!) 날리지 말고 공감하라!

벼랑 끝에 서 있는 사람에게는 해줄 말이 없다. 필요한 건 내말이 아니라 그의 말이다.

"지금 네 맘이 어떤 거니?"

"네 고통은 도대체 어느 정도인 거니?"

대답은 중요하지 않다. 자기 존재에 주목하고 그런 질문을 하는 사람의 존재를 그가 확인할 수 있다는 것이 중요하다.(치유의 핵심-공감)

자기 존재가 있는 그대로 수용되는 순간은 당사자가 누구보다 즉각적으로 감지한다. 생명의 본능이다.

잘 모르면 우선 찬찬히 물어야 한다. 내가 모르고 있다는 것을 인정해야 시작되는 과정이 공감이다. 제대로 알고 이해할 수 있을 때까지 조심스럽게 물어야 공감할 수 있다.

"내가 잘 몰라서 너를 잘 이해하지 못할까 봐 물어보는 건데……"

거부감 들지 않고 다정하게, 그러나 구체적인 질문을 던지는 사람이 공감유발자다. 공감은 타고나는 것이 아니라 배우고 익히는 습관이다.

공감에는 과녁(존재 자체)이 있다.

자기마음을 말하고 싶어도 어떻게 해야 할지 잘 모르는 경우가 많다. 그래서 이야기하는 사람보다 듣는 사람이 이야기를 과녁에 맞게 바꿔주는 것으로 시작하는 게 더 수월하다.

공감은 상대에게 전하는 말의 내용 자체가 따뜻한가 아닌가가 핵심이 아니라 그 말이 궁극적으로 어디를 향하고 있는지, 그 말이 어디에 내려앉는 말인지가 더 중요하다.

치유란 속마음을 보호하는 동시에 농이 가득 찬 속마음을 드러내는 일이다. 모순되는 그 일을 마법처럼 해내는 것이 공감이다.

사람의 감정은 항상 옳다. 사람을 죽이거나 부수고 싶어도 그 마음은 옳다. 그 마음이 옳다는 것을 누군가 알아주기만 하면 부술 마음도, 죽이고 싶은 마음도 없어진다. 비로소 분노의 지옥에서 빠져나온다. 그러나 사람의 감정은 늘 옳지만 그에 따른 행동까지 옳은 건 아니다. 별개다.

공감은 다정한 시선으로
사람 마음을 구석구석, 찬찬히, 환하게 볼 수 있을 때
닿을 수 있는 어떤 상태다.
사람의 내면을 한 조각, 한 조각 보다가
점차로 그 마음의 전체 모습이 보이면서
도달하는 깊은 이해의 단계가 공감이다.
상황을, 그 사람을 더 자세히 알면 알수록
상대를 더 이해하게 되고

이해하면 할수록 공감은 깊어진다.
그래서 공감은 타고나는 성품이 아니다.
내 걸음으로 한발 한발 내딛으며 얻게 되는 무엇이다.

<작가 후기 중>

그와 내가 서로 업고 업히고 살아온 시간 속에서 우리 삶은 점점 수월해졌고 모든 것이 또렷해졌다. 그 모든 것들은 우리가 만나는 사람과 상황마다 스미고 번졌다. 그래서 평화로웠다.

비가 바람에게 말했습니다.
'너는 밀어붙여 나는 퍼부울 테니'

–로버트 프로스트의 '쓰러져 있다' 중

그 '한 사람'이 있으면 사람은 산다.

Art Aron 36 Questions (칩&댄 히스의 '순간의 힘'에서 발췌)

Set 1

1. 세계의 누구든 다 초대할 수 있다면, 당신은 누굴 저녁 식사에 초대하고 싶은가요?
2. 당신은 유명해지기를 원합니까? 어떤 방법으로요?
3. 당신은 전화를 걸기 전에 상대에게 이야기 할 것을 미리 연습하나요? 그 이유는요?
4. 당신에게 완벽한 날이 되기 위해 어떤 게 필요한가요?
5. 가장 최근에 당신 자신을 위해 노래를 부른 게 언제였니요? 다른 사람을 위해 노래를 부른 적은 언제인가요?
6. 당신이 90세까지 살 수 있고, 앞으로 60년 동안 몸과 마음 중 하나는 30세로 유지할 수 있다면, 당신은 몸과 마음 중 어느 것을 선택합니까?
7. 당신이 어떻게 죽을지에 대해 당신만 알고 있는 예감이 있나요?
8. 당신과 내가(질문을 하는 파트너) 공유하고 있는 것을 세 가지만 이야기 해보세요.
9. 당신 삶에서 가장 감사하다고 느끼는 것은 무엇인가요?
10. 당신이 성장한 방식 중에서 바꾸고 싶은 게 있다면 무엇인가요?
11. 4분 동안 당신의 삶에 대해 가능한 한 자세히 이야기 해보세요.
12. 당신이 내일 어떤 하나의 자질이나 능력을 갖고 깨어난다면 그것은 무엇일까요?

Set 2

13. 수정 구슬이 당신 자신, 당신의 삶, 당신의 미래 등에 대해 알려준다면, 당신은 무엇을 알고 싶나요?
14. 당신이 오랫동안 해보고 싶었던 꿈이 있나요? 왜 그것을 하지 않았나요?
15. 당신 삶에서 가장 큰 업적은 무엇입니까?
16. 당신이 우정에서 가장 가치 있게 여기는 것은 무엇인가요?
17. 당신의 가장 소중한 기억은 무엇인가요?
18. 당신의 가장 끔찍한 기억은 무엇입니까?
19. 당신이 1년 내에 갑자기 죽는다는 것을 알게 된다면, 당신은 지금 살고 있는 방식 중에서 무엇을 바꾸고 싶은가요? 그 이유는요?
20. 당신에게 우정은 어떤 의미인가요?
21. 사랑과 애정이 당신 삶에서 어떤 역할을 하나요?
22. 나의(질문을 하는 파트너) 긍정적인 성격을 5개 말해보세요.
23. 당신 가족은 얼마나 화목한가요? 당신은 어린 시절에 다른 사람보다 더 행복했다고 느낍니까?
24. 당신은 어머니와 사이가 좋은가요?

Set 3

25. "우리"로 시작되는 문장을 3개 말해보세요. 예를 들면 "우리는 둘 다 ~~한 느낌을 가지고 있다"와 같은 문장입니다.
26. 다음 문장을 완성해 보세요. "나는 ~을 함께 나눌 누군가가 있었으면 좋겠다."
27. 내가 당신과 가까운 친구가 되기 위해 당신에 대해 알아야 하는 것을 말해보세요.
28. 내가 어떤 점이 마음에 드는지 솔직하게 말해보세요. 처음 만난 사람에게는 하지 않을 이야기라도 말해야 한다는 뜻이죠.
29. 당신의 삶에서 당황스러웠던 순간을 이야기해보세요.
30. 가장 최근에 다른 사람 앞에서 울었던 것이 언제인가요? 혼자 운적은 있나요?
31. 나에 대해 이미 좋아하게 된 것들을 말해보세요.
32. 혹시 농담으로라도 말해서는 안 되는 것이 있다면 어떤 것들이 있을까요?
33. 오늘 밤 누구와도 연락하지 못한 상태에서 죽게 된다면, 그 말을 하지 못한 것을 가장 후회할 사람이 있나요? 왜 아직까지 그 말을 하지 못했나요?
34. 당신의 모든 것이 있는 집이 불에 타고 있습니다. 가족들을 다 구한 뒤 마지막 한 가지를 가지고 나올 수 있습니다. 무엇을 가지고 나올 건가요?
35. 당신 가족 중에 누구의 죽음을 가장 슬퍼할 것 같나요? 그 이유는 뭔가요?
36. 당신의 개인적인 문제를 털어 놓고 조언을 요청하세요. 그리고 당신이 그 문제에 대해 어떤 감정, 어떤 기분을 느끼는지 생각해 보라고 하세요.

<table>
<tr><td>학습주제</td><td colspan="6">【8회기】 ‘너’를 알고 싶어!</td></tr>
<tr><td>학습목표</td><td colspan="6">• 영화를 보며 인물을 다양한 관점에서 관찰하여 기록할 수 있다.
• 발문을 통해 인물의 행동과 정서를 이해하고 다양한 인간관계를 설명할 수 있다.</td></tr>
<tr><td rowspan="2">운영단계</td><td rowspan="2">너 만나기</td><td rowspan="2">원리</td><td>타인 수용의 원리</td><td rowspan="2">전략</td><td colspan="2">인간관계 파악하기</td></tr>
<tr><td>상호작용의 원리</td><td colspan="2">공감과 경청하기</td></tr>
<tr><td colspan="2">정서지능 구성요소</td><td colspan="5">정서의 인식과 표현능력, 감정이입능력, 정서지식의 활용능력</td></tr>
<tr><td>수업 단계</td><td colspan="4">교수-학습활동</td><td>준비물</td><td>시간</td></tr>
<tr><td>마음열기</td><td colspan="4">〈자석게임〉
• 자석 두 개로 여러 형태를 만들며 자력을 느끼고 집중력을 높인다.
〈에너지 느끼기 명상〉
• 손을 들어 흔들며 손가락 사이의 느낌을 익힌다.
• 손과 손 사이에 거리를 두고 좁혔다, 넓혔다를 반복하며 그 사이의 감각에 집중한다.
• 느낌을 나눈다.
〈오늘의 학습 목표와 과정 안내〉
• 시를 감상한다.
(안도현의 ‘간격’, 정희성의 ‘숲’)
• 사람 사이의 관계와 거리에 대해 생각해 본다.</td><td>음악자료
매미자석
시자료</td><td>30분</td></tr>
<tr><td>마음표현하기</td><td colspan="4">〈영화 감상하기〉
• 인물을 관찰하며 영화를 감상한다.
(에니메이션 ‘마녀의 성’)
• 질문지에 답을 하며 서사를 깊이있게 분석하고, ‘동일시, 카타르시스, 통찰’의 개념을 이해한다.
• ‘동일시, 카타르시스, 통찰’의 발문을 작성한다.
• 질문하고 답하는 과정을 통해 ‘동일시, 카타르시스, 통찰’을 경험한다.</td><td>영화자료
음악자료
활동지</td><td>50분</td></tr>
<tr><td>마음나누기</td><td colspan="4">〈긍정적 정서 되돌려주기와 서로 나누기〉
• 호흡 명상으로 오늘 활동을 돌아본다.
• 작업과정에서 알게 된 점과 사람 사이의 간격과 연결에 대해 자신의 느낌을 발표하고 정서를 공유한다.</td><td>음악자료</td><td>20분</td></tr>
<tr><td>마음 성찰하기</td><td colspan="4">〈소감문 작성〉</td><td>소감문</td><td>20분</td></tr>
<tr><td>마음 실천하기</td><td colspan="4">〈생활 속 실천하기〉
• 1일3감사 단독에 올리기
• 글쓰기 다이어리 돌아가며 선택하여 쓰고 나누기</td><td>SNS
교재</td><td></td></tr>
</table>

사람사이에 간격은 있어야 할까요, 없어야 할까요?
다음 두 작품을 감상하고 자신의 의견을 말해봅시다.

간격 (안도현)

숲을 멀리서 바라보고 있을 때는 몰랐다
나무와 나무가 모여
어깨와 어깨를 대고
숲을 이루는 줄 알았다
나무와 나무 사이
넓거나 좁은 간격이 있다는 걸
생각하지 못했다
벌어질 대로 최대한 벌어진,
한데 붙으면 도저히 안 되는,
기꺼이 떨어져 서 있어야 하는,
나무와 나무 사이
그 간격과 간격이 모여
울울창창(鬱鬱蒼蒼) 숲을 이룬다는 것을
산불이 휩쓸고 지나간
숲에 들어가 보고서야 알았다

숲 (정희성)

숲에 가 보니 나무들은
제가끔 서 있더군
제가끔 서 있어도 나무들은
숲이었어
광화문 지하도를 지나며
숱한 사람들이 만나지만
왜 그들은 숲이 아닌가
이 메마른 땅을 외롭게 지나치며
낯선 그대와 만날 때
그대와 나는 왜
숲이 아닌가

마녀의 성 꿰뚫어 보기

별칭

1. 마녀를 밖에서 보는 것과 안에서 직접 만나서 보는 것과 어떻게 다릅니까?

2. 왕비는 왜 마녀의 성을 공격하려고 했나요?

3. 나무 위에서 지켜보는 상황으로 보았을 때 젊은이의 성격은 어떤가요?

4. 마녀는 성에서 무얼 하며 지냈을까요?

5. 마녀가 투구를 벗었을 때 젊은이의 심정은 어땠을까요?

6. 마녀가 많은 왕자들로부터 공격을 당했을 때 어떤 심정이었을까요?

7. 젊은이가 다른 이들의 조롱을 받았을 때 어떤 심정이었을까요?

8. 내가 공주라면 어떤 기분이었을까요?

9. 프로포즈를 받았을 때 마녀는 어떤 심정이었을까요?

10. 많은 왕자들이 문제를 해결하는 방법은 무엇이며 왜 효과가 없었습니까?

11. 젊은이는 왜 기다렸습니까?

12. 마녀는 어떤 사람입니까?

13. 군중들이 문제 해결에 기여한 부분은 무엇입니까?

14. 젊은이는 왜 출세의 길을 버리고 마녀를 선택했을까요? 또는 젊은이는 왜 마녀에게 프로포즈를 했을까요?

15. 마녀와 여왕을 비교해 보세요.

16. 마녀가 자신을 지키기 위해서 사용환 방법은 무엇입니까?

17. 마녀가 젊은이의 프로포즈를 거절했다면 젊은이는 어떻게 행동했을까요?

18. 내가 마녀라면 어떻게 나를 지키겠습니까?

▶ 마녀 또는 젊은이에게 진심을 담은 편지를 써보세요.

<table>
<tr><td>학습주제</td><td colspan="6">【9회기】 ‘너’를 공감해!</td></tr>
<tr><td>학습목표</td><td colspan="6">• 상상하며 감정을 이입하는 글을 쓸 수 있다.
• 감정적 경험에 의미를 부여하고 타인의 고통에 대한 느낌을 설명할 수 있다.</td></tr>
<tr><td rowspan="2">운영단계</td><td rowspan="2">너 알아가기</td><td rowspan="2">원리</td><td>타인 수용의 원리</td><td rowspan="2">전략</td><td colspan="2">가상의 글쓰기</td></tr>
<tr><td>상호작용의 원리</td><td colspan="2">공감과 경청하기</td></tr>
<tr><td colspan="2">정서지능 구성요소</td><td colspan="5">정서의 인식과 표현능력, 감정이입능력, 정서의 사고촉진능력, 정시지식의 활용능력, 정서조절능력</td></tr>
<tr><td>수업 단계</td><td colspan="4">교수-학습활동</td><td>준비물</td><td>시간</td></tr>
<tr><td>마음열기</td><td colspan="4">〈감정감각 깨우기〉
• ‘몸으로 말해요’를 통해 행동으로 정서를 표현하며 감정감각을 깨운다.
〈오늘의 학습 목표와 과정 안내〉
• 시를 감상하며 타인의 감정에 대해 생각해본다.
(정호승, ‘슬픔이 기쁨에게’)</td><td>음악자료
시자료
감정카드</td><td>25분</td></tr>
<tr><td>마음
표현하기</td><td colspan="4">〈가상의 트라우마 체험하기〉
• 최대한 거리를 두고 자신만의 공간을 찾는다.
• 가상의 트라우마 중 자신과 가장 거리가 먼 것 한 가지를 선택한다.
• 실제인 것처럼 상상하고 또 상상해 본다.
〈가상의 트라우마 체험 글쓰기〉
• 자신이 가상으로 체험한 바를 솔직하게 글로 쓴다.
• 상상의 사건에 대한 가장 깊은 감정과 생각을 최대한 자세하게 적어본다.
• 15분 동안 실시한다.</td><td>활동지</td><td>35분</td></tr>
<tr><td>마음나누기</td><td colspan="4">〈긍정적 정서 되돌려주기와 서로 나누기〉
• 호흡 명상으로 오늘 활동을 돌아본다.
• 오늘 활동을 하면서 느꼈던 생각과 감정을 모두 표현해 본다.</td><td>활동지</td><td>30분</td></tr>
<tr><td>마음
성찰하기</td><td colspan="4">〈소감문 작성〉
• 소감문 작성 후 오늘 활동을 통해 느낀 점을 공유하고 지지한다.
• 그림책을 읽으며 인간의 무한한 상상에 의한 창의력에 대해, 공간에 대해 정리한다.
(코리나 루이켄 글 · 그림, ‘아름다운 실수’)</td><td>소감문
그림책</td><td>30분</td></tr>
<tr><td>마음 실천
하기</td><td colspan="4">〈생활 속 실천하기〉
• 1일3감사 단톡에 올리기
• 글쓰기 다이어리 돌아가며 선택하여 쓰고 나누기</td><td>SNS
교재</td><td></td></tr>
</table>

슬픔이 기쁨에게 (정호승)

나는 이제 너에게도 슬픔을 주겠다
사랑보다 소중한 슬픔을 주겠다
겨울밤 거리에서 귤 몇 개 놓고
살아온 추위와 떨고 있는 할머니에게
귤값을 깎으면서 기뻐하던 너를 위하여
나는 슬픔의 평등한 얼굴을 보여 주겠다
내가 어둠 속에서 너를 부를 때
단 한 번도 평등하게 웃어 주질 않은
가마니에 덮인 동사자가 다시 얼어 죽을 때
가마니 한 장조차 덮어 주지 않은
무관심한 너의 사랑을 위해
흘릴 줄 모르는 너의 눈물을 위해
나는 이제 너에게도 기다림을 주겠다
이 세상에 내리던 함박눈을 멈추겠다
보리밭에 내리던 봄눈들을 데리고
추워 떠는 사람들의 슬픔에게 다녀와서
눈 그친 눈길을 너와 함께 걷겠다
슬픔의 힘에 대한 이야기를 하며
기다림의 슬픔까지 걸어가겠다

네 가지 가상 트라우마 경험

–제임스 W. 페니베이커, 존 F. 에반스의 '표현적 글쓰기'에서 발췌

1. 학교를 마치고 집으로 오는 길에 15년 동안 살았던 당신의 집이 불에 타서 잿더미로 변한 것을 알게 된다. 당신의 모든 소유물, 옷, 귀금속, 사진, 과거를 떠올리게 하는 것들이 파괴되어 버렸다. 게다가 죄가 없는데도 경찰은 당신을 방화범으로 체포한다. 결국 풀려났지만 당신은 사촌의 집으로 거처를 옮겨 앞으로 무엇을 해야 할지 생각해 봐야 한다.

2. 재미있는 친구들 세 명과 음식점에 간다. 식사를 끝마치자, 친구들이 나에게 계산하지 말고 음식점에서 도망치자고 말한다. 당신을 포함한 네 명은 당신의 차에 올라타 도망치기 시작한다. 여종업원이 달려 나와 멈추라고 손짓한다. 당신은 뜻하지 않게 그녀를 치고, 그녀는 남은 인생을 휠체어에서 보내게 된다. 당신은 도망치고 잡히지 않는다. 그 친구들과도 다시는 만나지 않는다. 그리고 다른 도시로 이사를 갔지만 그 사건은 당신 기억 속에서 계속 맴돈다.

3. 당신은 고등학교 1학년 때부터 이성교제를 하고 있다. 우연히 당신의 가장 친한 친구와 당신이 사랑하는 사람이 1년 이상 사귀어왔다는 것을 알게 된다. 그리고 당신의 다른 친구들이 이들의 관계를 1년 내내 의심하고 있었음을 알게 된다. 당신이 그 두 사람에게 항의하자 당신이 사귀고 있는 사람과 친한 친구는 오히려 당신을 버린다. 이제 당신은 혼자가 되었고 첫 데이트를 위해 외출하려고 한다.

4. 당신이 열 살이었을 때, 어머니가 재혼을 했다. 당신은 이제껏 어머니가 그렇게 행복해하는 것을 본 적이 없다. 어느 날 만취한 계부가 당신의 방으로 들어와 당신을 껴안는다. 그는 당신이 다른 누군가에게 이 일을 말하더라도 자신은 모르는 일이라고 말하면 그만이라며 털어놓지 못하게 위협한다. 그후 5년 동안 이런 일이 열 번도 넘게 벌어진다. 당신은 절대 엄마에게 말하지 않는다. 당신은 평생 하루도 빠짐없이 이 일에 대해 생각하고 그 일이 지금의 당신에게 어떤 영향을 주고 있는지 생각한다.

♥ 쓰기 지침 ♥

Ⅰ. 상상 또 상상하자. 실제인 것처럼.

1. 자신의 삶과 가장 관계가 없는 하나를 골라라.
   (자신이나 자신의 친구에게 일어났던 일은 제외, 자신과 가장 먼 일 선택)
2. 이제 이 사건이 자신에게 일어났다고 상상해보자.
3. 10분 동안 긴장을 풀고, 속 시원히 다 털어놓고 당신이 그 상황에서 경험했을 감정을 느껴보고 현재 당신이 어떤 생각을 가지고 살아가고 있을지 생각해보자.
4. 마음 속에 장면을 만들어 보고, 할 수 있는 한 선명하게 그려 보자.
5. 지금 당신이 그 고통 속에 있다면 어떻게 할 것인지 생각해보자.

Ⅱ. 속을 털어놓자. 진짜로 솔직하게.

1. 지금부터 20분 동안 이 일이 당신에게 정말로 일어난 것처럼 그 트라우마에 대해 써보자.
2. 상상의 사건에 대한 당신의 가장 깊은 감정과 생각을 적어보자.
   - 이 사건은 지금 현재 당신 삶의 다른 부분들과 어떻게 연결될 수 있는가?
   - 이 상상의 사건이 일어날 당시 당신에게 어떤 영향을 미쳤는가?
   - 현재의 당신에게 어떤 영향을 주고 있는가?
   - 이 경험으로부터 끌어낼 수 있는 의미는 무엇인가?
   - 이 일로 인해 당신에게 일어난 모든 상황에 대해 하고 싶은 모든 이야기를 해보자.

긴장을 풀고 자연스럽게~
형식같은 건 무시하고 원하는 대로~
내 안의 나쁜 늑대는 푹 재우고 편안하게~
자, 준비되었나요?

가상의 이야기 만들기

(제목:)

나의 별칭( )

<table>
<tr><td>학습주제</td><td colspan="5">【10회기】 ‘너’를 사랑해!</td></tr>
<tr><td>학습목표</td><td colspan="5">• 대상에 대한 감사와 사랑의 글쓰기로 긍정 정서를 표현할 수 있다.
• 상상하기를 통해 긍정 정서를 강화할 수 있다.</td></tr>
<tr><td rowspan="2">운영단계</td><td rowspan="2">너 알아가기</td><td rowspan="2">원리</td><td>감정 정화의 원리</td><td rowspan="2">전략</td><td>긍정 정서 강화하기</td></tr>
<tr><td>상호작용의 원리</td><td>공감과 경청하기</td></tr>
<tr><td colspan="2">정서지능 구성요소</td><td colspan="4">정서의 인식과 표현능력, 감정이입능력, 정서의 사고촉진능력, 정서지식의 활용능력, 정서조절능력</td></tr>
</table>

수업 단계	교수-학습활동	준비물	시간
마음열기	〈감정감각 깨우기〉 • 동영상을 보며 활동을 이해한다. • 상대와 간격을 유지하며 음악에 맞춰 미러링 활동을 실시하고 느낌을 나눈다. 〈오늘의 학습 목표와 과정 안내〉 • 그림책을 감상한다. (기타무라 사토시 글 · 그림, ‘밀리의 판타스틱 모자’) • 자신의 모자를 상상하고 나눈다.	동영상 음악자료 그림책	30분
마음 표현하기	〈사랑글쓰기〉 • 감사와 사랑의 대상에 관한 일들을 기억한다. (나를 기쁘게 하는 모든 것 작성) • 대상을 선택하여 감사와 사랑을 충분히 표현하는 글을 작성하며 긍정정서를 경험하고 표현한다. 〈뇌파진동 명상〉 • 눈을 감고 앉아 고개를 좌우로 흔들어 뇌에 진동을 주며 뇌파를 안정시키고, 심신을 이완한다. • 어깨와 목에 힘을 빼고 고개를 좌우로 천천히 흔든다. • 5분 동안 의식적으로 같은 동작을 반복하여 진동을 강하게 경험하고 움직임이 잦아들면 호흡을 길게 하며 멈춘다. 〈이미지 트레이닝〉 • 뇌파진동 후 눈을 바로 뜨지 말고 진동을 느끼며, 뇌도 살랑살랑 흔들리고 있다고 상상한다. • 사랑글의 대상에게 자신의 마음을 보낸다. • 자신이 원하는 것이 이루어지는 모습을 생각하며 뇌에 새긴다.	음악자료 활동지	50분
마음나누기	〈긍정적 정서 되돌려주기와 서로 나누기〉 • 오늘의 활동을 통해 알게된 점, 느낀 점을 나누고 긍정적인 정서를 공유한다.		20분
마음 성찰하기	〈소감문 작성〉	소감문	20분
마음 실천하기	〈생활 속 실천하기〉 • 1일3감사 단톡에 올리기 • 글쓰기 다이어리 돌아가며 선택하여 쓰고 나누기	SNS 교재	

사랑글 쓰기

사랑하는　　　　　　　　　　에게

<table>
<tr><td>학습주제</td><td colspan="5">【11회기】 함께 느껴보자!</td></tr>
<tr><td>학습목표</td><td colspan="5">• 짝과 동작을 이어가는 활동을 통해 정서를 활용하고 공유할 수 있다.
• 공동으로 글을 쓰며 정서를 표현하고 공유할 수 있다.</td></tr>
<tr><td>운영단계</td><td>함께 성장하기</td><td>원리</td><td>상호작용의 원리</td><td>전략</td><td>상호 지지하기</td></tr>
<tr><td colspan="2">정서지능 구성요소</td><td colspan="4">정서의 인식과 표현능력, 감정이입능력, 정서의 사고촉진능력, 정서지식의 활용능력, 정서조절능력</td></tr>
<tr><td>수업 단계</td><td colspan="3">교수-학습활동</td><td>준비물</td><td>시간</td></tr>
<tr><td>마음열기</td><td colspan="3">〈협동심 기르기〉
• 두 조로 나누어 공을 가지고 게임을 하며 마음을 열고 협동의 중요성을 배운다.
〈오늘의 학습 목표와 과정 안내〉
• 그림책을 감상하고 느낌을 나눈다.
(윤여림 글, 채상우 그림 '너도 사랑스러워'
고미 타로 글, 그림 '모두에게 배웠어)</td><td>음악자료
그림책</td><td>20분</td></tr>
<tr><td>마음
표현하기</td><td colspan="3">〈심신연결시 쓰기〉
• 나의 몸과 두뇌를 관찰하여 그 내용을 쓴다.
• 내 몸을 예찬하는 시를 써 본다.
〈위로와 공감의 춤〉
• 동영상을 보며 활동을 이해한다.
• 둘 또는 셋이 한 조가 되어 서로의 동작에 동작을 더하는 활동을 실시한다.
• 5분 정도 활동 후 그림을 그리고 느낌을 나눈다.
〈공동글쓰기〉
• 시를 감상한다.
(마더테레사 본부 벽에서, '그럼에도 불구하고')
• 4인이 한 조가 되어 공동으로 글을 쓴다.
(주제: 모두 함께 잘 살려면? 지구를 건강하게 하려면? 친구의 장점 찾아주기, 기타 긍정정서를 공유할 수 있는 주제 중 한 가지를 선택)
• 조별로 특색 있게 발표 방법을 구상하여 발표한다.</td><td>동영상
음악자료
시자료
활동지</td><td>60분</td></tr>
<tr><td>마음나누기</td><td colspan="3">〈긍정적 정서 되돌려주기와 서로 나누기〉
• 호흡 명상으로 오늘 활동을 돌아본다.
• 알게 된 점과 느낀 점을 나누고 정서를 공유한다.
• 감정을 통합하는 방법을 소개한다.</td><td></td><td>20분</td></tr>
<tr><td>마음
성찰하기</td><td colspan="3">〈소감문 작성〉</td><td>소감문</td><td>20분</td></tr>
<tr><td>마음
실천하기</td><td colspan="3">〈생활 속 실천하기〉
• 1일3감사 단톡에 올리기
• 글쓰기 다이어리 돌아가며 선택하여 쓰고 나누기</td><td>SNS
교재</td><td></td></tr>
</table>

(내가 관찰한 나의 몸, 나의 뇌)

–제임스 W. 페니베이커, 존 F. 에반스의 '표현적 글쓰기'에서 발췌

긴장을 풀고 자연스럽게~
형식같은 건 무시하고 원하는 대로~
내 안의 나쁜 늑대는 잠시 꺼두고 편안하게~
자, 준비되었나요? 그럼 자신만의 공간을 찾아갑니다.

1. 머리부터 발끝까지, 그리고 좌우로 몸을 차근차근 검사해 보자.
2. 관찰한 것을 그대로 써보자.
3. 팔, 다리, 눈, 손, 머리카락, 입술 배 등 몸의 부분에 대해 써보자.
4. 몸에 대해 처음 한 생각은 무엇인가? 좋아하는 부분과 그렇지 않은 부분에 대해서도 써보자.
5. 장기들, 세포들, 관절들 등 볼 수 없는 신체 부위에 대해 써보자.
6. 당신의 생각과 감정을 좌우하는 두뇌에 대해 써보자.
7. 오늘 아침 처음 거울을 보았을 때의 느낌을 써보자.
8. 불편하게 생각하는 몸의 일부에 대해 써보자.
9. 내 몸의 변화를 위해 노력한 일과 성공한 일에 대해 써보자.
10. 내가 가장 좋아하는 몸의 부위를 쓰고 그 이유를 써보자.

나의 별칭(   )

<예시> 내 코에 대한 경의

이 코는 긴코, 가족의 코
그 모습 그대로 감상하려면
자유로워야 하죠.
그는 경멸하는 말로
묘사되는 걸 원치 않죠
그는 음식과 꽃냄새를 아주 좋아하고
아름다움을 감지하죠
이 코는 직감적이고
이 코는 안내자죠
나는 이 코를 잘 알고 있죠
그가 병을 진단하고
아름다운 신생아의 향기를
즐거워한다는 것을

(페니베이커 · 에반스의 '표현적 글쓰기'에서 발췌)

심신의 연결 시

나의 별칭(   )

<table>
<tr><td>학습주제</td><td colspan="6">【12회기】 같이 나아가자!</td></tr>
<tr><td>학습목표</td><td colspan="6">• 내가 원하는 나의 모습을 글로 쓰고 말로 선언할 수 있다.
• 비전을 세우고 긍정적 자아상을 확립할 수 있다.</td></tr>
<tr><td rowspan="2">운영단계</td><td rowspan="2">함께
성장하기</td><td rowspan="2">원리</td><td rowspan="2">자기서사 변화의 원리</td><td rowspan="2">전략</td><td>나를 다시 정의하기</td></tr>
<tr><td>주인으로 다시 서기</td></tr>
<tr><td colspan="2">정서지능 구성요소</td><td colspan="4">정서의 인식과 표현능력, 감정이입능력, 정서의 사고촉진능력, 정서지식의 활용능력, 정서조절능력</td></tr>
</table>

수업 단계	교수-학습활동	준비물	시간
마음열기	〈시로 마음열기〉 • 시를 감상한다. (조동화, ‘나 하나 꽃 피어’) 〈오늘의 학습 목표와 과정 안내〉 • 마지막 시간임을 안내하고 오늘의 목표와 과정을 소개한다.	시자료 음악자료	10분
마음 표현하기	〈묘비명 적기〉 • ‘나는 누구인가’를 생각해본다. • 세상을 위해, 인류를 위해 어떤 공헌을 한 사람으로 기억되고 싶은지를 적어본다. • 묘비명을 적어본다. 〈비전 세우기〉 • 비전을 세우고 달성하는 것의 중요성을 설명한다. • 비전을 세우기 전 고려해야 하는 조건을 안내한다. • 비전을 세우고 적어본다. 〈비전 명상〉 • 편안한 자세로 앉아 심호흡을 세 번 한다. • 비전을 달성해서 기뻐하는 자신의 모습을 그려본다. • 계속 집중한다. • 심호흡으로 마무리한다. • 느낌과 아이디어를 적는다. 〈나 선언하기〉 • 위의 활동을 바탕으로 나를 선언하기 위한 문구를 작성한다. • 큰 소리로 자신의 비전을 선언한다. (나는 ~ 사람입니다.)	음악자료 학습지	50분
마음나누기	〈긍정적 정서 되돌려주기와 서로 나누기〉 • 오늘 활동을 통해 알게 된 점, 느낀점을 나누고 정서를 공유한다.	음악자료	20분
마음 성찰하기	〈소감문 작성〉	소감문	20분
마음 실천하기	〈앞으로의 방향 안내〉 • 제이슨 뮤라즈의 ‘순간을 살아요’의 의미를 이해한다.	노래자료 시자료	30분

	• 감사일지와 글쓰기 다이어리를 지속적으로 하도록 안내한다. • 노트 한 권씩 나눠주고 자신에게 이야기하는 습관을 들이도록 안내한다. • 비전을 적어 천장에 붙여두고 아침 눈뜨자마자 읽는 습관을 들이도록 안내한다. 〈자존감 높이기〉 • 실천법을 안내한다. • 뇌를 유연화하는 방법을 안내한다. • 자존감을 높이는 결정법을 안내한다. • 뇌를 행복하게 하는 행동을 안내하고 같이 해본다. 〈이별의식〉 • 시와 그림책으로 이별의식을 함께 한다. (메리 톨마운틴, '우리에게는 작별의 말이 없다') (로제티 슈스탁 글, 그림 '사랑해 사랑해 사랑해') • 서로에게 전하는 인사를 나눈다. 〈정서지능 검사 실시〉 〈프로그램 평가 질문지 작성〉	그림책 학습지 검사지	

나하나 꽃피어

－조동화－

나하나 꽃피어
풀밭이 달라지겠냐고
말하지 말아라.
네가 꽃피고 나도 꽃피면
결국 풀밭이 온통
꽃밭이 되는 것 아니겠느냐
나하나 물들어
산이 달라지겠냐고도
말하지 말아라
내가 물들고 너도 물들면
결국 온 산이 활활
타오르는 것 아니겠느냐

나의 묘비명

이곳에 ________________________________

나의 비전

<노래 해석본>

순간을 살아요 (제이슨 뮤라즈)

만약 삶이 하나의 단막극이라면
왜 우리는 이런 모든 함정을 놓을까요?
우리는 자유롭고 싶어 하면서 우리 삶에 바로 함정을 놓아요.
난 많은 일들을 걱정하며 해결 하려고 내 인생을 낭비하지 않을 거예요.
나에게 아직 일어나지도 않은 일들에 대해서 걱정하지 않을 거예요.
그래서 난 내가 아는 것 모르는 것 모두 그냥 지나가도록 할 거에요.

그리고 이렇게 하는 유일한 방법은 순간을 사는 거예요.
내 삶을 사는 거예요 쉽고 경쾌하게요.
내 마음속에 평화를 느끼면서 내 마음에 평화를 가지고 내 영혼에 평화를 가지고
어디를 가든, 난 이미 집에 가있다고 생각해요.
나는 지금 이 순간을 살아요.

나는 내가 과거에 했던 일들을 내려 놓고 있어요.
나는 과거를 보내 버렸어요 그리고 지금은 더 즐겁게 살고 있죠.
내 자신을 약하게 만드는 생각들도 보내 버릴 거에요.
그리고 난 믿어요 모든 사람들도 이렇게 할 수 있다구요.
그리고 내가 만약 잠이 든다면 난 알고 있어요.
당신이 날 기억 할 유일한 사람이란걸요.

순간을 사는 거예요.
내 삶을 사는 거예요 쉽고 경쾌하게요.
내 마음속에 평화를 느끼면서 내 마음에 평화를 가지고 내 영혼에 평화를 가지고
어디를 가든, 난 이미 집에 가있다고 생각해요.

나는 과거를 되돌리며 살아갈 수 없어요.
정말 여러번 시도해봤는데 내가 찾던 미래를 찾지 못했어요.
나는 돌아봤고 이제 더이상 상처 받지도 않아요.

바로 이 순간을 사니까요 내 삶을 살고 있기 때문이죠.
내 마음에 평화를 가지고 내 영혼에 평화를 가지고

어디를 가든, 난 이미 집에가 있다고 생각해요.
나는 지금 이 순간을 살아요. 나는 내 인생을 살아요 쉽고 경쾌하게요.
내 마음속에 평화를 느끼면서 내 마음속에 평화를 가지고
내 영혼에 평화를 가지고
어디를 가든, 난 이미 집에 가있다고 생각해요.
난 지금이 순간을 살아요.

우리에게는 작별의 말이 없다 (메리 톨마운틴)

(류시화의 '마음 챙김의 시'에서 발췌)

소코야, 하고 나는 불렀다.
주름살투성이 속
검은 연못 같은
그녀의 지혜로운 눈을 들여다보며.

아타바스카어에서는
서로 헤어질 때 뭐라고 해요?
작별에 해당하는 말이 뭐예요?

바람에 그을린 그녀의 얼굴 위로
언뜻 마음의 잔물결이 지나갔다.
'아, 없어.' 하고 말하며
그녀는 반짝이는 강물을 바라보았다.

그녀는 나를 찬찬히 바라보았다.
우리는 그냥 '틀리아' 하고 말하지.
그것은 또 만나자는 뜻이야.
우리는 결코 헤어지지 않아.

너의 입이 너의 가슴에
작별의 말을 하는 적이 있니?

그녀는 초롱꽃이나 되는 것처럼

가만히 나를 만졌다.
헤어지면 서로 잊게 된단다.
그러면 보잘것없는 존재가 돼.
그래서 우리는 그 말을 쓰지 않아.

우리는 늘 네가 돌아올 거라고 생각한단다.
돌아오지 않으면
어딘가 다른 곳에서 만나게 될 거야.
무슨 말인지 알겠지?
우리에게는 작별의 말이 없단다.

제3장

PTSD 증상 치료 프로그램[3)]

1. 프로그램 개발 목적

일생을 살면서 누구나 한 번쯤은 자신과 타인의 생명을 위협하거나 신체적인 위험을 느낄 만한 외상사건(traumatic event)을 경험하게 된다. 흔히 트라우마로 혼용되는 외상사건 경험은 시간이 지남에 따라 자연스럽게 잊히는 것이 일반적이나, 일부는 심각한 재경험(re-experience), 회피(avoidance), 인지(cognition)와 감정(emotion)의 부정적 변화, 과각성(hyperarousal) 반응을 경험하면서 외상 후 스트레스 장애(Posttraumatic Stress Disorder: PTSD)로 발전하기도 한다. 국내에서 2020년 발표된 국민건강보험공단의 자료에 따르면 2019년 외상 후 스트레스 장애 진단을 받은 환자는 10,570명으로 최근 5년간 45.4% 증가하여 매년 9.9%의 증가 추세를 나타내고 있고, 이는 심각한 사회문제의 하나로 대두되고 있다.

이러한 외상 후 스트레스 장애는 회복되기 힘들 정도의 극심한 심리적 고통을 수반하기도 하며, 회복의 양상을 보이다가 갑작스러운 건강상의 문제나 집중력의 저하 등으로 일상생활이 불가할 정도로 큰 개인적 문제를 초래하기도 한다(Nugent, Sumner, & Amstadter, 2014). 이를 적시에 치료하지 못할 경우, 만성적 근육 긴장, 만성피로, 관절통, 무기력, 두통, 알러지 증상들, 소화기 질환, 호흡기 질환, 심장 질환, 불면, 건강염려증, 분노, 우울, 집중 장애, 과잉경계 등과 같은 다양한 이차적 증상으로 이어질 수 있다(Peterson, Prout, & Schwarz, 1996; Williams & Poijula, 2009). 이는 사회 활동의 불가, 경비가 많이 드는 의료 및 응급처치, 정신건강 치료에 더 많이 의존하게 하는 등의 더욱 심

3) 김동건(2021)의 박사학위 논문을 요약 정리하였음.

각한 사회적, 경제적 문제를 초래한다(Valente, 2010). 이 때문에 외상 후 스트레스 장애 증상에 대한 효과적인 치료법의 제공은 의료 서비스적 측면뿐 아니라 예방적 차원에서도 건강한 사회구현을 위한 중요 과제라고 할 수 있다.

외상에 관한 연구는 1980년 미국정신의학회의 정신장애 진단 및 통계 편람(DSM: Diagnostic and Statistical Manual of Mental Disorders) – Ⅲ에서 처음으로 외상 후 스트레스 장애라는 용어가 공식적으로 사용하게 되면서(Asmundson, Frombach, McQuaid et al, 2000), 현재에 이르기까지 많은 정신병리학적 연구와 생리학적 연구가 이어져 오고 있다.

외상 후 스트레스 장애와 같은 트라우마 질환을 다루는 전통적 방식은 Freud와 Janet이 활동하였던 초기 정신분석학과 정신의학의 영향을 계승하여, 트라우마를 상기시키는 것들에 의해 촉발되는 행동들에 대한 신경화학적 상태나 감정, 인지 등에 초점을 맞추었다. 그로 인해 지속 노출(Prolonged Exposure: PE)을 포함한 인지행동치료(Cognitive Behavioral Therapy: CBT)나 정신역동(Psychodynamic) 치료접근과 같이 언어적 서술을 통해 인지 재구성을 위한 시도와 감정과 행동 조절에 도움을 주는 약물치료가 주류를 이루었으며, 다양한 연구를 통해 중재효과를 입증하였다(Richard & Rose, 1991; Bryant, 2005; 박원명, 이경욱, 2004).

그러나 기존의 트라우마 치료법들은 환자에게 심리적 고통을 재경험하게 하는 윤리적 문제나 약물의 부작용 등이 지적되고 있고(Cahill, Foa, Hembree, Marshall, & Nacash, 2006; MacDonald, Colotla, Flamer, & Karlinsky, 2003), 트라우마 관련 장애 치료로는 그다지 성공률이 높지 않다는 연구 결과가 있다(Grunert, Devine, Matloub et al., 1992). 또한, 외상 후 스트레스 장애 개선을 위한 프로그램의 국내 선행연구를 분석한 결과, 병리적 관점에서 외상 후 스트레스 장애를 이해하고 접근하는 방식이 주류를 이루고 있을 뿐만 아니라, 전통적으로 다루어 온 정서나 인지적 특성을 다루는 연구에 초점이 집중되어 있다.

최근 신경생리학의 발달과 뇌영상 기술의 진보로 현대적인 치료 모델에서 이해할 수 없었던 트라우마 질환의 다양한 신체적 반응에 대한 새로운 해석이 등장하였다. 이는 다미주 이론(Polyvagal Theory)으로 사람들이 안전 또는 불안전에 대처하는 신경지각(neuroception)의 독특한 반응이며 이것이 미주신경 가지들과 연관성이 있다는 이론이다(Porges, 2003). 신체는 뇌와 장기 사이 양방향성의 소통을 하며, 배측 미주신경(背側 迷走神經, dorsal vagus nerve)의 일차적인 기능은 항상성(homeostasis)을 유지하고, 복측 미주신경(腹側 迷走神經, ventral vagus nerve)의 일차적인 기능은 안정과 사회적 의사소통을 촉진한다는 과학적인 해석을 제시하고 있다(Gray & Porges, 2017).

이러한 다미주 이론은 트라우마의 경험이 파편화된 신체 반응과 심상, 정서적 요소가 암묵적인 신체감각으로 기억되는 특성에 대한 이론적 근거를 제공하였다. 이에 대한 영향으로 신체경험치료(Somatic Experiencing: SE)와 감각운동 심리치료(Sensorimotor Psychotherapy: SP), 요가, 표현예술치료 등의 움직임을 통한 신체(somatic) 중심의 심리치료법이 등장함에 따라 트라우마 치료에 패러다임 전환이 이루어졌다. 이러한 신체 중심 치료법들은 과거의 경험이 현재의 생리적인 상태와 행위 경향성에 영향을 미친다는 개념에 근거하고 있으며, 트라우마가 호흡, 자세, 감각적 지각, 움직임, 감정, 사고를 통해 재연되므로 이들의 파편화된 감각들을 통합된 하나로 경험하게 하는 것을 치료의 목표로 제시한다(Ogden, Minton, Pain, Siegel, & van der Kolk, 2019).

일반적으로 인지적 처리와 감정적 처리는 몸에 강한 영향을 주고, 신체감각은 인지와 감정에 영향을 미친다(Halprin & Weller, 2003). 이러한 특성으로 인해 서술적 표현과 인지적 과정을 통합하고자 하는 하향식(top-down) 과정과 체성감각적 침습들을 치료적으로 다룸으로써 인지와 정서의 변화를 유도하는 상향식(bottom-up) 과정은 트라우마 치료에 있어 각각의 중요한 의의가 있다. 이를 모두 고려하면 가장 이상적인 트라우마의 치료는 신체감각과 정서 및 인지적 파편화 요소들을 골고루 자극하고 주의를 기울여 몸과 마음의 안정으로부터 통합을 유도하는 것이라 할 수 있다.

한편, 외상 후 스트레스 장애를 병리적으로만 이해하는 관점과 질환으로 여기는 사회적 분위기는 트라우마를 겪은 사람들이 진단과 치료에 소극적으로 대처 또는 회피하고자 하는 원인을 제공하는 것으로 사료된다. 이에 외상 후 스트레스 장애를 질병이 아닌 개인의 충격적인 사건으로 인해 경험을 구성하는 요소들이 무질서(dis-order)하게 기억된 것으로 이해하고, 조율과 균형을 통해 복원의 치유과정으로 보는 관점과 시도가 필요하다. 이는 일생 트라우마에 노출될 확률이 78%에 이른다는 국내의 연구(은헌정, 이선미, 김태영, 2001)에서 보듯이 트라우마란 누구나 흔히 경험할 수 있는 하나의 사건이며, 치유와 통합의 주체는 결국 트라우마 경험자 자신의 몸과 마음, 생각이기 때문이다.

특히, 트라우마 경험을 다룸에 있어 신체경험치료와 감각운동 심리치료 등의 방법을 포함하는 외상 후 스트레스 장애 증상에 관한 치료적 접근은 처방과 치료에 중점을 두고 있다. 그러나 과거 또는 앞으로 경험하게 될 수 있는 트라우마를 치료에 의존하기보다는 스스로 극복하고 자기 주도적으로 일상생활에서 관리하기 위해 진단-처방-관리-피드백의 체계적인 과정이 포함된 프로그램 개발이 요구된다. 즉, 트라우마 경험으로 인한 신체감각의 암묵기억, 부정적 정서와 왜곡된 인지 등의 파편적 요소를 통합적 관점에서 발견하고, 부조화 요소를 스스로 통합할 수 있도록 유도하는 실행 도구를 활용한 외상 후 스트레스 장애 증상 완화 프로그램 개발이 필요하다. 트라우마에 기인한 신체감각의 왜곡과 감정의 상태는 암묵기억의 형태로 무의식하에 존재하므로 증상을 겪는 당사자가 스스로 자각하기 어렵기 때문에 외상사건과 신체감각 및 부정적 정서 간의 상관관계를 진단하고 처방할 수 있는 응용근신경학(Applied Kinesiology: AK)은 트라우마 치유에 유용하게 사용될 수 있다. 이와 같은 과정을 통해 발견된 신체감각과 부정적 정서를 일상생활에서 끊임없이 관찰하고 피드백을 통해 인지적 개선과 통합된 감각 처리를 지속해서 유도할 수 있는 외상 후 스트레스 증상 완화 프로그램이 필요하다.

응용근신경학은 신체감각 결함을 도수근육검사(manual muscle testing: MMT)를 통해 검사하고 교정할 수 있는 기능적 신경학적 검사법이다(Motyka & Yanuck, 1999). 외상사건에 의한 트라우마 기억은 의식적인 기억보다는 암묵적이고 절차적으로 자동화되어 신체에 기억된다(van der Kolk, 2016). 응용근신경학은 외상사건과 연관된 암묵기억이 신체감각과 정서에 어떠한 영향을 미치는지 자신의 근육 반응을 통해 대화하듯이 검사와 치료를 병행할 수 있는 독특한 진단체계를 갖추고 있는 특성을 가진다(Walther, 2005). 외상 후 스트레스 장애 증상을 겪는 대상자는 신체 감각적으로 왜곡된 반응으로 인해 간단한 체조나 스트레칭조차도 통증 인지나 재발의 공포로 움직임을 회피하게 되고, 짜증이나 부정적 감정의 발현을 반복하게 된다. 이와 같은 신체감각의 문제로 인해 제약받은 근골격계의 가동범위 개선과 움직임에 대한 두려움을 없애는 과정을 통해 심리적 안정감을 먼저 느끼도록 하는 작업은 트라우마 치료에 매우 중요하다. 이를 위한 응용근신경학의 적용은 신체감각의 정상화와 근골격계를 포함한 신경계의 안정화를 유도하여 움직임의 회복과 심리적 안정감을 유도하여 자신감을 회복할 수 있도록 돕는다.

한편, 트라우마로 인한 신체감각과 정서 및 인지의 파편화 요소는 발견과 치료뿐만 아니라 지속적인 관리와 피드백을 통해 재발을 막을 수 있는 통합적 관리가 필요하다. 최근 신체감각을 정서 · 인지 · 행동과 연결하여 심리치료에 활용하는 체화(embodied) 명상 훈련이 주목을 받고 있다(Loizzo, 2018). 이를 바탕으로 한 뇌교육(Brain Education) 기반 명상은 다른 명상법과는 달리 뇌체조 등으로 교정된 신체를 움직임으로써 신체의 감각을 깨워 신체에 대한 고유수용성 감각(proprioception)과 내부수용성 감각(interoception)이 조절되어 이완된 집중(relaxed concentration) 상태를 유도하는 차별성이 있다(이승호, 2017). 또한, 뇌교육 기반 명상은 이상적 트라우마 치유를 위한 상향식 접근과 하향식 접근의 특성을 모두 내포하고 있어 외상 후 스트레스 장애 치료에 이상적인 도구로서의 가능성이 있다.

지금까지 살펴본 바와 같이, 본 연구에는 외상 후 스트레스 장애 증상의 근원적 유발 요인인 외상에 의한 암묵기억과 연관된 신체감각(somatesthesia)의 왜곡을 진단하고 치유 가능한 응용근신경학의 적용을 통해 신체감각 회복과 부정적 정서의 부조화 요소를 해결할 수 있는 외상후 스트레스 장애 증상 완화 프로그램이 필요하다. 그리고 뇌교육 기반 명상을 통해 외상기억에 대한 심리적 통제와 안정을 유지하는 것은 물론, 트라우마 상태의 진단－처방－관리－피드백의 체계적인 과정을 거쳐서 일상생활 속에서 자기주도적으로 신체감각과 정서 · 인지 · 행동을 통합할 수 있는 역량과 메타인지 능력 향상을 통해 외상 후 성장까지 유도할 수 있는 프로그램을 개발할 필요가 있다.

따라서 본 프로그램은 뇌교육 기반 명상과 응용근신경학을 융합하여 외상 후 스트레스 장애 증상의 신체감각과 정서 · 인지 · 행동의 유기적인 상관성 개선을 통해 외상 후 스트레스 장애 증상을 완화하는 것은 물론, 성장할 수 있다는 점에서 의의가 있다.

2. 프로그램 개발을 위한 이론적 기초

가. 외상 후 스트레스 장애의 개념

외상(trauma, 트라우마)이란 용어는 원래 해부학 용어로서 육체적 '상처'를 가리키는 고대 그리스어(τραυμα)에서 유래했다. 그것이 심리학, 정신분석학 용어로 정착되면서 육체적 상처나 감정적 충격 그 자체가 아니라 그것에 대한 정신적 경험을 지칭하는 용어가 되었다(Leys, 2000).

이러한 외상의 의미가 최근에는 개인의 주관적, 객관적 경험을 포괄하게 되면서 경험적 외상을 외상사건(traumatic event), 심리적 외상(psychological trauma), 외상경험(trauma experience) 등의 용어로 서로 혼용되고 있다(최승미, 2008).

외상사건에 대한 공식적인 논의는 외상 후 스트레스 장애가 1980년 미국정의학회(American Psychiatric Association; APA) DSM－Ⅲ에서 공식 진단명으로 채택되면서 본격적으로 시작되었다. 이에 DSM－Ⅲ에서는 외상사건을 '대부분의 사람에게 심각한 고통을 초래하는 사건'이라고 정의하였고, 1987년의 DSM－Ⅲ－R에서는 기존의 정의에 '보통 인간의 경험을 넘어서는'이라는 문구가 추가되었다. 이어서 2000년의 DSM－Ⅳ－TR에서는 외상사건을 개인이 자기 자신이나 타인에게 실제로 죽음, 죽음의 위협을 주는 심각한 상해나 신체적 안녕에 위협을 주는 사건들을 경험하거나 목격하는 경우, 그리고 그로 인한 극심한 공포, 무력감, 두려움 등의 감정을 경험하는 것으로 정의하였다. 이후 가장 최근 2013년의 DSM－5에서는 외상의 정의에 대해 죽음이나 심각한 상해 및 성폭력을 실제로 경험하거나 위협을 느낀 경우로 명시하고, 직접 외상뿐 아니라 가까운 가족이나 친한 친구에게 외상사건이 발생한 것을 알게 되거나 외상사건의 혐오스러운 세부사항에 반복적 또는 극단적으로 노출되는 것을 포함함으로써 간접외상까지 인정하기에 이르렀다(양현주, 2019).

나. 외상 후 스트레스 장애의 증상

국내 외상 후 스트레스 장애의 평생 유병률은 일반 인구에서 1~14%, 위험도가 높은 인구에서 3~58% 정도로 알려져 있으며 전체 인구의 40~90%는 일생 한 번의 외상을 경험한다고 한다(대한신경정신의학회편, 2005). 흔히 사람들은 외상사건 이후 회복되기 힘든 정도로 극심한 심리적 고통을 겪거나 단기간 가벼운 정도의 고통을 겪기도 하며, 빠른 속도로 회복되는 것처럼 보이다가 갑작스러운 건강상의 문제나 집중력의 저하 등으로 일상생활을 영위하지 못하기도 한다(Nugent et al., 2014). 그러나 외상을 경험한 모든 사람에게 외상 후 스트레스 장애가 나타나는 것은 아니며, 각 개인의 사회 심리적 요인이 외상 후 스트레스에 큰 영향을 미치는 것으로 알려져 있다(송승훈, 이홍석, 박준호, 김교헌, 2009).

APA(2013)의 DSM－5에서는 개정된 외상 후 스트레스 장애에 대한 임상적 진단기준을 제시하고 있는데 그 내용은 다음과 같다.

첫째, 침습 증상이 다음 중 한 가지 이상에서 나타나는 것으로, 외상성 사건의 반복적이고 불수의적이며 침습적인 고통스러운 기억, 외상성 사건과 관련되는 반복적으로 나타나는 고통스러운 꿈, 외상성 사건이 재생되는 것처럼 느끼고 행동하게 되는 해리성 반응(flashback), 외상사건 관련 자극에 노출되었을 때 나타나는 극심하거나 장기적인 심리적 고통 및 뚜렷한 생리적 반응들이다.

둘째, 다음의 두 가지 회피 증상이 모두 나타나는 것으로, 외상사건 및 관련 있는 고통스러운 기억, 생각 또는 감정을 회피하거나 회피하려는 노력, 외상사건 및 관련 있는 고통스러운 기억, 생각 또는 감정을 불러일으키는 외부적 암시(사람, 장소, 대화 등)를 회피 또는 회피하려는 노력이 이에 해당한다.

셋째, 외상사건과 관련된 인지와 감정에 있어 부정적인 변화가 다음 중 두 가지 이상에서 나타나는 것으로, 외상사건의 중요한 부분을 기억하지 못하는 무능력, 자신과 다른 사람 또는 세계에 대한 지속적인 왜곡된 인지로 자신 또는 다른 사람을 비난, 지속해서 부정적인 감정 상태, 주요활동에 대해 현저히 저하된 흥미 및 참여, 타인과의 사이가 멀어지거나 소원해지는 느낌, 긍정적 감정을 경험할 수 없는 상태 등이 포함된다.

넷째, 각성과 반응성의 증가로 인한 뚜렷한 변화가 다음 중 두 가지 이상에서 현저한 것으로, 사람 또는 사물에 대한 언어적 또는 신체적 공격성으로 표현되는 민감한 행동과 분노 폭발, 무모하거나 자기 파괴적 행동, 과각성, 과장된 놀람 반응, 집중력 문제, 수면 교란 등이 있다.

이와 같은 네 가지 유형의 증상들이 한 달 이상 지속하여 일상생활에 심각한 장해를 받게 될 때 외상 후 스트레스 장애로 진단된다(APA, 2015).

이러한 외상 후 스트레스 장애의 일차적 증상이 적시에 치료되지 못하면 우울 및 우울성 신경증, 불안, 사망 각인 및 사망 불안, 충동적 행동, 물질 중독, 신체화(somatization), 긴장, 시간 감각 상의 변화, 자아 기능상의 변화, 죄책감, 회피, 적응문제, 손상된 대인관계, 현저한 성적 흥미의 상실, 생활 방식의 변화, 배신감, 강한 불신감, 희생양이 된 느낌, 퇴행, 부정적 자아상의 활성화(혼란된 자아상) 등의 이차적 증상을 겪을 수 있다(Peterson et al., 1996; Williams et al., 2009). 이와 같은 다양한 이차적 증상들은 외상 후 스트레스 장애의 일차적 진단증상들과 상호작용하고 영향을 미치며, 개인에 따라서는 치명적인 증상으로 나타날 수 있다(한인영, 이지영, 구승신, 2009).

다. 외상 후 스트레스 장애의 신경생리학적 기제

스트레스 노출에 따른 신체의 생리적 반응에 관한 연구는 Selye(1976)가 주장한 스트레스 원에 대해 경고반응(alarm reaction), 저항(resistance), 고갈(exhaustion)의 3단계를 거쳐 반응한다는 일반적 적응 증후군(General Adaptation Syndrome: GAS)이라는 가설에서 시작되었다. 이에 따르면 경고반응 단계에서는 스트레스 자극에 '공격 또는 도피반응(Fight－or－Flight Response)'이 일어나며 신체 반응 능력은 일시적으로 저하된다. 지속하는 스트레스 자극은 코르티솔(cortisol)이나 아드레날린(adrenaline)이 다량으로 생성 및 방출되는 저항단계로 이어진다. 이는 스트레스에 순응하고 동시에 스트레스 인자에 대한 저항을 증대시키기 위해 몸의 능력을 강화하는 단계에 해당한다. 한편, 저항기를 오랜 기간 지속하면 몸은 저항을 속행하기 위한 여분의 화학물질들 또는 에너지를 생성할 수 없게 된다. 흔히 탈진(burn out)된 상태인 고갈단계에 이르게 된다.

이러한 반응 단계에 관여하는 신체 기관은 시상하부(hypothalamus), 뇌하수체(pituitary), 부신피질(adrenal cortex)로 이를 통칭하여 HPA 축(Hypothalamin－Pituitary－

Adrenal Axis)이라 부른다. HPA 축의 작용 기제는 스트레스와 같은 자극이나 위험지각이 뇌의 편도체에서 시상하부의 뇌실방핵(paraventricular nucleus)을 자극해 코르티코트로핀 방출 호르몬(Corticotropin-Releasing Hormone: CRH)을 분비하도록 한다. 분비된 CRH는 뇌하수체 줄기에 있는 문맥을 통해 뇌하수체 전엽(anterior pituitary)으로 전달되어 부신피질자극호르몬(Adrenocorticotropic Hormone: ACTH)이 분비되도록 유도한다(장현갑, 2010). 이 과정을 통해 분비된 ACTH는 부신피질로 전달되며, 자극을 받은 부신피질은 코르티솔을 합성해 혈류로 방출하게 된다(Girdano, Everly, & Dusek, 2008). 이와 같은 HPA 축의 활성화 반응은 내분비계, 자율신경계, 면역계 등에 생리적 변화를 촉발하고 심리적 측면으로는 각성 수준, 기억, 정서 등의 항상성을 변화하게 한다. 행동적 측면으로는 대처(coping) 방식, 운동계 등에서 다양한 적응적 행동 변화를 일으킨다(변광호, 2005; 신재한, 2020).

이러한 HPA 축의 활성화는 최근까지 트라우마를 포함한 스트레스에 대한 신경생물학적 반응을 이해하는 전형적인 방식이었다. 그러나 HPA 축이 개념으로는 트라우마 증상의 하나인 셧다운(shutdown)이나 해리(dissociation) 반응과 같은 부동화(immobilization) 특성에 대한 논리적 설명을 제공하지 못하는 문제점을 가지고 있다. 이는 트라우마를 교감신경계와 부신을 통한 자동적인 가동화(mobilization)의 증가로 표출되는 스트레스 반응이라고 이해했기 때문이다. 최근에는 자율신경계의 각성 현상에 대해 더욱 정교하고 통합적인 해석을 제공하는 다미주 이론이 등장함에 따라 트라우마 기제의 해석에 새로운 전기를 맞게 되었다.

다미주 이론은 신경과학자 Porges에 의해 제창된 것으로 신체의 생리적 상태와 정서적 경험 및 행동을 연결하는 자율신경계의 역할에 초점을 두고 있다(Porges, 2003). 이는 전통적으로 교감(sympathetic)과 부교감(parasympathetic)으로 이분화된 자율신경계를 진화적 계통 발생에 따른 3단계의 위계적 자율신경계로 구분하여 설명한다. 진화적 계통 발생에 따른 단계는 1단계인 배측 미주신경(dorsal vagus nerve), 2단계인 교감신경, 3단계인 복측 미주신경(ventral vagus nerve)으로 구분하고, 외부 반응에 대한 신경의 발현은 3단계에서 2단계, 1단계 순으로 진행된다(Porges, 2001). 가장 원시적 진화단계인 배측 미주신경은 생존의 위협, 무기력 상황에서 작동하는 신경계로 부동화와 연관된다. 2단계인 교감신경은 위험이나 위협의 상황에서 작동되는 신경계로 흔히 '공격 또는 도피 반응'과 연관성 있는 가동화 체계로 불린다. 3단계인 복측 미주신경은 안전한 환경에서 작동되는 신경체계로 유수신경(medullated nerve)으로 구성되어 있으며, 수의적으로 중이(中耳), 안면(顔面), 후두(後頭) 근육에 작용하며 스트레스 호르몬을 감소시켜 심박이나 호흡을 안정화하고 사회적 의사소통을 가능하게 한다(Ogden et al., 2019). 이중 가장 최근에 진화된 신경체계인 3단계의 복측 미주신경이 기능하지 못할 경우, 교감신경과 배측 미주신경과 같은 하위체계가 작동된다고 주장하였다(Porges, 2001).

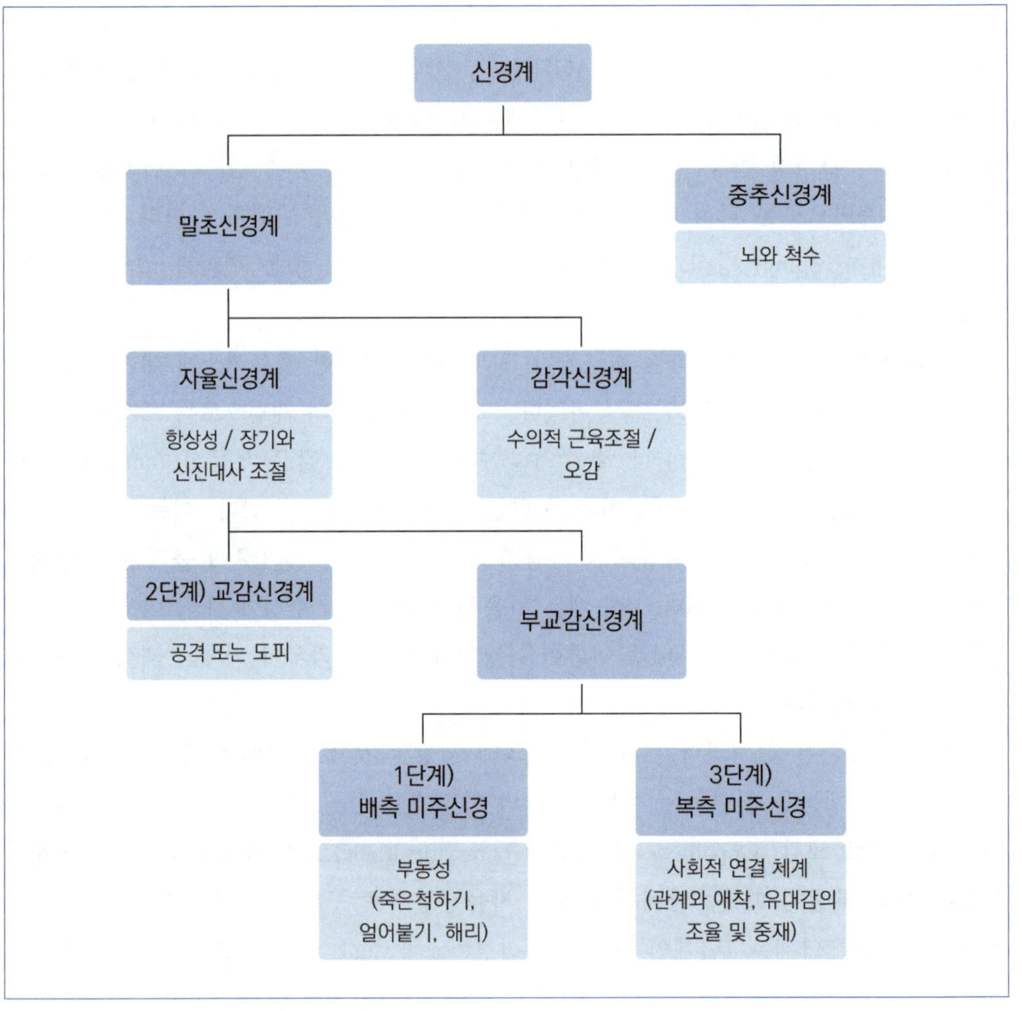

[그림 7-16] 다미주 이론의 위계적 신경체계

출처: Levin(2020)의 자료에서 수정

복측 미주신경은 개인의 의식 수준이나 깨어있는 수준을 결정하는 신경체계로 '사회적 연결 체계(social engagement system)'라고 부르며 심리적으로 안전감을 추구하기 위해 동기화된다(Porges, 2003). 이러한 '사회적 연결 체계'로 인해 인간은 유연한 소통이 가능하고, 사회적 또는 환경적 상호작용에서 작동하는 신체 부위를 조절할 수 있게 된다. 1단계의 배측 미주신경은 2단계인 교감신경이 효과적으로 위험을 해소하지 못하였을 경우 작동하는 신경체계로 죽은척하기(feigned death)나 해리(dissociation)와 같이 생존을 위한 부동화를 야기한다. 부동화 반응에 대한 다미주 이론의 해석은 단순한 위험반응과 생명에 대한 위협적인 반응을 구분하게 함으로써 HPA 축의 활성화만으로는 설명하기 힘든 트라우마를 겪은 사람들의 경험에 대한 특징을 이해할 수 있는 이론적 근거를 제공하였다.

일반적으로 위험이나 위협적인 상황에 놓이게 되면 인체의 신경계는 '신경지각(neuroception)[4]'에 의해 통제받게 되는데, 이를 통해 위협이 감지되면 생리적 상태는 자동으로 생존을 최적화하는 방향으로 변화시킨다. 또한, 대안적으로 신뢰, 사회참여 행동, 강력한 관계 구축을 지원하는 생리적 상태도 촉진한다(Porges, 2020). 신경지각이 비정상적으로 작동할 경우 위험하지 않을 때도 위험을 감지하거나 위험한 상황임에도 안전 신호로 잘못 알아차리게 될 수도 있는데, 이는 트라우마 경험자나 외상 후 스트레스장애 증상을 겪는 사람들에게서 흔히 관찰되는 현상이기도 하다. 결국, 이는 자율신경계의 각성상태가 조절되지 않아 과각성(hyperarousal) 상태나 저각성(hypoarousal) 상태의 경계에서 혼돈의 변화를 일으키기 때문이다(van der Kolk, Van der Hart, & Marmar, 1996; Van der Hart, Nijenhuis, & Steele, 2006).

흔히 과각성 상태에서는 심한 흥분 상태로 침습적인 이미지들과 감정, 신체감각에 의해 고통을 체험하는 반면 저각성 상태에서는 감정과 감각의 결핍으로 인한 감각 마비, 죽은 것 같은 느낌, 공허함, 수동적인 느낌, 기능 마비처럼 과각성 상태와는 다른 고통을 체험하게 된다(Spiegel, 1997; Van der Hart, Nijenhuis, Steel, & Brown, 2004). 이러한 극단적인 두 각성상태는 트라우마를 경험하는 상황에서는 생존을 위한 적절한 반응이지만, 위협이 없는 일상적인 상황에서도 같은 반응을 지속한다면 이는 부적응적이다. 이와 같은 과거의 위협상황과 연관된 부적응적 신경계 반응을 정상화하기 위해서는 최적의 각성 영역에서 트라우마의 경험을 처리해야만 한다(Wilbarger & Wilbarger, 1997).

최적의 각성 영역이란 자율신경체계의 기능을 손상시키지 않은 채 다양한 강도의 감정적, 생리적 각성이 처리될 수 있는 영역을 말한다. 이는 과각성과 저각성의 경계 사

---

4) 주변에서 잠재적인 위험 요소들을 신경계가 의식하지 않고 위험을 자동으로 평가하도록 조율된 무의식적인 평가과정을 말한다(Porges, 2020). 신경지각은 정보에 의존하는 지각(perception)과 달리, 안전, 위험, 생명의 위협을 나타내는 대상에 유전적으로 프로그램된 행동을 취하게 하는 신경계에 의존한다(Ogden et al, 2021).

이에 있으며 이를 '수용의 창(Window of Tolerance: WOT)'이라 부른다(Siegel, 2016).

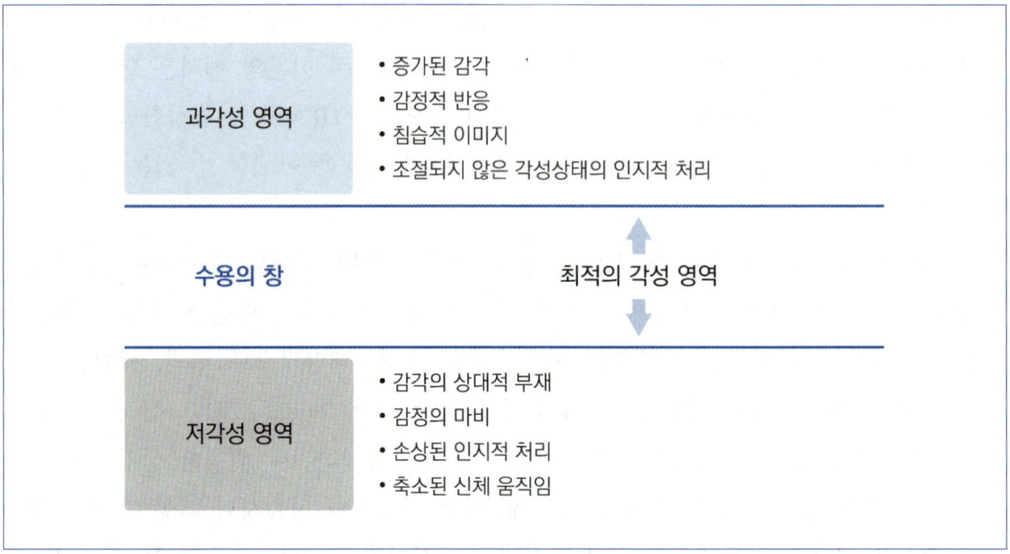

[그림 7-17] 수용의 창(Window of Tolerance) 모형

출처: Ogden 외(2019)의 자료에서 수정

'수용의 창' 내에서는 내외적 환경에서 입력된 모든 정보가 통합될 수 있다. 또한, 부적응적 각성상태와 관련된 감각 입력을 처리하면서 동시에 현재의 감각 입력을 수용하여 통합할 수 있기에 과거와 현재의 감각 정보를 지속해서 처리하고 조절할 수 있다(Williamson & Anzalone, 2001).

외상 후 스트레스 장애를 포함한 트라우마 경험자들은 '수용의 창'이 협소해져 각성의 정상적인 변동으로 생기는 조절되지 않는 상태에 더 민감한 반응을 보인다(Taylor, Koch, & McNally, 1992). 따라서 트라우마로부터 회복을 위해서는 비정상적으로 낮거나 높은 반응 유연성(response flexibility)[5]의 조율과 균형을 통해 '수용의 창'의 폭을 넓히는 과정이 중요하다. 이 과정은 트라우마의 파편화된 경험들을 인지적, 감정적, 감각운동적 차원의 여러 정보를 통합하기 위해서도 필수적인 조건이기도 하다(Ogden et al, 2019).

다미주 이론과 '수용의 창' 개념의 등장은 인지와 정서 중심의 트라우마 연구와 치

5) 자동적이고 반사적으로 반응하는 대신에 새롭거나 변화하는 상황에 유연하게 혹은 창조적으로 반응할 수 있는 능력을 의미한다. 중간 전전두엽이 기능적으로 중재되며, 어떠한 반응 이전에 충동과 행동 사이에 정신적인 공간을 가질 수 있도록 돕는다(Siegel, 2016).

료에 신체감각 회복의 중요성을 인지시키며 외상 후 스트레스 장애 치료 패러다임 변환에 큰 영향을 주었다.

라. 외상 후 스트레스 장애 치료의 특징

충격적인 외상사건의 기억이 일상적인 기억과 다른 기제로 작동한다는 특성에 관한 연구는 Freud와 Janet가 활동하던 초기 정신분석 심리학과 정신의학에서 비롯되었다. 당시에는 정신 구조를 분석하는 것이 언어를 통한 은유적 표현이므로 회복의 원론적인 시작점은 결국 생명과 신체 즉, 정신 구조의 근원을 이루는 생물학적인 요소로 귀결해야 한다고 인식하였다(Onfray, 2013). 이러한 언어를 통한 대화적 방식을 중요시하는 정신분석 치료(psychodynamic psychotherapy)는 인지행동치료나 정신역동치료와 같은 현대 심리치료의 근간이 되었다.

그러나 이러한 치료법들은 인지나 감정 상태에 초점을 집중하는 반면, 트라우마를 상기시키는 것들에 의해 촉발되는 근육 반응이나 장기 반응과 같은 행동 반응들 즉, 비언어적 영향에는 거의 관심을 두지 않았다(Ogden et al., 2019). 결국, 이러한 치료법들이 많은 연구를 통해 중재적 효과가 입증되었음에도 환자에게 심리적 고통을 재경험하게 하는 윤리적 문제나 환자 보호 측면을 고려한 임상 현장의 목소리와 함께 트라우마 관련 장애 치료로는 그다지 성공률이 높지 않다는 의견도 있다(Bradley, Green, Russ, Dutra, & Westen, 2005; Marks, Lovell, Noshirvani, Livanou, & Thrasher, 1998; Tarrier, Sommerfield, Pilgrim, & Humphreys, 1999; Grunert, Smucker, Weis, & Rusch, 2003; Ursano, Bell, Eth et al., 2004).

언어적 중재로는 트라우마의 행동적 관점을 대체할 수 없다는 회의적인 움직임과 신경과학의 발달로 트라우마가 일상적인 기억 방식과는 달리 파편화된 신체적 암묵기억으로 남아 통합된 경험으로 이해되지 않는다는 사실이 밝혀지면서 신체 중심의 심리치료가 대두되었다. 다시 말해 트라우마는 심리적 사건인 동시에 생리적 사건이기도 하다는 관점을 바탕으로(Eckberg, 2000), 신체 중심의 생리적 특성에 관한 연구가 이어졌다(van der Kolk, 2014). 특히 자율신경계의 새로운 관점인 다미주 이론의 등장은 트라우마 치료에 있어 패러다임 전환의 계기를 제공하였다.

다미주 이론은 스트레스에 대한 신경생물학적 변화에 중점을 맞춘 HPA 축의 활성화 개념으로 설명할 수 없었던 트라우마의 신체 감각적 생리 반응을 설명할 수 있는 이론적 기반이 되었다. 이를 근거로 전통적인 인지체계의 치료와 함께 신체경험치료

(Somatic Experiencing: SE)나 감각운동 심리치료(Sensorimotor Psychotherapy: SP)와 같은 신체 중심의 심리치료가 대두되었다.

신체경험치료(SE)는 Levin에 의해 주창된 심리치료 방법이다. 신체경험치료는 인지행동치료가 가진 인지 중심의 하향식 접근방법으로 인해 트라우마 회상에 의한 재경험을 촉발하는 과정이 없이, 상향식 접근을 통해 몸의 감각 회복과 개인 내재적 자원의 통합을 유도하여 외상 후 스트레스 장애 증상을 극복할 수 있는 지평을 열게 되었다(Payne, Levine, & Crane-Godreau, 2015). Levin(2020)에 따르면 신경계는 '사고'가 아니라 '감각'을 통해 경험을 기억하기 때문에 트라우마와 같은 충격을 겪으면 감각 요소가 파편화되어 몸의 감각을 정상적으로 느낄 수 없게 된다고 설명한다. 그러므로 호흡과 의식적인 알아차림을 통해 우리 몸 안의 내부 감각에 집중함으로써 트라우마를 치유할 수 있다고 하였다. 이를 위해 감각 기반 언어인 SIBAM[6]을 고안하여 트라우마를 겪는 사람의 반응이 얼마나 유연한지, 경직되어 있는지에 대한 기준점을 제시하였다. 이를 통해 어떤 자각이 치유에 더 잘 활용할 수 있는지, 트라우마 결함은 어디 있으며 어떻게 드러나는지 감각 추적을 통해 이해하고 12단계의 통합 과정을 행함으로써 트라우마를 극복할 수 있게 한다(이경희, 2020).

감각운동 심리치료(SP) 또한 몸 감각에 중점을 둔 심리치료 방법으로 1980년대 Ogden에 의해 개발되었다. 감각운동 심리치료는 Ron Kurtz가 개발한 몸 중심의 심리치료법인 하코미 방법(Hakomi Method)을 기술적인 토대로 한 상향식 접근방법과 정신역동치료, 인지행동치료, 신경과학 이론, 애착 및 분리 이론의 하향식 접근방법들이 융합된 치료법으로 신체 경험들을 사용함으로써 신체가 어떻게 정보를 처리하고, 감정적, 인지적 의미를 만들어내는지를 다루고 있다(Ogden et al., 2019). Ogden에 의하면 트라우마 경험은 감정과 사고, 정체성, 기억, 체성감각적(somatosensory) 요소처럼 정상적으로 통합되어야 할 과정이 분리되고(Spiegel et al., 1991), 통합의 실패는 지나친 '경험의 구획화(compartmentalization of experience)[7]'로 이어져 트라우마의 요소들이 통일된 전체나 통합된 자기감으로 통합되지 못하고 파편화되어 기억된다고 설명한다(van der Kolk et al., 1996). 트라우마 치료에 있어서는 내담자의 이야기를 통해 인지(cognition) 상태를 파악하고 감정(emotion)에 반응 및 해석과 함께 오감지각(five sense perception), 움직임

6) 감각(Sensation), 이미지(Image), 행동(Behavior), 감정(Affect), 의미(Meaning)의 요소를 말한다(Levin, 2020).

7) 구획화의 한 형태는 1) 감정과 신체의 마비, 트라우마를 연상시키는 단서를 회피하는 증상, 2) 플래시백과 꿈, 사고, 소매틱(somatic) 증상을 통해 트라우마를 침습적으로 경험하는 것 사이를 오락가락하는 트라우마화된 사람의 경향성에 그대로 나타난다(Van der Hart et al., 2004).

(movement), 내적 신체감각(inner body sensation) 등의 신체적 변화를 아주 세밀한 사항까지 정확하게 관찰하고, 현재 순간에 주의를 가져오도록 하여 탐색의 재료로 삼는 것을 특징으로 한다(Ogden & Fisher, 2021).

이와 같은 대표적 신체 중심의 심리치료법들은 경험 조직체(experience organizations)의 통합을 통해 트라우마에 대한 치료적 접근을 시도하는 공통점을 가지고 있으며, 각각의 경험 조직체는 [그림 7-18]과 같다(오주원, 2021).

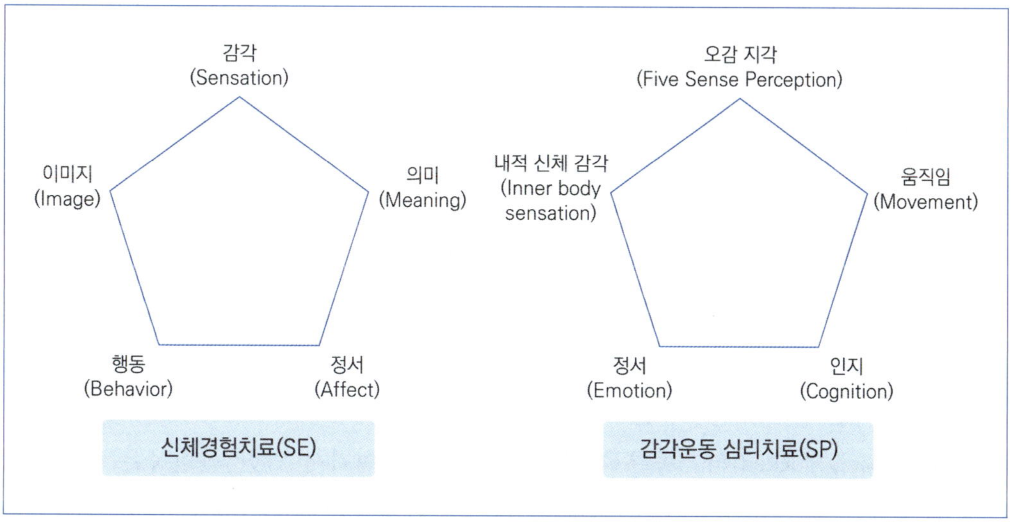

[그림 7-18] **신체경험치료와 감각운동 심리치료의 경험 조직체**

이외에도 요가, 무용 등을 활용한 표현예술치료(Expressive Arts Therapy), Berceli의 트라우마해소운동(Trauma Releasing Exercises: TRE), 체화(embodied) 중심 명상과 같은 신체 움직임을 통한 트라우마 관련 연구가 활발히 진행 중이며, Shapiro의 안구운동 민감소실 및 재처리 요법(Eye Movement Desensitization and Reprocessing: EMDR), Schwartz의 내면가족체계치료(Internal Family System Therapy: IFS), 뉴로피드백(Neurofeedback) 등과 같은 치료 방법도 임상 현장에서 흔히 사용되고 있다.

바. 응용근신경학의 개요

응용근신경학(Applied Kinesiology: AK)은 1964년 Dr. Goodheart에 의해서 근육 활동의 기능적인 측면을 매개로 하여 카이로프랙틱, 정골의학, 두개골치료법, 임상영양학,

기능의학, 침구학, 자연치료법, 족부의학 등을 수용하여 통합적인 방법으로 전인적인 치료를 할 수 있도록 만들어 졌다(Walther, 2005). 구체적으로는 경락경혈(meridians), 신경림프반사(neurolymphatic reflex: NL)[8], 신경혈관반사(neurovascular reflex: NV)[9] 등 반사점 체계에서의 기능연계, 임상신경학 및 임상영양학적 기능 연계, 두개천골요법(craniosacral therapy: CST)에서의 기능연계 등 기(氣) 혹은 미세에너지계통 개념으로 설명되는 기능 측면을 포괄하는 치료법으로 정의할 수 있다(인창식, 2017).

응용근신경학의 가장 큰 특징은 근육 반응을 검사할 수 있는 도수근육검사(manual muscle testing: MMT)를 통해 신체의 다양한 기능 이상을 파악하는 것으로(인창식, 2017), 치료에서도 인체의 불균형과 관련된 근육의 문제를 바로 잡음으로써 증상을 완화한다는 점이다(장관호, 송윤경, 임형호, 2003). 응용근신경학은 근육에 대한 관찰과 검사에서 출발하기는 했으나 단순히 근육을 검사하기보다 근육의 반응을 통해 인체의 기능을 평가하는 체계로 발전되어 도수근육검사를 일종의 기능적 신경학적 검사법이라는 개념으로 이해하고 적용한다(Motyka et al., 1999). 도수근육검사란 근육 자체의 힘이 아닌 피검자의 근육을 최대로 수축시킨 상태에서 추가되는 부하에 대해 근육의 적응능력을 평가하고(Leaf. 2014), 에너지의 흐름이나 균형을 검사하고자 하는 목적을 갖는다.

도수근육검사에서 근반응은 약함(weak/unlocked), 정상(strong/locked) 그리고 과긴장(too strong/blocked)의 3종류로 구분할 수 있다. 여기서 약한 근반응은 근육검사 도중 근육에 부착하고 있는 뼈들이 움직이는 것을 막을 수 있을 정도로 충분히 수축할 수 없는 상태를 말한다. 정상 근반응은 부착하고 있는 뼈들이 움직이는 것을 막을 수 있을 정도로 충분히 수축할 수 있는 상태이다. 과긴장(hypertonicity) 반응은 지표로 삼은 근육이 근육검사에서 강하다고 평가되나, 적절한 진정혈(鎭靜穴: sedation point)[10]에 접촉하는 등에 의해서 약해지지 않는 상태를 의미한다(Walther, 2005). 만약 평가하

8) 'Chapman Reflex'라고도 한다. 1930년대에 Frank Chapman에 의해서 몸에 있는 특정한 장기의 림프 배출과 흐름에 영향을 주는 반사점이 있다고 주장되었다. 이를 1965년 George J. Goodheart가 각종 검사상 이상이 발견된 장기가 있을 때 이 장기와 연관된 특정 근육이 근육 검사상 약화되어 있음을 확인하였고 근골격계를 교정하면 장기의 기능이 좋아지며, 이때 척추 부위에서의 Chapman Reflex Point와 척추의 구조적 이상이 연관되어 있다는 것을 발견하였다(장현동, 2019).

9) 'Bennett Reflex'라고도 한다. 1930년대 초반 카이로프랙틱 의사인 Terence Bennett가 다양한 장기나 구조물의 혈관계에 영향을 미치는 것으로 생각되는 지점들을 머리 부위에서 발견하여 이름 붙여지게 되었다. 이를 1960년대 중반 George J. Goodheart가 Bennett Reflex를 자극함으로써 근육 검사상 근육 기능이 향상된다는 것을 발견하여 오늘날의 응용근신경학에 유용하게 쓰이게 되었다(Walther, 2005).

10) 침술요법에서 한 특정 경락에서 에너지를 배출시키는 인체 상의 정확한 위치를 말한다. 응용근신경학에서는 진정혈에 대해 TL을 시행하면, 이 경락과 연관된 근육들을 검사상 약하게 만든다(Walther, 2005).

고자 하는 근육의 근반응이 정상 반응을 지닌다면 해당 근육을 검사나 치유를 위한 지표 근육(indication muscle: IM)으로 정하고, 도전(challenge)[11]과 치료적 접촉검사(therapy localization: TL)[12]와 같은 응용근신경학의 독창적인 접근법을 통해 검사와 치료를 병행하는 특징을 갖는다.

한편, 응용근신경학의 건강에 대한 개념은 카이로프랙틱(Chiropractic)의 철학에 뿌리를 두고 있다. 카이로프랙틱의 건강의 3요소는 사람의 몸에 어떠한 기능상 장애가 생겼을 때는 구조적(structure), 화학적(chemical), 정신적(mental)인 3요소의 상호작용의 문제로 발생한다는 것이다. 이 세 요소는 서로 유기적으로 맞물려 있어 어느 한 요소의 균형이 깨지게 되면 서로 영향을 주고받기 때문에 즉시 신체에 이상증세나 질병이 생기게 된다(Walther, 2005). 일반적으로는 신체에 이상 증세가 생기게 되면 문제가 드러난 부위의 대증적 치료에 의존하는 경향이 있지만, 응용근신경학에서는 이 세 인자 가운데 어느 요소에 문제가 있는지 근본적인 원인 인자를 찾아 치유함으로써 다시 균형의 상태를 만들어 신체 스스로가 정상적으로 균형을 유지하여 질환으로부터 회복하게 하는 것을 가장 큰 특징으로 한다.

특히, 응용근신경학의 검사법과 치유법들은 신경계(nervous: N), 림프계(lymphatic: NL), 혈관계(vascular: NV), 뇌척수계(cerebrospinal fluid: CSF), 경락계(acupuncture meridian chain: AMC)등 5개의 요소와 연관이 있고 이 시스템들은 모두 척추와 척추 사이의 추간공(intervertebral foramen) 내에서 나타나기 때문에 이를 '추간공의 5요소'라고 부른다(Walther, 2005).

또한, 응용근신경학의 도수근육검사는 환자 자신의 몸을 진단 도구로써 사용하므로 치료가 몸에 주는 영향을 조사하는 직접적인 수단이 되고, 치료가 적절하게 이루어졌는지를 판단하는 근거를 제시해준다. 이러한 도수근육검사로부터 영향을 받아 파생된 치료법들은 Touch for Health(TFH), Emotional Freedom Technique(EFT), Educational Kinesiology(Brain Gym), Thought Field Therapy(TFT), Energy Kinesiology(Kinergetics), Behavioral Kinesiology(BK), Allergy Elimination Techniques(AET), Neural Organization Therapy(NOT), Clinical Kinesiology(CK), Complementary Sports Medicine(CSM), 오링테스트(O-ring Bi-digital test) 등이 알려져 있다

11) 어떤 자극을 주어, 그것이 근력검사의 결과에 대한 영향을 측정하는 것을 의미한다(Frost, 2015).
12) 환자의 기능 이상이 있는 부위에 손을 대었을 때, 도수근육검사 소견이 변화되는 것을 관찰했던 데에서 응용근신경학에서의 중요한 발전이 이루어졌다. 환자가 기능 이상이 있는 부위에 손을 대면 이전에 약하게 검사되었던 근육이 강화된데서 이름붙혀지게 되었다(Goodheart, 1974).

바. 응용근신경학의 과학적 원리

인체는 기계적 감각 수용체들로 부터 수집된 정보를 구심성 신경회로를 통해서 척수와 소뇌 등 중추신경계로 전달하고, 뇌의 각 기관에서 해석이 끝난 정보는 원심성 신경회로를 통해 해당 근육에 재차 지시를 내리는 구조를 갖는다. 근육의 고유수용기 감각 조절이 잘못되어 오류가 있는 신호를 뇌로 보냈을 경우, 중추의 신경계는 송신되어 온 신호가 잘못되어 있다 하더라도 신호에 충실하게 반응하기 때문에, 그에 상응하는 부적절한 지시를 근육에 보낸다. 그 결과로 지나치게 긴장한 근육이나 이완된 근육이 나타나게 되며 이것은 신체의 구조 정렬 불균형에 의한 나쁜 자세를 형성하고 조화롭지 않은 움직임을 만들게 된다는 것이 통설이다.

그러나 이에 따르면 동일한 환경에서 동일한 자극을 받는 사람들은 자극의 결과물로서 동질성을 인정할 수 있는 생체반응이 나와야 하지만, 실제로는 개인마다 서로 다른 반응이 나오는 것을 설명할 수 없다는 문제를 갖는다. 이는 외부의 자극이 같은 물리·환경적 조건으로부터 전달되더라도 그 자극의 해석은 주관적으로 발현됨을 의미한다. 이에 대해 Maturana와 Varela(2009)는 인간의 신경계라는 것은 폐쇄적으로 작동하는 통일체로 외부에서 들어오는 정보에 반응하는 것 외에도, 그 정보가 자신에게 어떻게 해석되어 묘사되는지도 결정한다고 주장하였다. 이에 따르면 외부로부터 입력된 정보의 내적처리와 신체 각 부분으로의 신호전달, 신체 각 부분에 대한 중추신경계의 지배로 연결되므로 사람이 같은 자극에 대해서 각각 다른 반응을 나타내는 것을 설명할 수 있게 된다. 즉, 외부 자극의 해석은 사람마다 각양각색으로 결정되고 각자의 반응도 역시 서로 다른 양상을 보인다는 것이다. 이러한 아이디어는 응용근신경학의 도수근육검사와 치료가 신경계를 단순한 입출력하는 기계적 장치로서가 아니라 조건적 상황에서 상호작용을 통해 개별적이고 독립적으로 근반응을 일으킬 수 있음을 판단하게 하고 이에 따른 교정 작업을 가능하게 하였다.

흔히 일컫는 비정위(非定位) 자세 또는 나쁜 자세는 중력을 극복하고 장시간 동안 서서 움직여야 하는 직립보행의 산물로 문명과 함께 생활해야 하는 인류에게는 피할 수 없는 숙명이다. 각자의 골격과 근육의 수준에 따라 중력으로부터 가장 자유스러운 자세를 유지하기 위한 습관은 장시간에 걸쳐 형성되며, 그 자세가 형성된 이상 아무리 나쁜 습성이라도 옳다고 느끼게 된다. 이러한 자세 습관은 고유수용기가 뇌로 자세에 대한 정보를 전달하는 핵심적 역할을 하며, 고유수용기의 골지건기관(golgi tendon organization)과 신경근방추세포(spindle cell)로부터 신호전달 수준은 자세의 질, 행동 패턴 그리고 자세나 움직임에 대한 우리들의 주관적인 느낌 대부분에 관여하게 된다.

한편, 나쁜 자세를 계속 유지하는 것은 어떤 근육들에 과도한 긴장을 강요하고 길항근들은 이를 억제한다. 이에 따라 근육은 불활성 상태에 있을 때도 '근긴장(myonic tonus)'이라는 지속적 긴장 수준을 갖는다. 그 결과로 한 근육의 긴장이 너무나도 적을 때, 그 길항근은 딱딱하고 짧아져서 반응하게 된다. 이와 연관되어 길항근이 딱딱해지는 것은 주동근의 긴장을 한층 감소시킨다. 이에 따른 신경근방추세포와 골지건기관의 작용으로 만들어지는 상호 억제 및 촉진작용은 자기-영속적인 문제를 일으킬 수 있다. 게다가 억제된 길항근을 대신하여 자세 유지를 대체하기 위해, 원래 그 역할에 별로 관계가 없는 다른 근육이 과도하게 긴장해야만 한다. 이러한 부적절한 긴장이 차례차례로 다른 근육에 파급되어 궁극적으로는 관절에 무리가 감에 따라 불쾌감이나 신경계의 부조화(neurologic disorganization)가 일어나고 문제가 있는 근육과 연관성이 있는 장기에 질병이 일어날 우려가 있다(Frost, 2015).

신경계의 부조화는 흔히 기능적으로 좌우가 바뀌는 것과 관계가 있기에 '스위칭(switching)'이라는 용어로 표현되며, 신경계의 구조화된 오류와 관련이 있다(Walther, 2005). 이 때문에 도수근육검사를 사용하고자 할 때는 정확한 신체의 균형 정보를 얻기 위하여 신경계의 조직화가 필수적이다. 만약 신경계의 부조화를 제거하지 못한다면 검사자는 대상자의 정확한 기능 이상이 있는 부위를 찾지 못한다거나, 실제로는 이상이 없는 부위에 문제를 가지고 있다고 반응할 수도 있다. 이러한 신경계의 부조화 제거는 주로 안구 잠금(qcular lock)[13], Zip-up test[14]를 통해 손쉽게 할 수 있으며, 그 외에도 대상자의 신체로부터 수분의 상실이 있는지를 검사하는 탈수검사(dehydration test)나 근육의 과긴장성 검사(hypertonicity test)를 통하여 신체와 신경계의 균형을 바로 잡을 수 있다.

---

13) 신경계의 부조화를 검사하는 일반적인 방법의 하나이다. 신경계 부조화가 있는 대상자는 종종 두 눈의 정합성(coordination)에 장애를 갖는데, 안구가 잠금 상태에 있게 되면, 특정한 방향을 바라볼 때 지표 근육의 검사결과는 약해진다. 대상자가 가능한 한 방향의 먼 곳을 보게 한 다음 지표 근육을 검사하는 것으로 쉽게 분변할 수 있다. 안구 잠금을 영구적으로 치료하려면 두개골이나 골반 장애의 교정치료가 필요하나, 응용근신경학에서는 배꼽, 유부혈(K 27), 승장혈(CV 24), 태단혈(GV 27), 장강혈(GV 1)의 마사지를 통해 일시적으로 교정함으로써 정확한 검사 정보를 얻을 수 있다(Frost, 2015).

14) 신경계 부조화를 검사하는 방법의 하나로 승장혈(CV 24), 태단혈(GV 27), 장강혈(GV 1)에 대한 치료적 접촉(TL)이 지표 근육을 약하게 한다면, 승장혈(CV 24)과 곡골혈(CV 2)을 20~30초간 꾹 누른다. 그런 다음 회음혈(GV 1)과 동시에 곡골혈(CV 2)을 20~30초 동안 부드럽게 접촉하는 것으로 부조화를 일시적으로 해결할 수 있다(Frost, 2015).

일반적으로 근육 긴장의 불균형을 해소하는 기초적인 작업은 주동근에서 근 긴장을 높이는 것이고 즉각적인 길항근의 이완을 만들기도 한다. 그러나 길항근의 수축이 주동근을 나중에 다시 약하게 만든다면, 길항근의 근긴장을 직접 낮추어야 한다. 한편, 주동근의 수축 시 이완되어야 하는 길항근이 긴장된 상태를 유지하게 되면 근골격계의 기능 이상이 유발되는데, 이때의 주동근을 '일차성 근육'이라 하고 도수근육검사 시 약한 근육을 '반응성 근육(reactive muscle)'이라 부르며 이 두 근육은 항상 쌍으로 이루어져 있다. 반응성 근육은 일반적으로 주동근과 길항근 관계의 비율이 높지만, 보행에서 서로 유사한 기능을 하는 한쪽 팔과 다른 쪽 다리의 근육 사이처럼 비교적 먼 곳에서도 존재한다. 결과적으로 반응성 근육이 약해지는 것은 처음 수축된 일차 근육의 신경방추 세포 또는 골지건기관에서 잘못된 신호를 발생시켰기 때문으로 본다(Triano & Davis, 1976).

지금까지 살펴본 바와 같이, 반응성 근육(reactive muscles)의 근육쌍을 정리하면 <표 7−25>와 같다.

〈표 7-25〉 **반응성 근육(reactive muscles)의 근육쌍(Walther, 2005)**

<table>
<tr><th>반응성 근육</th><th>검사가 필요한 근육</th><th>반응성 근육</th><th>검사가 필요한 근육</th></tr>
<tr><td>경부 굴곡근</td><td>(대측)요근</td><td>하부 복직근</td><td>상부복직근</td></tr>
<tr><td>두판상근</td><td>(대측)이상근</td><td>복횡근</td><td>척주기립근</td></tr>
<tr><td>상부승모근</td><td>광배근/이두근/
(대측)상부승모근</td><td>대(소)요근</td><td>내전근/
(대측)전방 경부굴곡근</td></tr>
<tr><td>삼각근</td><td>능형근/소흉근</td><td>중둔근</td><td>(대측)복직근</td></tr>
<tr><td>극상근</td><td>능형근/소흉근</td><td>이상근</td><td>(대측)두판상근</td></tr>
<tr><td>능형근</td><td>삼각근/전거근/극상근</td><td>대둔근</td><td>척주기립근/대흉근쇄골지</td></tr>
<tr><td>광배근</td><td>(대측)슬근/상부승모근</td><td rowspan="2">슬근</td><td rowspan="2">척주기립근/(대측)광배근/
대퇴사두근/슬와근</td></tr>
<tr><td>소흉근</td><td>전거근/극상근/삼각근</td></tr>
<tr><td>대흉근
쇄골지</td><td>대둔근</td><td>대퇴근막장근</td><td>내전근/제3비골근</td></tr>
<tr><td>전거근</td><td>능형근/소흉근</td><td>내전근</td><td>대퇴근막장근/대요근</td></tr>
<tr><td>이두근</td><td>삼두근/상부승모근</td><td>대퇴사두근</td><td>비복근/슬근/복직근/봉공근</td></tr>
<tr><td>삼두근</td><td>이두근/회외근</td><td>봉공근</td><td>전경골근/대퇴사두근</td></tr>
<tr><td>척주기립근</td><td>복횡근/대둔근/슬근</td><td>슬와근</td><td>비복근/슬근/상부승모근</td></tr>
</table>

반응성 근육	검사가 필요한 근육	반응성 근육	검사가 필요한 근육
횡격막	대요근	비복근	슬와근/대퇴사두근
복직근	대퇴사두근/하부복직근	전경골근	봉공근
상부 복직근	하부복직근	제3비골근	대퇴근막장근

외상을 입거나 통증을 호소하는 대상에게서 근육이나 관절의 염좌가 발생할 특별한 이유가 없고, 의학적 검사 소견에서 특별한 문제를 발견하지 못하면 반응성 근육의 문제가 존재할 수 있음을 염두에 두어야 한다. 이에 따라 외상 자체나 이차적 신체 증상으로 인한 통증이 지속해서 발현될 경우, 일차성 근육과 더불어 반응성 근육 치료가 적절히 이루어진다면, 통증을 완화하고 동작 범위를 넓혀 움직임 전체를 보다 효율적으로 개선할 수 있다.

응용근신경학이 추구하는 근육 교정의 목적은 근방추세포나 골지건기관의 신호전달을 정확히 소성함으로써 근육 긴장의 균형을 바로잡아 본래의 역할과 관련이 없는 근육들의 보상 작용을 막는 것이다(Frost, 2015). 이를 통해 중추신경계는 보다 정확한 입력을 받고, 더욱 정확한 출력을 근육에 되돌려 보낼 수 있다. 이에 각각의 근육이 균형을 잡아 최선의 긴장 상태를 유지할 때, 구조상의 정렬도 더욱 좋은 상태를 유지할 수 있다. 이로 인해 신체의 균형 및 정위(orientation) 감각이 개선되며, 이에 수반하여 뇌는 근육 중의 새로운 긴장 수준이 옳다고 판단하게 된다. 더불어 나쁜 자세로부터 파생된 근골격계의 통증은 완화되고 환자의 자세는 바르게 자리 잡아 간다. 이처럼 응용근신경학 교정의 가장 큰 장점은 의식하지 않고 노력하지 않아도 좋은 자세를 지속해서 유지할 수 있으며 나쁜 자세로의 재발을 방지할 수 있다는 점이다.

사. 외상 후 스트레스 장애 증상 완화를 위한 응용근신경학의 적용 방법

Frost(2015)는 Selye(1974)가 주장한 일반적 적응 증후군(GAS)의 스트레스 3단계 반응 개념과 도수근육검사의 근육 반응 세 가지 상태인 약함(weak / unlocked), 정상 긴장(strong / locked), 과긴장(too strong / blocked) 상태에 직접적인 연관성이 있다고 보았다.

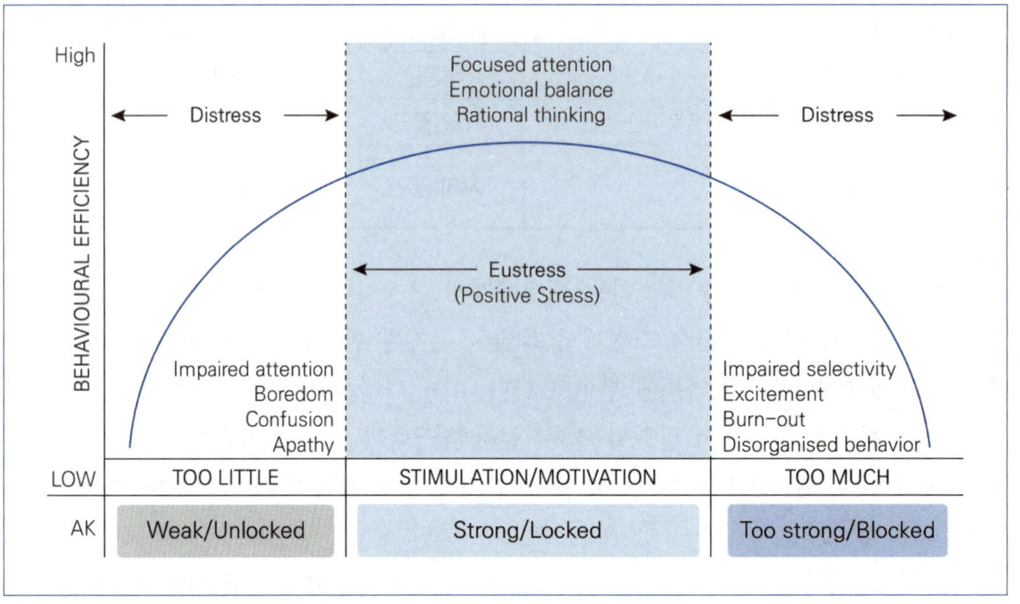

[그림 7-19] **스트레스의 3단계 반응과 응용근신경학의 근반응 연관성**

출처: Selye(1974)와 Frost(2015)의 자료에서 수정

정상 긴장은 근육이 본래의 기능 수행을 함에 있어 이상적인 상태에 있는 것을 의미한다. 근육이 정상 긴장 상태에서는 좋은 자극과 나쁜 자극이 인지되며 그 자극에 순응하는 방법으로 서로 즉각 반응한다. 자극에 대한 반응으로서 약한 근반응 상태는 '경고반응기'에 해당하는 것으로 외상 부위에 치료적 접촉(TL), 외상의 기억을 떠올리게 하는 것 또는 알레르기 항원(allergen)을 구강이나 신체에 접촉하는 도전(challenge)에 반응해서 정상적인 근육이 약하게 평가될 수 있다. 이는 스트레스 자극의 세기가 신체가 그 자극에 대해 적응하는 능력보다 크다는 것을 의미한다.

평가된 근육이 과긴장 상태라 할지라도 해당 근육의 고유수용기의 기능부전의 경우라면, 일반적인 도수교정을 통해 쉽게 정상화할 수 있다. 과도한 스트레스에 기인한 과긴장 근육인 경우, 이에 대응하는 근육과 장기, 경락과 같은 시스템이 스트레스에 노출되어 스트레스에 적응 단계에 놓인다. 따라서, 스트레스의 정도가 과하게 장시간 자극될수록 더욱 신체의 시스템들은 적응을 위해 과도한 작용을 하게 되며, 전신의 근육들 대부분 또는 모두가 전반적으로 허약해지는데 이는 '고갈기'에 해당한다고 할 수 있다. Gerz(2001, 2002)는 이러한 과긴장 상태를 스트레스 자극이 몸에 경고반응을 만들고 근육 긴장이 병적으로 높아지는 것으로 이해되며, 이전에 스트레스에 적응한 기억을 가리키는 전–장애(pre–damage)[15]를 수반한다고 하였다. 이에 따르면 외부의 스트레스 자극을 몸은 알레르기라는 형태로 반응하는 것을 학습 또는 기억하게 되므로 과긴장 상태 반응은 '학습 반응 또는 기억 반응'이라고도 말할 수 있다. 이처럼 자극의 유형이 각기 다른 여러 가지 스트레스에 반응 체계로 몸은 근육을 긴장시켜서 스트레스에 대처하는 것을 학습한다는 것이 그의 주장이다.

수술이나 교동사고와 같은 물리적 외상을 포함하여 심리적 충격 등의 모든 외상 스트레스에 의한 신체 감각적 또는 정서적 암묵기억(implicit memory)[16]은 구조적인 기능 이상에 대한 지속적인 영향을 주며, 응용근신경학의 관점에서는 정신신체적(psychosomatic) 문제를 가진 것으로 판단한다(Walther, 2005). 이러한 암묵기억은 강력한 부적 정서를 동반한 신체감각의 암묵기억으로 자동적, 불수의적으로 침투된다는 특징을 갖는다(이혜미, 2018).

감정적 요소와 연합된 외상경험은 지극히 주관적이고 개별화된 특성을 가지며 신체적 증상이 동반하면 완전한 치료에 상당한 어려움이 많다. 이를 극복하기 위하여 심리적 치료를 병행하는 것이 최선일 수 있지만, PTSD 증상을 가진 사람에게는 시간과 비용, 그리고 선택의 측면에서 커다란 장애 요소가 된다. 이에 대한 응용근신경학의 장점은 PTSD 증상을 가진 대상자가 외상으로부터 무의식적으로 가지게 된 손상에 대한 암묵기억을 비교적 간단한 절차로 제거할 수 있다는 점이다. 물론, 이 과정이 완전한 치유를 의미하는 것은 아니다. 손상된 신체가 지니는 암호화된 암묵기억을 소거하였다 할지라도, 심리적·정신적 충격에 의한 암호화된 자극은 지속할 가능성이 있기 때문이다. 앞서 밝혔듯이 암묵기억 또는 암묵적 자극이라는 것은 물리적인 사건을 비롯하여 감정적인 요소가 함께 작용하므로 육체적 요소와 감정적 요소가 동시에 작용하는 특성을 갖는다(Walther, 2005).

PTSD 증상을 가진 대상자에 대한 응용근신경학의 주요 치유원리는 몸 어딘가에 혹은 무의식의 어딘가에 저장되어 있을 외상 당시에 입력된 암호화된 암묵기억을 다루는 것에 있다. 즉, 고유수용기나 통각수용기 등에 존재하는 왜곡된 신체감각 기능을 도

15) 원칙적으로 전–장애는 알레르기 항원에 대한 면역계의 반응에서 일어나는 것을 의미한다. 다시 말하면 몸이 알레르기 반응을 일으킨다는 것은 몸이 이전에 그 물질에 접촉한 일이 있다는 것을 뜻한다(Gerz, 2001).

16) 암묵기억은 무의식적이고 내적 상태와 관련이 있으며 능력, 습관, 정서 연합, 조건화된 반응을 포괄한다. 외상사건은 감각적, 지각적, 정서적 충격에 지배를 받아 외상기억이 무의식으로 심상, 시각, 근육감각, 청각, 후각, 신체 내장기관의 반응, 사고 등 몸에 남아 암묵적인 형태로 저장되기 쉽다(Brewin et al., 1996; Ehlers & Clark, 2000).

수근육검사를 통해 찾아내어 정상화하는 것이라 할 수 있다. 다양한 도수치료법이나 교정술, 고유수용감각 촉진요법이 PTSD의 물리적인 치료 방법으로 이용되고 있지만, 외상과 연관된 암묵기억에 의한 신체의 이상 반응이나 재발을 다루는 기법은 일반화되어 있지 않다. 외상경험의 암묵기억과 연결된 신체의 잘못된 감각수용체 부위를 찾아 직접 교정하고 정상화하는 방법은 응용근신경학만의 독특한 접근 방식으로 해석할 수 있다.

이러한 트라우마와 연관된 외상의 신체 감각적, 정서적 암묵기억을 제거하기 위해 응용근신경학의 여러 파생기법을 적용할 수 있다. 특히 자유감정기법과 손상회상기법은 외상으로 인한 암묵기억의 영향을 검사하고 소거할 수 있는 특징을 가진 기법들로 모두 응용근신경학의 도수근육검사를 공통적으로 활용한다.

가장 대표적인 기법은 감정자유기법(Emotional Freedom Technique: EFT)이다. 감정자유기법은 Gary Craig에 의해 개발된 기법으로 사고장기법(Thought Field Therapy: TFT)과 신경언어프로그래밍(Neuro Linguistic Programing: NLP)의 요소를 융합한 경락기반 심리치료기법의 하나로 분류한다(이정원, 김경철, 2012). 감정자유기법은 PTSD 증상 개선에도 효과적이라는 외국의 선행연구사례가 많이 있다(최인원, 2017). 최근에는 PTSD 증상에 임상적으로 감정자유기법(EFT)을 사용하도록 하는 가이드라인에 대한 연구(Church, Stapleton, Mollon et al., 2018)가 소개되기도 하였다. 국내에서는 주로 자유감정기법을 적용하여 스트레스나 화병과 같이 감정에서 유래한 질환 개선을 중심으로 하는 연구들(이승환, 2018; 권승혁, 2014; 김홍규, 2017; 송승연, 이정환, 서진우, 권찬영, 김종우, 2014)이 주류를 이루고 있다.

다음으로는 손상회상기법(Injury Recall Technique: IRT)을 신체 암묵기억의 소거에 적용할 수 있다. 손상회상기법은 Schmitt(1990)가 발견한 것으로 과도하게 예민해진 고유수용감각과 통증을 포함한 기계적 수용체들의 민감함을 족관절과 경추 부위를 통해 검사하고 확인한 후, 외상으로 인한 손상에 대한 암묵기억이 있는지를 도수근육검사를 통해 판단하여 비교적 간단하고 효율적으로 정상화할 수 있는 치료기법이다. 손상회상기법의 적용은 물리적 또는 심리적 외상경험에 기인한 모든 신체감각의 교정에 사용된다. 아직 PTSD와 연관된 직접적인 선행연구는 없으나, PTSD 증상을 겪는 대상자에게 근골격계와 관련된 광범위한 통증이 지배적인 증상이라는 연구결과(Sharp & Harvey, 2001; Nemeroff, Bremner, Foa et al., 2006; Clark, Bair, Buckenmajer et al, 2007)에서 직접적인 연관성이 없는 부위의 통증이나 이상 감각에 대한 논거를 찾을 수 있다. 특히 PTSD와 관련된 우울이나 불안 등의 심리적 문제는 높은 비율로 목과 어깨통증에 영향을 끼친다는 연구결과(Talvari, Namati, Sini et al., 2013)도 손상회상기법의 주요 기제와 연관성이 있음을 예측할 수 있다.

이상과 같이 스트레스 반응에 대한 과학적 해석과 여러 연구결과를 종합하면 응용근신경학은 외상에 의한 신체감각 및 정서적 암묵기억과의 연관성을 발견하고 정상화하는데 유용하다고 판단된다. 그 이유로는 첫째, 응용근신경학은 구조적, 화학적, 정신적인 3요소 가운데 어느 요소에 문제가 있는지 근본적인 원인 인자를 찾아 치유함으로써 다시 균형의 상태를 만들어 신체 스스로가 정상적으로 균형을 유지하여 질환으로부터 회복하게 한다. 둘째, 응용근신경학은 근방추세포나 골지건기관의 신호전달을 정확히 조정함으로써 근육 긴장의 균형을 바로잡아 본래의 역할과 관련이 없는 근육들의 보상작용을 막아 나쁜 자세로의 재발을 방지할 수 있다. 셋째, PTSD 증상을 가진 대상자에 대한 응용근신경학의 주요 치유원리는 몸 어딘가에 혹은 무의식의 어딘가에 저장되어 있을 외상 당시에 입력된 암호화된 암묵기억을 다루고, 왜곡된 신체감각 기능을 도수근육검사를 통해 찾아내어 정상화한다.

따라서 위와 같은 장점을 고려하였을 때, 응용근신경학은 PTSD 증상 완화 프로그램 개발과 적용에 적합한 도구로서의 가능성을 확인할 수 있다.

3. 프로그램 개발 내용

가. 목적 및 목표 설정

프로그램 개발을 위한 요구도를 확인하기 위하여 전문가와 예비 연구 참여자의 면담 내용을 분석하였다. 전문가 집단에서는 내담자의 자발적 상담, 대증치료의 한계, 증상에 대한 내담자의 인지 결핍, 내담자의 적극적 참여 의지, 현장 중심적인 프로그램 개발의 요구 요소를 확인하였다. 예비 연구 참여자 집단에서는 PTSD에 대한 정확한 인지와 정보의 부재, 증상 발현 시 자기 통제 불능, 정신적인 측면과 신체적 측면의 비통합적 치료 방식에 의한 재발과 치료의 반복 등의 요구 요소를 추출하였다. 두 집단 간이 분석 요소를 종합하면, PTSD 증상 완화를 위하여 가시적인 신체적 증상뿐만 아니라 잠재적인 증상 발현에 관련한 심리적, 인지적 요소를 통합적으로 개선할 수 있는 현장 중심적인 통합프로그램의 개발이 요구됨을 확인하였다.

본 연구에서는 PTSD 증상과 연관된 신체감각 · 정서 · 인지 · 행동적 관점을 분석하고 고려하여 이를 통합적으로 다루고, 프로그램 적용을 통하여 자기 성장을 도모하기 위한 목적을 가진 프로그램 개발을 계획하고 설계하였다.

이러한 목적을 달성하기 위하여 단계별로 트라우마 인식하기, 트라우마 치유하기, 외상 후 성장 영역으로 구분하였고, 세부적으로는 신체적·정서적·인지적·행동적 측면을 고려한 프로그램을 구성하려는 목표를 설정하였다.

트라우마로 인해 파편화된 요소를 구분하는 작업은 지극히 주관적이고 개별적인 성격을 지니므로 파악이 용이하지 않다. 본 연구에서는 Levin(2020)과 Ogden 외(2019)의 연구를 참조하여 파편화된 경험 조직을 크게 신체·정서·인지·행동으로 분류하였다. 본 연구를 통해 개발하고자 하는 프로그램의 성격은 피동적인 치료적 접근보다 자기 주도성을 강조하는 능동성에 있다. 이를 실현하기 위해서는 신체감각과 정서 및 인지에 미치는 영향이 동떨어진 영역이 아닌 서로 치밀한 관계에 있음을 스스로 인식하고 관찰함을 통해 그 한계를 넘어서려는 개인의 의지와 노력이 뒷받침되는 행동의 변화가 수반되어야 한다고 판단하였다. 또한, 이러한 파편화되어 흩어져있는 요소들이 제 자리를 찾아 조화와 균형을 유지하는 것이 진정한 통합이라고 연구자는 판단하였다. 이와 같은 목적을 달성하기 위한 단계별 수행 목표는 <표 7-26>에 정리하였다.

〈표 7-26〉 프로그램의 영역별 목표

구분	수행 목표	
트라우마 인식하기	신체	트라우마와 신체감각의 관련성을 인식할 수 있다.
	정서	트라우마와 관련된 부정적 정서를 인식할 수 있다.
	인지	트라우마가 나의 사고와 생각에 미치는 영향을 인식할 수 있다.
	행동	트라우마에 영향을 받는 나의 행동을 인식할 수 있다.
트라우마 치유하기	신체	이완과 치유를 통해 신체감각을 회복할 수 있다.
	정서	부정적 정서와 자신을 분리하여 객관적으로 바라볼 수 있다.
	인지	트라우마적인 생각과 사고를 개선하여 긍정적인 생각과 사고로 바꿀 수 있다.
	행동	트라우마 영향에서 벗어난 행동을 만들 수 있다.
외상 후 성장	신체	트라우마에 구애받지 않는 건강한 몸을 관리할 수 있다.
	정서	트라우마에서 벗어나 긍정적인 정서를 창출할 수 있다.
	인지	긍정적인 생각과 사고를 조절할 수 있는 신념을 형성할 수 있다.
	행동	일상생활에서 자기주도적으로 트라우마를 관리할 수 있는 습관을 형성할 수 있다.

일반적으로 어떠한 경험이 발생하면 우리는 이를 신체적, 정서적, 인지적 수준에서 알아차리고 반응하는데 이들은 각자 독립적 반응이 아니라 서로 유기적으로 연결되어

반응한다. 이에 대해 Halprin과 Weller(2003)는 신체적 몸(감각, 신체 자세, 신체 부분, 몸짓 동작), 정서적인 몸(불안, 즐거움, 평온, 화, 슬픔 같은 감정들), 인지적인 몸(이미지, 기억, 연상)은 반응하는 영역과 수준이 서로 다르지만 서로 긴밀히 연결되어 있다고 하였다. 이러한 신체와 정서 · 인지의 통합 상태는 행동적 측면에서 드러나게 된다. 이에 본 프로그램 목표를 수행하기 위해 세분화한 신체적 · 정서적 · 인지적 · 행동적 측면의 고려는 다음과 같은 의미를 지닌다.

첫째, 신체적 측면에서는 연구 참여자가 현재 겪고 있는 물리적 통증이나 신체감각 이상의 정도를 파악하고, 지금의 신체적 문제가 개인이 겪은 외상사건 경험과 연관성이 있는지를 밝히는 것에서 시작한다. 이때 유관하다고 판단되면 그 문제를 해결하기 위해 다양한 방법으로 치료적 개입을 하나, 연구 참여자의 신체적 상태와 과거 외상 병력 등을 고려하여 개입은 필요 최소한으로 제한하고자 하였다. 본 연구의 목적은 피상적으로는 PTSD 증상 완화에 있지만, 궁극적으로는 연구 참여자 스스로 트라우마를 극복하고 성장하는 것에 초점을 두고 있다. 이를 위해 적극적 타자의 개입보다는 연구 참여자가 문제점을 인지하고 일상생활에서 신체감각의 변화에 집중하는 노력과 함께 올바른 운동 및 잘못된 자세 교정 등의 습관 개선을 통해 점진적으로 목표에 이르고자 하였다.

둘째, 정서적 측면은 연구 참여자가 겪고 있는 불안, 배신감, 우울, 원망, 억울, 혐오 등의 외상사건 경험으로부터 파생된 부정적 정서를 안정화하는 것에 주력하였다. 정서적 안정은 PTSD 증상 완화에 있어 무엇보다 중요한 요소의 하나로 외상사건으로부터 형성된 잠재된 부정 정서를 의식화하여 자신의 감정 상태를 인지하고 관찰함과 동시에 변화를 시도하는 행동으로 이끄는 과정을 통해 궁극적으로는 자신에게 둘러싸인 부정적 감정을 순화하여 긍정적 정서를 창출하는 것에 최종 목표를 두었다. 이를 위해 연구 참여자가 일상 속에서 자신의 감정을 들여다보고 느낀 바를 기록할 수 있도록 체험일지를 활용하도록 계획하였다.

셋째, 인지적 측면은 연구 참여자의 외상 경험 정도, PTSD에 대한 이해력, 외상기억에 대한 상내성 등을 고려하여 프로그램의 내용을 축소, 첨가, 삭제하는 등의 변화를 모색하고자 하였다. 일반적으로 인간은 모두 서로 다른 두뇌 구조와 뇌의 크기를 가지고 있으며, 뉴런이 연결되어 있는 방식 역시 다르다(Caine & Caine, 1994; Jensen, 2000). 이러한 특성에 기인하여 사람에 따라 외상사건과 사후 반응 정도는 객관화하기 어려우며 그에 따른 해석 또한 지극히 주관적인 성향을 띤다. 이처럼 외상사건의 해석이 PTSD로 진행되는 과정을 연구자가 이해하고 또한 재해석된 PTSD 정보를 다시 이해시키기 위해서는 연구 참여자의 인지적 능력, 학습 태도, 성향, 환경에 대한 정보와 분석이 선행되어야 한다. 이러한 요소들은 연구자와 연구 참여자 간의 신뢰나 관계 형성이 없이는 정보의 취득이 사실상 불가능하다. 이를 위해 프로그램 실행을 진행하는 동안 연구 참여자와의 돈독한 관계 형성에 주의를 기울이고, 연구자 본인의 경험담을 들려주거나 사례를 찾아 공유하는 등의 노력을 하였다.

넷째, 행동적 측면은 연구 참여자의 대인관계, 취미 또는 놀이와 같은 탐험, 타인을 보살피는 등의 사회적 관계 형성을 고려하여 새로운 비전 수립과 그에 따른 실천적 행동으로 나아갈 수 있도록 고려하였다. 트라우마를 경험한 사람들은 일반적으로 방어 체계가 다른 체계들보다 만성적으로 우세하기 때문에 다양한 긍정적 체계들을 효과적으로 활용하지 못하는 측면이 있다(Ogden et al., 2019). 신체감각 회복과 정서·인지의 통합에 의한 유기적 개선 과정의 결과물은 트라우마 영향 아래에 있을 때와는 다른 행동의 변화가 나타나며, 행동이 지향하는 방향은 트라우마 이전의 상태가 아닌 나, 타인, 세계와 연결된 새롭고 발전적인 비전과 연관되어야 한다.

나. 프로그램 원리

PTSD 증상 완화 프로그램의 원리와 전략을 도출하기 위하여 PTSD의 제 증상에 관한 선행연구를 분석한 결과, 고유수용 감각 둔화나 통증, 신체감각의 과인지 등의 신체화된 물리적 증상과 스트레스 과반응, 부정적 감정 표현, 우울이나 불안, 죄책감, 낮은 자아감 등을 동반하는 정서 및 인지적 증상을 동시에 가지고 있음을 알 수 있었다.

본 연구는 신체감각·정서·인지·행동적인 문제를 동시에 가진 PTSD의 증상을 완화하기 위해서는 모든 영역의 문제를 동시에 다루어 주어야 한다는 신념에서 시작되었다. 외상사건 당시의 신체적 손상이나 이차적 증상에 해당하는 신체감각 이상 등의 신체적인 문제를 해소하기 위하여 응용근신경학을 적용하고, PTSD의 여러 정서와 인지적인 문제를 스스로 제어할 수 있는 뇌교육 기반 명상을 융합한 PTSD 증상 완화프로그램을 개발하는 것에 목적을 두었다. 이러한 요소를 복합적으로 다룰 수 있는 뇌교육 기반 명상과 응용근신경학을 융합한 프로그램을 개발하기 위하여 아래와 같은 원리를 도출하였다.

첫째, '이완된 균형의 원리'이다. 도수근육검사를 진단에 이용하는 응용근신경학에서 근육의 불균형은 척추의 아탈구(subluxation)에서 자세불균형까지 대부분의 구조적 변이에 대한 일차적인 원인으로 간주한다. 흔히 일상생활에서 자세 불균형과 관련한 영향을 주는 가장 큰 요소는 보행이다. 보행의 위치에 자극받은 고유수용체의 자극은 구심성 신경을 따라 중추신경으로 전달되어 여러 근육에 항진과 억제가 교대로 일어나게 하는데, 이때 구심성 감각수용체로부터 신경계에 부적절한 자극이 전달되면 보행에 따른 정상적인 근육의 활동이 장해를 받는다. 이런 잘못된 구심성 정보에 따라 작용하는 중추신경계는 근육의 부적절한 항진과 억제를 초래하고 신경계의 부조화(neurologic disorganization)가 발생하게 된다. 이와 같은 신경계의 부조화는 흔히 기능적으로 좌우가 바뀌는 것과 관계가 있기에 '스위칭(switching)'이라는 용어로 표현되며, 신경계의 구조화된 오류와 관련이 있다(Walther, 2005). 즉, PTSD 증상을 겪는 대상자에 대한 검사나 치료에 앞서 도수근육검사를 사용하고자 할 때, 정확한 신체의 균형 정보를 얻기 위하여 신경계의 조직화가 필수적이다.

PTSD 증상을 겪는 대상자가 국소부위의 통증이나 불안정성 등의 신체감각 이상을 호소할 때 먼저 살펴보아야 할 점은 감각 이상의 원인이 구조 자체의 손상 때문인지 아니면 그 부위와 연관된 감각수용기의 이상에서 유발된 것인지를 파악하는 것이다. 대개 통증은 근육이 만성적으로 과긴장 혹은 단축 상태에 있을 때 나타나므로, 기능적 이상이 있는 길항근을 교정하면 흔히 과긴장된 근육의 통증이 즉시 호전된다. 그러나 고유수용감각과 같은 감각수용기의 결함은 근육 치료로 인해 완화된 통증을 즉시 재발시킬 우려가 있다. 이를 Tropp(2002)는 기능적 불안정성을 고유수용성 감각 및 신경근 결함으로 인해 발생하는 불안정성 혹은 재발하는 염좌라 정의하였다.

또한, Freeman과 Dean 그리고 Hanham(1965)은 기능적인 불안정성이 발생하는 것은 구심로 차단(deafferentation)이나 손상된 발목인대의 관절 기계수용기(mechanoreceptor)가 손상되어 중추신경계로 가는 구심성 정보가 들어가지 못하기 때문이라고 하였다. 이러한 감각수용기의 이상으로부터 야기되는 기능적 불안정성은 발목과 어깨, 무릎, 허리, 목의 만성적인 통증을 지닌 사람에게서 관찰되며, 임상적으로 만성 염좌, 미세한 불안정성, 만성적 아탈구로 진단한다(Janda, 1978).

특히 고유수용감각 결함은 다른 감각계의 기능 이상에도 영향을 미치는데, Wojtys와 Huston(1994)는 고유수용감각 결함이 반사적인 관절 안정화의 방호적 근육반응을 지연시킨다고 하였다. 또한, Pitman, Nainzadeh, Gasalberti 그리고 Song(1992)과 Tibone과 Fechter 및 Kao(1997)는 체성감각 유발전위 검사[17]을 통하여 각각 무릎 불안정성과 어깨 불안정성을 가진 대상자가 불안정성을 갖지 않는 사람에 비해 고유수용성 감각이

17) 체성감각 경로의 전도기능의 이상 여부 및 이상 부위를 밝혀내기 위한 검사 방법으로 체성감각 경로에 따른 말초신경을 자극하여 말초 부위, 척수 부위, 뇌 부위 등에서 각각의 유발전위를 측정하여 파형의 유무, 잠시 지연, 파형의 모습의 이상 등으로 이상 유무 및 이상 부위를 판별한다(전남대병원 사이트: http://www.cnuh.com/health/inspect.cs?act=view&infoId=746).

비정상적이라는 것을 입증하였다. 고유수용성 감각의 결함은 국소적 또는 전반적인 기능 이상 모두를 야기할 수 있고, 오류를 가지거나 불충분한 구심성 정보는 중추신경계 처리에 영향을 주어 운동출력과 관절 기능에도 영향을 주는 것으로 파악할 수 있다. 고유수용감각을 비롯하여 서로 영향을 주고받는 감각계의 균형을 조절하는 것은 PTSD로 인한 육체적인 통증이나 신체감각 이상을 회복함에 필수적인 요소라 할 수 있다.

둘째, '감정정화 및 정서조절의 원리'이다. PTSD가 신체 증상으로 드러날 경우, 과거의 외상사건과 현재의 신체 증상에 대한 인과적 관계를 연결하기 어렵게 되고 대상자가 느끼는 통증이나 감각계의 이상은 지극히 주관적인 성향이 강한 특성이 있다. 이를 Constans(2005)는 외상의 정보를 처리하는 방식에 따라 외상과 연관된 다양한 결과가 나온다고 하였다. 이와 관련하여 외상사건을 경험한 당사자가 느끼는 심리적인 충격과 체화로 인한 근골격계의 통증이나 감각 이상 증상은 객관적 측정이 힘들뿐더러, 일반적인 물리적 치료나 의학적 요법을 적용하여도 재발의 소지가 큰 것 또한 특성 중 하나이다. 이에 대상자가 가진 현재의 신체적 증상 발현이 어떠한 외상사건과 연결고리가 형성되어 있는지 정확하고 세심히 경청하여야 하며, 응용근신경학 기법을 적용 시 적확히 외상경험을 떠올릴 수 있도록 유도하여야 한다.

특히 응용근신경학 기법 적용 후 통증 감소나 감각 회복의 정도와 변화를 대상자가 세세히 기록하도록 하는 것도 대상자 자신의 통증과 불편함이 감소하는 믿음을 갖도록 하는데 중요한 요소이다. 이후 일상생활에서 문제가 있던 부위의 근골격계의 유연성과 고유수용감각의 정상화를 위해 뇌교육 기반의 명상의 뇌체조를 적용한다. 뇌체조의 적용 목적 중 하나는 신체 알아차림을 유도하기 위한 것으로 고유수용성 감각과 내부수용성 감각에 대한 자각을 통해 신체 내부로 올라오는 미세한 감각 신호와 감각 느낌들을 비판단적으로 자각하기 위함이다(이승호, 2017). 이때 문제 부위의 근골격이 과도하게 움직여 통증을 재발시키거나 과민 반응하지 않도록 개개인의 특성에 맞는 뇌체조를 선택하여 교육하여야 한다.

한편, PTSD에 기인한 근골격계 통증이나 감각계의 과인지 반응이 응용근신경학과 뇌체조의 적용으로 완화되고 유지된다면 새로 입력된 정보가 통합되어 새로운 항상성을 유지할 수 있도록 하는 과정이 필요하다. 이 과정에서 대상자가 경험하였던 외상사건의 암묵기억이 신체 특정 부위와 오류적 연결로 인해 통증이나 신체감각 이상의 원인이 되었음을 각인하고 그 연결이 정상적으로 치유되었음을 인지시키는 것이 중요하다. 일반적으로 신체화 증상의 심리적 하위요소인 교감신경 항진, 스트레스에 대한 과도한 반응, 우울감이나 불안을 동반한 부정적인 감정 표현 등은 신체감각과 유기적으로 반응하게 된다. 이는 신체 통증이나 이상 감각이 자극되면 심리적 요소들이 동반하여 발현하기도 하고, 심리적인 요소들이 드러나면 신체의 이상 반응도 동시에 나타나기도 한다는 의미이다. 신체의 증상이 완화되었다는 사실과 그에 대한 인지를 통해 부정적인 심리적 요소들도 긍정적으로 전환된 피드백이 발현되도록 하는 것이 감정정화 및 정서조절 원리의 주요 과정이다. 이를 위해 뇌교육 기반 명상을 활용하는데, Boweden 외(2012)의 연구에서 뇌교육 기반 명상은 긴장 완화, 수면의 질 향상, 신체의 감각 향상, 감정의 조절 측면에서 다른 명상법보다 효과가 탁월함이 증명되었다.

셋째, '신경가소성 형성 및 강화의 원리'이다. 신경세포와 시냅스로 연결된 신경가소성은 뇌가 외부환경의 양상이나 질에 따라 스스로 구조와 기능을 변화시키는 특성을 의미한다(김춘경 외, 2016). 뇌에서 처리되는 모든 정보가 시냅스 작용을 거치며, 균형 있는 시냅스의 전달과 신경전달물질의 분비는 기억, 학습, 조절 등의 뇌 기능이 전반적인 부분에 긍정적인 영향을 미친다. 이처럼 시냅스의 강화는 새로운 신경망 구축을 위한 척도가 된다. PTSD 증상을 겪는 대상자는 외상사건에 대한 충격, 그로 인한 이차적 신체 증상까지 경험해 오면서 뇌의 시냅스 작용은 상당히 쇠퇴하게 된다. 그로 인해 몸의 통증과 감각 이상뿐만 아니라, 부정적인 감정과 우울·불안을 경험하게 되고 이는 궁극적으로 삶의 질을 현저히 떨어뜨리는 촉매제가 된다. 이에 따라 응용근신경학을 적용하여 이완되고 통증이 사라진 육체를 바라보는 내면의 힘을 뇌교육 기반 명상을 활용하여 긍정적인 피드백이 지속해서 뇌로 전달되도록 함으로써 신경가소성이 변화하도록 유도하는 것이 신경가소성 형성 및 강화의 주요 원리이다.

넷째, '의식성장 및 확대의 원리'이다. Tedeschi와 Calhoun(1996)는 외상사건을 겪고 투쟁한 결과 얻게 되는 긍정적인 심리적 변화를 외상 후 성장(Post-Traumatic Growth: PTG)이라는 용어로 표현하였다. 성장이란 단순한 외상사건 이전의 수준으로 회복하는 것이 아니라 이전의 적응 수준, 심리적 기능 수준, 삶의 자각 수준 이상의 변화를 의미한다(Bonanno, Papa, Lalande, Westphal, & Coifman, 2004). 이와 관련하여 PTSD 증상을 겪는 대상자가 뇌교육 기반 명상과 응용근신경학을 통해 신체적·심리적 고통으로 해방되는 것을 시작으로, 궁극적으로는 변화된 세계를 수용하고 궁극적으로 행복감이나 삶의 만족을 끌어내야 한다. 이때 외상 이후 성장을 맛본 사람의 경우, 자기에 대한 지각이 변화하고 대인관계의 변화를 맞이하며, 이는 궁극적으로 삶에 대한 철학과 행동 변화가 일어나게 된다. 이로 인해 새로운 삶을 살아가는 내적 힘이 생겨나고, 타인과의 관계가 원만해지며, 삶의 새로운 가능성을 느끼고 삶에 대한 감사의 마음을 갖게 된다(Tedeschi et al., 1996).

이와 같은 PTSD 증상 완화 프로그램의 원리 추출 과정은 [그림 7-20]과 같다.

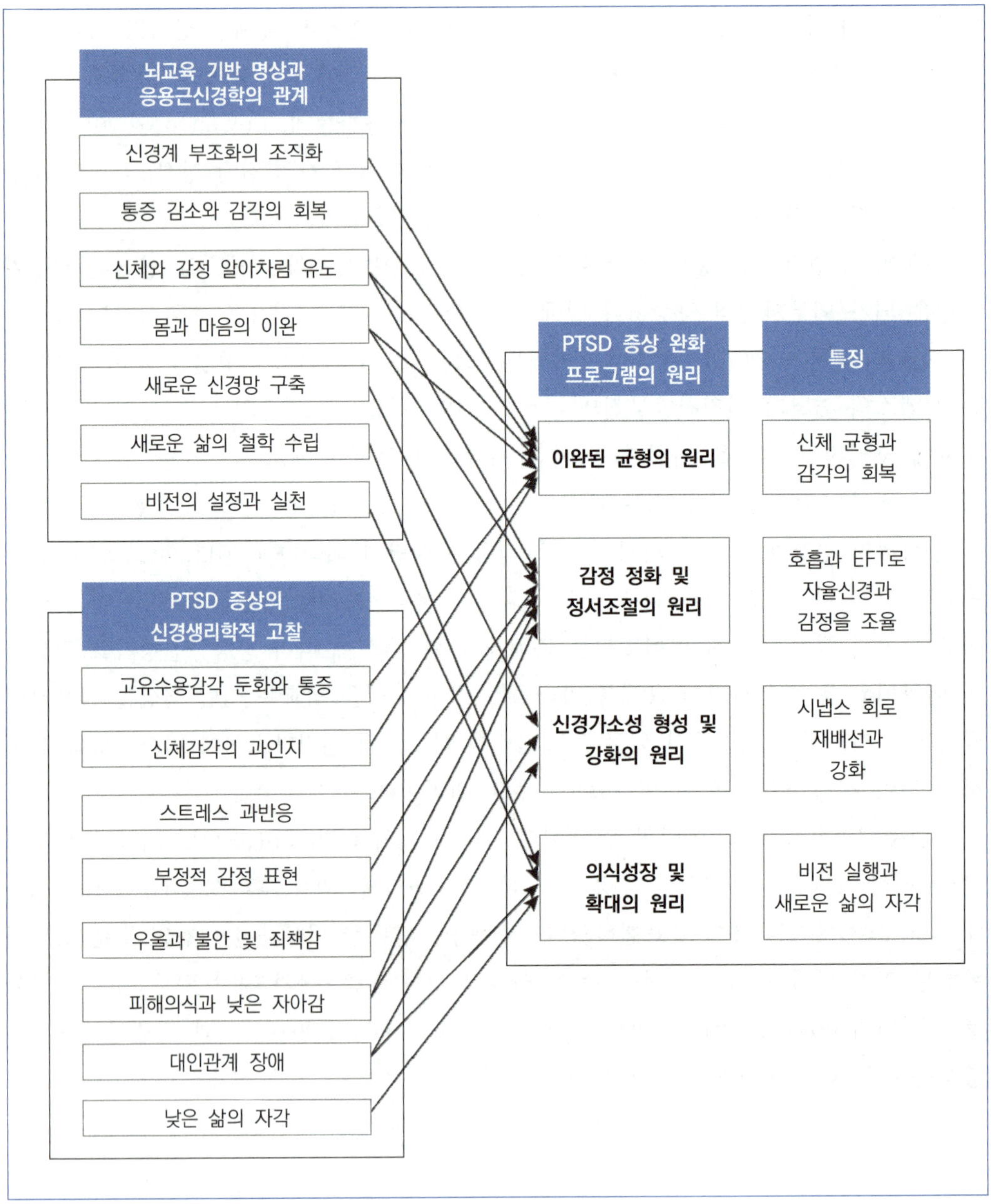

[그림 7-20] PTSD 증상 완화 프로그램의 원리 추출

다. 프로그램 전략

뇌교육 기반 명상과 응용근신경학을 활용한 PTSD 증상 완화 프로그램 전략은 PTSD가 가진 특성을 신체 감각적 문제와 정서적 문제, 인지적 문제, 행동의 문제로 분류한 후 각각 적용되는 기법과 기대 효과를 고려하여 원리를 도출하였다.

〈표 7-27〉 **프로그램의 원리, 전략, 방법(최종)**

<table>
<tr><th>원리</th><th>전략</th><th>특징</th><th>방법</th><th>세부 단계</th></tr>
<tr><td rowspan="4">이완된 균형의 원리</td><td rowspan="2">균형 잡기</td><td rowspan="2">자세 균형과 신경학적 고유수용감각 균형을 바로 잡는 활동</td><td>신경계 균형 맞추기</td><td>① 근육도수검사 준비하기
② 신경학적부조화 교정하기
③ 부조화 교정 상태 재확인하기</td></tr>
<tr><td>신체감각 이상 부위 찾아 교정하기</td><td>① 근육도수검사를 통하여 진단하기
② 진단 부위와 트라우마 연관성 확인하기
③ 근육도수검사 적용하기</td></tr>
<tr><td rowspan="2">이완 하기</td><td rowspan="2">트라우마와 연관된 신체감각 이상을 교정하고 이완을 유지하는 활동</td><td>손상회상기법으로 이상 부위 교정하기</td><td>① 근육도수검사 결과 확인하기
② 손상회상기법 적용하기
③ 감각 이상 부위 재확인하기</td></tr>
<tr><td>뇌체조를 통해 이완 상태 유지하기</td><td>① 교정부위 감각 느끼기
② 뇌체조 하기
③ 뇌체조 후 감각 다시 느끼기</td></tr>
<tr><td rowspan="4">감정정화 및 정서조절의 원리</td><td rowspan="2">감정 정화 하기</td><td rowspan="2">교정과 뇌체조를 통해 트라우마로부터 회복해가는 자신의 몸과 마음을 인식해가는 활동</td><td>자신의 몸 바라보기</td><td>① 이완된 자신의 몸 느끼기
② 몸과 연관된 기분 관찰하기
③ 몸과 마음의 연결성 찾기</td></tr>
<tr><td>자신의 마음 바라보기</td><td>① 자신의 부정적 감정 찾기
② 부정감정과 몸의 느낌 연결하기
③ 감정과 몸의 느낌 일체화하기</td></tr>
<tr><td rowspan="2">정서 조절 하기</td><td rowspan="2">호흡으로 자율신경을 안정화하고, 치환명상과 EFT로 부정적 정서를 조절해가는 활동</td><td>호흡으로 자율신경 조절하기</td><td>① 들숨과 날숨에 집중하기
② 호흡 균형을 맞추기
③ 호흡과 함께 안정감 느끼기</td></tr>
<tr><td>치환명상과 EFT로 부정감정 바꾸기</td><td>① 부정적 감정과 정보 떠올리기
② 치환명상하기
③ EFT 자가 실시하기</td></tr>
</table>

<table>
<tr><th>원리</th><th>전략</th><th>특징</th><th>방법</th><th>세부 단계</th></tr>
<tr><td rowspan="4">신경 가소성 형성 및 강화의 원리</td><td rowspan="2">시냅스 강화하기</td><td rowspan="2">뇌교육 기반 명상을 통해 긍정적 정서와 정보를 입력해 신경 가소성을 증진하는 훈련 활동</td><td>명상으로 현재의 몸과 마음 바라보기</td><td>① 뇌파진동 명상하기
② 자기 바라보기 명상하기
③ 자기 사랑하기 명상하기</td></tr>
<tr><td>긍정적인 일상생활 습관화하기</td><td>① 오늘 하루 점검하기
② 잘못한 일에 대해 반성하기
③ 웃으며 마음으로 잘한 일 칭찬하기</td></tr>
<tr><td rowspan="2">시냅스 형성하기</td><td rowspan="2">트라우마에 구애받지 않는 자신의 건강한 몸과 마음의 모습을 상상으로 이미지화하는 활동</td><td>건강한 신체-정서-인지 상상하기</td><td>① 건강한 몸 상상하기
② 긍정적 정서 상상하기
③ 긍정적인 두뇌 상상하기</td></tr>
<tr><td>일상생활에서 심상훈련으로 이미지화하기</td><td>① 건강한 신체활동 상상하기
② 긍정적 정서활동 상상하기
③ 긍정적 사고활동 상상하기</td></tr>
<tr><td rowspan="4">의식성장 및 확대의 원리</td><td rowspan="2">비전 세우기</td><td rowspan="2">트라우마에서 벗어난 나와 타인, 사회, 세계와 상생하기 위한 새로운 목표와 비전을 세우는 활동</td><td>목표 설정하기</td><td>① 나의 목표 떠올리기
② 나의 목표에 의미 부여하기
③ 부여된 의미를 기록하기</td></tr>
<tr><td>비전 설정하기</td><td>① 비전 설계하기
② 설계된 비전 분석하기
③ 분석된 비전을 내면화하기</td></tr>
<tr><td rowspan="2">비전 관리하기</td><td rowspan="2">설정된 비전에 대한 체크리스트를 작성하고, 매일 기록 및 반성하는 활동</td><td>비전 실행하기</td><td>① 비전 요소 수행하기
② 문제점 발견하고 수정하기
③ 수정된 비전을 재실행하기</td></tr>
<tr><td>비전 평가하기</td><td>① 비전 실행 상태 기록하기
② 비전 실행 상태 진단하기
③ 반성할 점 피드백 작성하기</td></tr>
</table>

라. 프로그램의 운영모형

본 프로그램은 트라우마 인식하기, 트라우마 치유하기, 외상 후 성장의 단계별로 고안된 프로그램의 운영모형을 기준으로 구성하였다. 매회기마다 진행되는 프로그램의 내용에는 PTSD 증상을 겪고 있는 대상자들의 신체·정서·인지적 측면을 향상할 수 있는 도구와 방법 등을 기술하였다. 행동적 측면은 통합 과정의 실천을 위한 필수 요소이나 구체적인 방법을 특정하기 어려우므로 기술은 생략하였다. 이를 반영한 프로그램 운영모형은 [그림 7-21]과 같다.

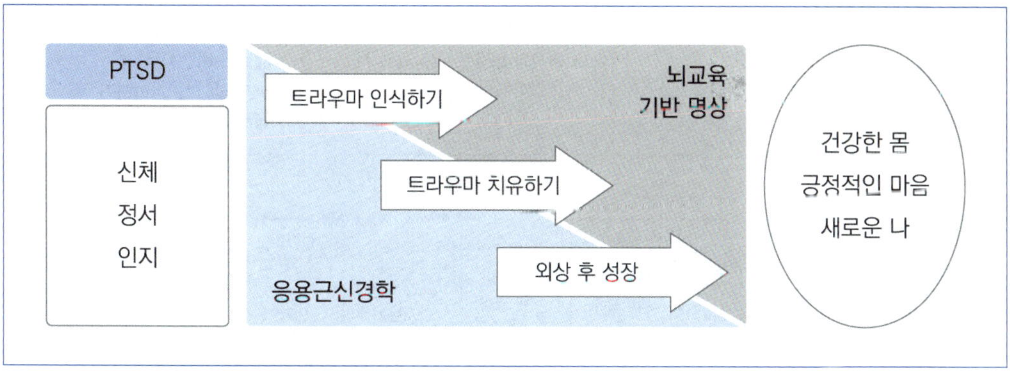

[그림 7-21] 프로그램의 운영모형

마. 프로그램의 구성체계

본 연구의 목적에 부합하는 프로그램을 개발하기 위하여 적합한 적용 도구로써 뇌교육 기반 명상과 응용근신경학을 융합하여 도출한 프로그램의 원리와 전략을 기반으로 프로그램의 구성체계를 고안하였다. 신체·정서·인지·행동적 측면을 고려한 자기 주도적 PTSD 증상 극복을 위해 트라우마 인식하기, 트라우마 치유하기, 트라우마 극복하기 영역으로 단계별 적용을 통해 목표에 다다르도록 프로그램 내용을 구체화하였으며, 구성체계는 [그림 7-22]와 같다.

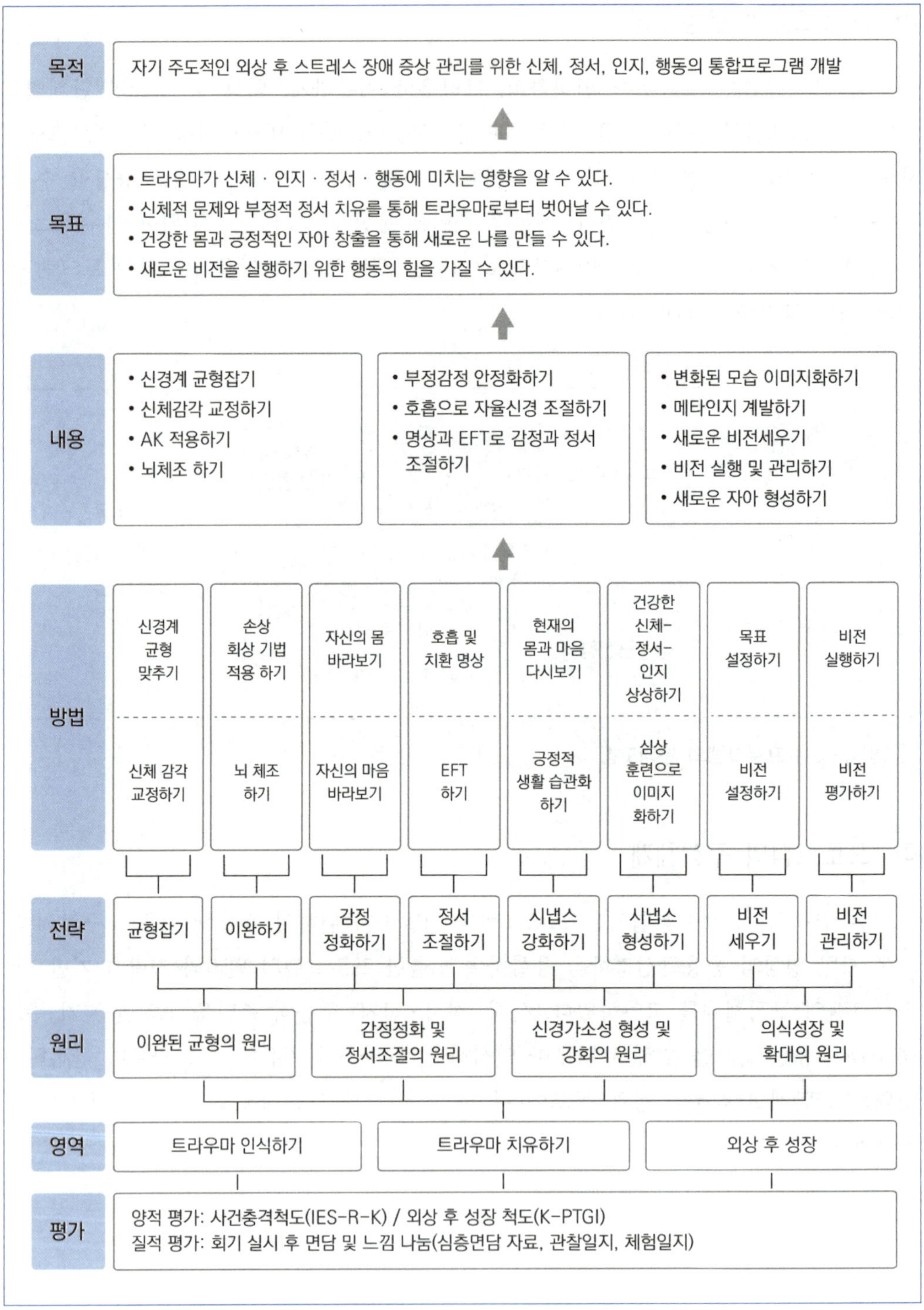

[그림 7-22] 프로그램의 구성체계

바. 프로그램의 회기별 세부 내용

위와 같이 1차 실행한 프로그램은 <표 7-28>과 같다.

〈표 7-28〉 **1차 실행을 위한 프로그램**

영역	회기	제목	활동 목표	활동 내용	활동 방법
트라우마 인식하기	1	나의 몸	트라우마와 신체화의 관계를 알 수 있다.	• 프로그램 이해하기 • 몸 상태 점검하기 • 트라우마와 몸의 연관성 확인하기 • 에너지 체험하기 • 신체 교정하기	• 도수근육검사와 교정 • 에너지 체험 • 느낌 나누기
	2	자유로운 몸	치유를 통해 신체화로부터 벗어날 수 있다.	• 트라우마와 몸의 연관성 재확인하기 • 신체 재교정하기 • 체형에 맞는 뇌체조 배우기 • 느낌 나누기	• 도수근육검사와 교정 • 손상회상기법 • 뇌체조 교육 • 에너지 집중 명상 • 느낌 나누기 • 체험일지
	3	나의 마음	트라우마와 연관이 있는 부정적 정서를 파악할 수 있다.	• 신체화 재확인 후 재교정하기 • 트라우마와 나의 감정, 몸의 관계 확인하고 이해하기 • 뇌교육 기반 명상 이해하기 • 에너지 집중 명상 • 느낌 나누기	• 도수근육검사와 교정 • 손상회상기법 • 뇌체조 • 에너지 집중 명상 • 감정자유기법 교육 • 느낌 나누기 • 체험일지
트라우마 치유하기	4	거울 속의 나	트라우마에 사로잡힌 나의 내면을 바라볼 수 있다.	• 트라우마의 암묵기억 확인하기 • 암묵기억의 영향 파악하기 • 암묵기억 교정하기 • 호흡을 통해 감정조절하기 • 뇌파진동을 통해 뇌통합하기 • 느낌 나누기	• 도수근육검사와 교정 • 손상회상기법 • 뇌체조 • 뇌파진동명상 교육 • 호흡 명상 교육 • 감정자유기법 • 느낌 나누기 • 체험일지 • 뇌교육 기반 명상 교육
	5	깨끗한 몸과 마음	부정적 정서를 통한 신체화 증상이 단절된 나를 만날 수 있다.	• 트라우마의 암묵기억과 신체, 감정의 연관성 재확인하기 • 신체, 감정 교정하기 • 자기바라보기 명상을 통해 암묵기억 정화하기 • 느낌 나누기	• 도수근육검사와 교정 • 손상회상기법 • 뇌체조 • 뇌파진동명상 • 호흡 명상 • 감정자유기법 • 느낌 나누기

영역	회기	제목	활동 목표	활동 내용	활동 방법
					• 체험일지 • 자기 바라보기 명상
	6	싹트는 나	트라우마로부터 벗어난 나를 그릴 수 있다.	• 신체, 감정 교정하기 • 긍정 이미지 명상하기 • 느낌 나누기	• 도수근육검사와 교정 • 손상회상기법 • 뇌체조 • 뇌파진동명상 • 호흡 명상 • 감정자유기법 • 느낌 나누기 • 체험일지 • 자기 바라보기 명상 • 자기 사랑하기 명상
외상 후 성장	7	희망의 나	새로운 나의 모습에 대한 비전을 세울 수 있다.	• 신체, 감정 교정하기 • 자신에 맞는 운동법 배우기 • 변화의 비전 세우기 • 비전화한 이미지 명상하기 • 느낌 나누기	• 도수근육검사와 교정 • 뇌체조 실시 • 운동법 교육 • 뇌파진동명상 • 호흡 명상 • 감정자유기법 • 격려와 지지하기 • 자기 바라보기 명상 • 자기 사랑하기 명상 • 느낌 나누기 • 체험일지 • 심층 면담 • 자아카드 사용하기 교육
	8	멋진 나	변해가는 나의 몸과 마음에 확신을 가질 수 있다.	• 신체, 감정 교정하기 • 변화된 몸과 마음 확인하기 • 새로운 자아관 찾기 • 느낌 나누기	• 도수근육검사와 교정 • 뇌체조 실시 • 운동법 교육 • 뇌파진동명상 • 호흡 명상 • 감정자유기법 • 격려와 지지하기 • 자기 바라보기 명상 • 자기 사랑하기 명상 • 느낌 나누기 • 체험일지 • 심층 면담 • 자아카드 사용하기
	9	새로운 나	과거 트라우마에 영향받지 않는 나	• 신체, 감정 교정하기 • 트라우마를 객관적으로 보기 • 자아 카드 만들기	• 도수근육검사와 교정 • 뇌체조 실시 • 뇌파진동명상

영역	회기	제목	활동 목표	활동 내용	활동 방법
			를 발견할 수 있다.	• 신체적 도전 과제 설정하기 • 느낌 나누기	• 호흡 명상 • 감정자유기법 • 격려와 지지하기 • 자기 바라보기 명상 • 자기 사랑하기 명상 • 느낌 나누기 • 체험일지 • 심층 면담 • 자아카드 사용하기
	10	사랑하는 나	새롭게 태어난 나의 모습에 감사하고, 사랑할 수 있다.	• 신체, 감정 교정하기 • 최우선 자아 세우기 • 자신을 꼭 안아주기 • 자아와 홍익에 대한 면담 • 지금의 나에 대한 소감 나누기 • 프로그램 마무리하기	• 도수근육검사와 교정 • 뇌체조 실시 • 뇌파진동명상 • 호흡 명상 • 감정자유기법 • 격려와 지지하기 • 자기 바라보기 명상 • 자기 사랑하기 명상 • 느낌 나누기 • 체험일지 • 자아카드 사용하기 • 심층 면담

위와 같이 1차 실행을 통해 발견된 문제점과 개선점을 보완하여 새로 구성된 2차 프로그램은 <표 7-29>와 같다.

〈표 7-29〉 **2차 실행을 위한 프로그램**

영역	회기	제목	활동 목표	활동 내용	활동 방법
트라우마 인식하기	1	나의 몸	트라우마와 신체화의 관계를 알 수 있다.	• 주관적 외상사건과 증상의 우선순위 리스트 작성 • 분류된 트라우마와 몸의 연관성 확인하고 교정하기 • 에너지 집중 명상	• 우선순위리스트 작성 • 도수근육검사와 교정 • 에너지 집중 명상 • 감정자유기법 • 느낌 나누기
	2	자유로운 몸	치유를 통해 신체화로부터 벗어날 수 있다.	• 트라우마와 몸의 연관성 재확인하기 • 신체 재교정하기 • 응용 뇌체조 배우기 • 느낌 나누기	• 도수근육검사와 교정 • 응용 뇌체조 교육 • 손상회상기법 • 에너지 집중 명상 • 감정자유기법 • 느낌 나누기 • 체험일지

영역	회기	제목	활동 목표	활동 내용	활동 방법
	3	나의 마음	트라우마와 연관이 있는 부정적 정서를 파악할 수 있다.	• 신체화 재확인 후 재교정하기 • 트라우마와 나의 감정, 몸의 관계 확인하고 이해하기 • 느낌 나누기	• 도수근육검사와 교정 • 손상회상기법 • 뇌체조 • 에너지 집중 명상 • 감정자유기법 • 느낌 나누기 • 체험일지
트라우마 치유하기	4	거울 속의 나	트라우마에 사로잡힌 나의 내면을 바라볼 수 있다.	• 트라우마의 암묵기억 확인하기 • 암묵기억의 영향 파악하기 • 암묵기억 교정하기 • 호흡명상 • 뇌파진동명상 • 느낌 나누기	• 도수근육검사와 교정 • 손상회상기법 • 뇌체조 • 뇌파진동명상 교육 • 호흡 명상 • 감정자유기법 • 느낌 나누기 • 체험일지
	5	깨끗한 몸과 마음	부정적 정서를 통한 신체화 증상이 단절된 나를 만날 수 있다.	• 트라우마의 암묵기억과 신체, 감정의 연관성 재확인하기 • 신체, 감정 교정하기 • 자기바라보기 명상을 통해 암묵기억 정화하기 • 느낌 나누기	• 도수근육검사와 교정 • 손상회상기법 • 뇌체조 • 뇌파진동명상 • 호흡 명상 • 감정자유기법 • 느낌 나누기 • 체험일지 • 자기 바라보기 명상
	6	싹트는 나	트라우마로부터 벗어난 나를 그릴 수 있다.	• 신체, 감정 교정하기 • 자기 사랑하기 명상을 통해 긍정 이미지 강화하기 • 느낌 나누기	• 도수근육검사와 교정 • 손상회상기법 • 뇌체조 • 뇌파진동명상 • 호흡 명상 • 감정자유기법 • 느낌 나누기 • 체험일지 • 자기 바라보기 명상 • 자기 사랑하기 명상
외상 후 성장	7	희망의 나	새로운 나의 모습에 대한 비전을 세울 수 있다.	• 신체, 감정 교정하기 • 자신에 맞는 운동법 배우기 • 변화의 비전 세우기 • 비전화한 이미지 명상하기 • 느낌 나누기	• 도수근육검사와 교정 • 뇌체조 실시 • 운동법 교육 • 뇌파진동명상 • 호흡 명상 • 감정자유기법 • 격려와 지지하기

영역	회기	제목	활동 목표	활동 내용	활동 방법
					• 자기 바라보기 명상 • 자기 사랑하기 명상 • 느낌 나누기 • 체험일지 • 심층 면담 • 자아카드 사용하기 교육
	8	멋진 나	변해가는 나의 몸과 마음에 확신을 가질 수 있다.	• 신체, 감정 교정하기 • 변화된 몸과 마음 확인하기 • 새로운 비전을 통한 새로운 자아 발견하기 • 느낌 나누기	• 도수근육검사와 교정 • 뇌체조 실시 • 운동법 교육 • 뇌파진동명상 • 호흡 명상 • 감정자유기법 • 격려와 지지하기 • 자기 바라보기 명상 • 자기 사랑하기 명상 • 느낌 나누기 • 체험일시 • 자아카드 사용하기
	9	새로운 나	과거 트라우마에 영향받지 않는 나를 발견할 수 있다.	• 신체, 감정 교정하기 • 트라우마를 객관적으로 보기 • 자아 카드 만들기 • 신체적 도전 과제 설정하기 • 느낌 나누기	• 도수근육검사와 교정 • 뇌체조 실시 • 뇌파진동명상 • 호흡 명상 • 감정자유기법 • 격려와 지지하기 • 자기 바라보기 명상 • 자기 사랑하기 명상 • 느낌 나누기 • 체험일지 • 자아카드 사용하기
	10	사랑하는 나	새롭게 태어난 나의 모습에 감사하고, 사랑할 수 있다.	• 신체, 감정 교정하기 • 최우선 자아 세우기 • 자신을 꼭 안아주기 • 자아와 홍익에 대한 면담 • 지금의 나에 대한 소감 나누기 • 프로그램 마무리하기	• 도수근육검사와 교정 • 뇌체조 실시 • 뇌파신동명상 • 호흡 명상 • 감정자유기법 • 격려와 지지하기 • 자기 바라보기 명상 • 자기 사랑하기 명상 • 느낌 나누기 • 체험일지 • 자아카드 사용하기 • 심층 면담

3차 프로그램은 <표 7-30>과 같다.

〈표 7-30〉 3차 프로그램

영역	회기	제목	활동 목표	활동 내용	활동 방법		
					신체	정서	인지
트라우마 인식하기	1	나의 몸	트라우마와 신체화의 관계를 이해할 수 있다.	• 프로그램 이해하기 • 대상자의 특성 파악하기 • 몸의 전반적 상태 점검하기 (우선순위 리스트 작성) • 트라우마와 몸의 연관성 확인하기 • 에너지 집중 명상과 뇌체조 체험 • 신체 교정하기	• 도수근육검사 • 손상회상기법 (IRT) • 에너지 집중 명상 • 뇌체조	• 감정 쓰임 카드를 활용한 감정 관리 방법 교육	• 비전에 대한 면담 (분석) • 감정자유기법 (EFT)
	2	자유로운 몸	치유를 통해 신체화로부터 벗어날 수 있다.	• 트라우마와 몸의 연관성 재확인하기 • 신체 재교정하기 • 체형에 맞는 응용 뇌체조 배우기 • 감정 쓰임 카드 활용 교육 • 느낌 나누기	• 도수근육검사 • 손상회상기법 (IRT) • 에너지 집중 명상 • 응용 뇌체조	• 감정 쓰임 카드 활용	• 감정자유기법 (EFT) • 비전 만들기 (분석)
	3	나의 마음	트라우마와 연관이 있는 부정적 정서를 파악할 수 있다.	• 신체 재교정하기 • 트라우마와 나의 감정, 몸의 관계 확인하고 이해하기 • 뇌파 진동을 통해 뇌통합하기 • 호흡을 통해 감정조절하기 체험 • 느낌 나누기	• 도수근육검사 • 손상회상기법 (IRT) • 에너지 집중 명상 • 응용 뇌체조	• 감정 쓰임 카드 활용 • 뇌파진동 명상 • 호흡 명상	• 감정자유기법 (EFT) • 비전 만들기 (분석)

영역	회기	제목	활동 목표	활동 내용	활동 방법		
					신체	정서	인지
트라우마 치유하기	4	거울 속의 나	트라우마에 사로잡힌 나의 내면을 바라볼 수 있다.	• 트라우마의 암묵기억 확인하기 • 암묵기억의 영향 파악하기 • 암묵기억 교정하기 • 뇌교육 기반 명상 이해하기 • 느낌 나누기	• 도수근육검사 • 손상회상기법(IRT) • 에너지 집중 명상 • 응용 뇌체조	• 감정 쓰임 카드 활용 • 자기 바라보기 명상 • 자기 사랑하기 명상 • 뇌파진동 명상 • 호흡 명상	• 감정자유기법(EFT) • 비전 세우기(비전화)
	5	깨끗한 몸과 마음	트라우마로부터 벗어난 나를 그릴 수 있다.	• 트라우마의 암묵기억과 신체, 감정의 연관성 재확인하기 • 신체, 감정 교정하기 • 명상을 통해 암묵기억 정화하기 • '나의 몸과 마음 쓰임표' 활용 교육 • 느낌 나누기	• 도수근육검사 • 손상회상기법(IRT) • 에너지 집중 명상 • 응용 뇌체조	• 감정 쓰임 카드 활용 • 자기 바라보기 명상 • 자기 사랑하기 명상 • 뇌파진동 명상 • 호흡 명상	• 감정자유기법(EFT) • 비전 실행하기 • 나의 몸과 마음 쓰임표
	6	싹트는 나	새로워진 나 힘을 느낄 수 있다.	• 신체, 감정 교정하기 • 비전 명상의 교육과 체험 • 느낌 나누기	• 도수근육검사 • 에너지 집중 명상 • 응용 뇌체조	• 감정 쓰임 카드 활용 • 자기 바라보기 명상 • 자기 사랑하기 명상 • 뇌파진동 명상 • 호흡 명상	• 감정자유기법(EFT) • 비전 실행하기 • 나의 몸과 마음 쓰임표 • 비전 명상

영역	회기	제목	활동 목표	활동 내용	활동 방법		
					신체	정서	인지
외상 후 성장	7	희망의 나	비전을 통해 나는 새로워질 수 있다.	• 신체, 감정 교정하기 • 비전의 실천과 이행 요소 점검 • 나의 자아 찾기 • 느낌 나누기	• 도수근육검사 • 에너지 집중 명상 • 응용 뇌체조	• 감정 쓰임 카드 활용 • 자기 바라보기 명상 • 자기 사랑하기 명상 • 뇌파진동 명상 • 호흡 명상	• 감정자유기법 (EFT) • 비전 실행하기 • 나의 몸과 마음 쓰임표 • 비전 명상
	8	멋진 나	변해가는 나의 몸과 마음에 확신을 가질 수 있다.	• 신체, 감정 교정하기 • 변화된 몸과 마음 확인하기 • 새로운 자아관 찾기 • 느낌 나누기	• 도수근육검사 • 에너지 집중 명상 • 응용 뇌체조	• 감정 쓰임 카드 활용 • 자기 바라보기 명상 • 자기 사랑하기 명상 • 뇌파진동 명상 • 호흡 명상	• 감정자유기법 (EFT) • 비전 실행하기 • 나의 몸과 마음 쓰임표 • 비전 명상
	9	새로운 나	과거 트라우마에 영향받지 않는 나를 발견할 수 있다.	• 신체, 감정 교정하기 • 스트레스 통제하기 • 신체적 도전 과제 설정하기 • 느낌 나누기	• 도수근육검사 • 에너지 집중 명상 • 응용 뇌체조	• 감정 쓰임 카드 활용 • 자기 바라보기 명상 • 자기 사랑하기 명상 • 뇌파진동 명상 • 호흡 명상	• 감정자유기법 (EFT) • 비전 실행하기 • 나의 몸과 마음 쓰임표 • 비전 명상
	10	사랑하는 나	새롭게 태어난 나의 모습에 감사하고, 사랑할 수 있다.	• 신체, 감정 교정하기 • 최우선 자아 세우기 • 자신을 꼭 안아주기 • 자아와 홍익에 대한 면담 • 지금의 나에 대한 소감 나누기 • 프로그램 마무리하기	• 도수근육검사 • 에너지 집중 명상 • 응용 뇌체조	• 감정 쓰임 카드 활용 • 자기 바라보기 명상 • 자기 사랑하기 명상 • 뇌파진동 명상 • 호흡 명상	• 감정자유기법 (EFT) • 비전 실행하기 • 나의 몸과 마음 쓰임표 • 비전 명상

4. 프로그램 적용 사례

구분	1차	2차	3차
목표	• 프로그램 초안을 현장에 적용하는 과정에서 드러나는 프로그램의 총체적인 문제점과 개선점을 파악	• 1차 프로그램 적용의 구조적 문제점을 보완하고, 신체감각의 회복과 정서적, 인지적 요소로의 유기적으로 연결성 파악	• 2차 실행을 통하여 파악된 인지적 행동 요소(비전)를 구체화하여 실천으로 이행하는 과정과 메타인지 능력의 향상을 통해 의식적 성장을 도모
주요 변화	• 몸에 대한 인식 변화 • 내적 상태에 대한 발견과 반성	• 신체와 정서의 통합 • 정서 안정과 자아 인지 개선	• 신체 · 정서 · 인지의 통합 • 자기 주도적 행동 패턴의 변화
발견 및 성찰	• 뇌교육 기반 명상과 응용근신경학은 프로그램 적용에 있어 유효한 도구임 • 연구 참여자의 외상 경험이 복합적일 경우 다양한 신체적 반응이 나올수 있음 • PTSD 증상을 다루기 위해서는 신체적 문제가 선결되어야 함	• 외상경험 당시의 정서적 지지 유무 판단은 PTSD의 원인 분석과 개선 요소의 중요한 자료로 활용됨 • 지지와 정서조절은 의식 성장을 위한 필수요소임 • 약물 복용 중인 참여자에 대한 특수성을 고려하여야 함	• 연구의 본질에 영향을 줄 수 있는 연구자의 편견이나 선입견의 개입 배제가 요구됨 • 연구 참여자의 PTSD 증상 완화와 외상 후 성장이 확인됨
개선 및 보완	• 외상사건과 증상의 우선순위리스트 작성 • 뇌교육 기반 명상의 이행 요소를 연구 참여자의 적응 정도에 따라 유연성 있게 적용 • 비전의 계획과 이행 준비를 위하여 자료의 수집 및 분석이 필요 • 보조연구자 활용	• 연구자 및 연구 참여자 주변의 정서적 지지 유도 및 활용 • '감정 쓰임 카드'와 '나의 몸과 마음 쓰임표' 등의 보조 도구 활용 • 약물복용에 대한 대안 제시	• 프로그램 종료 후 증상 완화 유지 정도 파악과 지속적 관리를 위한 후속 관리 프로그램개발이 필요 • 최종 프로그램의 일반화를 지지할 임상과 자료 축적이 요구됨

[그림 7-23] **프로그램 개발 및 실행 과정 비교 분석**

활동 제목	【1회기】 나의 몸			
활동 목표	트라우마와 신체화의 관계를 알 수 있다.			
절차	프로그램 내용	원리/전략	유의점	시간
도입	► 연구자 소개 ► 프로그램 진행의 전반적인 개요 소개 • 응용근신경학(AK) 소개 • 뇌교육 기반 명상 소개 • 트라우마의 여러 특성과 제 증상 설명 ► 1회기의 목표 제시 • 자신의 몸을 응용근신경학을 통해 검사하고, 트라우마와 연관성이 있는지를 확인한다.			20분
검사	► 도수근육검사 • 신경학적 부조화 제거 • 각 장기 및 장부 이상 확인 • 현재 증상과 관련 있는 기관 찾기 • 증상 부위와 장기, 트라우마의 연관성 확인	이완된 균형의 원리-균형잡기	통증이나 이상 부위를 심하게 자극하지 않도록 한다	20분
치유	► 응용근신경학 적용 • 손상회상기법(IRT) 적용 • IRT 적용 후 재검사	이완된 균형의 원리-이완하기		20분
확인 및 이해	► 치유 전후 증상 완화 정도 비교 ► 신체와 트라우마 간의 이학적 관계 설명		호전되지 않았을 경우 재치유	10분
정리	► 느낀점 나눔하기 ► 과제 전달		관찰일지 기록	10분

참고문헌

저자 약력

신재한

국제뇌교육종합대학원대학교 뇌교육학과 학과장
경북대학교 교육학 박사(교육공학)
한국교육개발원 연구위원
한국교육과정평가원 교수학습센터 운영위원
인성교육연구원 원장
교육부 연구사

논문

- 뇌과학적 고찰을 통한 뇌교육 기반 인성교육 방향 탐색
- 뇌교육 기반 인성놀이 프로그램이 초등학생의 인성지수에 미치는 효과
- 뇌교육 기반 인성계발 통합프로그램이 아동의 자아존중감 및 사회성에 미치는 영향
- 뇌교육 기반 인성교육과정이 청소년의 인성지수에 미치는 영향
- 에너지집중력 스톤을 활용한 자석놀이가 초등학생의 집중력과 두뇌활용능력에 미치는 영향
- 테니스 운동 경력자와 비경력자의 뇌파와 두뇌활용능력의 차이 분석
- 두뇌활용능력의 이론 및 원리 탐색

학술연구

- 인성교육 평가 모형 및 지표 개발 연구
- 2015개정 교육과정 및 교과서 개발 연구
- 학교폭력 예방을 위한 학교장 연수프로그램 – 개발 연구
- 진로캠프 프로그램 개발 연구
- 집중력 향상 프로그램 개발 연구

저서

- 인성교육의 이론과 실제
- 뇌기반 자기주도학습의 이론과 실제
- 교육 프로그램 개발의 이론과 실제
- 창의인성교육을 위한 수업 설계 전략
- 융합교육의 이론과 실제
- 자유학기제의 이론과 실제
- 구조중심 협동학습 전략
- 수업컨설팅의 이론과 실제

이용락

국제뇌교육종합대학원대학교 뇌교육학 박사
서대구초등학교 교장
대구교원단체총연합회 회장

이은정

국제뇌교육종합대학원대학교 뇌교육학 박사
문경서중학교 과학교사
브레인융합교육연구회 회장

신근식

국제뇌교육종합대학원대학교 뇌교육학 박사
글로벌미래교육원 교수
지에스 컨설팅 교육이사

이규수

국제뇌교육종합대학원대학교 뇌교육학 박사
국제뇌교육종합대학원대학교 객원교수
한국두뇌건강연구소 소장
평생교육사

김은정

국제뇌교육종합대학원대학교 뇌교육학 박사
국제뇌교육종합대학원대학교 겸임교수
대구동촌초등학교 교감
대구교육대학교 대학원 외래교수

김동건

국제뇌교육종합대학원대학교 통합헬스케어학 박사
국제뇌교육종합대학원대학교 겸임교수
김동건자연의학센터 센터장
국제융합치유학회 부회장

이윤진

국제뇌교육종합대학원대학교 뇌교육학 박사
한국주얼리고등학교 교사
브레인교사연구회 회장

임운나

국제뇌교육종합대학원대학교 뇌교육학과 박사수료
브레인코칭상담연구소 소장
대구교육대학교 대학원 외래교수
행복명상학교 교장

유행복

국제뇌교육종합대학원대학교 뇌교육학과 박사과정
HSP명상단식원 원장
한국브레인코칭상담협회 연구원
국가공인 브레인트레이너

이은정

국제뇌교육종합대학원대학교 박사과정
한국요가협회 요가강사
한국브레인코칭상담협회 연구원
평생교육사

신승훈

국제뇌교육종합대학원대학교 뇌교육학과 박사과정
인성교육연구원 연구원
국가공인 브레인트레이너

뇌기반 교육상담 프로그램의 이해와 실제

초판발행 2022년 3월 1일

지은이 신재한 · 이용락 · 이은정 · 신근식 · 이규수 · 김은정
김동건 · 이윤진 · 임운나 · 유행복 · 이은정 · 신승훈

펴낸이 노 현

편 집 김민조
기획/마케팅 오치웅
표지디자인 Benstory
제 작 고철민 · 조영환

펴낸곳 ㈜ 피와이메이트
서울특별시 금천구 가산디지털2로 53, 210호(가산동, 한라시그마밸리)
등록 2014. 2. 12. 제2018-000080호
전 화 02)733-6771
f a x 02)736-4818
e-mail pys@pybook.co.kr
homepage www.pybook.co.kr
ISBN 979-11-6519-247-1 93370

copyright©신재한 외, 2022, Printed in Korea

* 파본은 구입하신 곳에서 교환해 드립니다. 본서의 무단복제행위를 금합니다.
* 저자와 협의하여 인지첩부를 생략합니다.

정 가 39,000원

박영스토리는 박영사와 함께하는 브랜드입니다.